신·재생에너지법과 정책

홍순파·정동원

法 文 社

서 문

대표적인 고갈성 에너지원인 화석연료는 조만간(혹은 이미) oil peak에 도달하여서 세계석유생산량이 소비량에 점점 미치지 못할 것으로 전망된다. 한편 1986년 체르노빌 원전사고가 독일, 이태리 등 유럽국가의 원전에 대한 정책을 크게 바꾸어 놓은 것처럼, 2011년 일본의 후쿠시마 원전사고도 일본 및 그 주변국가, 특히 우리나라에서의 원전에 대한 인식을 크게 바꾸어 놓고 있다.

EU는 2020년까지 탄소배출량 20% 감축, 재생에너지비중 20%로 확대, 에너지소비량 20% 감축이라는 20/20/20 에너지 액션플랜을 강력하게 추진하고 있다. 그리고 놀랍게도 세계 10대 태양광모듈 제조업체 중 절반인 5개 업체가 중국업체이고, 세계 10대 풍력제조업체에도 중국업체 4개 그리고 인도업체 1개가 자리를 차지하고 있으며, 2011년 세계 풍력설치량 중 43%가 중국에서, 7%가 인도에서 설치되었다. 전세계적으로 각국 정부의 재생에너지의 집중 육성과 함께 자국의 재생에너지산업을 보호하려는 녹색보호주의(Green Protectionism) 모습도 대두되고 있다.

한편, 우리나라는 세계 8위 에너지소비국이면서 총에너지의 97%를 해외에서 수입하고 있어서 에너지수입액이 국가총수입액의 약 30%를 차지하고 있는 등, 에너지안보 및 안정적인 에너지확보는 에너지정책의 가장 중요한 목표이다.

이러한 세계에너지환경에서 볼 수 있듯이 우리나라뿐만 아니라 전세계적으로 신・재생에너지에 대한 관심은 크게 고조되고 있으며, 신・재생에너지가 각국 에너지정책의 중요한 부분을 차지하게 되었다. 미래학자인 제레미 리프킨(Jeremy Rifkin)은 인터넷 커뮤니케이션 기술과 재생에너지의 결합이 우리가 살아가고 일하는 방식의 모든 측면을 근본적으로 바꾸어 놓을 '제3차 산업혁명(The third industrial revolution)'을 일으키고 있다고 통찰하고 있다.

한편 신・재생에너지는 무한한 가능성도 있지만, 무작정 환상적인 에너지원은 아니며 우리가 극복해야 할 과제가 있으며 지불해야 할 비용도 있는바 이러한 점들을 균형있는 시각으로 이해하고 조정하는 것이 신・재생에너지산업을 육성하고 신・재생에너지 공급을 확대하는 데 있어서 중요한 전제 조건이라 하겠다.

이 책에서는 신·재생에너지와 관련하여 다음과 같은 점을 염두에 두려고 했다. 먼저 기존에 신·재생에너지와 관련하여 다수의 책들이 나와 있지만 대부분의 책들이 매우 공학적인 접근에 치중해 있음을 볼 수 있다. 물론 이와 같이 태양광, 풍력 등의 기술에 대한 공학적인 접근도 중요하지만, 신·재생에너지에 대한 정책적, 제도적인 측면의 이해도 필요한데 이러한 책이 부재한 것이 사실이었다. 그리고 비공학적인 책들 중에도 신·재생에너지 관련 제도와 정책들에 대한 깊이 있는 접근은 약하고, 다양한 원들로 구성된 신·재생에너지원들에 대한 종합적인 접근 및 이해도 부족한 점, 신·재생에너지의 가능성과 함께 극복해야 할 점 등에 대한 균형있는 시각도 부족한 것은 아쉬운 점이라고 생각하였다. 필자들은 본 책을 서술하는 데 있어서 가능하면 공학적인 접근에서 벗어나서 필자들이 지식경제부 신·재생에너지과에서 그리고 이와 관련된 분야에서 업무를 하면서 고민하고 느낀 정책 및 제도적 그리고 법적인 측면을 깊이 있게 설명하자고 하였다.

신·재생에너지는 현재 11개의 서로 다른 성격을 가진 다양한 원들로 구성되어 있고 각 원들의 특성이 매우 다른데 이처럼 다른 원들 간의 차이점을 잘 파악하여야만 바람직한 신·재생에너지정책과 제도가 수립될 수 있다. 이러한 측면도 본 책을 쓰면서 고민한 부분이다.

책 내용을 장별로 간략히 소개하면 다음과 같다.

먼저, 제1장과 제2장은 신·재생에너지에 대한 개요 그리고 EU, 미국, 독일, 영국, 일본, 중국 등 주요국의 재생에너지에 대한 법적, 제도적 동향을 살펴보았다.

제3장에서는 11가지 신·재생에너지의 내용에 대해서 자세하게 설명하고 그 특징을 서로 비교하였으며, 원별 정책방향도 제시하였다.

제4장에서는 우리나라 신·재생에너지법의 세부내용을 상세하고 꼼꼼하게 설명하였다.

제5장에서는 2012년부터 새로 시행되고 있는 신·재생에너지 공급의무화제도(RPS)를 자세히 설명하고 있는데, 동 제도의 세부설계 내용들이 어떠한 배경하에서 만들어졌고 어떠한 입법취지를 가지고 있으며 그리고 향후 개선사항들은 무엇인지 상세하게 설명하였다.

제6장은 현재의 신·재생에너지 범주 및 구분방식에 대해서 재검토를 하였

는데, 특히 신에너지와 재생에너지를 별도의 법체계로 구분하는 방안을 제시하였으며 그 밖에 신・재생에너지 포함 여부와 관련되어서 쟁점이 되는 사항들도 타당성 여부와 개선방향을 심도있게 논의하였다.

제7장은 우리가 본격적으로 개발해 나가야할 해상풍력과 관련하여 법제도의 정비방향을 제시하였다.

제8장에서는 열 및 수송용 연료분야에서의 공급확대 방안 마련 등 필자가 평소 생각하고 있었던 신・재생에너지법과 정책의 개선방안들을 향후 과제로 제시하였다.

필자가 약 3년여 동안 신・재생에너지정책을 담당하면서 제도적 개선이 필요했지만 능력 부족과 기타 여건상 추진하지 못했던 사항들을 이 책에서 개선방안으로 제시하고 있다. 앞으로 정책담당자가 고민하고 보완하여 완성해 나아가야 할 과제라고 이해해 주면 고맙겠다.

본 책을 쓰면서 많은 분들의 도움을 얻었다.

우선 지식경제부 신・재생에너지과에서 근무하였거나 근무하고 계신 과장님과 직원 분들에게 감사드린다. 황수성 과장님, 박대규 과장님 그리고 유재호 사무관, 김우진 주무관, 이용현 주무관, 나영조 주무관, 이선덕 주무관, 이민영 주무관 등 함께 고생하신 분들에게 진심으로 감사의 말씀을 드린다.

그 외의 신・재생에너지센터의 김강원 과장, 전기연구원의 이창호 센터장님, 조기선 박사님, 그리고 에너지경제연구원의 부경진 박사님, 조상민 연구원 등의 도움을 받았다. 이분들은 우리나라에서 신・재생에너지정책과 제도에 대해 깊이 있게 알고 있는 대표적인 전문가들이다.

자신이 아는 지식 또는 생각을 글로 남긴다는 것은 부끄럽고 부담스러운 일이다. 하지만 이 글을 통해서 이 분야에 대한 보다 폭넓고 깊이 있는 이해에 조금이나마 도움을 줄 수 있다면 충분히 의미있는 일이라고 생각하면서 이러한 부끄러움을 떨치고자 한다.

“실무자가 세상을 바꾼다.” 현실을 보다 깊이 있고 폭넓게 알고 있는 실무자가 학계의 이론과 국민들의 의견을 겸허히 받아들이면서 정책과 제도를 개선해 나갈 때 세상은 한 걸음 더 나아갈 것이다. 이러한 실무자가 되도록 끊임없이 노력하고자 한다.

……
산다는 것이 때론 술에 취한 듯
한 두릅의 굴비 한 광주리의 사과를
만지작거리며 귀향하는 기분으로
침묵해야 한다는 것을
모두들 알고 있었다
오래 앓은 기침소리와
쓴 약 같은 입술담배 연기 속에서
싸륵싸륵 눈꽃은 쌓이고
그래 지금은 모두들
눈꽃의 화음에 귀를 적신다
자정 넘으면
낯설음도 뼈아픔도 다 설원인데
……

– 곽재구의 '사평역에서' 중에서 –

눈이 오는 조그마한 간이역의 대합실에서 사람들은 피곤에 지친 몸으로 좀처럼 오지 않는 막차를 기다리면서 톱밥난로 앞에서 몇은 졸기도 하고 몇은 담배를 피우고 또 몇몇은 마른 기침을 연신 한다. 간이역에 있는 나를 포함한 모든 이들은 가슴속에 하나씩의 사연은 간직하고 있을 것이다. 서럽고 힘들지만 아름다우면서 따뜻한 그리고 너무도 인간적인 삶을 살아가는 사람들과 늘 함께 하고 싶다.

끝으로 본서를 흔쾌히 출간해 주신 법문사 사장님, 김영훈 부장님께 깊이 감사드리며, 본서의 편집을 주도하신 예상현 과장님께도 심심한 감사의 인사를 전한다.

2012년 10월
홍순파, 정동원

차 례

01 신 · 재생에너지 서론

02 주요국의 신 · 재생에너지 관련 법 · 정책 동향

03 신·재생에너지의 정의 및 종류

04 우리나라의 신 · 재생에너지법과 제도

05 신 · 재생에너지 공급의무화제도(RPS) 해설

06 신 · 재생에너지 범주 및 분류에 대한 재검토

07 해상풍력 발전단지 개발을 위한 법제도 정비

08 신·재생에너지법과 정책의 개선방향

표 차례

그림 차례

01

신 · 재생에너지 서론

Ⅰ. 신 · 재생에너지란 무엇인가?

신 · 재생에너지(New & Renewable Energy)는 신에너지 및 재생에너지를 줄인 말로서, 고갈되지 않는 다양한 자연에너지의 특성과 이용기술을 활용하는 재생에너지와 기존의 화석연료를 변환시켜서 보다 효율적으로 이용하는 신에너지를 의미한다.

신 · 재생에너지는 화석에너지와 원자력에 대한 대체재라는 의미로 과거에는 대제에너시라는 용어가 주로 사용되있다. 그러나 대체에너지는 개념이 지나치게 막연하여 커다란 혼선을 가져왔었다. 각 국가들은 에너지 분류방법에 따라 재생에너지, 신에너지, 미래에너지, 미활용에너지 등의 새로운 용어로 중복되거나 혼용되어 사용하여 왔으나, 최근 들어서 외국도 재생에너지로 그 개념을 통일시키고 있다.

국제에너지기구(IEA: International Energy Agency)는 재생에너지를 태양에너지, 풍력에너지, 수력(대수력 포함), 지열, 해양에너지, 가연성 재생에너지와 폐기물로 분류하고 있으며 가연성 재생에너지에는 고형 바이오매스, 목탄(숯), 바이오가스, 액체 바이오연료, 도시폐기물이 포함된다.

미국에서는 대체에너지 개념이 매우 광범위하게 사용되고 있는데, 주로 재생에너지(Renewable Energy), 대체수송연료(Alternative Transportation Fuel), 분산형 전력(Distributed Generation), 미래에너지(Future Energy) 등으로 구분하여 사용하고 있다. 재생에너지란 태양에너지, 풍력에너지, 수력, 지열, 바이오매스, 폐기물에너지, 해양에너지를 말하며, 대체수송연료에는 대체연료

차량에 이용하는 에너지로서 에탄올, 바이오디젤, 메탄올, LPG, 압축천연가스, 전기자동차용 전기, 수소가 포함된다. 분산형 전원은 소규모 터빈, 열병합 발전, 연료전지, 매립지 가스들을 말하며 미래에너지는 수소, 핵융합이 포함된다.[1)]

유럽에서는 과거 대체에너지로 불러왔으나 최근에는 재생에너지(Renewable Energy)라는 명칭으로 통일되어 사용하고 있다. 재생에너지란 태양에너지, 풍력에너지, 수력, 지열, 바이오매스, 폐기물에너지, 매립지가스, 바이오가스, 해양에너지를 말한다.

일본은 종래에는 신에너지라는 일본 특유의 분류체계를 사용하였는데, 이는 우리나라의 신에너지와 재생에너지의 개념을 합친 것과 유사하였다. 그러나, 최근에 관련 법령을 개정하여 재생에너지의 개념을 확립하였으며 종래의 신에너지를 재생에너지와 혁신적인 에너지 고도이용기술로 구분하여 별도의 법체계를 통해서 각각 지원하고 있다.

우리나라는 2004년 12월 31일 기존의 '대체에너지 개발 및 이용·보급 촉진법'을 '신에너지 및 재생에너지 개발·이용·보급 촉진법(이하 '신·재생에너지법'이라 함)'으로 개정하여 대체에너지란 용어를 신·재생에너지란 용어로 변경하였다. 신·재생에너지에 대한 우리나라 분류체계는 신·재생에너지법 제2조의 정의에 따라 다음과 같이 서술한다. 신·재생에너지는 기존의 화석연료를 변환시켜 이용하거나 햇빛·물·지열(地熱)·강수(降水)·생물유기체 등을 포함하는 재생 가능한 에너지를 변환시켜 이용하는 에너지로 정의하고, 석유, 석탄, 원자력, 천연가스가 아닌 11개 분야의 에너지로 지정하였다. 신·재생에너지는 태양광, 태양열, 바이오, 풍력, 수력, 해양, 폐기물, 지열을 포함하는 재생에너지 8개 분야와 수소, 연료전지, 석탄액화·가스화 및 중질잔사유가스화를 포함하는 신에너지 3개 분야로 구성된다.

이 책 제3장에서는 우리나라 신·재생에너지법의 신에너지 및 재생에너지의 분류방식, 신·재생에너지원별 내용을 구체적으로 자세히 설명하고 있으며, 제6장에서는 이러한 신·재생에너지 분류방식에 대해 검토하고 개선방향을 제시하고 있다.[2)]

---

1) 이근대, 부경진, 이창훈, 신·재생에너지 전력시장 활성화 방안, 에너지경제연구원·한국환경정책평가연구원, 2005, p. 9.

Ⅱ. 에너지 위기와 기후변화 등 환경문제

1. 화석연료의 고갈로 인한 에너지 가격상승 및 불안정한 공급

기후변화, 화석연료와 우라늄의 고갈 외에도 해외에너지원에 대한 과다의존, 핵폐기물 처리의 어려움, 시민사회의 성장과 에너지 정책결정과정에의 참여요구 확대, 새로운 재생에너지 시장의 세계적 확대 추세, 에너지 효율성 향상 기술의 발전과 같이 급변하는 에너지 환경은 기존 에너지 정책의 변화를 지속적으로 야기하고 있다.[3)]

세계 각국이 온실가스를 감축하기 위한 국제적 노력의 중요성을 강조하고 있는 이면에는 기후변화로 인한 환경재앙이라는 문제를 제외하고라도, 에너지안보의 문제가 도사리고 있음을 간과해서는 안 된다. 토마스 프리드먼[4)]이 지적한 것처럼, 중국, 인도, 브라질 등 개도국의 인구가 계속 증가하면서(crowded), 이들이 모두 미국인들처럼 에너지와 자원을 마구 쓸 수 있는 평등한 시대가 온다면(flat), 지구가 지금보다 더욱 뜨거워(hot)지는 것은 차치하고라도, 과연 지구의 에너지-자원이 이 수요를 감당할 수 있겠는가 하는 것과 이 경우 어떤 국가가 이러한 자원고갈의 시대에 살아남겠는가 하는 것이 세계 각국의 전략가들에게 공통적으로 던져진 화두가 된 것이다.

실제로 1956년 미국의 지질학자 킹 허버트에 의해 제시된 '피크 오일 가설(Peak Oil Theory)'은 실제로 미국 내 석유생산량이 1970년대에 정점에 도달했다는 점, 최근 십 수 년간 대형유전이 발견된 사례가 없다는 점, 세계 상위 20개 유전 중 절반가량은 이미 그 생산량이 감소세로 돌아섰다는 점 등으로 인해 다시 주목받고 있으며, 굳이 저명한 학자의 논문이 아니라도, 지구의 자원에 한계가 있을 수밖에 없다는 점은 자명하다 할 것이다. 이러

2) 국제기구 및 외국의 재생에너지 기준 및 범위에 대해서는 제6장을 참조하기 바란다.

3) 윤순진 교수는 이들을 '21세기 에너지 정책의 변환을 요구하는 조건들'로 설정하고 있다. 윤순진, "지속가능한 발전과 21세기 에너지 정책", 『한국행정학보』 제36권 제3호 (2002), pp. 153-159 참조.

4) Thomas L. Friedman, Hot, Flat and Crowded: Why we need a green revolution-and how it can renew America, New York: Farrar, 2008.

한 상황에서 BRICs 국가로 대표되는 초대형 신흥 개발국의 급부상은 실로 전 세계적인 위기의식을 불러일으키지 않을 수 없다.[5)]

자원의 저주(The Resource Curse)

석유 매장량이 풍부한 국가인 베네주엘라(세계 석유매장량 2위)의 정치가(석유부장관 역임)이자 OPEC의 공동설립자 중 하나인 Juan Pablo Pérez Alfonzo는 1970년대에 다음과 같이 예측한 바 있다.

「지금으로부터 10년, 20년 후, 당신은 목격할 것이다: 석유는 우리에게 파멸을 가져올 것이며… 석유는 악마의 배설물이다. (Ten years from now, twenty years from now, you will see: oil will bring us ruin … Oil is the Devil's excrement.)」[6)]

광물 및 석유·천연가스 등 풍부한 자연자원(natural resources)은 축복이라기 보다는 경제적으로 저주일 수 있다는 생각은 1980년대에 나타나기 시작했다. 자원의 저주(The Resource Curse)란 용어는 1993년 Richard Auty가 처음으로 제시하였는데, 자원이 풍부한 나라는 그러한 자원을 이용하여 경제를 보다 크게 부흥시킬거 같은데 오히려 그러하지 못하는 상황을 설명하고 있다. Richard Auty는 1970~1993년동안 각국의 발전을 비교한 결과 자연자원이 부족한 국가의 경제적·사회적 발전속도는 자연자원이 풍부한 국가들보다 4배가 높았으며 공공수입(public income)은 2배가 높다는 것을 실증 분석한 바 있다.[7)] 또한 석유(petroleum)가 풍부한 국가들을 대상으로 이러한 가설을 적용한 연구자료에 따르면, 1965년~1998년간 OPEC 회원국가의 1인당 GDP는 매년 평균 1.3%p 하락한데 반해 동 기간동안 그밖의 개도국들의 1인당 GDP는 매년 평균 2.2%p 증가한 것으로 나타났다.[8)]

5) 법제처, 녹색성장법제(I)-저탄소 녹색성장과 법제적 대응, 녹색성장과 환경법제의 정비, 맹학균, 2010, pp. 211-212.

6) Useem, Jerry (2003-02-03), The Devil's Excrement, Fortune Magazine, http://money.cnn.com/magazines/fortune/fortune_archive/2003/02/03/336434/, retrieved 2009-11-06

7) Auty, Richard M. (1993). Sustaining Development in Mineral Economies: The Resource Curse Thesis. London: Routledge.

8) Gylfason, T (2001), "Natural resources, education, and economic development", European Economic Review (Elsevier) 45 (4-6): 847 - 59, http://www.hi.is/~gylfason/pdf/dp2594.pdf

자원의 저주가 발생하는 원인은 다양하게 설명할 수 있으나, 기본적으로는 자연자원이 풍부한 국가의 자연자원에 대한 과도한 의존성이 오히려 성장과 경제발전에 부정적 영향을 미쳤다는 것을 보여주고 있다.

이러한 점에서 석유 매장량이 풍부한 국가들도 향후 지속가능한 발전을 도모하기 위해서 오히려 태양광, 풍력 등 재생에너지산업을 적극적으로 육성하고 재생에너지 사용을 획기적으로 확대하는 정책을 적극적으로 펼치고 있는 것을 볼 수 있다. 그 대표적인 사례가 UAE와 카자흐스탄 등이다.[9]

UAE는 석유매장량이 세계 7위인 국가로서, 세계 최초의 탄소제로 Masdar City 건설 등을 내용으로 하는 Masdar initiative를 2006년부터 수립하여 재생에너지사업을 강력하게 추진해 오고 있다. 석유·가스자원이 풍부한 UAE가 재생에너지사업을 추진하는 것은 자국의 에너지수요를 재생에너지로 충족시키겠다는 차원보다는 아부다비를 재생에너지의 국제적인 허브로 개발하고 미래 신산업 육성을 통해 아부다비에 전혀 새로운 경제부문을 창출하겠다는 목적이 강하다. Masdar City 건설도 이를 통해서 아부다비에 세계 재생에너지산업의 테스트베드를 구축하겠다는 구상이다. 그리고 UAE는 석유자원 보유라는 강력한 힘을 바탕으로 유력했던 독일, 덴마크 등 재생에너지강국들을 제치고 국제재생에너지기구(IRENA; International Renewable Enrgy Agency)의 사무국 소재지를 자국내의 아부다비에 유치하여서 아부다비를 명실상부하게 재생에너지의 세계적인 대명사로 육성하고자 하고 있다.

카자흐스탄 역시 세계석유매장량 11위인 국가임에도 불구하고, 최근 풍력, 소수력, 지열발전, 바이오매스발전 등 경쟁력있는 재생에너지 자원을 개발하여 지속가능한 발전으로의 전환을 도모하고 있다. 특히 2009년 7월에 재생에너지 보급 확대를 위해 "재생에너지원 활용 촉진에 관한 법률"을 제정한 바 있는데, 동 법률에 따른 재생에너지원 지원정책 기본방향은 다음과 같다.

〈재생에너지원 활용 촉진 법률에 따른 지원정책의 기본방향〉

- 정책방향: ① 재생에너지 개발에 우호적 환경 조성, ② 재생에너지 전력생산 및 열병합 발전을 촉진, ③ 재생에너지 개발에 투자 우선순위 ④ 재생에너지를 국내 전기, 열에너지 시장에 효과적으로 통합시킬 수 있는 유리한 조건 제공, ⑤ 온실가스 감축을 위한 정부의 국제적 의무를 충족시키는데 기여

9) 외교통상부 에너지기후변화환경과, 주요국 재생에너지 현황 및 정책, 2012.4월.

• 정책수단 : ① 재생에너지원 개발계획 승인, 관련 인허가, ② 재생에너지 보급 목표 제시, 재생에너지원을 통한 전력생산량 제시, ③ 관련 전문가 육성 및 연구개발 지원, ④ 지역정책의 수립단계부터 재생에너지원 사용방안을 고려, ⑤ 재생에너지 생산전력 전력망 연결 보장, ⑥ 토지제공 우선순위 부여 등의 지원책, ⑦ 재생에너지 설비 설계, 건설 및 사용 관련 자연인·법인에 대한 투자혜택 제공 등

이처럼 석유매장량이 굉장히 풍부함에도 불구하고 재생에너지 보급확대를 위해 각종 정책적 노력을 기울이고 있는 카자흐스탄을 보면서 재생에너지라는 이슈는 자연자원이 부족한 나라에서뿐만 아니라 풍부한 나라에서도 중요한 국가적 아젠다임을 확인할 수 있다.

2. 기후변화에 대한 국제적 대응

1979년 스위스에서 열린 '제1차 세계기후회의(WCC)'에서 본격적으로 온실가스 제어에 대한 공식적인 국제적 논의가 시작된 후, UN주관으로 1992년 브라질 리우데자네이루에서 개최된 '환경과 개발 정상회의'에서 '유엔기후변화협약(UNFCCC, United Nations Framework Convention on Climate Change)'에 157개국이 서명함으로써 채택되었으며 이후 1994년 3월에 공식 발효되어 국제적 차원의 온실가스 규제가 논의되기 시작하였다.[10)]

기후변화협약은 '인간이 기후체계에 위험한 영향을 미치지 않을 수준에서 대기 중 온실가스를 안정화'하는 것을 궁극적 목적으로 설정하고 있다. 협약에서는 차별화된 공동부담원칙(common but differentiated responsibility)에 따라 가입 당사국을 부속서Ⅰ(AnnexⅠ)국가, 부속서Ⅱ(AnnexⅡ)국가, 비부속서(Non-AnnexⅠ)국가로 구분하여 각기 다른 방법으로 온실가스 저감의무를 부담하기로 결정하였다. 일반적으로 부속서Ⅰ국가는 선진국 국가들을, 부속서Ⅱ국가는 부속서Ⅰ국가 중 시장경제전환국가(EIT, Economics in Transition; 러시아, 발트해 연안 국가, 일부 동유럽 국가)를 제외한 OECD가입국만 포함하

10) 현재 195개의 당사국이 참여하고 있으며, 우리나라는 1993년 47번째로 협약에 가입하였다.

고 있다. 비부속서 국가들은 대부분 기후변화의 부정적인 영향에 대처할 역량이 부족한 개발도상국을 포함하고 있다.

그러나 기후변화협약상의 감축의무만으로는 지구 온난화 방지가 불충분하다는 인식하에 1997년 일본 교토에서 개최된 제3차 당사국 총회에서 선진국(Annex I 38개국)들의 온실가스 배출에 대해 2008년부터 2012년에 이르는 1차 공약기간 동안 38개국에 1990년을 기준으로 평균 5.2% 감축을 구체적으로 의무화하는 내용의 교토의정서(Kyoto Protocol)를 채택하였다.[11)]

교토의정서의 가장 큰 특징은 선진국들이 자국에 부여된 감축의무를 자국 내 수단만으로는 달성하기에는 한계가 있다는 점을 인정하여, 유연성 있는 감축의무이행을 위하여 청정개발체제(CDM, Clean Development Mechanism), 배출권 거래제도(ET, Emission Trading),[12)] 공동이행제도(JI, Joint Implementation)[13)] 등 시장원리에 입각한 3가지 유연성 체제(Flexibility Mechanism)인 '교토 메카니즘(Kyoto Mechanism)'을 도입했다는 점이다.

청정개발체제(CDM, Clean Development Mechanism)

◇ 사업개요

교토의정서 제12조에 정의되어 있는 청정개발체제는 부속서 I국가(선진국)가 비부속서 I국가(개발도상국)에 온실가스 감축사업 실행을 위한 기술 및 자금을 지원하여 달성한 실적을 부속서 I국가(선진국)에 할당된 감축목표 달성에 활용할 수 있도록 하는 제도이다. CDM 사업을 통하여 선진국은 감축목표 달성에 사용할 수 있는 온실가스 감축량을 얻고, 개발도상국은 선진국으로부터 기술과 재정지원을 받음으로써 자국의 지속가능한 개발에 기여할 수 있다.

즉, CDM사업을 통해 선진국은 개도국에서 온실가스를 줄일 수 있게 되어

11) 그러나 동 의정서는 세계 경제대국인 미국과 석탄대국인 호주의 비준거부로 연기되었으나 1990년 기준 전 세계 온실가스 배출량의 14.7%에 해당하는 푸틴정부의 러시아에서 2004년 11월 비준에 동의함으로써 배출량이 55%가 넘게 되어 2005년 2월 드디어 발효되었다.

12) 온실가스 감축의무가 있는 국가가 당초 감축목표를 초과 달성했을 경우 여유 감축쿼터를 다른 나라에 팔 수 있도록 한 제도이다.

13) 선진국 기업이 다른 선진국에 투자해 얻은 온실가스 감축분의 일정량을 자국의 감축실적으로 인정받을 수 있도록 한 제도이다.

자국의 감축 비용을 최소로 낮출 수 있는 반면에 개도국은 친환경 기술에 대한 해외 투자를 받게 되어 자국의 개발을 지속가능한 방향으로 유도할 수 있는 일거양득의 효과를 갖고 있다.[14)]

(CDM사업 개념)

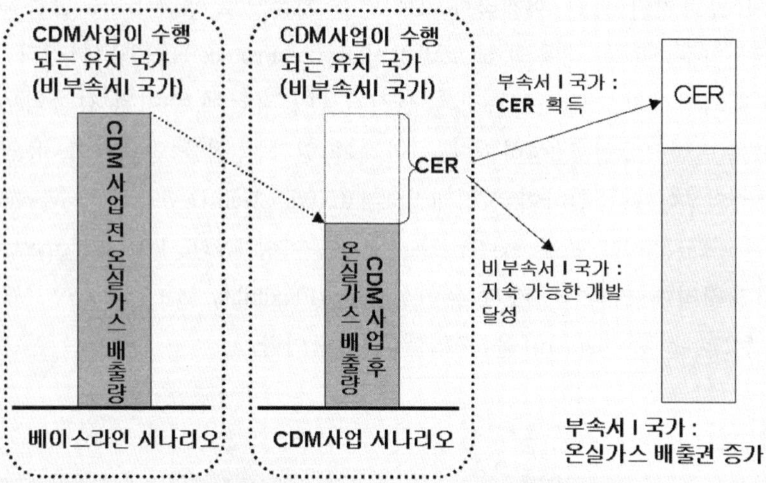

출처: http://www.bsigroup.co.kr/ko-kr/에서 인용.

◇ CDM사업 대상

CDM의 사업은 이산화탄소, 메탄, 이산화질소, 수소불화탄소, 과불화탄소, 육불화황 등의 온실가스를 감축하는 사업으로, 에너지산업, 에너지 공급, 에너지 수요, 제조업, 화학산업, 건설, 수송, 광업 · 광물, 금속공업, 연료로부터의 탈루성 배출(Fugitive emission from fuels), 할로겐화 탄소와 육불화황 생산 및 소비, 용제 사용, 폐기물 취급 및 처리, 조림 및 재조림, 농업 등 15개 분야로 나뉜다. 온실가스 감축사업은 시행 전과 후를 비교하여 온실가스 감축 및 환경적 이익이 발생하고 개발도상국의 지속 가능한 발전에 기여할 때 사업으로 승인하고 있다.

14) 즉, 공동이행제도가 선진국간의 협력메커니즘이라면, 청정개발체제는 선진국과 개발도상국간의 협력메커니즘으로 볼 수 있다. 또한 청정개발체제는 사업이 수행되는 국가가 개발도상국이기 때문에 공동이행보다 더 비용을 절감할 수 있다는 장점이 있다. 아울러 2000년부터 시작되는 청정개발사업은 제1차 공약기간 개시 전이라 하더라도 소급해서 공약기간동안의 배출감축량으로 취득할 수 있도록 하는 조기 온실가스감축활동(Early Action)이 인정된다.

◇ CDM 사업 절차

CDM사업을 통해 기업들은 감축실적 크레딧(CERs, Certified Emission Reductions)을 획득하여 감축의무대상국에 판매할 수 있다.

이를 위해서는 두 단계에서 CDM사업평가를 받아야 하는데, 첫번째로 사업계획 단계에서 타당성확인(Validation)을 받아야 하고 두번째는 사업 이행 과정에서 감축실적에 대한 검증(Verification)을 받아야 한다. 이러한 평가를 수행하는 전문기관을 CDM운영기구(Designated Operational Entity)라고 하며 UN기후변화협약 당사국총회에서 지정한다.[15] 단계별로 간략히 살펴보면 다음과 같다.

① CDM 사업발굴/계획단계

CDM 사업을 추진하고자 하는 부속서 I국가의 사업자가 비부속서 I국가에서 재정적인 어려움이나 다른 이유로 추진하기 어려운 온실가스 감축사업을 발굴하는 것으로부터 시작한다. 그러나 제18차 CDM 집행위원회 회의에서 부속서 I국가의 사업자 참여 없이, 비부속서 I국가 사업자가 CDM 사업을 발굴하여 등록할 수 있다고 결정했다.[16] CDM 사업수행자는 사업을 발굴한 뒤, CDM 사업계획서(CDM-PDD, CDM Project Design Document)를 작성하게 된다.[17]

② CDM 사업타당성 확인(Validation) 및 정부승인

사업수행자는 CDM 사업계획서를 CDM 운영기구 중에서 하나를 선정하여 타당성 확인을 받는다. CDM 운영기구에서는 제안된 사업에 관한 타당성확인 보고서(validation report)를 작성한다. 그 다음 CDM 사업수행자는 CDM 사업 승인기구에 CDM 사업 국가승인서를 요청하게 된다. CDM 사업 유치국의 CDM 사업 국가승인기구(DNA, Designated National Authority)는 자국내 CDM 사업 수행이 지속가능한 개발을 이루는데 도움이 되는지 평가하고, 제안된 사업이 환경에 미치는 영향이 크다고 판단하는 경우, 사업수행자는 유치국이 요구하는 절차에 따라서 환경영향평가를 실시하여야 한다. 유치국의 CDM 사업 국가승인기구가 제안된 CDM 사업이 자국의 지속가능한 개발에 도움이 된다고 결정하면, CDM 사업 허가 서류를 사업수행자에게 발급하게 된다.

---

15) 에너지관리공단 온실가스검증원은 2005년 11월 개도국에서는 최초로 UN으로부터 「CDM 운영기구」로 지정받아 CDM사업 타당성평가와 검인증 업무에 적극 참여하게 되었으며, 아울러 국내기업의 온실가스 감축사업에 대한 배출 감축량 인증을 위하여 2007년 8월 지식경제부로부터 「온실가스감축 검증기관」으로도 지정을 받았다.

16) 개발도상국 지위인 우리나라는 2005년 2월 제15차 CDM집행위원회 회의 결과로 우리나라 자체적으로도 CDM 사업을 발굴하고 투자하여 배출권(CER)을 팔거나 이월할 수 있다.

17) UNFCCC CDM 홈페이지(http://cdm.unfccc.int)에서 CDM 사업계획서 양식을 제공하고 있다.

③ CDM 사업등록(Registration)

CDM 사업운영기구(DOE, Designated Operational Entity)는 제안된 CDM 사업계획서, CDM 사업 타당성 확인보고서 등을 첨부하여 CDM 집행위원회에 사업등록을 요청한다.

④ 모니터링(Monitoring)

CDM 사업계획서에서 제시한 모니터링계획에 따라 CDM 사업자 또는 제3의 기관이 사업 전 기간동안 모니터링을 실시한다. CDM 사업자는 검증 및 인증을 위하여 모니터링 보고서를 CDM 운영기구(DOE)에 제출한다.

⑤ CDM 사업 검증 및 인증(Verification & Certification)

사업검증은 특정기간 동안 사업자가 감축한 온실가스 양을 평가하는 것을 의미한다. 사업자가 선택한 운영기구는 모니터링 보고서의 검토 및 현장조사 등을 통하여 사업자가 사업 초기단계에 제출한 사업계획서 및 모니터링 계획서와의 일치 여부, 모니터링 방법 평가와 결과 검토 및 온실가스 감축량 결정 방법에 대한 평가를 실시한다. 검증이 종료되면 CDM 운영기구(DOE)는 검증된 양에 상당하는 CER의 발행을 CDM 집행위원회에 요청하게 된다.

⑥ CERs 발급

CDM 집행위원회는 운영기구가 제출한 인증보고서를 접수하고 15일 이내에 관련 당사국(CDM 투자국 및 유치국) 또는 CDM 집행위원회 위원 중 적어도 3명 이상이 CERs 발행의 재검토(review)를 요청하지 않으면 CERs을 발급하게 된다.

◇ **CDM 사업현황**[18)]

2012년 9월 17일 현재 전 세계 CDM 사업의 UN등록 건수는 총 4,630건이며 우리나라의 등록 건수는 69건으로 점유율은 1.49%이다.[19)] 그리고 실제 CER 발행건수는 4,772건이며 실제 발행량은 1,004,715(천tCO2)이다. 사업내용별 점유율은 에너지(70.97%), 폐기물(12.67%) 등의 순이다.

---

18) 출처: 온실가스검증원 CDM 사업통계.

19) 행정중심복합도시건설청은 2012.7.15. 세종시에 건설 중인 정부청사, 국립도서관 등의 공공건물 신재생에너지(태양광, 태양열, 지열) 도입사업을 온실가스 감축활동으로 인증받기 위해 중앙행정기관 최초로 청정개발체제(CDM)사업 유엔 등록을 신청했다고 밝혔다. 그동안의 CDM사업들은 발전회사나 지방자치단체 주관으로 태양광발전소, 폐기물에너지화 사업 등 대규모의 사업성 온실가스 감축활동 위주로 추진돼 왔지만 이번 CDM사업은 중앙행정기관 최초로 공공건물에 적용하는 것이다. 행정도시건설청은 이번 신청을 통해 연간 5410t 규모의 온실가스 감축효과를 인정받을 수 있을 것으로 예상하고 있다. 이는 소나무 195만여그루를 심는 것과 맞먹는 효과이며 배기량 200cc 자동차로 서울~부산을 2만7000여차례 왕복운행 때 발생하는 온실가스 배출량에 해당하는 것이다.

2013년부터 시작되는 기후변화체제에 대한 협상(Post-2012 협상)과 관련하여 2009년 12월 덴마크 코펜하겐에서 열린 제15차 당사국 총회에서는 선진국과 개도국간의 극심한 대립이 반복되어 합의문 형태로는 채택되지 못하고 코펜하겐 합의(Copenhagen Accord)만 도출되었다.

Post-2012 협상은 코펜하겐에서 도출된 결과를 바탕으로 2010년 12월 멕시코 칸쿤에서 개최된 제16차 당사국 총회(COP-16)에서 칸쿤 합의문(Cancun Agreement)을 도출하였다. 동 합의문은 선진국과 개도국의 견해차이로 2011년 남아공 더반 당사국 총회로 그 협상 종료시점을 연기하는 데 그쳤다.

그 후 남아공 더반에서 개최된 17차 당사국 총회(2011.11월)에서 2020년 이후 개도국을 포함한 모든 당사국에 적용되는 의정서, 법적 체제, 또는 법적 결과물을 채택하기 위해 2012년 상반기부터 협상을 개시하여 2015년까지 협상을 완료하기로 합의하면서, 각 국가의 구체적인 감축목표의 확정은 아직까지 이루어지지 않고 있다.

Ⅲ. 신·재생에너지의 특징과 중요성

다른 에너지와 비교할 때, 신·재생에너지의 특징과 중요성은 다음 몇가지로 정리될 수 있다.

첫째, 석탄, 석유, 천연가스 등 화석연료는 고갈성을 특징으로 하는데 반해, 재생에너지는 자연에너지로서 비고갈성을 특징으로 한다. 따라서 화석연료 부존량이 절대적으로 부족한 우리나라 같은 경우에 화석연료 대체 및 에너지안보 강화 측면에서 재생에너지는 그 중요성을 가진다.

둘째, 신·재생에너지는 화석연료에 비해 온실가스(GHG; Green House Gas)의 배출이 극히 적거나 거의 0에 가깝다는 성질을 가지고 있어서, 기후변화에 대응을 위한 온실가스 감축목표 달성에 있어서 신·재생에너지는 절대적이고 강력한 수단이 되고 있다.

셋째, 산업적인 측면에서 신·재생에너지산업은 대표적인 성장동력산업화의 모습을 보이고 있다. 전세계적으로 태양광 셀 및 모듈시장, 그리고 풍력발전시장 등은 그 성장속도가 1990년대말과 2000년대 초의 IT산업 성장속도만큼 빠른 모습을 보이고 있으며, 장래의 세계 신·재생에너지시장도 지속적으로 빠르게 성장할 것으로 전문가들은 예상하고 있다. 이처럼 신·재생에너지는 에너지안보 문제와 온실가스 대응 수단으로서의 의미뿐만 아니라 소득과 일자리를 창출하는 성장동력산업으로서의 의미도 크게 가지게 되었다.

그 밖에도 신·재생에너지는 화석연료에 비해 공해발생과 온실가스 발생이 적은 환경친화적인 청정에너지의 성격을 띠고 있다.

그리고 화석연료가 대규모 중앙집중식 에너지공급 시스템인데 반해, 신·재생에너지는 대부분 분산형 에너지공급 시스템의 모습을 보이고 있다. 특히 전력분야의 경우, 태양광, 풍력, 바이오매스발전, 연료전지 등은 분산전원(distributed and on-site generation)으로서의 특징을 보이고 있는데, 분산전원은 중앙집중식 전원에 비해 네트워크 비용이 크게 절감되고 에너지안보 차원에서도 보다 안정적이라는 측면에서 보다 바람직한 에너지공급방식이라고 할 수 있다.

그림 1-1 중앙집중형 전원방식에서 분산형 전원방식으로의 전환

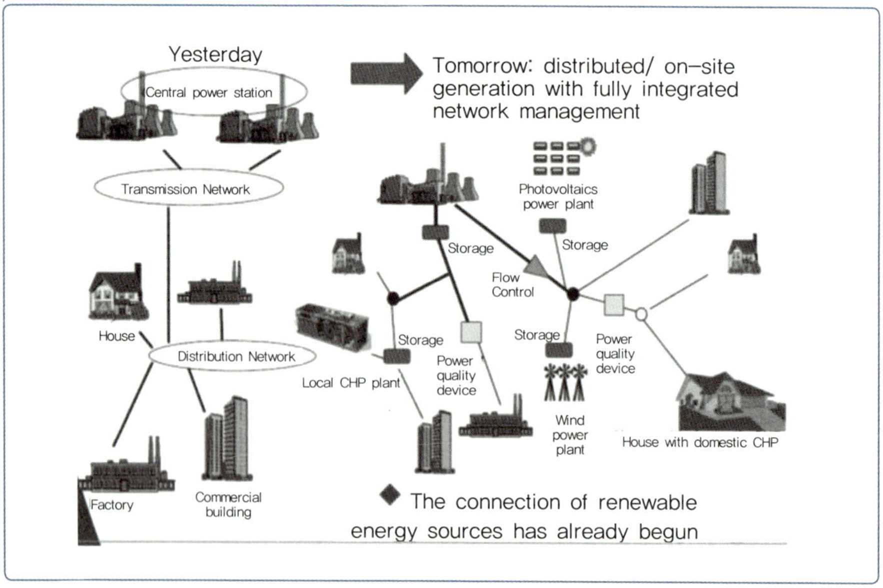

자료: R. Bassett, "The Future of Energy Transport and Distribution Systems", Areva.

그 밖에도 화석연료는 세계적으로 그 부존량 또는 매장량이 중앙아시아, 중동, 아프리카 등으로 지역적으로 매우 편중되어 있다. 이에 비해 태양광, 풍력, 지열, 바이오매스 등 재생에너지의 잠재량은 전세계적으로 고루 분포되어 있고 지역적인 편중이 거의 없어서 모든 국가들이 개발하여 쉽게 활용할 수 있는 에너지원이라고 할 수 있다.

제3차 산업혁명(The third industrial revolution)

미래학자 제러미 리프킨(Jeremy Rifkin)은 최근 펴낸 '제3차 산업혁명'에서, 인터넷 커뮤니케이션 기술과 재생에너지의 결합이 제3차 산업혁명을 일으키고 있다고 설명하고 있다. 즉, 세상의 위대한 경제혁명들은 새로운 커뮤니케이션 기술이 새로운 에너지 체계와 만났을 때 일어났다는 점이 중요하며 19세기에는 증기기관과 석탄을 중심으로 한 에너지 체계가 대량 인쇄·출판이라는 커뮤니케이션 기술과 만났고, 20세기에는 석유자원이 전화·텔레비젼과 같은 전기 커뮤니케이션 기술과 만났다면, 이제 곧 인터넷 기술과 재생에너지의 결합이 우리가 살아가고 일하는 방식의 모든 측면을 근본적으로 바꾸어 놓을 것이라고 피력한다.

다시 말해서, 화석연료에 기반한 산업혁명의 경제적·사회적·정치적 생활 대부분을 특정지었던 상의하달식 사회구조는 물러가고 분산 및 협력관계가 주를 이루는 녹색산업 시대가 부상할 것이다. 우리는 현재 사회구조가 계층적 권력에서 수평적 권력으로 이동하는 심오한 변화의 시기를 보고 있다고 한다. 그는 3차 산업혁명의 여러 핵심요소는 동시에 구축해야 한다고 주장하며, 그렇지 않으면 토대가 부실해 질 수 있다고 말한다. 그 이유는 각각의 핵심요소가 다른 핵심요소와 밀접한 관계를 맺고 기능하기 때문이다. 그는 3차 산업혁명의 5가지 핵심요소를 다음과 같이 제시하고 있다.[20]

(1) 탄소에 기초한 화석연료 에너지 체제에서 새로운 재생에너지 체계로 전환한다.

(2) 모든 건물과 주택을 미니 발전소로 변형하여 재생에너지를 현장에서 생산한다.

20) 제러미 리프킨(Jeremy Rifkin), 제3차 산업혁명 : 수평적 권력은 에너지, 경제 그리고 세계를 어떻게 바꾸는가, 민음사, 안진환 옮김, pp. 57-59, 107-108.

(3) 모든 건물과 사회 인프라 전체에 수소 또는 여타의 저장기술을 보급하고 불규칙적으로 생산되는 재생에너지를 저장하여 지속적이고 신뢰할 수 있는 녹색 전력의 공급 체계를 확보한다.
(4) 인터넷 커뮤니케이션 기술을 이용하여 전기 그리드를 지능형 공익사업 네트워크로 전환함으로써(인터넷상에서 정보가 생산되고 공유되듯이) 수백만 명이 주거지나 건물에서 직접 생산한 녹색 전력을 그리드로 보내 오픈소스 공유 공간에서 다른 사람과 나눠쓰도록 한다.
(5) 승용차와 버스, 트럭, 기차 등 모든 교통수단을 수백만 개의 건물에서 생성된 재생에너지에 의존하는 전원 연결 및 연료전지 차량으로 교체하고 국가 및 대륙 전반에 충전소를 설치하여 사람들이 분산형 전력 그리드에서 전기를 사고팔 수 있게 한다.

하지만, 신・재생에너지가 문제점이 전혀 없는 완벽한 에너지원은 아니며 그 한계 또는 극복해야 할 점도 있다.

첫째, 화석연료에 비해 상대적으로 낮은 경제성이다. 재생에너지전원 중에는 발전단가가 이미 화석연료에 상당히 근접한 것들도 있는 반면, 태양광 같은 경우에는 화석연료에 비해 경제성이 매우 낮아서 태양광의 과도한 공급 확대가 국민 또는 정부의 큰 재정적 부담을 유발하기도 한다. 연료전지, 석탄가스화복합발전 등도 기존의 화석연료 발전소에 비해 경제성이 상당히 낮은 것이 현실이다. 하지만 이러한 낮은 경제성 문제는 신・재생에너지의 기술개발을 통한 경제성 확보 그리고 화석연료의 점진적인 고갈로 인한 화석연료의 경제성 저하로 점차 해소될 것으로 보이는데, 그 시기가 문제라고 할 것이다.

둘째, 신・재생에너지의 낮은 경제성과도 연결되는 문제로서 신・재생에너지에는 초기에 과다한 투자를 요한다는 장애요인이 있다. 화석연료를 이용하는 에너지설비의 투자비는 상대적으로 전주기적으로 고루 분포되어 있는 반면 신・재생에너지설비는 초기에 투자비가 집중되어 있어서[21] 초기

21) 예를 들어서 풍력발전소와 유연탄 화력발전소를 비교해 보자. 풍력발전소는 건설시 많은 투자비가 들지만 실제로 가동중에는 바람만 있으면 되기 때문에 아주 낮은 유지보수비만 소요되므로, 투자비가 초기에 완전히 집중되어 있다. 하지만 유연탄발전소는 발전소 건설에 상대적으로 적은 투자비용이 들지만 가동시에는 연료비(유연탄)

의 과다하게 소요되는 투자비를 어떻게 안정적으로 확보하느냐가 큰 걸림돌이 될 수 있다.

셋째, 특히 태양광, 풍력발전 등 재생에너지발전은 우리가 전기가 필요한 시점에 항상 발전이 이루어지는 것이 아니며 발전량도 시간에 따라 매우 불안정하다는 점에서 화석연료 발전에 비해 큰 불리한 측면을 가지고 있다. 따라서 재생에너지 발전 비중의 확대는 스마트 그리드, 스마트 미터 등의 시스템 구축과 함께 나아갈 수밖에 없다.

넷째, 공해발생 감소 및 온실가스 감축에 재생에너지가 매우 강력한 수단으로 여겨졌는데, 실제로는 재생에너지설비의 설치장소 및 원료수급 방식 등에 따라서 이러한 효과가 크게 차이가 날 수 있다는 점이다. 그 대표적인 것들이 산림 등을 훼손하면서 설치된 태양광발전과 바이오연료 작물 재배라고 할 수 있는데, 이러한 경우에는 오히려 실질적으로는 공해발생 및 온실가스 발생을 보다 더 많이 유발할 수도 있다.

Ⅳ. OECD의 재생에너지비중 현황

국제에너지기구인 IEA(International Energy Agency)의 재생에너지기준에 따를 때, 선진국으로 분류되는 약 30여개국 OECD회원국들의 총 1차에너지 소비량 중 재생에너지비중은 2009년도 기준으로 약 7.9%이다.[22] 이에 반해 OECD 회원국 중의 하나인 우리나라는 1.5%로 매우 낮은 수준이다.[23]

그리고 IEA의 재생에너지기준에 따를 때, OECD회원국들의 총전력생산량 중에서 재생에너지발전량 비중은 2009년 기준 17.7% 수준이다. 이에 반해 우리나라의 재생에너지발전량 비중은 1.1%로 역시 매우 낮은 수준이다.

등이 지속적으로 소요되므로, 전주기적으로 투자비가 상대적으로 고루 분포되어 있다고 볼 수 있다.

22) OECD회원국 전체의 총 1차에너지소비량은 5,237,724천 toe이며, 이중 재생에너지공급은 412,040천 toe이다.

23) 신·재생에너지센터에서 발표하는 2.5%는 신·재생에너지비중으로서 IEA에서 발표하는 재생에너지비중과는 포함 범위가 달라서 차이가 발생한다.

재생에너지비중 1% 확대를 위한 소요 투자비 규모는?

우리나라의 재생에너지비중이 매우 낮은 것을 보고는 이를 왜 획기적으로 높이지 못하는지 답답해할지도 모르겠다. 하지만 재생에너지비중 1%p를 높이는데 얼마나 많은 투자비가 소요되는지를 안다면, 1%p 높이는 것이 결코 녹록하지 않음을 알 수 있다.

1 재생에너지비중 1%p 확대를 위한 소요투자비 : 풍력기준 약 9.2조원

2010년 기준 우리나라의 총에너지소비량 중 재생에너지비중을 1%p 높이기 위해서는(즉, 1.5% → 2.5%), 가장 기본적인 재생에너지원인 풍력을 기준으로 할 때 약 9.2조원 규모의 설비투자가 소요된다. 그 세부적인 설명은 다음과 같다.

2010년 기준 우리나라의 총 1차 에너지소비량은 약 260,500천 toe이며 이중에서 1%는 2,605천 toe이다. 그리고 2,605천 toe를 생산하기 위해서는 풍력발전기 4,611MW[24]의 설치가 필요하며, 4,611MW의 풍력발전기 설치를 위해서는 총 9.2조원[25]의 설비투자비가 필요하다.

2 재생에너지발전량비중 1%p 확대를 위한 소요투자비 : 풍력기준 약 3.2조원

2010년 기준 우리나라의 총전력생산량 중 재생에너지발전량비중을 1%p 높이기 위해서는(즉, 1.1% → 2.1%), 역시 풍력을 기준으로 할 때 약 3.2조원 규모의 설비투자가 소요된다. 그 세부적인 설명은 다음과 같다.

2010년 기준 우리나라 총 발전량은 423,784GWh이며 이 중에서 1%는 4,238GWh이다. 그리고 4,238GWh를 생산하기 위해서는 풍력발전기 1,613MW[26]의 설치가 필요하며, 1,613MW의 풍력발전기 설치를 위해서는 총 3.2조원의 설비투자비가 필요하다.

여기서 우리가 알 수 있는 것은 재생에너지비중 확대를 위해서는 정부의 강력하고 일관성있는 정책추진이 필요하고, 이러한 정책을 민간에서 신뢰하고 따라올 때 이러한 대규모 설비투자가 유발될 수 있다는 것이다.

24) 풍력발전기 1MW 설치시 연간 565 toe가 생산되며, 따라서 2,605천 toe 생산을 위해서는 풍력발전기 4,611MW의 설치가 필요하다.

25) 풍력발전기 1MW 설치하는데 약 20억원의 투자비가 소요되는 것으로 가정하였다.

26) 풍력발전기 1MW 설치시 연간 2,628MWh가 발전되며, 따라서 4,238GWh의 발전을 위해서는 풍력발전기 1,613MW의 설치가 필요하다.

02

주요국의 신 · 재생에너지 관련 법 · 정책 동향

Ⅰ. EU

1. ‘20-20-20 목표’

현재 발효 중인 유럽연합(EU)의 기후변화법은 2020년까지 세 가지 목표(20-20-20) 달성에 주력하고 있다. (i) 온실가스(GHG, Green House Gas) 배출량을 1990년 수준 대비 20% 감축한다. (ii) 1차 에너지 사용을 에너지 효율을 개선하여 20% 저감한다. (iii) EU 최종에너지 소비총량에서 재생에너지 비율을 20%로 올린다. 2007년 3월 유럽이사회 정상회담[1]에서 EU 국가 정상들이 정치적으로 합의한 위의 목표치는 2009년 4월에 채택한 법적 구속력이 있는 법률 패키지를 통해 뒷받침되었다.[2] 집행위에 따르면 “본 법률 패키지로 인해 유럽은 세계에서 처음으로 광범위하고, 법적 구속력이 있는 기후 및 에너지 목표를 구현하는 것”이라고 한다.[3]

이 법률 패키지에 해당하는 EU의 경성법 제도는 배출권 거래제도 수정지침(Directive amending the Emissions Trading Scheme(“ETS”) Directive),[4] 분

1) Brussels European Council, 8/9 March 2007, Presidency Conclusions, 7224/1/07 REV 1.

2) Commission's Press Release, 23 April 2009, IP/09/628. ‘기후 및 에너지 패키지’는 2009년 6월에 발효되었다.

3) Commission's Press Release, 23 April 2009, IP/09/628.

4) Directive 2009/29/EC of the European Parliament and of the Council of 23 April 2009 amending Directive 2003/87/EC so as to improve and extend the greenhouse gas emission allowance trading scheme of the Community, 2009 OJ L 140/63.

담결정문(Effort Sharing Decision),[5] 탄소 포집 및 저장 지침(Carbon Capture and Storage("CCS") Directive),[6] 재생에너지 지침(Renewable Energy Directive),[7] 연료 품질 수정 지침(Directive amending the Fuel Quality Directive),[8] 신규 승용차에 대한 이산화탄소 배출수준 규제 제정(Regulation Setting Emission Performance Standards for New Passenger Cars)[9] 등이다.[10]

이하에서는 EU의 재생에너지지침 및 재생에너지 사용을 간접적으로 증진하는 수단에 관하여 간략히 살펴보기로 한다.[11]

2. EU 재생에너지 지침

1) 기후 및 에너지 패키지(Climate and Energy Package) 이전의 EU 재생에너지 법안

재생에너지지침을 채택하기 전에 EU는 재생에너지 사용을 증진하기 위

5) Decision 406/2009/EC of the European Parliament and of the Council of 23 April 2009 on the effort of Member States to reduce their greenhouse gas emissions to meet the Community's greenhouse gas emission reduction commtiments up to 2020, 2009 OJ L 140/136.

6) Directive 2009/31/EC of the European Parliament and of the Council of 23 April 2009 on the geological storage of carbon dioxide and amending Council Directive 85/337/EEC, European Parliament and Council Directives 2000/60/EC, 2001/80/EC, 2004/35/EC, 2006/12/EC, 2008/1/EC and Regulation (EC) No 1013/2006, 2009 OJ L 140/114.

7) 2009/28/EC Directive, supra note 197.

8) Directive 2009/30/EC of the European Parliament and of the Council of 23 April 2009 amending Directive 98/70/EC as regards the specification of petrol, diesel and gas oil and introducing a mechanism to monitor and reduce greenhouse gas emission and amending Council Directive 1999/32/EC as regards the specification of fuel used by inland waterway vessels and repealing Directive 93/12/EEC, 2009 OJ L 140/88.

9) Regulation (EC) No 443/2009 of the European Parliament and of the Council of 23 April 2009 setting emission performance standards for new passenger cars as part of the Community's integrated approach to reduce CO_2 emission from light duty vehicles, 2009 OJ L 140/1. 위와 같은 법적 패키지는 다음의 주요 원칙을 전제로 한다. (i) 비용효과성, (ii) 유연성, (iii) 내부 시장과 공정한 경쟁, (iv) 보충성(subsidiarity), (v) 공정성, (vii) 경쟁과 혁신이다. 이 원칙들에 대한 설명은 앞의 연구보고서, pp. 121-122 참조.

10) 현준원・최수정, 에너지 위기대응을 위한 신・재생에너지 활용법제 연구, 한국법제연구원, 2011, pp. 120-122.

11) 현준원・최수정, 앞의 연구보고서, pp. 131-174에서 일부 요약 인용한다.

해 부문별 EU 법률에 의존하였는데, 주로 바이오연료 혹은 교통용 기타 재생 연료의 사용증진에 관한 2003/30/EC 지침("재생연료지침")[12]과 2001/77/EC 지침("재생에너지전력지침")[13]이었다. 교통용 연료의 다양한 혼합(mix)과 전력에 특정된 위의 두 법안에서는 2010년에 대한 국가차원의 분명한 목표를 정하고 있으며, 회원국에 법적인 구속력을 발휘하지는 않는다.

2) EU 재생에너지 지침 제정

2020년 20% 재생에너지 분담 목표를 달성하는 것과 관련 있는 EU의 주요 법적 제도는 재생에너지지침(RED, Renewable Energy Directive)이다. 이에 따르면, 회원국은 2010년 12월 5일까지 재생에너지지침을 자국의 법 제도에 공식적으로 편입시키도록 되어 있다. 그리고 재생에너지지침에 따라 2012년 1월 1일자로 재생에너지전력지침과 재생연료지침은 폐기된다. 2020년 20% 재생에너지 분담 목표를 달성하는 것이 이 법안의 기저를 이루고 있는데, 이 목표는 단지 하나의 독립적인 목표라기보다는 광범위하게 2020년까지 온실가스 배출을 20% 감축하려는 수단으로 보아야 한다. 재생에너지지침 제2조(a)에서 열거하는 재생에너지 자원은 태양광, 풍력, 수력, 바이오매스, 매립지가스, 바이오가스, 해양에너지, 지열, 하수처리가스로 이루어진다. 본 지침은 교통과 전력, 냉 · 난방 세 개 부문을 규율한다.

재생에너지지침에서는 2020년까지 유럽연합의 최종에너지 소비총량에서 재생에너지 비율을 20% 달성한다는 EU 전체의 목표는 국가 차원의 상이한 강제 목표와 교통 부문과 관련해서는 균일한 강제 목표를 시행하는 방식으로 다루어진다. 재생에너지지침은 2020년까지 최종에너지 소비총량에서 재생에너지 비율에 관해 EU 전체에 20%의 강제 목표를 정하고 있다. 이 목표는 2005년 수준을 기반으로 개별적인 국가 차원의 강제 목표를 통해 달성될 것이다. 20%의 목표를 달성하기 위해서, 동 법안은 EU회원국 개별국가 각각의 목표치를 설정하고 이의 실행을 강하게 규정하고 있다. EU

12) Directive 2003/30/EC of the European Parliament and of the Council of 8 May 2003 on the promotion of the use of biofuels or other renewable fuels for transport, 2003 OJ L 123/42.

13) Directive 2001/77/EC of the European Parliament and of the Council of 27 September 2001 on the promotion of electricity produced from renewable energy sources in the internal electricity market, 2001 OJ L 283/33.

회원국 국가별 재생에너지 실행계획(NREAPs, National Renewable Energy Action Plans)에 의하면, 각 회원국이 동 계획을 실현할 때 EU 목표인 재생에너지 비중 20%를 초과 달성하여 20.7%를 달성할 것으로 전망된다.[14] 한편 재생에너지지침에 따르면 각 회원국은 2020년까지 교통 부문의 최종에너지 소비량에서 차지하는 재생에너지 비율을 10% 수준으로 달성해야 한다.

재생에너지지침은 회원국이 수량적인 목표에 도달할 수 있도록 하기 위해 국가 '지원 제도'를 채택하고 자발적인 EU '협력 메카니즘'을 수립하는 회원국의 권한을 강화한다.[15] 국가 지원제도는 재생에너지 보조금을 주기 위해 공공 당국이 취하는 조치를 말한다(예를 들어, 생산 비용 저감, 재생에너지 구입단가 상승 혹은 재생에너지 공급업체나 소비자에 대한 구매 의무 등).[16] 전력 부문에서 지원 제도는 운영 지원 제도(예를 들어, 재생에너지 생산, 친환경인증, 직접 가격 지원 제도, 입찰 제도 등에 대한 면세/감세)와 투자 지원 제도(예를 들어, 재생에너지 기반시설이나 프로젝트 및 자본 보조금에 대한 자본투자시 면세/감세)이다.

EU 회원국에서 유력한 재생에너지전력 지원제도는 발전차액지원제도(FIT, feed in tariffs), 발전특별요금제도(feed in premiums)와 할당제(Quota Obligation)이다.[17]

발전차액지원제도(FIT)는 고정가격매입제도라고 불리기도 하는데, 발전사업자가 재생에너지전력 생산업자로부터 전력을 구입하고 그 대가로 전력단위당 고정 보장가격으로 지급하는 것이다.[18] 이 제도는 발전특별요금제도 및 할당제와는 대조적으로 장기적으로 고정 가격을 보장하기 때문에 투자위험을 상당히 줄일 수 있는 장점이 있다.[19]

---

14) 에너지경제연구원, 유럽의 신 · 재생에너지 정책 연구, 2010.12., p. 15.

15) Directive 2009/28/EC, supra note 179, Article 3(3).

16) Commission Staff Working Document, "The support of electricity from renewable energy sources", SEC(2008) 57, Brussels, 23 January 2008, at 4.

17) ECOFYS, "Financing Renewable Energy in the European Energy Market", 2 January 2011, pp. 28-30.

18) 이 제도는 오스트리아, 벨기에, 불가리아, 사이프러스, 체코 공화국, 에스토니아, 프랑스, 독일, 그리스, 헝가리, 아일랜드, 이탈리아, 라트비아, 리투아니아, 룩셈부르크, 몰타, 포르투갈, 슬로바키아, 스페인에서 채택했다.

19) 재생에너지 전력을 도입하는 방안으로는 크게 FIT와 RPS제도가 있다. FIT는 재생에너지 전력에 대해 고비용 기술에 알맞은 고정 가격을 정하여 매입을 의무화하는 제도이고, RPS제도는 전력판매업자에게 전력판매량의 일정비율을 재생에너지로부터

발전특별요금제도는 상여금을 보장받는 제도인데, 재생에너지 생산업자는 발전사업자로부터 전력시장 단가에 추가하여 특별 상여금을 수령한다. 이 제도는 단가 보조금의 우선 메카니즘으로[20] 혹은 발전차액지원제도와 공존하는 제도[21]로 적용할 수 있다. 발전특별요금제도를 통해 재생에너지 생산업자는 결국 투자 위험을 증가하는 전력단가 위험에 지속적으로 노출된다. 특별요금 수준을 결정하는 것은 재생전력발전비용과 전력시장평균수익에 대한 전망에 따라 불확정적이다. 따라서 재생에너지전력 생산업자는 시장의 단가 신호에 따라 생산량을 조정하면 인센티브를 받는다.

할당제(Quota Obligation)는 정부가 전력생산자 또는 전력판매자에게 전력의 일부(최소 비율)를 재생에너지자원에서 확보하도록 요구하여 재생 전력 수요를 형성한다.[22] 이러한 전력생산자 또는 전력판매자들이 할당량을 달성하지 못하는 경우에는 정부에 법적으로 과징금을 내야하며 이로 인해 재생에너지 생산자에게 편익이 재분배된다. 할당제는 모든 재생에너지 기술에 대해 균일할 수도 있고 중대 기술인가에 따라 차별적일 수도 있다. 이 지원 메카니즘은 해당 재생기술이 경생력을 가지면 바로 중단을 의미한다. 할당제는 일반적으로 거래할 수 있는 재생에너지 공급인증서로 보완되는데, 이 공급인증서는 재생 전력의 가치를 의미한다. 이 경우 재생전력 생산자는 생산한 전력을 전력시장에 판매하고 발급받은 공급인증서는 전력생산자(전력판매자)에게 판매하여 수익을 얻는다. 전력생산자(전력판매자)는 보유하고 있는 공급인증서를 통해 정부에 자사가 재생에너지전력 구매 할당량을 충족하였음을 입증한다.[23]

한편 EU의 재생에너지 정책을 구체적으로 시행하는 데 영향을 미치는 세 가지 주요 장애물은 다음과 같다.

(i) EU와 회원국 수준의 불충분한 자금 지원, (ii) 개발 중인 스마트그리

발생한 전기로 할 것을 의무화하는 방안이다. 전자가 특정산업(특히 태양광)의 육성과 기술의 조기보급을 우선하는 것이라면, 후자는 경제 효율을 중시하여 재생에너지 업종간 경쟁을 촉진해 가장 효율적인 가격에 거래를 목표로 하는 제도라고 할 수 있다.

20) 덴마크와 네델란드.

21) 체코 공화국, 에스토니아, 슬로베니아, 스페인.

22) 벨기에, 이탈리아, 폴란드, 루마니아, 스웨덴, 영국 등에서 시행하고 있다. 하지만 아직 유럽에서는 재생에너지 의무 할당제를 채택하는 국가가 많지 않다. 미국의 RPS와 동일한 제도이다.

23) 현준원・최수정, 앞의 연구보고서, pp. 139-141.

드와 에너지의 자유로운 이동에 대한 구조적인 제약, (iii) 국가 차원의 행정 장벽 등이다.

2007년부터 2009년까지 EU 회원국의 재생에너지에 대한 예산은 소규모(moderate)였는데,[24] 2011년 1월 재생에너지에 대한 제안서(Communication on Renewable Energy)에서 집행위원회는 재생에너지 지원제도를 조율해야 한다고 권고하면서 회원국에 연간 자본 투자액을 700억 유로로 2배 증액하도록 권고했다. 재생에너지 증진을 위한 민간 금융 지원 메카니즘도 고려할 수 있는데 이는 현지 재생에너지 프로젝트의 성사 건수를 증가시킬 수 있을 것으로 전망된다. 또한 현지 민관 파트너십도 고려할 수 있는데 이는 현지 사회·경제적 발전에 유용하고 시민들의 수용성을 높여주는 장점이 있다. 그리고 집행위는 EU에서 2050년까지 총 GDP의 1.5%를 재생에너지 투자와 저탄소 지원, 저탄소 기반시설, 저탄소 지원제도 투자에 할당하도록 권장하고 있다.

또한 집행위는 적절한 발전망 기반 시설이 부족하다고 지적하고 있다. 기반시설이 있어야 재래(traditional) 에너지 자원과 동일한 조건으로 재생에너지의 발전과 마케팅을 가능하게 할 수 있다. 현재 국가 발전망은 20% 재생에너지 비율 목표를 수용하기에 설계상 무리가 있고 재생에너지를 고소비 지역으로 송전하는데 적합한 정격 전선도 부재한 상황이다. 따라서 네트워크간 상호 운영성을 보장하기 위해 '스마트 그리드(smart grid)'[25]와 '스마트 미터(smart meter)'와 관련한 명확하고 공통적인 EU기준을 2020년까지 마련해야 한다는 요구가 매우 크다. 집행위 소속 스마트 그리드 태스크포스팀은 2010년 12월 보고서에서 스마트그리드의 최적 전달(delivery)에 필수불가결한 여섯 가지 네트워크 기능을 규명했다. (i) 새로운 요구사항이 있는 이용자를 통합하기 위한 네트워크용량, (ii) 일상적인 발전망 운용의 효율성 증대, (iii) 공급 품질과 네트워크 보안, 시스템 통제에 대한 보장, (iv) 소비자 서비스 및 시장기능 개선, (vi) 소비자의 에너지 활용과 관리에 대한 직

24) ECOFYS, Ernst & Young, Fraunhofer ISI, TU Vienna, 2010, at 12.

25) 유럽 스마트그리드 테스크포스팀이 정의한 '스마트그리드'는 "효율적으로 해당 전력망에 연결된 모든 이용자의 행태와 조치를 통합할 수 있는 전력망으로 저손실과 고품질, 공급 보안, 안전성을 갖춘 가운데, 경제적으로 효율적이며 지속 가능한 전력 시스템을 보장하기 위해서이다" 전문가 그룹 1의 2010년 12월 최종보고서를 참고하기 바란다. "Functionalities of smart grids and smart meters".

접적인 참여 증대이다.

한편 ECOFYS가 실시한 연구에 따르면 다양한 이해당사자들은 '행정장벽'이 재생에너지 기술 보급을 방해하는 가장 심각한 비재정적 장벽으로 보고 있다.[26] EU 재생에너지 의무 할당량 시행이 어려움을 겪는 이유는 행정적 의사결정 절차에서 생기는 장애물 때문이다. 이와 같은 행정 절차는 장기간 시간을 지체하는 것으로 명백히 드러났는데, 허가신청을 처리하는데 지나치게 많은 복수의 주무관청(기능적 혹은 지역분산화에 기인함), 행정규칙의 투명성 부족, 복잡한 재생에너지 기술에 익숙하지 않은 일부 행정부서 등이 문제였다.

지능형 전력망(smart grid)[27]

○ 개 념

지능형 전력망(smart grid)이란, 기존 진력망에 정보·통신기술을 접목하여 공급자와 수요자간 양방향으로 실시간 정보를 교환함으로써 시능형 수요관리, 신·재생에너지 연계, 전기차 충전 등을 가능케 하는 차세대 전력인프라 시스템이다. 지능형 전력망이 구축되면, 전력 공급자와 소비자 간에 양방향 통신이 구현되고, 실시간 요금, 지능형 수요반응, 전기자동차, 가상발전시스템 등 다양한 신기술이 등장하고 활용되게 된다.

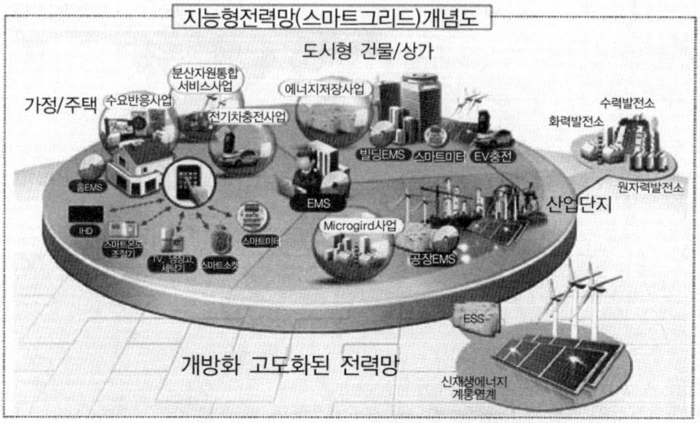

26) ECOFYS, supra note 313, at 9.
27) 제1차 지능형전력망 기본계획(2012.7월)에서 요약, 인용하였다.

○ 구성요소

지능형 전력망은 크게 스마트계량기(AMI[28]), 에너지관리시스템(EMS[29]), 에너지 저장 시스템(ESS[30]), 전기차 및 충전소, 분산전원, 신・재생에너지, 양방향 정보통신기술, 지능형 송・배전시스템 등으로 구성된다.

○ 주요국 동향

미국, EU, 일본, 중국 등 주요국들은 자국의 스마트 그리드의 향후 비전을 수립하고 기술개발 및 실증・보급사업을 추진하고 있다.

- (미국) 에너지 자립과 노후 전력망의 현대화를 통한 경기부양을 위해, 2003년 'Grid 2030'이라는 전력망의 현대화 국가비전을 수립하여 추진하고 있다.
- (EU) 재생에너지의 보급 확대 및 회원국 간의 전력거래 활성화를 위해, 2006년 'Smart Grids Vision & Strategy'를 통해 EU 비전을 발표하고 스마트 그리드의 기술개발 및 실증사업에 적극 투자하고 있다.
- (일본) 태양광 발전의 계통 연계를 위한 마이크로그리드 확산을 목표로 스마트 그리드 기술개발 및 실증사업을 추진 중에 있다.
- (중국) 송전계통의 강화 및 전력자원의 최적배분을 위해 스마트 그리드 개발을 시행하고 있으며, 2009년 SGCC[31]에서 2020년까지 'Strong and Smart Grid' 달성 비전을 발표하여 기술개발 등을 시행하고 있다.

○ 국내동향

우리나라도 「스마트그리드 국가로드맵」 수립(2010.1월), 지능형 전력망법[32] 제정・시행(2011.11월), 제주실증단지 운영(2009.12~2013.5월), 「제1차 지능형 전력망 기본계획」 수립(2012.7월) 등을 통해 제도적 기반을 마련하고 기술검증을 실시하였으며, 향후 단계별로 거점도시(2016년), 광역단위(2021년), 국가단위(2030년)의 스마트 그리드 구축을 추진할 계획에 있다.

28) AMI: Advanced Metering Infrastructure.
29) EMS: Energy Management System.
30) ESS: Energy Storage System.
31) SGCC: State Grid of China Corporation.
32) 정식 명칭은 「지능형전력망의 구축 및 이용촉진에 관한 법률」이다.

Ⅱ. 독　　일

독일은 에너지 정책에 있어서 석탄산업의 축소라고 하는 산업구조상의 변화와 화석연료의 사용을 억제함으로써 생기는 고용 기회의 감소에 대처하고, 동시에 원자력 발전을 대신하는 에너지원을 확보하여야 하는 상황에 직면하고 있으며[33] 이를 재생에너지의 개발과 보급으로 극복하고자 하고 있다. 독일 에너지 정책은 지속적인 에너지 공급의 안정성 확보와 에너지 효율화, 에너지 믹스 등 세 가지 큰 틀을 중심으로 나누어지며 이를 위한 구체적인 활동사항들을 현실화시키고자 '로드맵 에너지 정책 2020'을 발표하였다.

독일은 자국 내 소비 석유의 96%, 천연가스 84%, 원자력 원료 100%, 석탄 66% 등 재생에너지를 제외한 대부분의 1차 에너지를 수입에 의존하고 있다. 이에 에너지 자립도를 높이고 미래 에너지 자원개발에 앞장서고자 재생에너지 분야 발전에 많은 노력을 기울이고 있다. 지난 2009년 2월 독일 연방환경부가 독일 에너지 정책의 중점과제를 정리한 정책 보고서인 '로드맵 에너지정책 2020'을 발표하기 전까지 독일 에너지정책은 에너지 이용의 경제성과 에너지 공급의 안정성, 에너지의 환경친화적 이용을 3대 목표로 설정하고 에너지 효율성 증진과 재생에너지 사용 확대를 구체적인 정책으로 추진 중이었다.

기후변화 대응과 에너지 성장을 위해 2009년 2월에 발표된 '로드맵 에너지정책 2020'(새로운 사고-새로운 에너지) 프로그램은 10대 중점 추진과제를 집중적으로 다루고 있다.[34]

① 재생에너지법(EEG, Erneuerbare-Energien-Gesetz)과 열병합법(Kraft-Wärme-Kopplungsgesetz), 해상풍력단지를 전력망에 연결하는 것을 지원하

33) 2002년에 모든 원자력 발전소를 차례로 폐쇄하는 것을 내용으로 하는 법률인 「전력의 영업적 생산을 위한 핵에너지의 이용을 정연하게 종료하는 종결에 관한 법률(Gesetz zur geordneten Beendigug der Kernenerigienutzung zur gewerblichen Erzeugung von Eletrizität, BGBI. I 2002 S.1351」이 제정되었다. 이는 화력발전을 원자력 발전으로 전환함으로써 온실가스의 배출을 줄이는 방법을 배제함을 의미한다.

34) 외교통상부, 신·재생에너지 해외시장 가이드, 2010, p. 121.

는 에너지경제법(Energiewirtschaftsgesetz), 신축건물이나 개축건물에서의 에너지 수요를 최소화하도록 규정하는 에너지절약법령 (Energieeinsparverordnung), 재생난방법(Erneuerbare-Wärme-Gesetz) 등의 내용을 포함하는 '에너지 및 기후 통합프로그램(Integriertes Energie-und Klimaprogramm)'을[35] 통해 지속적인 에너지 공급의 안정성 확보, ② 에너지비용 감소와 50만개의 새로운 일자리 창출, ③ 전력부분에서 재생에너지비율 30% 이상 실현, ④ 2022년까지 원자력 발전 중단 실현, ⑤ 노후화된 화력발전소를 현대화된 고효율 발전소로 대체를 통해 40%의 전력 공급, ⑥ 전국적인 통합 송전망 회사 설립과 친환경적이고 효율적인 전력망 확대,[36] ⑦ 2005년 대비 전력 소비량 11% 감축, ⑧ 화석연료를 통한 난방 수요 최소 25% 감축 및 연간 총 전력 생산량 중 열병합 발전을 통한 전력 생산 비율 두 배 증가, ⑨ 교통 분야에서 이산화탄소 배출량 최소 20% 감축, ⑩ 온실가스 배출량을 40% 감축하여 국제 기후협상의 성공적 주도 등이다.

이하에서는 그 간의 재생에너지 관련 법・제도의 제・개정 동향을 살펴보기로 한다.

1. 전력공급법

재생에너지의 진흥에 관한 첫 입법의 단서가 된 것은 1991년에 제정된 「재생에너지로부터 생산된 전력의 공공계통에의 공급에 관한 법률(전력공급법)」이다.[37] 이 법은 수력, 풍력, 태양에너지, 폐기물가스, 진흙가스 및 농업 혹은 임업에 의한 생산물 또는 생물 유래의 찌꺼기로부터 생산된 전력의 매입의무를 전력공급사업자에게 부과하는 것을 골자로 하고 있다. 매입가격은 전력의 소매가격에 대한 비율로 정해진다. 전력공급법은 그 후 제1차

35) 독일 연방정부가 2007년 8월 의결하였다.

36) 2008년 8월26일부터 공급망 확대법(Energieleitungausbausgesetz)이 발효하여 시행되고 있다. 이에 따르면 2020년에는 민간기업과 연방정부가 공동으로 참여한 독일 송전망 주식회사가 송전망을 운영하게 될 것으로 전망되며, 2030년에는 혁신적인 유럽의 고압 직류 송전망을 통해 태양광 전력을 아프리카로부터 유럽연합으로 수입할 수 있을 것으로 기대하고 있다.

37) Gesetz über die Einspeisung von Strom aus erneuerbaren Energien in das öfentliche Net(Stromeinspeisungsgesetz): StrEG), BGB1, I 1990 S.2633. 이 법은 독일의 풍력발전시설이 급속히 증가하도록 하는데 결정적인 역할을 하였다.

개정을 통해 1994년에 매입의무대상 전력을 확대하고 매입가격을 인상하였고, 1998년에는 매입의무 면제를 확대하는 제2차 개정이 있었다.[38]

2. 재생에너지법

독일의 재생에너지법(EEG, Erneuerbare-Energien-Gesetz)은 2000년 3월 29일에 공포되어 동년 4월 1일에 발효되었다. 동 법률은 재생에너지의 확장을 위한 강력한 수단으로 인정되고 있다. 동법의 시행과 동시에 전력공급법은 실효되었다. 주요 내용은 다음과 같다.

1) 제정 주요 내용

① 법의 목적

재생에너지법의 목적은 기후보호, 환경보호, 지속적인 발전차원에서 전력공급에서 재생에너지의 우선적인 지위를 인정하고, 전력공급에서 재생에너지의 기여율을 2010년까지 두 배로 높이는 것이다.

② 고정가격매입제도(발전차액지원제도)의 도입

재생에너지에 의해 생산된 전력의 매입가격에 대해 고정가격매입제도가 도입되었다. 전력공급법에서는 재생에너지에 의한 전력의 매입가격은 소매가격에 대한 비율로 정해졌다. 그래서 소매가격이 변동하면 매입가격도 변동되므로 재생에너지 발전사업자의 수입이 불안정하게 된다. 고정가격매입제도에서는 일정한 가격으로 매입이 보상된다. 따라서 재생에너지 발전에 수반하는 경제적 리스크를 장래에 걸쳐서 예측하는 것이 용이해져서 재생에너지사업에의 신규참가가 용이하게 되었다.[39]

③ 매입의무 대상의 확대

종래에 매입이 의무화되었던 풍력, 태양광에너지, 수력, 폐기물 가스, 진흙 가스, 바이오매스 이외에 새로 지열과 갱내가스도 매입의무 대상이 되었다.

---

38) 주요 제정 및 개정 내용은 김정순, 신·재생에너지 관련 법제 개선방안 연구, 한국법제연구원, 2007.10. pp. 54-56을 참조.

39) 김정순, 앞의 연구보고서, p. 57.

④ 기 타

매입의무가 면제되는 발전시설의 규모 상한이 변경되었고,[40] 재생에너지 발전의 생산효율을 높이는 것에 인센티브를 주기 위해 매입의무가 부과되는 기간이 20년으로 한정되었다. 따라서 재생에너지 발전사업자는 생산효율을 높이기 위한 노력을 게을리 하는 경우 장기적으로 수익성이 저하될 수도 있게 되었다. 그리고 태양광 에너지에 대해서는 매입 의무에 대한 양적인 상한이 도입되었다.[41]

2) 제1차, 제2차 개정

2003년 7월에 재생에너지법 제1차 개정법이 시행되었다. 이 개정에서는 에너지 집약형 기업에 대해서만 매입의무를 완화하기 위한 규정을 도입함으로써 상대적으로 비싼 재생에너지 전력을 대량으로 구입해야 하는 기업의 부담을 경감하였다.[42]

재생에너지법 제2차 개정법은 2004년 1월부터 시행되었다. 이 개정은 태양광 에너지의 확충에 초점을 맞춘 것이었다. 주요내용은 매입의무량의 철폐, 시설 출력에 따른 매입 보상액의 차별화, 태양광 발전을 주목적으로 하지 않는 시설의 우대 등이다.

3) 2004년도 전면 개정

재생에너지법의 전면 개정 「전력분야에 있어서의 재생에너지법을 새롭게 규정하기 위한 법률」이 2004년 8월부터 시행되었다.[43] 이 법률은 재생에너지법을 폐지하는 것과 동시에 동법의 내용을 대폭 개정한 동명의 법률을 새롭게 규정하는 것을 주된 내용으로 하고 있다. 종래의 재생에너지법(이하, 구법)과의 차이가 다방면에 걸쳐있기 때문에 이하에서는 새롭게 제정된 재생에너지법(이하, 신법)의 개요만을 기술한다.[44]

---

40) 예컨대, 바이오매스 발전시설에 대해서는 출력상한이 20MW로 높아져서 바이오매스 발전이 진흥되었다.

41) 김정순, 앞의 연구보고서, pp. 58-59.

42) 매입 의무가 부과되는 것은 전력공급 사업자나 배전 사업자이지만, 소매 전력으로 가격이 전가되기 때문에 실제로 비용을 부담하는 것은 최종 소비자이다.

43) Gesetz zur Neuregelung des Rechts der Erneuerbaren Energien im Strombereich, BGB1, I 2004 S.1918.

① 수치목표의 설정

신법은 재생에너지에 의한 전력이 총전력 공급에서 차지하는 비율을 적어도 2010년까지 12.5%, 2020년까지 20%로 한다는 목표를 내걸고 있다.

② 재생에너지의 정의

구법이 재생에너지법에 근거한 매입보상의 대상이 되는 에너지원을 열기하고 있었던 것에 반해, 신법에서는 재생에너지의 정의를 실시하고 있다. 즉, "재생에너지란 파력 에너지, 조석 에너지 및 해류 에너지를 포함하는 수력, 풍력 에너지, 지열, 생물 가스, 폐기물 가스 및 진흙 가스를 포함하는 바이오매스와 가정 폐기물 및 산업 폐기물의 생분해 가능 부분으로부터 생산된 에너지를 말한다"라고 규정하고 있다.

③ 우선 연결 및 비용 지불 의무

우선 연결 및 우선 비용 지불 의무는 재생에너지법의 핵심조항이라고 할 수 있다. 재생에너지원에서 생산된 전기는 특별한 이유가 없는 한 그리드 시스템[45] 운영자에게 우선적으로 공급되며 비용도 우선적으로 지불되도록 법으로 정하고 있다. 더구나 생산된 전기를 그리드에 공급하는 데 필요한 설비의 보완은 시설 운영자가 아닌 그리드 운영자의 의무로 규정하고 있어, 재생에너지 전기의 시장 진입을 법으로 보장해 주는 중요한 조항으로 판단된다. 특히 그리드 용량이 재생에너지 전기에 의해 모두 채워지더라도 시설이 전력 공급을 조절할 수 있는 설비가 없는 경우에는 우선적으로 그리드에 연결하도록 명시하고 있고, 이 경우에도 설비 보완의 의무를 시스템 운영자에게 부여하고 있는 것이 특징이다. 또한 그리드 시스템 운영자는 자신의 시스템 용량이 이미 다른 시설에서 생산된 전기에 의해 모두 채워진 경우를 제외하고는 우선 구매를 하여야 한다.[46] 구매시 적용되는 기준요금은 에너지원의 종류와 시설 규모에 따라 다르게 설정되어 있는데, 이는 재생에너지원 중에서도 생산비용이 낮은 에너지원을 중점적으로 보급하겠다

44) 김정순, 앞의 연구보고서, p. 61-63 참조. 그 밖의 상세한 내용은 신상환, 외국 입법동향, 법제처, 2004를 참조하기 바란다.

45) 그리드 시스템(grid system)이란 전기의 전송(transmission)과 배분(distribution)을 위해 사용되는 서로 연결된(interconnected) 모든 시설을 말하며, 그리드 시스템 운영자는 전기 공급을 위한 모든 형태의 변압 시스템 운영자를 말한다.

46) 이 경우 그리드 시스템 운영자는 우선 연결 의무만 가지고, 구매 의무는 가장 인접한 다른 그리드 시스템 운영자에게 부여된다.

는 것이 아니라 비용에 상관없이 가능한 많은 에너지원을 개발하겠다는 독일의 정책방향을 단적으로 나타낸다고 하겠다. 이러한 정책방향은 재생에너지 설비에서 생산된 전기의 의무 구매기간을 보통 20년 정도(수력발전의 경우에는 예외가 있지만) 보장하여 민간 투자를 유도하고 있는 데에서 나타난다.[47]

④ 가격 불균형에 대한 보완

지리적 여건상 특정지역에 재생에너지 시설이 편중되면 그 지역의 전기요금은 타 지역에 비해 높게 형성되어 결과적으로 그 지역 소비자의 부담으로 나타나게 된다. 이를 시정하기 위하여 법률은 전력회사 혹은 그리드 시스템 운영자는 다른 에너지원에서 생산된 전기 구매량에 비례하여 재생에너지 전기를 구매하도록 명시하고 있다. 이는 결과적으로 재생에너지 전기 구매로 발생되는 비용 증가분을 독일의 모든 소비자가 골고루 부담하는 효과를 가져온다.[48]

⑤ 매입 보상액의 재검토

매입 보상액은 대부분의 에너지원에 대해 재검토가 이루어지고 있다.[49]

⑥ 에너지 집약형 기업의 우대

에너지 집약형 기업의 부담을 경감시키기 위해, 1년간에 소비한 전력이 10GWh를 넘고 또한 총부가가치에서 차지하는 전기요금의 비율이 15%를 넘는 제조업자 및 철도 회사는 구입 전력량의 10GWh를 넘는 부분에 대해 재생에너지에 의한 전력의 매입으로 발생하는 부가적인 코스트가 1 kWh에 대해 0.05센트로 억제되게 된다. 구법에서는 우대조치를 받기 위해서는 소

---

47) 공성용·김상헌, 독일의 재생가능 에너지 보급정책-EEG 개정안을 중심으로-, 환경포럼 제9권 제4호, 한국환경정책·평가연구원, 2005, p. 194.

48) 공성용·김상헌, 앞의 논문, p. 194: 예를 들어 A지역의 전기회사가 구매하는 일반 전기량이 100, 이 지역에서 생산되는 재생에너지 전기량은 20이고, B지역의 전기회사가 구매하는 일반 전기량이 50, 이 지역에서 생산되는 재생에너지 전기량은 40이라고 가정한다. 만약 이 조항이 없다면, 구매의무에 의해 A회사는 재생가능 전기비율이 20/(100+20)이고 B회사는 40/(40+50)이 되어 B지역의 주민들은 보다 비싼 전기료를 지불하게 된다. 이는 B지역 소비자들의 반발을 초래하여 장기적으로 재생에너지 보급의 장애로 작용하게 될 것이다. 하지만 이 조항에 의하여 A회사는 100/(100+50)의 비율에 해당되는 재생에너지 전기 (20+40) × 100/(100+50)를 구매하고 B회사는 50/(100+50)의 비율에 해당되는 재생에너지 전기 (20+40)×50/(100+50)를 구매하게 되어 재생에너지 전기로 인한 비용증가를 A, B 지역이 고루 부담하게 된다.

49) 상세 내용은 김정순, 앞의 연구보고서, p. 62(각주 46) 참조.

비 전력량이 100GWh 초과, 총부가가치에서 차지하는 전기요금의 비율이 20% 초과로 되어 있던 것을 생각해 보면, 신법에 의해 우대 대상이 확대되었다.

4) 2009년 전면 개정

독일은 2009년 1월 1일부로 그동안 시행된 재생에너지법을 전면적으로 개정해 태양광 분야의 보전액을 축소하고 바이오 에너지와 풍력 분야에 대한 투자 유인책을 도입했다.[50] 또한 설비 현대화, 풍력 시설의 안정적인 전력망으로의 연결, 해상풍력 시설 이용 등 풍력에 대한 지원도 강화했다.

2020년까지 재생에너지전력 비율을 30%까지 높이기[51] 위해 정부는 제한적인 육상풍력을 보완할 수 있는 해상풍력발전을 위한 기반시설 확립에 힘을 쏟으며 편차가 있는 전력 수요와 공급량을 맞추기 위해 기반시설과 기술개발에 지속적으로 투자할 계획이다. 또한 2030년에는 재생에너지로 생산된 전력이 유럽 통합 공급망을 통해 쉽게 공급되는 등 원거리 전력 공급이 가능해질 것으로 기대된다.[52]

3. 재생에너지난방촉진법[53]

2009년 1월부터 시행된 재생에너지난방촉진법은 2020년까지 독일 내 건물 난방에 있어서 재생에너지에 의한 난방비율을 14%까지 확대하도록 규정하고 있다.

---

50) 외교통상부, 독일의 그린에너지 정책 및 산업, 2009, p. 12: 연방환경부는 재생에너지 종류별로 재생에너지법에 의한 정책지원효과를 '07년 7월 발표한 바, 재생에너지원별 편익이 상이하게 나타남에 따라(풍력은 순편익이 높게 나타난 반면, 태양에너지는 적은 것으로 평가) 에너지원별 정책지원을 조정할 필요성이 대두되었다. 따라서 풍력, 지열, 바이오가스 등에 대해 전반적으로 구매가를 상향 조정한 데 반해, 정책지원에 따른 순편익이 적게 나타난 태양광발전에 대해서는 구매금액을 약 10% 정도 감축하였다. 동법의 번역은 이준서, 녹색성장구현을 위한 에너지 관련 법제의 정비방안 연구-독일의 재생에너지법(EEG), 한국법제연구원, 2010. 참조

51) 기존 법의 목표는 20%였으나, 2007년 말 현재 동 비율이 14%를 달성함에 따라 목표를 상향 조정하였다.

52) 외교통상부, 신·재생에너지 해외시장 가이드, 2010, p. 12.

53) Gesetz zur Förderung Ernuerbarer Energien im Wärmebereich (Erneuerbare-Energie-Wärmegesetz: EEWärmeG od. Wärmegesetz), 2009.1.1 시행.

2008년 12월 31일 이후 완공된 모든 신축 건물은 일정 부분 반드시 재생에너지에 의한 난방시설을 갖추어야 하며 기존 주택의 경우 재생에너지에 의한 난방시설을 설치하는 경우 정부에서 보조금을 지원하거나 저리 융자의 혜택을 제공한다.

1) 사용 의무

건물주가 개인, 국가 또는 기업에 관계없이 2009년부터 신축 건물에 전체 난방열의 일정부분을 재생에너지로 사용하도록 해야 하며 모든 형태의 재생에너지를 사용할 수 있고 혼합하여 사용하는 것도 가능하다.

각각의 재생에너지원에 대한 난방열 비중이 정해져 있어 태양에너지 시설을 통해 난방을 할 경우 전체 난방열의 15%를 감당해야 하며, 고체 또는 액체 바이오매스, 지열 및 환경열을 사용할 경우에는 전체 난방열의 50%를 부담해야 한다.

2) 자금 지원

독일 연방정부는 건축주들의 재생에너지 사용을 촉진하기 위해 의무적으로 재생에너지를 사용하지 않아도 되는 소유주들이 자발적으로 건물에 재생에너지를 사용하는 경우 재정적으로 지원한다. 독일 연방정부의 지원대책 중 하나인 유인 프로그램의 자금을 2009년부터 2012년까지 매년 최대 5억 유로까지 지원할 예정이다.

Ⅲ. 영 국

영국은 지난 2009년 정부 주도의 해상 풍력발전이 중점적으로 개발됨에 따라 총112억 달러가 투자되어 G-20 중 투자규모 3위를 기록하였다.

지난 2005년~2009년 재생에너지 부문별 투자는 풍력 57.1%, 바이오연료 10.6%, 고성능 저탄소 배출 기술개발 10.3%, 태양광 1.9% 등을 나타내고 있다.

영국은 2020년까지 전체 전력의 15%와 수송연료의 10%를 재생에너지로 대체할 계획을 갖고 있다.

영국은 교토의정서에 의해 EU 공동의 온실가스 8% 감축 목표의 의무를 받고 있으며, 국가적으로는 1990년 대비 12.5% 감축이라는 목표를 설정하고 이를 달성하기 위하여 2006년 에너지리뷰(Energy Review), 2007년 에너지백서(Energy White Paper)로 이어지는 정책을 추진해 왔다.

영국은 특히 2008년 11월 세계 최초로 감축목표를 포함하는 기후변화법(Climate Change Act)을 발효시켰으며, 2020년까지 1990년 대비 34%(단, 전세계적인 노력이 강화될 경우를 전제), 2050년까지 80%의 감축목표를 제시하였다. 기후변화법은 탄소관리 개선, 저탄소 경제로의 전환 촉진, 국제적으로 영국의 강력한 리더십을 증명하는 것이 목적으로, 법안의 주요 조항으로는 법적인 목표 설정, 탄소감축시스템의 구축, 기후변화위원회(CCC, Committee on Climate Change) 창설을 포함한다.

또한 영국은 2008년 11월 에너지법을 발효시켰으며, 이는 2006년의 Energy Review, 2007년의 Energy White Paper에 의해 요구되는 행정적인 조항을 포함하였다. CCS(Carbon Capture and Storage)사업에 대한 민간투자를 가능하게 하기 위한 법적인 기반을 신설하였으며, 재생에너지를 대량으로 빠르게 보급하기 위한 재생에너지 의무 강화, 소규모 태양광에 대한 고정가격매입제도 도입, 산업 및 가정부문에서 재생에너지 열생산을 위한 재정적 제도를 마련하였다. 해상 송전 허가 제도를 보다 효율적으로 개정하였으며, 전기 및 가스의 수송 및 공급허가를 개정하였다.

한편, 영국정부는 2005년 11월 재생에너지 수송연료의무화제도(RTFO, Renewable Transport Fuel Obligation)를 발표하고, 2008년 4월에 2010~2011년 동안 의무 수준을 5%로 설정한 바 있으나, 2009년에 5% 달성 시기를 당초 2010~2011년에서 2013~2014년으로 연기하도록 개정하였다. RTFO는 수송연료공급자에 대해 바이오연료 혼합을 의무화한 장기적인 제도로 또한 공급자에게 탄소배출 감축과 바이오연료의 지속가능한 생산에 대해 공식보고하는 의무를 부여하고 이에 따르지 않는 공급자에게는 과징금을 부과한다.[54]

54) 신재생에너지센터, 신·재생에너지백서, 2010, pp. 105-113

표 2-1 영국의 재생에너지 지원정책[55)]

가. 전력시장개혁조치

□ 발전차액 보조방식의 장기 계약제도

* Long-term Contracts of Feed-in Tariffs with Contracts for difference(FiT CfD)

○ (방식) 전력공급자와 저탄소발전사업자간 행사가격(strike price)i)과 기준가격(Reference Price)ii)에 관한 장기계약 체결

i) 저탄소발전사업자가 전력생산비용을 회수할 수 있는 수준으로 풍력・태양광・조력・파력・지열 등 재생에너지원별 평균발전단가를 고려하여 책정(정부)

ii) 연평균 전력가격수준으로 책정

- (행사가격 > 기준가격)일 경우 재생발전사업자가 전력공급자로부터 차액만큼의 보조금을 받는(receive top-up) 효과
- (기준가격 > 행사가격)일 경우 재생발전사업자가 전력공급자에게 차액을 지급(pay back)하는 효과

○ (시행시기) 2014년 4월 1일부터 시행하되 2017년 3월 31일까지는 발전사업자 등의 선택에 따라 기존 재생에너지의무할당제(RO: Renewable Obligation) 또는 FiT CfD를 병행 운영

- 2017년 4월 1일부터는 신규계약의 경우 RO를 폐지하고 FiT CfD만 운영

□ 탄소최저가격제(CPF: Carbon Price Floor) 도입

○ 탄소가격의 불안정성에 따른 투자리스크를 완화시켜주기 위해 탄소최저가격을 도입하여 재생에너지 부문에 대한 투자안정성 제고를 목적

○ 2013년 4월부터 탄소최저가격을 톤당 16파운드로 책정하고 2020년까지 30파운드로 인상

□ 탄소배출기준(EPS: Emissions Performance Standard) 설정

○ 화력발전소에 대해 kWh당 탄소배출한도를 450g으로 책정

○ 탄소포집저장(CCS) 설비가 없는 신규 석탄화력발전소 허가 금지

나. 재생에너지공급의무(RO: Renewable Obligation)

○ 정부(Ofgem, 에너지규제기관)는 전력공급자에 대해 연간 전력판매량의 일정 비율을 재생에너지로부터 생산된 전력으로 공급하여야 할 의무를 부과

○ 또한, Ofgem은 재생에너지 발전사업자에게 재생에너지원을 이용하여 생산한 전력을 전력공급자에 팔 수 있는 ROC(Renewable Obligation Certificate)를 발급

* 1 ROC는 MWh당 ￡35.76 상당

○ 전력공급자는 재생에너지발전사업자로부터 ROC를 구매함으로 재생에너지 공급의무를 이행

다. 태양광 발전차액보조제도(FIT: Feed In Tariff)

1) 현황 및 문제점

○ 5MW급 이하 가정부문의 비상업용 소규모 태양광 보급 촉진을 위해 2010년 4월부

55) 외교통상부, 2112년도 주요국 재생에너지 현황 및 정책, 2012.4.

터 고정가격 매입제도를 도입·시행중
- 태양광(PV)으로부터 발전되는 발전량(kWh) 전체를 고정가격에 매입해주고, 생산자가 불필요한 시간대에 계통으로 송전하면 이 분량에 대해서도 고정가격에 매입
○ 동 제도 도입이후 소규모 태양광 설치가 급증(대부분 중국산 설비)함에 따라 정부지원부담 과중을 이유로 매입가격을 인하할 계획
- 태양광업계와 환경단체 등은 정부의 과도한 인하계획 철회 요구
- 인하된 매입가격 적용시점을 앞당긴(2011년 10월까지 설치등록이 완료된 설비에 한해 종전 매입가격 적용) 정부조치에 대해서도 최고법원에 위헌심사를 신청

2) 태양광 발전차액보조 축소계획(2012년 4월부터 적용)

라. 재생에너지열 인센티브(RHI: Renewable Heat Incentive)

1) 주택(가정)부문
○ (시행시기) 가정부문은 2011년부터 녹색난방시스템(Green Heating System) 설치가구를 대상으로 프리미엄보조금(RHI Premium Payment)을 지급하는 방식으로 시범시행하고 2012.10월부터는 산업·상업·공공분야와 같이 RHI Tariff로 통합하여 일원화
○ (대상) 2009년 7월이후 그린난방시스템 설치가구(25,000가구 한도)
○ (2011년 지원예산) 15백만 파운드 (약 270억원)
○ (RHI Premium Payment 지원기준)
- 지열펌프: 1,250 파운드/Unit
- 바이오매스 보일러: 950파운드/Unit
- 대기열펌프: 850 파운드/Unit
- 태양난방: 300파운드/Unit

2) 산업·상업·공공부문
○ (2020년까지 목표) 산업(기업)부문 13,000개, 학교·병원·공공주택 등 상업·공공분야 110,000개를 대상으로 RHI Tariff지급
○ (대상) 2009년 7월 15일 이후 설치된 신·재생에너지 난방설비
○ (지원기간) 20년간
○ (RHI Tariff 지원기준) 재생에너지설비로 생산한 kWh당 고정금액(매년물가상승률을 반영하여 연동)

마. 녹색투자은행(GIB: Green Investment Bank) 설립

1) GIB 목적
○ 2015년까지 30억 파운드를 조성하여 녹색경제로의 이행을 위한 주요 녹색성장 프로젝트를 지원(투자/융자)
- 우선지원분야: 해상풍력발전, 폐기물처리 및 재활용, 폐기물 활용 에너지, 상업용 건물 에너지효율 제고, 주택부문 에너지절약사업(Green Deal) 등
○ 정부의 녹색성장전략과 정책목표에 따르되 투(융)자 대상사업 선정 등 운영에 있어서는 철저한 독립원칙을 견지하고 시장왜곡효과를 최소화

2) GIB의 주요기능
○ (사전단계) 유망프로젝트 조사 및 발굴, 다른 투자기관들과의 파트너쉽 형성 등
○ (투자단계) 투(융)자 구조 설계, 투자타당성·사업성 조사(Due Diligence), 리스크

관리 및 평가, 투(융)자 방식·구조 등에 대한 협상, 공동투자자 모집 등
○ (사후단계) 투(융)자 성과 모니터링·평가·분석, 투자수익 회수, 투자손실관리 등
○ (기타) 녹색경제로의 이행 촉진을 위한 정책자문 및 정보 공유, 녹색기술에 대한 민간투자 독려 등

Ⅳ. 미　　국

미국은 1970년 중반 석유파동으로 에너지안보에 대한 우려가 높아지면서 1978년 국가에너지법(NEA, National Energy Act)을 제정하였고, 공공시설규제정책법(PURPA, Public Utility Regulatory Policies Act of 1978) 제정을 통해 재생에너지 개발을 본격화하였다.

PURPA는 발전에 열병합발전 기술을 활용하고 재생에너지원 사용을 확대하도록 함으로써 발전부문의 진입규제 완화를 촉진하고 미국 전력산업을 경쟁체제로 전환시키는데 크게 기여하였다. PURPA의 주 내용은 공공사업자들이 폐열이나 재생에너지를 이용하는 80MW 이하 용량을 가진 인증된 전력공급회사(QFs, Qualifying Facilities)로부터 전력을 구매하도록 하는 의무구매제도로, 이로 인해 고효율의 열병합발전소 및 재생에너지 사용 소규모 발전소 수가 급증하였다.

또한 1978년에 태양, 풍력, 지열에너지 등 재생에너지 생산설비를 구입, 설치한 사업자에게 일정비율의 세액공제 혜택을 주는 에너지세법(Energy Tax Act)이 제정되었다.

1992년 제정된 에너지정책법(Energy Policy Act of 1992, 2005년 개정)은 생산세액공제(PTC, Renewable Electricity Production Tax Credit)제도, 재생에너지 생산 인센티브(REPI, Renewable Energy Production Incentive)제도 등 현재 시행되고 있는 재생에너지 지원제도의 핵심내용을 담고 있다.

이밖에 요금상계제도(net metering), 의무할당제(RPS, Renewable Portfolio Standard)가 재생에너지 보급확대를 위해 시행되고 있다.

석유 등 화석연료 소비 감축목표 설정을 통해 중장기적으로 석유의존경제(Petroleum-based economy)에서 탈피하여 대체에너지 기술개발을 통해 2025년까지 중동 원유수입을 75%수준까지 감축시키려는 목표를 설정하여,

재생에너지 등 대체에너지 증산을 통해 2017년까지 10년에 걸쳐 가솔린소비의 20% 감축을 추진하고 있다.

수송용 바이오연료 혼합의무화제도(RFS, Renewable Fuel Standard) 설정을 통한 재생에너지 생산 및 소비를 의무화하여 2022년까지 바이오연료 생산량을 2006년 대비 7배인 360억 갤론까지 확대(2006년 약 55억갤론 생산)하여 2020년까지 자동차 기업평균연비기준(CAFE)을 갤론 당 35마일로 상향조정함으로써 바이오에탄올 등 재생에너지 소비를 촉진하고자 하고 있다.

미국행정부는 석유의존도 탈피, 기후온난화방지 등을 위해 재생에너지 공급확대를 위한 세금감면, 기술개발 지원, 국제협력 등 기존 정책기조 하에서 재생에너지 생산 및 소비를 지속적으로 추진해 나갈 전망이다.[56] 이와 함께 주정부 단위에서도 재생에너지 생산 및 소비확대정책을 적극 추진하고 있다.

워싱턴DC 및 26여개 이상의 주는 전력생산 시 재생에너지 사용비율을 의무화하고 있다.[57]

표 2-2 미국의 재생에너지 지원제도[58]

□ 연방정부 차원의 지원제도

○ 생산세액공제(PTC: Renewable Electricity Production Tax Credit)
이 제도는 연방정부차원의 지원제도 중 공급측면에서 지원되는 핵심제도로서 재생에너지에 의해 발전된 단위전력 생산량 당 일정금액의 법인세를 공제해주는 제도이다. 풍력, 지열, 폐쇄형 바이오매스는 2센트/kWh, 개방형 바이오매스, 소수력, 대수력 등 기타 재생에너지는 1센트/kWh가 공제된다.

○ 재생에너지 생산 인센티브(REPI: Renewable Energy Production Incentive)
REPI는 재생에너지 생산설비에 의해 생산, 판매되는 전력에 대해 1kWh당 1.5센트를 생산시점부터 10년간 인센티브로 지급하는 제도로 태양광, 태양열, 풍력, 지열, 바이오매스, 매립지가스, 가축메탄 및 해양에너지원, 수소연료전지 등이 수혜대상이다.

○ 비용회수가속시스템(MACRS: Modified Accelerated Cost-Recovery System)+보너스감가상각제도

56) 다만, 그간 미국이 재생에너지 투자와 실적 면에서 다른 국가들 보다 월등히 앞섰지만, 최근 중국의 재생에너지 투자 등으로 격차가 감소하였다. 특히, 풍력발전에서 재생에너지 생산은 중국이 미국을 추월하고 있으며 또한 수력발전을 포함한 전체 재생에너지 생산력도 중국이 미국을 추월하고 있다.

57) 신·재생에너지센터, 신·재생에너지백서, 2010, pp. 65-66.

58) 신·재생에너지센터, 위의 백서, 2010, pp. 66-67.

이 제도는 기업이 재생에너지 분야에 설비투자한 금액을 상각비용 공제를 통해 회수할 수 있게 한 것으로 상각기간은 3~50년으로 에너지원별로 다르다. 2008년에 설치되어 가동된 설비의 경우 연방경제촉진법(Federal Economic Stimulus Act)에 의해 50% 추가상각의 혜택이 주어진다.[59)]

○ 주택용태양광과 연료전지 세액공제(Residential Solar and Fuel Cell Tax Credit)
이 제도는 주택용 태양광 발전설비 및 태양열 온수설비를 2006-2008년 기간에 구매 설치할 경우 30%의 세액공제(최대 2,000달러)를 해주는 제도이다. 연료전지의 경우 0.5kW당 30%의 세액공제(최대 55달러)를 받을 수 있다.

○ 사업용 에너지 세액공제(Business Tax Credit)
태양광, 태양열, 지열, 연료전지, 태양광 하이브리드조명, 마이크로터빈 등 설비를 2006-2008년 설치, 가동하는 기업에 대해 최대 30%까지 세액공제를 해주는 제도이다.

□ 주정부 차원의 지원제도

○ 재생에너지 의무할당제(RPS, Renewable Portfolio Standard)
이 제도는 전력회사들이 총발전량 또는 총전력 판매량의 일정 비율 이상을 재생에너지에 의해 충당하도록 의무화한 것으로 현재 미국에서 29개주에서 시행되고 있으며 점차 확대되고 있는 추세이다. 의무비율은 주별로 다른데 각 주별 목표연도별 의무비율은 2020년까지 15~20%로 설정되어 있다.

○ 요금상계제도(Net Metering System)
이 제도는 전력 수요자가 구매한 전력과 재생에너지원으로 자체 생산하여 공급한 전력을 상계하여 그 비용을 상쇄하는 제도로 대부분의 주에서 시행되고 있다.

○ 재산세액공제(Renewable Energy Systems Property Tax Exemption)
재생에너지원(텍사스주의 경우 태양광, 태양열, 풍력, 바이오매스)을 이용하는 발전, 저장설비 설치 또는 발전시설 건축과 관련하여 부과되는 재산세를 면제해주는 프로그램이다.

경기침체로 실업률이 9%를 육박하면서 오바마 행정부는 새로운 에너지 산업육성을 통해 일자리 창출과 위기극복 노력을 경주 중이며, 재생에너지 정책을 '일자리 창출'을 위한 주요정책으로 인식하고 있다. 즉, 새로운 에너지자원에 투자를 통해, 지역경제 회복 및 21세기형 일자리 창출을 도모하고 있다.[60)]

오바마 미국 대통령이 지난 2009년 2월 서명한 역사상 최대 규모인 7,780

59) 2008년에 정부가 제정한 경제촉진법에 의하면, 2008년에 설치되고 가동된 재생에너지시스템에 한하여 50%의 보너스 감가상각을 포함하고 있다. 2009년 경기부양법, 2010년에 중소기업법, 일자리창출법으로 인해 지속 연장되었고, 2010.9.9~2011.12.31 기간중에는 100%의 보너스 감가상각을 제공하였으며, 현재는 다시 50% 감가상각으로 낮아졌다.

60) 사례: 펜실베니아 풍력발전기, 네바다 태양에너지 열판, 미시간의 플러그인 하이브리드 차량 제조 등 신산업 출현

표 2-3 2009년 경기부양법의 재생에너지 지원 계획

(단위: 억 달러)

구분	지원 프로그램	금 액
직접보조	• 재생에너지 혁신 기술에 대한 대출보증 (Innovation Technology Loan Guarantee Program)	60.00
감세	• 재생에너지 생산세액공제 기간 연장(2012.12.31까지)	131.43
	• 2009년이나 2010년에 설치된 생산세액공제 대상 재생에너지 시설은 30% 투자세액공제로 대체 가능	2.85
	• 연방정부 지원시설에 대해 투자세액공제 허용 • 소형풍력 생산기업에 대해 투자세액공제 허용(단, 소형풍력 생산기업은 kW당 500 달러로 상한선 설정)	6.04
	• 2009년이나 2010년에 준공한 재생에너지 프로젝트에 한해 생산세액공제 또는 투자세액공제 대신 전체프로젝트 비용의 30%에 해당하는 교부금(grant)을 청구할 수 있도록 허용	-
	• 청정재생에너지채권 중 비영리기관 등에서 소유·운영하는 재생에너지 시설 건설에 자금 지원	5.78
	• 주거용 풍력, 태양열, 지열 자산에 대한 공제 상한선 철폐	2.68
합 계		208.78

자료: Recovery.gov, http://www.recovery.gov/About/Pages/The_Act.aspx

억달러 수준의 경기부양법안(ARRA, American Recovery and Reinvestment Act of 2009)으로 녹색에너지 관련 정부지원 및 세제혜택 예산이 약 820억달러로 전체 지출의 10%에 달하며 에너지 관련분야 지출 820억달러 중 430억달러가 재생에너지와 친환경 자동차, 에너지 효율화, 스마트그리드 등 재생에너지 및 에너지효율 분야 지원에 배당된다.

아래에서는 미국의 재생에너지 확대를 위한 법률의 제·개정 동향을 살펴보기로 한다.

1. 공익시설 규제정책법(PURPA)와 에너지세법(ETA)

1978년에 국가에너지법(NEA)이 제정되었는데, 이 법은 석유의 수입의존도를 낮추고 에너지절약과 에너지효율화를 증진시키기 위한 법률이었다. 같은 해에 국가에너지법의 일환으로서 제정된 공익시설규제정책법(PURPA)은 전력사업부문에 있어서의 에너지절약·에너지효율을 목적으로 하고 있

어 이 법률도 재생에너지의 개발에 큰 영향을 미쳤다. 이 법의 내용은 재생에너지 및 전기와 열을 생산하는 열병합발전의 도입 및 보급을 목적으로 전력회사로 하여금 재생에너지의 소규모 발전시설 및 열병합발전시설에서 발전되는 전력을 회피가격(Avoided Cost)으로 구입할 것을 의무화한 것이다. 소규모 발전에 대한 1차 에너지원으로서 바이오매스, 폐기물, 태양, 풍력 등 재생자원에 의한 에너지 사용을 규정하고 있다. 여기서 회피가격이란 재생에너지나 열병합발전에 의한 전력을 구입하지 않을 경우, 이 만큼의 전력을 생산하던가 또는 다른 공급원에서 구입하는데 필요로 하는 전기에너지 비용을 말한다.[61]

또한 재생에너지 발전의 자극책으로서 세액공제제도를 도입하였다. 1978년에 국가에너지법의 일환으로 제정된 에너지세법(ETA)에서는 태양·풍력 에너지 발전기기를 사용하는 민간부문 사용자에 대한 30%의 투자세액 공제, 태양·풍력·지열·해양 온도차에 발전기술을 도입하는 상업부문에 대한 10%의 투자세액을 공제하도록 하고 있었다. 세금의 공제율은 1985년 실효할 때까지 변경을 거듭했지만 기본적인 정책은 ETA의 성립에 수반해 진전되었다.[62]

2. 에너지정책법(EPA)

1) 생산세액공제, 투자세액공제 등

1990년대에 재생에너지의 촉진에 대한 가장 중요한 법률은 1992년의 에너지정책법(EPA)이었다. 이 법률에 의해 재생에너지에 의해 발전된 단위전력 생산량당 일정 금액의 생산세를 공제해 주는 생산세액공제(PTC, Renewable Electricity Production Tax Credit)를 10년간 적용하며 공제액에는 인플레 조정을 실시한다는 규정을 마련하였다.[63] PTC는 연방정부 차원의 지원정책

61) 산업자원부, 신·재생에너지 보급촉진을 위한 매뉴얼 마련 및 관련제도 개선방안 연구, 2006. 12. p. 25.
62) 산업자원부, 앞의 보고서, p. 41.
63) 미국 연방정부의 재생에너지 지원정책 중에서 여전히 주춧돌 역할을 하는 것은 내국세입법(Internal Revenue Code) 제45조에서 규정하고 있는 생산세액공제(PTC)이다 (26 U.S.C. 45.)

중 공급 측면에 지원되는 핵심정책이다. 유자격 시설은 풍력, 폐쇄형 루프 바이오매스, 지열, 소형 관개 발전, 도시고형 폐기물, 일부 유자격 수력발전 시설이다.

공제액은 풍력과 폐쇄형 루프 바이오매스, 지열, 태양에너지[64] 시설은 kWh당 2.0센트, 개방형 루프 바이오매스, 소형 관개 발전, 매립지가스, 폐기물 연소, 유자격 수력 발전 시설은 kWh당 1.0센트이다. PTC는 기존에 건축된 풍력과 폐쇄형 루프 바이오매스, 개방형 루프 바이오매스에는 2005년 8월 8일부터 10년간 적용된다. 반면 다른 유자격 시설은 서비스를 처음 개시한 날로부터 5년간 적용된다.

이 세액공제를 받을 수 있는 특정 개발자들은 세액공제 대신 유형 자산에 대해 투자 세액공제를 선택해 받을 수 있으나 일부 자격요건이 있다. 또 세액공제 대신 현금 보조금을 지급하기도 한다. 그러나 5년 내에 환수를 하게 된다. 납세자는 2009년부터 2013년까지(풍력시설은 2012년) 서비스를 제공하는 시설을 선택해 에너지 시설 자격을 선택한 후 섹션 48에 따라 30%의 투자 공세를 받을 수 있다. 하지만 선택 후에는 취소를 할 수 없다.

미국 의회는 2010년 12월 '2010년도 세금안정과 실업보험 재지정 및 일자리 창출법(Tax Relief, Unemployment Insurance Reauthorization, and Job Creation Act of 2010)'을 통과시켰다. 이에 따라 세액공제 대신 새로운 인센티브가 포함되었는데, 바로 섹션 1603 보조금이 승인된 것이다. '섹션 1603'은 재생에너지 프로젝트의 유자격 비용 중 최대 30%까지 현금 보조금을 지급하는 프로그램이다. 유자격 재생에너지 프로젝트들은 미국 재무부로부터 내국세입법 제45조와 제48조에 입각한 기존의 에너지 관련 생산 및 투자 세액공제 대신 현금 보조금을 지급받게 된다. 유자격 프로젝트는 50MW 이하의 열병합발전(CHP, Combined Heat and Power) 시설, 풍력 터빈, 특정 바이오매스 시설, 지열 시설, 매립지 가스 시설, 특정 폐기물 시설, 특정 수력발전 시설, 태양에너지 시설, 연료전지이다.[65]

---

64) 'The American Job Creation Act of 2004'에 의해 연장된 PTC는 개방형 루프 바이오매스, 지열 에너지, 태양 에너지, 소형 관개 발전, 도시고형폐기물 시설에 적용된다. Energy Policy Act of 2006에 입각해 연장된 PTC는 2008년 1월 1일 이전에 설립된 시설에 확대 적용된다. 그러나 태양에너지 시설은 제외됐다.

65) 자세한 내용은 현준원・최수정, 앞의 연구보고서, 한국법제연구원, 2011, pp. 71-94.

PTC 제도는 1999년에 일단 기한마감이 되었지만 동년 및 2001년에 갱신되어 2003년 말에 실효되었다. 그 후 2004년 후반에는 재차 연장되어 기한은 2005년 말까지로 하고 있었다. 마지막 기한 연장에 즈음해서는 PTC의 대상은 재생에너지 기술분야로 확대되었다.

2) 재생연료기준의 지속 확대

미국 정부는 2005년에 재생에너지산업, 특히 바이오연료 생산을 촉진하기 위해 수송용 바이오연료 혼합의무화제도(RFS, Renewable Fuel Standard)를 에너지정책법에서 처음으로 도입해 2006년에 40억 갤런, 2009년에는 61억갤런 생산을 의무화했으며 '2007 에너지독립안보법'에 따라 2022년까지 360억갤런을 의무적으로 생산하도록 하고 있다. 이에 따라 에너지부는 2020년 300억갤런, 2030년 400억 갤런 생산을 전망하고 있다.

이 밖에도 2015년 신규차량의 50% 이상이 85% 바이오에탄올 또는 바이오디젤을 의무적으로 사용해야 하며, 향후 대체연료기준(AFS, Alternative Fuel Standard)으로 확대·개편되어 바이오디젤과 바이오에탄올, 수소 등으로 까지 확대 적용될 것으로 보인다.

3) 재생에너지 공급의무할당제(RPS)

연방차원에서는 도입을 검토 중이며 현재 26개 이상의 주정부와 워싱턴 DC 등 지자체에서 이미 동 제도를 시행 중이다. 각 주마다 2009년부터 2025년까지 전체 발전량에서 재생에너지가 차지하는 의무적 목표치와 연도를 설정하였으며, 목표치는 현재 전체 발전 수급상황과 재생에너지산업 발전 수준 등을 고려해 각 주의회에서 심의 후 설정되었다. 미주리와 유타, 버몬트, 버지니아 등 4개주는 자발적 목표치와 연도를 정하여 유연하게 동 제도를 시행중이며 재생에너지 공급인증서(REC, Renewable Energy Certificate)를 통해 달성여부를 검증한다. 한편 2007년 에너지독립안보법 제정 시 미의회에서 RPS 15% 의무화를 추진했으나 석유업계의 반발로 삭제됐다.

3. 2005년 에너지정책법(EPA of 2005)

부시 대통령이 2005년 8월 8일, 2005년 에너지정책법안[66]에 서명함으로써 동법이 성립되었다. 동법은 에너지 안전보장을 기본으로 하면서, 전력관계에서는 원자력 재활성화를 위한 각종 지원책을 포함하고 송전선의 신뢰도 향상, 건설촉진책이나 재생에너지 지원책 등을 담고 있다. 동법은 에너지위기 및 시장변화에 대응하여 대체에너지 및 재생에너지의 사용을 장려하였지만, 여전히 석유 등 화석연료에의 의존을 벗어나지 못했다.[67] 1992년 석유수입 의존도를 줄이기 위해 만든 에너지정책법 이후 미국이 에너지 소비를 줄이기 위해 추진한 최초의 연방에너지법이라고 할 수 있다.[68] 재생에너지 관련 규정은 다음과 같다.

1) 재생에너지 자원평가

에너지부 장관은 매년 미국내 재생에너지 자원을 평가하고, 진존량, 각 에너지별 특성 등 평가내용에 관한 보고서를 작성하여야 한다.[69]

2) 연방 의무 구매제도

대통령은 당해 회계연도에 연방정부가 소비하는 전력 총량의 일정비율을 재생에너지로 충당하도록 보장하여야 한다. 구체적으로는 2007년부터 2009년까지는 최저 3%, 2010년부터 2012년까지는 5%, 2013년 이후에는 7.5%까지 끌어올려야 한다.[70]

---

66) 통칭 포괄에너지법이라고 부른다.

67) 이러한 의미에서 동법은 미국의 전통적인 에너지 정책을 유지, 계승한 것으로서 21세기를 대비한 에너지법으로서 부족하다는 견해가 있다. 이 견해에 따르면, 미래의 에너지정책은 통일적인 규제완화, 스마트 그리드(Smart Grid)의 도입, 재생에너지의 조성기반과 시장의 구축, 에너지 시장의 왜곡방지, 분산형 발전시스템의 도입 등을 그 내용으로 하는 것이어야 한다고 보았다. Brad Sherman, A Time to Act Anew: A Historical Perspective on the Energy Policy Act of 2005 and the Changing Electrical Energy Market, 31 Wm. & Mary Envtl. L. & Pol'y Rev. 211(2006).

68) 김정순, 앞의 보고서, pp. 89-90.

69) 42 U.S.C. 15851.

70) 42 U.S.C. 15852.

3) 재생에너지에 대한 재정상 지원과 세제 혜택

풍력, 바이오매스, 지열, 소규모 관개발전, 매립지가스, 쓰레기 소각, 수력을 이용한 발전에 대해 재생에너지 이용 발전 크레딧을 2007년말까지 연장하였고, 지방 전력공사나 지방 공동조합이 2007년 12월 31일까지 재생에너지 이용발전에 대한 투자로 최고 8억달러의 공채를 발행하는 것을 인가하였다.

또한 바이오매스, 풍력, 태양광, 수력 에너지의 개발에 대해 32억 달러의 보조금과 세제우대조치를 부여하였다.[71] 2005년 말에 실효할 예정이었던 풍력발전 서비스 등에 대한 생산세 공제도 2년간 연장되었고, 2007년 말까지 운전 개시된 풍력발전설비에 1.9센트/kWh를 운전 개시 후 10년간 적용하도록 하였다.

4) 재생 연료(renewable fuel)의 사용

바이오에탄올과 같은 재생 연료의 사용량을 2012년까지 75억 갤런까지 확대하도록 하였다.[72] 또한 연방정부가 조달, 소유하는 dual-fuel 차량에 대해 원칙적으로 대체 연료의 사용을 의무화하였고, 하이브리드 자동차나 선진 디젤차의 국내 생산을 추진하는 에너지부의 프로그램을 마련하도록 하였다.[73]

5) 재생에너지의 연구개발 및 혁신기술 개발 인센티브

에너지 절약・사용합리화 기술의 R&D에 똑같이 3년간에 26억달러를 인가하였고, 수소를 포함하는 재생에너지 기술 R&D에 2007년도부터 3년간 22억 달러를 인가하였다.[74] 재생에너지에 관하여 대기오염 물질이나 온실가스(GHG)의 배출을 회피・삭감・격리하는 프로젝트 또는 신규 또는 대폭 개선된 기술을 사용하는 프로젝트 비용에 대해 최고 80%까지의 대출을 에너지부 장관이 보증할 수 있도록 규정하였다.

---

71) 42 U.S.C. 15855.
72) 42 U.S.C. 7546.
73) 42 U.S.C. 16051.
74) 42 U.S.C. 16231. 그 중 7억 3,800만 달러가 바이오 에너지 R&D에, 5억 9,000만 달러가 태양광 에너지 R&D에 계상되었다.

4. 2007년 에너지 자립 및 안전 보장법

부시 대통령이 2007년 12월 19일 에너지 자립 및 안전 보장법(Energy Independence and Security Act of 2007)에 서명함으로써 동법이 성립되었다. 동법은 종합적인 에너지 정책을 다룬 법안으로서, 주로 에너지 효율을 높이고 재생에너지 이용을 확대시킬 목적으로 입안된 조항들로 구성되어 있다. 이하에서는 재생에너지 관련 주요 내용을 살펴보기로 한다.[75)]

1) 바이오연료 혼합의무화제도 수정으로 바이오 연료 생산 증가

이 법에서는 바이오연료 혼합의무화제도(RFS, Renewable Fuel Standard)를 수정하였다. 즉, 바이오연료의 사용을 2008년 90억 갤런에서 2020년까지 360억 갤런으로 늘릴 것을 요구하는 새로운 기준을 제시하였다.[76)] 그리고 2016년부터 재생연료 기준의 증가부분은 모두 첨단 바이오 연료로[77)] 충당되어야 한다고 규정하였다.[78)] 새로운 바이오 정제시설(biorefineries)에서 생산되는 재생연료들은 휘발유 및 디젤에서 나오는 전 과정의 배출량에 비교하여 전 과정의 온실가스(GHG) 배출량을 최소한 20% 줄여야 한다.

또한 엔진 연료로서 바이오디젤과 바이오가스의 이용을 증대시키기 위한 연구지원을 규정하고 있다.[79)] 셀룰로즈 바이오연료를 생산하기 위해 기존의 옥수수 중심의 바이오연료 원료에서 변화를 모색하는데 보조금 지급 근거를 마련하였다. 아울러, 연방의 바이오연료 연구프로그램에 관한 정보체계를 개선하고, 기반구조 및 바이오 정제시설에 대한 연구에 초점을 맞추며, 늘어나는 바이오연료 사용이 미칠 잠재적 영향을 연구하고, 연구기금을

75) 자세한 입법과정에 대해서는 Congress Reserach Service, CRS Report for Congress, Energy Independence and Security Act of 2007: A Summary of Major Provisions; 김정순, 앞의 연구보고서, pp. 91-94; 이준서, 미국 에너지 독립 및 안보법(번역자료), 한국법제연구원, 2010.

76) 42 U.S.C. 7545 (2)

77) 1세대 바이오연료가 옥수수 전분, 대두유 등 곡물 기반의 바이오연료인데 반해, 첨단 바이오연료(즉 차세대 바이오연료)는 유기성 폐자원, 목질계(셀룰로즈 바이오연료) 또는 해양 바이오매스를 이용한 비(非)곡물 기반의 바이오연료를 의미한다.

78) 42 U.S.C. 17022.

79) Title II, Subtitle B.

증액시키는 것을 목표로 하고 있다. 에너지부는 E85(85% 바이오에탄올)을 포함하여, 재생연료를 사용할 수 있도록 기반시설을 설치하거나 바꾸는 데 도움을 줄 수 있는 보조금 교부 프로그램을 만들라는 지시를 받았으며, 셀룰로즈 에탄올 생산을 지원하는 보조금 교부를 위해 2005년 에너지정책법(EPACT, P.L. 109-58)에서 권한 위임이 늘어났다. 바이오에탄올 겸용 자동차(flexible-fueled vehicles) 생산을 지원하는 보조금 교부 프로그램도 허가되었다.

2) 재생에너지 연구개발 촉진

이 법은 Title VI에서 지열, 해양에너지 등 재생에너지의 연구개발을 촉진하기 위한 각종 시책 및 조성에 대해 규정하였다. 그리고 운수 및 전력을 위한 각종 에너지 저장 및 신경량 소재, 청정 석탄(clean coal), 수소 에너지, 그 외의 혁신적인 재생에너지에 관한 연구개발을 지원할 것을 규정하였다.

3) 동법에 포함되지 않은 규정들

하원에서 제안된 법안은 재생에너지 의무할당제(RPS)와 석유 및 가스 세금 혜택의 폐지를 내용으로 하고 있었으나 백악관의 거부권 행사 가능성이 논의되자, 상원에서는 이러한 내용을 삭제한 법안을 통과시켰다.

① 재생에너지 의무할당제(RPS)

하원에서 통과된 두 번째 법안은 연방차원에서 RPS 제도를 채택하는 것이었다. 이에 따르면, 전력회사는 2010년에 발전량의 2.75%를 태양, 풍력, 해양, 조석, 지열, 바이오매스, 매립지가스 등의 재생에너지원으로부터 발전하여야 하고, 그 비율은 해마다 증가하여 2020년 이후에는 15%까지 확대된다. 그러나 이 법안은 상원에서 거부되었다.

② 석유업계 세금혜택 폐지

하원에서 제안된 원래 법안은 석유의 자립과 더불어 다른 대체에너지의 증진을 위하여 석유산업에 대한 국가의 세금혜택을 폐지하기 위한 것이었으나, 대통령 및 상원에 의해 거부되었다.

③ 재생에너지에 대한 세제 우대 조치의 연장

2008년 말에 기한이 종료되는 재생에너지의 생산에 대한 세금 공제나 이에 대한 투자세액 공제를 연장하는 규정이다.

앞에서 본 바와 같이 미국의 재생에너지 법제의 특징 중 하나는 지원수단이 다양하다는 점이다. 지원수단이 다양하므로 기업들은 자신의 상황에 적합한 지원수단을 선택할 수 있게 됨으로써 궁극적으로 피지원기업의 수혜범위가 넓어지게 된다. 그러나 이러한 다양한 지원제도가 가지는 문제점은 지원체계의 복잡성으로 인해 정책의 운용·관리 비용이 상대적으로 높고 정책효과의 측정이 어려워진다는 것이다. 또한 육성우선 분야에 대한 정책적 지원의 목표의 초점이 불분명해질 수 있다는 점도 문제점이다.

그럼에도 불구하고 미국은 오랜 기간에 걸친 경험을 통해서 재생에너지 개발에서 정부의 정책적 개혁이 가장 중심적인 역할을 한다는 점을 인식하였다. 이에 따라 재생에너지 관련 법제에 대한 지속적인 논의와 법개정을 통해 당시의 에너지 상황에 맞는 가장 적합한 정책을 고안해왔다.[80]

연방 Buy American법과 WTO

미국의 연방 Buy American법은 정부조달시장에서의 국내 상품 우선 조달을 의무로 하고 있다. 그러나 이 차별법은 WTO 정부조달협정의 비체약국 상품에만 적용되어 협정의 체약국 상품에는 적용되지 않기 때문에 WTO 위반이 되지 않는다.

이 Buy American법은 WTO 정부조달협정 비체약국인 중국의 값싼 태양광 셀과 모듈 수입제품에 대한 자국제품 보호 측면에서 주목을 받았다. 하지만 동 제도는 정부조달시장에만 한정되어 있고, 중국산 제품의 가격이 매우 낮아서 할증률을 반영한 중국제품 가격이 미국의 자국산 제품가격보다 더 낮은 경우에는 무력하다는 측면에서 한계를 가지고 있다.

이하에서는 미국의 연방 Buy American법 내용에 대해서 간단하게 설명한다.

(1) 연방 Buy American법의 규정

연방 Buy American법은 애초 1933년 3월 3일의 연방법에 의해 도입되었으나 1988년 포괄통상경쟁력법 7001조에 의해 현행의 1988년 연방 Buy American 법으로 개정되었다. 1988년 법은 미국법전(41권 10a, 10c, 10d)에 규정되어 있다.

80) 김정순, 앞의 연구 보고서, pp. 95-96.

이 규정은 상품 조달에 대한 미국 상품의 우선조달규정을 정하고 있다. 서비스 조달에 관한 Buy American법 원칙은 현재 존재하지 않는다.

(2) 연방 Buy American법의 할증규정

1) 할증규정

연방정부는 국내에서의 공적 용도를 위한 상품을 조달하는 경우에 원칙적으로 Buy American법에 근거해 미국 상품을 조달해야 한다(규칙 25.102). 특히 비방위 목적의 정부조달에 있어 미국 상품의 오퍼가격이 일정 비율 할증된 외국 상품가격을 넘지 않는 한 정부는 미국 상품을 우선적으로 구입해야 한다. 환언하면 외국 상품은 미국 상품에 비교해 오퍼가격면에서 할증분만큼 핸디캡을 가지게 된다. 그 때문에 정부는 미국 상품의 가격과 외국 상품의 할증가격을 비교해 전자가 후자를 넘지 않는 한 미국 상품을 우선 구입하게 되는 것이다.

그렇지만 문제의 할증가격을 넘는 미국상품의 오퍼는 '공공의 이익에 반하는' 부당한 고가 입찰로 간주되어 Buy American법을 적용받지 못한다. 따라서 정부는 이 경우 염가인 외국 상품을 구입할 수 있다. 또한 미국 상품의 공급량이 불충분한 경우는 물론 Buy American법은 적용되지 않는다. 즉 미국 상품의 구입이 공익에 반하거나 비용이 높거나 양적으로 불충분한 경우는 적용되지 않는 것이다.

2) 할증률

할증률은 크게 다음 3가지로 나뉜다.

① 기업규모에 근거한 할증률

소실업(小失業)지역의 미국 대기업(large business)에서 오퍼가 있는 경우에는 외국 상품가격은 6퍼센트 할증된다. 그 때문에 미국 대기업의 상품가격이 6퍼센트 할증된 외국 상품가격(결국 외국 상품가격의 106퍼센트)를 넘지 않는 한 정부는 미국 상품을 우선 구입해야 한다. 예를 들어 외국 상품과 미국 대기업 상품의 오퍼가격이 각각 100과 105인 경우 미국 상품가격(105)은 외국 상품의 할증가격(100+6)을 넘지 않기 때문에 정부는 외국 상품보다도 비싼 미국 대기업 상품을 우선 구입해야 한다.

한편 미국 소기업(small business)에서 오퍼가 있는 경우에는 외국 상품가격은 12퍼센트 할증된다. 이 때문에 미국 소기업의 상품가격이 12퍼센트 할증된 외국 상품가격을 넘지 않는다면 미국 상품이 우선적으로 구입된다. 예를 들어 외국 상품과 미국 소기업 상품의 각각 100과 111인 경우 미국 상품가격

(111)은 외국 상품의 할증가격(100+12)를 넘지 않기 때문에 정부는 외국 상품보다도 가격이 높은 미국 소기업 상품을 구입해야 한다.

② 목적에 근거한 할증률

미국 중소기업의 보호, 미국 노동과잉공급 지역의 기업 보호, 국가안전보장의 목적이라면 외국 상품의 오퍼가격은 6퍼센트 할증된다.

또한 고실업 지역의 미국 기업에서 오퍼가 있는 경우에는 실업대책의 일환으로 외국 상품의 오퍼가격은 12퍼센트 할증된다.

③ 특정 부문을 위한 할증률

수도, 전기 등 공공서비스 부문의 할증률은 6퍼센트이다. 이상과 같이 만약 수도 부문의 미국 대기업에서 오퍼가 있을 경우에는 대기업 6퍼센트, 수도 6퍼센트의 합계 12퍼센트의 할증률이 적용된다. 그 때문에 외국기업과 미국 대기업의 오퍼가격이 각각 100과 110이라 해도 외국 상품의 할증규격(100+12)을 넘지 않기 때문에 정부는 비싼 미국 기업 상품을 구입해야 한다.

(3) 연방 Buy American법과 미국 상품기준

Buy American법에서는 연방정부는 미국 상품을 우선적으로 조달해야 하는데, 이 미국 상품에 대한 기준은 현행법에서는 다음과 같이 정해져 있다.

① 미국 부품 50퍼센트 규정

미국 상품이란 '미국산 부품의 가격이 전 부품가격의 50퍼센트를 넘는' 상품을 가리킨다. 이런 미국 부품 50퍼센트 초과 규정은 Buy American법의 고유한 원산지 결정기준으로, 미국의 원산지규정 중에서는 많지 않은 부가가치 기준에 해당한다.

미국 상품의 판정에 있어서는 전 부품과 미국 부품의 가격을 정확하게 산정할 필요가 있지만 부품가격에는 '최종 상품에 소요된 부품의 운송비'외에 과세액이 포함된다.

미국이 아닌 부품(한국 부품 등)을 미국 상품의 제조에 사용하는 것은 가능하다. 그러나 비미국 부품의 가격은 전 부품가격의 50퍼센트 미만이 되어야 하고, 이러한 제한으로 미국 상품의 제조자는 부품 조달에 있어 미국 부품의 조달을 강요받게 된다. 다시 말하면 미국 부품 50퍼센트 초과규정은 부품현지조달 요구와 다를 바 없다.

이는 부품가격에만 주목하기 때문에 미국에서의 조립제조경비와 이익은 무시된다.

② 미국 생산규정

미국 상품은 미국에서 최종적으로 제조된 것이어야 한다. 미국 부품 50퍼센트 초과 규정을 만족해도 미국 외에서 최종적으로 제조된 상품은 미국 상품으로 인정되지 않는다.

V. 중 국

중국의 '재생에너지법'은 2006년 1월 1일부터 시행되었고 2009년의 개정을 거쳐 현재 2009년 개정 법률이 적용되고 있으며, 8개의 장에 33개의 조항으로 구성되어있다. 중국재생에너지법의 핵심내용은 총량목표제도, 재생에너지의 강제접속(강제적 전력망 연계) 및 전액구입, 분류에 따른 전기가격 책정과 전국적 비용분담 등으로 요약된다.

중국의 재생에너지 관련 계획에는 재생에너지 개발 「11.5(2006~2010년)」 계획, 첨단산업 개발 「11.5(2006~2010년)」 계획 등과 아울러, 최근 공표된 재생에너지 개발 「12.5(2011~2015년)」 계획, 신형에너지산업 개발계획 등이 있다.

재생에너지 개발 「11차 5개년 계획(또는 11.5)」은 중국정부가 풍력발전의 규모화를 추진한 시기로써 그 의의가 크다. 2011년 1월 6일 중국에너지업무회의에서는 「12.5(2011~2015년)」 기간 중 비화석에너지가 일차 에너지소비량의 11.4%을 차지하고, 2020년에는 약 15%에 도달케 한다는 목표를 내세웠다. 이 목표를 달성하려면 중국은 재생에너지 이용을 효율화하고 재생에너지 개발에 전력해야 하는데, 풍력은 그 중에서 향후 5년 내에 개발 잠재력이 매우 큰 중요한 에너지원이다.

중국 국가에너지국은 2010년 상반기부터 중국 재생에너지 자원, 기술 및 산업개발 상황을 총정리하고 국제 재생에너지 개발경험을 바탕으로 재생에너지 개발 「12.5(2011~2015년)」 계획 의견수렴안을 작성하여, '풍력발전 규모화 개발의 가속화 추진'에 관한 지침을 제시하였다. 이런 계획 목표를 실현하기 위해 중국은 '대기지 건설, 대전력망 융합'의 방식에 따라 풍력발전의 규모화 개발을 지속적으로 추진해 나가고 있다. 해상 풍력발전기술연구를 강화하고 해상 풍력발전 개발건설을 추진해 나가며, 내륙의 풍력자원 개발가치 보유 지역에서는 지역 특성에 맞추어 소형 풍력발전소를 개발해 나아갈 계획이다. 풍력자원에 대한 상세한 조사결과에 따르면, 전국에는 50m 고도기준 3급 이상인 풍력자원은 주로 3북(화북, 동북, 서북) 및 동남연해지대에 분포되어 있다. 「12.5(2011~2015년)」 기간에 중국은 하북, 몽동, 몽서, 길림, 산동, 강서, 감숙주천, 심강하미 등 8대 천만급 풍력발전기지를 계획하였고, 이중 산동 강서기지는 해상 풍력발전건설 개발을 중점 추진키로 하였다.[81]

1. 총량목표제도[82]

국가는 재생에너지의 개발과 이용을 에너지 발전의 우선영역으로 삼고 재생에너지 개발·이용의 양적 목표를 설정하며 상응하는 조치를 취하여 재생에너지 시장의 건설과 발전을 추진한다. 국가는 각종 소유 제형태의 경제 주체가 재생에너지의 개발·이용에 참여하는 것을 장려하며, 재생에너지 개발·이용자의 합법적인 권익을 법에 의해 보호한다.[83]

국무원 에너지 주관부서는 전국 에너지의 수요와 재생에너지의 실제상황에 근거하여 전국 재생에너지의 수요와 개발·이용 중장기 양적 목표를 제정하고 국무원에 보고하여 비준한 후 집행하며 공표한다. 국무원 에너지 주관부서는 총량목표와 성, 자치구, 직할시 경제개발과 재생에너지 자원의 실제상황에 근거하여 성, 자치구, 직할시 정부와 회동하여 각 행정구역의 재생에너지 개발·이용의 중장기목표를 확정하고 공포한다.[84]

81) 이상 리인터내셔널 무역투자연구원, 한국과 중국 간의 신·재생에너지 분야 협력강화 방안, 2012. pp. 52-55에서 인용한다.

82) 이하 연세대학교 산학협력단, 아시아 각국의 녹색성장 법제 현황 분석과 교류 및 지원 가능성 연구, 2011. 12. pp. 113-115에서 인용한다.

83) 재생에너지법 제4조.

84) 재생에너지법 제7조.

2. 재생에너지의 강제접속(强制上網)제도

강제접속과 관련하여 재생에너지 발전전량의 전액 구매를 규정하였으며 또한 재생에너지 발전에 대해 온라인 서비스의 제공을 규정하였다.[85] 이들 규정은 전력망 기업으로 하여금 재생에너지 발전전량을 전액 구매하는 의무를 부담하는 외에도 접속시스템의 구축을 책임지게 하여, 전력망 기업이 특수경영산업으로 부담해야 하는 사회적 책임을 명확히 하였다. 전력에 있어서의 강제적 접속과 유사하게, 생물자원으로 생산한 가스, 열력과 액체연료의 시장접근에 대해서도 명확한 규정을 하였다. 입망기술표준에 부합되는 가스와 열력에 대해 경영기업은 그 입망을 수락해야 하며, 석유판매기업은 국가표준에 부합되는 생물액체연료를 그 연료판매시스템에 포함시켜야 한다.[86] 이러한 규정은 가스, 열력과 석유판매기업이 특수한 경영산업으로서 부담해야 하는 사회적 책임을 명확히 하였다.

3. 재생에너지의 온라인 전력요금제도

재생에너지의 온라인 전력요금제도의 핵심은 정부가 총량목표의 요구와 기술발전의 수준에 근거하여 특정시기 내 특정기술의 전력요금수준을 규정하는 것이다. 전력요금제도를 실시하는 목적은 프로젝트 심사비준절차를 감소시키고, 투자회수를 명확히 하며, 프로젝트 개발 원가를 인하시키고 부당경쟁을 제한하는 것이다. 제도의 내용에는 서로 다른 기술 부류의 재생에너지 발전의 가격수준을 각각 확정하고, 가격의 적용기한과 조정방법 및 규칙 등을 확정하는 것이다. 서로 다른 유형의 재생에너지 발전의 특징과 지역이 다른 상황에 근거하고, 재생에너지 개발·이용의 촉진에 유리하고 경제적으로 합리적인 원칙에 따라 확정하며, 재생에너지 개발·이용 기술의 발전에 근거하여 적시에 조정하고, 그 가격을 공포해야 한다. 가격입찰을 실시하는 재생에너지 발전 프로젝트의 공시가격은 낙찰확정 가격에 따라

85) 재생에너지법 제14조.
86) 재생에너지법 제16조.

집행하며, 단지 동종 재생에너지 발전 프로젝트의 공시가격 수준보다 높아서는 안된다.[87]

4. 전국적 비용분담제도

전력망기업은 확정된 송전전력가격에 의거하여 재생에너지 전력량을 구매하는데 발생하는 비용이 정상적인 에너지발전 평균송전전력가격에 따라 계산하였을 때 발생한 비용보다 많으면 그 차액은 전국범위 내에 판매하는 전량에 대해 재생에너지 전력가격 부가보상금을 징수한다.[88] 전력망기업이 재생가능에너지 전력량을 구매하기 위하여 지출한 합리적인 전력망 접속비용 및 기타 합리적인 관련 비용은 전력망기업의 송전원가에 포함시킬 수 있으며, 판매가격 중에서 회수할 수 있다.[89]

5. 전용자금제도

비용분담제도는 재생에너지의 발전에 있어서 발생되는 액수 외의 원가 문제를 해결하기 위한 것이고, 기타의 재생에너지 개발·이용에 필요한 자금결핍은 별도의 전문적인 방법을 통해 해결해야 한다. 즉 재생에너지 발전 전문자금의 설립은 최적의 선택이며, 이를 통해 비용분담제도를 통해 해결할 수 없는 재생에너지의 개발·이용 보조금, 보조와 기타 형태의 자금지원에 이용하게 된다. 재생에너지법에 의하면, 국가는 재생에너지 전문자금을 설립하여 다음의 활동을 지원한다. (i) 재생에너지 개발·이용의 과학기술 연구, 표준의 제정과 시범공정, (ii) 농촌, 목축지역 생활에너지 사용과 관련된 재생에너지 이용프로젝트, (iii) 외진 곳, 섬 지역의 재생에너지 독립전력 시스템 건설, (iv) 재생에너지의 자원답사, 평가와 관련정보시스템의 건설, (v) 재생에너지 개발·이용설비 현지화 생산의 촉진[90]

참고로 중국은 기후변화 또는 에너지와 관련하여 법령 또는 정책을 제

87) 재생에너지법 제19조
88) 재생에너지법 제20조.
89) 재생에너지법 제21조.
90) 재생에너지법 제24조.

정함에 있어 국제규범 특히 국제통상규범과의 면밀한 검토를 하지 못한 것으로 생각되며[91] 실제로 이러한 법령으로 인하여 외국과의 통상마찰이 벌어진 사례도 있다. 예를 들어 중국 재정부가 2008년 8월부터 시행한 "풍력발전설비산업화 전용자금관리 잠정방법의 인쇄 배포에 관한 재정부의 통지(財政部關於印發《風力發電設備產業化專項資金管理暫行辦法》的通知)의 경우, 제4조에 "풍력발전설비산업화 전용자금을 설치하는데 그 지원대상은 중국 국내에서 풍력발전설비의 생산과 제조에 종사하는 중국인투자 및 중국인투자지주기업이며 주요하게 기업이 새로 개발 및 산업화를 실현한 풍력발전설비 및 그 부품에 대해 보조금을 지급한다"고 규정하는 등 WTO규범과의 충돌이 문제가 되었다. 이들은 실제로 특정산업에 대한 보조금의 공여로서 조치 가능 보조금에 해당하며 또한 외국기업 및 그 제품에 대한 차별에 해당하여 내국민대우원칙에도 위배되었다. 결국 미국이 이에 대해 WTO에 제소를 하자 중국정부가 협의요청단계에서 동 통지를 폐지하였다. 따라서 추후의 법령 또는 정책제정 과정에서 국제규범과의 일치성에 대한 심사 역시 이루어져야 할 것이다

Ⅵ. 일 본

일본은 세계 석유 수입량의 약 12%를 점유하여 미국에 이어 세계 제2위의 석유 수입국이며, 석유 소비량도 세계시장의 약 7%를 차지하여 미국, 중국에 이은 세계 제3위의 석유소비 국가이다.

일본의 아베 전 총리는 2007년 5월, 2050년까지 온실가스 배출 장기 목표를 달성하기 위한 혁신적 에너지기술개발 계획으로서 'Cool Earth 50'을 발표하였다. 전 세계의 온실가스 배출량을 현재의 절반 수준으로 감축하기 위해서는 기존기술의 연장으로는 불가능하고, 혁신적인 기술의 개발을 통해서 실현이 가능하다는 인식을 제고한 것이다. 'Cool Earth 50'을 통해 2050년까지 에너지기술 효과 및 확산 대안을 반영한 로드맵을 제시하고, CSLP,[92] APP,[93] GNEP,[94] GIF,[95] IPHE,[96] IEA[97]와 같은 국제협력기구와의

91) 이하 연세대 산학협력단, 앞의 연구보고서, p. 123.에서 인용한다.

협력을 통해 혁신적 에너지기술 개발 가속화를 위해 국제협력을 강화하고자 하였다. 이에 따라 전 세계적으로 이산화탄소 감축 잠재력이 높아 기술개발 및 이전이 우선시 되어야 하는 21개의 혁신적인 에너지기술을 선정하였다.[98)]

2009년 4월 아소 전 총리는 "새로운 성장을 향하여"라는 연설에서 일본의 새로운 성장전략을 제시하였다. 그 내용에서 2008년에 발생한 글로벌 금융위기로 인한 수출의존적인 종전의 성장전략이 한계에 직면하였다는 점을 지적하면서 '저탄소 혁명'을 강조하였다. 아소 전 총리는 태양에너지, 전기자동차, 에너지 절약형 가전을 새로운 3종의 신기(神器)로 제시하였으며, 일본정부는 저탄소혁명을 실현하기 위해 이들 제품의 보급 확대정책을 추진하고 있다. 아소 전 총리의 연설에서 제시된 구체적 시책을 보면 다음과 같다. 먼저 태양광발전 보급 목표의 배증이다. 일본정부는 2020년까지 태양광발전의 누적 도입량 10배 증가목표를 세웠으나 아소 전 총리는 이 목표를 20배 증가 목표로 수정하였고, 고정가격구매제도라는 새로운 제도의 도입도 추신하기로 하였다. 또한 차세대자동차 보급을 위한 대책도 제시하였다. 일본정부는 2020년까지 신차 두 대 중 한 대는 차세대 자동차로 하는 것을 목표로 하고 있는데, 이를 위해 2009년 4월부터 차세대 자동차의 자동차 중량세, 자동차 취득세를 면제시켰고, 보조금제도를 도입하여 차세대 자동차 구매를 확대해 나가고 있다.[99)]

---

92) CSLP: Carbon Sequestration Leadership Forum.

93) APP: Asia-Pacific Partnership on Clean Development and Climate.

94) GNEP: Global Nuclear Energy Partnership.

95) GIF: Generation IV International Forum.

96) IPHE: International Partnership for the Hydrogen Economy.

97) IEA: International Energy Agency.

98) 그 대상은 다음과 같다.
- 발전 및 송전분야: 고효율 천연가스화력발전, 고효율석탄화력발전, 탄소포집·저장(CCS), 혁신적 태양광발전, 선진 원자력발전, 초전도 고효율 송전
- 수송분야: 지능형 도로 교통 시스템, 연료전지자동차, 플러그인 하이브리드 자동차·전기 자동차, 바이오매스로부터의 수송용 대체 연료 제조 산업분야: 혁신적 재료·제조·가공기술, 혁신적 제철 프로세스
- 가정/상업분야: 에너지 절약 주택·빌딩, 차세대 고효율 조명, 가정용 연료 전지, 초고효율 히트 펌프, 에너지 절약형 정보 기기·시스템, HEMS(home energy management system)/BEMS(building energy management system)/지역레벨의 EMS(energy management system).

99) 연세대 산학협력단, 앞의 연구보고서, 2011.12, p. 128.

2011년 3월 후쿠시마 원전사고 이전 일본의 발전에너지원은 원자력 26%, 화석연료 57%, 재생에너지 10%(이중 수력이 6% 이상 차지) 등의 비율을 보였으나, 후쿠시마 원전사고 이후 원자력에 비판적인 여론부각 등으로 일본정부는 에너지 조합비율(에너지믹스)과 관련하여 재검토 중에 있다. 2010년 6월 수립된 현행「에너지기본계획」에 따르면 전체 발전량 중 재생에너지 비율을 2009년도 9%에서 2030년도 21%로 제고시킨다는 목표를 설정하였으나, 이는 원자력 비율을 2009년도 29%에서 2030년도 53%로 제고시킨다는 구상을 전제로 하기 때문에 현재 에너지믹스 전반을 재검토할 수 밖에 없는 상황에 있다.

향후의 에너지정책과 관련하여 중앙정부의 방침이 검토 중인 현 상황에서 각 지방자치단체는 지형적 특성을 고려한, 재생에너지 보급을 위한 자체적인 중장기 목표를 설정하고 있는데, 예컨대 군마현은 2015년까지 현내 재생에너지 발전설비능력을 21%로 높이려는 목표를 설정하였다.[100]

아래에서는 그 간 일본의 신에너지 정책 및 입법 동향을 살펴보기로 한다.

1. 1980년 석유대체에너지의 개발 및 도입 촉진에 관한 법률

일본의 신에너지 정책은 에너지절약 정책과 함께 오일 쇼크를 계기로 하여 시작되었다. 1970년대 두 번의 오일 쇼크로 일본의 경제는 크게 영향을 받았고, 석유대체에너지로서의 신에너지의 중요성을 인식하게 되었다. 이를 바탕으로, 에너지의 안정적이고 적절한 공급 확보에 이바지하고 석유대체에너지의 개발, 도입을 위한 종합대책을 시행하기 위하여 1980년에「석유대체에너지의 개발 및 도입 촉진에 관한 법률」(대체에너지법)을 제정하였다.[101]

여기에서 석유대체에너지란 석유를 대신하여 연료 용도로 사용되는 것, 열원으로서 석유를 대신하는 열, 석유에 의해 발생된 열을 변환하여 얻어지는 동력을 대신해 사용되는 동력, 그리고 석유와 관련된 동력을 변환하여 얻어진 전기를 대신해 사용되는 전기를 말한다(동법 제2조).

100) 외교통상부, 앞의 보고서, p. 152.
101) 이하 김정순, 앞의 연구보고서, pp. 97-98.

경제산업성 장관은 종합적인 에너지 공급을 확보하기 위하여 석유대체에너지의 공급목표를 정하여 공표하여야 한다(동법 제3조). 정부는 석유대체에너지의 개발 및 도입을 촉진하기 위하여 각종 재정, 금융, 세제상의 방안을 강구하여야 하며(동법 제7조), 석유대체에너지 개발 및 도입과 관련되는 기술 연구를 위해서 국유 시설을 사용하게 할 수도 있으며, 이 때 시가보다 낮은 사용료를 정할 수도 있다(동법 제8조).

신에너지・산업기술종합개발기구는 석유대체에너지 기술로서 보급을 도모할 필요성이 인정되는 경우에는 보조금을 교부하는 등 석유대체에너지 개발 및 도입에 있어서 중요한 역할을 한다.

2. 1997년 신에너지 이용 등의 촉진에 관한 특별조치법

석유대체에너지 중 경제성의 제약 때문에 보급이 되지 않는 상황이 발생함에 따라 이용 촉진을 도모하는 것이 특히 필요한 신에너지의 보급 촉진을 목적으로 1997년에 「신에너지 이용 등의 촉진에 관한 특별조치법」(신에너지법)이 제정되었다. 신에너지법은 국가나 지방자치단체, 사업자, 국민 등 각 주체의 역할을 명확히 하는 기본방침의 책정을 규정하고 있으며 또한 신에너지 이용 등을 행하는 사업자에 대한 금융상의 지원조치 등을 정하고 있다.

여기에서 '신에너지 이용 등'이라 함은 석유대체에너지를 제조하거나, 발생시키거나 이용하는 것 및 전기를 변환해 얻을 수 있는 동력을 이용하는 것 중 경제적 제약으로 인해 보급이 불충분하여 석유대체에너지의 도입을 위해 특히 필요로 한 것으로서 그 촉진을 꾀할 필요가 있는 것을 시행령으로 정하는 것을 말한다(동법 제2조). 시행령 제1조에서는 구체적인 신에너지로 바이오매스, 풍력발전, 태양광발전 등을 규정하고 있다.

경제산업성 장관은 에너지 수급 전망, 신에너지 이용 등의 특성, 신에너지 이용 등에 관한 기술 수준 등의 사정을 감안하고 환경보전을 고려하여 기본방침을 정하여 공표하여야 한다(동법 제3조).

한편, 신에너지 이용 등을 하려는 사업자는 해당 신에너지 이용 등에 관한 계획을 주무장관에게 제출하여 이용 등 계획을 인정받을 수 있다. 이 경우 신에너지·산업기술 종합개발기구는 주무장관의 인정을 받은 사업자가 인정 이용계획에 따라 실시하는 신에너지 이용 등에 관해 채무 보증을 담당한다(동법 제10조).

3. 2002년 전기사업자의 신에너지 등의 이용에 관한 특별조치법(RPS법)

2002년 5월에 「전기사업자의 신에너지 등의 이용에 관한 특별조치법」(RPS법)을 공포하고, 2003년 4월부터 전면 시행하였다. RPS법은 전력을 소매하는 사업자[102]에 대해 그 판매하는 전력량에 따라 신에너지 등에 의해 발전된 전기를 일정 비율 이용할 것을 의무화하는 법률이다. 최근 중동에의 석유의존도가 높아지고 있고 원자력 발전소 입지 소요기간의 장기화 등으로 풍력이나 태양광 등 신에너지의 이용을 촉진하고 에너지원의 다양화를 도모할 필요성이 대두되었다. 또한 기존의 에너지원으로부터 발생되는 이산화탄소가 일본이 배출하는 온실가스의 9할을 차지하고 있어서 환경 부하가 낮은 신에너지의 도입이 요구되었고, 서구 여러 국가들이 재생에너지 의무할당제를 채택하고 있는 점 등에 비추어, 이러한 RPS법을 제정하기에 이르렀다.[103] 이 RPS법의 핵심은 ① 이용목표의 설정, ② 전기사업자에 대한 이용의무 부여, ③ 설비 인증이다. 각 전기사업자의 매년도 이용의무량을 '전기사업자에 의한 신에너지 등 전기의 이용목표'를 바탕으로 결정되며, 전기사업자가 어느 신에너지원에 의해서 기준 이용량을 달성할지는 자유에 속한다.

전기사업자는 의무를 이행할 때에 다음 세가지 방법 중에서 경제성, 기타 사정을 고려하여 가장 유리한 방법을 선택할 수 있다. 첫째, 스스로 발전하는 방법, 둘째, 다른 사업자에게 신에너지 전기를 구입하는 방법, 셋째, 현지에 신에너지 발전설비가 없는 경우 다른 발전사업자 또는 전기사업자로부터 신에너지 등 전기상당량을 구입하는 방법이 있다(동법 제5조, 제6조).

신에너지 전기를 발전하거나 또는 발전하고자 하는 자는 해당 발전설비가 기준에 적합하다는 것에 대해 경제산업성 장관의 인증을 받을 수 있다.

102) 일반 전기사업자, 특정 전기사업자, 특정규모 전기사업자를 말한다.
103) 김정순, 앞의 연구보고서, p. 101.

4. 2002년 에너지정책기본법

에너지정책기본법은 지금까지 개별적으로 대응해 온 시책을 종합적, 정합적으로 추진하기 위하여 의원입법으로 2002년 6월 14일 공포 시행되었다. 이 법의 목적은 에너지수급정책의 기본방침을 정하고, 국가·지방공공단체의 책무를 밝히며 에너지 수급정책의 장기적·종합적·계획적 추진(에너지장기수급전망)을 통하여 지구환경보전·지속적 발전사회에 대한 기여를 목표로 하고 있다. 에너지의 안정공급을 꾀하고 환경에 대한 적합화를 위하여 에너지 소비효율화, 신에너지로의 전환, 지구온난화 대비를 위한 보전형 에너지수급, 순환형 사회 형성의 추진을 그 추진방법으로 정하고 있다. 또한 시장원리의 활용, 국가·지방공공단체·사업자·국민의 책무와 상호협력을 정하고 에너지기본계획을 수립하고 있다.[104)]

5. 전기사업자에 의한 신·재생에너지 전기조달에 관한 특별조치법

일본은 2003년 4월부터 시행해 오던 '신·재생에너지 의무할당제도(RPS)'를 폐지하고, 2012.7.1.부터 전력회사가 재생에너지를 일정가격에 의무적으로 전량 구매하는 '재생가능에너지 고정가격구매제도(FIT)'를 도입하였다. 태양광, 풍력, 수력, 지열, 바이오매스를 이용해 생산된 전기는 경제산업성이 정하는 일정기간동안 전기사업자가 고정가격으로 매입 조달해야 하는 의무가 부과되는 것이다.[105)] 이를 통해 발전사업자가 재생에너지 발전설비에 투자를 할 때 비용회수위험을 줄임으로써 신규 투자활성화를 유도할 수

104) 최우용, 일본의 지구온난화 대책관련법제의 내용 및 과제, 동아법학 제45호, pp. 115-116.

105) 전력회사에 태양광이나 풍력 등 신·재생에너지원에서 발생한 전력을 최대 20년까지 고정 가격으로 매입하여 전기 요금에 추가하도록 요구한다. 여야간 법안 수정 협상에 따라 화학이나 철강과 같이 제조업 평균 8배 이상의 전기를 소비하는 에너지집약 사업자는 전기 요금 추가분의 80%를 경감한다. 일본 정부는 동 법안이 향후 10년 내 신·재생에너지 발전용량을 30,000MW 이상으로 확대시키는 데 기여할 것으로 예상하고 있다.

있다.

전기매입에 필요한 비용충당을 위해 각 전기사업자가 각각의 수용가격에 대해 사용 전력량에 비례하는 부과금(할증료)을 청구하는 것을 인정하고, 동시에 일본정부가 지역 간 할증료 부담에 불균형이 발생하지 않도록 필요한 조치를 강구하기로 하였다. 재생에너지원을 사용해 생산된 전기를 전력회사가 전량 매입하고 이 매입 분으로 인한 전력회사의 손실은 전기요금인상을 통해 보완하도록 하고 있다. 법안은 최소 3년마다 재생에너지 도입량과 할증료 부담이 끼치는 영향, 특히 전력 다소비 산업에 미치는 영향을 감안해 제도에 대한 재검토를 실시함과 동시에 2020년도 폐지를 목표로 하고 있다. 아울러 FIT도입에 따라 RPS는 폐지하고 기존 발전설비의 운전에 영향을 주지 않도록 필요한 조치도 마련하기로 했다.[106]

표 2-4 일본 고정가격구매제도의 주요 내용

구분	내용
매입대상 발전에너지원	• 태양광, 풍력, 수력, 지열, 바이오매스
매입 제도	• 전량 매입제도. 단, 주택 등에서의 태양광 발전은 잉여 전력에 한해 매입. • 매입기간에 전력회사가 고정가격으로 전력을 구매
매입 기간	• 재생에너지의 발전설비가 설치된 이후부터 설비의 교체가 필요하다고 판단될 때까지의 기간
매입 가격	• 경제산업성 장관은 국회의원(참의원, 중의원)의 동의로 임명된 위원들로 구성된 조달가격 산정위원회의 의견을 존중해 결정 • 매년 발전에너지원 별로 매입 가격을 결정하나 설치 원가 등의 변화에 의해 필요성이 제기될 경우 6개월에 한번 결정할 수 있음. 시행 후 3년간은 재생에너지에 의한 발전량 확대를 고려한 가격을 설정
할증료 (Surcharge)	• 매입비용은 할증료의 형태로 전력요금에 추가됨 • 단, 이하의 경우에는 경감 가능 (1) 전력을 많이 소모하는 기업은 일정 기준을 충족시킬 경우 할증료의 80% 이상을 공제 (2) 동일본 대지진으로 인한 피해가 명백한 기업이나 가정은 2013년 3월 말까지 할증료를 면제
전력회사의 매입의무예외	• 전력회사는 원활한 전기공급에 지장을 초래할 위험이 있다고 판단할 경우, 전력 매입을 거부할 수 있음

출처: 다이와 소켄(Daiwa Institute of Research).

106) 그린데일리, 日, RPS 폐지하고 FIT 전격도입, 2011. 8. 22.

표 2-5 일본 고정가격구매제도의 전기 매입가격 및 기간

	태양광발전 이외	태양광 발전	
구분	태양광발전 이외	주택용	주택이외의 사업장, 발전 사업용 등
매입 가격	15~20엔/kw의 범위 이내	초기에는 높은 매입가격을 설정하고 태양광 발전 시스템의 가격하락에 따라 점차 감소	
매입 기간	15~20년의 범위 이내	10년	15~20년의 범위 이내

출처: 신·재생에너지센터.

Ⅶ. 우리나라

우리나라는 제1, 2차 석유파동 이후 에너지소비구조의 개선 및 에너지원 다양화의 필요성을 인식하여 1987년에 「대체에너지개발촉진법」을 제정한 이래 2003년 '제2차 신·재생에너지 기술개발 및 이용·보급 기본계획'을 수립하였으며, 2004년 12월에 「신에너지 및 재생에너지 개발·이용·보급 촉진법(이하 "신·재생에너지법"이라 함)」으로 법령을 선년 개징하고, 2008년 '제3차 신·재생에너지 기술개발 및 이용·보급 기본계획'을 수립하여 2030년까지 총에너지사용량 대비 신·재생에너지 보급율을 11%로 하고 또한 신·재생에너지를 우리나라의 신성장동력산업으로 육성하기 위해 전략 및 원천기술개발과 이에 따른 인프라 구축을 목표로 신·재생에너지 기술개발 사업을 적극 추진하고 있다.

2009년에는 그린에너지전략로드맵을 수립하여 신·재생에너지분야를 포함한 15대 성장동력화 분야를 발표하고 추진하고 있다. 상세한 내용은 해당 부분에서 설명하기로 한다.

그림 2-1 신・재생에너지정책 추진경과[107)]

2008. 8.15	저탄소 녹색성장

○ 온실가스와 환경오염을 줄이고 신성장동력과 일자리를 창출하는 저탄소 녹색성장을 국가발전 패러다임으로 천명(8.15 대통령 경축사)

⬇

2008. 8.27	제1차 국가에너지기본계획(2008~2030)

○ 2030년까지 국가에너지 이용효율을 47% 높이고 신・재생에너지와 원자력 발전을 1차에너지공급의 11% 및 28% 수준으로 각각 대폭 증대

⬇

2008.12.15	제3차 신・재생에너지 개발・이용・보급 기본계획

○ 양적목표: 2030년 1차에너지중 신・재생에너지공급비율 11%
○ 질적목표: 신・재생에너지산업의 신성장동력산업화

⬇

2009. 4.21	그린에너지전략로드맵(2009~2030)

○ 성장동력화 15대 분야 대상으로 전략로드맵 작성(2030년 시장점유율 18% 목표)
○ • 9대 조기 성장동력화: 태양광, 풍력, 연료전지, IGCC, CCS, 청정연료, 에너지저장, 전력IT, LED
  • 6대 단계적 성장동력화: 원자력, 소형열병합, 그린카, 초전도, 에너지절약형건물, 히트펌프

107) 출처: 신・재생에너지 백서 2010. p. 220.

03

신 · 재생에너지의 정의 및 종류

I. 서 론

현행 신 · 재생에너지법상 '신 · 재생에너지'는 기존의 화석연료를 변환시켜 이용하거나 햇빛 · 물 · 지열(地熱) · 강수(降水) · 생물유기체 등을 포함하는 재생 가능한 에너지를 변환시켜 이용하는 에너지로서, 태양에너지, 생물자원을 변환시켜 이용하는 바이오에너지로서 대통령령으로 정하는 기준 및 범위에 해당하는 에너지, 풍력, 수력, 연료전지, 석탄을 액화 · 가스화한 에너지 및 중질잔사유(重質殘渣油)를 가스화한 에너지로서 대통령령으로 정하는 기준 및 범위에 해당하는 에너지, 해양에너지, 대통령령으로 정하는 기준 및 범위에 해당하는 폐기물에너지, 지열에너지, 수소에너지, 그 밖에 석유 · 석탄 · 원자력 또는 천연가스가 아닌 에너지로서 대통령령으로 정하는 에너지를 말한다.[1]

구법에서는 영리를 목적으로 수입된 신 · 재생에너지(중간 제품의 형태로 수입된 신 · 재생에너지를 포함한다)에 대하여 이 법을 적용하지 아니한다고 규정하여 적용범위를 제한하고 있었으나,[2] 이 법의 적용을 배제하는 "영리를 목적으로 수입된 신 · 재생에너지(중간제품의 형태로 수입된 신 · 재생에너지를 포함한다)"의 개념이 모호하고 이를 넓게 해석할 경우 해외에서 중간제품의 형태로 가공하여 수입된 바이오디젤의 원료인 팜유나 자트로파유, 해외에서 목재펠릿의 형태로 가공된 신 · 재생에너지에 대하여서

1) 신 · 재생에너지법 제2조, 신 · 재생에너지법 시행령 [별표1]에서는 몇몇 신 · 재생에너지에 대해서 기준 및 범위를 별도로 규정하고 있다.

도 이 법의 적용이 배제되는 문제가 발생할 수 있으므로, 2010년 법개정때 해당 규정을 삭제하였다.[3)]

시행령 [별표1] 바이오에너지 등의 기준 및 범위(제2조 관련)

에너지원의 종류별	기준 및 범위	
바이오에너지	기준	1. 생물유기체를 변환시켜 얻어지는 기체, 액체 또는 고체의 연료 2. 제1호의 연료를 연소 또는 변환시켜 얻어지는 에너지 ※ 제1호 또는 제2호의 에너지가 신·재생에너지가 아닌 석유제품 등과 혼합된 경우에는 생물유기체로부터 생산된 부분만을 바이오에너지로 본다.
	범위	1. 생물유기체를 변환시킨 바이오가스, 바이오에탄올, 바이오액화유 및 합성가스 2. 쓰레기매립장의 유기성폐기물을 변환시킨 매립지가스 3. 동물·식물의 유지(油脂)를 변환시킨 바이오디젤 4. 생물유기체를 변환시킨 땔감, 목재칩, 펠릿 및 목탄 등의 고체연료
석탄을 액화·가스화한 에너지	기준	석탄을 액화 및 가스화하여 얻어지는 에너지로서 다른 화합물과 혼합되지 않은 에너지
	범위	1. 증기 공급용 에너지 2. 발전용 에너지
중질잔사유를 가스화한 에너지	기준	1. 중질잔사유를 가스화한 공정에서 얻어지는 연료 2. 제1호의 연료를 연소 또는 변환하여 얻어지는 에너지 ※ "중질잔사유"란 원유를 정제하고 남은 최종 잔재물로서 감압증류 과정에서 나오는 감압잔사유, 아스팔트와 열분해 공정에서 나오는 코크, 타르 및 피치 등을 말한다.
	범위	합성가스
폐기물 에너지	기준	1. 각종 사업장 및 생활시설의 폐기물을 변환시켜 얻어지는 기체, 액체 또는 고체의 연료 2. 제1호의 연료를 연소 또는 변환시켜 얻어지는 에너지 3. 폐기물의 소각열을 변환시킨 에너지 ※ 제1호부터 제3호까지의 에너지가 신·재생에너지가 아닌 석유제품 등과 혼합되는 경우에는 각종 사업장 및 생활시설의 폐기물로부터 생산된 부분만을 폐기물에너지로 본다.

2) 신·재생에너지법 제3조(적용범위) [법률 제7284호, 2004.12.31, 전부개정]

3) 신·재생에너지법 제3조 삭제 [법률 제10253호, 2010.4.12, 일부개정]

Ⅱ. 신・재생에너지원별 내용

신・재생에너지법에서는 총 11개의 원을 신・재생에너지로 분류하고 있는데, 이 11개의 원을 다시 신에너지와 재생에너지로 명확하게 구분하고 있지는 않다. 즉 11개의 원을 동일하게 '신에너지와 재생에너지' 범주에 포함시키고 있을 뿐, 어느 원이 신에너지이고 어느 원이 재생에너지인지는 동법에서 명확하게 명시하고 있지 않다. 그리고 동법에서는 신에너지와 재생에너지 중 어디에 해당하느냐에 따라서 명시적으로 다르게 취급하는 것도 없는 것이 사실이다.[4)]

하지만 일반적으로 11개 원을 신에너지와 재생에너지로 다음과 같이 구분하고 있다.

1. 신에너지

1) 수소에너지

수소(hydrogen)는 열량이 높고, 수송과 저장이 용이하고, 무공해라는 특징을 가지고 있다. 수소는 다음과 같은 방법을 통해서 얻을 수 있다.

첫째, 물을 전기분해해서 얻을 수 있다. 여기서 전기는 원자력발전, 석탄화력발전 또는 태양광・풍력・바이오에너지를 이용한 재생에너지발전 등을 통해서 얻을 수 있다.

둘째, 천연가스(natural gas)와 같이 화석연료로부터 얻을 수 있다. 천연가스는 탄화수소이므로 많은 수소를 원소로 가지고 있으므로 천연가스를 개질하여 얻을 수 있다.

사실 수소는 에너지원이라기보다는 전기와 같이 에너지캐리어(energy carrier)의 성격을 가지고 있다.[5)] 통상적으로 수소는 연료전지를 통해서 이

4) 이처럼 신에너지와 재생에너지를 명확하게 구분하지도 않고 그리고 양자를 동일하게 취급하는 것은 향후 신・재생에너지의 보급 및 발전에 큰 제약이 될 가능성이 크다. 자세한 사항은 제6장 신・재생에너지 범주 및 분류에 대한 재검토 부분을 참조하기 바란다.

용되고 있다.

2) 연료전지[6]

연료전지(fuel cell)는 수소와 산소의 화학반응으로 생기는 화학에너지를 직접 전기에너지로 변환시키는 기술이다. 즉 다음과 같은 과정을 통해서 전기 및 열이 생산되게 된다.

$$H_2+1/2O_2 \rightarrow H_2O+\text{전기}$$

이러한 변환과정을 거친 생성물은 순수(純水)와 전기이며, 일반적으로 발전효율 30~40%, 열효율 40% 이상으로 총 70~80%의 효율을 갖고 있다.

연료전지를 전해질의 종류에 따라 구분하면 다음과 같다.

표 3-1 연료전지의 종류: 전해질 종류에 따라 구분

구 분	알카리 (AFC)	인산형 (PAFC)	용융탄산염형 (MCFC)	고체산화물형 (SOFC)	고분자전해질형 (PEMFC)	직접매탄올형 (DMFC)
전 해 질	알카리	인산염	탄산염	세라믹	이온교환막	이온교환막
동작온도 (℃)	120이하	250이하	700이하	1,200이하	100이하	100이하
효율(%)	85	70	80	85	75	40
용 도	우주발사체 전원	중형건물 (200㎾)	중・대형건물 (100㎾~MW)	소・중・대 용량 발전(1㎾~MW)	가정・상업용 (1~10㎾)	소형이동 (1㎾ 이하)
특 징	-	내구성 큼, 열병합대응 가능	발전효율 높음, 내부개질 가능, 열병합대응 가능	발전효율 높음, 내부개질 가능, 복합발전 가능	저온작동 고출력밀도	저온작동 고출력밀도

* AFC(Alkaline Fuel Cell), PAFC(Phosphoric Acid FC), MCFC(Molten Carbonate), SOFC(Solid Oxide), PEMFC(Polymer Electrolyte Membrane), DMFC(Direct Methanol)

5) 에너지경제연구원, 신・재생에너지 산업육성을 위한 통계 및 산업분류 체계 정비방안, 2011.6, p. 42.

6) 신・재생에너지센터, 2012 신・재생에너지의 이해에서 일부 인용하였다.

연료전지는 용도에 따라서 크게 발전용, 건물용, 수송용(차량, 선박용), 휴대용으로 나누어진다. 그리고 연료전지는 일반적으로 수소를 연료로 사용하므로 수소에너지와 연료전지는 밀접하게 연결되어 있으며, 종종 수소연료전지라는 용어로 사용되고 있다.

사실 연료전지는 에너지원이라기보다는 기술(또는 설비)를 의미한다고 보는 것이 정확하다.

그림 3-1 국내 연료전지 설치 사례

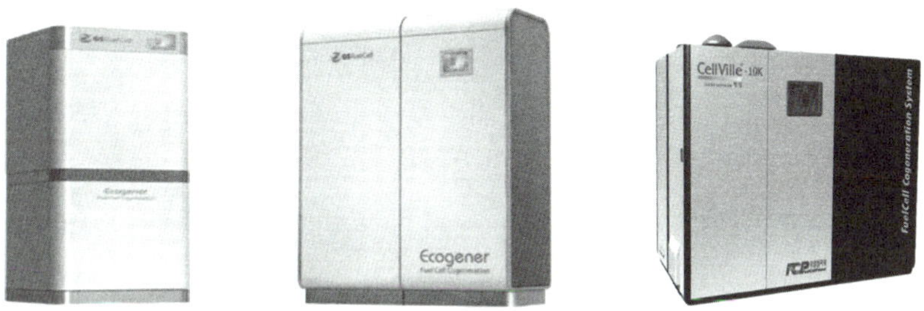

[1~10kW급 건물용 연료전지 시스템]

[80kW급 연료전지차]

[연료전지버스]

[보령 중부발전 300kW급 발전용 연료전지 시스템]

[성서공단 2.8MW급 발전용 연료전지 시스템]

3) 석탄 액화 · 가스화 및 중질잔사유 가스화 에너지

이는 저급한 화석연료(저급석탄, 중질잔사유)를 액화 또는 가스화(liquefaction or gasification)하여 청정 · 고효율 · 고열량 등의 고급에너지로 전환시키는 복합기술로서, 시행령에서는 동 에너지의 기준 및 범위를 정하여서 한정하고 있다. 여기서 중질잔사유란 원유를 정제하고 남은 최종 잔재물로서 감압증류 과정에서 나오는 감압잔사유, 아스팔트와 열분해 공정에서 나오는 코크, 타르 및 피치 등을 말한다.

석탄가스화의 가장 대표적인 활용 방식은 석탄가스화복합발전(IGCC, Integrated Gasification Combined Cycle)인데, 이는 저급 석탄을 고온 · 고압 조건에서 불완전연소 및 가스화 반응을 시켜 합성가스(CO와 H_2가 주성분)를 만들어 정제공정을 거친 후 가스터빈으로 1차 발전, 증기터빈으로 2차 발전하는 고효율, 친환경[7]적 복합발전방식이다.

석탄액화란 고체연료인 저급의 석탄을 휘발유 및 디젤과 같은 고급의 액체연료로 전환시키는 기술로서 고온 · 고압 상태의 석탄에 용매를 첨가하여 전환시키는 직접액화기술과, 석탄가스화 후 촉매 상에서 액체연료로 전환시키는 간접액화기술이 있다.

석탄 액화 · 가스화가 주목을 받는 이유는 석유, 천연가스 등에 비해 석탄은 아직까지 전세계적으로 매장량이 풍부하고 특히 그동안 개발 · 이용이 더디었던 저급 · 저질의 석탄은 훨씬 풍부하므로 이를 청정 · 고효율에너지로 전환하여 활용하는 기술로서 중요성이 커졌기 때문이다.

석탄 액화 · 가스화 및 중질잔사유가스화 에너지는 전형적으로 화석연료에 기반을 하고 있다는 특징을 가지고 있으며, 다른 신에너지처럼 에너지원이라기보다는 기술(또는 설비)라고 보는 것이 정확하다.

2. 재생에너지

1) 태양광발전

① 개 요

'태양에너지'의 일종인 태양광발전(photovoltaic)은 태양의 빛에너지를 변

7) 기존 석탄화력발전소에 비해 SO_x 90% 이상, NO_x 75% 이상 저감효과가 있다.

환시켜 전기를 생산하는 발전기술로서 햇빛을 받으면 광전효과에 의해 전기를 발생하는 태양전지를 이용한 기술이다.

태양광 발전시스템은 태양전지(太陽電池, solar cell)로 구성된 모듈(module)과 축전지 및 전력변환장치 등으로 구성되어 있다.

결정질 태양전지의 value chain을 살펴보면 다음 그림과 같다.

그림 3-2 태양전지・모듈(결정질 실리콘)의 value chain[8)]

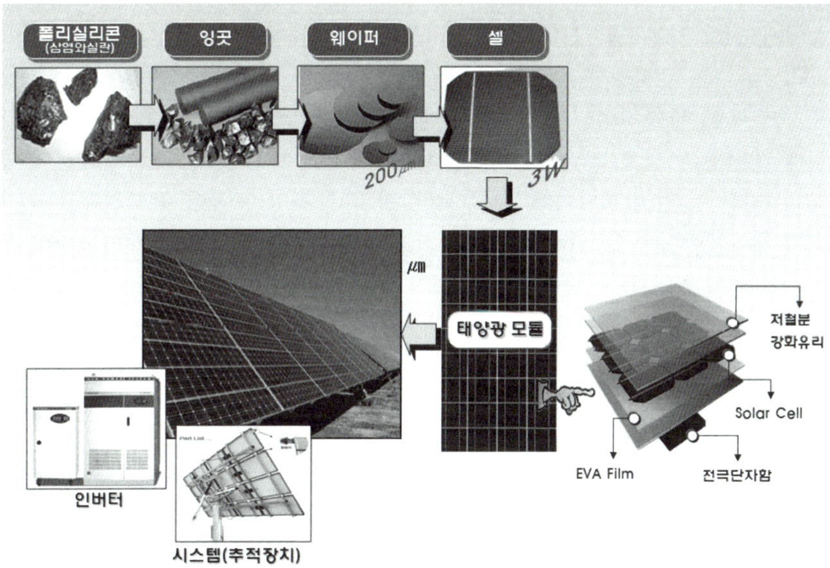

태양에너지의 잠재량: 지구에 도달하는 태양에너지의 양[9)]

지구상의 모든 인간이 생산하여 사용하는 총에너지를 발전설비용량으로 환산하면 약 13 TW(Terawatt)[10)]인데, 지구에 도달하는 태양에너지는 이보다 약 1만배 수준인 약 1.2×10^5 TW이다.

8) 신・재생에너지센터, 2012 신・재생에너지의 이해.
9) Crabtree & Lewis, 2007, Solar Energy Conversion
10) TW(terawatt)는 10^{12} watt이다.

1906년에 발생한 진도 7.8 규모의 샌프란시스코 강진을 에너지 양으로 환산하면 약 10^{17} 줄(J)[11]인데, 이는 지구가 1초동안 받는 태양에너지의 양에 불과하다.

그리고, 지구상에 매장된 석유잠재량은 약 3 TB(Trillion Barrel)로 추정되고 이는 약 1.7×10^{22} 줄(J)에 해당하는 에너지양인데, 이는 지구가 1.5일동안 받는 태양에너지의 양에 불과하다.

즉, 지구상의 인간이 1년동안 사용하는 에너지의 양 4.6×10^{20} 줄(J)[12]은 지구가 단 하루동안 받는 태양에너지의 양과 동일한 수준이다.

그런데, 현재 태양광발전량은 지구에서 사용하는 총에너지(전력+열+수송) 중에서도 그 일부분인 전력부문의 0.02%도 채 안되는 비중을 차지하고 있다.

그 이유는 무엇일까?

바로 태양광발전의 낮은 경제성 때문이다. 태양광의 발전단가(원/kWh)는 현재 생산되는 전체 전력의 평균 발전단가의 5배가 넘을 정도로 경제성이 낮다. 이러한 높은 발전단가를 해결하여야만 태양광의 보급이 폭발적으로 이루어질 수 있는데, 이를 위해서는 태양전지의 변환효율을 높이고 태양전지의 생산단가를 낮추는 등 기술개발이 지속적으로 이루어져야 할 것이다.

② 태양전지(cell)의 종류

태양전지의 종류는 일반적으로 다음과 같이 구분된다.

□ 실리콘계(Silicon)

○ 결정질 실리콘 태양전지(Crystalline Silicon Solar Cell)

- 단결정(Single Crystalline Si), 다결정(Poly-Crystalline Si)로 나눠어짐

○ 비결정질 실리콘 태양전지(Amorphous Silicon Solar Cell)

- 박막 태양전지(thin-film solar cell)의 일종임

□ 화합물계

○ CdTe 박막(Cadmium Telluride thin-film) 태양전지

○ CIGS 박막(Copper Indium Gallium (di)Selenide thin-film) 태양전지

○ CIS 박막(Copper Indium Selenide thin-film) 태양전지 등

11) 줄(J)은 일의 단위로서, 1Wh(Watt×hour)=3600J이다.

12) 13TW×365d×24h×3,600J/Wh≒4.6×10^{20}줄(J).

□ 기타

염료감응 태양전지, 유기 태양전지 등이 있으며, 차세대 태양전지로서 아직까지는 상용화되어 있지 않고 전세계적으로 기술개발 과정 중에 있다. 그밖에 집광형 태양전지(Concentrating PV)가 있는데 이는 렌즈와 같은 광학 소자나 기구를 이용하여 태양광을 집광하여 발전하는 태양전지로서 집광을 하지 않는 기존 결정질 실리콘 태양전지에 대비하여 적은 면적의 태양전지로 고효율 발전이 가능한 방식이며, 집광배율에 따라 통상 3~10배까지는 저배율(Low Concentrating PV), 10~100배 사이는 중배율(Medium concentrating PV), 100~1,000배 사이는 고배율(High Concentrating PV)로 분류한다.

표 3-2 염료감응 및 유기 태양전지[13]

◇ 염료감응 태양전지(Dye-sensitized Solar Cell)
- 최대 장점은 저(低) cost 태양전지로서 발전 코스트 저감이 가능하고, 비 진공 저온 제조공정으로 제조시 CO_2 배출량이 적으며, 투입되는 재료가 독성이 없는 환경친화적 태양전지라는 것임
- 특징
  ① 환경친화적(Environment-friendly): Unlimited resources(TiO_2, Dye), Low EPT
  ② 심미적(Aesthetic): Colorful, Decorative
  ③ 약한 빛에서도 발전(High-η at weak light): working indoor, working all daytime
  ④ 유연성(Flexible): Various application, Light weight
  ⑤ 투명성(Transparent): BIPV(window), Curtain Wall
  ⑥ 높은 원가경쟁력(Cost competitive): Low material cost, Low initial investment

◇ 유기태양전지(Organic Photovoltaic)
- 양극과 음극 사이에 전도성 유기재료를 이용하여 광활성층을 구성한 태양전지를 말함
- 타 태양전지에 비해 '구조가 간단하고 유연하며 가볍다'는 장점을 가지고 있으며 양산시 저가로 대면적화를 이룰수 있어서, 타 태양전지와 차별화된 용도의 신규시장 창출이 가능
- 장기적(2030년)으로 전략품목으로 육성이 필요한 품목임

※ 염료감응, 유기 태양전지 모두 실리콘 태양전지에 비해 상대적으로 변환효율(conversion rate)이 낮고 수명이 짧다는 것이 가장 큰 단점인데, 이러한 단점 극복을 위한 기술개발이 핵심임

13) 그린에너지전략로드맵(태양광) 2011, 한국에너지기술평가원.

현재는 결정질 실리콘 태양전지가 세계시장의 80%이상을 차지하는 주도 기술임에도 불구하고, 향후 태양전지 저가화에 유리한 박막 태양전지와 미래기술로 인지되고 있는 차세대 태양전지(염료감응, 유기 등)에 대한 수요는 크게 증가할 것으로 전망되고 있다.

표 3-3 태양전지 종류별 시장점유율 변화 예측

	2010	2020	2030
결정질 실리콘 (c-Si)	80%	60%	30%
박막형(thin-film) * 박막형 실리콘, CIGS, CdTe 등	20%	30%	40%
기 타 * 염료감응, 유기 태양전지 등	< 2%	10%	30%

자료: W. Hoffman, EPIA(유럽태양광산업협회), 2010.

유럽태양광산업협회 자료에 따르면, 2010년 80%를 차지하는 결정질 실리콘 태양전지가 2030년에는 30%로 축소되고 박막형과 염료감응, 유기 태양전지가 70% 정도를 차지할 것으로 예측하고 있다. 여기서 흥미로운 점은 2030년이 되어서 결정질 실리콘 태양전지가 여전히 30%라는 높은 비중을 차지할 것으로 예측한 점이다. 이는 결정질 실리콘 태양전지가 오래된 운영경험(track record)를 바탕으로 한 높은 신뢰성·안정성을 가지고 있고 변환효율(conversion rate)이 타 태양전지에 비해 높다는 큰 장점을 가지고 있기 때문이다.

태양광발전에서 변환효율과 가동률의 차이점

태양광발전과 관련하여 혼동되는 것 중의 하나가 변환효율(conversion rate)과 가동률(rate of operation)이다. 우리나라에서는 태양전지의 변환효율과 가동률이 모두 15~20% 사이에 있어서 수치가 매우 유사하여 같은 개념인 것으로 혼동하는 경우도 있는데, 두 용어는 완전히 다른 개념이다.

변환효율(conversion rate)은 100이라는 에너지를 가지고 있는 태양에너지가 태양전지를 통해서 어느 정도의 전기에너지를 생산하느냐 하는 개념이다. 변환효율이 18%라면, 100만큼의 태양에너지(빛에너지)가 태양전지를 통해서 18만큼의 전기에너지가 생산되고, 나머지 72만큼의 빛에너지는 전기에너지로 변환되지 않고 버려지는 것을 말한다. 따라서 변환효율은 태양전지의 성능에 따라서 결정되며, 결정질 실리콘 태양전지는 현재 변환효율이 20%에 육박하는 수준에 도달하였다. 이에 반해 박막 태양전지 및 염료감응, 유기태양전지는 이에 크게 못 미치는 수준이다. 동일 설비용량(예를 들어 100kW)의 태양광 발전소를 설치하는데 있어서, 변환효율이 높은 태양전지를 사용하면 보다 적은 양의 태양전지가 필요하고 따라서 보다 적은 면적의 공간이 필요한데 반해, 변환효율이 낮은 태양전지를 사용하게 되면 보다 많은 양의 태양전지가 필요하고 따라서 보다 많은 면적의 공간이 필요하게 된다.

가동률 또는 이용율(rate of operation)은 일반적으로 하루 24시간 동안 태양전지가 얼마동안 전기를 생산하느냐 즉 가동되느냐 하는 정도를 나타낸다. 햇빛이 약한 상황에서도 태양전지가 전기를 생산할 수 있느냐에 따라서 가동률이 영향을 받기도 하지만, 통상 가동률은 지역에 따라서 훨씬 큰 영향을 받는다. 스페인과 같이 하루동안 평균적으로 햇빛이 비추는 시간이 많은 지역은 그렇지 않은 지역에 비해 가동률이 높게 나타난다. 따라서 동일한 성능의 태양전지라 하더라도 스페인의 경우에는 태양광의 grid parity가 우리나라의 경우보다 빨리 올 것이라고 예측할 수 있다.

③ 세계 태양광시장 현황 및 전망

유럽태양광산업협회(EIPA: European Photovoltaic Industry Association)에 따르면[14] 전세계적으로 태양광 신규 설치규모가 2000년 0.28GW에서 2005년에는 1.4GW로 증가하였으며 2011년에는 29.7GW로 증가하여서, 2011년 신규설치규모 29.7GW는 2000년 대비 106배 증가하였으며 2005년 대비해서는 21배 증가하였다. 2011년말 현재 태양광 누적 설치규모는 69.7GW로서, 이는 연간 약 85TWh의 전기를 생산할 수 있는 양이며 약 2천만 가구(households)가 넘는 전기수요를 충당할 수 있는 양이다.

14) EIPA, Global market outlook for photovoltaics until 2016(May 2012).

그림 3-3 세계 태양광 연도별 신규설치량 2000~2011 (단위: MW)

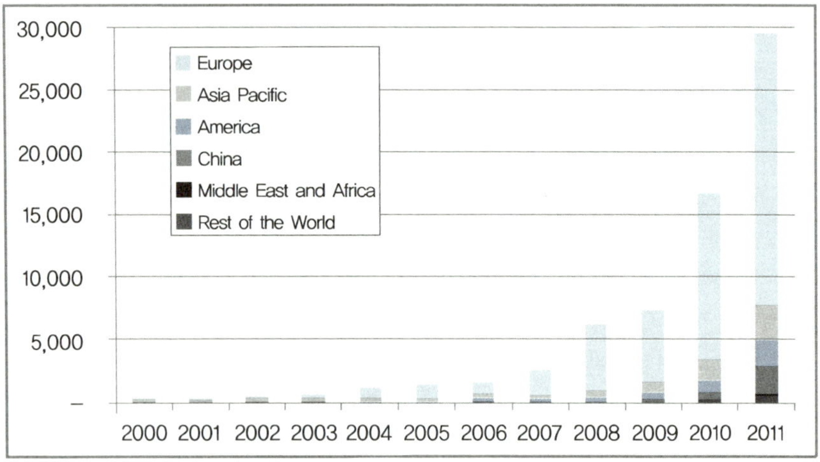

자료: EIPA(유럽태양광산업협회).

	2000	2001	2002	2003	2004	2005	2006	2007	2008	2009	2010	2011
Rest of the World	88	56	80	77	29	10	105	42	76	80	284	508
Middle East and Africa	N/A	N/A	N/A	N/A	N/A	N/A	N/A	N/A	N/A	21	45	131
China	-	11	15	10	9	4	12	20	45	228	520	2,200
America	23	31	46	65	92	117	149	212	349	539	983	2,234
Asia Pacific	114	136	186	225	276	296	322	283	563	766	1,618	2,653
Europe	53	94	142	201	708	1,002	987	1,972	5,297	5,803	13,367	21,939
total	277	328	468	578	1,114	1,429	1,575	2,529	6,330	7,437	16,817	29,665

태양광이 설치된 지역을 살펴보면, 예외적으로 중국이 2009년부터 급격하게 태양광 설치를 늘리는 것을 제외하고는 사실상 유럽, 미국 등 선진국에서 대부분의 태양광이 설치되고 있는 것을 알 수 있다. 이는 태양광의 발전단가가 매우 높아서(2011년 기준, 우리나라에서 태양광 발전단가는 우리나라 전력의 평균발전단가의 약 5배 정도 수준이다.) 정부의 보조금지원정책(FIT) 또는 의무할당정책(RPS)[15] 등이 없이는 시장에서 자발적으로 공급되기 어려

운데, 이러한 지원정책은 엄청난 정부재정 부담 또는 전기요금의 추가적인 인상을 유발하므로 선진국이 아닌 개발도상국에서는 태양광을 설치하는 것이 상당한 부담이 되기 때문이다. 예외적으로 중국이 최근에 태양광 설치를 급격히 늘리고 있는 이유는 아무래도 자국의 태양광산업 육성과 연관이 많다고 볼 수 있다.

세계 태양광 설치량 중에서 유럽의 비중이 2011년 기준 70%를 넘고 있는데, 이는 발전차액지원제도(FIT)라는 강력한 태양광 공급정책이 크게 기여하고 있다고 봐야 할 것이다. 하지만, 유럽국가 중에서도 태양광설치량이 높고 태양광에 대해 발전차액지원제도를 시행중인 대표적인 국가인 독일, 스페인, 이태리[16]의 연도별 태양광 설치량 추이를 살펴볼 필요가 있다.

표 3-4 독일, 이태리, 스페인의 연도별 태양광 설치량 추이 (단위: MW)

	2007	2008	2009	2010	2011
독 일	1,271	1,809	3,806	7,408	7,485
이태리	58	338	712	2,326	9,284
스페인	569	2,843	20	441	372

이태리와 스페인의 경우를 보면, 연도별 태양광 설치량의 편차가 크게 들쑥날쑥한 것을 알 수 있다. 이태리는 2008년에 338MW가 설치된 반면 불과 3년후에는 27배나 크게 증가하였으며,[17] 스페인은 2007년에 569MW에서 2008년 2,843MW로 1년만에 약 5배 증가한 반면 2009년에는 전년대비 약 1%도 안되는 수준인 20MW로 크게 축소하였으며 2010년과 2011년에도 2007년 수준에 크게 못미치는 양이 설치되었다. 이처럼 연도별 태양광 설치량의 큰 편차는 태양광산업 육성측면과 태양광보급 확대측면에서도 바람직하지 않다. 태양광 설치는 매년 일정한 비율로 증가하는 추세가 태양광산업의 입장에서도 그리고 태양광 보급 확대측면에서도 바람직하다. 이태리의 경우 3년만에 약 27배나 증가하였는데, 이로 인해 추후에 태양광 보급이 큰

15) FIT와 RPS에 대해서는 제4장과 제5장을 참고하기 바란다.
16) 이태리는 RPS를 시행하고 있으나, 태양광에 대해서는 FIT 지원을 허용하고 있다.
17) 2007년 58MW 대비해서는 2011년은 무려 160배나 증가하였다.

걸림돌이 될 수밖에 없고 정부의 재정적 부담과 전기요금 인상요인 등의 측면에서도 이태리 정부도 반가워하지 않을 것이다. 오히려 과도하게 크게 늘어난 태양광 설치량을 가능하면 미래에 균등하게 나누어서 설치되는 것이 훨씬 바람직한 시나리오였을 것이다. 이러한 들쑥날쑥한 태양광 설치량은 발전차액지원제도(FIT) 내에서 정부가 정하여 공고하는 '기준가격'에 의해 크게 영향을 받는다는 것을 의미한다. 정부는 태양광 기준가격을 매년 기술개발 등에 따른 발전단가 하락정도를 예측하여 정하여 공고하는데, 태양광 발전단가의 하락속도가 매우 크고 예측하기 어려울 경우 그리고 경제적인 측면보다는 정치적인 측면이 많이 고려되어서 결정될 경우, 매년 태양광 설치량은 크게 차이가 날 수 밖에 없는데 스페인과 이태리가 이러한 경우라고 볼 수 있다.

그나마 독일의 경우 태양광 설치량이 일관되게 증가하고 있는 것으로 보여진다. 독일의 경우 전기요금 전체 중에서 발전차액지원제도로 인해 추가로 발생하는 부담금이 약 14%를 차지하고 있고 이 중 상당부분이 태양광 발전에 기인하는데, 태양광으로 인한 전기요금의 과도한 인상에 대해서 독일 내부에서도 많은 비판이 제기되고 있는 것이 사실이다.[18] 우리의 경우 전기요금 중에서 태양광 발전차액지원금액에 기인하는 것이 1%가 채 안되지만 이로 인해 느끼는 부담은 상당하다고 보여진다. 우리보다 태양광 설치량이 월등히 높은 독일이 부럽기는 하지만, 만일 우리도 독일과 같이 상당한 전기요금인상을 감수하면서 매년 GW에 버금가는 엄청난 양의 태양광을 보급해야 하느냐에 대해서는 비판의 목소리가 큰 게 사실이다.

---

18) 독일의 엄청난 태양광 확대정책에 대해서 학자들 간에도 긍정적, 부정적 의견이 함께 존재하고 있다. 서로 다르게 평가하고 있는 다음 자료를 참고하기 바란다.
- Jacobsson, S. and Lauber, V. (2006) "The Politics and Policy of Energy System Transformation: Explaining the German Diffusion of Renewable Energy Technology" Energy Policy, 34, 3, pp. 256-276.
- Frondel, M.; Ritter, N. and Schmidt, C.M. (2008) "Germany's Solar Cell Promotion: Dark Clouds on the Horizon" Energy Policy, 36, pp. 4,198-4,204.

우리나라가 독일만큼 태양광을 설치한다면, 그 국민적 부담은 얼마나 될까?

독일은 FIT를 통해서 태양광을 세계에서 가장 많이 설치한 나라로서, 2011년말 현재 설치된 태양광 규모는 약 24.7GW이다. 일견 매우 부럽게 생각할 수도 있는데, 만일 우리나라가 독일만큼 태양광을 설치한다면 이로 인해 국민이 추가적으로 부담해야 하는 규모는 어느 정도 될 것인가?

단순화 시켜서 개략적으로 계산을 해보면 우리나라 전기요금이 약 35% 상승할 것으로 보이는데, 이만큼이 태양광을 독일만큼 24.7GW 설치했을 때 국민들이 추가적으로 부담해야 하는 양이라고 보면 될 것이다.

※ 계산근거

- 우리나라는 발전차액지원제도를 통해 2011년말까지 총 500MW(즉, 0.5GW)의 태양광을 설치하였는데, 이로 인한 추가적인 국민부담은 2,265억원/년으로서 이는 전기요금(2011년 기준 약 33조원/년)의 0.7% 수준이다.
- 만일 우리나라가 태양광을 24.7GW를 설치한다면 이는 500MW의 약 50배이며, 이로 인한 추가적인 국민부담은 전기요금의 약 35% 수준이다.
- 따라서, 독일만큼 태양광을 보급하려면, 국민들은 전기요금이 약 35% 상승하는 부담을 져야할 것이다.

이러한 사실에서 우리는 몇 가지를 알 수 있다.

첫째, 우리는 독일보다 전기요금 수준이 매우 낮기 때문에.(독일의 가정용 전기요금은 우리나라의 가정용 전기요금보다 약 2~4배 정도 비싸다.), 태양광 설치로 인해 독일에 비해서 더 많은 국민적 부담(즉, 더 많은 전기요금 상승)을 요한다는 점이다.

둘째, 태양광이 grid parity에 도달하기 전까지는 태양광 보급에는 그만큼 대가(즉, 전기요금의 상승)가 필요하다는 것을 분명히 인식할 필요가 있다. 이러한 대가를 인식하지 못하고 무작정 태양광을 대폭 확대해야 한다는 주장은 합리적인 접근방법이 아니다.

EIPA(유럽태양광산업협회)는 향후 2016년까지 연도별 태양광 설치량을 두 가지 시나리오에 따라서 전망을 한 바 있다.[19)]

먼저 온건주의적인 시나리오(moderate scenario)는 각국 정부의 지원정책이 더 이상 강화되지 않거나 또는 기존 지원정책이 크게 후퇴하는 것을 전제로 하는 다소 비관적인 시나리오이다. 이에 따르면 태양광의 연도별 신규 설치량은 2012년 약 20GW에서 2016년 약 39GW가 될 것으로 예측하고 있다.

다음으로 정책구동적 시나리오(policy-driven scenario)인데 이는 정부가 태양광을 미래의 주요한 전력원으로 여기고 이에 기반으로 한 정부 지원정책의 지속 또는 신규 정책의 도입을 가정으로 한 시나리오이다. 이 시나리오에 따르면 2012년에 약 40GW가, 2016년에는 약 77GW가 신규로 설치될 것으로 예측하고 있다. 실제 태양광 설치량은 이 두 시나리오 사이의 한 점이 될 것이다.

그림 3-4 세계 태양광 연도별 설치량 전망 (단위: MW)

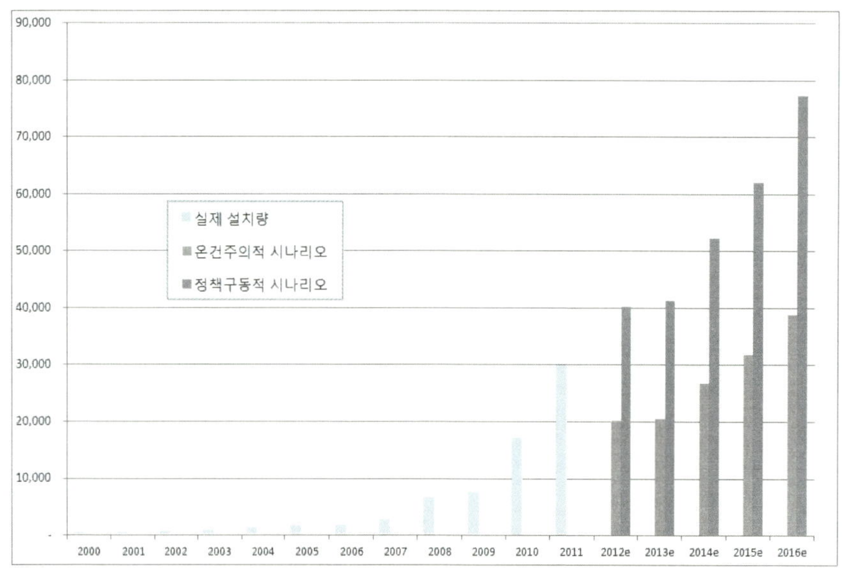

자료: EIPA.

19) EIPA, Global market outlook for photovoltaics until 2016(May 2012).

한편, 전세계적으로 볼때 태양광시장은 기존 대용량 발전의 유틸리티(Utility) 중심에서 벗어나서 가정용(Residential)과 상업용(Commercial) 건축물에 적용되는 BIPV 발전형태로 확대될 것이라고 전문가들은 전망하고 있다. 태양광발전 시스템은 다른 신·재생에너지 활용기술과 달리 시스템 구성이 간단하여 최근 건축분야에 응용하려는 노력이 활발히 시도되고 있는데, 이를 건물통합형 태양광발전시스템(BIPV: Building Integrated Photovoltaic)이라고 하는데 건축용 부재(창호, 외벽, 지붕재 등)에 태양전지를 모듈구조로 집적하여 일체화한 것이다. BIPV 시장이 현재 결정질 실리콘 태양전지·모듈이 대부분을 차지하고 있으나, 향후 박막 태양전지, 염료감응 태양전지를 이용한 BIPV 시장은 급성장할 것으로 전망하고 있다. Nanomarket의 BIPV 시장전망에 따르면 2013년 40억불(10.8GW)의 규모로 급격히 성장하고 2015년에는 80억불을 초과할 것으로 전망하고 있다.

한편 설비용량이 아닌 금액 측면에서 본 세계 태양광시장은 Clean Energy Trends(2011) 자료에 따르면, 2010년 약 712억불에서 2020년에는 1,136억불로 증가할 것으로 전망하고 있다.

④ 세계 태양광 제조산업 현황

태양광발전의 Value Chain별 기업현황을 살펴보면 다음과 같다.

먼저 2010년 기준 폴리실리콘의 세계 10위 생산업체를 살펴보면(설비용량 기준), 미국의 Hemlock이 세계 1위업체로서 세계설비용량의 15.5%를 차지하고 있으며, 우리나라의 OCI가 세계 11.6%를 차지하여 세계 2위 업체에 위치하고 있다. 그 밖에 독일업체 1개, 중국업체 3개, 미국업체 1개, 한국업체 1개, 노르웨이업체 1개, 일본업체 1개 등이 세계 10위 업체에 포함되어 있다.

2010년 기준 태양전지(셀) 세계 10위 생산업체를 살펴보면, JASolar, Suntech, Yingli, TrinaSolar 등 중국의 4개 업체와 일본의 Sharp, 미국의 FirstSolar, Sunpower 등 2개 업체, 대만의 Motech, Gintech 등 2개 업체, 독일의 Q-cells 등이 위치해 있다.

태양광 모듈 세계 10위 생산업체에는 역시 중국의 Suntech, Yingli, Trinasolar, Solarfun, ChinaSunergy 등 5개 업체, 미국의 FirstSolar, Sunpower 등 2개 업체, 일본의 Sharp, 캐나다의 CanadianSolar, 독일의 Solar-

World 등이 위치해 있다.

세계 태양광산업 현황의 특징은 한마디로 중국업체의 압도적인 시장점유라고 할 수 있다. 중국업체는 중국정부의 강력한 뒷받침을 바탕으로 평균 정도의 품질과 매우 높은 가격경쟁력을 바탕으로 태양광 셀과 모듈시장을 휩쓸고 있다. 이와 함께 미국의 FirstSolar업체는 최근 주목을 받고 있는 업체이다. FirstSolar를 제외한 세계 10위 업체가 모두 결정질 실리콘 태양전지 및 모듈을 생산하는데 반해, FirstSolar는 Cdte 박막태양전지를 생산하여 세계시장을 크게 점유하고 있다는 점에서 큰 주목을 받고 있다.

우리 업체가 세계시장에서 저가의 경쟁력을 가진 중국업체와 경쟁을 하려면, 중국업체에 비해 월등히 높은 변환효율을 가진 결정질 실리콘 태양전지 또는 FirstSolar를 벤치마킹하여 CIGS 같은 박막태양전지를 개발하여야 할 것이며 이를 위해서는 지속적인 기술개발을 게을리 하지 말아야 할 것이다.

태양광 관련 통상분쟁

세계는 1995년 WTO 체제의 출범으로 무역자유화가 확대되는 추세 하에서 관세율이 인하되고 공산품은 물론 농산물, 지식재산권까지 개방하는 추세에 있으며, 중국, 인도 등 개도국의 급격한 부상으로 무한경쟁시대에 돌입했다. 이 같은 무한경쟁의 환경 속에서 우리나라를 비롯한 세계 각국은 FTA 체결을 통해 상호간의 시장을 완전히 개방함으로써 보다 유리한 시장을 선점하기 위해 노력하고 있다. 우리나라는 2011년 무역규모가 1조달러를 넘어섰고, 세계 제9위 무역대국인 동시에 무역의존도가 2011년 기준 GDP의 87.9%에 이르고 있다. 이와 같이 무역자유화가 확산되고 국가간·기업간 경쟁이 심화됨에 따라 불공정무역 발생 가능성도 그만큼 커지고 있다.

따라서 이러한 불공정무역으로부터 국내산업을 보호하기 위한 무역구제제도의 중요성은 크게 부각되고 있다. 무역구제제도[20]는 불공정한 수입으로 인

20) 무역구제제도의 유형은 다음과 같다.
가. 반덤핑관세제도(Anti-Dumping Duty System, AD)
외국물품이 정상가격(수출국 국내시장가격)이하로 수입되어 국내산업이 실질적인 피해를 받거나 받을 우려가 있을 때 또는 국내산업의 확립을 지연시킬 때, 조사

하여 국내산업이 피해를 입거나 입을 우려가 있을 경우 당해 수입품에 대해 관세부과·수입수량제한 등의 조치를 취하는 제도로서, 자유무역을 지향하는 WTO도 불공정한 무역으로 인한 자국산업의 피해를 보호할 수 있는 무역구제 조치를 예외적으로 인정하고 있다. 즉, WTO가 공식적으로 인정하는 거의 유일하고 합법적인 국내산업 보호수단이라는 점에서 그 의미가 있고, 'FTA 시대의 유일한 기업지킴이'이라고 부르기도 한다.[21]

최근에는 유럽 재정위기, 중국의 성장률 감소 등 경기불황이 깊어지면서, 각 국에서 신성장동력으로 주력하고 있는 신·재생에너지 분야에서까지 무역분쟁이 연쇄적으로 야기되고 있으며 우리나라 역시 예외가 아니다.

◇ 미국, 중국산 수입 태양전지에 대한 상계관세 부과 예비판정

○ '11.10.19. Solar World Industries America Inc.사가 중국정부기관으로부터 보조금(subsidies)를 지급받은 중국산 태양광 결정질 실리콘 태양전지(crystalline silicon photovoltaic cells)의 수입으로 인하여 국내 동종산업이 실질적 피해를 입고 있으므로, 중국산 수입품에 상계관세를 부과해 달라는 조사신청서를 미국 상무부(DOC)에 제출하였고, 미국 상무부는 '11.11.8. 조사를 개시하기로 결정하였다.[22]

○ '11.12.5. 미국 무역위원회(ITC)는 보조금을 지급받은 중국산 태양전지의수입으로 인하여 국내 동종산업에 실질적 피해가 야기되었다는 예비 긍정판정을 하였고, '12.3.19. 미국 상무부는 아래와 같이 중국의 생산업체/수출업체에 최저 2.90%, 최고 4.73%의 예비 상계관세율을 산정·부과하였다.

를 실시하여 정상가격과 덤핑가격의 차액 범위내에서 반덤핑관세를 부과함으로써 공정한 경쟁을 확보하기 위한 제도

나. 상계관세제도(Countervailing Duty System, CVD)
수출국 정부로부터 보조금을 받아 수출경쟁력이 높아진 물품이 수입되어 국내산업이 실질적인 피해를 받거나 받을 우려가 있을 때 또는 국내산업의 확립이 지연될 때, 조사를 실시하여 보조금 범위내에서 상계관세를 부과함으로써 공정경쟁을 확보하는 제도

다. 세이프가드제도(Safeguard, SG)
수출국의 공정한 수출행위에 의한 수입이지만 특정물품의 수입이 급격히 증가하여 국내산업이 심각한 피해를 받거나 받을 우려가 있을 때, 조사를 실시하여 수입수량을 제한하거나 관세율을 인상하는 등의 구제조치를 취하는 제도

라. 불공정무역행위조사제도
무역거래에 있어서 교역상대국 또는 수입국 법령에 의해 보호되는 지적재산권의 침해, 원산지표시 위반행위 및 수출입질서 저해행위 등 불공정한 무역행위를 조사하여 시정조치를 명령하거나 과징금을 부과하는 제도

21) 박태호, "FTA시대의 유일한 기업지킴이", 『무역구제』, 2008 겨울호, pp. 1-4.

22) US DOC ITA, FACT SHEET.

- Wuxi Suntech Power Co., Ltd.는 2.90%, Changzhou Trina Solar Energy Co., Ltd.는 4.73%, 모든 기타업체는 3.61%

○ 미국 상무부는 미국 관세청(Customs and border Protection)에 예비 판정 관보게재일로부터 90일 전에 수입된 모든 위 중국산 태양전지에 대하여 예비덤핑률에 따른 현금예치(cash deposit) 또는 유가증권(bond)을 요구하라고 요청하였다.

○ 향후 예상 일정

- 미 상무부에서 최종 긍정판정을 하게 되면, 미 무역위에서 최종 판정을 하게 되며 긍정 판정 시 반덤핑관세 부과명령이 발동될 예정이었으나, 현재 아직까지 조사가 진행 중이다.

◇ 미국, 중국산 수입 태양전지에 대한 반덤핑관세 부과 예비판정

○ '11.10.19. Solar World Industries America Inc.사가 중국산 결정질 실리콘 태양전지의 덤핑수입으로 인하여 국내 동종산업이 실질적 피해를 입고 있으므로, 중국산 수입품에 대하여 반덤핑관세를 부과해달라는 조사신청서를 미국 상무부(DOC)에 제출하였고, 미국 상무부는 '11.11.8. 조사를 개시하기로 결정하였다.

- 미국 태양광 제조사들은 저렴한 중국산과의 경쟁에 밀려 생산공장을 폐쇄하거나 파산을 신청하는 등 고전을 면치 못하고 있다('11년에는 캘리포니아 주 솔린드라(Solyndra), 에버그린 솔라(Evergreen Solar)와 뉴욕 주의 스펙트라와트(SpectraWatt)가 파산을 신청하였다).

○ '11.12.5. 미국 무역위원회(ITC)는 중국산 태양전지의 수입으로 인하여 국내 동종산업에 실질적 피해가 야기되었다는 예비 긍정판정을 하였고, '12.5.17. 상무부는 아래와 같이 중국의 생산업체/수출업체에 최저 31.14%, 최고 249.96%의 예비 덤핑률을 산정·부과하였다.

- 썬택 파워(Suntech Power)와 트리나 솔라(Trina Solar)에 각각 31.22%와 31.14%, 잉리(Yingli Energy Company Limited)를 비롯한 59개사에 31.18%, 그 외 모든 중국 업체들에게는 249.96%.

○ 미국 상무부는 미국 관세청(Customs and border Protection)에 예비 판정 관보게재일로부터 90일 전에 수입된 모든 위 중국산 태양전지에 대하여 예비덤핑률에 따른 현금예치(cash deposit) 또는 유가증권(bond)을 요구하라고 요청하였다.

ㅇ 향후 예상 일정

- ‘12.10.9. 미 상무부에서 최종 긍정판정을 하게 되면, ’12.11.23. 미 무역위에서 최종 판정을 하게 되며, 긍정 판정 시 ‘12.11.30.에 반덤핑관세 부과 명령이 발동될 계획이다.

◇ 중국, 미국 및 한국산 수입 폴리실리콘에 대한 반덤핑관세 조사 개시

ㅇ GCL과 LDK 등 메이저업체를 중심으로 한 중국 폴리실리콘 생산업체들의 연합체인 중국 태양광산업연맹이 ‘12.7.9. 중국 상무부 내 반덤핑조사 담당 부서인 공평무역국에 미국 및 중국산 수입 폴리실리콘에 대한 반덤핑 조사 신청서를 제출하였고, 중국 상무부는 ’12.7.20. 조사를 개시하기로 결정하였다.

ㅇ 우리나라 조사대상업체는 OCI, 웅진폴리실리콘, KCC, 한국실리콘 등 4개 업체들이다. 우리나라 정부와 관련 업체들의 입장은 덤핑 문제가 아니라 전반적인 시장 공급과잉 상황에서 경쟁력 확보를 위해 가격을 인하한 것이라는 입장이다. 특히 국내 관련 업체들은 이번 중국측의 한국산에 대한 조사 개시가 중국산 태양광선지에 대한 미국정부의 반덤핑 및 보조금 조사에 대한 보복 차원에서 이루어 진 것으로 보고 있다.

- 또한 한국산 폴리실리콘의 경우 고순도 제품으로 저순도 제품 생산에 그치고 있는 중국산과는 직접적인 경쟁관계가 되지 않았는데, 중국으로서는 미국산에 대해서만 반덤핑조사를 개시할 경우 미・중 양국간 통상분쟁이 격화될 소지 등을 감안해 한국산 제품을 끼워넣기 했을 거라는 해석도 있다.

ㅇ 한국 폴리실리콘 업체들이 중국의 반덤핑 조사에 적극 대응하겠다고 밝힌 가운데, 업계 안팎에선 실제 중국 상무부가 반덤핑 판정을 내리기는 힘들 것이라는 관측이 있다. 한국산 폴리실리콘에 대한 반덤핑 판정은 중국 하방산업 업체에 고스란히 부메랑으로 되돌아갈 공산이 크기 때문이다.

- 한국태양광산업협회에 따르면 중국은 지난해 한국, 미국, 독일의 순으로 태양광 전지의 원재료인 폴리실리콘을 수입했고, 올 들어 6월까지 미국, 한국, 독일의 순으로 폴리실리콘 수입 비중이 높은 것으로 나타났다. 중국은 고순도 폴리실리콘 생산 능력과 기술이 부족한 탓에 해외 수입 의존도가 높은 실정이다.
- 특히 중국이 전세계 태양광 시장에서 모듈 생산량이 절반인 50%를 차지하고 있다는 점을 감안하면, 한국과 미국에 반덤핑 관세를 부과할 경우 중국산 셀・모듈도 연쇄적인 가격 인상이 불가피한 상황에 내몰리게 된

다. 가격 경쟁력을 무기로 내세웠던 중국 기업에는 자충수가 될 수 있다.

◇ 유럽, 중국산 수입 태양전지에 대해 반덤핑 제소

○ 미국에 이어 유럽에서도 중국 태양광 업체들의 저가 공세에 대해 본격적인 제동을 걸기 시작했다. 독일 솔라월드가 주도하는 유럽 태양광 모듈업체들의 모임인 'EU프로선(ProSun)'은 '12.7.25. 유럽 집행위원회(European Commission)에 중국 태양광셀 제조 기업들(잉리(英利), 샹더(尚德선텍), 톈허(天合트리나), CSI아터스(阿特斯) 등)이 생산원가보다 낮은 가격으로 EU로 수출 판매를 하고 있다는 덤핑 혐의에 대해 반덤핑 조사신청서를 제출했다.

- 한편 독일 태양광 대표기업 큐셀이 가격 경쟁에 밀려 파산신청을 할 정도로 중국 태양광 기업들의 저가 공세는 심각한 수준으로 평가되고 있다.
- 유럽이 세계 최대 태양광시장이라는 점에서 유럽의 중국산에 대한 반덤핑제소는 중요한 의미를 지닌다. '11년 기준으로 유럽에는 5만1,000MW 규모의 태양광 패널이 설치됐다. 한편 그동안 EU와 중국의 무역분쟁은 자전거 같은 저가제품에 국한돼왔으나 최근 첨단산업으로 옮겨가고 있다.
- 이 같은 상황에 대해 중국 정부는 태양광셀 제조에 필수적 재료인 폴리실리콘을 생산하는 유럽 업체들에 대한 자체 조사에 나설 수 있다고 경고했다.

⑤ 바람직한 태양광 정책방향

엄정하게 말해서 태양광에 대해서는 극단적으로 크게 두 가지 시각이 존재하는 것 같다. 하나는 지구에서 흔하디 흔한 태양빛으로부터 전기를 생산하는 태양광은 매우 획기적이며 환상적인 에너지이고 미래의 에너지수요를 뒷받침할 절대적인 희망이라고 보는 시각이고, 다른 하나는 태양광은 일견에서는 획기적으로 보이지만 경제성이 매우 낮은 에너지로서 과장되게 부풀려있고 일종의 사기성이 있어서 시간이 흐르면 그 환상이 벗겨질 것으로 보는 시각이다. 하지만 어떻게 보든지 간에 세계적으로 태양광의 보급은 놀랄만하게 성장하고 있고 더욱이 기술개발을 통해서 태양광의 발전단가 하락이 상당히 빠르다는 점에서 앞으로도 그 보급이 지속적으로 확대될 것으로 예측하는 것은 부인할 수 없다고 본다.

이하에서는 이러한 태양광에 대해서 어떠한 정책방향을 추진할지에 대해서 얘기해 보고자 한다.

먼저 태양광정책은 크게 두 가지 측면이 있다. 화석연료 대체, 에너지안보 강화, 기후변화에 대응 등을 위해 태양광 공급을 늘리는 '공급 확대' 측면과 급속도로 성장하는 세계 태양광시장을 선점하여 국가의 성장동력산업으로서 태양광산업을 육성하는 '산업 육성' 측면이다. 태양광에 대한 정책은 이 두 가지 측면에서 의의가 있고 두 가지 측면 중에서 어느 측면을 보다 강조할 것인가가 중요하다고 하겠다.

첫째, 태양광정책은 철저하게 '산업육성' 위주로 접근해야 하며 그래야만 태양광정책의 정당성이 높아질 수 있다. 즉, 당분간은 태양광 보급 확대 목표보다 태양광산업 육성 목표에 보다 큰 비중을 두고 정책을 수립, 집행하여야 할 것이다. 태양광은 현재까지는 매우 비싼 에너지원으로서 2011년 기준 태양광의 발전단가(437원/kWh)는 유연탄 화력발전소 발전단가(67원/kWh)의 6.5배이며 매우 비싼 LNG 발전단가(131원/kWh)보다도 3배 이상 비싸다. 그리고 태양광은 신・재생에너지 중에서 보급의 기여도도 매우 낮다. 이러한 태양광을 단순히 보급 확대 목표만 우선시해서 과도하게 공급하는 것은 현명한 정책이 아니다. 태양광 보급 확대를 위한 보조금지원 또는 의무할당 정책은 '산업육성'이라는 목표가 함께 달성될 때 그 타당성이 확보될 수 있다. 지방보급사업, 일반보급사업, 발전차액지원제도, 신・재생에너지 공급의무화제도 등을 통해서 태양광이 많이 보급되는데, 국내 태양광업계가 이러한 보급확대정책을 통해 형성되는 내수시장을 충분히 활용하고 이를 통해 성장해나갈 때 태양광 보급확대정책은 그 타당성이 확보된다. 각종 태양광 보급확대정책을 통해서 창출된 내수시장이 외국산 제품으로 가득 채워진다면 이러한 태양광 보급확대정책은 지속되기 어려울 것이다. 일부에서는 태양광 보급 확대 자체를 최대의 가치로 주장하면서 정부가 태양광 보급확대에 미진하다고 비판하며, 태양광 보급 확대를 그 자체만으로도 선(善)으로 보기도 한다. 현재 태양광의 경제성이 매우 낮고 화석연료 대체에 대한 기여도가 낮은 상황에서, 태양광 보급확대는 그 자체만으로는 선이 될 수 없고 태양광 보급확대가 반드시 국내 태양광산업 육성과 연결될 때 그 정책의 타당성을 인정할 수 있을 것이다. 국내 태양광 제조업계에서도 태양광 보급확대정책을 보다 강력하게 추진해달라고 요청하기도 하지만,

만일 이렇게 확대된 국내 태양광시장을 국내 태양광업체가 확보하지 못한다면 다시 생각해 볼 필요가 있을 것이다. 이러한 측면에서 볼 때 국내 태양광업체의 해외시장 진출을 보다 적극적으로 지원할 필요가 있다고 본다. 즉, 막대한 태양광 보급 보조금 중의 일부를 태양광업계의 해외진출지원을 위해 사용하는 것이 보다 효과적일 수 있다. 태양광에 대한 내수시장 창출도 중요하지만 훨씬 규모가 큰 해외시장(유럽, 미국 등)이 산업육성에 보다 큰 효과가 있을 것이기 때문이다.

이러한 산업육성 위주의 태양광정책은 태양광이 grid parity에 점점 다가갈수록 보급 확대 목표 위주로 점점 그 비중이 이동될 수 있을 것이다.

둘째 태양광산업 육성을 우선적인 목표로 해서 태양광 보급을 추진하되 태양광 보급정책은 '태양광 보급의 지속가능성(sustainable deployment of solar energy)[23]'을 바탕에 두어야 한다. 태양광 보급의 지속가능성은 '예산(재정) 측면의 지속가능성'과 '부지(site) 측면의 지속가능성'을 생각해 볼 수 있다. 태양광의 보급은 상당한 재정부담을 유발한다. 따라서 보급정책에 있어서 지원하는 기준이 되는 태양광의 발전단가와 설치단가가 지속적으로 그리고 빠르게 하락되도록 유도하여 국가 재정 부담을 가급적이면 축소시키는 쪽으로 보급정책을 조정해나가야 할 것이다. 국가 재정 부담을 가능하면 줄이는 방향으로 보급 확대가 이루어지지 않으면 태양광보급정책은 점점 입지가 줄어들 수 밖에 없다. 하지만 이러한 국가 재정적 측면에서의 지속가능성은 산업육성의 목표와 상충될 여지가 있다는 점을 유의할 필요가 있다. 가격경쟁력이 높은 태양광설비를 위주로 보급을 확대한다면 저가의 외산품이 보다 많이 보급될 것이고 이는 산업육성 목표와 배치가 될 수 있다. 따라서 이러한 상충관계를 잘 고려해야 할 것이다.

---

23) 지속가능성(sustainability) 또는 지속가능한 발전(sustainable development)이라는 개념은 다양하게 정의할 수 있는데, 일반적으로 "현 세대가 자신들의 욕구를 충족시킴에 있어서 미래세대의 능력을 손상시키지 않고 현 세대의 욕구를 충족시키는 발전(development which meets the needs of the present without compromising the ability of future generations to meet their own needs)"이라고 정의할 수 있다(WCED, (1987) 'Report of the World Commission on Environment and Development: Our Common Future").

그리고 John Elkington은 지속가능성의 3가지 요소로 "경제적 번영(economic prosperity), 환경의 질(environmental quality), 사회적 정의(social equity)"를 들고 있다(Elkington, J. (2004) 'Enter the Triple Bottom Line').

태양광보급의 지속가능성은 태양광이 설치되는 부지(site)와도 관련되어 있다. 산림을 깎고 농지를 형질 변경하여 태양광을 설치하는 것은 단기간에 볼 때에는 매우 손쉬운 태양광 보급방법이 되겠지만, 태양광 보급의 지속가능성을 크게 해치게 된다. 건물의 옥상 또는 버려지는 공간, 유휴 부지 등에 우선적으로 태양광을 설치하도록 적극 유도하는 보급정책이 되어야 한다. 우리가 예를 들어 단순히 태양광 1GW를 설치하고 끝내는 것이 정책목표라면 산림, 농지 등을 훼손하면서 태양광을 설치하는 것을 용인하고 넘어갈 수 있지만 앞으로 태양광을 지속적으로 더욱 확대 설치할 것이라면 처음부터 바람직하고 합리적인 방식으로 태양광을 설치하도록 적극적으로 정책을 수정해 나가야 할 것이다. 이렇게 해야만 태양광보급이 단순히 무늬만 녹색에너지가 아닌 진정한 녹색에너지로서의 의미를 지니게 된다. 그리고 이러한 보급정책이 향후 태양광의 지속적인 공급 확대를 가능하게 할 것이다. 산림, 농경지 등이 아닌 건물 옥상, 유휴 공간 등에 태양광을 설치토록 적극적으로 유도하는 것은 미래에 태양광 보급 확대를 위해서 뿐만 아니라 진정한 녹색에너지로서 태양광 산업의 육성정책의 정당성도 높아질 것이다. 태양광 설치장소의 우선순위는 산림, 농지 등의 장소보다 건물옥상 등 유휴 부지가 우선되도록 정책을 수립하여야 하며, 실제로 신·재생에너지 공급의무화제도(RPS)를 세부 설계하는 경우에도 이러한 정책방향이 적극 반영되었다.

2) 태양열

태양광(photovoltaic)이 태양의 빛에너지를 변환시켜 전기를 생산하는 것인데 반해, 태양열(solar thermal)은 태양의 열에너지를 변환시켜 건물의 난방, 급탕에 활용하거나 전기를 생산하는 방식이다. 신·재생에너지법 제2조에서는 단순히 태양에너지로 정의하고 있으나, 신·재생에너지법 시행규칙 제2조에서는 태양에너지에 대한 신·재생에너지설비를 태양열 설비와 태양광 설비로 나누어서 구분하고 있어서, 태양광과 태양열을 별도로 인정하고 있음을 알 수 있다.

난방 등으로 활용하는 태양열시스템은 다음과 같이 집열부, 축열부, 이용부, 제어장치로 구성되어 있다.

집열기의 종류로는 평판형 집열기, 진공관형 집열기, PTC(Parabolic

그림 3-5 태양열시스템 구성도

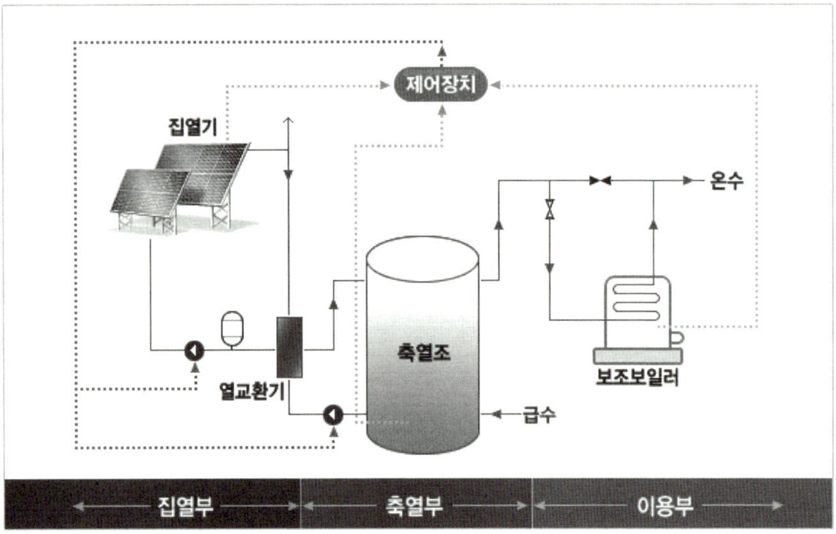

※ 태양열에너지는 에너지밀도가 낮고 계절별, 시간별 변화가 심한 에너지이므로 집열과 축열기술이 가장 기본이 되는 기술임

Trough Concentrator)형 집열기, CPC(Compound Parabolic Concentrator) 집열기, Dish형 집열기, CRS(Central Receiver System, 타워형 태양열 발전시스템) 등이 있다. 이중에서 Dish형 집열기와 CRS의 경우 수 백도의 온도까지 집열이 가능하므로 이를 통해서 생산된 증기로 터빈을 돌려서 발전을 하는 태양열 발전용으로 활용되고 있다.

태양열발전과 태양광발전은 같이 전기를 생산하지만 발전방식이 완전히 달라서 다음과 같은 차이점을 가지고 있다.

첫째, 태양광발전은 kW단위의 소규모 발전설비도 가능하지만, 태양열발전은 증기를 가지고 터빈을 돌려서 전기를 생산하는 방식이므로 소규모 발전설비는 어렵고 MW 이상 규모의 대규모 발전방식이 일반적이다.

둘째, 태양광발전은 온도가 대략 35℃ 정도를 넘어서면 변환효율이 떨어지게 되므로 과도하게 온도가 높은 지역, 예를 들어 사막 같은 경우에는 효율이 오히려 떨어지게 된다. 따라서 우리나라의 경우도 온도가 과도하게 올라가는 한 여름의 경우에는 태양광 모듈이 과도하게 열을 받아서 변환효율이 떨어지는 것을 방지하기 위해 태양광모듈 위에 물을 흘려보내서 열을 식히기도 한다. 하지만, 태양열발전은 열이 높으면 높을수록 증기의 힘을 통해서 터빈을 보다 쉽게 돌릴 수 있으므로 발전효율이 높게 나타난다. 고온의 사막과 같은 경우가 태양열발전에 매우 유리한 지역이라고 볼 수 있다.

한편, 태양열에너지의 기본적인 한계는 난방 또는 급탕 등으로만 사용되고 냉방으로는 사용될 수 없다는 것이다.[24] 한여름 더운 날씨에 난방 또는 급탕의 수요는 크기 않으므로 생산된 태양열에너지가 버려지는 경우가 종종 있다.

3) 바이오에너지

① 개 요

바이오에너지(bio-energy)는 생물자원을 변환시켜 이용하는 에너지인데, 구체적으로는 바이오매스(Biomass, 유기성 생물체를 총칭함)를 직접 또는 생·화학적, 물리적 변환과정을 통해 액체, 가스, 고체연료나 전기·열에너지 형태로 이용하는 것을 말한다. 여기서 바이오매스란 태양에너지를 받은 식물과 미생물의 광합성에 의해 생성되는 식물체·균체와 이를 먹고 살아가는 동물체를 포함하는 생물 유기체를 총칭한다.[25]

바이오에너지의 범위는 다른 신·재생에너지원에 비해서 매우 광범위한데, 신·재생에너지법 제2조 관련 <별표1>에서는 바이오에너지의 기준 및 범위를 다음과 같이 정하고 있다.

표 3-5 바이오에너지 등의 기준 및 범위

바이오 에너지	기준	1. 생물유기체를 변환시켜 얻어지는 기체, 액체 또는 고체의 연료 2. 제1호의 연료를 연소 또는 변환시켜 얻어지는 에너지 ※ 제1호 또는 제2호의 에너지가 신·재생에너지가 아닌 석유제품 등과 혼합된 경우에는 생물유기체로부터 생산된 부분만을 바이오에너지로 본다.
	범위	1. 생물유기체를 변환시킨 바이오가스, 바이오에탄올, 바이오액화유 및 합성가스 2. 쓰레기매립장의 유기성폐기물을 변환시킨 매립지가스 3. 동물·식물의 유지(油脂)를 변환시킨 바이오디젤 4. 생물유기체를 변환시킨 땔감, 목재칩, 펠릿 및 목탄 등의 고체연료

24) 현재 냉방용 태양열에너지설비도 개발되고 있지만, 기본적으로 태양열은 난방과 급탕으로 활용되는 것이 일반적이다.

25) 사실상 바이오에너지와 바이오매스는 혼용되어서 사용되고 있다.

다른 신·재생에너지와 달리 바이오에너지 또는 바이오에너지원은 해외에서 수입이 가능하다는 특징이 있다. 예를 들어서 태양에너지, 풍력, 지열, 수력 등은 그 설비(태양광모듈, 풍력발전터빈, 지열설비, 수차 등)는 해외에서 수입할 수 있지만 그 에너지원, 즉 햇빛, 바람, 땅속의 열, 물 등은 우리나라에 있는 것을 이용하고 있다. 이에 반해서 바이오에너지는 그 설비뿐만 아니라 에너지원, 즉, 펠릿, 목재칩, 땔감, 바이오디젤원료(대두유 등) 등을 모두 해외에서 수입이 가능하다. 만일 이러한 바이오에너지원을 모두 수입해서 사용한다면 에너지안보 등의 측면에서도 문제가 생길 수 있다. 따라서 바이오에너지를 육성하더라도 국내의 바이오에너지원이 주로 이용될 수 있도록 유도하는 정책적 고려가 필요하다.

② 바이오에너지의 종류

대표적인 바이오에너지를 살펴보면 다음과 같다.

바이오가스(biogas)는 음식물 쓰레기, 축산분뇨, 하수슬러지 등 유기성 폐기물이 無산소 상태에서 일정기간 미생물에 의해 분해되면서 생성되는 가스로, 주로 메탄(CH_4) 및 이산화탄소(CO_2)로 구성되어 있다.

바이오가스는 환경문제를 유발하는 축산분뇨, 음식물쓰레기 등을 에너지화함으로써 보다 환경친화적인 신·재생에너지 보급을 가능하게 한다는 특징을 가지고 있다. 그동안은 유기성폐기물을 해양투기[26]를 통해 처리를 해 왔기 때문에 바이오가스화는 활성화되어 있지 않았으나, 국제협약[27]에 따라 2012년부터 유기성폐기물의 해양배출이 금지됨에 따라, 전세계적으로 바이오가스로 전환이 크게 활성화될 것으로 전망되고 있다. 우리나라도 일부 지자체에서 하수처리장·음식물처리시설에 바이오가스 생산시설 설치를 적극 추진하고 있다. 생산된 바이오가스는 정제하여, 열(가스보일러), 전기(가스터빈)를 생산하거나, 도시가스, 수송용 연료로 활용되고 있는데, 특히 도시가스, 수송용 연료로 활용하기 위해서는 고순도(高純度) 정제기술이 필요하여 기술집약적 에너지원이라고 볼 수 있다. 우리나라의 경우, 바이오가스 생산기술은 상용화 수준이나, 고순도 정제기술은 아직 부족한 수준이다.

26) 음폐수(8,818톤/일)의 57%, 가축분뇨(131톤/일)의 5%, 하수슬러지(7,631톤/일)의 69%가 해양배출 처리되고 있다('07년 기준).

27) 런던협약 96의정서: 가축분뇨·하수슬러지는 '12년부터, 음폐수는 '13년부터 배출금지.

바이오가스 기술이 발달되어 있는 스웨덴은 메탄농도 95% 이상의 고품질 가스(도시가스, 수송용 연료용)를 생산할 수 있으나, 한국 등 대부분 국가는 아직 60% 내외의 중질 가스(열·발전용)만 생산 가능한 수준이다.

그림 3-6 바이오가스 생산설비 사례

[경기 이천 축산분뇨 가스화 시설]

[축산분뇨 가스화 발전설비(혐기소화조)]

바이오에탄올, 바이오디젤 등 수송용 바이오연료(biofuel)는 지식경제부 및 에너지기술평가원에서 2011년에 발표한 15대 그린에너지 기술[28] 중의 하나에 포함될 정도로 시장성장가능성 및 성장동력산업화 가능성이 매우 큰 분야이다. 대표적인 바이오연료로는 바이오디젤, 바이오에탄올 등이 있다.[29]

표 3-6 바이오디젤 및 바이오에탄올

바이오디젤	동물성 지방, 유지식물(대두유, 팜유), 폐식용유, 미세조류 등이 주된 원료가 되고 있으며, 수송용 연료로서는 디젤과 혼합하여 사용된다. 우리나라는 현재 디젤에 바이오디젤을 2% 혼합하여 주유소에서 판매되고 있다.
바이오에탄올	옥수수, 사탕수수 등 당질계, 전분질계, 해조류, 밀짚, 옥수수대 등이 주된 원료가 되고 있으며, 원료에서 추출된 당을 발효시켜서 바이오에탄올이 만들어 진다. 수송용 연료로서는 휘발유와 혼합하여 사용된다.

28) 제15대 그린에너지 기술에는 태양광, 풍력, 연료전지, 바이오연료, 청정연료, IGCC, CCS, 청정화력발전, 원자력, 스마트그리드, 에너지저장, 에너지절약형건물, 고효율 신광원, 히트펌프, 그린카가 포함되어 있다.

29) 이외에도 바이오부탄올, ETBE(Ethyl Teriary Butyl Ether) 등이 바이오연료에 해당한다.

현재 수송용 바이오연료 시장은 곡물원료를 사용하는 1세대 바이오연료로 공급되고 있으나 부족한 식량자원의 에너지화라는 한계 때문에 성장에 한계가 있는데, 중장기적으로 비식용원료인 목질계와 해양 바이오매스를 원료로 활용하는 기술이 개발중이며 2020년경 대부분의 OECD 국가에서 상용화될 것으로 예상되고 있다. 1세대 바이오연료는 기술개발 수준보다는 그 지역의 자연환경에 의해서 그 생산성과 사업성이 결정된데 반해, 목질계 및 해양 바이오매스를 이용하는 차세대 바이오연료는 고도의 기술개발을 요구하며 기술개발 수준에 따라서 그 생산성과 사업성이 결정된다고 볼 수 있다. 바이오연료가 수송용 연료로서 사용되기 위해서는 즉 바이오연료의 산업화를 위해서는 가장 큰 핵심이 저가의 원료확보인데, 식량자원을 원료로 하는 것은 본질적으로 한계가 있으며 차세대 바이오연료 개발을 통해서 화석연료와 경쟁할 수 있는 저가의 바이오연료 생산이 가능하다고 보고 있다.

바이오연료의 확대를 위해 미국, EU 등 선진국에서는 바이오연료 혼합의무화제도(Renewable Fuel Standard: RFS)를 시행하고 있는데, 이는 수송용 연료(디젤, 휘발유 등)에 바이오연료를 혼합하여 사용하는 것을 의무화하는 제도이다.

바이오디젤 관련 통상분쟁 – Green Protectionism

◇ 아르헨티나, EU의 바이오디젤 수입금지조치를 WTO에 제소

○ 아르헨티나가 EU의 아르헨티나산 바이오디젤 수입금지 조치에 대해 '12.8.20. WTO 분쟁해결기구(DSB, Dispute Settlement Body)에 제소하였다.

- 4.21. 스페인은 EU 역외에서 바이오연료를 수입하는 것을 금지하기로 결정하였는 바, 스페인의 이러한 결정은 EU 전역에서 시행되고 있는 재생에너지지침(Renewable Energy Directive)의 일부이며, 이는 국가별로 목표치를 설정케하여 바이오연료의 사용을 높이고자 하는 것이었다.
- 반면 EU는 아르헨티나의 수입허가제도에 대해 5.25. WTO에 제소한 바 있다(DS438).

○ 아르헨티나는 '바이오디젤' 세계 최대 생산국이자 수출국으로 2011년 바이오디젤 수출금액은 전 세계 최초로 20억달러를 넘어섰으며, 이 중 EU가 차지하는 비중은 절반 이상이며, 아르헨티나와 가장 격하게 대립 중인 스페인은 이 중 40%에 해당하는 8억달러의 바이오디젤을 수입하였다. 따라서 이번 법안으로 인해 아르헨티나는 연간 10억 달러 정도의 손해를 보게 될 것이라고 주장하였다.

- 아르헨티나 정부는 EU의 이러한 조치가 "아르헨티나를 비롯한 신흥국들을 국제 바이오 연료시장에서 밀어내려는 부당한 조치"이며 신흥국들이 "국제무역에서 단순한 원료공급이 아닌 부가가치가 높은 제품을 수출하는 것을 막는 행위"라고 지적하였다. 또 다른 주요 바이오연료 생산국인 인도네시아도 이 조치에 대해 반대하고 있다.

○ 현재 EU는 아르헨티나에게 남미 공동시장인 메르코수르(Mercosur)[30] 다음으로 큰 두 번째 수출 시장이기 때문에, EU의 수입관세 혜택 철회 조치와 바이오디젤 수입제한 조치가 장기화 될수록 농업대국인 아르헨티나가 경제적으로 큰 타격을 받을 것이라고 전문가들이 분석하고 있다.

◇ 전문가들은 주요국들 사이에 최근 2~3년간 소위 Green Protectionism[31]이라고 불리우는 녹색보호주의 관련 분쟁이 늘고 있다고 파악하고 있으며, 특히 WTO가 환경, 안보 등의 이유로 무역규제 적용의 예외를 인정하고 있어서 사안의 복잡성이 더하고 있다고 언급하였다.

---

30) 영문 정식명칭은 Southern Common Market. 브라질, 아르헨티나, 우루과이, 파라과이 등 남미 4개국이 1991년 남미공동시장을 결정하기로 합의하여 1995년 1월1일부터 무역장벽을 전면 철폐함에 따라 출범한 남미공동시장이다. 자유무역협정(FTA)에서 한 단계 발전한 '관세동맹'에 해당하며, 역내 무역 자유화와 함께 비회원국에 대해서도 공통 관세율을 적용한다. 창설 당시 회원국간 역내 교역액은 연간 70억달러 수준이었으나 95년에는 1백58억달러로 급증했다. 94년부터 발효된 북미자유무역협정(NAFTA)과 함께 아메리카 대륙을 대표하는 경제공동체로 꼽히고 있다. 현재 메르코수르의 정회원국은 브라질, 아르헨티나, 파라과이, 우루과이와 2012년 가입한 베네수엘라를 포함하여 5개국으로 늘었다. 사무국은 우루과이에 있다.

31) 기후변화 대응이나 환경정책을 표면적 이유로 내세운 새로운 형태의 보호무역주의. 통상 온실가스 감축 등 기후변화 대응이나 환경정책 수행을 표면적인 목적으로 내세우면서 실질적으로는 외국기업의 자국시장접근을 제한하고 자국 기업의 환경 관련 분야 경쟁력 확보를 도모하는 조치를 의미한다. 녹색 보호주의는 환경보호라는 명분이 있기 때문에 다른 형태의 보호주의보다 국제사회의 비난 가능성이나 세계무역기구(WTO)의 제재 가능성이 적다. 이 때문에 최근 세계경제 침체 상황에서 자국 산업 및 일자리를 보호하기 위한 우회적 보호주의로 녹색 보호주의가 활용되고 있다. (출처: 기획재정부, 시사용어사전)

고체연료 형태인 목재칩, 펠릿 등은 목질계 바이오매스를 잘게 부수거나 고온, 고압상태에서 펠릿 형태로 만든 것이다. 고체연료의 경쟁력은 기술력보다는 산림, 작물환경 등에 크게 좌우된다고 보아야 한다. 산림이 울창하고 1년에 4모작, 5모작이 가능한 풍요로운 나라는 고체연료의 가격이 매우 싸고 활용가능성이 매우 높을 수 있으나, 그렇지 못한 나라에서는 고체연료의 활용이 매우 어렵다. 따라서 고체바이오연료의 활용을 활성화하는 정책은 국내산 목재칩, 펠릿 등이 활용되는 방향으로 초점을 맞추어야 하는데 자칫 잘못하면 해외의 팜나무 껍질 등으로 만든 펠릿 등의 수입만 과도하게 유발하는 문제점을 나을 수도 있다는 점에 주의할 필요가 있다.

전통적 바이오매스와 현대적 바이오매스

바이오매스는 세계적으로 재생에너지원 중에서 가장 비중이 높고 중요한 에너지원이라고 할 수 있는데, 2007년 기준 세계 총에너지수요의 약 10%(1,200 Mtoe)를 바이오매스가 담당하고 있다. 이러한 바이오매스는 전통적 바이오매스와 현대적 바이오매스로 구분되는데, 전통적 바이오매스가 총 바이오매스의 약 60%를 차지하고 현대적 바이오매스는 약 40%를 차지하고 있다.

- 전통적 바이오매스(traditional biomass): 난방과 요리의 목적으로 가정의 난로 또는 난방 기구에 사용되는 땔감, 동물의 배설물, 농작물의 찌꺼기 등을 말한다. 아직도 개도국의 농촌지역 등에 사는 약 24억명에 해당하는 인구는 이러한 전통적 바이오매스가 난방과 요리를 할 수 있는 유일한 에너지원이다.[32] 아프리카의 국가들 중에는 총에너지사용량 중에서 재생에너지비중이 90%를 넘어 거의 100%에 가까운 나라들도 있는데, 이는 전통적 바이오매스가 이들 국가의 대부분의 에너지원으로 사용되고 있기 때문이다.
- 현대적 바이오매스(modern biomass): 바이오에탄올, 바이오디젤 등과 같은 바이오연료, 열과 전기를 공급하기 위해서 대규모 노(furnace) 등에 사용되는 바이오매스(RDF), 매립지가스(LFG) 등을 말한다. 현대적 바이오매스 중 50%는 열, 40%는 전기 생산, 10%는 수송용 연료로 각각 사용되고 있다.

32) UN FAO(2009) Small-Scale Bioenergy Initiatives, http://www.fao.org/docrep/011/aj991/aj991e00.htm

③ 바이오에너지의 중요성

바이오에너지는 앞으로 많은 관심과 정책적 지원이 필요한 분야이고 그만큼 성장가능성과 발전가능성이 많은 분야라고 할 수 있다. 그리고 바이오에너지는 정책적으로 보았을 때, 어느 한 부처가 모두 짊어지고 해결할 수 없으며 관련된 다양한 부처가 함께 노력하되 신·재생에너지정책을 총괄하는 부처가 조정하고 협력을 유도해 나가는 구조가 바람직하다.

바이오에너지와 관련된 논쟁들

• 바이오에너지는 탄소를 배출하지 않는가(decarbonization)?

전주기적 분석(Life-cycle Analysis)을 기초로 하여 바이오에너지의 탄소배출량을 계산하면 바이오에너지는 탄소중립적 에너지(CO_2 neutral energy)이다. 바이오에너지를 열, 전기 또는 수송용 연료로 사용하는 시점에서는 탄소를 배출하지만 바이오에너지의 원료인 농·임산물 등을 재배하는 과정에서 CO_2를 흡수하기 때문이다. 따라서 서로 간에 상쇄되기 때문에 일반적으로 탄소 중립적 에너지로 보고 있으며 바이오에너지 사용에 의해 발생한 CO_2는 국가 배출량에서 제외되고 있다(IPCC, UN's International Panel on Climate Change).

• 지속가능한 바이오연료(sustainable biofuel)[33)]

최근 바이오에너지 특히 바이오연료에 대한 지속가능성에 대해 많은 논의와 연구가 이루어지고 있는데, 바이오연료가 진실로 탄소중립적인 에너지원인가 그리고 앞으로도 지속적인 공급 확대가 가능한가와 관련하여 다음 두 가지 문제가 중요한 관심사항이다.

① 바이오연료(biofuel)의 원료재배지(land use) 문제

바이오연료가 실제로 탄소중립적인지에 대해서 현실적으로 많은 논란이 있는데, 탄소중립성을 비판하는 주요한 근거 중의 하나가 원료재배지(land use) 문제이다. 옥수수, 사탕수수, 유채 등 바이오연료의 원료가 되는 작물을 재배하기 위해 울창한 산림을 훼손하고 이 지역에 이러한 바이오연료의 원료가 되는 작물을 재배하였다면, 오히려 탄소배출을 늘리는 효과를 가져왔다고 볼 수 있다. 이처럼 어떤 지역이 원료재배지였는가(the land use change)에 따라서 바이오연료의 탄소중립성은 크게 훼손될 수 있다. 이는 태양광발전소 건설에도

33) OECD/IEA(2010) IEA view on Biofuels http://www.iea.org/journalists/infocus.asp

동일하게 적용될 수 있다. 산림 또는 농경지 등을 훼손하여 태양광을 설치한 경우, 온실가스 감축효과는 크게 줄어든다.

② 연료 vs. 식량 간의 경합문제 (competition between biofuel and food)

현재 바이오연료의 주요 원료가 되고 있는 옥수수, 사탕수수, 유채, 콩 등(1세대 바이오연료)은 식량으로도 사용되고 있는데, 바이오연료의 공급확대가 식량의 가격을 상승시키는 효과를 가져와서 2008, 2009년에 큰 논쟁을 유발하였다. 바이오연료의 생산 및 공급 확대가 앞으로도 지속되기 위해서는(sustainable production of biofuels) 식량자원과 경합하지 않는 원료를 바이오연료의 원료로 사용하여야 할 것이다. 따라서 각국은 목질계(볏단 등 농작물의 찌꺼기), 해조류 등을 이용한 바이오연료(2세대 바이오연료)의 개발을 위해 노력하고 있으며, IEA도 각국의 정부에 바이오연료 지원정책을 2세대 바이오연료와 같이 지속가능한 바이오연료 확대방향으로 바꿔 나갈 것을 권고하고 있다.

4) 풍 력

① 개 요

풍력(wind power)은 바람의 에너지를 변환시켜 전기를 생산하는 것인데, 기술적으로는 바람의 운동에너지를 블레이드에서 흡수, 회전에너지로 전환하여 전력을 생산하는 발전플랜트로 정의할 수 있다. 풍력은 태양광과 함께 재생에너지 중에서 가장 중요하고 발전가능성이 큰 에너지원이라고 할 수 있다.

풍력발전기의 분류는 육상에 설치하는 육상용 풍력발전기와 해상에 설치되는 해상용 풍력발전기로 대별될 수 있는데, 기본적으로 육·해상 풍력발전기의 설계상 차이점은 많지 않으나 해상환경에 적응하기 위한 내부식성 문제 해결을 위한 재료의 선정, 나셀내부의 안전 환경을 유지하기 위한 설비, 하부구조물 및 기초에 대한 추가의 고려가 요구된다는 것이 차이점이다. 광의의 풍력발전은 풍력발전시스템 기술과 풍력발전시스템을 설치하여 발전단지를 구축하는 발전단지 기술로 나눌 수 있는데, 발전단지 기술은 해상운송, 설치, 계통연계, 보수유지 등 다양한 기술이 복합된 종합엔지니어링 기술이라고 할 수 있다.[34]

34) 한국에너지기술평가원, 그린에너지전략로드맵(풍력), 2011, pp. 14-15.

그림 3-7 국내 풍력발전기 설치사례

[강원 풍력 98MW, 49기]

[영덕 풍력 39.6MW, 24기]

[군산 비응도 풍력 7.9MW, 10기]

[제주 행원 풍력 10MW, 15기]

그림 3-8 해외 해상풍력단지 설치사례

[덴마크 호른스 레브 해상풍력단지]

[네덜란드 에그몬드 해상풍력단지]

우리나라는 풍력산업 육성과 관련하여 다음과 같은 R&D 전략목표를 가지고 기술개발 등을 지원해 나가고 있다.[35]

표 3-7 풍력산업 R&D 전략목표

기간	전략품목	핵심목표
단기	육상용 풍력발전시스템	• 시장주도 모델인 2~3MW급 풍력발전시스템 개발을 통해 국내 풍력시장 활성화 및 수출시장 확보
	해상용 풍력발전시스템	• 해상풍력은 3MW급 기술을 기반으로 5~10MW급 시스템 개발에 대한 기술확보 주력
	수출주도형 풍력핵심부품	• 블레이드, 발전기, 증속기 등 주요 핵심부품 독자기술력 확보 및 부품국산화를 통한 가격경쟁력 강화
	해상풍력단지 운영기술	• 해상풍력단지 설계, 시공, 운영을 위한 종합엔지니어링 기술 확보
	국제인증시스템 구축	• 해외시장 개척의 기반마련 및 국부 및 기술유출을 방지하기 위한 풍력 선도국형 인증 시스템 구축
장기	부유식 해상풍력	• Pilot 부유식 풍력발전기의 실증연구를 통하여 안전성 및 제반 기술을 검증하고 부유식 해상풍력 시범단지 개발을 통한 미래시장 선점

② 세계 풍력시장 현황 및 전망

세계적으로 풍력이 매년 설치된 양은 지속적으로 증가하여 왔는데, 2009년 이후 3년간은 그 증가세가 약간 주춤한 모양을 보이고 있다. GWEC(세계풍력협회) 자료에 따르면, 세계적으로 매년 풍력이 새로 설치된 양은 1996년 1.3GW에서 2001년 6.5GW로 약 5배 정도 증가하였으며, 2011년에는 40.6GW로 2001년 대비 6배가 넘게 설치되었다.

35) 자세한 내용은 한국에너지기술평가원, 그린에너지전략로드맵(풍력), 2011 참조.

그림 3-9 세계 연도별 풍력 설치량(1996-2011)

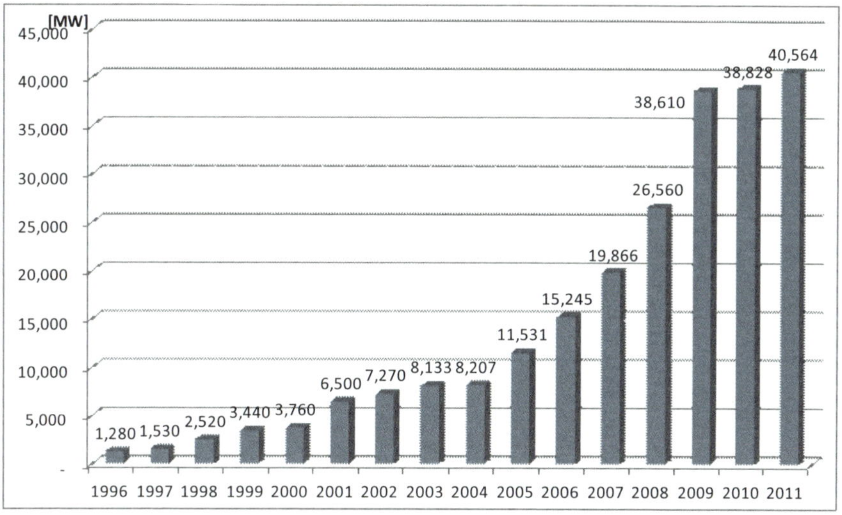

자료: global wind report, 2011, GWEC.

그리고 누적하여 세계적으로 설치된 풍력발전기 용량은 2011년 말 현재 총 238GW 수준이다. 매년 신규 설치용량을 기준으로 할 때 2011년의 증가율은 4% 대로서 낮은 수준이지만, 누적 용량을 기준으로 할때 2011년 누적용량 238GW 수준은 2010년 누적용량 198GW보다 20%가 증가한 수준으로 매우 놀랄만한 증가율임을 알 수 있다. 이는 누적용량 기준으로 과거 10년간 평균 증가율이 약 28%인 것과 비교하면 낮은 수준이기는 하지만 말이다.

태양광이 설치되는 지역을 살펴보면 OECD 국가들과 같이 소위 선진국(미국, EU 등)들이 절대적인 비중을 차지하는데 반해(2011년에 설치된 태양광 중에서 EU와 미국에 설치된 비중이 약 85%를 차지), 2011년 한해동안 풍력발전기가 설치된 지역을 살펴보면 비OECD국가(중국, 인도, 브라질 등)에서 과반수가 설치되어서 태양광 시장과 풍력시장의 차이점을 잘 보여주고 있다. 특히 2011년을 보면 아시아시장이 전 세계시장의 50% 이상을 차지하고 있다.

아시아에서는 중국과 인도 시장이 압도적인 비중을 차지하고 있는데, 2011년에 중국에는 약 17.6GW의 풍력발전기가 새로 설치되어서 세계풍력시장의 약 43.5%를 차지하였고 인도는 2011년에 약 3GW의 풍력발전기가

그림 3-10 세계 누적 풍력 설치량(1996-2011)

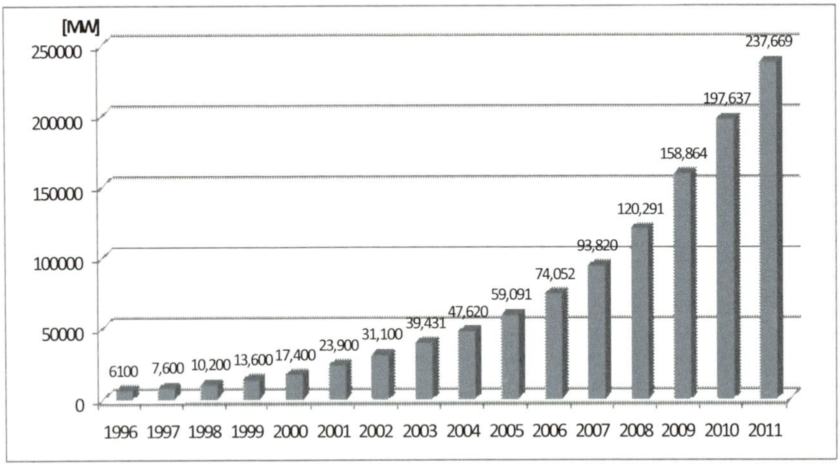

자료: global wind report, 2011, GWEC.

설치되어서 세계풍력시장의 약 7.4%를 차지하여서 두 국가만으로도 세계풍력시장의 반을 넘어서고 있다. 이는 태양광이 매우 비싼 에너지원이므로 부유한 선진국(미국, EU, 일본 등)에서만 보급이 가능한 반면, 풍력은 현재 grid parity에 어느 정도 근접하여서 화석연료 발전의 대체가 가능한 수준이므로 개도국에서도 그 자체로 사업성을 가지고 풍력발전단지를 개발하는 것이 가능하며, 오히려 개도국에서 풍력시장이 훨씬 커질 것으로 전망되고 있다. 지금은 그 풍력시장 규모가 미미하나 아시아의 몽골, 필리핀, 베트남, 일본 등, 북아메리카의 멕시코 등, 라틴아메리카의 브라질, 칠레, 아르헨티나, 우루과이 등, 아프리카 및 중동지역의 이집트, 모로코, 튀니지, 케냐, 탄자니아, 남아프리카공화국, 태평양지역의 호주, 뉴질랜드, 유럽지역의 루마니아, 폴란드, 터키, 스웨덴 등은 새롭게 떠오르거나 앞으로 풍력발전기 설치가 크게 늘어나서 풍력시장 잠재력이 매우 큰 나라들로 손꼽히고 있다. 이러한 나라들을 살펴보면 풍력시장은 개도국 위주로 크게 성장할 것이라고 전망할 수 있다. 풍력발전은 태양광과 달리 정부의 큰 재정적 지원없이 사업성을 확보할 수 있다는 점이 큰 장점이다. 하지만 풍력발전 설치는 매우 큰 자본력을 요구하므로 위축되고 있는 금융시장에서 이러한 자본을 확보하는 것이 걸림돌이 될 수가 있다.

2008년까지는 미국이 매년 세계풍력 설치량 기준으로 세계 1위를 차지하였으나, 2009년부터 중국이 1위를 차지하면서 다른 나라에 비해 압도적인 시장크기를 보여주고 있다. 이는 두가지 측면에서 설명할 수 있는데, 하나는 중국이 광활한 대륙과 긴 해안선 덕분에 육상 및 해상풍력을 개발할 수 있는 풍부한 바람자원을 가지고 있기 때문이고, 다른 하나는 2011년 기준 세계 톱10 풍력제조업체중 중국 업체가 Sinovel, Goldwind, Unitied Power, Mingyang 등 4개업체(2011년 기준 4개업체의 세계풍력시장 점유율은 약 27%이다)가 포함되어 있듯이 중국 내수시장을 바탕으로 풍력산업을 육성하려는 중국정부의 의지도 함께 작용하고 있다. 중국의 태양광산업은 저가를 바탕으로 EU, 미국 등 해외 태양광시장을 차지하면서 성장해온 반면, 중국의 풍력산업은 아직까지는 해외에 진출할 정도의 확실한 기술, 품질 수준이 되지 않으므로 막대한 내수시장을 바탕으로 성장하는 전략을 보이고 있다.

GWEC(세계풍력협회)가 향후 5년간 풍력시장을 전망한 자료에 따르면 세계 풍력발전기 연도별 설치량은 2011년 40.6GW에서 2016년에는 60GW에 약간 못 미치는 수준(약 59GW)으로 매년 평균 약 8%의 증가율로 성장할 것으로 전망된다. 하지만 누적설치량은 2011년말 238GW에서 2016년말에는 약 500GW에 근접하는 수준(약 493GW)까지 증가하여서 매년 누적설치량의 증가율은 평균 약 16%로 예측하고 있다. 2016년까지 풍력시장을 지역별로 살펴보면, 아시아(중국, 인도), 북아메리카(미국, 캐나다), 유럽(독일, 영국, 프랑스, 스페인, 이태리 등)이 여전히 전체 풍력시장의 50% 이상을 차지하겠지만, 라틴아메리카, 아프리카 등의 시장이 새롭게 떠오를 것으로 전망하고 있다.

그림 3-11 세계풍력시장 전망(연도별 설치량, 2012-2016)

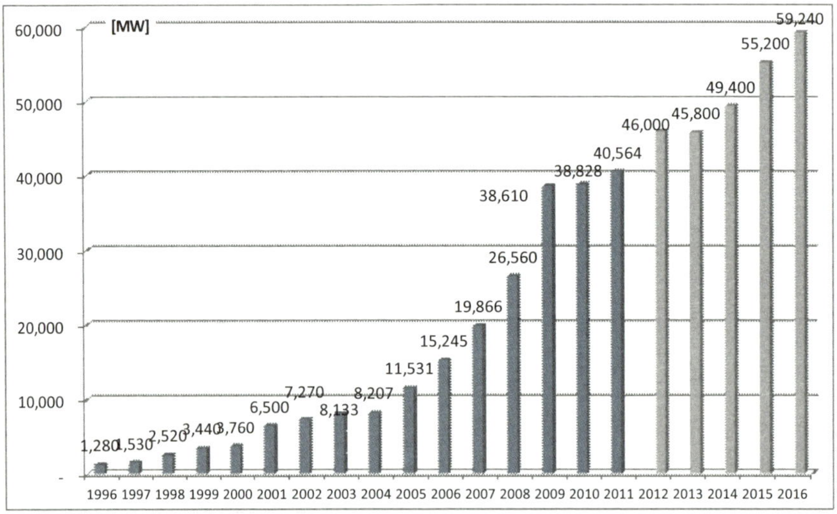

자료: GWEC.

그림 3-12 세계풍력시장 전망(누적설치량, 2012-2016)

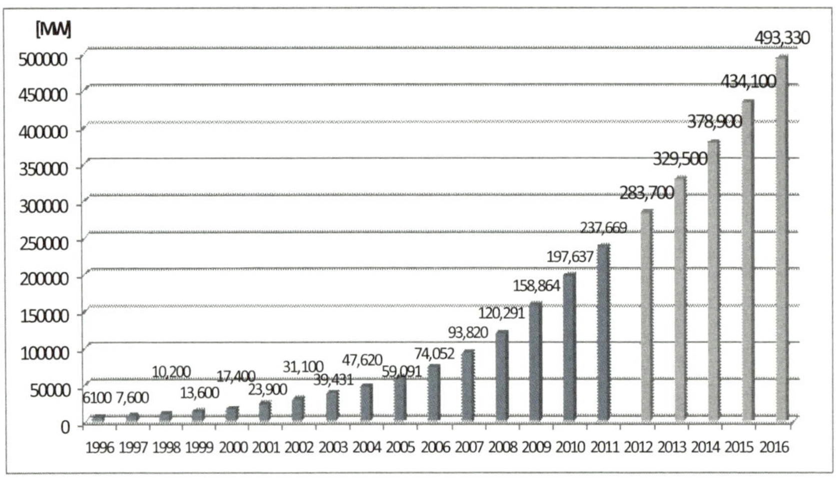

자료: GWEC.

풍력시장 중에서 해상풍력시장이 크게 성장하고 있는데, 이에 대한 것은 제7장을 참조하기 바란다.

③ 풍력 정책방향

우리나라의 풍황자원은 한정되어 있으므로, 국내에 풍력발전 설치는 가능하면 국산 풍력발전기의 테스트베드의 기회로 적극 활용해야 한다고 본다.

풍력발전기는 특히 track record가 중요한데, 수년에 걸쳐 동 풍력발전기를 실제로 site에서 운전한 실적이 없으면 풍력발전기를 판매하기가 매우 어렵다. 풍력발전기는 한번 설치하면 약 20년 정도의 내구기간동안 큰 고장 없이 운영을 해야 하므로, track record를 요구하는 것이 일반적이다. 국산 풍력발전기는 개발되어도 track record가 없어서 해외시장에 참여하기가 어려운 경우가 많은데, 이러한 문제점을 해소하기 위해서는 WTO 등 국제통상규범에 위배되지 않는 범위 내에서, 국내 풍력발전단지를 개발된 국산 풍력발전기를 운전하는 테스트베드의 역할을 할 수 있도록 정책적으로 노력할 필요가 있다. 그동안 설치된 육상풍력단지는 이러한 점에서 미흡한 점이 있었는데, 향후 설치될 육상풍력과 특히 앞으로 개발할 계획인 해상풍력단지는 국산 풍력발전기의 테스트베드가 될 수 있도록 정책적인 노력이 필요하다.

5) 수 력

수력발전(hydro power)은 물의 유동 및 위치에너지를 이용하여 발전을 하는 방식으로서, 신·재생에너지 연구개발 및 보급 대상은 주로 발전설비 용량이 작은 소수력을 대상으로 하고 있다. 소수력발전은 하천이나 저수지의 물을 낙차에 의한 위치에너지를 이용하여 수차의 회전력을 발생시키고, 수차와 직결되어 있는 발전기에 의해서 전기에너지를 생산하는 방식이다.

수력발전이 많이 보급된 국가는 중국, 브라질, 미국, 캐나다, 일본, 러시아, 인도, 노르웨이 순이며, 지리적으로 수자원이 풍부한 중국, 캐나다, 미국, 브라질 등에서 수력에너지를 활발하게 이용하고 있다.

선진국으로 구성된 OECD 30여개 국가의 총 재생에너지발전량 중 수력이 차지하는 비중이 70%가 넘을 정도로 재생에너지발전 중에서 수력이 차지하는 비중은 아직까지는 절대적인 수준이다.

표 3-8 OECD국가의 재생에너지발전량 비중 현황(2009년)

총발전량 중 재생에너지 발전량 비중	재생에너지 발전원별 비중								
	수력	지열	태양광	태양열	해양	풍력	바이오	폐기물	합계
17.4%	73%	2.3%	1.1%	0.0%	0.0%	12.3%	9.6%	1.6%	100%

자료: Energy balance of OECD countries(IEA, 2011).

우리나라의 경우 총발전량 중 재생에너지발전량 비중은 2009년 기준 1.0% 수준으로 OECD 국가 평균 17.4%에 비하면 매우 낮은 수준인데, 우리나라의 경우도 재생에너지발전 중 수력발전이 60%로서 절대적인 비중을 차지하고 있다.

표 3-9 한국의 재생에너지발전량 비중 현황(2009년)

총발전량 중 재생에너지 발전량 비중	재생에너지발전원별 비중								
	수력	지열	태양광	태양열	해양	풍력	바이오	폐기물	합계
1.0%	60%	0.0%	12.1%	0.0%	0.0%	14.6%	11.0%	2.3%	100%

전 세계적으로도 재생에너지발전 중에서 수력발전의 비중이 월등이 높은데, 여기서 수력발전의 대부분은 대수력(일반적으로 ≥10MW)이며 소수력(일반적으로 <10MW)이 차지하는 비중은 그리 크지 않다.

6) 해양에너지

해양에너지(ocean energy)는 해양의 조수, 파도, 해류, 온도차 등을 변환시켜 전기 또는 열을 생산하는 것으로서, 전기를 생산하는 방식에는 조력·파력·조류·온도차 발전 등이 있다.

표 3-10 조력, 조류, 파력, 해양온도차 발전

□ 조력발전(tidal power)

○ 조수(潮水) 간만(干滿)의 수위차로부터 위치에너지를 운동에너지로 바꾸어 전기에너지로 전환하는 발전방식이다.

- 조석간만의 차가 큰 하구나 만을 방조제로 막아 해수를 가두고 수차발전기를 설치하여 밀물과 썰물 때에 저수지와 해수면의 수위차를 이용하여 발전하여 전기에너지를 생산하는 방식으로서, 수력발전방식과 유사하다.[36]
- 입지조건이 조석 간만의 차가 큰 지역으로 한정되어 있어서 까다롭고 매우 제한되어 있는데, 우리나라는 서해의 인천만(8.1m), 아산만(6m), 가로림만(4.7m), 천수만(4.5m) 등이 조력발전에 매우 적합한 지역으로 꼽히고 있다.
- 한국수자원공사는 시화호방조제에 세계 최대 규모의 조력발전소인 시화호 조력발전소(설비용량 254MW)를 2011년 8월에 완공하여 상업발전 중에 있다.

□ 조류발전(current power)
- 해수의 흐름을 이용해 발전하는 방식이다.
- 해안에 방파제를 설치하여 조수간만의 차이를 이용한 조력발전과 달리, 빠른 해수의 흐름이 나타나는 해역에 댐이나 방파제의 설치 없이 해류를 이용하여 바다 속에 설치한 터빈을 돌리는 방식으로서, 방파제를 건설할 필요가 없기 때문에 조력발전에 비해 비용이 적게 들며 더 환경친화적인 것으로 평가되고 있다.
- 우리나라는 2008년 5월 전남 진도군과 해남군 사이의 울돌목(명량해협)에 국내 최초로 1MW급 시험 조류발전시설을 설치하여 시험운영 중에 있다.

□ 파력발전(wave power)
- 파도의 상하운동에너지를 이용해서 동력을 얻어 발전하는 방법이다.
- 에너지 변환원리에 따라 가동물체형, 진동수주형, 월파형 방식이 적용되고 있으며, 설치 형태에 따라서 착저식(또는 고정식)과 부유식으로 구분된다.

□ 해양온도차발전
- 해양 표면층의 온수와 심해 500~1000m정도의 냉수와의 온도차를 이용하여 열에너지를 기계적 에너지로 변환시켜 전기를 생산하는 방식이다.

해양에너지는 특히 부지(site)의 한계를 많이 가지고 있는데, 세계적으로 해양에너지 개발에 적합한 곳이 매우 제한되어 있다. 우리나라는 해양에너지 중에서 조력, 조류발전에 매우 적합한 지역을 가지고 있는데, 이를 적극적으로 개발할 필요가 있다고 본다.

7) 폐기물에너지

폐기물에너지(waste energy)는 각종 사업장 및 생활시설의 폐기물을 변환시켜서 얻어지는 연료 또는 에너지를 말한다.

신·재생에너지법 시행령 별표1에서는 폐기물에너지의 기준을 다음과 같이 정의하고 있다.

36) 출처: 네이버 백과사전.

표 3-11 폐기물에너지의 기준

1. 각종 사업장 및 생활시설의 폐기물을 변환시켜 얻어지는 기체, 액체 또는 고체의 연료
2. 제1호의 연료를 연소 또는 변환시켜 얻어지는 에너지
3. 폐기물의 소각열을 변환시킨 에너지

※ 제1호부터 제3호까지의 에너지가 신 · 재생에너지가 아닌 석유제품 등과 혼합되는 경우에는 각종 사업장 및 생활시설의 폐기물로부터 생산된 부분만을 폐기물에너지로 본다.

폐기물에너지의 대표적인 것들로, 폐기물 소각열, RDF, 가스화, 열분해 유화 등이 있다. 폐기물 소각열은 생활폐기물 또는 사업장폐기물 소각시설에서 발생하는 소각폐열을 이용하여 에너지를 얻는 방식이며, RDF(Refuse Derived Fuel)는 고형폐기물 연료로서 가연성 생활폐기물(종이, 나무, 비닐 등), 플라스틱, 폐타이어, 건설폐목재 등의 고체폐기물을 파쇄, 분리, 건조, 성형 등의 공정을 거쳐서 고체연료로 만든 것을 말한다. 폐기물 가스화는 폐기물을 소각하지 않고 고온, 고압에서 폐기물을 가스화하여 에너지로 이용하는 방식으로서 보다 발전된 폐기물에너지 기술이라고 할 수 있다. 폐기물 열분해 유화는 플라스틱, 합성수지, 고무, 타이어 등의 고분자 폐기물을 열분해하여 생산되는 연료유를 말한다.

폐기물에너지는 폐기물을 단순히 환경보호에 알맞게 처리하는 수준을 넘어서서 폐기물로부터 에너지를 생산한다는 점에서 앞으로 발전가능성과 산업화 가능성이 매우 크다고 할 수 있다. 일반적으로 폐기물처리가 지방자치단체 단위로 이루어지고 있어서 지자체에서 다양한 폐기물에너지화 기술을 시범적으로 실시하고 있으며 폐기물에너지화 기술은 지자체와의 밀접한 연계 그리고 지자체의 적극적인 의지가 매우 중요한 재생에너지 분야라고 볼 수 있다.

8) 지열에너지

지열에너지(geothermal energy)는 물, 지하수 및 지하의 열 등의 온도차를 변환시켜 생산되는 에너지로서, 여러 재생에너지 중에서도 가장 전형적인 재생에너지원이라고 할 수 있다. 이는 온도에 따라 중 · 저온(10~90℃) 지열

에너지와 고온(120℃ 이상) 지열에너지로 구분될 수 있는데, 중·저온 지열에너지는 지열 히트펌프를 통해서 이용되고 있으며 고온 지열에너지는 지열발전으로도 이용되고 있다.

우리나라에서 주로 이용되는 지열 히트펌프 방식은, 연중 일정한 온도(10~22℃)의 땅 속에 매설된 지중열교환기를 순환하는 열매체(물 또는 부동액) 또는 지하수와 하천수 등을 지열 히트펌프 시스템의 열원으로 활용하여 건물 냉난방과 급탕을 공급하는 방식이다. 히트펌프를 가동하여야 하므로 전기에너지를 사용할 수 밖에 없는데 사용하는 전기에너지 양보다 지열에너지와 지열 히트펌프를 통해서 생산되는 에너지의 양이 훨씬 크기 때문에 지열 히트펌프를 통해서 생산되는 에너지도 지열에너지로 간주하고 있다. 하지만 생산된 지열에너지를 계산할 때에는 히트펌프를 가동하는데 사용된 전기에너지양을 제하여야만 정확한 지열에너지 생산량이 나올 것이다.

지열발전은 땅에서 추출한 고온수나 증기(120~350℃)의 열에너지로 터빈을 구동하여 전기를 생산하는 발전방식으로서, 화산지대에서 지열발전이 많이 이루어져 왔으나 최근에는 화산지대가 아닌 지역에서도 지열발전을 하는 방식이 개발되고 있다. 일부 국가에서는 지열발전이 전력생산에서 매우 중요한 역할을 하고 있는데, 예를 들어 아이슬란드(Iceland)의 경우, 지열발전양이 국가 총 전력수요의 1/4를 담당하고 있다.

Ⅲ. 신·재생에너지 설비

신·재생에너지설비란 신·재생에너지를 생산하거나 이용하는 설비(신·재생에너지법 제2조제2호)로서 쉽게 설명하면 태양전지·모듈, 풍력터빈 등을 말한다. 신·재생에너지법 시행규칙 제2조에서는 원별 신·재생에너지설비를 보다 상세하게 정의하고 있다.[37]

---

37) 신·재생에너지법 시행규칙 제2조(신·재생에너지 설비): 「신에너지 및 재생에너지 개발·이용·보급 촉진법」(이하 "법"이라 한다) 제2조제2호에서 "지식경제부령으로 정하는 것"이란 다음 각 호의 설비 및 그 부대설비(이하 "신·재생에너지 설비"라 한다)를 말한다.
1. 태양에너지 설비
가. 태양열 설비: 태양의 열에너지를 변환시켜 전기를 생산하거나 에너지원으로

신·재생에너지설비의 범위는 특히 조세감면 등과 관련하여 쟁점이 될 때가 있다. 신·재생에너지설비에 대해서는 각종 조세감면이 이루어지고 있는데, 예를 들어서 바이오에너지에 속하는 우드칩을 만들기 위해서 폐목재를 쌓아두는 야적장도 신·재생에너지설비에 포함시키느냐 여부에 따라서 동 야적장 및 창고 건설에 드는 설비투자비가 조세감면이 되느냐 여부가 정해지기도 한다. 그리고 신·재생에너지설비를 설치하는 경우에는 각종 인허가 규제가 완화되기도 하는데, 예를 들어서 풍력발전기 설치 전에 풍황을 조사하기 위해 미리 설치하는 풍황 계측기를 신·재생에너지설비로 보느냐 여부에 따라서 각종 규제가 엄격한 지역에 풍황 계측기의 설치가능 여부가 결정되는 경우도 있다.

◇ 우드칩 생산을 위한 야적장이 신·재생에너지 부대설비에 해당되는지 여부(「신·재생에너지법」 제2조 등 관련) [법제처 10-0148, 2010.6.14, 지식경제부 신·재생에너지과]

이용하는 설비
나. 태양광 설비: 태양의 빛에너지를 변환시켜 전기를 생산하거나 채광(採光)에 이용하는 설비
2. 바이오에너지 설비: 「신에너지 및 재생에너지 개발·이용·보급 촉진법 시행령」(이하 "영"이라 한다) 별표 1의 바이오에너지를 생산하거나 이를 에너지원으로 이용하는 설비
3. 풍력 설비: 바람의 에너지를 변환시켜 전기를 생산하는 설비
4. 수력 설비: 물의 유동(流動) 에너지를 변환시켜 전기를 생산하는 설비
5. 연료전지 설비: 수소와 산소의 전기화학 반응을 통하여 전기 또는 열을 생산하는 설비
6. 석탄을 액화·가스화한 에너지 및 중질잔사유(重質殘渣油)를 가스화한 에너지 설비: 석탄 및 중질잔사유의 저급 연료를 액화 또는 가스화시켜 전기 또는 열을 생산하는 설비
7. 해양에너지 설비: 해양의 조수, 파도, 해류, 온도차 등을 변환시켜 전기 또는 열을 생산하는 설비
8. 폐기물에너지 설비: 폐기물을 변환시켜 연료 및 에너지를 생산하는 설비
9. 지열에너지 설비: 물, 지하수 및 지하의 열 등의 온도차를 변환시켜 에너지를 생산하는 설비
10. 수소에너지 설비: 물이나 그 밖에 연료를 변환시켜 수소를 생산하거나 이용하는 설비

【질의요지】

우드칩의 생산원료인 목재를 쌓아두는 야적장(野積場)이 「신에너지 및 재생에너지 개발·이용·보급 촉진법 시행규칙」 제2조제2호에 따른 바이오에너지 설비의 부대설비에 해당되는지?

【회답】

우드칩의 생산원료인 목재를 쌓아두는 야적장(野積場)은 「신에너지 및 재생에너지 개발·이용·보급 촉진법 시행규칙」 제2조제2호에 따른 바이오에너지 설비의 부대설비에 해당되지 않습니다.

【이유】

신·재생에너지법 제2조제1호에서는 신에너지 및 재생에너지(이하 "신·재생에너지"라 함)를 '기존의 화석연료를 변환시켜 이용하거나 햇빛·물·지열·강수·생물유기체 등을 포함하는 재생 가능한 에너지를 변환시켜 이용하는 에너지'로 정의하면서, 같은 호 나목에서 '생물자원을 변환시켜 이용하는 바이오에너지'를 신·재생에너지의 하나로 정하고 있으며, 같은 조 제2호에서는 '신·재생에너지 설비'를 '신·재생에너지를 생산하거나 이용하는 설비'로 정하고 이에 해당하는 설비를 지식경제부령으로 정하도록 위임하고 있습니다. 이에 따라 신·재생에너지법 시행규칙 제2조에서는 신·재생에너지 설비를 '같은 조 각 호의 설비 및 그 부대설비'로 정하고 있으며 같은 조 제2호에서는 바이오에너지 설비를 '생물유기체를 변환시켜 바이오디젤·바이오에탄올·바이오가스·바이오액화유·합성가스·땔감·우드칩·펠렛·목탄 및 바이오매스 등의 에너지원을 생산하는 설비'로 정하고 있습니다.

여기서, 우드칩을 생산하는 설비는 신·재생에너지법 제2조 및 같은 법 시행규칙 제2조제2호에 따라 바이오에너지 설비로서 신·재생에너지 설비에 해당할 것인데, 신·재생에너지 설비에는 신·재생에너지의 생산이나 이용에 직접 사용되는 설비 외에 그 부대설비도 포함되는 바, 우드칩 생산을 위해 우드칩의 원료인 목재를 쌓아두는 야적장(野積場)은 신·재생에너지의 생산이나 이용에 직접 사용되는 설비에 해당한다고 볼 수는 없으나, 신·재생에너지법 시행규칙 제2조제2호에 따른 바이오에너지 설비의 부대설비에 해당되는지 여부를 살펴보아야 할 것입니다.

우선, 신·재생에너지 설비가 무엇인지 살펴보면, 신·재생에너지법에서 신·재생에너지 설비에 대하여 구체적으로 정하고 있지는 않으나, 일반적으로 설비(設備)란 재화나 용역의 생산 등을 위한 공정과정에서 필요한 기계, 장비 등을 의미한다 할 것이고, 한편, 같은 법 제13조에서는 신·재생에너지 설비에 대한 인증을 받기 위해서는 그 설비에 대하여 지식경제부장관이 정하는 성능검사기관에서 성능검사를 받도록 되어 있으며, 같은 법 제21조에서는 신·재생에너지 설비 및 그 부품의 호환성을 높이기 위하여 그 설비 및 부품을 공용화할 수 있도록 규정하고 있으므로 이러한 문언의 의미를 종합하면 신·재생에너지 설비는 신·재생에너지의 이용 및 생산에 직접적으로 기여하는 기계적인 장치, 장비, 도구 등을 의미한다고 볼 수 있습니다.

그런데, 통상적으로 부대설비는 기본이 되는 설비에 덧붙어 있는 설비를 의미하므로 신·재생에너지 설비의 부대설비 또한 신·재생에너지의 생산 또는 이용에 핵심적인 역할을 하지는 않더라도 신·재생에너지 설비의 가동 등을 위해 필요한 보조설비라고 할 수 있을 것인데, 우드칩의 원료인 목재를 쌓아두는 야적장은 일정한 행위가 가능한 '장소'를 의미하며 기계적인 장치 등을 의미하는 '설비'와는 구분됩니다.

또한, 신·재생에너지 설비의 범위를 신·재생에너지의 이용·생산에 필요한 시설까지 포함된다고 볼 수도 있는 바, 부대설비의 범위를 확장하여 야적장이 신·재생에너지 설비의 부대설비에 해당하는지 여부를 살펴보면, 기본설비의 부대설비로 보기 위해서는 목적설비(신·재생에너지 생산설비)와의 필수적인 관련성, 부속설비 자체의 독립성, 생산의 용이성 등을 종합적으로 고려하여야 할 것입니다(법제처 해석례 09-0321 참고). 그런데, 우드칩 생산을 위하여 목재를 쌓아두는 야적장은 신·재생에너지와 관련된 사용 외에 다른 목적으로도 사용이 가능하므로 목적설비와의 필수적인 관련성이 있다고 보기 어렵고, 또한 우드칩의 생산원료인 목재는 운반기기 등을 통해 이동이 가능하여 목재를 쌓아두는 야적장과 우드칩의 생산설비를 분리할 수 있는 바, 그 야적장 자체는 우드칩 생산설비와 분리되어 독립성도 있다고 보여지므로 야적장이 신·재생에너지 설비의 부대설비에 반드시 해당된다고 볼 수는 없습니다.

한편, 신·재생에너지법에서는 신·재생에너지 설비인증에 관한 지원·관리는 물론 신·재생에너지 설비에 대한 기술지원, 보급지원사업 등을 규정하고 있는데, 야적장의 경우 설비인증이나 기술지원, 보급지원의 대상이 된다고 볼 수도 없고 신·재생에너지 생산·이용과 필수적인 관련성도 없으므로, 결국 야적장이 신·재생에너지 설비의 부대설비에 포함된다고 볼 수는 없다고 할 것입니다.

따라서, 우드칩의 생산원료인 목재를 쌓아두는 야적장(野積場)은 신·재생에너지법 시행규칙 제2조제2호에 따른 바이오에너지 설비의 부대설비에 해당되지 않습니다.

Ⅳ. 신·재생에너지 원별 특징 및 비교

(1) 먼저 재생에너지원들 간에도 서로 다른 특징들을 볼 수 있다.

재생에너지는 부지(site)의 한계, 대량공급의 한계, 낮은 경제성(높은 발전단가) 등의 한계를 지니고 있다. 그런데, 이러한 한계가 모든 재생에너지원에 동등하게 적용되지 않고, 조금씩 다른 특징을 보인다. 대표적인 재생에너지에 대한 특징을 서로 비교하면 다음과 같다.

먼저 태양광이다. 태양광은 햇빛만 있으면 발전을 할 수 있으므로 '부지(site)'의 한계를 가장 적게 가지고 있는데 이것이 큰 장점이라고 할 수 있다. 반면 다른 원들에 비해 매우 높은 발전단가가 공급의 가장 큰 한계로 작용한다. 가장 대표적인 재생에너지원인 풍력발전과 비교할 때 태양광발전의 또 다른 장점은 광전효과를 통한 발전방식이므로 풍력발전과 같이 기계적인 마모가 발생하지 않으므로 내구성이 높고 한번 태양광 패널을 설치한 후 별도의 유지·보수가 필요하지 않다는 점이다.[38] 따라서 전문성과 지식이 부족할 수 밖에 없는 일반 가정 등에서도 쉽게 설치하여 활용할 수 있는 분산전원형 재생에너지원이 될 수 있다. 태양전지의 기술개발 등으로 매년 발전단가가 약 10%이상씩 하락하고 있으며, 이러한 추세가 지속되어 낮은 경제성의 한계가 해결되면 그야말로 꿈에 그리던 태양광의 big bang 시기가 올 것으로 보인다.

풍력발전은 수 MW 규모의 대규모 풍력터빈을 개발·상용화하여서 이미 grid parity에 근접하였다고 볼 수 있으며, 이러한 높은 경제성(낮은 발전단가)이 가장 큰 장점이라고 할 수 있다. 하지만, 풍황이 좋은 곳만 풍력발전기 설치가 가능하므로 부지(site)의 한계를 크게 받고 있는데, 이것이 풍력발전기 공급에 있어서 가장 큰 걸림돌이라고 볼 수 있다. 현재 저속에서도 발전되는 풍력발전기 등을 통해서 이러한 한계를 계속 극복시켜 나가고 있다. 또한 풍력발전기는 15~20년간 풍력발전 터빈이 지속적으로 돌아가

38) 물론 태양전지도 시간이 지날수록 변환효율이 떨어지는 것이 사실이며, 변환효율이 어느 정도 유지되느냐가 태양전지의 품질을 크게 결정짓는 요소 중의 하나이다.

야 하므로 기어, 베어링 등의 마모가 있을 수 밖에 없어서 정규적인 유지・보수가 불가피하다는 점도 한계라고 볼 수 있다. 따라서 풍력발전단지 운영은 상당한 전문성이 필요하며 일반인이 쉽게 설치, 운영하기에는 어려움이 많다. 현재 7MW, 10MW 등 대용량의 풍력발전기가 개발되고 있고 한 곳에 수 십개의 풍력발전기가 설치되는 것이 일반적이므로, 태양광발전보다 일반적으로 더 큰 규모의 재생에너지원의 성격을 띤다. 풍력발전은 또한 grid 문제도 앞으로 함께 해결해야 할 과제이다. 우리가 의도한 것과 상관없이 바람이 불 때만 발전이 이루어지므로 전력망의 수요, 공급의 균형을 불안정하게 만들 수 있는데, 이를 해결하기 위해서 smart grid의 발전도 함께 이루어져야 한다. 풍력을 크게 설치하고 있는 국가들은 모두 smart grid의 개발도 함께 필수적으로 서두르고 있음을 볼 수 있다.

다음으로 바이오에너지이다. 바이오에너지는 그 광범위한 범위, 그리고 발전가능성이 크다는 점이 가장 큰 특징이다. 2009년 기준, OECD 국가의 재생에너지 생산량을 살펴보면, 재생에너지 생산량 중 바이오에너지 비중이 53.1%로 절반이 넘는 비중을 차지하고 있다. 바이오에너지는 그 범위가 다른 재생에너지원에 비해서 매우 광범위하므로 그 특징을 하나로 정의하기도 어렵다. 보통 그 성상에 따라서 기체 바이오에너지(바이오가스), 액체 바이오에너지, 고체 바이오에너지로 분류하는 것이 그 구분이 명확하고 빠짐없는 분류라고 보여 진다. 그 동안 우리나라에서는 땔감, 우드칩 등 고체 바이오에너지만 일부 알려지고 활용되고 있지만, 바이오가스, 액체 바이오에너지에 대한 관심과 정책적 지원이 보다 필요하다고 생각한다. 특히 바이오가스는 축산분뇨, 하수처리장 등에서 발생하는 가스로부터 얻는 에너지원으로서 높은 기술개발을 요구하며 정제 정도에 따라서는 천연가스버스의 연료(fuel)로도 활용할 수 있다. 따라서 농가에서 버리는 축산분뇨 등을 단순히 처리하는 것을 넘어서서 높은 에너지원으로 만든다는 점에서 발전가능성이 매우 높으며 높은 기술수준이 요하는 기술집약적인 에너지원이라고 할 수 있다. 액체 바이오에너지도 그동안 농작물에서 얻어지는 방식을 넘어서서 해조류, 목질계 바이오연료가 개발된다면 수송연료인 석유를 대체할 수 있는 매우 유력한 연료가 되므로 그 활용가능성이 매우 높다고 볼 수 있다. 이처럼 바이오에너지는 개발가능성과 활용가능성이 매우 높으며, 높은 기술개발수준도 요구하므로 정부의 적극적이고 범부처적인 지원책과 발전정책이 마련되어야 할 것이다. 바이오에너지의 또 다른 특징은 다른 재생에너지원에 비해 잠재량이 매우 풍부하다는 점이다.

폐기물에너지는 폐기물처리와 에너지생산이라는 두 가지 다른 측면을 가지고 있는데, 앞으로는 에너지생산이라는 측면 그리고 이를 위한 신기술개발 및 산업육성이라는 측면에서 보다 접근할 필요가 있다. 단순히 폐기물처리라는 측면에서만 접근하면 기술개발과 에너지생산이라는 측면을 간과하게 되고 결국 폐기물에너지 발전에 장애가 될 것이다. 이러한 점에서는 환경을 담당하는 부처보다는 에너지 및 산업을 담당하는 부처가 폐기물에너지 육성의 중추기관으로 보다 바람직하다고 본다.

(2) 신에너지는 전반적으로 다음과 같은 특징을 가지고 있다.

먼저 부지(site)의 한계를 가지고 있지 않으며, 대규모 용량의 건설이 가능하고 또한 보다 바람직하므로 분산전원으로서의 성격을 보다 작게 가지고 있다.

수소연료전지의 경우 도시형으로 개발이 가능하고 일부 분산전원으로서의 성격도 가지고 있다는 장점이 있으며, 발전용, 수송용, 건물용, 휴대용 등 다양한 용도로 개발, 발전되고 있다. 연료전지의 발전을 위해서는 연료인 수소를 화석연료인 천연가스가 아닌 다른 곳으로부터 얻는 기술이 조속히 개발되어야 할 것이다. 이러한 점에서 2010년 10월에 발표된 신·재생에너지 발전방안에서 제시된 바와 같이 발전소에서 부수적으로 생성되어서 버려지는 수소(부생수소)를 활용하여 그 주변 도시의 에너지를 전부 수소에너지로 공급하는 H-town 프로젝트를 적극적으로 추진해 볼 필요가 있다.

신에너지 중에서 '중질잔사유 가스화에너지'는 특이하다고 보여 진다. 필자가 거의 3년 간 신·재생에너지 업무를 담당하였지만, 중질잔사유 가스화에너지 관련해서는 업계로부터 어떠한 질의, 민원 또는 건의도 받아보지 못했다. DME, SNG, 폐압 등과 관련된 업계에서는 이러한 에너지를 신에너지에 포함시켜달라고 적극적으로 요청해 온 반면, 신에너지에 이미 포함된 중질잔사유 가스화에너지는 이에 적극적으로 관심을 가지는 업체가 사실상 없다는 점에서 볼 때, 이 에너지에 대해서는 좀 다른 접근방법이 필요하다는 생각을 하게 된다.

V. 신·재생에너지 분류상의 문제점 및 개선방안

신·재생에너지의 분류 및 범주에 대해서는 그 동안 많은 비판과 논란이 있어 왔다. 신에너지와 재생에너지를 함께 신·재생에너지로 분류하고 동일한 정책을 펴는 것이 타당한가라는 비판, 바이오에너지의 범주의 불명확성 및 일부 누락 문제, 다른 에너지원의 신·재생에너지에 포함요구 등이 이러한 비판과 논란들이다. 이에 대한 자세한 논의는 제6장 신·재생에너지 범주 및 분류에 대한 재검토를 참조하기 바란다.

04

우리나라의 신 · 재생에너지법과 제도

Ⅰ. 서　　설

1. 우리나라의 에너지 정책 및 법체계

1) 저탄소 녹색성장과 에너지·산업 법제

① 저탄소 녹색성장(Low Carbon, Green Growth)

2008년 8월 15일 이명박 대통령은 광복절 경축사를 통해 우리나라의 새로운 성장을 위한 패러다임으로 저탄소 녹색성장(Low Carbon, Green Growth)을 제시하였다. 기후변화, 에너지 고갈 및 에너지 의존심화, 금융위기와 경기침체라는 범세계적인 위기 요인에 맞서 신·재생에너지 개발, 녹색기술 개발 등으로 이를 극복하고 더 나아가 경제성장과 일자리 창출의 원동력으로 삼는다는 내용이다. 이후 정부는 2010년 1월 13일 녹색성장의 체계적, 일관적 실현을 위하여 「저탄소 녹색성장 기본법(이하 녹색성장기본법)」을 제정하였다.

'녹색성장'이란 에너지와 자원을 절약하고 효율적으로 사용하여 기후변화와 환경훼손을 줄이고 청정에너지와 녹색기술의[1] 연구개발을 통하여 새로운 성장동력을 확보하며 새로운 일자리를 창출해 나가는 등 경제와 환경이 조화를 이루는 성장을 말한다.

1) '녹색기술'이란 온실가스 감축기술, 에너지 이용 효율화 기술, 청정생산기술, 청정에너지 기술, 자원순환 및 친환경 기술(관련 융합기술 포함) 등 사회·경제 활동의 전 과정에 걸쳐 에너지와 자원을 절약하고 효율적으로 사용하여 온실가스 및 오염물질의 배출을 최소화하는 기술을 말한다(「저탄소 녹색성장 기본법」 제2조 제3호).

표 4-1 저탄소 녹색성장 기본법의 주요내용

2010년에 제정된 저탄소 녹색성장기본법은 총 7장 64조로 이루어져 있으며, 기본내용은 다음과 같다.

제1장 총칙에서는 이 법의 목적과 주요 용어의 정의, 저탄소 녹색성장의 추진원칙, 국가 · 지방자치단체 · 사업자 · 국민의 책무, 그리고 다른 법률과의 관계를 규정하고 있다.

제2장에서는 저탄소 녹색성장 국가전략에 "기후변화대응 정책, 에너지 정책 및 지속가능발전 정책에 관한 사항"을 모두 포괄하는 "녹색성장국가전략"을 수립 · 시행토록 하고 있어, 이 법이 기후변화와 에너지, 지속가능발전 정책을 아우르는 포괄적 기본법임을 나타내고 있다.

제3장에서는 저탄소 녹색성장의 추진체계로서 중앙과 지방의 녹색성장위원회를 두도록 하고 있는데, 위원회의 기능으로 "기후변화대응 기본계획, 에너지 기본계획 및 지속가능발전 기본계획에 관한 사항"을 심의토록 하고 있다.

제4장은 "녹색"을 통한 "성장"을 구현하기 위한 다양한 시책을 규정하고 있다. 예를 들어 "녹색기술 및 녹색산업에 자산을 투자"하는 녹색산업투자회사의 설립과 지원에 관한 규정을 두고 있으며, 녹색기술 · 녹색산업에 대한 지원 특례 조항, 녹색기술 · 녹색산업의 표준화 및 인증 등을 규정하고 있다.

제5장 "저탄소 사회의 구현"은 기후변화 대응을 위한 핵심적 조치들을 규정한 장으로, 기후변화대응 및 에너지 기본계획의 수립 · 시행, 기후변화대응 및 에너지의 목표관리, 온실가스 배출량 및 에너지 사용량 등의 보고와 종합정보관리체계의 구축, 총량제한 배출권거래제의 도입, 교통부문의 온실가스 관리, 기후변화 영향평가 및 적응대책의 추진 등의 내용이 담겨 있다.

제6장은 국민들의 녹색생활을 확산하고 지속가능발전을 실현하기 위한 각종 시책들에 대한 규정을 담고 있는데, 특히 온실가스 배출량의 상당부분을 차지하는 교통과 건물에 대해서는 별도의 조항을 두어 시책을 추진하도록 하고 있다.

제7장은 국회 보고 등의 사항을 포함하고 있다.

② 에너지 · 산업법제[2)]

㉠ 에너지법제 현황 2006년 9월, 산업자원부(現 지식경제부)는 에너지정책에 대한 장기적이고 통합적 비전을 제시하고, 에너지정책의 기본원칙을 정립하며 에너지 관련 개별법과 정책의 연계성을 강화하기 위하여 "에너지기본법"을 제정하였다. 동법에서 에너지 정책의 기본원칙(법 제3조)으로 에너지의 안정적 공급 실현, 환경 친화적 에너지의 생산 및 사용 확대, 에너지 저소비형 경제사회구조로의 전환을 위한 에너지수요관리의 지속적 강화, 에너지산업에 대한 시장경쟁 요소의 도입 확대 및 규제완화 등을 제

2) 정경록, '녹색성장과 에너지산업법제의 대응', 법제처 월간법제, 2010. 7.; 법제처, 녹색성장법제(Ⅰ) - 저탄소 녹색성장과 법제적 대응, 2010, pp. 237-239.

시한 바 있다.

지식경제부의 에너지 관련 법제는 "저탄소 녹색성장 기본법" 제정 이전까지는 "에너지기본법"을 기본법으로 하여 "해외자원개발 사업법", "석유 및 석유대체연료 사업법", "도시가스사업법", "전기사업법" 등 에너지의 안정적 공급을 위한 법령, "에너지이용 합리화법" 등 에너지 절약과 관련된 법령, "신에너지 및 재생에너지 개발·이용·보급 촉진법", "발전소주변지역 지원에 관한 법률" 등 환경 친화적 에너지의 생산 및 사용에 관한 법령 등의 법령체계를 유지하고 있었다고 할 수 있다.

"에너지기본법"(現 에너지법)은 기본 원칙에서 확인할 수 있듯이, 그간 경제성장에 따른 에너지 수요증대에 효과적으로 대응하기 위한 에너지의 안정적 공급이라는 에너지정책의 기본 목표와 함께, 에너지 가격의 상승, 기후변화의 본격화, 신·재생에너지산업의 등장 등 새로운 대내외 환경변화에 대응하여 에너지 수요관리를 위한 정부의 역할을 재정립하는 등 에너지 정책의 균형추 역할을 하였다. "에너지기본법" 제성 이후 처음 마련된 제1차 국가에너지기본계획(2008. 8. 27)에서는 정부의 '2030 에너지비전'을 ⅰ) 에너지자립사회 구현, ⅱ) 에너지 저소비사회, 저탄소사회로 전환, ⅲ) 탈 석유사회로 전환, ⅳ) 더불어 사는 에너지 사회 구축, ⅴ) 녹색기술과 그린에너지로 신성장동력과 일자리 창출로 제시하여 에너지기본법의 기본원칙을 충실히 구현하고, 환경변화에 대응하기 위한 정책비전을 제시하였다.

지식경제부는 "녹색성장 기본법" 제정 후 2010년 1월 "에너지기본법"을 "에너지법"으로 개정하여 "저탄소 녹색성장 기본법"과의 법률적 정합성을 확보하였다.

따라서 현재 에너지법제는 "저탄소 녹색성장 기본법"을 기본법으로 하고 "에너지법"은 이에 대하여 일반법의 관계를 유지하고, 에너지관련 개별 법률들이 존재하여 에너지의 '공급-사용-재이용'을 포괄하는 체계적인 법률체계가 구축되어 있다.

㉡ 산업법제 현황 산업부문의 기본법적 성격을 가지고 있는 "산업발전법"의 경우 제3장(지속가능한 산업발전의 기반 구축)에서 지속가능한 산업발전을 위한 조문을 규정하고 있다.

이밖에 1995년 12월 제정된 "환경 친화적 산업구조로의 전환·촉진에 관한 법률"이 제품, 공정 및 기업경영과 관련된 전반적인 사항에 대해 산업 부문의 녹색성장을 규율하고 있으며, "환경친화적자동차의 개발 및 보급촉진에 관한 법률", "오존층보호를 위한 특정물질의 제조규제 등에 관한 법률" 등이 지식경제부가 직접적으로 기업의 오염물질 저감과 녹색기술과 산업을 규율하고 지원하는 법률이라고 할 수 있다.

2) 에너지 정책의 기본원칙 및 에너지 기본계획

① 에너지 정책의 기본원칙

정부는 저탄소 녹색성장을 추진하기 위해 수립·시행하는 에너지정책 및 에너지와 관련된 계획(이하 "에너지정책 등"이라 함)을 다음의 원칙에 따라 수립·시행해야 한다.[3]

첫째, 석유·석탄 등 화석연료의 사용을 단계적으로 축소하고 에너지 자립도[4]를 획기적으로 향상시킨다. 둘째, 에너지 가격의 합리화, 에너지의 절약, 에너지 이용효율 제고 등 에너지 수요관리를 강화하여 지구온난화를 예방하고 환경을 보전하며, 에너지 저소비·자원순환형 경제·사회구조로 전환한다. 셋째, 친환경에너지인 태양에너지, 폐기물·바이오에너지, 풍력, 지열, 조력, 연료전지, 수소에너지 등 신·재생에너지의 개발·생산·이용 및 보급을 확대하고 에너지 공급원을 다변화한다. 넷째, 에너지가격 및 에너지 산업에 대한 시장경쟁 요소의 도입을 확대하고 공정거래 질서를 확립하며, 국제규범 및 외국의 법제도 등을 고려하여 에너지산업에 대한 규제를 합리적으로 도입·개선하여 새로운 시장을 창출한다. 다섯째, 국민이 저탄소 녹색성장의 혜택을 고루 누릴 수 있도록 저소득층에 대한 에너지 이용 혜택을 확대하고 형평성을 제고하는 등 에너지와 관련한 복지를 확대한다. 여섯째, 국외 에너지자원 확보, 에너지의 수입 다변화, 에너지 비축 등을 통하여 에너지를 안정적으로 공급함으로써 에너지에 관한 국가안보를 강화한다.

② 에너지기본계획의 수립·시행

관계 중앙행정기관의 장은 위와 같은 에너지정책 등의 기본원칙에 따라

3) 저탄소 녹색성장기본법 제39조.

4) '에너지 자립도'란 국내 총소비에너지량에 대하여 신·재생에너지 등 국내 생산에너지량 및 우리나라가 국외에서 개발(지분 취득 포함)한 에너지량을 합한 양이 차지하는 비율을 말한다(「저탄소 녹색성장 기본법」 제2조제15호).

20년을 계획기간으로 다음의 사항이 포함된 에너지기본계획(이하 "에너지기본계획"이라 함)을 5년마다 수립・시행해야 한다.[5]

・ 국내외 에너지 수요와 공급의 추이 및 전망에 관한 사항
・ 에너지의 안정적 확보, 도입・공급 및 관리를 위한 대책에 관한 사항
・ 에너지 수요 목표, 에너지원 구성, 에너지 절약 및 에너지 이용효율 향상에 관한 사항
・ 신・재생에너지 등 환경친화적 에너지의 공급 및 사용을 위한 대책에 관한 사항
・ 에너지 안전관리를 위한 대책에 관한 사항
・ 에너지 관련 기술개발 및 보급, 전문인력 양성, 국제협력, 부존 에너지자원 개발 및 이용, 에너지 복지 등에 관한 사항

에너지기본계획을 수립하거나 변경하는 경우에는 「에너지법」 제9조에 따른 에너지위원회의 심의를 거친 다음 녹색성장위원회와 국무회의의 심의를 거쳐야 한다.[6]

③ 2008년 국가에너지 기본계획의 내용

국가에너지위원회는 2008년 8월 27일에 3차 회의를 개최하고 20년 단위의 장기 에너지전략으로서 국가에너지 기본계획(2008년~2030년)을 심의 확정하였다. 국가에너지 기본계획은 에너지 관련 다른 계획들(에너지이용합리화계획, 전력수급기본계획, 천연가스장기수급계획, 신・재생에너지기본계획, 해외자원개발기본계획 등)에 대해 원칙과 방향을 제시하는 에너지 분야 최상위 계획이다.

이번 국가에너지 기본계획은 장기에너지 정책의 비전으로서, ⅰ) 에너지를 덜 쓰면서 견실한 성장을 구현하는 사회, ⅱ) 에너지를 쓰더라도 환경오염을 최소화하는 사회, ⅲ) 그린 에너지산업이 일자리와 성장동력을 창출하는 사회, ⅳ) 에너지 위기에도 강건한 에너지 자립 및 복지사회 구현을 제시하였다.

세부 실행전략 주요내용은 다음과 같다.[7]

㉠ 국가에너지 효율을 46% 개선하고, 에너지 사용 대폭 절감

---

5) 저탄소 녹색성장 기본법 제41조제1항 및 제3항.
6) 저탄소 녹색성장 기본법 제41조제2항 본문.
7) 자세한 내용은 지식경제부, '녹색성장의 주춧돌 「국가에너지기본계획」 수립', 보도자료, 2008.8.27. 참고.

㉡ 최적의 에너지공급 믹스 도출하여 저탄소·청정에너지 비중 확대

석유를 포함한 화석에너지 비중(1차에너지 기준)을 2008년 83%에서 2030년 61%로 축소하는 한편, 신·재생에너지 비중은 2008년 2.4%에서 2030년 11%로 현재대비 4.6배로 확대하고 원자력 비중은 2008년 14.9%에서 27.8%로 확대하는 등 에너지 공급의 脫 화석화를 실현한다.

㉢ '녹색기술' 등 에너지기술 수준을 현재 60%에서 2030년 세계 최고수준으로 끌어올려 그린에너지산업을[8] 신성장동력으로 육성한다.

㉣ 석유·가스 자주개발율은 현재 4.2%에서 2030년에 40% 수준으로 확대하고, 현재 7.8% 수준인 에너지 빈곤층[9]을 모두 해소하는 등 에너지 자립·복지 사회 구현 등이다.

④ 우리나라 에너지 현실 및 정책과제

지금까지 우리나라의 에너지 정책은 값싸고 안정적으로 에너지를 공급하는 것을 최우선시하였다. 전력, 석유, 가스, 석탄, 지역난방 등 모든 에너지 공급 분야에서 공기업들의 주도하에 화석연료와 원자력의 공급을 늘려왔다. 에너지 행정은 매출 확대를 장려하는 산업 행정의 보조적 수단으로 기능해 왔다. 결과적으로 에너지 요금이 상대적으로 낮게 유지되고 에너지를 많이 쓰는 철강, 석유화학, 비철금속 같은 업종의 비중이 증가했으며 에너지 소비는 빠르게 늘어났다.[10]

공기업이 발전과 송·배전을 지배하는 상황에서[11] 사실상 정부에 의해 결정되는 우리나라 전기요금은 유럽선진국과 일본에 비해 훨씬 낮고 OECD 회원국 평균보다도 훨씬 낮다. 2010년 겨울부터 우리나라에선 최대전력이 동절기에 발생하고 있다. 2006년 이후 난방용 전력수요는 연평균 14% 증가하여 2010년 겨울엔 최대전력 수요의 25%를 넘어섰기 때문이다.

8) IEA는 온실가스를 절감하는 '그린에너지 산업'으로 ① 온실가스를 배출하지 않는 에너지원(재생에너지, 원자력 등), ② 화석연료의 청정화(고효율 석탄화력, 탄소포집·저장 등), ③ 에너지효율 향상(LED 조명, 건물효율 등) 등을 제시하였다.

9) 에너지빈곤층: 광열비 등 에너지비용이 가구 소득의 10% 이상인 가구. 전체 가구의 7.8%(약 120만 가구)

10) 우리나라는 산업용 전력의 비중이 49%로 OECD 평균 32%에 비해 매우 높은 편이다.

11) 우리나라는 1982년부터 전력생산과 송·배전을 한국전력공사가 도맡아 해오다가 2001년 전력산업 구조개편에 관한 법률이 제정된 이후 발전부문은 한수원(한국수력원자력)과 5개 발전자회사, 송·배전은 한전이 맡고 있다. 한전의 6개 발전공기업들이 국가 총발전량의 약 95%를 차지하고 있다.

연료비용 증가에도 불구하고 물가안정과 산업경쟁력 강화 등을 이유로 지난 10년간 전기요금 인상이 억제되면서 다른 난방방식에 비해 전기난방이 값싸기 때문에 나타난 부작용이다.

우리나라는 또한 에너지 위기에 가장 취약한 국가 중 하나이다. 에너지 수급환경이 악화되는 상황에서 2010년 기준 세계 8위 에너지소비국이며, 산업부문의 에너지 소비 비중이 59%로 선진국에 비해 매우 높다.

한편, 우리나라는 에너지의 96.4%를 해외에서 수입하고 석유·가스의 자주개발율은 10% 수준에 불과할 정도로 에너지 안보가 매우 취약하다. 2010년 에너지 수입액은 1,216억 달러로 총수입의 약 28.6%를 차지하였다.[12] 고립된 전력망을 갖추고 있어 전력 융통이 불가능한 상황에서 전력소비가 급증하면서 전력계통의 신뢰도도 약화되고 있다.

한편, 우리나라는 세계에서 미국, 프랑스, 일본, 러시아 다음으로 원전 설비용량이 많고 OECD 국가 중에서 원전 증설을 가장 활발히 하며 범정부 차원에서 원전 수출에 막대한 노력을 기울이고 있다. 에너지 소비 규모에 비례하여 2010년 우리나라 이산화탄소 배출량은 세계 7위에 이르렀다. 1인당 이산화탄소 배출량은 연간 12.3톤으로 독일 10톤, 일본 9.2톤, 영국 8.1톤을 크게 넘어섰다. 2020년부터 교토의정서를 대체할 새로운 국제적 온실가스 감축 규제가 시행되면 한국은 의무감축국에 편입될 가능성이 높다. 우리나라는 2009년 국가중기 온실가스 감축 목표를 설정하고 본격적인 감축 노력을 진행하고 있지만, 국제기후협상이 진전된다면 상당한 압박이 예상된다.

에너지 믹스를 논하다[13]

2012년 현재 에너지정책의 가장 큰 과제는 제2차 국가에너지기본계획의 수립이다. 올 해 만들어지는 기본계획은 원전의 안정성, 고유가, 온실가스 감축 등 대내외 여건을 고려해 최적의 '에너지믹스'를 구성할 계획이다.

1차 국가에너지기본계획 수립 당시와 지금의 에너지환경을 비교해보면 많

12) 유가가 치솟은 2008년엔 1414.5억달러로 우리나라 총수입액의 32.5%에 달했다.

13) 전기신문, '에너지믹스를 논하다', 2012.5.16.에서 요약 인용한다. 본 기사는 에너지믹스의 선택과 관련한 정책담당자의 어려움을 보여주고 있다.

은 변화가 있다. 우선 원전에 대한 위험인식이 높아졌다는 점을 들 수 있다. 2011년 3월 발생한 일본 후쿠시마 원전사고는 우리나라뿐만 아니라 전 세계에 원자력의 안전문제에 대해 경종을 울렸다. 바로 직전까지만 하더라도 우리나라는 원전 UAE수출로 인해 원전 르네상스가 열릴 것이라는 기대가 높았지만, 사고로 인해 우리나라도 원전을 줄여야 한다는 목소리가 점차 커지고 있다. 두 번째는 고유가와 9.15 정전사고로 인한 전력수급의 불안이다. 고유가로 인해 화석연료를 사용하는 것에 대한 부담감이 커지는 상황에서 전력수요 증가로 인해 전력수급을 안정적으로 이끌어가야 할 부담을 안게 됐다. 세 번째는 천연가스의 중요성 제고다. 전 세계가 59년 동안 사용할 수 있는 셰일 가스가 새로운 자원으로 부각됨에 따라 우리나라도 천연가스의 비중을 높여야 한다는 목소리가 높아지고 있다. 네 번째는 기후변화 대응과 관련한 국내외 상황 변화다. 국내적으로는 정부가 2030년까지 BAU대비 온실가스를 30% 감축한다는 다소 공격적인 목표를 정했지만, 지난해 남아프리카 더반에서 개최된 제17차 기후변화협약 당사국총회(COP17)에서는 2020년 이후부터 모든 당사국이 온실가스 감축체계에 참여하는 새로운 기후변화체계 설립에 합의함으로써 온실가스 감축과 관련해 다소 시간을 벌 수 있게 됐다.

1차 국가기본계획에서 주요 논의 중 하나는 원전과 신·재생에너지의 비중에 관한 것이었다. 2차 국가기본계획에서도 역시 원전과 신·재생에너지는 주요 테마가 될 것으로 예상된다. 에너지경제연구원이 분석한 자료에 따르면, 원자력 비중을 낮추는 대신 신·재생에너지를 기존 계획의 2배로 확대할 경우 약 17.1%p 가량의 전기요금이 상승할 것이라는 분석이 나왔다.

일부 환경단체가 발표한 자료에 따르면 산업용 전기요금의 경우 매년 1~3%, 가정용은 매년 1% 올릴 경우 원전 비중을 15~34%로 낮출 수 있는 것으로 분석하기도 했다.[14)]

문제는 전기요금의 급격한 인상을 과연 국민들이 수용할 수 있을 것인지 하는 것과 전력계통망과의 연계기술이나 경제적인 측면에서 신·재생에너지를 급격히 늘리는 게 가능한가이다. 이에 대해 환경운동가들은 일본과 독일도 원자력을 폐기하지 않았냐고 반문하지만, 우리나라와는 전력예비율이나 제조업 비중, 국민들의 의식면에서 다르다는 게 전문가들의 주장이다.

정확한 전력수요를 예측하기가 쉽지는 않지만, 경제성장률과 라이프스타일, 유가 등을 종합해 보면 전력수요 증가폭이 상당할 것이란 게 전문가들의 공통된 의견이다. 물론 강력한 수요관리 대책으로 이를 최소화하는 게 가장 중요하

14) 홍종호, '2030 에너지대안 시나리오', 에너지대안포럼, 2010. 3. 6.

지만, 현실적으로 쉽지 않을 것으로 전망된다.

결국 적절한 에너지믹스가 필요한데, 분명한 것은 신·재생에너지를 확대하고, 석탄과 석유의 비중은 낮춰야 한다는 것이다. 그러면 남는 것은 화석연료의 하나이기는 하지만 비교적 친환경적인 천연가스와 논란이 되고 있는 원자력이다. 물론 국민들의 수용성을 전제로 전기요금을 정상화한다면 정부가 선택할 수 있는 폭이 넓어질 수 있다. 그러나 이것도 정치권이나 다른 부처와의 협의를 해야 하는 만큼 현재로서는 1차 국가기본계획과 비교해 약간 낮은 수준에서 원자력 비중이 결정될 가능성이 클 것으로 전망된다.

3) 신·재생에너지 기술개발 및 이용·보급 기본계획

정부는 신·재생에너지의 체계적인 육성을 위해 10년 이상의 단위로 「신·재생에너지 기술개발 및 이용·보급 기본계획」을 수립한다.[15] 기본계획에서 정한 목표를 달성하기 위하여 신·재생에너지의 종류별로 신·재생에너지의 기술개발 및 이용·보급과 신·재생에너지 발전에 의한 전기의 공급에 관한 실행계획을 매년 수립·시행하여야 한다.

제1차 기본계획(1997~2006)은 신·재생에너지 기술개발 위주로 수립되었으며, 2003년 수립된 제2차 신·재생에너지 기술개발 및 이용·보급 기본

15) 신·재생에너지법 제5조(기본계획의 수립) ① 지식경제부장관은 관계 중앙행정기관의 장과 협의를 한 후 제8조에 따른 신·재생에너지정책심의회의 심의를 거쳐 신·재생에너지의 기술개발 및 이용·보급을 촉진하기 위한 기본계획(이하 "기본계획"이라 한다)을 수립하여야 한다.
② 기본계획의 계획기간은 10년 이상으로 하며, 기본계획에는 다음 각 호의 사항이 포함되어야 한다.
1. 기본계획의 목표 및 기간
2. 신·재생에너지원별 기술개발 및 이용·보급의 목표
3. 총전력생산량 중 신·재생에너지 발전량이 차지하는 비율의 목표
4. 「에너지법」 제2조제10호에 따른 온실가스의 배출 감소 목표
5. 기본계획의 추진방법
6. 신·재생에너지 기술수준의 평가와 보급전망 및 기대효과
7. 신·재생에너지 기술개발 및 이용·보급에 관한 지원 방안
8. 신·재생에너지 분야 전문인력 양성계획
9. 그 밖에 기본계획의 목표달성을 위하여 지식경제부장관이 필요하다고 인정하는 사항
③ 지식경제부장관은 신·재생에너지의 기술개발 동향, 에너지 수요·공급 동향의 변화, 그 밖의 사정으로 인하여 수립된 기본계획을 변경할 필요가 있다고 인정하면 관계 중앙행정기관의 장과 협의를 한 후 제8조에 따른 신·재생에너지정책심의회의 심의를 거쳐 그 기본계획을 변경할 수 있다.

계획(2003~2012)」은 기술개발과 보급을 포함한 최초의 신·재생에너지 기본계획이라고 할 수 있다. 그러나 지나치게 보급에 비중을 둔 2차 신·재생에너지 기본계획을 수정·보완하고[16] 중장기적인 비전을 제시하며 신성장동력으로서의 신·재생에너지 산업을 육성하겠다는 계획하에 「제3차 신·재생에너지 기술개발 및 이용·보급 기본계획(2009~2030)」을 수립하게 되었다.

2008년 9월 수립된 상위 국가에너지계획인 『제3차 국가에너지기본계획』과 동일한 기간을 대상으로 하여 장기적인 신·재생에너지의 비전을 제시한데 큰 의의가 있다.

앞서 발표된 국가에너지 기본계획에서는 신·재생에너지의 양적목표로서 2030년까지의 보급목표 11%를 설정하였는데, 제3차 신·재생에너지 기본계획에서는 주어진 보급목표 11%를 달성하기 위한 기본추진전략을 제시하고 구체적이고 실천가능한 실행계획들을 수립하였다.

그림 4-1 정책목표 및 추진전략[17]

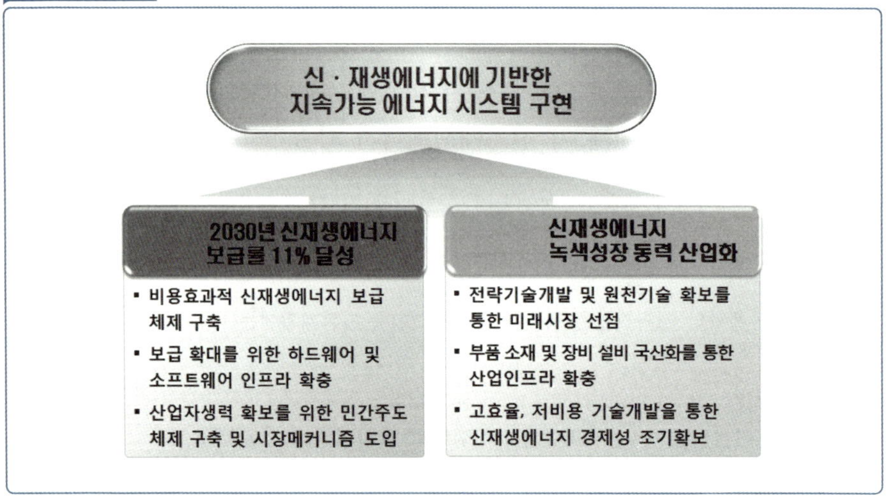

16) 3차 기본계획에 따르면, 제2차 기본계획('03~'12)을 평가한 결과, 원별 보급사업과 발전차액지원제도의 시행 등을 통해 보급기반을 구축하고 제도기반을 마련하였으나, 보급목표 달성에는 역부족이었고('06년 보급률 목표 3.0%, 실적 2.24%), 기술개발과 보급확대간에 연계가 부족했던 것으로 평가되었다. 그 외에 특정 신·재생에너지원에 보급지원이 편중된 점, 지속적인 R&D에도 불구하고 기술경쟁력이 부족하여 국내 보급시장이 대부분 수입에 의존하게 된 점, 재원조달이 계획대비 미흡한 점 등이 문제점으로 지적되었다.

17) 출처: 신·재생에너지 백서 2010.

그리고 양적인 목표 외에도 질적인 목표로서 신·재생에너지 녹색성장 동력 산업화가 제시되었고 이의 달성을 위한 기본적인 추진전략이 제시되었다. 기본적인 추진전략의 핵심은 1) 산업화와 연계된 전략적 R&D 추진과, 2) 부품 및 장비 국산화를 통한 산업인프라 확충, 3) 고효율, 저비용 기술개발을 통한 신·재생에너지 경제성 조기확보로 설정하였다.

2. 신·재생에너지법의 목적 및 시책 등

이 법은 신에너지 및 재생에너지의 기술개발 및 이용·보급 촉진과 신에너지 및 재생에너지 산업의 활성화를 통하여 에너지원을 다양화하고, 에너지의 안정적인 공급, 에너지 구조의 환경친화적 전환 및 온실가스 배출의 감소를 추진함으로써 환경의 보전, 국가경제의 건전하고 지속적인 발전 및 국민복지의 증진에 이바지함을 목적으로 한다.[18]

이 목적을 실현하기 위하여 정부는 신·재생에너지의 기술개발 및 이용·보급의 촉진에 관한 시책을 마련하여야 하고, 또한 지방자치단체, 「공공기관의 운영에 관한 법률」 제4조에 따른 공공기관(이하 "공공기관"이라 한다), 기업체 등의 자발적인 신·재생에너지 기술개발 및 이용·보급을 장려하고 보호·육성하여야 한다.[19]

Ⅱ. 신·재생에너지법의 연혁

1. 서 설

총에너지의 97%를 해외 수입에 의존하는 우리나라는 에너지안보에 취약한 상황이며, 화석연료에 대한 과도한 의존은 고유가로 인한 자원위기 및 이로 인한 경제적 위협 상존, 고갈되고 있는 화석연료로 인한 에너지안보의 위협, 그리고 기후변화 대응이라는 국제적 압력의 강화라는 위기에 동시에

18) 신·재생에너지법 제1조.
19) 신·재생에너지법 제4조.

직면하고 있다. 이에 따라 에너지안보를 강화하고 가격변동성이 매우 심한 화석연료에 대한 의존성을 낮추고 기후변화에 대응하는 지속가능한 에너지원으로서 뿐만 아니라 녹색성장을 선도하는 차세대 성장동력산업으로서 신·재생에너지의 중요성이 부각되고 있다.

정부는 1988년 "대체에너지개발촉진법"을 제정하여 대체에너지의 범위를 정하고 관련 기술개발을 종합적으로 추진키 위한 제도적 기반을 마련하였다. 이후 2005년 법률명을 "신에너지 및 재생에너지 개발·이용·보급 촉진법"으로 개정하였으며, 그간 신·재생에너지의 보급 및 확산을 위해 2002년 발전차액지원제도(FIT)를 도입하여 초기 보급 및 산업화기반을 마련하였다.[20]

그 후 2010년 3월 국회에서 "신·재생에너지 개발·이용·보급 촉진법"이 개정되었는데, 그 내용은 발전사업자에게 일정비율의 신 재생에너지 공급을 의무화함으로써 신·재생에너지 보급 확대 및 관련산업 육성에 기여하고, 공급인증서 거래를 통해 시장기능을 강화하도록 신·재생에너지 지원제도를 개편한 것이다. 또한, 이외에 공공건물 신·재생에너지 설치의무화 제도 강화, 신·재생에너지이용 건축물 인증제 도입 등의 내용도 포함되어 있다. 아래에서는 그 간의 신·재생에너지 관련 법안들의 제·개정 내용들을 살펴보기로 한다.

2. 관련 법의 주요 변천사[21]

1) 1987년 대체에너지개발촉진법

정부가 신·재생에너지에 대한 관심을 가지고 적극적으로 개입하여 추진하게 된 것은 1987년 "대체에너지개발촉진법"을[22] 제정하면서부터이다. 이 법률 제정의 목적은 대체에너지의 기술개발을 종합적으로 추진하기 위하여 필요한 사항을 규정함으로써 에너지원의 다양화를 도모하여 국민경제의 건전한 발전과 국민생활의 안정에 이바지하려는 것이었다. 구체적인 내

20) 정경록, 앞의 논문, p. 254.
21) 자료: 법제처.
22) 법률 제3990호, 1987.12.4 제정 [시행 1988.1.1]

용은 다음과 같다.

① 대체에너지의 범위를 태양에너지·바이오에너지·풍력·소수력·연료전지·해양에너지·폐기물에너지 등으로 규정하였다.

② 동력자원부장관은 대체에너지의 기술개발에 관한 기본계획 및 연도별 실행계획을 수립하도록 하였다.

③ 대체에너지의 기술개발에 관한 중요사항을 심의하기 위하여 동력자원부에 대체에너지기술개발정책심의회를 설치하였다.

④ 정부는 대체에너지의 기술개발을 종합적·효율적으로 추진하기 위하여 연도별 실행계획의 시행에 필요한 사업비를 매년 세출예산에 계상하도록 하였다.

⑤ 동력자원부장관은 대체에너지개발을 촉진하기 위하여 필요하다고 인정되는 때에는 에너지관련사업을 영위하는 자에게 대체에너지개발사업에의 투자를 권고할 수 있도록 하였다.

2) 1997년 대체에너지개발및이용·보급촉진법

기존의 법을 전부 개정하였다.[23] 그 이유는 기후변화에 관한 국제연합 기본협약이 발효되고, 태양에너지 등 일부 대체에너지가 그 동안 기술개발 성과로 상업화됨에 따라, 환경친화적인 대체에너지의 이용·보급을 촉진하기 위하여 대체에너지 기본계획 및 대규모 에너지 관련사업자에 대한 투자권고대상에 대체에너지의 이용·보급에 관한 사항을 포함시키는 한편, 대체에너지 이용·보급의 촉진을 위한 시범사업을 보다 적극적으로 추진하여 대체에너지사업이 조속히 육성될 수 있도록 하려는 것이었다.

3) 2002년 대체에너지개발및이용·보급촉진법

1997년에 개정된 법이 일부 개정되었다.[24] 개정이유는 국제적으로 유가가 불안하고 기후변화에 관한 국제연합 기본협약이 강화되어 오염을 유발하는 에너지에 대한 의존도를 개선할 필요성이 제기됨에 따라 대체에너지에 대한 중요성이 크게 부각되고 있어 대체에너지개발 및 보급을 보다 확

23) 법률 제5446호, 1997.12.13, 전부개정 [시행 1998.6.14]

24) 법률 제6672호, 2002.3.25, 일부개정 [시행 2002.9.26]

대하기 위하여 국가기관·지방자치단체 및 정부투자기관의 신축건물에 대하여 대체에너지이용을 의무화하고, 대체에너지설비 인증제도를 마련하는 등 현행 대체에너지 관련제도의 미비점을 개선·보완하려는 것이었다. 그리고 발전차액지원제도를 신설하는 것도 개정이유 중의 하나이다. 주요 내용은 다음과 같다.

① 원유를 정제하고 남은 최종 잔재물인 중질잔사유(重質殘渣油)를 가스화한 것을 대체에너지에 추가하였다(법 제2조제1호 바목 신설).

② 대체에너지설비를 제조하거나 수입하여 판매하는 자는 대체에너지설비에 대하여 성능시험 및 검사를 받아 산업자원부장관이 지정하는 인증기관의 인증을 받을 수 있도록 하여 대체에너지설비의 품질을 국제기준에 맞게 향상시킬 수 있도록 하였다(법 제11조의2 신설).

③ 대체에너지설비의 인증을 받은 자는 제품에 인증의 표시를 하거나 인증을 받은 것을 홍보할 수 있도록 하되, 인증기관은 인증을 받은 대체에너지설비가 기준에 적합하지 아니한 때에는 이를 취소할 수 있도록 하였다(법 제11조의3 및 제11조의4 신설).

④ 산업자원부장관은 대체에너지발전에 의하여 공급되는 전기의 발전원(發電源)별로 기준가격을 고시하도록 하고, 대체에너지 발전에 의하여 생산한 전기를 기준가격보다 낮은 가격으로 공급한 대체에너지발전사업자에 대하여 그 차액을 지원하도록 하였다(법 제11조의6 신설).

⑤ 산업자원부장관은 대체에너지 기술개발 및 이용·보급촉진을 전문적·효율적으로 추진하기 위하여 대통령령이 정하는 기관에 대체에너지개발보급센터를 두어 동 센터로 하여금 대체에너지기술개발사업자 등에 대한 지원, 대체에너지 시범사업의 관리 및 대체에너지의 홍보 등에 관한 사업을 하도록 하였다(법 제16조).

4) 2003년 대체에너지개발및이용·보급촉진법

대체에너지의 개발과 보급이 유한한 화석연료를 대신하고 온실가스배출을 감소시키기 위한 중요한 정책대안이며, 환경보전과 경제발전의 조화로움을 추구하는 '지속가능한 발전' 개념이 21세기 국제사회의 중심명제로 정착되고 있는 점을 고려하여 이 법의 목적규정에 '지속가능한 발전' 개념을

새로이 명시하였다.[25)]

5) 2004년 신에너지 및 재생에너지 개발·이용·보급촉진법

개정이유는 신에너지 및 재생에너지의 보급목표를 원활하게 달성하고 신·재생에너지기술의 개발을 제도적으로 뒷받침하기 위하여 이 법의 제명을 '대체에너지개발및이용·보급촉진법'에서 '신에너지및재생에너지개발·이용·보급촉진법'으로 변경하고, 신·재생에너지기술의 사업화 지원 및 신·재생에너지설비 설치전문기업 등록제의 신설 등을 통하여 신·재생에너지에 대한 관리 및 지원을 강화하는 한편, 현행 제도의 운영과정에서 나타난 일부 미비점을 개선·보완하려는 것이었다.[26)] 주요 내용은 다음과 같다.

① 최근 문제가 되고 있는 수입 신·재생에너지가 이 법에 의하여 각종 지원을 받을 수 있게 되는 문제점을 제거하기 위하여 영리를 목적으로 수입하는 신·재생에너지를 이 법의 적용대상에서 배제하였다(법 제3조).

② 거짓 또는 부정한 방법으로 발전차액을 받은 자 등에 대하여 경고 또는 시정명령을 하고, 이를 이행하지 아니하는 경우 발전차액의 지원을 중단할 수 있도록 하는 제재규정을 신설하였다(법 제18조).

③ 국제표준에 미달하는 기술이 신·재생에너지의 국내보급 및 수출에 장애가 되고 있어, 호환성이 부족한 설비·부품이 신·재생에너지설비의 유지보수를 어렵게 하고 있는 문제점을 개선하기 위하여 산업자원부장관이 신·재생에너지기술의 국제표준화와 신·재생에너지설비·부품의 공용화에 필요한 지원을 할 수 있도록 하였다(법 제20조 및 제21조).

④ 대다수 신·재생에너지설비 설치사업체의 전문성 부족과 영세성으로 인하여 국내 신·재생에너지산업의 발전이 지체되고 신·재생에너지설비의 수입이 증가하는 문제점이 있어 이를 개선하기 위하여 신·재생에너지설비의 설치전문기업 등록제도를 도입하였고, 등록된 기업에 대하여 산업자원부장관이 신·재생에너지설비의 설치 및 보수에 소요되는 비용의 일부를 지원할 수 있도록 하였다(법 제22조).

⑤ 막대한 자금이 투자되어 개발된 신·재생에너지기술이 제대로 사업

25) 법률 제6885호, 2003.5.27, 일부개정 [시행 2003.5.27]
26) 법률 제7284호, 2004.12.31, 전부개정 [시행 2005.7.1]

화되지 못하고 있는 문제점이 있어 이를 개선하기 위하여, 자체개발하거나 정부의 지원을 받아 개발된 신·재생에너지기술의 사업화를 촉진하기 위하여 필요한 경우 산업자원부장관이 자금융자, 산업재산권의 무상양여, 교육 및 홍보 등의 지원을 할 수 있도록 하는 신·재생에너지개발기술의 사업화 지원제도를 도입하였다(법 제28조).

6) 2006년 신에너지 및 재생에너지 개발·이용·보급촉진법

이 법의 목적에 온실가스 배출의 저감을 명시하고, 신·재생에너지의 기술개발 및 이용·보급을 촉진하기 위한 기본계획에 신·재생에너지의 기술개발 및 이용·보급을 통한 온실가스 감축목표를 추가하여 신·재생에너지 개발·이용·보급에 있어서 「기후변화에 관한 국제연합기본협약」에 대응하려는 것이었다.[27]

7) 2008년 신에너지 및 재생에너지 개발·이용·보급촉진법

신·재생에너지설비의 설치의무화 대상을 증축 또는 개축 건축물까지 확대하고 설치의무의 실효성 확보를 위한 제도적 장치를 마련함으로써 신·재생에너지의 이용·보급실태를 개선하기 위해서 일부 개정되었다.

8) 2010년 신에너지 및 재생에너지 개발·이용·보급촉진법

국제유가의 불안한 변동 상황 및 기후변화협약 등 에너지 관련 주변여건의 변화에 적극 대응하고 환경친화적인 신·재생에너지의 보급을 확대하기 위하여 국가 및 지방자치단체 등이 건축하는 건축물의 경우 그 건축물에 사용되는 에너지의 일정 비율 이상이 신·재생에너지를 이용하여 공급되는 에너지를 사용하도록 의무화하고, 발전사업자 등은 발전량의 일정 양을 신·재생에너지를 이용하여 공급하도록 의무화하는 제도를 마련하기 위하여 본 법을 개정하였다.[28] 구체적인 주요 내용은 다음과 같다.

① 적용범위 규정 삭제(현행 제3조 삭제)

이 법의 적용을 배제하는 "영리를 목적으로 수입된 신·재생에너지(중간

27) 법률 제7998호, 2006.9.27, 일부개정 [시행 2006.9.27]

28) 법률 제10253호, 2010.4.12, 일부개정 [시행 2010.4.12]

제품의 형태로 수입된 신·재생에너지를 포함한다)"를 넓게 해석할 경우 해외에서 중간제품의 형태로 가공하여 수입된 바이오디젤의 원료인 팜유나 자트로파유, 해외에서 목재펠릿의 형태로 가공된 신·재생에너지에 대하여서도 이 법의 적용이 배제되는 문제가 발생할 수 있으므로, 해당 규정을 삭제하였다.

② 국가 등이 건축하는 건축물에 신·재생에너지를 이용한 에너지 사용 의무화(법 제12조제2항)

국가 및 지방자치단체 등이 신축·증축 또는 개축하는 건축물의 경우 총건축공사비의 일정비율을 신·재생에너지 설비에 의무적으로 사용하도록 하고 있으나 신·재생에너지 보급 확대에는 한계가 있는 바, 위 건축물의 경우 설계 시 산출된 예상 에너지사용량의 일정비율 이상을 신·재생에너지를 이용하여 공급되는 에너지를 사용하도록 신·재생에너지 설비의 설치를 의무화할 수 있도록 하였다.

③ 신·재생에너지 이용 건축물에 대한 인증제 도입(법 제12조의2부터 제12조의4까지 신설)

신·재생에너지 보급을 확대하기 위하여 일정규모 이상의 건축물에 신·재생에너지를 이용한 에너지의 사용을 유도할 수 있는 시책을 추진할 필요가 있는 바, 일정규모 이상의 건축물을 소유한 자는 그 건축물에 대하여 총에너지사용량의 일정비율 이상을 신·재생에너지를 이용하여 공급되는 에너지를 사용하는 건축물로 인증받아 그 인증의 표시를 할 수 있도록 하고, 이러한 인증이 있는 경우에는 법에서 정하는 지원사업에서 우대할 수 있도록 하였다.

④ 신·재생에너지를 이용한 에너지 공급의 의무화 등(법 제12조의5부터 제12조의8까지 신설)

신·재생에너지 발전에 의하여 공급하는 전기의 전력거래가격이 기준가격에 미달하는 경우에는 그 차액을 지원하여 주고 있으나, 신·재생에너지의 보급을 확대하는 데에는 한계가 있었다. 이를 개선하기위하여 발전사업자 등 에너지 공급사업자에게 일정 양 이상의 에너지를 신·재생에너지를 이용하여 공급하도록 의무화시키고, 신·재생에너지를 이용하여 에너지를 공급한 자는 그 공급의 증명이 되는 공급인증서를 발급받을 수 있도록 하며, 발전사업자 등 에너지 공급사업자는 공급인증서의 거래를 통하여 의무화된 에너지 공급량을 공급인증서로 충당할 수 있게 하였다.

⑤ 그 밖에 신 · 재생에너지 설비 설치전문기업에 대한 의무등록제를 임의신고제로 완화하였다(법 제22조, 현행 제23조 삭제).

Ⅲ. 신 · 재생에너지법의 주요 구성 및 내용

표 4-2 신 · 재생에너지법 주요 법령 체계

1. 신에너지 및 재생에너지 개발 · 이용 · 보급 촉진법 [시행 2012.1.1] [법률 제10445호, 2011.3.9, 타법개정]
2. 신에너지 및 재생에너지 개발 · 이용 · 보급 촉진법 시행령 [시행 2012.2.28] [대통령령 제23640호, 2012.2.28, 일부개정]
3. 신에너지 및 재생에너지 개발 · 이용 · 보급 촉진법 시행규칙 [시행 2012.1.1] [지식경제부령 제149호, 2010.9.24, 일부개정]
4. 신 · 재생에너지 이용 건축물인증에 관한 규칙 [시행 2011.4.13] [지식경제부(제177호) · 국토해양부(제342호) 공동부령, 2011.3.24, 제정]
5. 행정규칙
▷ 신 · 재생에너지 이용 건축물 인증에 관한 규정 [시행 2011.4.13] [지식경제부고시 제2011-52호, 2011.3.31, 제정]
▷ 신 · 재생에너지 공급의무화제도 관리 및 운영지침 [시행 2012.6.25] [지식경제부고시 제2012-134호, 2012.6.25, 일부개정]
▷ 신 · 재생에너지설비 인증에 관한 규정 [시행 2012.2.24] [지식경제부고시 제2012-51호, 2012.2.24, 일부개정]
▷ 신 · 재생에너지 설비의 지원 등에 관한 기준 [시행 2012.6.4] [지식경제부고시 제2012-122호, 2012.6.4, 일부개정]
▷ 신 · 재생에너지설비 성능검사기관 지정운영에 관한 요령 [시행 2009.4.29] [지식경제부고시 제2009-180호, 2009.4.29, 제정]
▷ 신 · 재생에너지 설비인증 대상별 성능검사기관의 지정기준 [시행 2011.8.5] [기술표준원고시 제2011-278호, 2011.8.5, 일부개정]
▷ 소규모 신 · 재생에너지발전전력의 거래에 관한 지침 [시행 2012.4.1] [지식경제부고시 제2012-67호, 2012.3.26, 타법개정]
▷ 신 · 재생에너지이용 발전전력의 기준가격 지침 [시행 2010.9.27] [지식경제부고시 제2010-176호, 2010.9.27, 일부개정]
▷ 신 · 재생에너지정책심의회 운영세칙 [시행 2007.12.27] [지식경제부훈령 제132호, 2007.12.27, 일부개정]

1. 신·재생에너지 기본계획의 수립 및 연차별 실행계획

1) 기본계획의 수립 및 연차별 실행계획

지식경제부장관은 관계 중앙행정기관의 장과 협의를 한 후 신·재생에너지정책심의회의 심의를 거쳐 신·재생에너지의 기술개발 및 이용·보급을 촉진하기 위한 기본계획(이하 "기본계획")을 수립하여야 한다.[29]

기본계획의 계획기간은 10년 이상으로 하며, 기본계획에는 다음 각 호의 사항이 포함되어야 한다. ① 기본계획의 목표 및 기간, ② 신·재생에너지 원별 기술개발 및 이용·보급의 목표, ③ 총전력생산량 중 신·재생에너지 발전량이 차지하는 비율의 목표, ④「에너지법」 제2조제10호에 따른 온실가스의 배출 감소 목표, ⑤ 기본계획의 추진방법, ⑥ 신·재생에너지 기술수준의 평가와 보급전망 및 기대효과, ⑦ 신·재생에너지 기술개발 및 이용·보급에 관한 지원 방안, ⑧ 신·재생에너지 분야 전문인력 양성계획, ⑨ 그 밖에 기본계획의 목표달성을 위하여 지식경제부장관이 필요하다고 인정하는 사항이다.

지식경제부장관은 신·재생에너지의 기술개발 동향, 에너지 수요·공급 동향의 변화, 그 밖의 사정으로 인하여 수립된 기본계획을 변경할 필요가 있다고 인정하면 관계 중앙행정기관의 장과 협의를 한 후 신·재생에너지정책심의회의 심의를 거쳐 그 기본계획을 변경할 수 있다.

지식경제부장관은 기본계획에서 정한 목표를 달성하기 위하여 신·재생에너지의 종류별로 신·재생에너지의 기술개발 및 이용·보급과 신·재생에너지 발전에 의한 전기의 공급에 관한 실행계획(이하 "실행계획")을 매년 수립·시행하여야 한다. 실행계획을 수립·시행하려면 미리 관계 중앙행정기관의 장과 협의하여야 하고, 수립하였을 때에는 이를 공고하여야 한다.[30]

2) 계획의 사전협의

한편 국가기관, 지방자치단체, 공공기관, 그 밖에 대통령령으로 정하는

29) 신·재생에너지법 제5조.
30) 신·재생에너지법 제6조.

자가[31] 신・재생에너지 기술개발 및 이용・보급에 관한 계획을 수립・시행하려면 미리 지식경제부장관과 협의하여야 한다.[32] 즉, 신・재생에너지 기술개발 및 이용・보급에 관한 계획을 협의하려는 자는 그 시행 사업연도 개시 4개월 전까지 지식경제부장관에게 계획서를 제출하여야 한다. 지식경제부장관은 위 계획서를 받았을 때에는 i) 기본계획과의 조화성, ii) 시의성(時宜性), iii) 다른 계획과의 중복성, iv) 공동연구의 가능성을 검토하여 협의를 요청한 자에게 그 의견을 통보하여야 한다.

사전협의 절차를 둔 이유는 지식경제부장관이 국가기관, 지방자치단체, 공공기관 등의 신・재생에너지 기술개발 및 이용・보급에 관한 계획에 대해 위 4가지 사항들을 검토함으로써, 기본계획과 조화롭고 일관성이 있으며 또한 효율적으로 추진될 수 있도록 하기 위함이다.

3) 관련 통계의 작성 등

지식경제부장관은 기본계획 및 실행계획 등 신・재생에너지 관련 시책을 효과적으로 수립・시행하기 위하여 필요한 국내외 신・재생에너지의 수요・공급에 관한 통계자료를 조사・작성・분석 및 관리할 수 있으며, 이를 위하여 필요한 자료와 정보를 제11조제1항에 따른 기관이나 신・재생에너지 설비의 생산자・설치자・사용자에게 요구할 수 있다. 또한 지식경제부령으로 정하는 바에 따라 전문성이 있는 기관을 지정하여 통계의 조사・작성・분석 및 관리에 관한 업무의 전부 또는 일부를 하게 할 수 있다.[33] 현재 통계에 관한 업무를 수행하는 전문성있는 기관은 신・재생에너지센터로 하고 있다.[34]

2. 신・재생에너지 정책심의회의 구성 및 운영

신・재생에너지의 기술개발 및 이용・보급에 관한 중요 사항을 심의하

31) 신・재생에너지법 시행령 제3조제1항: 정부로부터 출연금을 받은 자, 정부출연기관 또는 정부로부터 출연을 받은 자로부터 납입자본금의 100분의 50 이상을 출자받은 자

32) 신・재생에너지법 제7조.

33) 신・재생에너지법 제25조.

34) 신・재생에너지법 시행규칙 제14조.

기 위하여 지식경제부에 신·재생에너지정책심의회(이하 "심의회"라 한다)를 둔다.[35] 심의회는 위원장 1명을 포함한 20명 이내의 위원으로 구성한다.[36] 심의회는 다음 사항을 심의한다.

① 기본계획의 수립 및 변경에 관한 사항. 다만, 기본계획의 내용 중 대통령령으로 정하는 경미한 사항을 변경하는 경우는[37] 제외한다, ② 신·재생에너지의 기술개발 및 이용·보급에 관한 중요 사항, ③ 신·재생에너지 발전에 의하여 공급되는 전기의 기준가격 및 그 변경에 관한 사항, ④ 그 밖에 지식경제부장관이 필요하다고 인정하는 사항이다.

심의회의 위원장은 심의회의 회의를 소집하고 그 의장이 된다. 심의회의 회의는 재적위원 과반수의 출석으로 개의(開議)하고, 출석위원 과반수의 찬성으로 의결한다.[38]

심의회는 심의사항, 구성원 그리고 의사정족수 및 의결정족수를 명확히 규정하고 있다는 점 등에 비추어 단순한 자문기관으로 볼 수는 없고, 신·재생에너지 정책 등을 심의하는 필수적인 법률상 의결기관이며 따라서 심의내용에 기속된다고 보아야 할 것이다.[39]

심의회의 원활한 심의를 위하여 필요한 경우에는 심의회에 신·재생에너지전문위원회(이하 "전문위원회")를 둘 수 있다. 전문위원회의 위원은 신·재생에너지 분야에 관한 전문지식을 가진 사람으로서 지식경제부장관이 위촉하는 사람으로 한다.[40] 심의회와 전문위원회의 구성과 운영에 관한 세부

35) 신·재생에너지법 제8조.

36) 신·재생에너지법 시행령 제4조제2항: 위원장은 지식경제부 소속 에너지 분야의 업무를 담당하는 고위공무원단에 속하는 일반직공무원 중에서 지식경제부장관이 지명하는 사람으로 하고, 위원은 다음 각 호의 사람으로 한다.
   1. 기획재정부, 교육과학기술부, 농림수산식품부, 지식경제부, 환경부, 국토해양부의 3급 공무원 또는 고위공무원단에 속하는 일반직공무원 중 해당 기관의 장이 지명하는 사람 각 1명
   2. 신·재생에너지 분야에 관한 학식과 경험이 풍부한 사람 중 지식경제부장관이 위촉하는 사람

37) 신·재생에너지법 시행령 제10조: 경미한 사항을 변경하는 경우란 기본계획에서 정한 예산의 규모에 영향을 미치지 아니하는 범위에서 기본계획의 내용 중 그 계획의 집행을 위한 세부 사항을 변경하는 경우를 말한다.

38) 신·재생에너지법 시행령 제5조.

39) 한상임, 신·재생에너지법제에 관한 연구, 성균관대학교 석사학위논문, 2008, p. 82에서는 '심의회는 의결기관이라기 보다는 자문기관이라고 보아야 하겠지만, 정책의 반영과 집행력을 담보하기 위해서 본 심의회의 자문은 구속력 있는 자문으로 보는 것이 타당하다'고 한다.

사항을 정하기 위해 신·재생에너지정책심의회 운영세칙을 두고 있다.[41]

3. 신·재생에너지 개발·이용·보급 촉진 및 산업 활성화 제도

1) 사업비의 조성·사용 및 사업실시

① 사업비의 조성 및 사용

정부는 실행계획을 시행하는 데에 필요한 사업비를 회계연도마다 세출예산에 계상(計上)하여야 한다.[42] 지식경제부장관은 실행계획을 시행하는 데에 필요한 조성된 사업비를 다음 각 호의 사업에 사용한다.[43]

1. 신·재생에너지의 자원조사, 기술수요조사 및 통계작성
2. 신·재생에너지의 연구·개발 및 기술평가
3. 신·재생에너지 이용 건축물의 인증 및 사후관리
4. 신·재생에너지 공급의무화 지원
5. 신·재생에너지 설비의 성능평가·인증 및 사후관리
6. 신·재생에너지 기술정보의 수집·분석 및 제공
7. 신·재생에너지 분야 기술지도 및 교육·홍보
8. 신·재생에너지 분야 특성화대학 및 핵심기술연구센터 육성
9. 신·재생에너지 분야 전문인력 양성
10. 신·재생에너지 설비 설치전문기업의 지원
11. 신·재생에너지 시범사업 및 보급사업
12. 신·재생에너지 이용의무화 지원
13. 신·재생에너지 관련 국제협력
14. 신·재생에너지 기술의 국제표준화 지원
15. 신·재생에너지 설비 및 그 부품의 공용화 지원
16. 그 밖에 신·재생에너지의 기술개발 및 이용·보급을 위하여 필요한

---

40) 신·재생에너지법 시행령 제7조.
41) 지식경제부훈령 제132호(시행 2007.12.27).
42) 신·재생에너지법 제9조.
43) 신·재생에너지법 제10조.

사업으로서 대통령령으로 정하는 사업[44)]

위 사업비의 조성은 '에너지 및 자원사업 특별회계자금'과 '전력산업기반기금'을 통해 이루어진다. 에너지 및 자원사업 특별회계자금은 「에너지 및 자원사업 특별회계법」 제5조에 근거하여 조성되고,[45)] 전력산업기반기금은 「전기사업법」 제48조에 근거하여 조성되고 있다.

② 협약 및 사업의 실시

지식경제부장관은 위 사업을 효율적으로 추진하기 위하여 필요하다고 인정하면 다음에 해당하는 자와 협약을 맺어 그 사업을 하게 할 수 있다.[46)]

---

44) 신·재생에너지법 시행령 제11조: 대통령령으로 정하는 사업이란 ⅰ) 신·재생에너지 기술개발 및 이용·보급에 관한 학술활동의 지원, ⅱ) 법 제31조제1항에 따른 신·재생에너지센터(이하 "센터"라 한다)의 신·재생에너지 기술개발 및 이용·보급 사업에 대한 지원 및 관리 사업을 말한다.

45) ◇ 에너지및자원사업특별회계법 제5조(투자계정의 세입 및 세출) ① 투자계정의 세입은 다음 각 호와 같다.
1. 「석유 및 석유대체연료 사업법」 제14조 및 제35조에 따른 과징금
2. 「석유 및 석유대체연료 사업법」 제18조 및 제37조에 따른 부과금과 가산금
3. 「도시가스사업법」 제10조의8에 따른 과징금
4. 「광업법」 제87조에 따른 부과금 및 가산금
5. 「고압가스 안전관리법」 제34조의2에 따른 안전관리부담금 및 가산금
6. 「광산피해의 방지 및 복구에 관한 법률」 제22조에 따라 조성된 광해방지사업금 및 같은 법 제26조에 따른 가산금
7. 「한국석유공사법」 제11조제1항제4호에 따른 납입금
8. 투자계정 보유자산의 매각수입 또는 운용수입
9. 특별회계 소관 예탁금으로부터 발생하는 원리금 수입
10. 제7조에 따른 일반회계로부터의 전입금
11. 다른 특별회계 또는 기금으로부터의 전입금 및 예수금(預受金)
12. 제8조에 따른 차입금
13. 융자계정으로부터의 전입금
14. 제1호부터 제13호까지 외의 수입금

② 투자계정의 세출은 다음 각 호와 같다.
1. 에너지 및 자원 관련 사업에 필요한 사업비(제1항제6호에 따른 광해방지사업금 및 가산금은 「광산피해의 방지 및 복구에 관한 법률」에 따라 시행되는 광해방지사업에 우선적으로 사용함을 원칙으로 한다)
2. 에너지 및 자원 관련 사업에 대한 출연 또는 보조(채무보증을 위한 자금의 지원을 포함하며, 제1항제6호에 따른 광해방지사업금 및 가산금은 「광산피해의 방지 및 복구에 관한 법률」에 따라 시행되는 광해방지사업에 우선적으로 사용함을 원칙으로 한다)
3. 에너지 및 자원 관련 사업을 하는 법인·기관 또는 단체에의 출연금 또는 출자금

◇ 에너지및자원사업특별회계법 시행령 제5조(사업의 범위)
9. 「에너지이용 합리화법」에 따른 에너지이용합리화사업, 「신에너지 및 재생에너지 개발·이용·보급 촉진법」에 따른 신·재생에너지개발보급사업, 「집단에너지사업법」에 따른 집단에너지공급사업 및 「에너지법」에 따른 에너지기술개발사업

i)「특정연구기관 육성법」에 따른 특정연구기관, ii)「기초연구진흥 및 기술개발지원에 관한 법률」 제14조제1항제2호에 따른 기업연구소,[47] iii)「산업기술연구조합 육성법」에 따른 산업기술연구조합, iv)「고등교육법」에 따른 대학 또는 전문대학, v) 국공립연구기관, vi) 국가기관, 지방자치단체 및 공공기관, vii) 그 밖에 지식경제부장관이 기술개발능력이 있다고 인정하는 자이다.

지식경제부장관은 위 협약을 맺은 자(이하 '사업주관기관')의 장 또는 대표자는 신·재생에너지 연구·개발사업의 성과를 생산과정에 이용하려는 자로부터 신청을 받아 이용하게 할 수 있다. 신·재생에너지 연구·개발사업의 성과를 생산과정에 이용한 자가 신제품 생산·원가절감 또는 품질 향상의 효과를 얻을 경우에는 사업주관기관의 장 또는 대표자는 해당 이용자로부터 협약의 내용에 따라 기술료를 징수할 수 있다. 다만, 그 이용자가 해당 신·재생에너지 연구·개발사업에 참여한 자로서「중소기업기본법」제2조에 따른 중소기업자에 해당하는 경우에는 기술료를 감면할 수 있다.[48]

지식경제부장관은 위에 해당하는 자가 하는 기술개발사업 또는 이용·보급 사업에 드는 비용의 전부 또는 일부를 출연(出捐)할 수 있다. 출연금은 분할하여 지급하는 것을 원칙으로 하되, 다만 사업의 규모 및 착수시기를 고려하여 필요하다고 인정될 때에는 한 번에 지급할 수 있다.[49] 출연금은 법 제10조 각 호의 사업의 수행과 관련되는 비용외의 용도로 사용해서는 안된다. 그리고 출연금을 받는 자는 별도의 계정(計定)을 만들어 관리해야 한다.[50]

③ 사업 투자 또는 출연 권고

지식경제부장관은 신·재생에너지의 기술개발 및 이용·보급을 촉진하기 위하여 필요하다고 인정하면 에너지 관련 사업을 하는 자에 대하여 제

46) 신·재생에너지법 시행령 제30조제4항: 지식경제부장관은 신·재생에너지 기술개발사업에 대한 협약 체결업무를 에너지법 제13조에 따른 한국에너지기술평가원에 위탁한다.

47) 연구 인력·시설 등 대통령령으로 정하는 기준에 해당하는 기업부설연구소 및 기업의 연구개발전담부서를 말한다.

48) 신·재생에너지법 시행령 제12조.

49) 신·재생에너지법 시행령 제13조.

50) 신·재생에너지법 시행령 제14조.

10조(조성된 사업비의 사용) 각 호의 사업을 하거나 그 사업에 투자 또는 출연할 것을 권고할 수 있다.[51)]

2) 공공기관의 신·재생에너지 설비 설치 의무화

① 의의 및 근거

지식경제부장관은 신·재생에너지의 이용·보급을 촉진하고 신·재생에너지산업의 활성화를 위하여 필요하다고 인정하면 공공기관이 신축·증축 또는 개축하는 건축물에 대하여 대통령령으로 정하는 바에 따라[52)] 그 설계 시 산출된 예상 에너지사용량의 일정 비율 이상을 신·재생에너지를 이용하여 공급되는 에너지를 사용하도록 신·재생에너지 설비를 의무적으로 설치하게 할 수 있다. 이에 따라 공공기관이 신·증·개축하는 연면적 1,000㎡이상의 건축물에 대하여 예상 에너지사용량의 일정비율 이상을 신·재생에너지 설비 설치에 투자하도록 의무화하고 있다.

이 제도의 연혁을 보면, 최초시행일은 2004년 3월 29일부터였고, 증·개축하는 건축물에 대해서는 2009년 3월 15일부터 적용하고 있다. 기준은 2011년 4월 13일부터 건축비 기준에서 에너지사용량 기준으로 변경되었으며, 연면적은 3,000㎡ 이상에서 1,000㎡ 이상으로 2012년 1월 1일부터 변경되었다.

---

51) 신·재생에너지법 제12조제1항,

52) 신·재생에너지법 시행령 제15조(신·재생에너지 공급의무 비율 등)

① 법 제12조제2항에 따른 예상 에너지사용량에 대한 신·재생에너지 공급의무 비율은 다음 각 호와 같다.

1. 「건축법 시행령」 별표 1 제5호부터 제16호까지, 제23호 가목부터 다목까지, 제24호 및 제26호부터 제28호까지의 용도의 건축물로서 신축·증축 또는 개축하는 부분의 연면적이 1천제곱미터 이상인 건축물(해당 건축물의 건축 목적, 기능, 설계 조건 또는 시공 여건상의 특수성으로 인하여 신·재생에너지 설비를 설치하는 것이 불합리하다고 인정되는 경우로서 지식경제부장관이 정하여 고시하는 건축물은 제외한다): 별표 2에 따른 비율 이상
2. 제1호 외의 건축물: 지식경제부장관이 용도별 건축물의 종류로 정하여 고시하는 비율 이상

② 제1항제1호에서 "연면적"이란 「건축법 시행령」 제119조제1항제4호에 따른 연면적을 말하되, 하나의 대지(垈地)에 둘 이상의 건축물이 있는 경우에는 동일한 건축허가를 받은 건축물의 연면적 합계를 말한다.

③ 제1항에 따른 건축물의 예상 에너지사용량의 산정기준 및 산정방법 등은 신·재생에너지의 균형 있는 보급과 기술개발의 촉진 및 산업 활성화 등을 고려하여 지식경제부장관이 정하여 고시한다.

근거 법령은 신·재생에너지법 제12조제2항부터 제3항, 동법 시행령 제15조부터 제17조, 「신·재생에너지 설비의 지원 등에 관한 기준」 제32조부터 제36조,[53] 「신·재생에너지 설비의 지원 등에 관한 지침」 제35조부터 제37조까지이다.[54]

또한 지식경제부장관은 신·재생에너지의 활용 여건 등을 고려할 때 신·재생에너지를 이용하는 것이 적절하다고 인정되는 공장·사업장 및 집단주택단지 등에 대하여 신·재생에너지의 종류를 지정하여 이용하도록 권고하거나 그 이용설비를 설치하도록 권고할 수 있다.[55]

② 설치의무기관

(ⅰ) 국가 및 지방자치단체, (ⅱ) 「공공기관의 운영에 관한 법률」 제5조에 따른 공기업(이하 "공기업"이라 한다), (ⅲ) 정부가 연간 50억 이상을[56] 출연한 정부출연기관, (ⅳ) 「국유재산법」 제2조제6호에 따른 정부출자기업체, (ⅴ) 지방자치단체 및 제2호부터 제4호까지의 규정에 따른 공기업, 정부출연기관 또는 정부출자기업체가 납입자본금의 50% 이상 또는 50억 이상을 출자한 법인,[57] (ⅵ) 특별법에 따라 설립된 법인이다.

위에 열거된 기관들을 살펴보면, 그 범위가 매우 광범위하다는 것을 알 수 있다.

③ 설치의무 대상 건축물

○ 공공용: 교정 및 군사시설, 방송통신시설, 업무시설

○ 문교·사회용: 문화 및 집회시설, 종교시설, 의료시설, 운동시설, 교육연구시설, 노유자시설, 수련시설, 묘지관련시설, 관광휴게시설, 장례식장

○ 상업용: 판매시설, 영업시설, 숙박시설, 위락시설, 업무시설, 운수시설

※ 주거용 및 기타(창고시설, 위험물저장 및 처리시설) 등은 제외

④ 신·재생에너지 공급의무 비율의 산정기준 및 연도별 수준

신·재생에너지 공급의무 비율(%)은 다음의 식으로 산정한다.

---

53) 지식경제부고시 제2012-46호.

54) 신·재생에너지센터 공고 제2012-7호.

55) 신·재생에너지법 제12조제3항.

56) 신·재생에너지법 시행령 제16조제1항.

57) 신·재생에너지법 시행령 제16조제2항.

$$\text{신·재생에너지 공급의무 비율(\%)} = \frac{\text{신·재생에너지 생산량}}{\text{예상 에너지사용량}} \times 100$$

(비고)

* 신·재생에너지 공급의무 비율이란 건축물에서 연간 사용이 예측되는 총에너지량 중 그 일부를 의무적으로 신·재생에너지 설비를 이용하여 생산한 에너지로 공급해야 하는 비율이다.

* 신·재생에너지 생산량이란 신·재생에너지를 이용하여 공급되는 에너지를 의미하며, 신·재생에너지 설비를 이용하여 연간 생산하는 에너지의 양을 보정한 값이다.

* 예상 에너지사용량이란 건축물에서 연간 사용이 예측되는 총에너지의 양을 보정한 값이다.

공급의무 비율의 연도별 수준은 다음 표와 같이 매년 증가토록 하고 있다.[58]

표 4-3 신·재생에너지의 연도별 공급의무 비율

해당 연도	2011~2012	2013	2014	2015	2016	2017	2018	2019	2020 이후
공급의무 비율(%)	10	11	12	13	14	15	16	18	20

⑤ 설치계획 및 설치확인 검토 절차

㉠ 설치계획서의 제출 설치의무기관의 장 또는 대표자가 설치의무 대상 건축물을 신축·증축 또는 개축하려는 경우에는 신·재생에너지 설비의 설치계획서(이하 "설치계획서")를[59] 해당 건축물에 대한 건축허가를 신청하기 전에 신·재생에너지센터의 장에게 제출하여야 한다.

센터의 장은 설치계획서를 받은 날부터 30일 이내에 사업타당성을 검토한 후 신·재생에너지 설비 설치계획 검토결과서(이하 '검토결과서')를[60] 해당 설치의무기관의 장 또는 대표자에게 통보하여야 한다. 검토 기준은 i) 설치의무 대상건축물 부합여부, ii) 신·재생에너지 공급의무 비율 산정이 가능한 신·재생에너지 설비 부합 여부, iii) 신·재생에너지 공급의무비율이 예상 에너지사용량의 일정비율 이상 충족여부 등이다.

58) 신·재생에너지법 시행령 [별표2]

59) 신·재생에너지설비의 지원 등에 관한 지침 별표 57호 서식에 의한다.

60) 신·재생에너지설비의 지원 등에 관한 지침 별표 58호 서식에 의한다.

ⓛ **설비의 설치 및 확인** 설치의무기관의 장 또는 대표자는 위 검토결과서의 내용을 반영하여 신·재생에너지 설비를 설치하여야 하며, 건축허가 신청 시 검토결과서를 함께 지방자치단체의 장에게 제출하여야 한다. 건축허가 신청을 받은 지방자치단체의 장은 건축허가신청서에 위 검토서 내용의 반영여부 등을 확인하여야 한다. 설치를 완료하였을 때에는 30일 이내에 신·재생에너지 설비 설치확인신청서를 지식경제부장관에게 제출하여야 한다.

ⓒ **설치의무 이행여부 확인** 지식경제부장관은 설치의무기관의 신·재생에너지 설비 설치 및 신·재생에너지 이용 현황을 주기적으로 점검하여 공표할 수 있다.[61] 그리고 설비설치계획서 및 검토결과서가 첨부되지 아니한 설치의무기관에 대해 건축허가 또는 사용승인을 처리한 지방자치단체에 대하여는 지방보급사업 평가시 감점을 적용하여 보조금을 조정할 수 있다.[62]

3) 신·재생에너지 이용 건축물에 대한 인증 등

① 의의 및 근거

신·재생에너지 이용 건축물 인증제도는 민간 등의 소유 건축물에 신·재생에너지 설비(태양광·태양열·지열·연료전지 등)를 자발적으로 설치하고 신·재생에너지 이용 건축물임을 정부로부터 인증(등급별 인증서 및 인증마크 부여)받으면, 인증을 받은 민간 등은 이를 표시하거나 홍보 등에 활용하는 제도이다.[63] 연면적 1,000㎡ 이상인 건축물을 소유한 자가 총에너지사용량의 일정비율 이상을 신·재생에너지로 이용할 경우, 신·재생에너지 공급률에 따라 건축물인증등급을 받을 수 있다.

이 제도는 건물부문에서 소비되는 에너지를 절약하는 역할뿐만 아니라 신·재생에너지를 스스로 생산·소비할 수 있는 체제로, 분산에너지원으로서의 역할뿐 아니라 CO_2 배출을 최소화하는 등 신·재생에너지 이용 건축물의 보급·확산을 촉진하기 위해서 마련되었다.

---

61) 신·재생에너지법 시행령 제18조(신·재생에너지 설비의 설치 및 확인)제3항.

62) 신·재생에너지설비의 지원 등에 관한 지침 제24조.

63) 2011. 4. 13일 부터 시행

신·재생에너지법 제12조의2부터 제12조의4, 동법 시행령 제18조의2에서 규정하고 있으며, 지식경제부와 국토해양부 공동부령(신·재생에너지이용건축물 인증에 관한 규칙)[64] 및 공동고시(신·재생에너지 이용건축물 인증에 관한 규정)[65]에서 구체적 내용을 정하고 있다.

② 인증 절차 및 심사기준 등

㉠ 인증대상 건축물 「건축법 시행령」 제91조제2항에 의한 건축물 중 연면적 1,000㎡이상인 건축물 중 설치의무기관을 제외한 건축물 중에서 인증심사가 가능한 신축 업무시설이다.

㉡ 인증대상 신·재생에너지원 태양광, 태양열, 지열 및 연료전지가 인증대상 에너지원이다.

㉢ 운영 및 인증기관 운영기관은 신·재생에너지센터이고, 인증기관은 한국건설기술연구원, 한국에너지기술연구원이다.[66]

㉣ 인증신청 건축물의 소유자는 건축물의 공사를 완료한 후 건축법 제22조에 따른 사용승인 전에 운영기관(신·재생에너지센터)의 인증관리시스템(BPMS)을 통하여 인증신청서 및 구비서류를 제출한다.[67] 건축물의 완공 전이라도 설계에 반영된 내용을 대상으로 예비인증을 신청할 수도 있다.

인증기관은 신청서류 접수 후 50일 이내에 인증 여부를 처리하여야 한다.[68]

㉤ 인증절차 및 인증서 발급

ⓐ 예비인증 건축물의 완공 전에 설계도서를 통하여 신·재생에너지 공급률을 기준으로 신·재생에너지 이용 건축물로 건축 및 사용될 예정임을 인증하는 것이다.

ⓑ 본인증 건축물의 준공승인 전에 최종설계도서 및 현장확인을 통하여 신·재생에너지 공급률을 기준으로 인증하는 것이다.

---

64) 지식경제부령 제177호·국토해양부령 제342호.

65) 지식경제부 고시 제2011-52호·국토해양부 고시 제2011-107호.

66) 건축물인증기관으로 지정을 받으려는 자가 지식경제부장관에게 제출하여야 하는 신·재생에너지 이용 건축물인증기관 지정신청서를 마련하고, 지식경제부장관이 건축물인증기관으로서 적합한지 여부에 대하여 인증운영위원회의 심의를 거쳐 국토해양부장관과 협의하여 지정한다(위 공동부령 제3조).

67) 설계도면(건축,기계,전기설비 도면), 시방서, 에너지절약계획서 및 신·재생에너지 설치계획서 등

68) 인증기관이 신·재생에너지공급량 등 산정기준 및 방법상 산출 값의 도출이 처리기간 내 불가능한 경우 등에는 20일 범위내에서 연장된다.

그림 4-2 신·재생에너지 이용 건축물 인증절차[69]

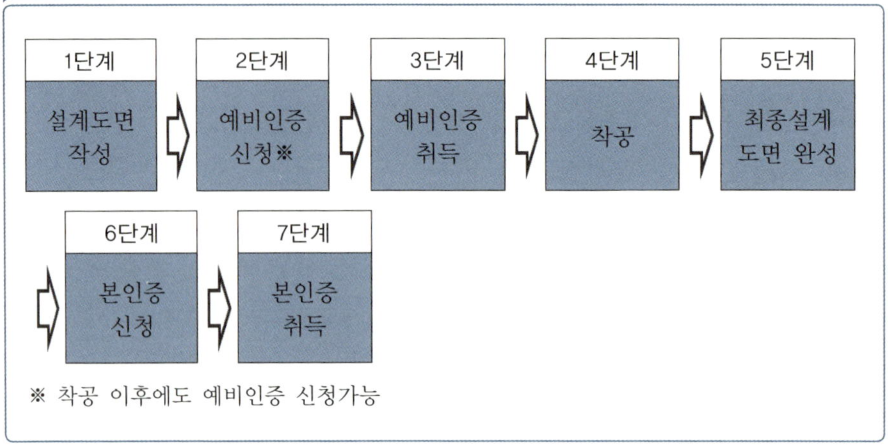

㉥ **인증심사 및 인증서 발급** 인증기관은 인증 신청 건축물의 총에너지사용량 중 신·재생에너지를 이용하여 공급되는 에너지의 비율(이하 "신·재생에너지 공급률")을 심사하고, 신청 건축물에 대한 심사 내용, 심사 점수, 인증 여부 및 인증 등급을 포함한 인증심사결과서를 작성하여 신·재생에너지센터에 제출하여야 한다.

ⓐ 신·재생에너지 공급률의 산정기준

$$\text{신·재생에너지공급률} = \frac{\text{신·재생에너지 생산량}}{\text{총에너지사용량}} \times 100$$

ⓑ 신·재생에너지 이용 건축물인증 등급

인증 등급	신·재생에너지 공급률(%)
1	20% 초과
2	20% 이하 16% 초과
3	15% 이하 10% 초과
4	10% 이하 5% 초과
5	5% 이하 3% 초과

ⓒ 신·재생에너지 이용 건축물 인증서 발급 및 인증마크 제공

인증기관은 인증심사 결과에 따라 건축물 소유자에게 신·재생에너지 이용 건축물 인증서를 발급하고 건축물인증을 표시하는 건축물인증 마크를

69) 출처: 신·재생에너지센터[사업안내-건축물인증제도]

제공한다.

ⓢ **사후관리** 건축물 인증을 받은 건축물의 소유자는 인증받은 건축물에 있는 신·재생에너지 설비를 인증심사와 인증서의 내용에 맞도록 유지·관리하여야 한다.[70] 지식경제부장관은 필요한 경우에는 건축물 인증을 받은 건축물의 정상 가동여부 등을 직접 확인할 수 있다.

③ 인증 건축물에 대한 인센티브 부여 등

㉠ **공급인증서 발급 및 거래** 건축물 인증서를 발급받은 건축물 소유자(이하 "인증소유자")는 '신·재생에너지 공급인증서'를 발급받을 수 있다.[71] 또한 발급받은 공급인증서를 공급인증서 거래시장에서 거래할 수 있다. 다시 말해서 인증 건축물의 신·재생에너지 설비에서 생산되는 전력을 공급인증서 거래시장에서 신·재생에너지 공급의무자와 거래할 수 있다.

㉡ **건축물 인증의 표시 및 홍보** 인증 소유자는 건축물 인증서를 받은 사실을 인쇄물 또는 광고물 등을 통해 홍보할 수 있다. 인증받은 사실을 표시하거나 홍보에 활용할 경우에는 해당 건축물에 대한 인증범위, 인증기관명, 인증일자, 인증등급 등이 반드시 포함되어야 한다. 예비 인증소유자가 예비인증을 받은 사항을 홍보 등의 목적으로 사용할 경우에는 본인증의 내용과 달라질 수 있음을 알려야 한다.

㉢ **지방세 감면 신설** 정부는 지방세특례제한법 제47조 제4항을 신설하여[72] 신축하는 업무용 건축물로서 신·재생에너지법 제12조의2 제1항에 따른 신·재생에너지 이용 건축물인증을 받은 건축물에 대해서는 2013년 12월 31일까지 취득세의 100분의 5부터 100분의 15까지의 범위에서

---

70) 신·재생에너지 이용 건축물 인증에 관한 규정 제9조(사후관리의 범위): 규칙 제10조 제3항에 따른 건축물 인증의 사후관리 범위 등은 다음 각 호와 같다.
   1. 인증 소유자는 설치된 신·재생에너지 설비의 안정적인 가동을 위하여 유지·보수 관련사항을 성실히 수행하여야 한다.
   2. 인증 소유자는 설치된 신·재생에너지 설비에 대하여 가동실적을 알 수 있는 운전데이터 등 인증기관이 요구하는 자료를 성실히 제공하여야 한다.
   3. 센터의 장은 규칙 제4조제3호에 따라 인증기관으로 하여금 사후관리 계획을 매년 수립하여 시행하도록 할 수 있으며 그 결과를 센터의 장에게 보고하게 할 수 있다.
   4. 센터의 장은 제3호에 따라 보고받은 사후관리 결과를 규칙 제11조에 따른 인증운영위원회에 보고하고, 필요한 조치를 강구하여야 한다.

71) 신·재생에너지 공급의무화제도 관리 및 운영지침(지식경제부 고시 제2010-244호) 제6조제1항제6호에 따라 '신·재생에너지 공급인증서'를 발급받을 수 있다.

72) 2011년 12월 31일에 신설됨.

신·재생에너지 공급률 등을 고려하여 대통령령으로 정하는 율을 경감한다. 취득세 경감률은 아래와 같다.[73]

(i) 신·재생에너지 공급률(건축물의 총에너지사용량 중 신·재생에너지법 제2조제1호에 따른 신·재생에너지를 이용하여 공급되는 에너지의 비율을 말함)이 20퍼센트를 초과하는 건축물: 100분의 15

(ii) 신·재생에너지 공급률이 20퍼센트 이하이고 15퍼센트를 초과하는 건축물: 100분의 10

(iii) 신·재생에너지 공급률이 15퍼센트 이하이고 10퍼센트를 초과하는 건축물: 100분의 5

4) 신·재생에너지 발전 기준가격의 고시 및 차액 지원 등

① 발전차액지원사업의 의의 및 근거

발전차액지원제도는 아직까지는 비효율적인 신·재생에너지 설비의 투자 경제성 확보를 위해 신·재생에너지를 이용하여 전력을 생산한 경우 기준가격과 계통한계가격(SMP, System Marginal Price)과의 차액을 지원하는 제도로 외국의 FIT(Feed-In Tariff) 제도와 유사한 제도이다. 본 제도의 시행으로 인하여 신·재생에너지 발전전원의 보급확대와 기후환경협약에 따른 신·재생에너지 보급 확대를 유도하는 기반을 구축하게 되었다.

정부는 신·재생에너지 발전차액지원제도 활성화를 위한 법적인 근거를 마련하고 지난 2002년부터 지원하기 시작하였으며, 2012년부터 신·재생에너지 공급의무화제도가 시행됨에 따라 발전차액지원제도는 2011년말로 종료되었다.[74]

「전기사업법」에 의해 전력수용가에 전기요금의 일정비율로 부과하는 전력산업기반기금의 사용용도 중의 하나로 발전차액지원사업이 포함되어 있으며,[75] 전기판매사업자가 신·재생에너지를 이용하여 발전한 전력에 대하여 전력시장운영규칙이 정하는 바에 따라 우선적으로 구매할 수 있도록 규

73) 지방세특례법 시행령 제24조제6항.

74) 하지만 기존에 건설되어서 발전차액지원을 받고 있는 신·재생에너지 발전소는 발전차액지원 기간(15년, 20년)이 종료될 때까지는 발전차액을 지속적으로 받게 된다. 따라서 실질적으로 발전차액지원이 완전히 종료되는 시기는 2031년(2011년+20년)이 된다.

75) 전기사업법 제49조.

정하고 있다.[76] 또한, 신·재생에너지법 제17조에 월평균 전력거래가격(SMP)이 지식경제부 장관이 정한 원별 고시가격보다 낮을 경우 차액지원금을 전력산업기반기금으로 우선지원토록 규정하고 있다.[77] 원별 고시가격 및 지원기간은 "신·재생에너지이용 발전전력의 기준가격 지침"에 정하여져 있으며 2006년 8월, 2008년 5월, 2009년 4월 및 2009년 9월, 2010년 9월에 개정되어 기준가격 및 지원조건을 변경한 바 있다.[78]

발전차액을 지원받은 신·재생에너지 발전사업자가 거짓 또는 부정한 방법으로 발전차액을 지원받은 경우 그리고 기준가격설정을 위해 필요한 자료 제출 요구에 응하지 아니하거나 거짓으로 자료를 제출한 경우에는 발전차액의 지원을 중단할 수 있다.[79]

---

76) 전기사업법 제31조.

77) 신·재생에너지법 제17조(신·재생에너지 발전 기준가격의 고시 및 차액 지원) ① 지식경제부장관은 신·재생에너지 발전에 의하여 공급되는 전기의 기준가격을 발전원별로 정한 경우에는 그 가격을 고시하여야 한다. 이 경우 기준가격의 산정기준은 대통령령으로 정한다.
② 지식경제부장관은 신·재생에너지 발전에 의하여 공급한 전기의 전력거래가격(「전기사업법」 제33조에 따른 전력거래가격을 말한다)이 제1항에 따라 고시한 기준가격보다 낮은 경우에는 그 전기를 공급한 신·재생에너지 발전사업자에 대하여 기준가격과 전력거래가격의 차액(이하 "발전차액"이라 한다)을 「전기사업법」 제48조에 따른 전력산업기반기금에서 우선적으로 지원한다.
③ 지식경제부장관은 제1항에 따라 기준가격을 고시하는 경우에는 발전차액을 지원하는 기간을 포함하여 고시할 수 있다.
④ 지식경제부장관은 발전차액을 지원받은 신·재생에너지 발전사업자에게 결산재무제표(決算財務諸表) 등 기준가격 설정을 위하여 필요한 자료를 제출할 것을 요구할 수 있다.

78) 신·재생에너지법 시행령 제22조(발전차액지원을 위한 기준가격의 산정기준) 법 제17조제1항 후단에 따른 발전원(發電源)별 기준가격의 산정기준은 다음 각 호와 같다.
1. 신·재생에너지 발전소의 표준공사비, 운전유지비, 투자보수비 및 각종 세금과 공과금
2. 신·재생에너지 발전소의 설비 이용률, 수명 기간, 사고 보수율과 발전소에서의 신·재생에너지 소비율 등의 설계치 및 실적치
3. 신·재생에너지 발전사업자의 송전·배전 선로 이용요금
4. 신·재생에너지 발전기술의 상용화 수준 및 시장 보급 여건
5. 운전 중인 신·재생에너지 발전사업자의 경영 여건 및 운전 실적
6. 전기요금 및 전력시장에서의 신·재생에너지 발전에 의하여 공급한 전력의 거래가격의

79) 신·재생에너지법 제18조(지원 중단 등) ① 지식경제부장관은 발전차액을 지원받은 신·재생에너지 발전사업자가 다음 각 호의 어느 하나에 해당하면 지식경제부령으로 정하는 바에 따라 경고를 하거나 시정을 명하고, 그 시정명령에 따르지 아니하는 경우에는 발전차액의 지원을 중단할 수 있다.
1. 거짓이나 부정한 방법으로 발전차액을 지원받은 경우
2. 제17조제4항에 따른 자료요구에 따르지 아니하거나 거짓으로 자료를 제출한 경우
② 지식경제부장관은 발전차액을 지원받은 신·재생에너지 발전사업자가 제1항제1호에 해당하면 지식경제부령으로 정하는 바에 따라 그 발전차액을 환수(還收)할 수 있

그리고 신·재생에너지발전사업자는 신·재생에너지발전으로 생산된 전기를 송전용 또는 배전용 설비를 통해 「전기사업법」 제35조에 따른 한국전력거래소 또는 전기사용자에게 공급하려는 경우 「전기사업법」 제2조제6호에 따른 송전사업자 또는 「전기사업법」 제2조제8호에 따른 배전사업자와의 협의가 이루어지지 않거나 협의를 할 수 없는 경우에는 「전기사업법」 제53조에 따라 전기위원회에 재정을 신청할 수 있다.[80)]

② 적용대상 전원 및 기준가격 등

㉠ 태양광

적용시점	설치장소	적용기간	30kW 이하	30kW 초과 200kW 이하	200kW 초과 1MW 이하	1MW 초과 3MW 이하	3MW 초과
'10년	일반부지	15년	566.95	541.42	510.77	485.23	408.62
		20년	514.34	491.17	463.37	440.20	370.70
	건축물활용	15년	606.64	579.32	546.52	-	-
		20년	550.34	525.55	495.81	-	-
'11년	일반부지	15년	484.52	462.69	436.50	414.68	349.20
		20년	439.56	419.76	396.00	376.20	316.80
	건축물활용	15년	532.97	508.96	480.15	-	-
		20년	483.52	461.74	435.60	-	-

1) 설치장소에서 '건축물 활용'이란 건축법 제2조 제1항 제2호에 의한 건축물의 상부 또는 외벽에 설치한 설비를 말하며, '일반부지'라 함은 '건축물 활용' 이외의 모든 장소를 의미함.

다. 이 경우 지식경제부장관은 발전차액을 반환할 자가 30일 이내에 이를 반환하지 아니하면 국세 체납처분의 예에 따라 징수할 수 있다.

◇ 신·재생에너지법 시행령 제11조(발전차액의 지원 중단 및 환수절차) ① 지식경제부장관은 법 제18조제1항에 따라 신·재생에너지 발전사업자가 법 제18조제1항제2호에 해당하는 행위(이하 이 항에서 "위반행위"라 한다)를 한 경우에는 다음 각 호의 구분에 따라 조치한다.

1. 위반행위를 1회 한 경우: 경고
2. 위반행위를 2회 한 경우: 시정명령
3. 제2호의 시정명령에 따르지 아니한 경우: 법 제17조제2항에 따른 발전차액의 지원 중단

② 지식경제부장관은 법 제18조제2항 전단에 따라 신·재생에너지 발전사업자가 법 제18조제1항제1호에 해당하는 행위를 한 경우에는 발전차액을 환수하여야 한다. 이 경우 지식경제부장관은 미리 해당 신·재생에너지 발전사업자에게 10일 이상의 기간을 정하여 의견을 제출할 기회를 주어야 한다.

③ 지식경제부장관은 제2항에 따라 발전차액을 환수하는 경우에는 위반 사실, 환수금액, 납부기간, 수납기관, 이의제기의 기간 및 방법을 구체적으로 적은 문서로 해당 신·재생에너지 발전사업자에게 발전차액을 낼 것을 통보하여야 한다.

80) 신·재생에너지법 제19조(재정 신청).

2) 적용시점은 발전차액지원개시일 기준임.
3) 태양광발전의 시설용량은 모듈정격용량 기준임.
4) 용량은 동일사업자가 인근지역(설치장소의 경계가 250미터이내의 지역을 의미한다)에서 설치한 용량의 합을 기준으로 적용함.
5) 1MW를 초과한 건축물 활용 발전소는 일반부지 가격을 적용함.

㉡ 태양광 이외 전원

전원		적용설비용량기준	구 분		기준가격(원/kWh) 고정요금	기준가격(원/kWh) 변동요금('11.1.1.이전)	기준가격(원/kWh) 변동요금('11.1.1이후)	비고
풍력		10kW 이상	-		107.29	-	-	감소율 2%
수력		5MW 이하	일반	1MW 이상	86.04	SMP+15	SMP+15	
수력		5MW 이하	일반	1MW 미만	94.64	SMP+20	SMP+20	
수력		5MW 이하	기타	1MW 이상	66.18	SMP+ 5	SMP+ 5	
수력		5MW 이하	기타	1MW 미만	72.80	SMP+10	SMP+10	
바이오에너지	LFG	50MW 이하	20MW 이상		68.07	SMP+ 5	SMP+ 5	화석연료 투입비율: 30%미만
바이오에너지	LFG	50MW 이하	20MW 미만		74.99	SMP+ 5	SMP+10	화석연료 투입비율: 30%미만
바이오에너지	바이오가스	50MW 이하	150kW 이상		72.73	SMP+10	SMP+20	화석연료 투입비율: 30%미만
바이오에너지	바이오가스	50MW 이하	150kW 미만		85.71	SMP+15	SMP+25	화석연료 투입비율: 30%미만
바이오에너지	바이오매스	50MW 이하	목질계 바이오		68.99	SMP+ 5	SMP+15	화석연료 투입비율: 30%미만
폐기물	폐기물소각	20MW 이하	-		-	SMP+ 5	SMP+ 5	화석연료 투입비율: 30%미만
폐기물	RDF	50MW 이하	-		-	SMP+ 5	SMP+15	화석연료 투입비율: 30%미만
해양에너지	조력	50MW 이상	최대조차 8.5m 이상	방조제유	62.81	-	-	
해양에너지	조력	50MW 이상	최대조차 8.5m 이상	방조제무	76.63	-	-	
해양에너지	조력	50MW 이상	최대조차 8.5m 미만	방조제유	75.59	-	-	
해양에너지	조력	50MW 이상	최대조차 8.5m 미만	방조제무	90.50	-	-	

연료전지	200kW 이상	바이오가스 이용	227.49	-	-	감소율 3%
		기타연료 이용	274.06	-	-	

1) 화석연료 투입비율은 월 단위를 기준으로 하며, 발전에 소요된 열량에 대한 화석연료의 열량비율임.
2) 풍력, 연료전지의 발전차액지원개시일별 기준가격은 다음 표와 같음.
3) 수력의 일반은 수력발전을 주목적으로 하는 설비이며, 기타는 수력발전이 부가적인 목적의 설비임.
4) 용량은 동일사업자가 인근지역(설치장소의 경계가 250미터이내의 지역을 의미한다) 에서 설치한 용량의 합을 기준으로 적용함.
5) RDF는 "자원의 절약과 재활용촉진에 관한 법률" 시행규칙 제20조의3(폐기물 고형연료제품 및 사용시설 등) 별표 7에서 정한 RDF에 한함.

㉢ 연도별 기준가격 요금표(감소율 적용전원)

(단위: 원/kWh)

차액지원개시일시점	풍 력	연료전지	
		바이오가스 이용	기타연료 이용
2010년	103.04	214.05	257.87
2011년	100.98	207.63	250.13

1) 감소율 적용 개시 시점은 매년 10월 11일임.

㉣ 연도별 기준가격 적용 상한용량

(단위: MW)

적용년도	태양광	연료전지
2009년	50	12
2010년	70	14
2011년	80	16

㉤ 변동요금제 선택사업자의 차액지원단가 적용기준

구 분	SMP < 170	SMP ≥ 170
차액지원단가	별표 2-1의 차액지원단가와 (170-계통한계가격) 중 작은 값	0

1) 차액지원단가란 변동요금제의 기준가격과 계통한계가격의 차이를 말함.
2) 금액단위는 킬로와트아워(kWh)당 원으로 함.

③ 발전차액지원사업의 운영 현황

2011년 말 기준으로 발전차액지원대상 중 전력거래소와 한전이 각각

882MW, 167MW로 총 1,049MW에 대해 지원금을 지급하고 있으며 이는 우리나라 총 신 · 재생에너지 중 29%에 해당되는 용량으로 발전차액지원사업이 초기 신 · 재생에너지의 국내 보급에 상당부분 기여했다는 것을 보여준다. 2012년 1월 1일부터 신 · 재생에너지 공급의무화 제도(RPS: Renewable Portfolio Standard)가 시행됨에 따라 더 이상 신규지원대상은 없으나 기존 지원대상설비들은 발전차액개시일로부터 15년 또는 20년간 지원을 받는다.

2011년도 실적을 세부적으로 보면, 수력발전소 60개소, 매립지가스발전소(LFG: Land Fill Gas) 15개소, 풍력발전소 18개소, 태양광발전소 373개소, 연료전지발전소 18개소, 바이오발전소 3개소, 폐기물발전소 1개소에 대해 총 2,719억원을 지원하였다. 큰 특징으로 2011년도 풍력발전소에 대한 차액지원금(기준가격-계통한계가격)은 총 약 5만원에 불과하였다. 이는 전력시장가격이 풍력발전기의 기준단가보다 높아졌기 때문이며 아울러 풍력발전이 grid parity에 도달했다는 것을 보여준다.

표 4-4 2011년말기준 신 · 재생에너지 원별 설비현황 및 2011년도 지원금액[81]

전원		전체 설비용량 (MW)	전력거래소 지원대상 용량(MW)	지원금액 (억원)
풍력		406.5	320.3	0
수력	5MW이하	125.1	88.3	39
	5MW초과	1,592.3	지원대상제외	지원대상제외
태양광		554.6	336.5	2,265
매립가스 (바이오포함)		88.9	83.7	24
소각		60.1	2.2	0.2
연료전지		56.1	50.5	391
해양에너지		1	-	-
계		3,577	881.5	2,719

81) 한국전력거래소, '전력거래소 발전차액지원사업을 통해 신 · 재생에너지 보급확대 및 산업발전에 기여', 보도자료, 2012.

④ 「신 · 재생에너지이용 발전전력의 기준가격 지침」의 항고소송 대상적격 여부

㉠ 행정소송법상 항고소송의 대상 행정소송법은 항고소송을 행정청의 처분 등이나 부작위에 대하여 제기하는 소송으로 규정하고 있다.[82] 이것은 적극적인 것인가, 소극적인 것인가를 불문하고 공권력 행사와 관련하여 야기된 위법상태의 제거를 통해 사인의 권익의 보호를 목적으로 하는 소송으로 이해된다. 행정소송법은 항고소송을 다시 취소소송 · 무효등확인소송 · 부작위위법확인소송의 세 가지 형태로 나누고 있다.[83]

취소소송과 무효등확인소송을 제기하기 위해서는 처분등이 존재하여야 한다. 여기서 '처분등'의 의미와 '처분의 존재'가 문제된다. 즉 처분등은 "행정청이 행하는 구체적 사실에 관한 법집행으로서의 공권력의 행사 또는 그 거부와 이에 준하는 행정작용(이를 처분이라 한다) 및 행정심판에 대한 재결"로 정의되고 있다.[84] 처분등의 존재여부는 법원의 직권조사사항이다.[85]

항고소송의 본질은 일반적으로 위법성의 소급적 제거에 있는 것으로 이해되고 있다. 그런데 사실적인 것은 소급적인 제거가 불가능하지만, 법적 행위에 있는 위법성은 소급적으로 제거할 수 있으므로, 항고소송의 대상이 되는 공권력 행사(처분)는 법적 행위에 한정된다고 볼 것이다. 법적 행위인 한 행정규칙에 근거한 처분도 항고소송의 대상이 된다.[86]

판례가 종래부터 계속하여 "일반적으로 항고소송의 대상이 되는 행정처

---

82) 행정소송법 제3조 제1호.

83) 행정소송법 제4조(항고소송) 항고소송은 다음과 같이 구분한다.
1. 취소소송: 행정청의 위법한 처분등을 취소 또는 변경하는 소송
2. 무효등 확인소송: 행정청의 처분등의 효력 유무 또는 존재여부를 확인하는 소송
3. 부작위위법확인소송: 행정청의 부작위가 위법하다는 것을 확인하는 소송

84) 행정소송법 제2조 제1항 제1호.

85) 대판 2004. 12. 24, 2003두15195(행정소송에서 쟁송의 대상이 되는 행정처분의 존부는 소송요건으로서 직권조사사항이고, 자백의 대상이 될 수 없는 것이므로, 설사 그 존재를 당사자들이 다투지 아니한다 하더라도 그 존부에 관하여 의심이 있는 경우에는 이를 직권으로 밝혀 보아야 할 것이고, 사실심에서 변론종결시까지 당사자가 주장하지 않던 직권조사사항에 해당하는 사항을 상고심에서 비로소 주장하는 경우 그 직권조사사항에 해당하는 사항은 상고심의 심판범위에 해당한다); 대판 1992. 1. 21, 91누1684.

86) 대판 2004. 11. 26, 2003두10251 · 10268(어떠한 처분의 근거가 행정규칙에 규정되어 있다고 하더라도, 그 처분이 상대방에게 권리의 설정 또는 의무의 부담을 명하거나 기타 법적인 효과를 발생하게 하는 등으로 그 상대방의 권리의무에 직접 영향을 미치는 행위라면, 이 경우에도 항고소송의 대상이 되는 행정처분에 해당한다).

분이라 함은 행정청의 공법상의 행위로서 특정 사항에 대하여 법규에 의한 권리의 설정 또는 의무의 부담을 명하고 기타 법률상의 효과를 발생케 하는 등 국민의 권리의무에 직접적 변동을 초래하는 행위를 가리키는 것으로서 행정권 내부에서의 행위나 사실상의 통지 등과 같이 상대방 또는 기타 관계자들의 법률상 지위에 직접적인 법률적 변동을 일으키지 아니하는 행위는 항고소송의 대상이 될 수 없다"고 한 것도 이러한 취지에 입각한 것으로 이해된다.[87] 여기서 말하는 법적 행위란 외부적으로 직접적인 법효과를 의도하는 의사표시를 말한다.[88]

㉡ 「신·재생에너지이용 발전전력의 기준가격 지침」의 항고소송 대상적격 여부 위 기준가격 지침이 항고소송의 대상이 되는지 즉 처분성이 있는지에 관한 판례를 소개하기로 한다.[89]

[사실관계]

(i) 원고 A회사는 태양에너지를 이용하여 발전사업을 하고자 2007. 10. 30. 피고 지식경제부장관(이하 '피고'라 함)으로부터 발전사업 설치장소를 정하여, 설비용량 '50MW', 사업 준비기간 '발전사업 허가일로부터 2009. 6. 30.까지' 등으로 하는 전기사업법 제7조에 따른 태양광 발전사업허가를 받고(2009. 5. 8. 사업 준비기간을 '발전사업 허가일로부터 2010. 12. 31.까지'로 연장받았다), 그 후 위 설치장소에 태양광 발전소 건설을 위하여 부지를 매입하고 토목공사를 실시하였으며, 환경영향평가 등 각종 행정절차를 진행하였다. 피고는 신·재생에너지법 제17조에 따라 「신·재생에너지이용 발전전력의 기준가격 지침」을 정하여 태양에너지를 비롯하여 발전원별 기준가격을 고시함과 함께 발전차액 지원에 관한 세부사항을 규정하고 있다.

---

87) 대판 2010. 11. 18, 2008두167 전원합의체(행정청의 어떤 행위가 항고소송의 대상이 될 수 있는지의 문제는 추상적·일반적으로 결정할 수 없고, 구체적인 경우 행정처분은 행정청이 공권력의 주체로서 행하는 구체적 사실에 관한 법집행으로서 국민의 권리의무에 직접적으로 영향을 미치는 행위라는 점을 염두에 두고, 관련 법령의 내용과 취지, 그 행위의 주체·내용·형식·절차, 그 행위와 상대방 등 이해관계인이 입는 불이익과의 실질적 견련성, 그리고 법치행정의 원리와 당해 행위에 관련한 행정청 및 이해관계인의 태도 등을 참작하여 개별적으로 결정하여야 한다).

88) 홍정선, 행정법원론(상), 박영사, 2010, p. 896.

89) 서울행정법원 2009. 10. 15, 2009구합17742 태양광전원기준가격적용용량제한처분등무효확인.

(ii) 피고는 2009. 4. 29. 지식경제부 고시 제2009-96호로 「신·재생에너지이용 발전전력의 기준가격 지침」을 개정, 고시하면서, 신·재생에너지법 제17조에 따른 기존 발전차액 지원제도를 개선하여 제12조 제2항에서 태양광 발전에 대하여 연도별 발전차액 지원 한계용량 제도를 도입함으로써 2009년 50MW, 2010년 70MW, 2011년 80MW로 각 한계용량을 정하여 운용하도록 규정하고, 제13조에서 연간 상한용량의 범위에서 기준가격을 적용받는 설비를 선정하기 위한 세부기준을 규정하였던 바, 제1항에서는 연간 기준가격 적용설비로 선정받기 위한 사업자는 전기사업법 제61조에 의한 공사계획의 인가(또는 신고)를 필한 후 이를 증명하는 서류를 첨부하여 기준가격 적용 대상설비 설치의향서(이하 '설치의향서'라 함)를 총괄관리기관의 장에게 제출하도록 하며, 제4항에서는 태양광의 경우에는 '연간 기준가격 적용설비 선정 통보 후 3개월 이내'에 공사 완료 후 전기사업법 제63조에 의한 사용전 검사를 득하고 설치확인신청을 완료하여야 하는 등의 절차를 규정하였다.

(iii) 이에 대해 원고는 주위적으로 피고가 2009. 4. 29. 지식경제부 고시 제2009-96호로 개정 고시한 「신·재생에너지이용 발전전력의 기준가격 지침」 중 제13조에서 '설치의향서를 제출하고, 연간 기준가격 적용 설비 선정 통보 후 3개월 이내 사용전 검사 및 설치확인신청을 이행'하도록 한 부분 및 제12조 제2항 [별표3]에서 '연간 기준가격 적용 상한용량을 2009년도 50MW, 2010년도 70MW, 2011년도 80MW로 제한'하도록 한 부분은 무효임을 확인하고, 예비적으로 위 각 고시 부분을 취소하는 항고소송을 제기하였다(위 각 규정 부분은 위 개정 고시 중 원고가 그 무효확인 내지 취소를 구하는 부분으로서 이하 '이 사건 각 고시 규정'이라 함).[90]

이에 대해 피고는 이 사건 각 고시 규정은 신·재생에너지법 제17에 따라 피고가 정한 일반적·추상적 법규로서 항고소송의 대상이 되는 행정처분에 해당한다고 볼 수 없으므로, 이 사건 각 고시 규정의 무효확인 내지

90) 원고는 이 사건 고시 규정은 연간 상한용량을 제한함으로써 2009년도 연간설비용량을 50MW로 한정하였는데, 이는 원고에 대한 허가용량에도 미치지 못하여 원고가 발전차액을 지원받는 것을 사실상 차단하고, 또한 발전차액을 지원받기 위하여 설치의향서 제출의무를 부과하고 3개월 이내에 사용전검사와 설치확인신청을 완료하도록 함으로써 적어도 6개월의 공사기간이 필요한 원고입장에서는 이행이 불가능한 조건을 부과함으로써 원고의 권리를 과도하게 침해하고 있다는 주장을 하였다.

취소를 구하는 이 사건 소는 부적법하다고 본안전 항변을 하였다.

[판결내용]

어떠한 고시가 일반적·추상적 성격을 가질 때에는 법규명령 또는 행정규칙에 해당할 것이지만, 다른 집행행위의 매개 없이 그 자체로서 직접 국민의 권리의무나 법률관계를 규율하는 성격을 가질 때에는 항고소송의 대상이 되는 행정처분에 해당한다.[91] 또한 헌법 제107조제2항의 규정에 따르면 행정입법의 심사는 일반적인 재판절차에 의하여 구체적 규범통제의 방법에 의하도록 명시하고 있으므로, 당사자는 구체적 사건의 심판을 위한 선결문제로서 행정입법의 위법성을 주장하여 법원에 대하여 당해 사건에 대한 적용 여부의 판단을 구할 수 있을 뿐 행정입법 자체의 합법성의 심사를 목적으로 하는 독립한 신청을 제기할 수는 없다.[92]

신·재생에너지법 제17조는 통상 신·재생에너지원으로 생산된 전원은 생산단가가 비싸 가격경쟁력에서 기존의 발전원에 비해 경쟁력이 없기 때문에 신·재생에너지 산업을 단기간에 육성시키기 위해서는 태양광 등과 같은 신·재생에너지 발전에 의하여 공급한 전기의 전력거래 가격이 피고가 고시한 기준가격보다 낮은 경우, 기준가격과 전력거래와의 차액(발전차액)을 지원하여 주는 '발전차액 지원제도'를 규정하고 있으며, 그에 따라 피고는 「신·재생에너지이용 발전전력의 기준가격 지침」을 정하여 구체적으로 발전원별 발전차액 지원액, 지원대상 및 절차 등에 관하여 규정하고 있다.

이 사건 각 고시 규정은 피고가 「신·재생에너지이용 발전전력의 기준가격 지침」을 2009. 4. 29. 지식경제부 고시 제2009-96호로 개정하면서 종전 고시에서 태양광에 대하여는 2011년까지 총 발전차액 지원 한계용량을 500MW로 규정하고 있었는데 2008년에만 257MW에 대한 발전차액을 지원하게 되는 등 과도하게 많은 물량이 시장에 진입하게 되자 잔여용량 200MW에 대하여 연도별로 한계용량(2009년 50MW, 2010년 70MW, 2011년 80MW)로 설정함으로써 물량의 일시적 쏠림현상으로 조기에 한계용량이 소진되어 태양광시장의 급격한 위축을 막고자 하였으며, 연간 한계용량 내에

91) 대법원 2003. 10. 9, 2003무23 결정 참조.
92) 대법원 1994. 4. 26, 선고 93부32판결 참조.

서 기준가격 적용(발전차액 지원) 사업자를 선정하기 위하여 발전차액 지원 절차를 정비하였던 바, 종래 발전사업 허가를 취득한 사업자가 발전차액을 지급받기 위해서는 발전소 공사를 완료한 후 피고 등으로부터 전기사업법 제63조에 따른 사용전 검사를 받은 이후 피고로부터 적용요금 평가를 위한 설치확인을 받는 등의 절차만을 거치도록 되어 있었으나, 개정 이후에는 ① 공사계획인가(또는 신고)를 필한 후 '기준가격 적용설비 설치 의향서'를 총괄관리기관의 장(에너지관리공단 신·재생에너지센터장)에게 제출하고, ② 총괄관리기관의 장은 설치의향서가 제출된 순서대로 서류의 진위여부를 검토하여 적합한 경우 연간 기준가격 적용설비 접수증을 발급하며, ③ 접수증을 받은 사업자는 7일 이내에 공사착공을 증빙하는 서류(공사계약서 등)를 제출하여야만 연간 기준가격 적용 설비로 선정되고, ④ 선정된 사업자는 태양광발전의 경우에 있어서는 3개월 이내에 설비의 설치를 완료하고 기준가격 설정을 위한 설치확인을 신청하는 등의 절차를 거치도록 변경되었다.

이 사건 각 고시 규정은 종전 고시에서 규정하고 있는 신·재생에너지법 제17조에 근거한 발전차액을 지원받음에 있어서 총 한계용량을 연도별로 한계용량을 설정하고, 연간 한계용량 내에서 기준가격 적용(발전차액 지원) 사업자를 선정하기 위하여 사전에 설치의향서를 제출하도록 하여 사업자로서 공사 착공 이전에 적용 대상 여부를 예측할 수 있도록 하며, 발전소 건설을 위한 부지, 자금 등도 확보하지 아니한 상태에서 일단 설치의향서만 제출하여 각 연도별 한계용량을 선점하는 것을 막고자 3개월 이내에 공사를 완료하도록 한 것으로서(공사를 완료하지 못함으로써 기준가격 적용 설비 선정이 취소되었을 경우에도 다시 설치의향서를 총괄관리기관의 장에게 제출하여 절차에 따라서 기준가격 적용 설비로 선정될 수 있다), 총 한계용량에는 변함없이 각 기간별로 지원 한계용량을 배분하고 그에 따라 연간 한계용량 내에서 기준가격 적용 사업자를 선정하기 위한 발전차액 지원제도의 구체적인 절차를 규정한 것에 불과하여, 그 자체로서 국민의 구체적인 권리의무에 직접적인 변동을 초래한 것이라고 볼 수 없을 뿐만 아니라, 설치의향서 제출과 설비접수증 발급, 연간 기준가격 적용대상 설비 선정 및 발전차액 지급 등의 구체적인 집행행위를 통하여 발전차액 지원 대상자 해당 여부 및 발전차액 지급 여부가 결정된다 할 것이어서, 이 사건 각 고시 규정은 일반적,

추상적 기준을 설정한 것일 뿐이지 구체적인 사실에 관한 법집행으로서의 공권력행사인 처분으로 볼 수 없으므로, 항고소송의 대상이 된다고 볼 수 없다. 따라서 이를 지적하는 피고의 본안전 항변은 이유 있어 원고의 이 사건 소는 부적법하므로 이를 각하한다.[93]

5) 신·재생에너지 공급의무화 제도(RPS)

신·재생에너지법 일부 개정법률안이 2010년 3월 국회에서 통과되면서 2012년 1월 1일부터 신·재생에너지 공급의무화제도(RPS, Renewable Portfolio Standard)를 새로이 시행하고 있다. 신·재생에너지 공급의무화제도는 2002년부터 신·재생에너지원별로 차등하여 지원하던 발전차액지원제도(FIT, Feed-In Tariff)제도를 대체하는 것으로, 시장원리 하에 신·재생에너지 기술개발을 유도하고 신·재생에너지 시장 확대를 통해 신·재생에너지 공급을 확대하고 산업육성 기반 마련을 위해서 도입되었다.

신·재생에너지 공급의무화제도는 신·재생에너지의 이용·보급을 촉진하기 위하여 전기사업자(공급의무자)가 공급하는 전력 중에서 일정 부분을 신·재생에너지를 통하여 공급하도록 의무화하는 제도이다. 공급의무자는 직접 신·재생에너지설비를 설치하여 신재생에너지전력을 공급하거나 신·재생에너지 발전사업자로부터 공급인증서(REC, Renewable Energy Certificate)를 구매하여 신·재생에너지 의무공급량을 달성할 수 있다.

법적 근거로는 신·재생에너지법 제12조의5(신·재생에너지 공급의무화 등), 제12조의6(신·재생에너지 공급 불이행에 대한 과징금), 제12조의7(신·재생에너지 공급인증서 등), 제12조의8(공급인증기관의 지정 등), 제12조의9(공급인증기관의 업무 등), 제12조의10(공급인증기관 지정의 취소 등), 동법 시행령 제18조의3(신·재생에너지 공급의무자), 제18조의4(연도별 의무공급량의 합계 등), 제18조의5(과징금의 산정방법), 제18조의6(과징금의 부과 및 납부), 제18조의7(신·재생에너지 공급인증서의 발급 제한 등), 제18조의8(신·재생에너지 공급인증서의 발급 신청 등), 제18조의9(신·재생에너지의 가중치), 제18조의10(과징금의 금액), 제18조의11(공급의무자의 의무이행비용 보전)이 규정되어 있다.

93) 원고는 항소하였으나 같은 이유로 원고의 항소는 각하되었다(서울고등법원 2011. 1. 26. 선고 2009누34114판결).

그리고 「신 · 재생에너지 공급의무화제도 관리 및 운영지침」,[94] 「공급인증서 발급 및 거래시장 운영에 관한 규칙」,[95] 「신 · 재생에너지 공급의무화제도 설비확인 매뉴얼」[96]이 있다.

신 · 재생에너지 공급의무화제도에 대해서는 제5장에서 상세히 논하기로 한다.

6) 신 · 재생에너지 설비 인증제도

① 의의 및 근거

신 · 재생에너지 설비를 제조하거나 수입하여 판매하려는 자는 지식경제부장관이 신 · 재생에너지 설비의 인증을 위하여 지정하는 기관(이하 "설비인증기관")으로부터 신 · 재생에너지 설비에 대하여 인증(이하 "설비인증")을 받을 수 있다. 설비인증제도는 신 · 재생에너지설비에 대한 소비자의 신뢰성 제고를 통해 신 · 재생에너지설비의 보급촉진 및 신 · 재생에너지산업의 성장기반 조성을 목적으로 하고 있다.

지식경제부장관은 신 · 재생에너지의 이용 · 보급을 촉진하기 위하여 필요한 경우 관계 중앙행정기관 또는 지방자치단체에 대하여 관련 계획의 수립, 제도의 개선, 필요한 예산의 반영, 설비인증을 받은 신 · 재생에너지 설비의 사용 등을 요청할 수 있다.

설비인증제도는 신 · 재생에너지법 제13조부터 제16조, 동법 시행령 제20조부터 제21조, 동법 시행규칙 제3조부터 제10조, 「신 · 재생에너지설비 인증에 관한 규정,[97] 「신 · 재생에너지 설비 성능검사기관 지정 · 운영에 관한 요령」,[98] 「신 · 재생에너지 설비인증 대상별 성능검사기관의 지정기준」,[99] 신 · 재생에너지센터 「신 · 재생에너지설비 인증업무 운영규정」에서 상세히 규정하고 있다.

설비인증은 반드시 취득해야 하는 것은 아니지만, 현재 정부에서 지원하는 사업에는 인증 설비를 의무적으로 사용하도록 규정되어 있고 조달청 규

94) 지식경제부 고시 제2011-290호.
95) 신 · 재생에너지센터 공고 제2012-11호.
96) 신 · 재생에너지센터, 2012.6.
97) 지식경제부고시 제2012-51호.
98) 기술표준원 고시 제2010-102호.
99) 기술표준원 고시 제2011-278호.

정에 의해 입찰시 가산점을 부여받기 때문에 공공분야 판매·조달에 있어 많은 혜택이 있다.

예컨대, 신·재생에너지법 제12조제2항 및 동법 시행령 제15조 규정에서는 공공건물에 의무설치하는 신·재생에너지 설비는 인증을 받은 제품을 우선 사용토록 되어 있으며, 조달청 훈령 제1346호「에너지소비제품 구매운용 기준」개정을 통해 정부조달사업에 인증 설비를 우선구매토록 되어있다. 그리고 2012년부터 도입되는 신·재생에너지 공급의무화제도에서도 공급인증서(REC)를 발급받기 위해서는 태양광설비와 풍력설비 등에 대해서는 인증을 하도록 하고 있다.[100] 이에 따라서 앞으로 신·재생에너지 공급의무화제도 도입에 따른 공급인증서를 발급받기 위해서는 태양전지·모듈과 소형풍력설비에 대해서는 반드시 신·재생에너지설비에 대한 인증을 득해야만 가능하다.

② 설비인증의 성격

신·재생에너지법 제13조 제1항의 법문은 "…인증기관으로부터 설비인증을 받을 수 있다"라고 규정하고 있다. 신·재생에너지설비 인증은 법률상 의무적인 제도가 아닌, 임의인증 제도이다. 따라서 신·재생에너지 설비를 제조하거나 수입하여 판매하기 위해서 반드시 인증을 득하여야 하는 것은 아니다.

하지만 공급인증서를 발급받기 위해서는 태양전지·모듈과 소형풍력설비 등에 대해서는 설비인증을 득하여야 한다. 이 점에 있어서는 강제인증이라 할 수 있다.

③ 주요 내용

㉠ **인증대상설비**[101] 설비인증기관으로부터 설비인증을 받을 수 있는 신·재생에너지 설비(신·재생에너지 설비를 구성하는 단위설비를 포함한다)는 지식경제부장관이 정하여 고시한다.[102] 인증대상설비가 아닌 경우 인증을 받을 수 없다.

현재 태양열(6품목), 태양광(9품목), 풍력(3품목), 지열(3품목), 연료전지(1품

100) 공급인증서 발급 및 거래시장 운영에 관한 규칙 제8조, 제9조, 제11조제3항제3호 및 별표1을 참고하기 바란다.

101) 신·재생에너지설비 인증에 관한 규정(지식경제부고시 제2012-51호).

102) 신·재생에너지법 시행규칙 제4조.

목), 바이오에너지설비(1품목), 기타(3품목) 등 총 7개 분야 26개 품목이 인증대상설비로 지정되어 있다.

신·재생에너지설비는 기본적으로 신·재생에너지를 생산 또는 이용하는 설비 요건을 만족해야 하며, 단위 설비로서 관련 기술기준 및 성능검사설비가 갖추어져야 인증이 가능하다.

㉡ **인증신청 및 처리절차** 설비인증을 받으려는 자는 설비인증기관(신·재생에너지센터)에[103] 그 신·재생에너지 설비에 대한 설비인증을 신청하여야 한다.[104] 신청자는 설비를 국내에서 제조하는 자 또는 수입하여 판매하는 자이다. 해외 제조사는 직접 신청할 수 없다. 설비인증을 신청하는 경우에는 대통령령으로 정하는 지정기준에 따라 지식경제부장관이 지정하는 성능검사기관(이하 "성능검사기관"이라 한다)에서 성능검사를 받은 후 그 기관이 발행한 성능검사결과서를 설비인증기관에 제출하여야 한다.[105]

인증대상설비의 26개 품목별로 KIER(한국에너지기술연구원), KTL(한국산업기술시험원), KITECH(한국생산기술연구원), KERI(전기연구원), KRAAC(냉동공조인증센터), KNU(강원대학교), KTC(한국기계전기전자시험연구원), KRISS(한국표준과학연구원), KEPRI(전력연구원), KRS(한국선급) 등이 성능검사기관으로 지정되어 있다.

중소기업법에 의한 중소기업의 경우 연간 1회(합격에 한함), 예산한도 내에서 성능검사 비용의 80%를 지원받을 수 있다.

그 동안 제조사(수입사)들이 신·재생에너지 설비를 인증받고자 신청하려면 기본서류, 제조·생산능력 서류, 품질관리·사후관리 서류 등 총 43종의 서류를 제출하도록 되어 있었는데,[106] 제조사(수입사)들 입장에서는 신청서류가 너무 복잡·다양하여 인증 신청시 일부 서류를 누락하거나 반려되

103) 설비인증기관(신·재생에너지센터)의 업무범위.
- ○ 인증심사기준에 따른 인증심사
  - 일반심사(공장확인): 제조 및 생산, 품질유지 및 사후관리능력 확인, 시료채취
  - 설비심사(성능검사): 성능검사기관이 발행한 성능검사결과서 심사
- ○ 인증심사기준에 적합한 경우 인증서 발급
- ○ 인증설비에 대한 사후관리, 생산 판매실적 관리
- ○ 인증 현황 등 인증 업무와 관련된 각종 통계 및 자료의 유지·관리 등

104) 신·재생에너지법 제13조제2항.

105) 신·재생에너지법 제13조제3항.

106) 신청사 기본서류(10종), 원자재 관리(9종), 제조·생산능력(8종), 품질관리(8종), 사후관리(8종).

는 사례가 발생하는 등 인증절차 진행이 지연되거나 불편을 초래하는 경우가 있었다. 정부는 최근 이를 개선하고자 인증을 신청하는 회사의 기본서류 등 13종만 제출토록 조치하였고,[107] 나머지 서류들은 공장심사 시 현장 확인을 통해 처리가 가능하도록 하였다. 이를 통해 신·재생에너지 설비를 인증받고자 하는 제조사는 인증 신청관련 제출서류를 준비하는 시간이 대폭 축소되어 영업비용의 절감과 함께 인증처리 과정이 신속히 처리되는 효과를 가져 올 것으로 기대된다.[108]

설비인증기관은 설비인증을 신청받으면 성능검사기관이 발행한 성능검사결과서에 의하여 설비인증 심사기준에 따라 심사한 후 그 기준에 적합한 신·재생에너지 설비에 대하여 설비인증을 하여야 한다.[109]

인증신청 처리절차를 살펴보면, 인증은 업체의 생산, 품질유지, 사후관리능력 등 일반심사(공장확인)와 제품성능, 내구성 등 설비심사(성능검사)로 2원화하여 실시한다. 신·재생에너지설비 제조자, 수입자의 신청에 의하여 심사 후 인증서를 발급한다.

표 4-5 인증신청 단계별 설명[110]

1. 인증신청서 제출(인증신청자)
   - 일반심사(공장확인)에 필요 서류 온라인 제출
2. 서류검토(신·재생에너지센터)
   - 일반심사(공장확인)에 필요한 서류 검토 후 수수료 납부요청

107) 신청사 기본서류(10종), 제조·생산능력(2종), 사후관리(1종).

108) 지식경제부, '신·재생에너지 설비 인증절차 간소화 한다', 보도자료, 2012.4.30.

109) 신·재생에너지법 제13조 제5항.
설비인증 심사기준(신·재생에너지법 시행규칙 제7조제1항 별표2).
1. 일반 심사기준
가. 신·재생에너지 설비의 제조 및 생산 능력의 적정성
나. 신·재생에너지 설비의 품질 유지·관리능력의 적정성
다. 신·재생에너지 설비의 사후관리의 적정성
2. 설비 심사기준(법 제13조제3항에 따른 성능검사결과서에 따른다)
가. 국제 또는 국내의 성능 및 규격에의 적합성
나. 설비의 효율성
다. 설비의 내구성
3. 비고
설비인증기관의 장은 기술표준원장과 협의하여 제1호 및 제2호에 관한 세부 사항에 대하여 설비인증 심사규정을 마련해야 한다.

110) 신·재생에너지센터, "신·재생에너지설비 인증제도", 2012.4. p. 7.

3. 인증수수료 납부(인증신청자)
   - 신・재생에너지센터에 수수료 납부
4. 접수결과 안내(신・재생에너지센터)
   - 신청모델에 대한 접수 후 일반심사일정 안내공문 온라인 발송
   * 최초인증 신청이 아닌 추가인증 신청일 경우, 일반심사(5번에 해당)가 생략되므로, 일반심사 일정안내가 아닌 성능검사의뢰 안내공문이 발송됨
5. 일반심사(신・재생에너지센터)
   - 공장확인 수행, 합격일 경우 공장확인결과 및 성능검사 의뢰 안내공문 온라인 발송
6. 시료제출(인증신청자)
   - 일반심사 시 신・재생에너지센터 심사자가 채취한 시료를 공장확인결과 및 성능검사 의뢰 안내공문 발급일로부터 90일 이내에 지정 검사기관에 제출
   * 최초인증 신청이 아닌 추가인증 신청일 경우, 성능검사의뢰 안내공문 발급일로부터 90일 이내에 지정 검사기관에 제출하여야 하며, 시료는 인증신청자가 직접 지정
7. 설비심사(성능검사기관)
   - 성능검사 수행, 검사완료일로부터 30일 이내에 검사결과서 발행
8. 성능검사결과서 접수(인증신청자)
   - 검사결과서 발행일로부터 30일 이내에 인증서 발행요청 공문과 성능검사결과서를 신・재생에너지센터에 온라인 제출
9. 인증서발급(신・재생에너지센터)
   - 성능검사결과서 검토 후 인증서 온라인 발급

ⓒ **인증 심사** 인증심사는 일반심사와 설비심사로 이루어지며, 일반심사에서 합격한 설비에 한하여, 설비심사를 실시한다. (i) 일반심사는 '일반심사기준'(신・재생에너지 인증품목 공장확인기준)에 따라 공장확인을 통하여 심사하는 것이며, 필요 시 인증신청설비의 부품을 제조하는 업체에 대해 공장확인을 실시할 수 있다.[111] (ii) 설비심사는 지정된 성능검사기관에서 발급한 성능검사결과서를 '설비심사기준'(신・재생에너지 인증품목 기술기준)에 따라 심사하는 것이다.

인증대상품목 특성에 따라 유사 모델들을 군으로 분류하여 인증심사가

111) 제품을 제조하는 공장에서의 인증취득을 희망하면, 그 제품이 항상 일정한 품질관리 하에서 제조되고 있음을 확인하기 위하여, 공장방문과 함께 품질관리체제 및 그 제품의 규격에 대한 적합성을 확인한다. 공장확인 소요기간은 국내공장은 1인 1일, 해외공장은 1인 2일이다. 해외심사의 경우 수입판매자가 인증 신청자이기 때문에 현지 공장의 품질관리 등에 필요한 시스템 조정 및 관리 권한 등을 판단하고, 계약관계 등을 확인하기 위해 심사에 응하는 것이 원칙이다. 또한 해외심사 시 원칙적으로 인증신청자(수입업체)가 심사비용을 납부하여야 한다. 공장확인에서 불합격일 경우 통보일로부터 3개월 내에 1회에 한하여 불합격 사항에 대해 보완 후 인증 재신청을 할 수 있다.

가능하다. 군별 대표 모델에 대해 인증을 취득한 자는 같은 군에 속한 유사 모델의 경우 설비심사 세부기준에서 따로 정한 성능검사항목만 실시하여 인증을 받을 수 있으나, 군의 특정 모델에 대한 사후관리 결과 부적합한 경우 같은 군의 유사모델까지 인증이 취소된다.[112)]

동일 제품을 국내 여러 수입사가 수입할 경우 어떤 회사가 먼저 인증을 취득하더라도, 해당 업체가 아닌 다른 수입업체는 별도의 인증을 받아야 한다.[113)]

㉣ 인증서 발급 및 유효기간 일반심사기준과 설비심사기준에 의해 인증심사결과 세부기준 이상일 경우 인증서를 온라인으로 교부한다. 인증 유효기간은 인증서 발급일로부터 3년을 원칙으로 한다. 3년 단위로 연장가능하다. 인증 유효기간 내 인증제품의 생산실적이 없거나 사후관리용 시료 채취가 불가능할 경우 유효기간의 연장대상에서 제외할 수 있다.

제조공장이 이전한 경우에는 변경내용을 신고하여야 하며, 다른 공장(소재지)에서 제조할 경우에도 해당 내용을 신고하여야 한다. 신고가 접수되면 별도의 공장확인 후 인증서가 재발급된다.

㉤ 인증설비 사후관리 설비인증기관은 설비인증을 받은 신·재생에너지 설비에서 (i) 성능 또는 품질에 문제가 발생한 경우, 또는 (ii) 생산공장의 이전 등 기술표준원장이 신·재생에너지 설비의 품질 유지를 위하여 사후관리가 필요하다고 인정하는 사유가 발생한 경우에는 그 신·재생에너지 설비가 설비인증 심사기준에 맞는지 다시 검사하여야 한다.[114)]

사후관리 결과 일반심사기준 또는 설비심사기준에 부적합한 경우는 인증을 취소할 수 있다.[115)] 인증이 취소된 해당설비는 6개월 이내에 다시 인증신청을 할 수 없다.

㉥ 설비인증 표시 및 홍보 설비인증을 받은 자는 그 신·재생에너지 설비에 설비인증의 표시를 하거나 설비인증을 받은 것을 홍보할 수 있다.[116)] 설비인증을 받지 아니한 자는 설비인증의 표시 또는 이와 유사한 표

112) 인증심사에 관한 상세한 내용은 신·재생에너지센터에서 발간한 "신·재생에너지설비 인증제도(2012.4)"를 참고하기 바란다.

113) 왜냐하면 기본적으로 수입업체의 사후관리 능력까지 고려하여 인증서를 발급하기 때문이다.

114) 신·재생에너지법 시행규칙 제7조제2항.

115) 공장확인 사후관리 불합격이 결정되면 1회에 한하여 보완기회를 주고, 이후에도 보완이 되지 않는 경우에는 인증위원회를 통하여 인증취소 여부를 판단한다.

시를 하거나 설비인증을 받은 것으로 홍보하여서는 아니 된다.[117] 해외제품의 경우 인증업체 외에 타 업체가 동일제품을 수입하여 판매하는 것은 가능하나, 국내 신·재생에너지 설비 인증마크를 부착하여 인증제품으로 판매하는 것은 불가능하다.

7) 신·재생에너지기술의 국제표준화 지원

지식경제부장관은 국내에서 개발되었거나 개발 중인 신·재생에너지 관련 기술이 「국가표준기본법」 제3조제2호[118]에 따른 국제표준에 부합되도록 하기 위하여 설비인증기관에 대하여 표준화기반 구축, 국제활동 등에 필요한 지원을 할 수 있다.[119] 그 지원 범위는 대통령령으로 정하고 있는 바, 국제표준 적합성의 평가 및 상호인정의 기반 구축에 필요한 장비·시설 등의 구입비용, 국제표준 개발 및 국제표준 제안 등에 드는 비용, 국제표준화 관련 국제협력의 추진에 드는 비용, 국제표준화 관련 전문인력의 양성에 드는 비용이다.[120]

8) 신·재생에너지 설비 및 그 부품의 공용화

신·재생에너지 설비 및 그 부품의 호환성(互換性)을 높이기 위하여 그 설비 및 부품을 지식경제부장관이 정하여 고시하는 바에 따라 공용화 품목으로 지정하여 운영할 수 있다.[121]

신·재생에너지센터, 성능검사기관, 신·재생에너지 설비 설치전문기업, 그 밖에 신·재생에너지의 개발·이용 및 보급 관련 단체가 신·재생에너지 설비 및 그 부품 중 공용화가 필요한 품목을 공용화 품목으로 지정하여 줄 것을 지식경제부장관에게 요청할 수 있다.[122] 지정 요청을 받은 경우에는 지

---

116) 신·재생에너지법 제14조제1항, 신·재생에너지법 시행규칙 제9조.

117) 신·재생에너지법 제14조제2항.

118) 국가표준기본법 제3조(정의) 제2호: "국제표준"이란 국가 간의 물질이나 서비스의 교환을 쉽게 하고 지적·과학적·기술적·경제적 활동 분야에서 국제적 협력을 증진하기 위하여 제정된 기준으로서 국제적으로 공인된 표준을 말한다.

119) 신·재생에너지법 제20조.

120) 신·재생에너지법 시행령 제23조.

121) 신·재생에너지법 제21조.

122) 신·재생에너지법 시행규칙 제12조 ② …공용화 품목의 지정을 요청하려는 자는 지정요청서에 다음 각 호의 서류를 첨부하여 기술표준원장에게 제출하여야 한다. 1. 대

식경제부령으로 정하는 바에 따라 전문가 및 이해관계인의 의견을 들은 후 해당 신·재생에너지 설비 및 그 부품을 공용화 품목으로 지정할 수 있다.[123]

지식경제부장관은 신·재생에너지 설비 및 그 부품의 공용화를 효율적으로 추진하기 위하여 필요한 지원을 할 수 있는 바, 공용화 품목의 개발, 제조 및 수요·공급 조절에 필요한 자금을 다음의 구분에 따른 범위에서 융자할 수 있다.[124]

(i) 중소기업자: 필요한 자금의 80퍼센트, (ii) 중소기업자와 동업하는 중소기업자 외의 자: 필요한 자금의 70퍼센트, (iii) 그 밖에 지식경제부장관이 인정하는 자: 필요한 자금의 50퍼센트

9) 신·재생에너지 설비 설치전문기업의 신고 등

신·재생에너지 설비의 설치를 전문으로 하려는 자는 자본금·기술인력 등 대통령령으로 정하는 신고기준 및 절차에 따라 지식경제부장관에게 신고할 수 있다. 지식경제부장관은 신고한 신·재생에너지 설비 설치전문기업(이하 "신·재생에너지전문기업"이라 한다)에 지체 없이 신고증명서를 발급하여야 한다.[125] 지식경제부장관은 신고증명서를 발급한 신·재생에너지전문기업에 대한 평가를 실시하여 신·재생에너지 우수 전문기업을 선정할 수 있다.[126]

지식경제부장관은 보급사업을 위하여 필요하다고 인정하면 신·재생에너지 설비의 설치 및 보수에 드는 비용, 신·재생에너지전문기업이 공용화 품목을 사용하는 경우 공용화 품목의 비축에 드는 비용의 일부를 지원할 수 있다.[127]

상 품목의 명칭·규격 및 설명서, 2. 공용화 품목으로 지정받으려는 사유, 3. 공용화 품목으로 지정될 경우의 기대효과

③ 제2항에서 규정한 사항 외에 공용화 품목의 지정에 관한 세부 사항은 기술표준원장이 정하여 고시한다.

123) 신·재생에너지법 시행령 제24조제2항.

124) 신·재생에너지법 제21조제3항, 시행령 제24조제3항.

125) 신·재생에너지법 제22조. 구체적인 신·재생에너지 전문기업 신고기준은 동법 시행령 제25조제1항에 따라 별표7에서 규정하고 있다.

126) 신·재생에너지법 시행령 제25조의2. 신·재생에너지 우수 전문기업의 선정을 위한 평가기준은 1. 기술인력, 2. 시공 실적, 3. 기업의 신용상태, 4. 품질 및 사후관리 실적, 5. 그 밖에 지식경제부장관이 필요하다고 인정하는 기준이다.

127) 신·재생에너지법 시행령 제26조.

정부는 신・재생에너지전문기업의 신고기준을 현재 3개 신・재생에너지원(태양에너지, 풍력, 지열)에서 10개 신・재생에너지원으로 확대하고 자본금 관련 평가기준을 보다 명확히 하는 방향으로 신・재생에너지법 시행령의 개정을 추진중에 있다.[128] 이에 따르면 신재생에너지전문기업 신고기준의 개정안은 <표 4-6>과 같다.

표 4-6 신・재생에너지전문기업의 신고기준 개정안

에너지원의 종류별	자본금 및 기술인력
1. 태양에너지	가. 자본금 또는 자산평가액 1억원
	나. 「국가기술자격법」에 따른 건설, 기계, 전기・전자, 환경・에너지 분야의 기사
2. 풍력	가. 자본금 또는 자산평가액 1억원 이상
	나. 「국가기술자격법」에 따른 건설, 기계, 재료, 화학, 전기・전자, 환경・에너지 분야의 기사
3. 지열에너지	가. 자본금 또는 자산평가액 1억원 이상
	나. 「국가기술자격법」에 따른 건설, 기계, 전기・전자, 환경・에너지 분야의 기사
4. 연료전지	가. 자본금 또는 자산평가액 1억원 이상
	나. 「국가기술자격법」에 따른 건설, 기계, 전기・전자, 안전관리, 환경・에너지 분야의 기사
5. 바이오에너지, 수력, 석탄액화가스화 및 중질잔사유가스화 에너지, 해양에너지, 폐기물에너지, 수소 에너지	가. 자본금 또는 자산평가액 1억원 이상
	나. 「국가기술자격법」에 따른 건설, 기계, 전기・전자, 안전관리, 환경・에너지 분야의 기사
6. 설비 설치 대상이 되는 에너지원이 두 종류 이상인 경우	가. 자본금 또는 자산평가액 1억원 이상
	나. 「국가기술자격법」에 따른 건설, 기계, 재료, 화학, 전기・전자, 안전관리, 환경・에너지 분야의 기사

정부는 성장하고 있는 신・재생에너지산업 추세에 발맞추어 국가기술자격분야에 신・재생에너지발전설비기사(태양광), 신・재생에너지발전설비산업기사(태양광), 신・재생에너지발전설비기능사(태양광) 분야를 신설하였으

128) 2012년 6월 22일, 동 개정을 내용으로 하는 시행령개정안이 입법예고되었다. 자세한 내용은 '(지식경제부공고 제2012-299호) 신에너지 및 재생에너지 개발・이용・보급 촉진법 시행령 개정(안)'을 참고하기 바란다.

며, 2013년 1월 1일부터 시행될 예정이다. 그동안은 신・재생에너지분야에 특화된 국가기술자격이 없어서 신・재생에너지전문기업의 기술인력기준을 건설, 기계, 전기・전자, 환경・에너지 분야 등의 기사로 광범위하게 규정하고 있었는데, 새로이 태양광분야에 대한 국가기술자격이 신설되었으므로 신・재생에너지전문기업의 전문성을 실질적으로 높이기 위해서는 태양광에 대한 신재생에너지전문기업의 기술인력 기준은 신・재생에너지발전설비기사(태양광)로 한정하는 것이 타당할 것이다.

10) 국유재산・공유재산의 임대 등

신・재생에너지법 제26조제1항은 국가 또는 지방자치단체는 신・재생에너지 기술개발 및 이용・보급에 관한 사업을 위하여 필요하다고 인정하면 「국유재산법」 또는 「공유재산 및 물품 관리법」에도 불구하고 수의계약(隨意契約)에 따라[129] 국유재산 또는 공유재산을 신・재생에너지 기술개발 및 이용・보급에 관한 사업을 하는 자에게 대부계약의 체결 또는 사용허가[130](이하 "임대"라 한다)를 하거나 처분할 수 있도록 규정하고 있다.[131]

국가 또는 지방자치단체가 위의 규정에 따라 국유재산 또는 공유재산을 임대하는 경우에는 「국유재산법」 또는 「공유재산 및 물품 관리법」에도 불구하고 자진철거 및 철거비용의 공탁을 조건으로 영구시설물을 축조하게 할 수 있다. 다만, 공유재산에 영구시설물을 축조하려면 조례로 정하는 절

129) "국유재산"이란 국가의 부담, 기부채납이나 법령 또는 조약에 따라 국가 소유로 된 「국유재산법」 제5조제1항 각 호의 재산을 말하며(「국유재산법」 제2조제1호), "공유재산"이란 지방자치단체의 부담, 기부채납(寄附採納)또는 법령에 따라 지방자치단체의 소유로 된 「공유재산 및 물품 관리법」에 따른 재산을 말한다(「공유재산 및 물품 관리법」 제2조제1호). 국유재산 및 공유재산은 그 용도에 따라 각각 행정재산과 일반재산으로 구분되며, 행정재산은 다시 공용재산, 공공용재산, 기업용재산, 보존용재산으로 나누어지며, 행정재산 외의 모든 재산은 일반재산이 된다.

130) 대판 2006.3.9. 선고 2004다31074 (국유재산 등의 관리청이 하는 행정재산의 사용・수익에 대한 허가는 순전히 사경제주체로서 행하는 사법상의 행위가 아니라 관리청이 공권력을 가진 우월적 지위에서 행하는 행정처분으로서 특정인에게 행정재산을 사용할 수 있는 권리를 설정하여 주는 강학상 특허에 해당한다)

131) 국유재산 또는 공유재산을 이용하는 방법에는 각각 ①국가 또는 지방자치단체로부터 공유재산(행정재산, 일반재산)을 매수・교환・양여 등의 방법으로 이전받거나, ② 행정재산의 사용・수익 허가를 받아 사용・수익 하는 방법, ③일반재산의 대부계약을 체결하여 사용・수익하는 방법 등이 있다. 행정재산의 사용 수익의 허가 또는 일반재산의 대부계약은 경쟁입찰(원칙적으로 일반경쟁)에 부쳐야 한다.

차에 따라 지방의회의 동의를 받아야 한다.[132)]

제1항에 따른 국유재산 및 공유재산의 임대기간은 10년 이내로 하되, 국유재산은 종전의 임대기간을 초과하지 아니하는 범위에서 갱신할 수 있고, 공유재산은 지방자치단체의 장이 필요하다고 인정하는 경우 1회에 한하여 10년 이내의 기간에서 연장할 수 있다.[133)]

제1항에 따라 국유재산 또는 공유재산을 임차하거나 취득한 자가 임대일 또는 취득일부터 2년 이내에 해당 재산에서 신 · 재생에너지 기술개발 및 이용 · 보급에 관한 사업을 시행하지 아니하는 경우에는 대부계약 또는 사용허가를 취소하거나[134)] 환매할 수 있다.[135)]

표 4-7 신 · 재생에너지 사업촉진을 위한 입지관련 특례 규정

□ 「국유림의 경영 및 관리에 관한 법률」
- 요존국유림의 사용허가

☞ 산림청장은 원칙적으로 대부 · 매각 · 교환 · 양여 또는 사권의 설정이 금지되어 있는 요존국유림에[136)] 신 · 재생에너지 설비를 설치하는 경우에는 요존국유림의

132) 신 · 재생에너지법 제26조제2항.

133) 신 · 재생에너지법 제26조제3항; 국유재산 또는 공유재산의 각 행정재산의 사용수익허가 기간 및 일반재산의 대부계약기간과 비교해 볼 때, 장기(長期)이다.

134) 대판 1997.4.11, 96누17325 (국 · 공유재산의 관리청이 행정재산의 사용 · 수익을 허가한 다음 그 사용 · 수익하는 자에 대하여 하는 사용 · 수익허가취소는 순전히 사경제주체로서 행하는 사법상의 행위가 아니라 관리청이 공권력을 가진 우월적 지위에서 행하는 행정처분이다).

135) 신 · 재생에너지법 제26조제4항.

136) 국유림은 요존국유림과 불요존국유림으로 나뉜다.

○ "요존국유림(要存國有林)"이란 다음 어느 하나에 해당하는 국유림으로서 원칙적으로 대부 · 매각 · 교환 · 양여 또는 사권의 설정이 금지되어 있다(「국유림의 경영 및 관리에 관한 법률」 제16조제1항제1호, 제17조, 「국유림의 경영 및 관리에 관한 법률 시행령」 제11조제1항 및 「국유림의 경영 및 관리에 관한 법률 시행규칙」 제17조).

1. 산림경영임지의 확보, 임업기술개발 및 학술연구를 위해 보존할 필요가 있는 국유림
2. 사적 · 성지 · 기념물 · 유형문화재 보호, 생태계보전 및 상수원보호 등 공익상 보존할 필요가 있는 국유림
3. 일단(一團)의 면적이 다음 기준에 해당되는 국유림

가. 특별시 · 광역시 지역(군지역은 제외): 2만 제곱미터 이상

나. 제주특별자치도(동 지역만 해당)와 시[도농(都農)복합형태 시의 읍 · 면 지역은 제외]: 5만 제 곱미터 이상

다. 그 밖의 지역: 10만 제곱미터 이상

라. 대부되지 않은 불요존국유림으로서 대부된 국유림과 서로 연접한 경우: 대부(종전의 「산림법」에 따라 대부된 조림용 대부지 또는 분수림 설정지를 포함)된 국유림과의 합산면적이 위의 가부터 다까지의 기준에 해당하는 경우

사용을 허가할 수 있음(「국유림의 경영 및 관리에 관한 법률」 제17조, 제21조제1항제2호, 「국유림의 경영 및 관리에 관한 법률 시행령」 제17조 및 제18조제1항제5호).

□ 「산지관리법」

▪ 산지전용·일시사용의 허용

☞ 원칙적으로 산지전용제한지역에서는 산지전용을 할 수 없지만,[137] 예외적으로 신·재생에너지의 이용·보급을 위한 시설을 설치하기 위한 목적으로는 산지를 전용할 수 있다(「산지관리법」 제10조제7호).

☞ 원칙적으로 보전산지(保全山地)에서는 산지전용 또는 일시사용을 할 수 없지만,[138] 예외적으로 신·재생에너지의 이용·보급을 위한 시설을 설치하기 위한 목적으로는 산지를 전용 또는 일시사용할 수 있다(「산지관리법」 제12조제1항제1호).

□ 「농지법」

▪ 농지전용의 허용

☞ 농업진흥구역에서는 원칙적으로 농업생산, 농지개량 등과 무관한 토지이용행위를 할 수 없지만,[139] 소수력(小水力)·풍력발전설비를 설치할 수 있도록 허용하고 있다(「농지법」 제32조제1항제7호 및 「농지법 시행령」 제29조제6항제1호).

---

4. 도서지역에 있는 국유림. 다만, 읍·면 소재지가 있는 도서지역 내의 국유림으로서 보존할 가치가 없다고 인정되는 10만 제곱미터 미만의 국유림은 제외된다.

○ "불요존국유림(不要存國有林)"이란 요존국유림 외의 국유림을 말하며 요존국유림과는 달리 대부·매각·교환·양여 또는 사권의 설정이 금지되어 있지 않다(「국유림의 경영 및 관리에 관한 법률」 제16조제1항제2호).

137) "산지전용"이란 산지를 조림(造林)·숲 가꾸기, 벌채, 토석 등 임산물의 채취, 산지일시사용하는 용도 외로 사용하거나 이를 위하여 산지의 형질을 변경하는 것을 말하며(「산지관리법」 제2조제2호), 산지전용을 하고자 하는 자는 그 용도를 정하여 산림청장의 허가를 받아야 한다(「산지관리법」 제14조제1항).

- "산지일시사용"이란 산지로 복구할 것을 조건으로 산지를 조림(造林), 숲 가꾸기, 벌채, 토석 등 임산물의 채취 외의 용도로 일정 기간 동안 사용하거나 이를 위하여 산지의 형질을 변경하는 것 또는 산지를 임도, 임산물을 운반하는 도로, 등산로, 탐방로, 그 밖에 이와 유사한 산길로 사용하기 위하여 산지의 형질을 변경하는 것을 말한다(「산지관리법」 제2조제3호).
- "산지전용·일시사용제한지역"이란 공공의 이익증진을 위하여 보전이 특히 필요하다고 인정되는 산지로서 산지전용 또는 일시사용이 제한되는 지역을 말한다(「산지관리법」 제9조제1항).

138) "보전산지"란 ① 임업용산지로서 산림자원의 조성과 임업경영기반의 구축 등 임업생산 기능의 증진을 위하여 필요한 산지로서 산림청장이 지정하는 산지와, ② 공익용산지로서 임업생산과 함께 재해방지·수원보호·자연생태계보전·자연경관보전·국민보건휴양증진 등의 공익기능을 위해 필요한 산지로서 산림청장이 지정하는 산지를 말한다(「산지관리법」 제4조제1항제1호).

139) "농업진흥구역"이란 농업의 진흥을 도모해야 하는 다음 어느 하나에 해당하는 지역으로서 농림수산식품부장관이 정하는 규모로 농지가 집단화되어 농업 목적으로 이용할 필요가 있는 지역을 말한다(「농지법」 제28조제2항제1호).

1. 농지조성사업 또는 농업기반정비사업이 시행되었거나 시행 중인 지역으로서 농업

☞ 농업보호구역에서는 원칙적으로 농업생산, 농지개량 등과 무관한 토지이용행위를 할 수 없지만,[140] 소수력(小水力) · 풍력 · 태양에너지를 이용하는 발전설비를 설치할 수 있도록 허용하고 있다(「농지법」 제32조제2항 및 「농지법 시행령」 제30조제1항제3호).

□「신 · 재생에너지법」

▪ 국 · 공유재산의 임대 등

☞ 국가 또는 지방자치단체는 신 · 재생에너지 기술개발 및 이용 · 보급에 관한 사업을 위해서 필요하면 「국유재산법」 또는 「공유재산 및 물품 관리법」에도 불구하고 수의계약(隨意契約)에 따라 국유재산 또는 공유재산을 신 · 재생에너지 기술개발 및 이용 · 보급에 관한 사업을 하는 자에게 대부계약의 체결 또는 사용허가(이하 "임대"라 함)를 하거나 처분할 수 있다(「신 · 재생에너지법」 제26조제1항).

□ 「국토의 계획 및 이용에 관한 법률」

▪ 발전전력 200kW 이하인 태양광설비 설치 시 도시 · 군관리계획의 예외

☞ 지상 · 수상 · 공중 · 수중 또는 지하에 기반시설을 설치하려면 그 시설의 종류 · 명칭 · 위치 및 규모 등을 미리 도시 · 군관리계획으로 결정해야 하지만, 신 · 재생에너지설비로서 발전용량이 200kW 이하인 태양광설비를 설치하는 경우에는 예외적으로 도시 · 군관리계획의 결정이 없이도 설치가 가능하다(「국토의 계획 및 이용에 관한 법률」 제43조제1항, 「국토의 계획 및 이용에 관한 법률 시행령」 제35조제1항제1호다목 및 「국토의 계획 및 이용에 관한 법률 시행규칙」 제6조제1항제5의2호).

□ 「백두대간 보호에 관한 법률」

▪ 보호지역에서의 신 · 재생에너지설비 설치

☞ 원칙적으로 보호지역의 핵심구역(백두대간의 능선을 중심으로 일정한 구역을 특별히 보호하고자 하는 지역) 및 완충구역(핵심구역의 연접지역으로서 핵심구역의 보호상 필요한 지역)에서는 건축물의 건축 · 공작물이나 그 밖의 시설물의 설치, 토지의 형질변경, 토석의 채취 또는 이와 유사한 행위를 할 수 없지만, 예외적으로 신 · 재생에너지의 이용 · 보급을 위한 시설의 경우에는 설치할 수 있다(「백두대간보호에 관한 법률」 제7조제1항제6호 · 제2항제1호).

□ 「산업집적활성화 및 공장설립에 관한 법률」

▪ 태양에너지를 이용한 발전사업 시 공장등록 취소의 예외

☞ 시장 · 군수 또는 구청장은 등록된 공장이 용도 외로 사용되는 경우 해당 공장등록을 취소할 수 있지만, 태양에너지를 이용하여 「전기사업법」 제2조제3호에 따른 발전사업에 필요한 용도로 ① 다음 어느 하나에 해당하는 요건을[141] 갖추어

용으로 이용하고 있거나 이용할 토지가 집단화되어 있는 지역

2. 위의 1.에 해당하는 지역 외의 지역으로서 농업용으로 이용하고 있는 토지가 집단화되어 있는 지역

140) "농업보호구역"이란 농업진흥구역의 용수원 확보, 수질 보전 등 농업 환경을 보호하기 위하여 필요한 지역을 말한다(「농지법」 제28조제2항제2호).

141) 가) 공장부지 안의 건축물에 발전설비를 설치하는 경우, 나) 공장부지 중 제2조제2

공장의 일부를 사용하고, ② 그 사용이 해당 공장의 제조활동에 현저하게 지장이 초래되지 않는 경우에는 예외적으로 그 공장등록이 취소되지 않는다(「산업집적활성화 및 공장설립에 관한 법률」 제17조제1항제3호 및 「산업집적활성화 및 공장설립에 관한 법률 시행령」 제21조제2항제2호).

---

11) 보급사업

지식경제부장관은 신・재생에너지의 이용・보급을 촉진하기 위하여 필요하다고 인정하면 대통령령으로 정하는 바에 따라 다음의 보급사업을 할 수 있다.[142)]

(i) 신기술의 적용사업 및 시범사업, (ii) 환경친화적 신・재생에너지 집적화단지(集積化團地) 및 시범단지 조성사업, (iii) 지방자치단체와 연계한 보급사업, (iv) 실용화된 신・재생에너지 설비의 보급을 지원하는 사업, (v) 그 밖에 신・재생에너지 기술의 이용・보급을 촉진하기 위하여 필요한 사업으로서 지식경제부장관이 정하는 사업이다.

개발된 신・재생에너지 설비가 설비인증을 받거나 신・재생에너지 기술의 국제표준화 또는 신・재생에너지 설비와 그 부품의 공용화가 이루어진 경우에는 우선적으로 제1항에 따른 위의 보급사업을 추진할 수 있다[143)]. 관계 중앙행정기관의 장은 환경 개선과 신・재생에너지의 보급 촉진을 위하여 필요한 협조를 할 수 있다.[144)]

지식경제부장관은 위의 보급사업을 시행하는 경우에는 (i) 법 제11조제1항 각 호의 어느 하나에 해당하는 자 또는 (ii) 신・재생에너지센터 중에서 보급사업의 실시기관을 선정하여 시행하며, 보급사업을 촉진하기 위하여 필요한 경우에는 보급사업의 시행에 필요한 비용을 예산의 범위에서 제1항에 따른 실시기관에 지원할 수 있다.[145)]

정부는 그린홈 100만호보급사업, 일반보급보조사업, 지방보급사업 등의

항제1호부터 제3호까지의 시설이 설치되어 있지 않은 공장부지를 활용할 때에는 해당 발전설비의 수평투영면적이 제18조의2제1항에 따른 해당 공장의 공장건축면적을 초과하지 않는 범위에서 발전설비를 설치하는 경우

142) 신・재생에너지법 제27조제1항

143) 신・재생에너지법 제27조제2항

144) 신・재생에너지법 제27조제3항

145) 신・재생에너지법 시행령 제27조제1항, 제2항, 제3항(보급사업의 지원대상, 지원 조건 및 추진절차, 그 밖에 필요한 사항은 지식경제부장관이 정하여 고시한다).

보급보조사업을 실시하고 있다. 이하에서는 개략적으로 설명하기로 한다.

① 그린홈 100만호 보급사업

㉠ **개요** 그린홈 100만호 보급사업이란 2020년까지 신・재생에너지주택(Green Home) 100만호 보급을 목표로 태양광, 태양열, 지열, 소형풍력, 연료전지 등의 신・재생에너지원을 주택에 설치할 경우 설치 기준단가의 일부를 정부가 보조지원하는 사업이다.

그린홈 100만호 보급사업은 신・재생에너지법 제27조(보급사업), 지식경제부 고시 신・재생에너지설비의 지원등에 관한 기준 및 지침에 의해 실시되고 있다.

지원대상은 「건축법」 제2조 및 같은 법 시행령 [별표 1]의 규정에 따른 단독주택 및 공동주택, 한국토지주택공사 또는 지방공기업이 임대를 목적으로 건설한 보금자리주택 및 동일 최소행정구역단위(리, 동)에 있는 마을로써 10가구 이상에 신・재생에너지 설비를 설치하는 그린빌리지로서, 이러한 지원대상에 자체적으로 사용하는 신・재생에너지 설비를 설치할 경우 설치비의 일부를 지원한다.[146]

동 사업 추진과 관련하여서 최근에 시공업체(설치전문기업) 중심에서 수요자 중심으로 개선한 바 있는데, 2011년까지는 그린홈 100만호 보급사업 추진이 먼저 사업에 참여할 시공업체를 평가를 통해 선정하고, 신청자의 사업신청에 대한 적합성을 검토한 후 신・재생에너지센터에서 사업을 승인하는 방식이었으나, 2012년도부터는 기존의 참여시공기업(공급자)의 영업으로 수요자를 발굴하던 방식을 개선하여 수요자가 직접 기업을 선택하는 수요자 중심의 보급체계로 전환하였다. 즉, 참여희망 신청자는 '그린홈 홈페이지'를 통해 시공기업의 정보(시공분야, 시공지역, 설비제품, 시공실적 등)를 확인하고 신청자가 원하는 기업을 선택할 수 있게 되었다. 그리고 신청자가 설비 설치 전, 금융기관에 자부담금을 예치하도록 의무화하여 시공기업의 안정적 자금 확보에 도움을 주고, 시공과정에서 신청자가 적극적으로 참여할 수 있게 하였으며, 온라인상의 하나의 마켓에서 다수의 시공기업을 경쟁시킴으로써 시장원리에 따른 가격의 하락을 유도하고, 또한 설치를 완료한

146) 신・재생에너지설비의 지원등에 관한 기준 및 지침 제10조제1항제1호.

시공기업에 대한 고객만족도조사를 실시토록 하여 기업의 서비스 품질 향상을 유도하였다.[147)]

ⓛ 에너지원별 소개[148)]

ⓐ 태양광 주택(전기발생) 태양광주택이란 태양전지 모듈을 지붕이나, 창호, 옥상 등에 설치하고 여기서 발생하는 전기를 직접 이용하는 주택으로 지원규모는 가구당 3kW[149)]이하이다. 일반적으로 3kW 용량의 태양광발전시스템을 설치하기 위해서는 약 23㎡의 설치면적이 필요하다.

〈예시〉 월사용량이 400kWh인 주택의 경우(3kW 설비 설치시) 전기요금 절감액
- 설치 전 전기요금: 연간 880천원(한전전력 400kWh 소비시 월 73,330원×12월)
- 설치 후 전기요금: 연간 56천원(한전전력 65kWh 소비시 월 4,670원×12월)
⇒ 연간 824천원 절감

그림 4-3 태양광 주택 설치 예

ⓑ 태양열 주택(온수발생) 태양열 설비인 집열기를 지붕이나 옥상 등에 설치하고 이를 통해 얻은 열량을 이용하여 온수를 우선 사용하는

147) 신·재생에너지센터, '그린홈 100만호 보급사업 수요자 중심으로 패러다임 전환', 보도자료, 2012.2.9.

148) 이하 신·재생에너지센터, "알기쉬운 그린홈 안내 가이드", 2012.에서 인용한다.

149) 태양광 3kW용량 설치시 한달에 약 335kWh의 전력량을 생산한다 ⇒ 3kW×30일×24시간×15.5%(최적상태의 이용율)

주택으로 가구당 지원규모는 20㎡이하이다. 그 종류는 평판형, 단일 진공관형, 2중 진공관형이 있다. 일반적으로 20㎡의 태양열시스템 설치시 약 24㎡의 설치면적이 필요하다.

〈예시〉 연료가 도시가스인 주택의 경우(20㎡ 설비 설치시) 난방비 절감액
- 태양열 20㎡ 설비 설치시 한달에 약 667,000kcal의 열량을 생산하고, 도시가스 667,000kcal 가격이 60,000원(경기지역기준 2011. 1. 1)이므로, 설치 후 월60,000원 절감
  ⇒ 연간 720천원 절감
  ※ 가정: 도시가스 1000kcal 단가 90원(경기지역기준 2011. 1. 1), 도시가스발열량 10,400 kcal/㎥ 일일 일사량 3,140kcal/㎡, 집열기효율 50%, 열생산일 270일/년을 기준

그림 4-4 태양열 주택 설치 예

㉢ 지열시스템 주택(난방 및 냉방)　　연중 약 15℃로 일정한 지하의 온도를 히트펌프[150]로 변화시켜 가정의 난방과 냉방에 이용하는 주택으로 가구당 지원규모는 17.5kW(5RT) 이하이다. 겨울철에는 지중으로부터 열을 흡수하여 히트펌프로 승온시켜 난방하고, 여름철에는 실내의 높은 열을 지중으로 방출하여 냉방에 이용한다. 일반적으로 지중 열교환기를 위해 50㎡, 기계실을 위해 6.6㎡의 설치면적이 필요하다.

150) 히트펌프는 저온의 열원에서 열을 흡수하여 고온의 열원으로 열을 운송하는 기계장치이다.

지열히트펌프는 연중 일정한 지중의 열을 이용하므로 타 에너지원에 비하여 외부환경의 영향을 크게 받지 않는다. 난방시 보일러(실내 등유), 냉방시 에어컨을 사용하는 경우의 설치효과는 다음과 같다.

〈예시 1〉 5RT 설치시 주택의 월간 난방비용 절감량
○ 실내 등유 월간 난방비용: 430천원
- 1,388원/ℓ×{(5RT×3,024 kcal/RT×부하율 0.7×월운전일수 30×운전시간 8시간)÷(실내 등유발열량 8,200kcal/ℓ)}≒430천원
○ 지열 월간 난방비용: 120천원
- (5RT×3,024kcal/RT×부하율 0.7×월운전일수 30×운전시간 8시간)÷(전력당 열량 860kcal/kWh)÷COP 3.2≒923kWh, 전기요금 120천원
⇒ 월간 310천원 절감

〈예시 2〉 5RT 설치시 주택의 월간 냉방비용 절감량
○ 에어컨 월간 냉방비용: 284천원
- {(5RT×3,024kcal/RT×부하율 0.6×월운전일수 30×운전시간 4시간)÷(전력당 열량 860kcal/kWh)}÷COP 2.7≒469kWh
- 전기사용량=에어컨전기사용량 469kWh+가정기본사용량300kWh≒769kWh
- 769kWh 중 에어컨전기사용량 469kWh에 대한 전기요금: 284천원
○ 지열 월간 냉방비용: 63천원
- (5RT×3,024kcal/RT×부하율 0.6×월운전일수 30×운전시간 4시간÷(전력당 열량 860kcal/kWh)÷COP 4.0≒316 kWh, 전기요금 63천원
⇒ 월간 221천원 절감
※ 히트펌프COP 냉방시 4.0 기준 냉방시 주택용 전기요금을 기준으로 한 값으로 전력단가, 지역별 설치조건 건물 냉난방부하등에 따라 달라질 수 있음

그림 4-5 지열 설치 예

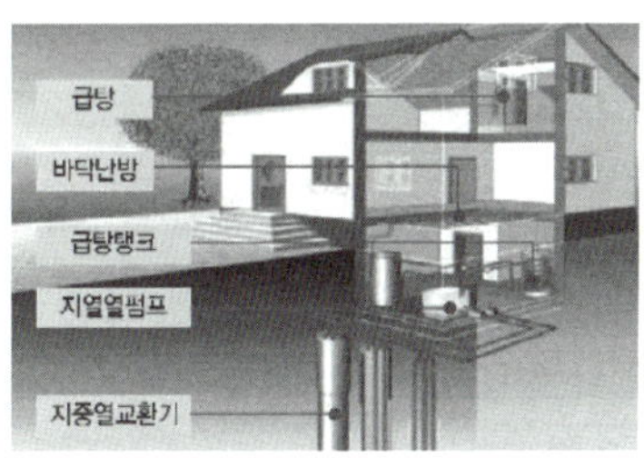

㉣ **연료전지 주택(전기 및 열 발생)** 연료용 가스에 포함되어 있는 수소와 대기 중의 산소를 반응시켜 전기와 열을 생산해내는 연료전지를 이

용하여 전기 생산뿐만 아니라 급탕과 난방이 가능한 주택으로, 가구당 지원 규모는 1kW 이하이다. 일반적으로 1kW 용량의 연료전지를 설치하기 위해서는 배관설치 등을 고려하여 약 2㎡의 설치면적이 필요하다.[151]

〈예시〉 월 전력사용량이 700kWh인 주택의 경우(1kW설치시)
○ 연료전지 도입 전 월 전기요금(700kWh/월 사용시) = 279,060원
○ 월 684kWh 전력량 생산시 월간 전기요금 절감량
: 279,060원(700kWh/월)−1,470원(16kWh/월)=277,590원
○ 연료전지 열 생산량
: (684kWh×55/35)×860kcal/kWh=924Mcal/월 (55%: 열효율, 35%: 전기효율
○ 열 절약금액
→ 924,000kcal÷9,420kcal/N㎥=98N㎥
→ 98N㎥×900원N㎥×1.1=97,020원/월
○ 가스사용량=684kWh×0.256N㎥kWh=175N㎥
(0.256N㎥kWh: 연료전지1kW 발전을 위해 1시간 동안 사용하는 도시가스 유량)
○ 가스사용금액=175N㎥×900원N㎥×1.1=173,250원/월
○ 절감금액=277,590+97,020−173,250=201,360원/월(2,416천원/년)
⇒ 연간 2,416천원 절감

그림 4-6 연료전지 설치 예

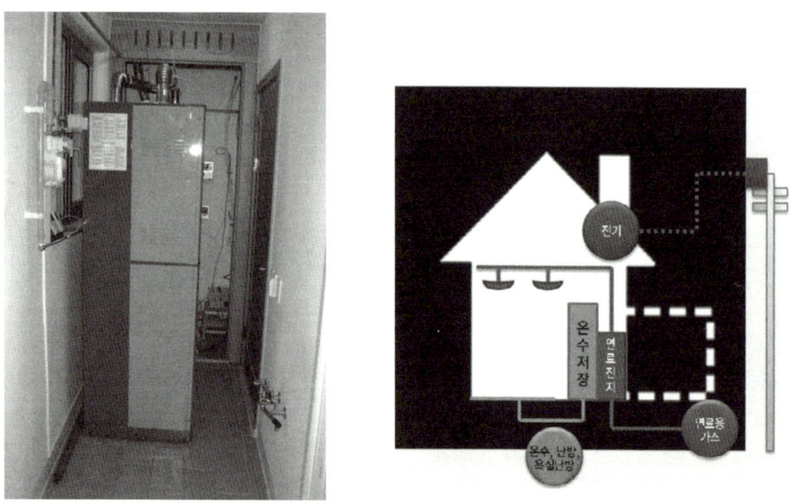

151) 연료전지 1kW 용량 설치시 한달에 약 684kWh의 전력량을 생산한다.
⇒ 1kW×24시간×30일×95%(이용율)

ⓜ **소형풍력 주택(전기 발생)** 바람의 운동에너지를 풍차의 회전에너지로 변환시켜 발전기를 돌려 전기를 생산·이용하는 주택으로, 가구당 지원규모는 3kW이하이다.[152] 소형풍력기 설치를 위해 약 9㎡의 실외 바닥면적, 그리고 인버터 설치를 위해 실내에 1㎡의 면적이 필요하다.[153]

〈예시〉 월 전력 사용량이 700kWh인 주택의 경우 3kW 설치시 ○ 설치 전 전기요금: 연간 3,349천원 (한전전력 700kWh 소비시 월 279,060원×12월) ○ 설치 후 전기요금: 연간 83천원 (한전전력100kWh 소비시 월 6,950원×12월 ⇒ 연간 3,266천원 절감

② **일반 보급사업**

신·재생에너지 설비에 대하여 설치비의 일정부분을 정부에서 무상 보조지원함으로써, 새로이 개발된 신·재생에너지 기술의 상용화를 유도하고 상용화된 기술에 대하여는 보급활성화를 통하여 신·재생에너지 시장창출과 확대를 유도하는 사업이다. 시범보급사입은 개발된 신·재생에너지 기

표 4-8 일반보급사업 지원대상[154]

<table>
<tr><th>구 분</th><th colspan="4">신 청 자 격</th></tr>
<tr><td>일반 분야</td><td colspan="4">○ 건물 소유주(대표자) 또는 건축허가를 득한 신축건물 소유예정자
○ 건축법 시행령 제15조 제5항 제9, 10, 11호에 해당하는 가설건축물의 소유주</td></tr>
<tr><td rowspan="6">10대 그린 프로젝트 분야</td><td colspan="4">○ 10대 그린프로젝트 중 일반보급지원사업 대상 건물 소유주(대표자)
※ 10대 그린프로젝트</td></tr>
<tr><td>1</td><td>Green Post(우체국)</td><td>6</td><td>Green Industrial Complex(산업단지)</td></tr>
<tr><td>2</td><td>Green Port(무역항)</td><td>7</td><td>Green Highway(고속도로 휴게소)</td></tr>
<tr><td>3</td><td>Green School(학교)</td><td>8</td><td>Green Army(군부대)</td></tr>
<tr><td>4</td><td>Green Island(녹색섬)</td><td>9</td><td>Green Factory(공장)</td></tr>
<tr><td>5</td><td>Green Logistics(물류창고)</td><td>10</td><td>Green Power(한전, 발전사 및 발전소)</td></tr>
</table>

152) 소형풍력 3kW 용량 설치시 한달에 약 600kWh의 전력량을 생산한다.
⇒ 3kW×30일×24시간×28%(이용률)

153) 풍력발전기의 날개 파손이나 풍력타워의 넘어짐에 의한 영향을 받지 않도록 충분한 안전거리(타워의 높이 이상)를 확보하고 한전 고압선과 충분하게 거리를 유지하여 안전을 확보해야한다. 또한 회전날개의 소음으로 인한 피해를 최소한으로 하는 지점에 풍력발전기를 설치할 것을 권장한다.

154) 자세한 내용은 지식경제부 공고 제2012-51호를 참고하기 바란다.

술의 상용화를 위해서, 일반보급사업은 상용화된 기술의 육성 및 시장확대를 위하여 상용화된 신・재생에너지 설비에 대하여 자가용으로 사용하는 경우 설치비의 일정부문을 지원하고 있다. 일반보급사업은 신・재생에너지법 제10조(조성된 사업비의 사용) 및 제27조(보급사업)에 의하여 실시되고 있다.

③ 지방 보급사업

지역특성에 맞는 환경친화적 신・재생에너지 보급을 통하여 에너지 수급여건 개선 및 지역경제 발전을 도모하고자 지방자치단체에서 추진하는 제반 사업을 지원하는 사업을 말한다.[155] 대표적인 예가 지방자치단체가 소유 또는 관리하는 공간(사회복지시설 포함) 등에 설치하는 신・재생에너지 설비 설치비 일부를 지원하는 사업이다. 신・재생에너지법 제27조 제1항 제3호(지방자치단체와 연계한 보급사업), 신・재생에너지 설비의 지원 등에 관한 기준에[156] 근거를 두고 있다.[157]

표 4-9 지방보급사업의 주요 지원 내역 및 성과

○ 제주 행원 등 풍황자원이 좋은 전국 주요지역에 풍력발전단지 조성
 * 제주 행원(9.8MW), 강원 매봉산(6.8MW), 전북 비응도(7.9M5W), 경기 누에섬(2.25MW)

○ 국내 기술개발의 성과와 보급 확산사업의 연계추진으로 국산화율 제고
 * 국산 풍력시범보급(강원, 제주), 농촌지역의 축산분뇨이용 바이오가스 열병합발전설비 시범보급(정읍, 고창, 무주 등)

155) 이와 관련하여 이강후, 새로운 성장동력 대체에너지(북스힐, 2008) p. 350에서는 "미국의 경우 연방정부 못지않게 주 정부가 주도적으로 신・재생에너지 보급에 적극적인 모습을 보이고 있다. (생략) 우리나라도 현재 대부분의 지방자치단체들이 신・재생에너지 보급에 적극성을 보이고 있다. 그러나 지방재정의 열악, 환경문제에 따른 개발 반대 등으로 활성화에 어려움이 적지 않다. 신・재생에너지 개발을 통한 지역의 청정화, 지역의 수익 증가 등 직접적으로 지역 주민들이 수혜를 보게 된다. 따라서 지역의 사정을 잘 아는 지방자치단체가 주도적으로 신・재생에너지를 개발・보급하는 체제가 보다 강화되어야 한다."라고 말하고 있다.

156) 지식경제부 고시 제2011-3호.

157) 신・재생에너지법 제27조(보급사업) ① 지식경제부장관은 신・재생에너지의 이용・보급을 촉진하기 위하여 필요하다고 인정하면 대통령령으로 정하는 바에 따라 다음 각 호의 보급사업을 할 수 있다.
1. 신기술의 적용사업 및 시범사업
2. 환경친화적 신・재생에너지 집적화단지(集積化團地) 및 시범단지 조성사업
3. 지방자치단체와 연계한 보급사업
4. 실용화된 신・재생에너지 설비의 보급을 지원하는 사업
5. 그 밖에 신・재생에너지 기술의 이용・보급을 촉진하기 위하여 필요한 사업으로서 지식경제부장관이 정하는 사업

<대구시 세계육상경기대회장 태양광 발전시설>

<안산시 누에섬 국산 풍력발전>

<전북 고창 축산분뇨 바이오가스 열병합시설>

<경북 군위 사회복지시설 지열설비>

12) 신·재생에너지 테스트베드(test-bed) 구축 사업

① 개 요

신·재생에너지 테스트베드 구축사업은 신·재생에너지 관련 기업의 사업화 지원을 위하여 태양광, 풍력, 연료전지 등 관련 기업이 개발한 기술·제품의 사업화를 촉진하는 시험분석·성능·신뢰성 검증·실증 장비 및 공용인프라의 구축 비용을 지원하는 사업을 말한다. 사업의 근거는 신·재생에너지법 제10조(조성된 사업비의 사용)이다.

현재 태양광, 풍력 등을 중심으로 신·재생에너지 산업생태계가 형성되고 산업이 빠른 속도로 성장하고 있으며[158] 신·재생에너지산업에 대기업

158) 국내 신·재생에너지 제조업체(개): ('04) 41→('09) 146→('10) 215

의 참여는 물론 중소·중견기업의 창업·사업전환이 활발하게 이루어지고 있으나, 신·재생에너지가 신생 산업임에 따라 특히 중소·중견기업이 개발한 기술·제품을 시장에 출시하기 전에 필요한 검증·실증 등 사업화 기반은 여전히 취약하여, 중소·중견기업의 해외시장 진출 등에 있어서 큰 애로사항으로 지적되어 왔다. 태양광, 풍력 등 신·재생에너지 설비는 한번 설치되면 15년 이상 장기간 운영해야 하는 바, 장기간 동안의 신뢰성 및 안정적인 성능 확보가 제품화의 전제조건이기 때문이다.[159]

따라서 신·재생에너지 테스트베드 구축사업은 궁극적으로 중소·중견기업이 개발한 태양광, 풍력 등의 부품과 신기술 제품이 본격적으로 시장에 출시되기 전에 미리 동 제품의 성능과 신뢰성, 성공가능성 등을 시험·실증 등을 통해 알아보는 테스트 환경을 조성하려는 데 목적이 있는 것이다.

6개 테스트베드 구축을 통해 그 동안 국내 신·재생에너지 기업의 애로사항으로 지적되어 온 검증·실증 등 사업화 기반 취약 및 해외시장 진출 애로사항이 상당부분 해소될 것으로 기대되며, 신·재생에너지 제품의 국산화와 신제품 개발이 가속화되고 제품경쟁력이 강화되어 수출산업화가 촉진될 것으로 전망된다.

② 테스트베드 구축내용

현재 다음 표와 같이 6개의 신·재생에너지 테스트베드(7개 주관기관)가 선정되어 추진되고 있다.

표 4-10 6개 신·재생에너지 테스트베드 현황(7개 주관기관)

- ○ 태양광(3): 충청권(충북TP), 대경권(구미전자정보기술원), 호남권(전북대·생산기술연구원)
- ○ 풍력(2): 풍력시스템-호남권(전남TP), 풍력부품－동남권(경남TP·생산기술연구원)
- ○ 연료전지(1): 대경권(포항공대)

태양광 분야는 국내 신·재생에너지산업에서 차지하는 비중이 크고 3개 광역권별로 기업집적도가 유사한 점을 감안하여 광역권별로 1개씩, 총 3곳이 선정되어 추진되고 있다. 풍력 분야는 그동안 풍력업계 숙원사업이었던

우리나라 신·재생에너지산업 수출(억불): ('04) 0.65→('09) 24.3→('10) 47.1

159) 지식경제부, '신·재생에너지 테스트베드 구축 계획', 보도자료, 2011. 2. 23.

현장 실증사이트를 전남 영광 인근에 구축하는 한편, 풍력 부품업체가 집적화 되어 있는 동남권에 풍력부품 테스트베드가 선정되어 구축 중에 있다. 연료전지는 광역경제권 선도산업으로 지정되어 있으면서 신・재생에너지 공급의무화제도 기여도가 큰 발전용 연료전지 산업이 발전한 대경권을 선정하면서 가정용 분야 기술도 지원할 수 있는 방향으로 구축되고 있다.[160]

테스트베드 주관기관들이 제시하는 분야별 사업 추진계획과 중장기 발전방향은 다음과 같다.[161]

㉠ **태양광 분야** 산・학・연 전문가 의견을 종합하여 지역별 기업 분포 및 산업여건과 기업지원 인프라 등을 고려하여 3대 권역별 태양광 테스트베드 구축 방향이 다음과 같이 설정되어 추진되고 있다.

(i) 충청권 태양광 테스트베드(충청TP): 결정질 및 박막 분야 인증을 대비한 시험평가 중심으로 장비를 구축하여 전국 태양광 벨트의 허브로서 초광역권 태양광 산업 클러스터 조성 촉진을 담당한다.

(ii) 대경권 태양광 테스트베드(구미전자정보기술원): 셀・모듈 테스트 플랜트 중심으로 장비를 구축하여 인증시험을 연계 지원한다. 또한 태양광 산업의 기술 허브로서 부품소재 중심 태양광 강소기업을 육성지원하고, 아울러 기업간 전략적 제휴 및 핵심요소기술 획득 지원 역할을 담당한다.

(iii) 호남권 태양광 테스트베드(전북대・광주 생산기술연구원): 결정질 및 2세대 박막 분야 소재・소자 중심으로 장비를 구축하여 품질 경쟁력 향상과 차세대 고효율 부품소재 선점 역할을 담당한다.

㉡ **풍력 분야** 풍력 부품 업체가 집중되어 있는 동남권에 국내 부품 시험・성능검사 기반을 구축하고, 풍황이 상대적으로 좋은 전남 영광 인근에 현장 실증사이트가 구축될 계획이다.

(i) 동남권 풍력부품 테스트베드(경남TP, 부산 생산기술연구원): 풍력 부품소재 국산화 개발 및 성능평가 지원 중심으로 장비를 구축하여 국내 풍력 산업의 세계시장 조기 진출 달성에 중추적인 역할을 담당한다.

(ii) 호남권 풍력시스템 테스트베드(전남TP): 서남해안 해상풍력발전 보

160) 지식경제부, '신・재생에너지 기업지원 거점(테스트베드) 6곳 선정', 보도자료, 2011. 5. 16.

161) 지식경제부, '신・재생에너지 테스트베드 협약식 체결', 보도자료, 2011. 8. 19.에서 인용한다.

급 확대와 연계하여 풍력발전시스템 테스트베드 장비 및 공용인프라를 구축하여서 풍력발전기에 대한 성능시험을 지원함으로써 모델개발과 Track Record(운전경험) 확보에 크게 기여하고 국내 대형풍력 설비인증 사이트 역할을 담당한다.

㉢ **연료전지 분야** 발전용 연료전지를 중심으로 시험평가 기반을 구축하면서 가정용 연료전지 기술도 지원할 계획이다.

(i) 대경권 연료전지 테스트베드(포항공대 산학협력단): 고온형 연료전지(용융탄산염, 고체산화물) 시험평가, 고분자전해질 연료전지 및 주변기기 시험평가 중심으로 장비를 구축하여 지역 내의 풍부한 수소연료전지 산업 및 관련 인프라를 이용하고, 지역 내 연관사업과 연계하여 수소연료전지 전문평가 허브로 역할을 담당한다.

13) 신·재생에너지 기술의 사업화

① 의의 및 지원 절차

지식경제부장관은 자체 개발한 기술이나 제10조에 따른 사업비를 지원받아 개발한 기술의 사업화를 촉진시킬 필요가 있다고 인정하면 다음의 지원을 할 수 있다. (i) 시험제품 제작 및 설비투자에 드는 자금의 융자, (ii) 신·재생에너지 기술의 개발사업을 하여 정부가 취득한 산업재산권의 무상양도, (iii) 개발된 신·재생에너지 기술의 교육 및 홍보, (iv) 그 밖에 개발된 신·재생에너지 기술을 사업화하기 위하여 필요하다고 인정하여 지식경제부장관이 정하는 지원 사업이다.[162]

지원을 받으려는 자는 지원신청서에[163] 서류들을[164] 첨부하여 지식경제부장관에게 제출한다.

② 지원범위

(i) 시험제품 제작 및 설비투자의 경우: 필요한 자금의 100퍼센트의 범위에서 융자 지원, (ii) 신·재생에너지 기술의 교육 및 홍보의 경우: 필요한 자금의 80퍼센트의 범위에서 자금 지원, (iii) 법 제28조제1항제4호에 따라 지식경제부장관이 정하는 지원사업의 경우: 필요한 자금의 80퍼센트의 범

162) 신·재생에너지법 제28조.
163) 신·재생에너지법 시행규칙 별지8호 서식.
164) 신·재생에너지법 시행규칙 제15조제1항.

위에서 자금 지원을 한다.[165)]

재생에너지기술 · 제품의 혁신과정(innovation process)[166)]

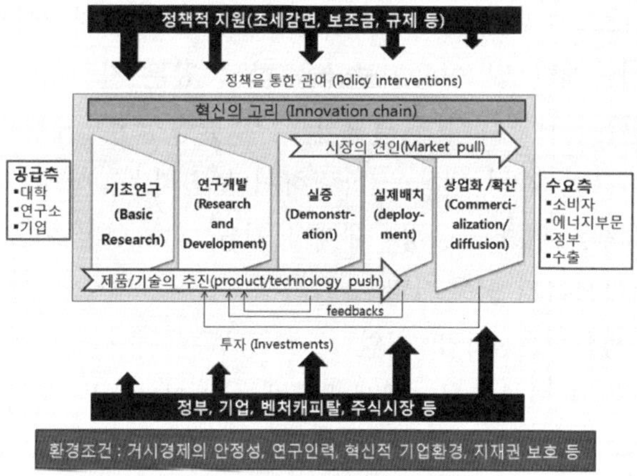

태양광, 풍력 등 재생에너지 기술 및 제품이 아이디어에서 출발하여 연구개발을 거쳐 상용화되기까지의 과정은 위 그림과 같다. 초기단계에서는 조세감면, 보조금지원(Feed-in Tariff 등), 규제(RPS 등) 등을 통한 정책적 지원이 큰 역할을 하지만, 시간이 흐를수록 정부의 정책적 지원보다는 시장의 역할이 보다 큰 역할을 하게 된다. 특히 금융시장의 파이낸싱이 점점 중요한 역할을 담당하게 되어서 이러한 파이낸싱을 원활하게 하는 것이 중요한 정책과제가 된다.

막 연구개발을 거친 제품은 실증단계를 거쳐서 품질과 개선필요사항 등을 테스트하게 되는데, 아직까지는 이러한 혁신제품·기술에 대한 시장이 형성되어 있지 않으므로 정부의 실증연구사업을 통해서 실증을 할 수 있는 기회를 만들어 주고 있다. 실증을 통해서 개선필요사항 등은 feedback되어서 다시 연구개발을 통해 보완된 후, 초기시장 등을 통해서 실제로 사용되고 시장규모가 점점 커지면서 상업화 및 확산이 이루어지면서 정부의 직접적인 정책적 지원

165) 신·재생에너지법 시행규칙 제15조제2항.

166) OECD/IEA, Deploying Renewables, 2008, Adapted from Grubb, 2004 and Foxon, 2003.
Grubb, M. (2004), “Technology Innovation and Climate Change Policy: an overview of issues and options.” Kio Economic Studies 31(2): 103-132.
Foxon, T. (2003), Inducing innovation for a low-carbon future: pp. 103-132. drivers, barriers and policies, London: Carbon Trust.

은 점점 줄어들고, 민간기업의 투자 및 금융시장의 파이낸싱 등이 중요한 역할을 담당하게 된다.

14) 재정상의 조치

정부는 제12조에 따라 권고를 받거나 의무를 준수하여야 하는 자, 신·재생에너지 기술개발 및 이용·보급을 하고 있는 자 또는 제13조에 따라 설비인증을 받은 자에 대하여 필요한 경우 금융상·세제상의 지원 대책이나 그 밖에 필요한 지원 대책을 마련하여야 한다.[167] 아래에서는 신·재생에너지 산업지원을 위한 금융상·세제상 지원 대책 현황을 설명하기로 한다.

① 신·재생에너지 금융지원

㉠ 시설·생산·운전자금 지원 정부는 신·재생에너지법 시행령 제27조 제3항[168]에 따라 「신·재생에너지 설비의 지원·설치·관리에 관한 기준」을 정하여 신·재생에너지 관련 사업주·업체에 대하여 중·장기 저리 대출을 지원하고 있다.[169]

지원대상은 시설자금, 생산자금, 운전자금으로 구분되어서 지원되고 있다.

참고로 2012년 신·재생에너지 금융지원사업 규모는 893.4억원이다. 지원절차, 지원범위 등에 관한 자세한 내용은 「신·재생에너지 금융지원을 위한 자금·세제지원 안내」 책자를 참조하기 바란다.[170]

지원구분	내 용
시설자금	신·재생에너지를 이용하기 위한 시설을 설치하고자 하는 사업주가 신청하는 자금
생산자금	예를 들어 태양광모듈 생산라인, 풍력발전 터빈 생산 라인 등의 생산시설 설치자금
운전자금	신·재생에너지 전용설비를 생산하는 중소기업을 대상으로 전년도에 신·재생에너지 관련 제품의 매출실적이 있는 경우에 한하여 소요자금 지원

㉡ 동반성장 보증펀드 특별보증 지원 2011년도에 신·재생에너지

167) 신·재생에너지법 제29조(재정상의 조치).

168) 관계 중앙행정기관의 장은 환경개선과 신·재생에너지의 보급촉진을 위하여 필요한 협조를 할 수 있다.

169) 지식경제부고시 제2012-46호(2012.2.17).

170) http://www.knrec.or.kr/knrec/12/KNREC120500.asp. 지식경제부·신재생에너지센터 발간

분야 주요 대기업과 한전 및 발전사가 630억원, 금융권이 400억원(Capital Call 방식[171])을 출연하여 총 1,030억원 규모의 보증펀드를 조성하였는데, 이 재원을 토대로 보증기관(신용보증기금, 기술보증기금)은 신 · 재생에너지 유망 중소 · 중견기업에 12배(약 1조 2,360억원) 규모의 특별보증을 실시하고 있다. 출연은행들은 보증기관의 특별보증을 근거로 하여 추가 담보나 보증없이 관련 기업에 대출을 실행하게 된다. 동반성장 특별보증 지원은 정부가 추진하는 신 · 재생에너지 성장동력화 정책(Triple 15 전략)[172]추진의 일환이며, 신 · 재생에너지산업을 육성하고 기업의 선제적인 투자활성화와 중소기업 · 대기업간 새로운 동반성장 모델을 제시하는 의미가 있다.[173]

그림 4-7 신 · 재생에너지 동반성장 보증펀드 개념도

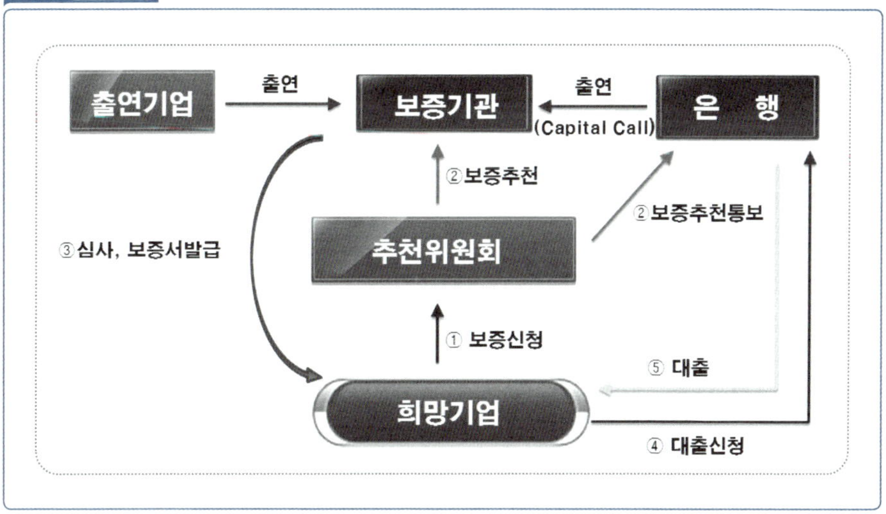

한편, 동반성장 보증펀드와 별도로, 지경부는 신용보증기금, 기술보증기금과 협의하여 양 기관의 자체 재원으로 신 · 재생에너지분야 관련 기업에 자금 지원을 추진하고 있다.

171) 보증기관(신용보증기금, 기술보증기금)의 요청이 있을 경우 기간별로 출연금을 분할하여 납입하는 방식이다.

172) 2015년까지 태양광산업과 풍력산업의 세계시장 점유율을 각각 15% 달성하는 것이다.

173) 자세한 내용은 지식경제부, 신 · 재생에너지 동반성장 보증펀드 특별보증 지원 개시, 보도자료, 2011. 9. 2.

② 신·재생에너지 세제지원

조세특례제한법(이하 '조특법') 제3조에 의하면, 동조에 열거된 법에 의하지 아니하고는 조세특례를 정할 수 없다고 규정하고 있다. 조세특례란 제반 세제지원을 포괄하는 개념인 바,[174] 신·재생에너지 산업에 대한 세제지원을 받기 위해서는 조특법 및 동법 제3조에 나열된 법에서 지원혜택을 입법하여야 한다.

일반적으로 인정되고 있거나 역사적으로 인정된 바 있는 조세지원의 유형은 다음과 같다.

표 4-11 조세지원의 일반적 유형[175]

구분	주요내용
직접 지원	· 비과세: 과세권자가 과세하지 않는 것이 바람직하다고 생각하여 과세권을 포기한 제도 · 세액감면: 특정 소득에 대해 세금을 감경 또는 면제하는 제도 · 소득공제: 과세연도에 정상적으로 계산한 소득금액에서 일정 금액을 공제하는 제도 · 세액공제: 과세연도에 정상적으로 계산한 산출세액에서 세액의 일부를 공제하는 제도 · 경감세율 적용: 일정 납세의무자에 대하여 또는 일정 기간 동안 낮은 세율을 적용하는 제도
간접 지원	· 준비금: 특정한 목적에 충당하기 위한 비용을 준비금으로 설정하여 이를 조기에 손금산입 하도록 하고, 일정 기간 내에 일정 목적에 지출한 경우 이를 설정한 준비금과 상계하고 남은 잔액을 익금에 산입하도록 하는 제도(투자자금의 자체조달을 지원) · 특별상각: 정상적인 감가상각에 비해 상각기간을 단축시키거나 추가상각을 용인하는 제도(투자자본의 조기회수)

신·재생에너지 산업 지원을 위한 현행 조세제도의 현황에 대한 보다 구체적이고 현실성 있는 분석을 위하여 신·재생에너지 산업의 Value Chain을 신·재생에너지를 열·전기 등 소비자가 이용 가능한 최종형태로 변환하는 시설과 그에 필요한 소재 및 부품 생산 등 제조산업, 신·재생에

174) 조특법 제1조에 의하면, "조세특례란 조세의 감면 뿐만 아니라 중과도 포함하는 개념임"을 명백히 하고 있다. 이 때의 조세의 감면은 비과세, 소득공제, 세액공제 등 궁극적으로 조세의 부담이 경감 또는 면제되는 경우를 모두 포괄하는 의미라는 것이 일반적인 해석이다(대법원 92누 16874, 1993.05.27 등도 같은 취지).

175) 윤충식·장태희, 조특법 해설과 실무, 삼일인포마인, 2007.

너지를 열·전기 등 소비자가 이용 가능한 최종형태로 변환하는 시설의 설치, 신·재생에너지를 열·전기 등 소비자가 이용 가능한 최종형태로 변환하여 운영하는 사업으로 구분하여 신·재생에너지 산업을 다음의 3가지 분류로 나누어 살펴보겠다.[176]

① 소재·부품·제품 제조 산업

② 설치산업

③ 발전사업자 및 녹생성장산업 등 신·재생에너지 운영산업

표 4-12 신·재생에너지산업의 Value Chain 별 조세지원 현황

소재·부품·제품 제조 산업	설치 산업	발전사업자 및 녹생성장산업 등 신·재생에너지 운영산업
·조특법 제25조의2 (에너지절약시설 투자에 대한 세액공제) ·조특법 제10조 (연구·인력개발비에 대한 세액공제) ·조특법 제118조(관세의 경감) ·조특법 제6조 4항 (에너지신기술중소기업 특별감면)	없음	·조특법 제25조의2 (에너지절약시설 투자에 대한 세액공제) ·조특법 제105조 (부가가치세 영세율의 적용)

㉠ **소재·부품·제품 제조 산업에 대한 세제지원** 신·재생에너지 산업 중 소재·부품·제품 제조 산업의 지원을 위한 현행 조세제도로는 조특법상의 '에너지절약시설 투자에 대한 세액공제'와 '연구·인력개발비에 대한 세액공제', '관세의 경감', '에너지신기술중소기업 특별감면'이 있다.

ⓐ 연구·인력개발비에 대한 세액공제 "신성장동력연구개발비(신성장동력산업 분야의 연구개발비)"와 원천기술연구개발비(원천기술을 얻기 위한 연구개발비)"에 100분의 20(중소기업의 경우 100분의 30)을 곱하여 계산한 금액을 소득세(사업소득에 대한 소득세만 해당) 또는 법인세에서 공제한다.[177] 신·재생에너지 중 세액공제 대상기술로 열거된 에너지원은 태양광, 풍력, 연료전지, 청정석탄에너지, 폐기물 에너지 총 5가지 에너지원이다. 세액공제 대상이 되는 신성장동력산업 분야 및 원천기술의 자세한 내역은 조특법 시행령 별표 7과 별표 8에 규정되어 있다.

176) 이하 안진회계법인, 신·재생에너지산업 육성을 위한 세제지원방안에 관한 연구, 지식경제부 연구용역 보고서, 2010. pp. 15-35에서 내용 일부를 요약 인용한다.

177) 조특법 제10조제1항제1호, 제2호.

[조특법 시행령 별표 7] <개정 2011.6.3>

신성장동력산업 분야별 대상기술(제9조제1항 관련)

구 분	분 야	세부 분야	대상 기술
6. 신·재생에너지	가. 태양전지	(1) 실리콘 및 CIS계 박막 태양전지	고효율화 및 연속공정 기술: 비정질 및 미세결정 실리콘 박막을 이용한 2중, 3중 등 다중접합 구조의 태양전지 기술, 투명전도막 기술, 광 포획기술, 대면적 장치 및 공정기술과 구리(Cu), 인듐(In), 셀레늄(Se) 등 화합물 증착을 이용한 CIS계 고효율화 기술(계면저항기술, 열처리), 대면적 장치 및 연속공정기술
		(2) 염료감응 태양전지	핵심소재, 대면적 모듈화 기술: 고효율화를 위한 염료, 광전극, 전해질, 촉매전극 재료 등 제조기술, 대면적·고효율·고내구성 모듈화 기술(대면적 제조장비, 고효율 고집적 모듈기술, 연속 공정기술)
	나. 연료전지	연료전지 핵심부품 개발	연료전지 전용부품 제조기술: 연료전지 핵심부품인 개질기, 막전극 접합체, 금속 분리판 또는 블로어 제조 기술
	다. 청정석탄에너지	석탄 가스화기 및 가스 합성기	저급석탄 가스화 및 청정연료화 기술: 저급석탄을 가스화하는 기기 제조기술[저급석탄을 고온, 고압에서 반응시켜 수소(H_2)와 일산화탄소(CO)로 구성된 합성가스 제조] 및 석탄가스를 활용한 청정연료 및 원료 제조기술[합성천연가스(SNG, Synthetic Natural Gas), 합성석유(CTL, Coal to Liquid), 화합물 원료 제조]
	라. 폐기물 에너지	폐자원 에너지화	폐기물 액화·가스화 기술: 폐플라스틱, 폐타이어와 같은 고분자·가연성 폐기물의 직·간접 액화 반응을 통해 연료유 또는 가스를 생산하는 기술
	마. 풍력에너지	(1) 동력전달장치	회전동력을 증속시켜 발전기에 전달하는 부품 설계 및 제조기술: 블레이드(blade)로부터 전달되는 회전력을 전달받아 증속하여 발전기에 전달하는 장치를 구성하는 유성기어(planet carrier)·축(shaft)·베어링(bearing)·이음쇠(coupling)·브레이크(brake) 및 제어기(controller)의 설계 및 제조 기술
		(2) 전력변환장치	발전기(Generator) 및 변환기(Inverter) 제조기술: 동력 구동장치 증속기로부터 동력을 전달받아 회전자(rotor)와 고정자(stator)를 통해 전기를 발생시키는 발전기(generator)와 정속운전 유도발전기용 변환기, 가변속 운전 이중여자 유도발전기용 변환기 및 가변속 운전 동기발전기용 변환기의 설계 및 제조 기술
	바. 지열에너지	(1) 천부지열	지열 에너지 회수 및 저장 기술: 지열에너지 이용 효율 및 경제성을 향상시키는 그라우팅(grouting) 재료 제작 기술·보어홀(borehole) 전열저항 저감기술·저비용 시추기술 및 지중축열 기술
		(2) 심부지열	지열발전기술: 지하 2km 이상 심도의 심부 지열자원을 개발하여 전기를 생산하기 위한 일련의 기술로서 지열자원탐사기술, 심부시추 기술, 심부시추공 조사기술, 인공 지열저류층 생성기술(enhanced geothermal system), 지열수 순환시스템 구축기술과 지열유체를 이용하여 전기를 생산하고 열에너지를 활용하는 기술

ⓑ 에너지절약시설 투자에 대한 세액공제 내국인이 신・재생에너지법 제2조에 따른 신에너지 및 재생에너지를 생산하는 설비의 부품・중간재 또는 완제품을 제조하기 위한 시설에 2013년 12월 31일까지 투자(중고품 및 대통령령으로 정하는 리스에 의한 투자는 제외)하는 경우에는 투자금액의 100분에 10에 상당하는 금액을 소득세(사업소득에 대한 소득세만 해당) 또는 법인세에서 공제하고 있다.[178] 투자가 완료한 날이 속하는 과세연도에 세액공제 신청을 해야 하며, 투자가 2개년 이상에 걸쳐서 이루어지는 경우에는 당해 투자가 이루어지는 과세연도 마다 당해 투자금액에 대하여 적용받을 수 있다. 과세표준신고서와 함께 세액공제신청서를 관할 세무서장에게 제출한다.[179]

구체적인 제조 시설은 조특법 시행규칙 제13조의2 별표 8의 4에서 태양광 설비, 풍력 설비, 수력 설비 등 크게 3가지로 구분하여 그 시설 내용과 적용범위를 규정하고 있다.

표 4-13 에너지절약시설에 대한 세액공제

조특법

제25조의2 【에너지절약시설 투자에 대한 세액공제】 ① 내국인이 대통령령으로 정하는 에너지절약시설에 2013년 12월 31일까지 투자(중고품 및 대통령령으로 정하는 리스에 의한 투자는 제외한다)하는 경우에는 그 투자금액의 100분의 10에 상당하는 금액을 소득세(사업소득에 대한 소득세만 해당한다) 또는 법인세에서 공제한다.
② 제1항을 적용할 때 세액공제의 방법에 관하여는 제11조제1항・제3항 및 제4항을 준용한다.
③ 제1항을 적용받으려는 내국인은 대통령령으로 정하는 바에 따라 세액공제신청을 하여야 한다.

조특법 시행령

제22조의2 【에너지절약시설의 범위】 ① 법 제25조의2제1항에서 "대통령령으로 정하는 에너지절약시설"이란 다음 각 호의 어느 하나에 해당하는 시설을 말한다.
1.~ 3. (생략)
4. 「신에너지 및 재생에너지 개발・이용・보급 촉진법」 제2조에 따른 신에너지 및 재생에너지를 생산하는 설비의 부품・중간재 또는 완제품을 제조하기 위한 시설로서 기획재정부령으로 정하는 시설

178) 조특법 제25조의2.
179) 조특법 제25조의2 제2항 내지 제3항, 동법 시행령 제22조의2 제2항, 동법 시행규칙 제61조 제1항 제2호.

조특법 시행규칙

제13조의2【에너지절약시설의 범위】 ① (생략)

② 영 제22조의2제1항제4호에서 "기획재정부령으로 정하는 시설"이란 별표 8의4의 신에너지 및 재생에너지를 생산하기 위한 시설을 제조하는 시설을 말한다.

[별표 8의4] <개정2009.4.7>

신에너지 및 재생에너지를 생산하기 위한 시설을 제조하는 시설(제13조의2제2항 관련)

구 분	시설내용	적용범위
1. 태양광설비	가. 태양전지용 다결정 실리콘 제조설비	1. 삼염화실란 생산용 염화공정 장치(Tri-chloro Silane Chlorinator Facilities) 2. 삼염화실란 정제 공정 장치(Tri-chloro Silane Purifier Facilities) 3. 폴리실리콘 생산용 화학 증착 반응 장치(Polysilicon Chemical Vapor Deposition Reactor Facilities) 4. 삼염화실란 폐가스 회수 장치(Tri-chloro Silane Vent Gas Recycling Facilities) 5. 실리콘테트라플로라이드 생산용 제조 설비(SiF4 Production Facilities) 6. 소듐알류미늄하이드라이드 생산용 제조 설비(NaAlH4 Production Facilities) 7. 모노실란 제조 설비(SiH4 Production Facilities) 8. 모노실란 고순도 정제 설비(SiH4 Purifier Facilities) 9. 폴리실리콘 생산용 화학 증착 반응 장치(Polysilicon Chemical Vapor Deposition Reactor Facilities) 10. 모노실란 폐가스 회수 장치(SiH4 Vent Gas Recycling Facilities)
	나. 태양광전지용 실리콘웨이퍼 제조설비	1. 단결정성장로(Grower) 2. 다결정성장로(Multicrystalline Casting Furnace) 3. 크로핑소(Cropping Saw) 4. 면연마기(Rotary Grinding System) 5. 곡면 또는 평면용 면취기(R/C Grinder, R/C Cutter) 6. 사각기(Squaring Machine) 7. 와이어소(Multi Wire Sawer) 8. 슬러리재생설비(Slurry Recycling System) 9. 웨이퍼세정기(Cleaning System) 10. 전자수명 측정장치(Minority Carrier Lifetime Measurement System) 11. 웨이퍼 저항측정기(Resistivity Tester for Wafer)
	다. 태양전지 제조설비	1. 웨이퍼 검사 장비(Wafer Inspection) 2. 표면 식각 장비(Texturing) 3. 불순물 확산 장비(Diffusion) 4. 산화막 제거 장비(PSG Removal)

		5. 반사방지막 증착 장비(PECVD) 6. 금속전극 형성 장비(Metallization) 7. 전극 소성 장비(Firing) 8. 레이저 절연 장비(Isolation) 9. 셀 검사/분류 장비(Cell Tester/Sorter) 10. 공정 자동화 장비(Automation)
	라. 태양광모듈 제조설비	1. 라미네이터(Laminator) 2. 유리세척기(Glass Washer) 3. 태양전지성능측정기(Cell Tester) 4. 스트링・테버장비(String & Tabber) 5. 레이업머신(Lay-up M/C) 6. 태양전지 또는 모듈성능측정기(Simulator) 7. 프레이밍머신(Framing M/C) 8. 큐어링 오븐(Curing Oven) 9. 내구성 시험용 오븐(Oven for Cycling Test) 10. 레이저 스크라이버(Laser Scriber) 11. 박막 실리콘 태양전지용 화학기상증착장비(Chemical Vapor Deposition) 12. 빅막 실리콘 태양전지용 스퍼터링 장비(Sputter) 13. 박막 실리콘 태양전지용 글라스 반송 시스템(Glass Transfer System) 14. 박막 실리콘 태양전지용 에지 트리머(Edge Trimmer) 15. 정션박스 어셈블리 시스템(Junction Box Assembly System) 16. 빛조사 열화장치(Light Soaking System)
2. 풍력설비	풍력발전용 발전기 제조설비	1. 풍력발전기 조립 대차(Travelling Car for Windturbine Assembly) 2. 동기발전기 시험기(Synchronous Generator Tester) 3. 풍력발전기 조립 시험기(Assembly Tester for Wind-turbine) 4. 로터허브 조립 시험기(Assembly Tester for Rotor Hub) 5. 레이저 트래커(3D Measurement Machine) 6. 피치베어링 볼트조립 로봇(Bolting Robot for Pitch Bearing)
3. 수력설비	소수력발전용 수차 및 발전기 제조설비	1. 유전율 측정시험기(Insulating Diagnosis & Analysis System) 2. 부분방전 시험기(Partial Discharge Detector)

ⓒ 관세의 경감 　　2013년 12월 31일까지 수입하는 「신에너지 및 재생에너지 개발·이용·보급촉진법」 제2조 제1호에 따른 신·재생에너지의 생산용기자재 및 이용기자재(해당 기자재 제조용 기계 및 기구를 포함)로서 규정에 열거된 물품(지식경제부장관 또는 지식경제부장관이 지정하는 기관의 장이 규격 및 용도를 확인하는 것으로 한정)에 대해서 관세의 100분의 50을 경감한다.[180]

세부품목, 규격 및 용도에 관해서는 시행규칙 별표 13에 열거되어 있다. 참고로, 태양광 에너지 생산용 기자재 및 이용기자재의 예를 들면, 태양전지 모듈 제조용으로서 철분함량이 0.06퍼센트 이하이고, 두께가 5밀리미터 이하이며, 스펙트럼 투과율이 90%이상인 저철분 유리(Low Iron Glass)가 관세경감 품목에 해당하며, 풍력 에너지 생산용 기자재 및 이용 기자재의 예를 들면, 유리섬유 또는 탄소섬유 재질로 제작된 풍력발전용으로서 길이가 7미터 이상인 것으로 한정된 블레이드(Wind Turbine Blade)가 관세 경감 품목에 포함된다.

관세의 경감을 받은 물품을 그 수입신고 수리일부터 3년의 범위에서 관세청장이 정하는 기간에 용도가 아닌 곳에 사용한 때(관세청장이 정하는 기간에 해당 용도에 계속하여 사용하지 아니한 경우를 포함한다) 또는 그 용도가 아닌 곳에 사용할 자에게 양도하였을 때에는 그 용도 외에 사용한 자 또는 그 양도인으로부터 경감된 관세를 즉시 징수하며, 양도인으로부터 그 관세를 징수할 수 없을 때에는 양수인으로부터 경감된 관세를 즉시 징수한다. 다만, 재해나 그 밖의 부득이한 사유로 멸실되었거나 미리 세관장의 승인을 받아 없애버렸을 때에는 그러하지 아니하다.

ⓓ 에너지신기술중소기업 특별감면 　　창업일이 속한 과세연도와 그 다음 3개 과세연도가 지나지 아니한 중소기업으로서 2012년 12월 31일까지 신·재생에너지법 제13조에 따라 신·재생에너지설비로 인증 받은 제품을 제조하는 중소기업[181](에너지신기술중소기업)에 해당하는 중소기업은 해당사업에서 발생한 소득에 대한 소득세 또는 법인세의 100분의 50에 상당하는 세액을 감면한다.[182] 다만, 조특법 제6조 제1항에서 규정하는 창업중소

180) 조특법 제118조, 동법 시행규칙 제50조의4.
181) 조특법 제6조제4항, 동법 시행령 제5조제10항.

기업에 대한 세액감면과 제2항에서 규정하는 창업벤처중소기업의 세액감면을 적용받는 경우, 그리고 감면기간 중 에너지신기술중소기업에 해당하지 않게 되는 경우에는 그 날이 속하는 과세연도부터 감면하지 아니한다.[183]

㉡ **설치산업에 대한 세제지원** 신・재생에너지설비 설치산업에 대한 지원을 위하여 앞서 설명한 바와 같이 신・재생에너지설비 설치전문기업제도가 운영되고 있다.[184] 그러나 현재 설치산업에 대한 조세지원제도는 마련되어 있지 않다.

㉢ **발전사업자 및 녹색성장산업 등 신・재생에너지 운영산업에 대한 세제지원**

ⓐ 에너지절약시설 투자에 대한 세액공제 신・재생에너지법 제2조의 규정에 의한 신에너지 및 재생에너지를 이용하여 연료・열 또는 전기를 생산하는 시설(예컨대, 發電장치)에 투자하는 경우 그 투자금액의 100분의 10에 상당하는 금액을 소득세(사업소득에 대한 소득세만 해당) 또는 법인세에서 공제한다.[185]

ⓑ 부가가치세 영세율의 적용 조특법 제105조 제1항 제5호 다목에 따라 농업의 생산성 향상에 기여할 수 있는 농업용 기계의 공급에 대해서 부가가치세 영세율을 적용한다. 한편, 농업용 기계의 대상은 「농・축산・임・어업용 기자재 및 석유류에 대한 부가가치세 영세율 및 면세 적용 등에 관한 특례 규정」 [별표1]에 규정되어 있으며 제17호의 '농업용 난방기'를 같은 규정 제2조 제1항에서 규정하는 농민에게 농업용으로 공급하는 경우 동 재화 및 용역의 공급에 대하여 영의 세율을 적용하며, '농업용 난방기'에는 태양열온수기가 포함된다.[186]

15) 신・재생에너지의 교육・홍보 및 전문인력 양성

정부는 교육・홍보 등을 통하여 신・재생에너지의 기술개발 및 이용・보급에 관한 국민의 이해와 협력을 구하도록 노력하여야 한다. 지식경제부

182) 조특법 제6조제4항, 동법 시행령 제5조제10항.
183) 조특법 제6조제4항 단서.
184) 신・재생에너지법 제22조.
185) 조특법 제25조의2 이하 참조.
186) 관련예규 부가46015-555, 1999.02.26.

장관은 신·재생에너지 분야 전문인력의 양성을 위하여 신·재생에너지 분야 특성화대학 및 핵심기술연구센터를 지정하여 육성·지원할 수 있다.[187]

신·재생에너지 분야 특성화대학 또는 핵심기술연구센터로 지정받으려는 자는 신·재생에너지 분야 특성화대학 지정신청서 또는 신·재생에너지 분야 핵심기술연구센터 지정신청서에[188] (i) 중장기 인력양성 사업계획서, (ii) 신·재생에너지 분야 특성화대학 또는 핵심기술연구센터 운영계획서를 첨부하여 지식경제부장관에게 제출하여야 한다.

16) 신·재생에너지 센터

① 의의 및 근거

지식경제부장관은 신·재생에너지의 이용 및 보급을 전문적이고 효율적으로 추진하기 위하여 대통령령으로 정하는 에너지 관련 기관에[189] 신·재생에너지센터(이하 "센터"라 한다)를 두어 신·재생에너지 분야에 관한 다음 각 호의 사업을 하게 할 수 있다. 그리고 지식경제부장관은 센터가 다음 각 호의 사업을 하는 경우 자금 출연이나 그 밖에 필요한 지원을 할 수 있다.[190]

1. 제11조제1항에 따른 신·재생에너지의 기술개발 및 이용·보급사업의 실시자에 대한 지원·관리
2. 제12조의2에 따른 건축물인증에 관한 지원·관리
3. 제12조의9에 따른 공급인증기관의 업무에 관한 지원·관리
4. 제13조에 따른 설비인증에 관한 지원·관리
5. 이미 보급된 신·재생에너지 설비에 대한 기술지원
6. 제20조에 따른 신·재생에너지 기술의 국제표준화에 대한 지원·관리
7. 제21조에 따른 신·재생에너지 설비 및 그 부품의 공용화에 관한 지원·관리
8. 제22조에 따른 신·재생에너지전문기업에 대한 지원·관리

---

187) 신·재생에너지법 제30조.

188) 각각 시행규칙 별표 9호 서식, 별표 10호 서식이다.

189) 에너지이용합리화법 제45조 제1항에 따른 에너지관리공단을 말하며, 센터는 공단의 부설기관으로 한다(신·재생에너지법 시행령 제29조).

190) 신·재생에너지법 제31조 제1항.

9. 제25조에 따른 통계관리
10. 제27조에 따른 신·재생에너지 보급사업의 지원·관리
11. 제28조에 따른 신·재생에너지 기술의 사업화에 관한 지원·관리
12. 제30조에 따른 교육·홍보 및 전문인력 양성에 관한 지원·관리
13. 국내외 조사·연구 및 국제협력 사업
14. 제1호부터 제6호까지의 사업에 딸린 사업
15. 그 밖에 신·재생에너지의 이용·보급 촉진을 위하여 필요한 사업으로서 지식경제부장관이 위탁하는 사업

② 조직 및 운영 등

센터에는 소장 1명을 둔다. 소장은 「에너지이용 합리화법」 제45조제1항에 따른 에너지관리공단(이하 "공단"이라 한다) 이사장의 제청에 의하여 지식경제부장관이 임명한다.[191]

소장은 센터를 대표하고, 센터의 사무를 총괄한다. 센터의 운영에 관한 사항을[192] 심의하기 위하여 센터에 운영위원회를 둔다. 소장은 운영위원회의 구성 및 운영 등에 필요한 사항을 지식경제부장관의 승인을 받아 정한다. 그 외에 센터의 조직·정원 및 예산에 관한 사항은 공단의 정관으로 정하며, 센터의 인사 등 운영에 필요한 사항은 소장이 자율적으로 관장한다.

4. 기 타

1) 권한의 위임·위탁

① 권한의 위임

이 법에 따른 지식경제부장관의 권한은 그 일부를 대통령령으로 정하는 바에 따라 소속기관의 장, 특별시장·광역시장·도지사 또는 특별자치도지사(이하 "시·도지사라 한다)에게 위임할 수 있다.[193]

㉠ 지식경제부장관은 기술표준원장에게 다음 각 호의 권한을 위임한다.[194]

---

191) 신·재생에너지법 시행규칙 제17조.

192) 신·재생에너지법 시행규칙 제17조제4항: 1. 연도별 사업계획 및 예산·결산에 관한 사항, 2. 센터 운영규정의 제정 또는 개정에 관한 사항, 3. 그 밖에 센터의 운영에 관하여 소장이 필요하다고 인정하는 사항.

193) 신·재생에너지법 제32조제1항.

1. 법 제13조제3항에 따른 성능검사기관의 지정
2. 법 제13조제7항에 따른 설비인증기관에 대한 행정상 지원
3. 법 제15조제2항에 따른 성능검사기관의 지정취소 및 업무정지 처분
4. 법 제20조제1항에 따른 설비인증기관에 대한 표준화기반 구축 및 국제활동 등의 지원
5. 법 제21조에 따른 공용화 품목의 지정
6. 법 제24조제2호에 따른 성능검사기관의 지정취소에 관한 청문
7. 제20조제2호에 따른 성능검사기관의 검사장비 및 전문인력 등 지정기준에 관한 고시

ⓛ 지식경제부장관은 법 제27조제1항제3호에 따른 보급사업에 관한 권한을 특별시장, 광역시장, 도지사 또는 특별자치도지사에게 위임한다.[195]

② 권한의 위탁

이 법에 따른 지식경제부장관 또는 시·도지사의 업무는 그 일부를 대통령령으로 정하는 바에 따라 센터 또는「에너지법」제13조에 따른 한국에너지기술평가원에 위탁할 수 있다[196]

㉠ 지식경제부장관은 다음 각 호의 업무를 센터에 위탁한다.

1. 법 제12조제2항 및 이 영 제17조에 따른 설치계획서의 접수, 검토 결과 통보 및 의견 청취
2. 법 제12조제2항 및 이 영 제18조에 따른 신·재생에너지 설비 설치확인신청서 접수 및 신·재생에너지 설비 설치확인서 발급
3. 법 제22조에 따른 신·재생에너지전문기업 신고서 접수 및 신고증명서 발급

ⓛ 지식경제부장관은 법 제11조제1항에 따른 신·재생에너지 기술개발사업에 대한 협약체결 업무를「에너지법」제13조에 따른 한국에너지기술평가원에 위탁한다.

194) 신·재생에너지법 시행령 제30조제1항.
195) 신·재생에너지법 시행령 제30조제2항.
196) 신·재생에너지법 제32조제2항.

2) 벌 칙

① 벌칙 적용 시의 공무원 의제

다음 각 호에 해당하는 사람은 「형법」 제129조부터 제132조까지의 규정을[197] 적용할 때에는 공무원으로 본다.[198]

1. 건축물인증 업무에 종사하는 건축물인증기관의 임직원
2. 공급인증서의 발급·거래 업무에 종사하는 공급인증기관의 임직원
3. 설비인증 업무에 종사하는 설비인증기관의 임직원
4. 성능검사 업무에 종사하는 성능검사기관의 임직원

② 벌칙[199]

㉠ 거짓이나 부정한 방법으로 제17조에 따른 발전차액을 지원받은 자와 그 사실을 알면서 발전차액을 지급한 자는 3년 이하의 징역 또는 지원받은 금액의 3배 이하에 상당하는 벌금에 처한다.

㉡ 거짓이나 부정한 방법으로 공급인증서를 발급받은 자와 그 사실을 알면서 공급인증서를 발급한 자는 3년 이하의 징역 또는 3천만원 이하의 벌금에 처한다.

㉢ 제12조의7제5항을 위반하여 공급인증기관이 개설한 거래시장 외에서 공급인증서를 거래한 자는 2년 이하의 징역 또는 2천만원 이하의 벌금에 처한다.

㉣ 법인의 대표자나 법인 또는 개인의 대리인, 사용인, 그 밖의 종업원이 그 법인 또는 개인의 업무에 관하여 제1항부터 제3항까지의 어느 하나에 해당하는 위반행위를 하면 그 행위자를 벌하는 외에 그 법인 또는 개인에게도 해당 조문의 벌금형을 과(科)한다. 다만, 법인 또는 개인이 그 위반행위를 방지하기 위하여 해당 업무에 관하여 상당한 주의와 감독을 게을리하지 아니한 경우에는 그러하지 아니하다.

헌법재판소는 2007. 11. 29. 보건범죄단속에관한특별조치법 제6조 위헌제청 사건에서 종업원등의 무면허 의료행위에 대하여 영업주의 책임유무를 떠나서 개인 영업주를 곧바로 처벌하도록 규정한 양벌규정에 대하여 책임

197) 형법 제129조(수뢰, 사전수뢰), 제130조(제3자 뇌물제공), 제131조(수뢰후 부정처사, 사후수뢰), 제132조(알선수뢰).

198) 신·재생에너지법 제33조.

199) 신·재생에너지법 제34조.

주의에 반한다는 이유로 위헌결정했다.[200] 법인의 대리인·사용인·기타 종업원의 업무상 위법행위에 대해서 법인도 처벌하는 양벌규정에 대해, 법인 영업주의 경우에도 입법자가 선택한 제재수단이 '형벌'인 이상 법치주의 및 죄형법정주의에서 도출되는 책임주의 원칙이 마찬가지로 적용된다는 이유로 위헌결정하였다.[201] 그러나 헌법재판소는 양벌규정이라도 법인의 임원·직원·사용인 등에 대한 선임·감독상의 주의의무위반을 법인처벌의 근거로 하는 면책조항이 있는 경우에는(예컨대 구 관세법규정 부분)는 책임주의원칙에 반한다고 볼 수 없으므로 위헌이 아니라고 판시하였다.[202]

③ 과태료

지식경제부장관은 다음 각 호의 어느 하나에 해당하는 자에게는 1천만원 이하의 과태료를 부과한다.[203] 과태료의 부과기준은 시행령 별표 8과 같다.[204]

1. 거짓이나 부정한 방법으로 설비인증을 받은 자
2. 건축물인증기관으로부터 건축물인증을 받지 아니하고 건축물인증의 표시 또는 이와 유사한 표시를 하거나 건축물인증을 받은 것으로 홍보한 자
3. 설비인증기관으로부터 설비인증을 받지 아니하고 설비인증의 표시 또는 이와 유사한 표시를 하거나 설비인증을 받은 것으로 홍보한 자

200) 헌재결 2007. 11. 29. 2005 헌가 10.
201) 헌재결 20079. 7. 30. 2008 헌가 14 등.
202) 헌재결 2010. 10. 28. 2010 헌가 55.
203) 신·재생에너지법 제35조.
204) 신·재생에너지법 시행령 제31조.

05

신·재생에너지 공급의무화제도(RPS) 해설

Ⅰ. 서 론

1. 개 념

신·재생에너지 공급의무화제도(RPS, Renewable Portfolio Standard)란 전기사업자(공급의무자)로 하여금 공급하는 발전량의 일정량을 신·재생에너지 전력으로 공급하도록 의무화하는 제도이다.

미국 로렌스 버클리 에너지국립연구소(Lawrence Berkeley National Laboratory)에서는 RPS를 다음과 같이 설명하고 있다.

> The design of an RPS can and does vary, but at its heart an RPS simply requires electricity suppliers to procure a certain minimum quantity of eligible renewable energy. An RPS establishes numeric targets for renewable energy supply, applies those targets to electricity suppliers, and seek to encourage competition among renewable developers to meet the targets in a least cost fashion.

공급의무자는 신·재생에너지 발전소를 스스로 건설하여 자체 생산하거나 외부의 신·재생에너지 발전소로부터 전력을 구매하는 방법 등으로 의무를 이행한다. 그리고 이러한 의무이행에 따른 생산비용은 공급비용인 전기요금에 전가하는 것이 기본 구조이다. 그런데, 기본적으로 전력(발전)은 눈에 보이지 않아서 측정 또는 거래하기가 쉽지 않은 문제점이 있어서 공급인증서(REC, Renewable Energy Certificate)라는 개념을 도입하여 신 · 재생에너지 전력의 거래 또는 공급의무자의 의무이행 여부를 보다 명확하게 하고 있으며 이와 더불어 가격의 원리도 쉽게 적용되도록 하고 있다. 한편, RPS제도의 실효성 제고를 위하여 공급의무자가 의무이행을 하지 않는 경우에는 의무이행을 하는 경우보다 훨씬 더 큰 불이익을 받도록 적정 수준의 과징금을 부과토록 하고 있다.

발전차액지원제도(FIT)와 함께 신 · 재생에너지 공급의무화제도는 미국을 비롯한 여러 국가에서 신 · 재생에너지 발전을 촉진하기 위한 강력한 수단으로 시행되고 있다.

신 · 재생에너지 공급의무화제도의 기본적인 메카니즘은 다음 그림과 같다.

그림 5-1 신 · 재생에너지 공급의무화제도의 기본구조

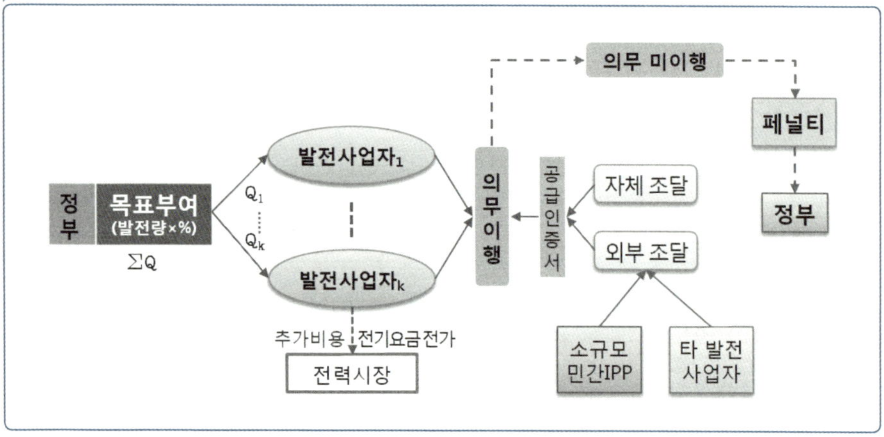

2. 도입배경

정부는 신 · 재생에너지 보급을 초기에 확대하고 관련 산업을 활성화시키기 위해서 신 · 재생에너지발전의 화석연료발전 대비 부족한 경제성을 직접 정부가 보조해주는 발전차액지원제도(FIT)를 2002년도부터 시행하여 왔다. 발전차액지원제도의 기본구조는 신 · 재생에너지 발전원별로 기준가격을 정하여 고시하고 이 기준가격과 일반전력시장가격(SMP)과의 차액을 일정기간(15년~20년) 동안 우선 지원해주는 것이다. 발전차액지원제도는 기본

적으로 기준가격[1]을 통해서 신・재생에너지발전에 소요되는 투자경제성을 보장해 주겠다는 것으로서, 이러한 점은 발전차액지원제도의 가장 강력한 장점이라고 할 수 있으며 이러한 장점이 잘 발휘될 경우 신・재생에너지 보급 및 태양광, 풍력 등 관련산업 촉진에 있어서 큰 효과를 나타낼 수 있다. 그동안 우리나라는 발전차액지원제도를 통해서 신・재생에너지 발전 관련 초기시장을 창출함으로써 태양광 제조산업의 기반마련, 태양광의 보급 확대 등 어느 정도의 성과를 거두었다고 평가할 수 있다.

그러나, 발전차액지원제도는 2008년에 태양광의 과도한 시장진입 등의 문제점을 나타냄으로써 신・재생에너지 보급확대 및 관련 산업의 육성 측면에서 큰 한계를 드러내게 되었다. 정부가 기준가격을 정확히 계산[2]하여 정하고 이를 매년 고시하는 방법은 문제가 발생할 수밖에 없다. 특히 태양광의 경우 기술개발 등으로 지속적으로 빠르게 건설단가가 하락하며 그 하락속도도 매년 다르다. 그리고 기준가격을 정하는 과정은 단순한 경제적인 산정이 아니고 정치적 절차가 포함되어 있는 과정으로서 정부가 설령 건설단가를 정확하게 계산하였다고 하더라도 정치적 과정을 거치면서 왜곡될 수 밖에 없는 구조이다. 정부는 전문연구기관을 통해서 기준가격을 산정하고 난 후에는 이에 대한 공청회를 개최하고 이해관계자의 의견을 수렴한 후 최종적으로 기준가격을 결정, 고시한다. 정치적인 정당성 측면에서는 이러한 절차가 당연하겠지만 이러한 과정을 거치면서 경제적 계산방법에 따라 산정된 기준가격 수준은 정치적으로 일부 수정이 될 수 밖에 없는데, 당연히 태양광발전사업자에게 보다 유리한 방향으로, 즉 기준가격이 적정한 수준보다 더 높아지게 수정되고는 한다. 이러한 구조는 특히 기준가격 수준을 법률에서 규정하고 있는 독일의 경우에 더욱 잘 나타난다. 독일의 경우 정부에서 기준가격 수준을 계산하여 의회에 제출하면, 예를 들어 작년대비 13% 낮춰서 기준가격을 제시하면, 의회에서는 태양광 이해관계자의 의견을 들어서 이렇게 기준가격 수준을 많이 낮추면 태양광 보급에 큰 악영향을

1) 기준가격이란 신・재생에너지발전소에 투자한 비용을 적정이윤(normal profit)으로 회수할 수 있는 가격수준이라고 할 수 있다. 예를 들어 태양광발전소를 건설하는데 소요된 투자비는 태양광발전소의 내용연수 기간동안에 발전되는 전력량을 판매함으로써 회수되는데, 기준가격은 동 투자비를 내용연수(15년~20년이라고 가정)동안 적정수익률로 회수될 수 있는 수준의 발전량 판매가격(원/kWh)을 의미한다.

2) 정부가 직접 계산하지는 않고 전문적인 연구기관에 의뢰를 한다.

미친다면서 예를 들어 기준가격 감소율을 10%로 낮출 것을 정부에 요구하고 결국은 양자간 협상결과에 따라서 정치적인 타협의 결과에 따라 결정되고 있음을 볼 수 있다.

우리나라에서 발전차액지원제도에 따라 설치된 연도별 태양광 설치량은 [그림 5-2]와 같다. [그림 5-2]에서 보면 2008년도에 태양광설치량이 급격하게 증가하였는데, 이러한 과도한 태양광 설치를 막기 위해서 정부는 2009년부터 연도별 캡을 도입하여 2009년에는 50MW, 2010년에는 70MW, 2011년에는 80MW만 발전차액을 지원하였고 이에 따라서 2009년부터 2011년까지는 그림과 같은 모습을 보이고 있다.

그림 5-2 발전차액지원제도하에서 연도별 태양광 설치량

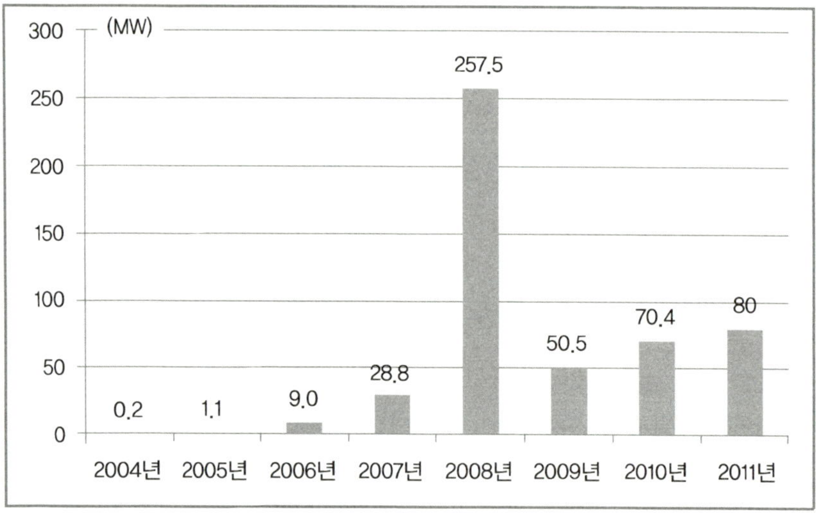

이처럼 연도별 태양광 설치량의 급격한 변동은 우리나라 뿐만 아니라 FIT를 도입한 모든 나라에서 나타난 현상인데, 특히 스페인의 경우는 이러한 문제가 더욱 극명하게 나타났다.

그리고 태양광 지원에 집중될 수밖에 없는 발전차액지원제도는 태양광 보급에는 큰 기여를 했을지 몰라도 태양광산업 육성 측면에서는 문제점을 드러냈다. 매년 적정 수준의 태양광 내수시장이 형성되어야만 국내 태양광

산업이 발전할 수 있는 기반이 될 수 있는데 이러한 내수시장 규모는 매년 편차가 클 수밖에 없었고, 그 창출된 내수시장도 대부분 외산품이 차지하는 모습을 보였다. 가장 바람직한 모습은 국내 태양광산업이 발전하면서 이와 더불어 태양광 내수시장도 점차 확대시키고 내수시장의 점진적인 확대가 국내 태양광산업에 대한 투자를 지속적으로 유발하는 형태일 것이다.

발전차액지원제도는 신・재생에너지 발전원들간 그리고 사업자간 경쟁의 유인이 작다는 측면도 단점 중 하나이다. 기준가격이라는 것이 각 신・재생에너지 발전원의 경제성을 계산하여 그 경제성 여부가 좋든 좋지 않든 간에 모두 보장을 해주는 방식으로 기준가격이 설정되므로, 다시 말하면 경제성이 낮은 원은 높은 기준가격을 설정하여 경제성을 보장하여 주고, 경제성이 높은 원은 낮은 기준가격을 설정하여 경제성을 낮추므로 원들간에 경제성을 바탕으로 한 경쟁의 유인이 작을 수밖에 없다. 그리고 동일한 원내에서도 각 사업자들은 해당되는 원의 평균적인 경제성을 기준으로 기준가격을 설정하여 주므로 사업자들도 굳이 기술개발을 통해서 경제성을 높이려는 유인이 작게 된다.

하지만, 발전차액지원제도에도 매우 중요한 장점이 있는데, 그것은 정해진 가격으로 일정기간동안 신・재생에너지발전을 구매한다는 점에서 투자의 안정성이 매우 높기 때문에 신・재생에너지발전소 건설 촉진(주로 태양광에 해당함)에 큰 기여를 한다는 점이다. 그리고 소규모 태양광발전사업자의 참여도 보장한다는 측면도 장점이 될 수 있다. 이러한 발전차액지원제도의 장점들은 우리의 신・재생에너지 공급의무화제도를 세부 설계하는데 있어서 적극적으로 반영되도록 하였다.

한편, RPS보다 FIT제도하에서 국민부담이 더 작을 수 있다는 의견도 있다. 다시 말해서 태양광에 지원하는 kWh당 지원단가가 RPS보다 FIT에서 보다 낮을 수 있다는 의견이다. 이는 RPS가 FIT에 비해 투자환경이 불확실해서 투자수익률에서 이러한 위험을 반영할 수밖에 없으므로, RPS의 경우 투자수익률에 이러한 위험프리미엄(risk premium)이 추가되어서 태양광에 대한 kWh당 지원단가가 FIT하에서보다 더 높아진다고 설명하고 있다. 이러한 주장은 경청할만 하다고 보여지며, 신・재생에너지 공급의무화제도에서 투자환경의 안정성을 높이는 방안이 매우 중요하고 계속 고민해야 할 사항이라는 것을 시사해주고 있다.

참고로 FIT와 RPS의 일반적인 비교는 다음 표와 같다.

표 5-1 FIT와 RPS의 비교[3)]

구 분	FIT	RPS
메카니즘	기준가격 설정 ↳ 공급물량 결정	의무물량 부과 ↳ 공급가격 결정
보급목표 설정	○ 공급규모 예측 불확실	○ 공급규모 예측 용이
에너지원별 공급차별화	○ 에너지원별 차별화 가능	○ 에너지원별 차별화 곤란 (경제성이 양호한 에너지원 위주 공급)
가격설정	○ 정확한 공급가격 산정 어려움 ○ 사업자의 비용절감 인센티브 낮음	○ 수급여건에 따른 가격 형성 및 변동 ○ 사업자간 가격경쟁 인센티브 내재
장 점	○ 초기시장 형성에 효과적 ○ 투자신호로서의 확실성 및 단순성	○ 시장여건 형성시 비용효과 발생 가능 ○ 가격수준의 유연성 확보
단 점	○ 목표설정/달성의 불확실 ○ 정보의 비대칭성문제 ○ 가격의 경직성(주기적 조정 필요) ○ 경쟁에 의한 가격인하 유인 부족 ○ 지원금 규모 및 예산 설정 곤란	○ 사업자 투자 불확실성 상존 (기간, 가격 등) ○ 거래 메카니즘 등 관련 장치 필요 ○ 경제성 위주의 특정 에너지 편중

3. 추진경과

신·재생에너지 공급의무화제도는 정부 내의 입법과정을 거쳐 동 제도의 시행을 내용으로 하는 '신에너지 및 재생에너지 개발·이용·보급촉진법 개정안'이 2008년 12월 31일 국회에 제출되었다. 국회에서 1년 4개월에 걸쳐서 많은 토론과 공청회 등을 거쳐 2010년 4월에 국회 본회의 의결을 통해서 2012년 1월 1일부터 신·재생에너지 공급의무화제도가 시행되는 것이 확정되었다. 이와 관련된 하위법령인 동법 시행령(대통령령)은 2010년 9월 17일 개정되었고, 동법 시행규칙(지식경제부령)은 2010년 9월 24일 개정되었으며, 관련 고시(『신·재생에너지 공급의무화제도 관리 및 운영지침』)가 2010년

3) 전기연구원의 발표자료에서 인용한다.

그림 5-3 신 · 재생에너지 공급의무화제도 관련 법적 정비 일자

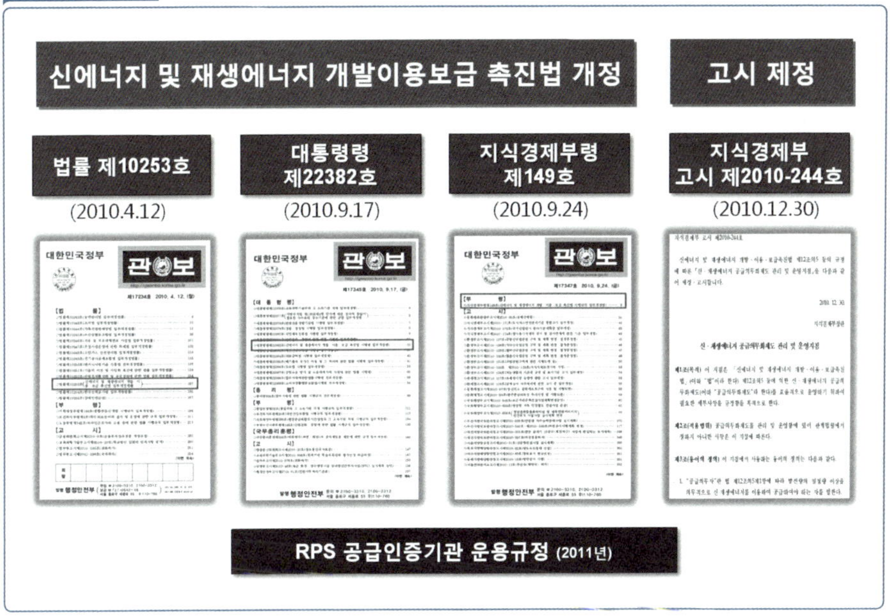

12월 30일 제정됨에 따라 '신 · 재생에너지 공급의무화제도'의 법적, 제도적 정비는 마무리되었다.

특히 국회에서 많은 논의를 거치면서 제기된 주요 사항은 크게 세 가지였다.

첫째, 영국, 일본, 미국 등에서 RPS가 잘 운영되고 있느냐 하는 우려이다. FIT와 RPS 모두 완벽한 제도는 아니며 양 제도는 서로 장단점을 가지고 있다. 영국, 미국 일부 주에서는 이러한 RPS의 일부 문제점을 수정하려고 고정가격매수제도를 일부 도입하기도 하였는데 이는 유럽과 같은 FIT의 도입이라기보다는 RPS의 일부 문제점을 보완하기 위한 보완적 방편이라고 보아야 하며, 우리의 신 · 재생에너지 공급의무화제도는 이러한 해외의 RPS의 일부 문제점을 충분히 감안하여 보완장치들을 제도 내에 마련토록 하였다.

둘째, RPS 도입시 대규모 국내 신 · 재생에너지시장이 형성이 될 터인데, 태양광, 풍력설비 등의 국산화가 미약한 상황에서 외산품만으로 내수시장이 채워지는 것이 아니냐는 우려이다. 국회에서의 지적에 따라 국내산업

육성도 신 · 재생에너지 공급의무화제도의 목표임을 명확히 하였으며,[4] 세부 설계시에도 이러한 점을 항상 염두에 두고 세부 내용을 마련하였다.

셋째로는 태양광시장의 축소 우려이다. 우리나라에서 발전차액지원제도는 전적으로 태양광에 치우쳐있고 태양광만 우대하는 정책이었다고 볼 수 있는데, RPS로 전환시 경제성이 다른 신 · 재생에너지원에 비해 훨씬 떨어지는 태양광 보급시장은 크게 위축되는 것 아니냐라는 우려이다. 이는 RPS가 경제성이 높은 원에 유리하므로 일부 신 · 재생에너지원으로 집중되는 것이 아니냐는 문제제기이기도 하다.[5] 이에 대해서는 태양광에 대한 별도의 할당량 부과, 그리고 신 · 재생에너지원들이 서로 경쟁을 통해서 보급될 수 있는 환경마련을 위한 차별적인 가중치 부여 등을 통해서 해결하도록 설계하였다.

한편, 업계 및 공급의무자 등 이해관계자와의 많은 간담회 및 공청회 등을 통해서 신 · 재생에너지법 시행령, 시행규칙 개정 및 고시제정 등에서 많은 의견수렴과정을 거쳤는데, 이 과정에서 제기된 주요 사항들은 다음과 같았으며, 이러한 쟁점 또는 우려사항들을 고민하면서 신 · 재생에너지 공급의무화제도의 세부내용을 설계하였다.

먼저, 총의무공급량 수준이다.

둘째, 한수원에 대한 고려사항이다.

셋째, 민간발전사 의무량에 대한 고려여부이다.

넷째, 태양광에 대한 별도 할당량을 어느정도 수준으로 정할 것이냐 여부였다.

다섯째, 신 · 재생에너지 공급의무화제도 대상전원을 어디까지로 하느냐의 문제였다.

여섯째, 신 · 재생에너지원별 공급인증서의 가중치 수준에 대해서 많은 의견들이 제기되었다.

---

4) 신 · 재생에너지법 제12조의5 제1항.

5) 그동안 발전차액지원제도가 전적으로 태양광 우대정책이었던데 반해, 신 · 재생에너지 공급의무화제도는 풍력, 바이오에너지, 폐기물에너지 등 타 신 · 재생에너지원의 보급을 촉진시키는 효과가 크다는 차이점이 있다. 물론 우리의 신 · 재생에너지 공급의무화제도가 태양광보급을 포기하는 것은 아니며, 적정 규모의 보급을 유지하도록 하여 들쑥날쑥한 연간 보급의 문제점도 해소하면서 경쟁을 통한 기술개발 및 원가하락도 유도토록 하였다.

일곱 번째, 해외에서 건설된 신・재생에너지발전소 발전량의 일정부분에 대해서도 공급인증서를 발급해달라는 요청이었다.

여덟 번째, 건설 중인 대규모 신・재생에너지발전소는 투자금액의 일정비율을 의무이행분으로 인정을 해달라는 요청이었다.

아홉 번째, 시장에서 공급인증서 물량이 부족하여 의무공급량 미충족시, 과징금 면제 필요성에 대한 요청이었다.

열 번째, 신・재생에너지발전소 건설시 소요되는 과다한 인・허가 절차를 간소화하는 정부의 노력 요망이었다.

열 한번째, 의무부담하지 않는 한전도 송배전망 및 계통연계와 관련하여 일정한 의무 부과가 필요하지 않느냐는 의견이었다.

열 두번째, 의무이행비용 전가메카니즘의 명확한 구축 요청이었다.

Ⅱ. 해외의 RPS 사례[6)]

1. 미 국

1) 개 요

RPS 제도는 1990년대 후반, 미국의 연방 중심이 아닌 각 주를 중심으로 급격히 확산하였다. 그 결과 연방 정부의 세금 감면 조치와 함께 미국의 재생에너지 양을 확장시키는 가장 중요한 요인 중 하나가 되었다. 지금까지 여러 차례 연방 정부 주도로 RPS 제도가 하원의회와 상원의회에서 각각 통과를 시도해 왔었고, 최근에 와서도 연방 RPS 제도의 법제화가 지속적으로 추진되어왔다. 그러나 현재 미국에서 시행되고 있는 대부분의 RPS 제도는 여전히 주를 중심으로 진행되고 있는 상황이다. RPS는 재생에너지 정책에 포함된지 그리 오래되지 않았으며, 계속 설계 내용이 수정되면서 점차 발전・개선되고 있다(그림 5-4). 의무적인 RPS 제도가 널리 퍼지게 된 것은 최근 몇 년의 일이다.

6) 전기연구원, '신・재생에너지 공급의무할당제(RPS) 국내운영방안 수립(2007)' 중에서 해외사례부분을 일부 요약, 인용하였다.

그림 5-4 미국의 RPS 시행 현황

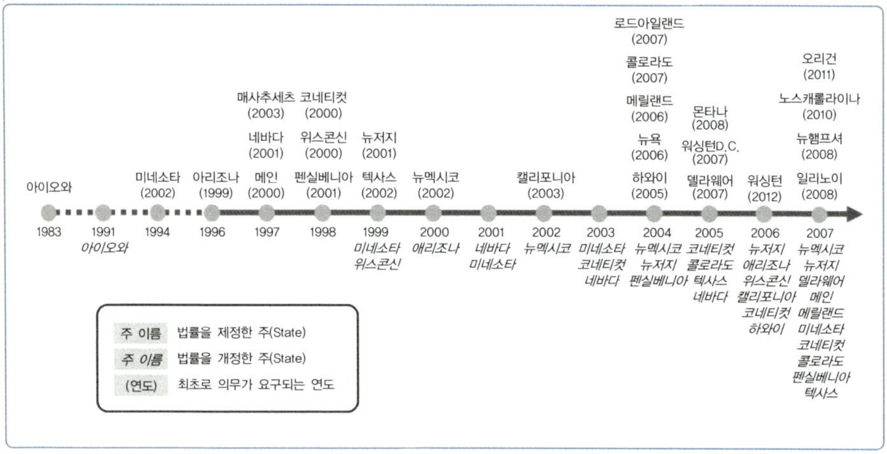

현재 시행되고 있는 RPS 제도의 절반 이상은 2004년 이후에 만들어진 것이다. 이들 정책은 입법적인 조치를 통해 제정되었는데, 1990년대에만 해도 각 주 별로 RPS 정책은 넓은 범위인 전기 개정 법률 부분에 편입되어 있었다. 그러나 최근에 와서는 단독적인 법률로 채택되어 그 효력을 발휘하고 있다.

각 주별 RPS 제도의 설계를 살펴보면, 조금씩 다른 것을 알 수 있다. 하지만, 그 핵심 내용은 소매전력 공급자(LSEs, load-serving entities)로 하여금 재생에너지에 해당되는 최소의 양을 정하여 조달하게 하는 것이다. 또한, 이를 위해서 재생에너지 공급에 대한 산술적 목표량을 세우고, 이 목표량을 소매전력 공급자들에게 부여하며, 최소 비용 형태로 그 목표량을 채우기 위해 재생에너지 개발자들 간의 경쟁을 조장하는 메커니즘을 형성하는 것도 서로 비슷하다. 최근에 나타나는 제도 수정 경향은 주로 재생에너지 목표량의 상향 조정, 의무 면제자의 축소, 특정 자원에 대한 의무량 할당 등 기존의 RPS 제도를 재생에너지 공급의 증가 방향으로 강화하는 추세이다. RPS 정책에 의해 부과된 의무는 다양한 형태의 시행 및 준수 방법을 통해 인정되고 있는데, 전부라고는 할 수 없지만 상당한 부분이 재생에너지 인증서(RECs, Renewable Energy Certificates)의 매매로 이행되고 있으며, 이 방법을 통한 의무이행량은 계속 증가할 것으로 예상된다.

표 5-2 미국 주별 RPS 시행 Time Table

	주명		RPS법 제정 시기	최초의무량 부과시기	의무량 변경시기	변경의무량 부과시기
1	AZ	아리조나	1996	-	2000	2001
2	CA	캘리포니아	2002	2003	2006	2007
3	CO	콜로라도	2004	2007	2007	2007
4	CT	코네티컷	1998	2000	2003 2007	2004 2007
5	DE	델라웨어	2005	2007	2007	2007
6	DC	워싱턴 DC	2005	2007	-	-
7	HI	하와이	2004	2005	2006	2010
8	IA	아이오와	1983	-	1991	-
9	IL	일리노이	2007	2008	-	-
10	MA	메사추세츠	1997	2003	-	-
11	MD	메릴랜드	2004	2006	2007	2007
12	ME	메인	1997	2000	2007	2008
13	MN	미네소타	1994	2002	2003 2007	2004 2005
14	MT	몬타나	2005	2008	-	-
15	NC	노스캐롤리나	2007	2012	-	-
16	NH	뉴햄프셔	2007	2012	-	-
17	NJ	뉴저지	1999	2001	2004 2006	2004 2006
18	NM	뉴멕시코	2000	2002	2002 2007	2006 2006
19	NV	네바다	1997	2001	2001 2005	2003 2005
20	NY	뉴욕	2004	2006	-	-
21	OH	오하이오	2008	2008	-	-
22	OR	오리건	2007	2011	-	-
23	PA	펜실바니아	1998	-	2004	2007
24	RI	로드아일랜드	2004	2007	-	-
25	TX	텍사스	1999	2002	2005	2007
26	WA	워싱턴	2006	2012	-	-
27	WI	위스콘신	1999	2000	2006	2010

자료: http://www.ucsusa.org/clean_energy/clean_energy_policies/res/overviewstates.html.

2) 목표량 수준 및 의무이행상황

2008년 말 기준으로 미국의 27개 주가 법적으로 의무적인 효력이 있는 RPS 제도를 채택하여 시행하고 있다. 한편, 다른 주들 중에서 5개 주는 법적 구속력은 없지만 권고사항 형태로 RPS 제도를 시행하고 있는 상황이다. 또한, 각 주마다 설정한 의무비율과 목표연도별 의무비율 역시 가지각색인데, 대체적으로 15~20% 정도로 설정되어 있는 것으로 파악되고 있다.

표 5-3 미국 주별 RPS 제도 의무 이행 기간 및 목표량

	주명			이행기간		목표량(%)		비고(의무량 기준)
				최초	목표	최초	최종	
1	AZ	아리조나	RES	2006	2025	1.25	15.00	- TRES
			(분산형 RES)	2007	2012	5.00	30.00	- 매년 RES 소요량 - 절반은 주택용
2	CA	캘리포니아	최초계획	2004	2017	1.00	20.00	- TRES
			변경계획	2004	2010	1.00	20.00	
3	CO	콜로라도	IOU	2007	2020	3.00	20.00	- IOU(민영전력회사)
			(Solar)				4.00	
			REC, MU	2008	2020	1.00	10.00	- REC(지역전기협동조합)
			(종합)	2007	2020		16.1%	- TRES
4	CT	코네티컷	Class I	2004	2020	1.00	17.00	- 기타 RES(Class Ⅱ이외 RES)
			ClassⅡ	2004	2020	3.00	3.00	- 폐기물, 바이오매스(1998/7/1/이전), 수력(5MW이하)
			ClassⅢ	2007	2010	1.00	4.00	- CHP, EE(에너지절약)
			(종합)	2004	2020	4.00	20.00	- TOS
5	DE	델라웨어	총목표량	2007	2020	2.00	20.00	- TRES
			(Solar)	2008	2019	0.011	2.005	- 2007/12/31 이전설비의 1%를 이무이행에 적용가능
6	DC	워싱턴 DC	Tier Ⅰ	2007	2022	1.50	11.00	- 기타(TierⅡ제외, Solar) RES - Tier Ⅰ, Ⅱ의무이행 적용가능

			Tier Ⅱ	2007	2020	2.50	0.00	- 수력, 폐기물 - Tier Ⅱ의무이행에만 적용
			(Solar)	2007	2022	0.005	0.386	
			(종합)	2007	2022	1.50	11.00	- TRES
7	HI	하와이		2010	2020	10.00	20.00	- NES - 의무량의 50%이상은 RES
8	IA	아이오와	최초목표		1999		105MW	- 판매량의 2%
			수정목표		2010		1000MW	- 판매량의 10% 이상
9	IL	일리노이		2008	2025	2.00	25.00	- TS - 의무이행량의 75%는 풍력의무
10	MA	메사추세츠		2003	2009	1.00	4.00	TRES
11	MD	메릴랜드	Tier Ⅰ	2006	2022	1.00	18.00	- 기타(TierⅡ제외) RES - Tier Ⅰ,Ⅱ의무이행 적용가능
			Tier Ⅱ	2006	2019	2.50	0.00	- 수력(2004/1/1 기준), 폐기물, 가금류 분뇨 등
			Solar	2008	2022	0.005	2.00	
			(종합)	2006	2022	3.50	20.00	- TRES
12	ME	메인	Class I	2008	2017	1.00	10.00	- 신규전원
			ClassⅡ	2000	2000	30.00	30.00	- 기존전원
			(종합)	2000	2017	30.00	40.00	
13	MN	미네소타	Xcel	2005	2020	1.00	30.00	- 목표년도 의무량 30%중 25%는 풍력으로 공급
			기타	2005	2025	1.00	25.00	- 모든 기타 전력공급사업자
			(종합)	2005	2025	1.00	27.40	- TRES
14	MT	몬타나		2008	2015	5.00	15.00	- TRES - 지역기반 RES: 75MW (2015)
15	NC	노스캐롤라이나	사업자 IOU	2012	2021	3.00	12.50	- IOU(민영전력사업자)
			사업자 REC, MU	2012	2018	3.00	10.00	- REC(지역전기협동조합)
			전원 solar	2010	2018	0.02	0.20	- 각 사업자는 최소 전원별 목표량을 달성해야 됨
			전원 돼지분뇨	2012	2018	0.07	0.20	
			전원 가금분뇨	2012	2014	170GWh	900GWh	
			(종합)	2012	2021	3.00	12.50	- TRES

16	NH	뉴 햄프셔	Class Ⅰ	2009	2025	0.50	16.00	- 신규RES(ClassⅡ제외기타 RES)
			ClassⅡ	2010	2025	0.04	0.30	- 신규 RES(Solar)
			ClassⅢ	2008	2011	3.50	6.50	- 기존 RES
			ClassⅣ	2008	2009	0.50	1.00	- 기존 RES(수력: 5MW이하)
			(종합)	2008	2025	4.00	23.80	-TRES
17	NJ	뉴저지	Class Ⅰ	2001	2020	0.50	17.88	- 기타(Class Ⅰ, Ⅱ제외 RES)
			Class Ⅰ, Ⅱ	2001	2020	2.50	2.50	- 수력(30MW이하)
			Solar	2004	2020	0.01	2.12	-
			(종합)	2001	2020	3.00	22.50	- TRES
18	NM	뉴 멕시코	IOU	2006	2020	5.00	20.00	- IOU(민영전력회사)
			풍력	2011	2020		20.00	- 의무이행량 대비
			solar	2011	2020		20.00	- 의무이행량 대비
			기타	2011	2020		10.00	- 의무이행량 대비
			REC	2015	2020	5.00	10.00	- REC(지역전기협동조합)
			(종합)	2006	2020	5.00	16.20	- TRES
19	NV	네바다	총목표량	2005	2015	6.00	20.00	- TRES(RES 또는 EE로 이행)
			(Solar)	2005	2015	0.30	1.00	- 최소달성 의무량
			(EE)					- 의무량의 25%를 초과하지 못함
20	NY	뉴욕		2006	2013	0.81	25.00	- TRES
21	OH	오하이오	Non Solar	2009	2024	0.246	12.00	
			Solar	2009	2024	0.004	0.50	
			(종합)	2009	2024	0.25	12.50	- TRES
22	OR	오리건	>3.0%	2011	2025	5.00	25.00	- 전력판매량에서 차지하는 비중을 기준으로 차등 부여 - TRES
			<3.0>1.5 %		2025		10.00	
			<1.5%		2025		5.00	
23	PA	펜실 바니아	Tier Ⅰ	2006	2020	1.50	8.00	- Solar, Wind, Fuel Cell, 지열
			Tier Ⅱ	2006	2020	4.20	10.00	- Waste, DSM, 수력, MSW, CCT
			Solar	2006	2020	0.0013	0.50	- Solar는 Tier Ⅰ에 포함
			(종합)	2006	2020	5.70	18.0	- TRES

24	RI	로드아일랜드	Class I	2007	2019	1.00	14.00	- 신규전원
			Class II	2007	2019	2.00	2.00	- 신규 또는 기존 전원
			(전체)				16.00	- TRES
25	TX	텍사스	Class I	2002	2015	400MW	5000MW	- 신규전원
			Class II	2002	2015	880MW	880MW	- 기존전원
			(전체)	2002	2015	1320MW	5880MW	- TRES대비 5.5%
26	WA	워싱턴		2012	2020	3.00	12.00	- TRES
27	WI	위스콘신		2006	2015		10.00	- 주내에서 소비된 총전력 에너지

주) TRES(Total retail electric sale), TDREL(Total delivered retail electric load), NES(Net electric sale), TS(Total supply), TOS(Total output or service).
자료: http://www.ucsusa.org/clean_energy/clean_energy_policies/res/overviewstates.html.

표 5-4 미국 주별 RPS 목표량 달성 수준

주	1999	2000	2001	2002	2003	2004	2005	2006
AZ	-	-	89%	64%	31%	31%	26%	25%
CA	-	-	-	-		100%	100%	98%
CT	-	no data				100%	100%	93%
HI	-	-	-	-	-	-	100%	-
IA	100%	100%	100%	100%	100%	100%	100%	100%
MA	-	-	-	-	100%	65%	64%	74%
MD	-	-	-	-	-	-	-	100%
ME	-	100%	100%	100%	100%	100%	100%	100%
MN	-	-	-	61%	72%	72%	81%	no data
NJ	-	-	100%	100%	100%	100%	100%	100%
NM	-	-	-	-	-	-	-	100%
NV	-	-	-	-	31%	30%	95%	39%
NY	-	-	-	-	-	-	-	52%
PA	-	-	no data		-	-	-	100%
TX	-	-	-	99%	99%	99%	99%	100%
WI	-		100%	100%	100%	100%	100%	100%
가중평균	100%	98%	100%	90%	86%	94%	96%	94%

2007년 말까지는 대다수 주별 RPS 정책의 초기 연도 목표량이 완전히 또는 거의 달성되어져 왔다. 2006년까지의 데이터를 살펴보면, RPS 의무를 이행한 14개의 주 중에서 9개의 주인 California, Iowa, Maryland, New Jersey, New Mexico, Pennsylvania, Texas, Wisconsin이 95%가 넘는 이행 수준을 달성하였다. 14개 주에 가중 평균으로 준수 수준(의무 이행의 수준에 따라 가중치를 줌)을 적용해보니 90%를 항상 넘었다.

이처럼 RPS 제도가 미국 내의 재생에너지 개발을 증가시키는 데에 한 몫을 하고 있다고 볼 수 있다. 비록 어느 정도 제한된 짧은 경험이긴 하지만, 각 주에서 실시하는 RPS 정책들은 각 주의 재생에너지 관련 프로젝트 개발에 대해 매우 큰 효과를 갖기 시작하였다. 그리고 RPS 제도의 영향은 앞으로 의무량이 증가됨에 따라 오랜 기간에 걸쳐 증가할 것으로 기대되고 있다.

3) 관련 법안 및 법제화 동향

미국의 상·하 의회에서는 수차례 연방차원의 RPS 관련 법안(Clean Energy and Security Act 등)을 발의하였으며, 2009년 6월에 결국 하원을 통과하였다. 이는 2007년에 발의된 Markey 법안을 토대로 수정된 것으로 Waxman-Markey 법안이라고 불린다.

상원에서 발의되었던 Bingman 법안도 역시 RPS 관련 사항을 포함하고 있었다. 제안된 법안들의 공통적인 RPS 대상 전원은 태양에너지, 풍력에너지, 지열에너지, 해양에너지, 바이오매스, 그리고 소수력 발전이었다.

한편, 최근 RPS 정책을 도입한 주들 가운데 일부가 소규모 재생에너지원에 대한 보완 차원에서 부분적인 고정가격매수정책을 도입하려는 움직임을 보이고 있다. 하지만 이러한 부분적인 고정가격매수제도는 다음과 같은 점에서 유럽의 FIT와 차이가 있다.

첫째, 전체 재생에너지원에 대해 시행하는 것이 아니라, 예를 들어 소규모 태양광처럼 일부에 한정해서 고정가격매수를 시행하고 있다.

둘째, 구매하는 기준이 되는 기준가격이 해당되는 원의 낮은 경제성을 보장하여 주는 높은 수준이 아니라, 일반적인 전력가격 수준에서 크게 차이가 나지 않는다. 즉, 예를 들어 소규모 태양광에 대해 고정가격매수제도를

표 5-5 미국의 RPS 법안

	Bingaman법안(상원)	Waxman-Markey법안(하원)
RPS 목표량	▪2011년까지 4% ▪2021년까지 20% ▪2039년까지 지속	▪2012년까지 6% ▪2020년까지 20% ▪2025년까지 25% ▪2039년까지 지속
의무산정 기준량 (Baseline)	=[전력량−(수력+MSW)]	좌 동
의무대상자	- 소매사업 전력회사 - 4백만 MWh/년 이상	- 전력공급자(provider) - 1백만 MWh/년 이상
기존 및 신규 재생에너지	2006년 1월 이전의 기존 신・재생에너지에 대한 REC는 시장에서 교환 불가	구별 없음
Energy Efficiency(EE) 포함 여부	EE는 매년 목표량의 최대 25%의까지 사용가능	Utility에 EERS 부과 시에 주(State)에 연간 목표량의 최대 20% 감축 청원 가능

자료: Federal RPS Bill Comparison, Lori Bird, NREL, 2009. 4.

시행하더라도 그 구매기준이 되는 기준가격수준은 태양광의 낮은 경제성을 모두 보전하는 수준이 아니라 일반적인 발전비용 수준(회피가격)으로 구매하여 주고 있는 것이 일반적이다.

2008년 현재로 캘리포니아, 미시간, 일리노이, 미네소타, 하와이, 로드아일랜드 등 6개 주에서 일부 재생에너지발전에 대한 고정요금제도가 도입되어 시행중에 있고, 이 밖에 플로리다, 메인, 뉴욕, 버몬트, 오리건, 위스콘신 등에서 도입을 검토했거나 고려하고 있다. 연방 차원에서는 2008년 5월에 하원의원인 Jay Inslee가 REP(Renewable Energy Payment)란 이름으로 FIT 관련 법안을 제안한 바 있다. 그 내용은 통일된 표준에 의한 연계의 보장(FERC에 의한 20MW 이하 설비)과 20년 동안의 고정요금에 의한 의무적 구입 조건을 포함하고 있다.

2. 이 태 리

1) 개 요

이태리는 기존의 재생에너지 보급정책인 기준가격의무구매제도(FIT)를 대신하여 녹색인증서(Green Certificate)를 기반으로 한 새로운 보급정책을 시행하기 시작하였다. 정책이행기동안에 재생에너지 발전사업자는 두 개의 보급정책(RPS와 FIT) 중 하나를 선택할 수 있게 되어 있다.

새로운 보급 정책인 Green Certificate는 2002년 1월에 적용되기 시작하였는데, 인증서는 1999년 3월 31일 이후에 계획된(commissioned) 설비 중 인증 받은 설비에 대하여 발급된다. 모든 발전사업자는 총 발전량(재생에너지를 이용하여 생산한 전력을 제외한 총 발전량과 외국으로부터 수입된 전력량을 합한 것)의 2%를 그린 인증서로 확보해야 하는 의무를 갖게 되었고, 이 의무 비율은 초기에는 매년 0.35%씩 증가하였는데, 최근 와서 그 증가폭이 0.75%로 확대되었다.

2) 의무대상자, 목표량 및 대상전원

1999년 관련법(Bersani법)에서는 모든 발전사업자 및 수입사업자에게 2001년 1월 1일부터 의무를 부여하였다. 의무대상자는 자신의 전력생산량 중 2%(전년도 생산량 기준) 비율을 재생에너지를 이용한 발전전력으로 충당하도록 의무가 부과되었다. 이러한 의무는 기존의 화석에너지를 이용하여 생산한 발전전력량이 연간 100GWh 이상을 초과하는 발전사업자나 수입업자를 대상으로 부과되었으며, 재생에너지나 열병합발전은 이러한 의무량 부과에서 제외되었다.

발전사업자(수입업자)는 그들에게 부과된 의무를 이행하기 위하여 다른 전력회사(해당 전력은 송전선에 연계되어 인입되는 경우)나 국가송전사업자(GRTN, 후에 GSE로 개명)로부터 인증서를 구매할 수 있게 되어 있다. 인증서의 거래는 유가증권 거래(stock exchange)를 기준으로 거래된다. 아울러 발전사업자는 EU의 재생에너지 발전사업자가 생산하는 전력(1999년 4월 1일 이후 작동된 설비)을 수입하여 의무를 이행할 수도 있는데, 그 발전 설비의 설치장소가 이태리 내의 재생에너지설비에 대한 동등한 수준의 보급정책 및 수단을 적용받는 국가인 경우에 한정된다.

법에서는 적용대상 설비의 특성을 규정하고 있는데, 모든 재생에너지 전력발전설비는 1999년 4월 1일 이후에 작동되거나 보수된 설비에 한정되어 있으며, 대상 전원은 수력(양수제외), 태양광, 풍력, 지열, 조력, 파력, 바이오매스(비유기성 폐기물 포함), 그리고 바이오가스이다.

3) 의무이행방법

이태리의 RPS 시스템 운영에는 의무부담주체, 인증된 재생에너지 발전사업자, 국가송전망 관리자인 GSE(GRTN), 전력시장 운영자이자 관리자인 GME가 참여하고 있다.

국가송전망 관리자인 GSE(GRTN)은 적용대상 재생전원 설비에 대한 인증과정 및 적격설비에 대한 인증책임에 대한 가이드라인을 설정하고 재생에너지 발전설비에 대한 정보수집과 적격설비에 대한 정보를 공개한다. 또한, 적격발전사업자에 대해 TREC(Tradable REC)를 발급하며 상환된 인증서의 양이 의무목표량을 충족시켰는지 여부를 검토하여 사업자의 의무량 충족여부를 확인해 준다. 그리고 GSE(GTRN)는 FIT 적용을 받는 CIP-6법으로 허가받은 재생에너지 발전설비에서 생산된 전력에 대하여 그린인증서를 발행하고 소유할 권리를 보유할 수 있다.

CIP-6법의 적용을 받는 재생에너지 발전사업자는 FIT와 그린인증시스템 중에서 정책을 선택할 수 있는데, 만약에 FIT를 선택할 경우 발전전력은 송전선에 연계하여 송전하고 인센티브를 획득한다. 대신에 송전선 운영자는 관련 설비에 대한 인증서를 소유할 수 있게 된다. 한편, 그린인증시스템 정책을 선택할 경우 RES 설비소유자는 인증서를 획득할 수 있는 CIP-6에 의한 직접적인 재무적인 지원은 받을 수 없게 된다. 한편, GSE(GTRN)이 100% 지분을 보유한 GME는 에너지 관련 유가증권(stock) 거래를 관리하고, 운영자, 발전사업자, GSE 등이 보유할 수 있는 그린인증서를 거래하기 위한 설비의 운영 및 관리까지 도맡는다.

재생에너지 발전사업자로 적격인지 확인받고 해당 설비와 연계된 그린인증서를 발급받기 위해서는 사업자명, 발전설비의 위치, 재생전원의 종류,

설비용량, 준공시점(상업운전개시일), 연간 예상발전량 등을 GSE(GTRN)에 통보해야 된다. GSE가 인가 확인요청을 수령한 후 90일 이내에 응답을 하지 않으면 자동적으로 인가된 것으로 인정된다. 적격으로 인증 받은 재생에너지 발전사업자(이태리에서는 'IFAR'이라고 함)는 GSE에 전년도 발전량에 대한 그린인증서 발급을 요청한다. 한 단위의 그린인증서(100MWh)는 발행 차기연도의 3월 31일까지 유효하다. IFAR은 GSE에게 전년도의 전력생산량, 발전설비의 적격설비 인가 코드, 수력설비의 경우 양수발전량, 두 가지 이상 연료가 사용된 설비의 경우 비재생에너지원에 의한 전력생산량에 대한 정보를 송부해야 된다. GSE는 그린인증서 발급요청서 수령 30일 이내에 그린인증서를 발급해야 되는데, 발급된 인증서는 거래 목적일 경우 '소유자 계정'으로 이체되며, IFAR은 발전소가 작동된 이후 8년간 그린인증서 발급을 요청할 수가 있다.

IFAR 생산자는 당해 연도 또는 차기 연도 발전량에 대해서 그린인증서 발급을 요청할 수 있는데, 이 경우에는 그린인증서 발급요청서에 기본적인 정보 이외에 해당 연도의 예상발전량에 대한 정보를 추가해야만 한다. 미운전중인 설비에 대해서도 사전에 그린인증서 발급을 요청할 수 있지만, 송전선연계 인허가, 운전계획정보, 기타 기운전중인 설비로서 보유하고 있는 적격설비에 대한 기준정보 및 현재의 작업 상태에 대한 정보를 제공해야 된다. GSE는 이렇게 차입된 인증서를 판매할 권리를 갖게 되며 차입된 인증서에 대한 재생에너지 발전 전력은 향후 3년 이내에 생산되어야 된다. 이러한 메커니즘을 이용하여 인증서의 부족문제를 해결할 수 있으며 인증서 부족에 따른 인증서 가격의 폭등을 완화시킬 수 있다.

그린인증서는 GME가 설치한 그린인증서시장(Green Certificate Market)에서 거래되거나, 의무부과를 받은 사업자와 IAFR 생산자 사이의 쌍방교섭(Bilateral Agreement)으로 거래된다. 그리고 생산된 전력은 계통으로 인입되어 일반 전기요금으로 판매된다. 의무불이행 사업자에 대해서는 인증서 거래가격 중 최대가격의 1.5배에 해당되는 금액을 페널티로 부과하고 있으며, 아울러 페널티로부터 적립된 수익금은 새로운 재생에너지 전원개발에 투자하고 있다.

3. 일 본

1) 개 요

최초 시행 시기는 2003년으로 전기 사업자에 의한 신에너지 등의 이용에 관한 특별조치법(2002년 법률 62호) 형태로 시작되었다. 시행 배경을 살펴보면, 2001년 6월에 발전분야에 있어서 새로운 시장 확대 조치에 관하여 해외의 시행사례를 바탕으로 일본의 현실에 적합하고 즉각적으로 시행 가능한 제도 도입의 필요성이 제기된 것이 발단이다. 이 보고서에서 신에너지 도입목표량이 결정되었고, 발전분야에 있어서 효과적인 새로운 시장 확대 조치에 관하여 제외국의 실시상황을 지속적으로 참고하면서 일본의 실정에 즉각적인 새로운 제도의 도입을 향한 검토의 필요성이 지적되었다. 그 후, 외국의 사례를 종합적으로 검토한 결과, 대책효과의 확실성, 전원선택의 자유성, 비용절감인센티브, 시장기능의 활용 등의 관점에서 RPS 제도가 우수하다는 평가에 도달하여 2002년 6월에는 전기 사업자에 의한 신에너지 등의 이용에 관한 특별조치법(RPS법)이 입안되었고, 2002년 12월에 RPS법 일부가 시행된 후 2003년 4월부터 RPS법이 전면적으로 시행되기 시작하였다.

2) 의무대상자, 목표량, 대상전원 및 의무이행방법

일본에서의 의무할당제 의무이행 대상은 전기 소매판매 사업자 39사(2006년 말 기준)이다. 이들은 크게 일반전기사업자, 특정전기사업자, 특정규모전기사업자로 나눌 수 있는데, 동경전력 등 10개사는 일반전기사업자에 속하고, 롯본기 에너지선비스 등 6개사는 특정전기사업자에 속한다. 마지막으로 다이아몬드파워 등 23사가 특정규모전기사업자이다.

일본의 연도별 재생에너지 발전목표량은 아래 표와 같은데, 총 발전량의 몇 %라는 목표율로 규정하고 있지 않고 몇 kWh란 특정 수치, 즉 목표량으로 규정하고 있다. 이를 목표비율로 환산하면 <표 5-6>과 같다.

표 5-6 일본의 연도별 재생에너지 발전 목표량

구분	2003	2004	2005	2006	2007	2008	2009	2010	2011	2012
목표량 (억kWh)	73.2	76.6	80.0	83.4	86.7	92.7	103.3	122.0	131.5	141.0
목표율 (%)	0.87	0.91	0.92	0.93	0.99	1.05	1.16	1.35	-	-

주) $\text{목표율(당해년도)} = \frac{\text{국가전체 목표량(당해년도)}}{\text{국가전체 전기공급량(전년도)}}$

일본의 RPS의 연도별 목표율을 살펴보면 목표율이 매우 낮고 매년 목표율의 증가분도 매우 낮다는 것을 알 수 있다. 2003년도에 0.87%를 목표율로 하고 있는데, 2010년에는 1.35%를 목표율로 하고 있어서 7년동안 목표율 증가분이 0.48%이며 이는 연간 목표율 증가분으로 환산하면 0.07%에 불과하다. 미국의 RPS 그리고 우리나라의 RPS 목표비율 증가분과 비교하면 매우 작다는 것을 알 수 있으며, 일본의 RPS 의무가 유명무실하게 운영되고 있음을 볼 수 있다. 이는 RPS의무를 부담하는 공급의무자들 즉 전기사업자들의 강력한 로비 등으로 인해, RPS 의무비율이 유명무실할 정도로 낮게 설정되었기 때문이다. 결국 이러한 문제들로 인해 일본의 RPS는 그 역할을 하지 못하고 폐지되는 결과를 낳았다.

일본에서는 국가 목표량 설정 주기를 4년으로 정하여 1차 2002년, 2차 2006년으로 발표하였다. 또한, 이행목표의 설정기간 범위를 8년으로 두고 있다. 그래서 1차 목표는 2003년부터 2010년, 2차 목표를 2007년부터 2014년에 이행하는 것이다.

일본에서는 대상전원이 풍력 등 5개 재생에너지이다. 즉, 풍력, 태양광, 바이오매스(폐기물발전중 바이오매스에 의한 것은 대상으로 포함), 수력(수로식으로 1000kW이하), 지열(지하 열수를 현저히 감소시키지 않는 범위 내에서 인정)을 그 범위에 포함시킨다.

의무이행 대상자는 ① 자체발전, ② 직접구입, ③ 타사업자로부터의 "RPS상당량" 구입 등의 방법으로 목표이행이 가능하다. RPS 상당량은 kWh당 5엔 전후이다.

표 5-7 일본 RPS 제도하의 RPS 상당량 거래가격 추이

(단위: 엔/kWh)

구 분	2003	2004	2005	2006
RPS 상당량	5.2	4.8	5.1	64.9

3) RPS의 폐지 및 FIT로의 전환

현재 일본은 RPS를 폐지하고 2012년 7월 1일부터 전격적으로 FIT를 시행하고 있다.

일본의 RPS가 실패한 이유는 크게 다음 두 가지 때문이며, 이는 신·재생에너지 공급의무화제도를 새로 시행하는 우리나라에도 시사하는 바가 크다.

첫째, 목표량(의무량)이 너무 낮게 설정되어 있다는 것이다. 따라서 매년 목표량의 120% 이상을 초과달성하였으며 남는 물량은 매년 banking이 되어서 축적되었다. 이처럼 낮은 목표량으로 RPS가 유명무실하고 재생에너지 공급확대에 기여를 하지 못하고 있다는 것이 실패한 가장 큰 이유라고 하겠다.

둘째는 태양광 등 경제성이 낮은 원에 대한 보완장치, 즉 경제성이 낮은 원도 시장에 진입하여 경쟁을 통해 보급될 수 있는 제도적 장치가 전무하였다는 점이다. 일본의 RPS에는 재생에너지 전원별로 가중치를 부여하거나 태양광 등에 대해 별도의 의무량을 할당하는 등의 보완장치가 전혀 없었던 것인데, 이로 인해 RPS가 태양광 보급에 거의 기여를 못하게 되었고 경제성이 낮은 재생에너지원이 더욱 큰 침체가 되는 문제점이 발생하였다. 이와 관련하여 일본정부는 2009년 11월부터 태양광에 대한 잉여전력 구매제도 실시, 태양광발전에 가중치 2.0 부여방안 등을 검토(2011년 시행)하였으나, 이러한 조치는 보완조치로는 매우 미약하였다. FIT와 RPS는 각 제도가 완벽할 수는 없으며 각자 장단점이 있는데, 이러한 장단점을 보완하는 방향으로 개선되고 설계되어야 함에도 불구하고 일본의 RPS는 이러한 제도적 보완을 하지 않았기에 폐지가 되는 또 다른 큰 원인이 된 것이다.

4. 호 주

1) 개 요

호주에서 재생에너지 인증서는 적정한 재생에너지 발전 설비로부터 전력망, 최종 사용자, 도/소매 구매자에게 재생에너지 전기를 전달하는 데에 따라서 생성된다. 한편, 일부 'Solar water heaters'의 설치도 재생에너지 인증서에 적합하다고 인정되고 있다. 인증서는 물리적인 전력시장(NEM, National Electricity Market)과는 따로 분리된 금융 시장에서 거래되어지며, NEM과 비 NEM 시장 간의 운영에 있어서 아무 간섭도 없다. 자격이 있는 재생에너지 발전설비들은 2001년 4월 1일로부터 각자의 재생에너지 발전에 근거하여 인증서를 발급받고, 각 재생에너지 인증서 하나는 1MWh 단위의 재생발전과 동일하게 여겨진다. 재생에너지 발전 설비의 소유자들은 의무가 부과되거나 제3자와 교환할 때까지 재생에너지 인증서를 갖고 있게 된다.

2) 의무대상자, 목표량 및 대상전원

호주에서는 100MW 이상 용량을 설치한 전력망 상의 모든 도매 전력 구매자들에게 의무 목표가 부과되었다. 새로운 전력망이 100MW의 경계에 다다르게 되면 이에 대해서도 의무가 부과된다. 발전자가 직접적으로 최종 사용자에게 파는 곳에서는 발전자가 국가적인 도매상으로 간주되어지며, 이에 따라 재생에너지 인증서를 갖고 있을 책임이 있는 당사자가 된다.

2010년에 재생에너지전력 9,500 GWh 목표를 달성하는데 있어서 매년 균형적으로 기여할 수 있도록 하고 투자가 계획상의 최종 연도에만 집중되어서 발생하지 않도록 중간 연도의 목표를 책정하였다. 2010년까지 투자가 확실하게 된다고 보장될 때에, 모든 도매 전력 구매자들에게 2010년에서 2020년 사이에는 재생에너지 전력을 9,500 GWh로 유지하는 것이 요구될 것이다. 이는 2010년과 2020년 사이에 재생에너지 전원의 성장을 요구하는 것은 아니지만, 2020년까지 인증서의 가치는 유지될 것임을 의미한다.

표 5-8 호주의 연도별 재생에너지 발전 목표량

구분	2001	2002	2003	2004	2005	2006	2007	2008	2009	2010
목표량 (GWh)	300	1,100	1,800	2,600	3,400	4,500	5,600	6,800	8,100	9,500

3) 의무이행방법

ORER(the Office of the Renewable Energy Regulator)은 REC의 생성과 교환, 이행에 대한 간단한 프로세스를 개발하였으며, 이 거래를 손쉽게 하기 위해서 ORER은 REC를 위한 인터넷 기반의 중앙 등기소를 설립하였다. 호주의 'The Renewable Energy (Electricity) Act 2000'은 등록에 있어 각 재생에너지 인증서의 유효한 번호, 인증서가 생성된 연도, 인증서를 만든 사람의 이름, 현재 등록된 소유자와 각 인증서에 대하여 기존에 등록되었던 각 소유자의 이름, 인증서에 의해서 이행된 적절한 재생에너지 전원, ORER이 적합하다고 여기는 그 밖의 정보들을 요구하고 있다.

ORER은 페널티 부과, 감사 집행 등 법률에서 규정하는 것들을 책임지고 있으며, 이 외에 재생에너지 발전사업자의 인가와 현존하는 발전사업자의 기준 결정, 재생에너지 인증서의 정당한 발급에 대한 책임, 의무 대상 전력망에 대한 명부의 유지, 재생에너지 인증서의 생성과 교환에 대한 추적 등도 책임지고 있다.

REC는 재생에너지 발전소가 ORER에 의해서 인가되어지고, 적법하게 재생에너지 전기를 생산하면 등록소에서 만들어질 수 있다. 그리고 생성되는 REC 각각에 대해서 8센트(약 5 유로센트)의 등록비를 지불해야만 한다. 지불이 완료될 때까지 REC는 등록되어질 수 없다. 그러나 등록소는 집행비용을 줄이고 소규모 참여자들의 참여율을 높이기 위해 처음 250개의 인증서에 대해서는 다른 요금을 부과한다.

ORER은 REC가 적법하게 생성되었는지 확인하기 위해서 발전소에 대해 물리적인 감사도 실시하며, 법률(The Renewable Energy (Electricity) Act 2000)에 따라서 우연히 또는 고의적으로 무효의 인증서를 생성한 당사자에 대해서 금전적인 페널티를 부과한다.

모든 의무 당사자들은 매년 2월 14일까지 정해진 서식을 제출함으로써 전년도 의무 이행과 준수에 대해 보고를 하여야 한다.

의무 당사자들은 재생에너지 발전사업자로부터 재생에너지 인증서를 획득하기 위해 직접적으로 계약을 체결하거나, 재생에너지 인증서 교환을 통해 자신들의 의무를 위해 필요한 인증서를 얻을 수 있다. 의무 당사자들은 자신들이 소유자로 등록되어진 재생에너지 인증서에 대해서만 의무이행에 사용할 수 있다(의무이행에 사용된 인증서는 상각이 된다). 재생에너지 중앙 등기소는 이러한 요구를 지원하기 위해서 설립되어졌다.

목표치의 달성에 있어서 10%까지는 여유가 허용되며 부족액이 10% 허용치를 넘게 되면 부족한 부분에 대해서 페널티가 부과된다. 그러나, 만일 10%의 여유를 포함하여 한 해에 채워지지 못한 개개 목표의 총량이 다음 3년 동안 채워진다면 페널티는 면제된다. REC는 의무이행을 통해 상각되어질 때까지 유효하며, 만기 기일은 없다. 인증서는 미래 기간에 사용할 수 있도록 저축되어질 수 있다. 의무 불이행에 대한 페널티는 호주 달러로 $40/MWh이며 만일 부족액이 다음 3년 안에 채워진다면 페널티는 면제된다.

Ⅲ. 신·재생에너지 공급의무화제도의 세부내용

1. 신·재생에너지 공급의무화제도의 기본 메카니즘

신재생에너지 공급의무화제도의 기본 메카니즘을 [그림 5-5]에 따라 설명하면 다음과 같다.

① 먼저 정부는 공급의무자에 해당하는 발전사업자에게 개별적으로 의무공급량을 부여(할당)한다.

② 발전사업자는 의무이행을 하여야 하는데, 의무이행은 의무공급량에 해당하는 공급인증서(REC)를 확보하여 이를 정부에 제출함으로써 이행하게 된다.

③ 발전사업자가 공급인증서를 확보하는 방법에는 스스로 신·재생에너지 발전소를 건설하여 REC를 자체적으로 조달하는 방법(자체조달)과 REC 거래시장에서 구매하는 방법(외부조달) 방법으로 나눌 수 있다.

④ 신·재생에너지 발전사업자는 신·재생에너지 발전량에 해당하는 REC를 공급인증기관으로부터 발급받는다.

⑤ 신재생에너지 발전사업자는 발급받은 REC를 REC 거래시장에 판매하여 수익을 얻는다.

⑥ 발전사업자는 자신들에게 할당된 의무공급량 중 미이행분에 대해서는 borrowing을 통해서 의무이행을 미래로 유예할 수 있으며, borrowing을 통해서도 해결되지 않는 의무 미이행분에 대해서는 과징금을 부과받는다.

⑦ 발전사업자는 의무이행을 위해 정부에 제출한 REC 비용만큼을 전기요금에 자동 전가(轉嫁)를 통해서 보전받는다.

그림 5-5 신재생에너지 공급의무화제도의 기본 메카니즘

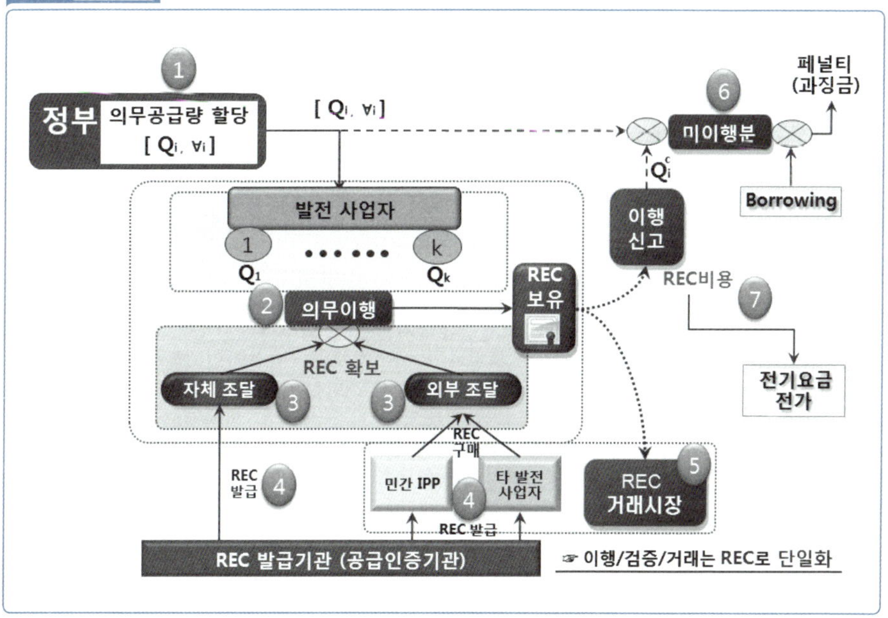

2. 신·재생에너지 공급의무화제도의 목적

신·재생에너지 공급의무화제도의 목적은 신·재생에너지 보급확대와 함께 산업육성이다. 이는 동 제도를 세부적으로 설계하고 운영하는데 있어서 보급확대 및 산업육성 양자를 모두 염두에 둘 것을 요구하고 있다.[7)]

3. 공급의무자 범위

공급의무자란 신・재생에너지 공급의무를 부담하는 자라고 할 수 있으며, 전기사업자 중에서 발전사업자와 판매사업자 중 어느 하나를 공급의무자로 정할 수 있는데 신・재생에너지법에서는 발전사업자를 공급의무자로 규정하고 있다.[8] 그리고 시행령에서는 구체적으로 50만kW 이상의 발전설비를 보유한 발전사업자와 공공기관 중 수자원공사, 지역난방공사를 공급의무자범위에 포함시키고 있는데,[9] 국내 총발전량 중 공급의무자에 속하는 발전사업자의 발전량 총합은 2009년 기준 약 98.7%를 차지하고 있어서 국내 총 발전량의 거의 전부를 공급의무자가 점유하고 있음을 알 수 있다.

동 기준에 따를 때 현재 공급의무자에는 총 13개 발전사업자[10]가 포함되는데, 새롭게 50만kW 규모 이상의 신규 발전사업자 설립 또는 소규모 발전사업자의 설비규모 확대 등에 따라서 공급의무자 수는 계속 늘어날 것으로 보인다. 공급의무자 범위에 포함되는지 여부는 해당 발전사업자에게는 중요한 사항이고 이를 명확히 할 필요가 있으므로, 지식경제부장관은 공급의무자를 공고토록 하고 있다.[11]

---

7) 신・재생에너지법 제12조의5(신・재생에너지의 공급의무화 등) ① 지식경제부장관은 신・재생에너지의 이용・보급을 촉진하고 신・재생에너지산업의 활성화를 위하여 필요하다고 인정하면 다음 각 호의 어느 하나에 해당하는 자 중 대통령령으로 정하는 자(이하 "공급의무자"라 한다)에게 발전량의 일정량 이상을 의무적으로 신・재생에너지를 이용하여 공급하게 할 수 있다.
1. 「전기사업법」 제2조에 따른 발전사업자
2. 「집단에너지사업법」 제9조 및 제48조에 따라 「전기사업법」 제7조제1항에 따른 발전사업의 허가를 받은 것으로 보는 자
3. 공공기관

8) 신・재생에너지법 제12조의5 제1항(앞의 각주 참조).

9) 신・재생에너지법 시행령 제18조의3(신・재생에너지 공급의무자) ① 법 제12조의5 제1항에서 "대통령령으로 정하는 자"란 다음 각 호의 어느 하나에 해당하는 자를 말한다.
1. 법 제12조의5 제1항제1호 및 제2호에 해당하는 자로서 50만킬로와트 이상의 발전설비(신・재생에너지 설비는 제외한다)를 보유하는 자
2. 「한국수자원공사법」에 따른 한국수자원공사
3. 「집단에너지사업법」 제29조에 따른 한국지역난방공사

10) 한국수력원자력(주), 한국동서발전(주), 한국남부발전(주), 한국서부발전(주), 한국중부발전(주), 한국남동발전(주), 한국지역난방공사, 수자원공사, 포스코에너지, SK E&S, GS 파워, GS EPS, MPC(율촌)

11) 신・재생에너지법 시행령 제18조의3 ② 지식경제부장관은 제1항 각 호에 해당하는

공급의무자를 전기사업자 중 발전사업자로 하느냐 아니면 판매사업자로 하느냐와 관련하여 많은 논의가 있었는데, 이와 관련한 장단점은 <표 5-9>와 같다.

표 5-9 발전사업자 vs. 판매사업자 비교[12)]

	판매사업자	발전사업자
장점	• RPS를 시행중인 해외사례를 보았을 때, 보다 일반적임 • 의무이행비용의 전기요금 전가가 보다 용이 • 전력산업구조개편 및 민영화 등 전력산업 여건 변동에 영향을 적게 받음	• 공급의무자가 다수로 시행상 용이 • 대규모 발전사업자의 자체조달능력 활용 가능 • 공기업 발전사의 경우 RPA[13)]와 연계성 유지 가능
단점	• 실질적으로 단일 의무이행자(한전)일 경우 RPS 이행효과가 제한적임 • 판매사업사의 자체 조달 허용시 발전자회사에게 의무를 부과하는 효과와 실질적으로 동일	• 의무이행비용의 전기요금 전가가 보다 복잡해짐 • 전력산업구조개편 및 민영화 등 전력산업 여건 변동에 따른 대응 필요 • 대규모 발전사업자가 대부분을 자체조달 의존시 민간 발전사업자 위축 우려

판매사업자를 공급의무자로 정하는 경우 비용전가절차가 보다 용이해진다는 장점이 있으나 우리나라에서 판매사업자는 실질적으로 한전 하나밖에 없으므로 경쟁효과를 기대할 수 없다는 커다란 문제점을 가지게 된다. 따라서 여러 논의결과 다수의 공급의무자간에 경쟁효과를 기대하기 위해서는 발전사업자에게 부과하는 것이 바람직한 것으로 판단한 것이다.

4. 의무공급량

의무공급량은 총의무공급량과 공급의무자별 의무공급량 두 가지로 구분할 수 있다.

자(이하 "공급의무자"라 한다)를 공고하여야 한다.

12) 자료: 전기연구원.

13) Renewable Energy Portfolio Agreement(신·재생에너지공급 자발적 협약).

1) 총의무공급량

총의무공급량은 공급의무자 전체가 달성해야 할 개별적인 의무공급량의 합계로서 연도별로 대통령령으로 정하도록 하였으며 다만 국가 총전력생산량의 10% 이내의 범위에서 정하도록 법에서 한정하고 있다.[14]

이에 따라 시행령에서는 다음과 같이 연도별 총의무공급량을 정하고 있다.[15]

연도별 총의무공급량=공급의무자 전체의 지난 연도 총전력생산량의 합계[i)]×연도별 의무비율[ii)]

i) 단, 신・재생에너지 발전량은 제외

ii) 연도별 의무비율[16]

해당연도	2012	2013	2014	2015	2016	2017	2018	2019	2020	2021	2022
의무비율(%)	2.0	2.5	3.0	3.5	4.0	5.0	6.0	7.0	8.0	9.0	10.0
	0.5%p ↑					1.0% ↑					

연도별 의무비율은 2016년까지는 매년 0.5%p씩 상승하고 2017년부터는 1.0%p씩으로 상승폭을 더욱 높여서 신・재생에너지 발전량 증가에 탄력이 붙도록 하였다. 그리고 2022년부터는 의무비율이 10%로 계속 지속되도록 하였다. 법에서 국가 총전력생산량의 10% 이내로 제한한 이유는 신・재생에너지 보급 확대 주장과 신・재생에너지 보급에 따른 국민경제 부담 등의 우려에 대한 타협이라고 볼 수 있다. 신・재생에너지가 아직은 경제성이 떨어지므로 과도하고 급격한 보급은 결국은 전기요금의 과도한 인상 등 국민경제에 악영향을 미칠 수 있다는 우려 때문에 국회 입법과정에서 상한

14) 신・재생에너지법 제12조의5(신・재생에너지의 공급의무화 등) ② 제1항에 따라 공급의무자가 의무적으로 신・재생에너지를 이용하여 공급하여야 하는 발전량(이하 "의무공급량"이라 한다)의 합계는 총전력생산량의 10% 이내의 범위에서 연도별로 대통령령으로 정한다. 이 경우 균형 있는 이용・보급이 필요한 신・재생에너지에 대하여는 대통령령으로 정하는 바에 따라 총의무공급량 중 일부를 해당 신・재생에너지를 이용하여 공급하게 할 수 있다.

15) 신・재생에너지법 시행령 제18조의4(연도별 의무공급량의 합계) ① 법 제12조의5 제2항 전단에 따른 의무공급량(이하 "의무공급량"이라 한다)의 연도별 합계는 공급의무자의 지난 연도 총전력생산량(신・재생에너지 발전량은 제외한다)의 합계에 별표 3에 따른 비율을 곱한 발전량 이상으로 한다. 이 경우 의무공급량은 법 제12조의7에 따른 공급인증서(이하 "공급인증서"라 한다)를 기준으로 산정한다.

16) 신・재생에너지법 제18조의4 제1항 관련 별표 3.

10%가 삽입되었다. 하지만 신・재생에너지 공급의무화제도가 본격 시행되고 정착되면서 신・재생에너지 보급의 보다 빠른 확대가 필요하다는 국민적 공감대가 형성되면 향후에 10% 제한이 조정될 것으로 기대된다.

지식경제부장관은 의무비율을 3년마다 기술개발 수준, 신・재생에너지 보급목표, 운영실적과 그 밖의 여건 변화를 고려하여 연도별 의무공급량의 비율을 재검토토록 하고 있다.[17] 이는 신・재생에너지 공급의무화가 처음 시행됨에 따라 의무비율이 달성하기에 과도하게 높거나 너무 쉽게 달성 가능한 경우가 발생할 수 있으므로 3년마다 주기적으로 이행여부를 재검토토록 하는 취지로서 새로운 제도의 도입에 따른 융통성을 확보하고 이행가능성을 높이기 위해 규제개혁위원회의 규제심사에서 추가된 내용이다. 물론 이러한 규정이 없더라도 정부는 매년 이행상황을 점검하며 의무비율의 적정성 여부를 검토할 것이나, 이러한 규정이 있음으로써 제도의 안정성이 보다 높아질 것으로 생각된다. 한편 공급의무자가 의무이행을 달성하지 못하면 자동적으로 의무비율을 낮추는 방향으로 개정을 할 것이라고 기대할 수도 있으나, 법령의 안정성 측면과 이해관계자의 기대이익 및 기투자계획 등을 고려시 단순히 공급의무자의 의무공급량 미달성만으로는 의무비율의 하향조정의 근거가 되기는 어렵고 큰 천재지변과 같은 불가항력적 사유 등이 있어야만 의무비율의 하향 조정의 타당한 근거가 될 것이라고 본다.

의무공급량을 산정하는 방식은 물리적인 신・재생에너지 발전량이 아니라 공급인증서 상의 발전량으로 계산한다.[18] 이는 공급인증서상의 가중치를 반영한 공급인증서상의 발전량으로 의무공급량 달성여부를 산정함을 의미한다.[19]

2) 공급의무자별 의무공급량

우리 법은 공급의무자 전체가 달성해야 할 총의무공급량을 우선 산정한 후, 이를 개별 공급의무자별로 할당하도록 하고 있는데, 개별 공급의무자별로 부담하는 의무공급량을 공급의무자별 의무공급량이라고 한다. 총의무공급량과 공급의무자별 의무공급량을 산정하는 방식은 Bottom-up 방식과

17) 신・재생에너지법 시행령 제18조의4 제2항.

18) 신・재생에너지법 시행령 제18조의4 ① (생략) 이 경우 의무공급량은 법 제12조의7에 따른 공급인증서(이하 "공급인증서"라 한다)를 기준으로 산정한다.

19) 신・재생에너지법 제12조의7 제3항.

Top-down 방식이 있을 수 있는데, 우리는 Top-down 방식을 채택하고 있다. Top-down 방식은 공급의무자들이 자신들의 향후 개별의무공급량을 예측하는데 타 공급의무자의 발전량도 함께 고려해야 하므로 어려움이 있다는 단점이 있으나, 국가가 목표로 하는 총의무공급량을 달성하는데 보다 용이하다는 장점이 있다. 법에서는 국가의 총의무공급량을 먼저 정한 후, 이를 각 공급의무자별로 할당하는 Top-down 방식을 채택하고 있다.[20]

그림 5-6 "총의무공급량과 공급의무자별 의무공급량" 산정방식 비교[21]

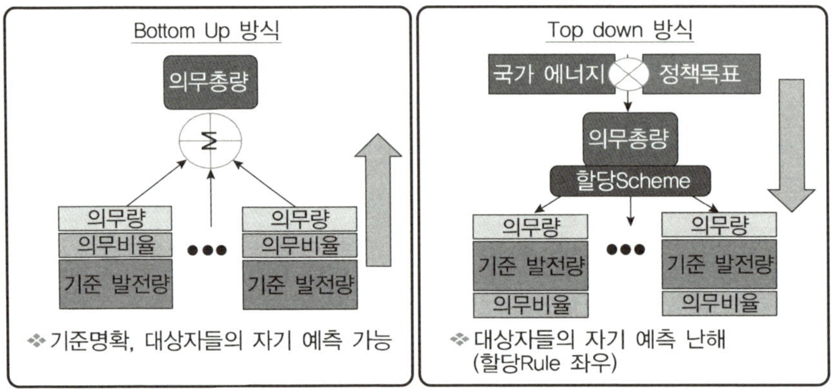

지식경제부장관은 공급의무자의 의견을 들어 공급의무자별 의무공급량을 정하여 고시토록 하고 있으며, 공급의무자별 의무공급량을 정할 때 공급의무자의 총발전량 및 발전원(發電源) 등을 고려토록 하고 있다.[22] 공급의무자의 총발전량 및 발전원을 고려토록 한 것은 사실상 대규모 원전발전을 하는 한국수력원자력(주)(이하 '한수원'이라 한다)을 고려하기 위한 것이다. 한수원의 발전량 비중이 국가총발전량의 30%가 넘고 향후 60%까지 확대될 계획을 가지고 있으며 더구나 원전 건설은 대규모의 투자비가 소요되는 것이 현실이다. 따라서 국회 입법과정에서 한수원에 대한 과도한 의무공급량

20) 신·재생에너지법 제12조의5 제2항: 국가의 총의무공급량 설정.
동조 제3항: 설정된 국가의 총의무공급량을 공급의무자별로 할당.

21) 자료: 전기연구원.

22) 신·재생에너지법 제12조의5 ③ 공급의무자의 의무공급량은 지식경제부장관이 공급의무자의 의견을 들어 공급의무자별로 정하여 고시한다. 이 경우 지식경제부장관은 공급의무자의 총발전량 및 발전원(發電源) 등을 고려하여야 한다.

편중 문제가 제기되었고 결국 한수원에 대한 의무공급량을 경감시킬 수 있는 조항을 삽입하게 된 것이다. 하지만 우리의 방식이 총의무공급량을 먼저 정하고 이를 각 공급의무자별로 의무공급량을 할당하는 방식이므로 한수원에 대한 의무공급량을 경감하면 그만큼 타 공급의무자의 의무공급량이 증가하게 되므로, 타 공급의무자의 의무공급량의 과도한 증가가 발생하지 않는 한도 내에서 한수원에 대한 의무공급량의 경감량을 적정하게 정하는 것이 중요하다고 하겠다.

「신・재생에너지 공급의무화제도 관리 및 운영지침(이하 "공급의무화제도 고시"라 한다)」[23]에서는 공급의무자별 의무공급량의 할당을 발전설비규모가 5,000MW 이상[24]인 공급의무자와 5,000MW 미만인 발전사업자로 나누어서 서로 다른 기준을 적용하고 있다. 한수원의 의무공급량 경감에 따른 타 공급의무자의 의무공급량 상승은 대규모 발전사업자인 5,000MW 이상에만 적용하도록 하고 있으며, 5,000MW 미만인 발전사업자에게는 영향을 받지 않도록 하고 있다. 한수원의 의무공급량 경감은 한수원의 원전발전량 증가에 맞추어서 초기에는 경감량을 줄이되 원전발전량이 증가함에 따라 경감량을 증가시켜 최대 50%까지 경감되도록 하였으며, 경감되는 양을 5,000MW 이상인 공급의무자가 분담토록 하고 있다.

표 5-10 원자력발전량에 대한 연도별 경감률

연 도	2012년	2013년	2014년	2015년	2016년	2017년이후
경감률	5%	15%	25%	35%	45%	50%

한편 한수원은 원전발전을 하지만 또한 신・재생에너지발전에 포함되는 수력발전소도 가지고 있어서 별도의 신규 신・재생에너지발전소를 건설할 필요없이 일정량의 신・재생에너지 발전량을 보유하고 있으므로, 한수원의 경감량을 분담하는 5,000MW 이상의 타 공급의무자(한수원을 제외한 한전의 5개 발전자회사)와의 형평성을 맞추기 위해서 한수원이 실질적으로 부담하는 의무공급량[25]이 5,000MW 이상의 타 공급의무자의 의무공급량보다 적어

23) 지식경제부 고시 제2012-134호.
24) 발전설비규모 5,000MW 이상인 공급의무자는 현재 한전의 6개 발전자회사만 해당된다.
25) 한수원의 의무공급량 - 한수원 소유 대수력의 연간발전량

서는 안된다는 조건을 공급의무자별 의무공급량 산정시 반영하고 있다.

한편 수자원공사의 대수력과 시화호조력의 발전량이 자동적으로 총의무공급량의 부담을 경감시키므로, 13개 공급의무자의 의무부담은 수자원공사의 대수력 및 시화호조력의 발전량만큼 경감되게 된다.

공급의무화제도 고시에서는 당해 연도 공급의무자별 의무공급량을 매년 1월31일까지 공고토록 하고 추후에 발전량 등이 확정되면 이를 수정하여 재공고토록 하여,[26] 공급의무자가 자신의 의무공급량이 어느 정도인지 명확히 알 수 있도록 하고 있다.

표 5-11 연도별 의무공급량 수준

구 분	총의무공급량(GWh)					
	한수원		기타 5개 Genco[1] 합계		기타 발전사[3]	
		실질의무량[2]		남동발전		
2012	2,292	992	4,372	947	352	7,015
2013	2,799	1,671	6,245	1,315	459	9,503
2014	3,259	2,189	8,123	1,709	558	11,939
2015	3,866	2,566	9,968	2,159	655	14,489
2016	4,049	2,749	12,285	2,660	750	17,083
2017	5,102	3,802	16,196	3,507	938	22,237
2018	6,502	5,202	19,607	4,246	1,111	27,220
2019	7,714	6,414	23,359	5,058	1,327	32,399
2020	9,314	8,014	26,845	5,813	1,488	37,647
2021	11,283	9,983	29,994	6,495	1,592	42,869
2022	13,120	11,820	33,406	7,234	1,730	48,256

1) 기타 5개 Genco: 한전의 6개 발전자회사(Genco) 중에서 한수원을 제외한 5개 발전자회사(즉, 중부발전, 남동발전, 서부발전, 동서발전, 남부발전)를 말하며, 이중에서는 남동발전의 발전량 규모가 가장 크다
2) 실질의무량: 한수원의 의무공급량 – 한수원 소유 대수력의 연간발전량(1,300GWh).
3) 기타 발전사: 한전의 6개 발전자회사(Genco)를 제외한 공급의무자들.

26) 신·재생에너지 공급의무화제도 관리 및 운영지침 제4조(공급의무자별 의무공급량 산정 및 공고) ① 지식경제부장관(이하 "장관"이라 한다)은 법 제12조의5 제3항에 따라 공급의무자별 의무공급량 및 별도 의무공급량을 매년 1월 31일까지 공고하여야 한다. 단, 공고 후에 의무공급량의 산정기준이 되는 통계치가 확정될 경우 이에 따라 의무공급량 및 별도 의무공급량을 재공고 할 수 있다.
② 공급의무자별 의무공급량의 산정기준은 별표 1과 같다.
③ 공급의무자별 별도 의무공급량의 산정기준은 별표 2와 같다.

한편 전력수급기본계획 등의 총발전량 전망 등을 기초로 할 때, 연도별 총의무공급량과 공급의무자별 의무공급량 수준을 추정한다면 <표 5-12>와 같다.[27)]

표 5-12 공급의무자별 의무공급량의 산정기준[28)]

□ 공급의무자별 의무공급량

○ 의무공급량(GWh) = 기준발전량(GWh) × 조정의무비율(%)

○ 조정의무비율(%)

$$= \text{영 별표3에 따른 연도별 비율} - \frac{\text{기준발전량이 0인 공급의무자의 수력 및 조력 발전량}}{\text{공급의무자 기준발전량의 합}}$$

주1) 단, 수력 및 조력은 시행규칙 제2조의2의 1.2호에 해당하는 수력 및 조력을 의미
주2) 조정의무비율은 소수점 셋째자리에서 반올림

□ 공급의무자별 기준발전량

구 분		산 식
설비용량	대상자	
5,000MW 이상 (그룹 Ⅰ)	한국수력원자력	$RPG_n^{\text{한수원}} = NG_{n-1} \times (1-\alpha_n) + G_{n-1}^{\text{한수원}}$
	한국남동발전 한국중부발전 한국서부발전 한국남부발전 한국동서발전	$RPG_n^i = G_{n-1}^i + \left(\frac{G_{n-1}^i}{\Sigma G_{n-1}^{5gen\cos}} \times NG_{n-1} \times \alpha_n\right)$
5,000MW 미만 (그룹 Ⅱ)	한국지역난방공사 한국수자원공사 SK E&S GS EPS GS 파워 포스코에너지 MPC(율촌)	$RPG_n^j = G_{n-1}^j$

1) RPG: 공급의무자별 기준발전량(Reference Power Generation)
2) NG: 원자력 발전량
3) G: 신・재생에너지 및 원자력 발전량을 제외한 발전량
4) α_n: 원자력발전량에 대한 연도별(n) 경감률
5) n: 의무공급량 이행기간 해당년도
6) $n-1$: 의무공급량 이행기간 직전년도
7) $5gen\cos$: Ⅰ그룹의 공급의무자 중 한국수력원자력을 제외한 공급의무자
8) i: Ⅰ그룹의 공급의무자 중 한국수력원자력을 제외한 공급의무자 중 하나

27) 표의 총의무공급량 및 공급의무자별 의무공급량은 전력수급기본계획 등의 발전량 전망 등을 고려하여 산정한 것으로 실제 발전량에 따라 개별의무공급량은 차이가 발생할 수 있음.
28) 신・재생에너지 공급의무화제도 관리 및 운영지침 제4조 제2항 별표 1.

9) j: Ⅱ그룹에 속하는 공급의무자 중 하나.
10) 발전량은 소내소비전력 차감 후 전력시장 또는 전력판매사업자에게 판매한 전력량을 기준으로 한다.
11) 대상자 변경시 변경내역을 반영하여 위의 산식에 따라 재산정한다.
○ 원자력발전량에 대한 연도별(n) 경감률

연도	2012년	2013년	2014년	2015년	2016년	2017년이후
경감률(α_n)	5%	15%	25%	35%	45%	50%

5. 별도의무공급량

1) 개 요

순수한 RPS에서는 신・재생에너지 전원간의 경쟁을 통해서 경제성이 높은 신・재생에너지 전원이 우선 공급되도록 하는 방식이다. 그러나 이러한 방식은 특정 신・재생에너지 전원으로 과도한 편중을 유발할 수 있고, 특히 다른 신・재생에너지 전원에 비해 경제성이 매우 낮은 태양광의 보급이 크게 위축될 수 있다는 문제점이 있다. 이에 따라서 RPS를 시행하고 있는 국가들은 이러한 문제점을 해소하기 위해서 다양한 보완장치를 도입해서 운영하고 있는데, 그 대표적인 방식이 신・재생에너지 전원별로 공급인증서의 가중치를 차별화하는 방안과 특정 신・재생에너지 전원에 대해 별도의 의무공급량을 할당하는 방식이다.

우리의 신・재생에너지 공급의무화제도에서는 이러한 두 가지 방식을 모두 반영하고 있는데, 태양광에 대해서는 별도의무공급량 할당방식으로, 그 밖의 신・재생에너지 전원에 대해서는 공급인증서 가중치의 차등화 방식으로 특정 전원으로의 과도한 편중 방지 및 태양광 보급 촉진 등의 목적을 달성하고 있다.

법에서는 균형있는 이용・보급이 필요한 신・재생에너지에 대해서는 총 의무공급량 중 일부를 대통령령으로 정하는 바에 따라 해당 신・재생에너지를 이용하여 공급하게 할 수 있다는 규정을 통해 별도의무공급량의 법적 근거를 두고 있다.[29)]

29) 신・재생에너지법 제12조의5 ② 제1항에 따라 공급의무자가 의무적으로 신・재생에너지를 이용하여 공급하여야 하는 발전량(이하 "의무공급량"이라 한다)의 합계는 총 전력생산량의 10% 이내의 범위에서 연도별로 대통령령으로 정한다. 이 경우 균형

별도의무공급량과 관련하여 주의해야 할 것은 총의무공급량과의 관계이다. 별도의무공급량은 총의무공급량에 속해있는 것이므로, 별도의무공급량을 이행하면 그 양만큼 총의무공급량도 이행한 것으로 보게 된다. 예를 들어 총의무공급량이 100MWh이고 별도의무공급량이 5MWh라면 공급의무자는 총 105MWh의 양을 의무 이행해야 하는 것이 아니고, 100MWh의 의무공급량을 이행하되 이 중에서 5MWh 이상을 별도의무공급량으로 이행하면 되는 것이다.

2) 태양광에 대한 별도의무공급량

시행령에서는 별도의무공급량의 적용대상을 태양에너지(태양의 빛에너지를 변환시켜 전기를 생산하는 방식에 한정한다)로 규정하고 있으며, 연도별 별도의무공급량도 명시하고 있다.[30]

태양광에 대해 별도의무공급량을 적용한 이유는 태양광의 발전단가가 타 신·재생에너지 전원에 비해 너무 높으므로 공급인증서 가중치의 적용을 통해서 적정의 태양광 보급을 유도하는 것이 유효하지 않고,[31] 연도별 태양광 보급량의 큰 편차를 나타내는 발전차액지원제도와 달리 연도별로 적정 규모의 태양광 보급이 이루어지도록 하여서 태양광산업의 안정적인 내수시장 달성을 통해 태양광산업을 적극 육성하겠다는 목적에서이다.

태양광에 대한 연도별 별도의무공급량 수준에 대해서는 태양광업계와 의무를 부담하는 업체들(공급의무자)간에 많은 이견이 있었는데, 논의를 통해서 총 1,200MW의 태양광 물량을 할당하되 태양광산업의 초기에 집중 할당하여 산업육성을 적극 지원한다는 측면에서 초기 5년간('12~'16년)간 할당물량을 집중 배분하고 2017년부터는 별도의 추가적인 할당없이 다른

있는 이용·보급이 필요한 신·재생에너지에 대하여는 대통령령으로 정하는 바에 따라 총의무공급량 중 일부를 해당 신·재생에너지를 이용하여 공급하게 할 수 있다

30) 신·재생에너지법 시행령 제18조의4(연도별 의무공급량의 합계 등) ③ 법 제12조의5 제2항 후단에 따라 공급하게 할 수 있는 신·재생에너지의 종류 및 의무공급량은 별표 4와 같다. 이 경우 공급의무자별 의무공급량은 지식경제부장관이 정하여 고시한다.

31) 예를 들어서 태양광과 풍력의 발전단가를 기초로 태양광에 대해 적정 공급인증서 가중치를 적용한다면 8.0 이상이 될 터인데, 이렇게 높은 가중치는 RPS제도를 크게 왜곡시킬 수밖에 없다. 영국 등은 태양광에 대해 가중치 3.0의 부여를 통해서 태양광의 낮은 경제성을 보완하려고 하고 있으나 결국 별다른 성과를 보지 못하고 극소규모 태양광에 대한 고정가격매수제 도입을 통해 완화하는 방안을 채택하게 되었다.

신·재생에너지 전원과 경쟁을 하도록 정하였다.

연도별 태양광 별도의무공급량에 따른 할당물량은 <표 5-13>과 같다.[32]

표 5-13 태양광 할당물량

	2012	2013	2014	2015	2016	2017	2018	2019	2020	2021	2022
신규(MW)	220	230	240	250	260	-	-	-	-	-	-
누적(MW)	220	450	690	940	1,200	1,200	1,200	1,200	1,200	1,200	1,200

200MW 이상의 태양광발전소를 매년 신규 건설한다는 것은 매우 큰 규모[33]로서 2008년 산림 등을 훼손하면서 태양광발전소를 건설하는 사례의 재발 가능성, 국토에 그만큼 충분한 태양광발전소 건설부지가 존재하느냐 여부 그리고 태양광발전소 건설을 추진하였으나 부지의 한계 등으로 실제로 건설이 이루어지지 않은 경우에도 공급의무자에게 의무불이행에 따른 과징금을 부과하는 것이 적정한지 등의 우려도 제기되었었다. 이에 대응하여 산림훼손 보다는 활용되지 않고 남는 부지(유휴부지)에 태양광발전소가 건설되도록 가중치를 설정하여 산림훼손 등의 문제를 방지하는 보완적 조치가 필요하며 이에 맞추어서 태양광에 대한 가중치 설정을 설계하였다. 그리고 개략적인 조사결과 산림 등의 훼손없이도 태양광발전소를 설치할 수 있는 충분한 부지가 존재하는 것으로 파악되었는데, 문제는 이러한 미활용 부지에 태양광발전소를 건설하는데 있어서 과도하고 불필요한 규제문제가 많이 얽혀있으므로 이러한 규제문제를 빨리 해소하는 것이 중요한 문제라

32) 한편, 태양광산업의 활성화를 보다 적극적으로 지원하기 위해 총 1,200MW의 별도의무공급량 배분을 5년이 아닌 4년으로 단축하는 방안이 추진되고 있는데('12.6.22일 시행령개정안 입법예고), 이에 따르면 태양광에 대한 별도의무공급량은 다음과 같이 변경된다.

<태양광 할당물량>

구 분	'12	'13	'14	'15	'16	합계
현 행 - 신규물량 기준(MW) -	220	230	240	250	260	1,200
개 정 - 신규물량 기준(MW) -	220	330	330	320	-	1,200
추가물량 (MW)	-	+100	+90	+70		

33) 200MW 태양광발전소를 건설하는데 소요되는 부지크기는 여의도면적(8.5km^2, 257만평)의 약 50% 정도인 4km^2(132만평)로 매우 큰 규모이다.

고 파악되었다.[34)]

태양광에 대한 별도의무공급량과 관련하여 오해하기 쉬운 부분은 2016년까지만 존재하는 것 아니냐는 것이다. 별도의무공급량은 2017년 이후에도 계속 존재하며 다만 2017년 이후에는 증가하지 않고 2016년 물량 수준이 계속 유지되는 것 뿐이다. 이는 2016년까지는 매년 별도의무공급량 증가를 통해서 매년 220MW에서 260MW까지의 신규 태양광발전소 건설을 보장하겠다는 것이지만, 2017년 이후에는 별도의 시장을 보장하지 않고 다른 신·재생에너지전원과 경쟁을 하면서 시장에 들어오라는 의미이다. 태양전지 제조업계의 기술개발과 글로벌 제조업체들의 시장진입으로 태양광의 발전단가는 다른 신·재생에너지 전원에 비해 급속하게 떨어지고 있으며, 우리나라도 2020년 이전에는 grid parity[35)]에 도달가능할 것이라는 전망이 전문가들의 전반적인 의견이며 이러한 의견을 따를 때 2017년 이후에는 시장내에서 다른 신·재생에너지 전원과 경쟁토록 하는 것은 적정하다고 보여진다.

이와 관련해서는 2017년 이후에 태양광에 대한 별도의무공급량을 '0'으로 하지 않고 왜 1,200MW를 계속 유지해야 하느냐 하는 의문이 제기될 수 있다. 이는 2016년까지 별도의무공급량에 따라 태양광발전소가 건설되는 것을 보장하기 위한 것이다. 만일 2017년부터 별도의무공급량을 0MW로 정하면 2012년부터 2016년까지의 태양광발전소 건설이 매우 어려워질 수 있다는 문제가 발생한다. 태양광발전소는 내용연수가 최소한 15년~20년 이상이며 기술개발 등으로 태양광 발전단가는 시간이 지날수록 급격히 떨어지는 모습을 보이고 있다.[36)] 2017년부터 별도의무공급량이 0MW라면 공급의무자는 2017년부터는 2016년까지 건설된 태양광발전소로부터 공급되는 고가의 공급인증서를 구매하지 않으려고 할 것이고, 결국은 2016년까지 태양광발전소 건설 자체가 어려워지게 되는 문제가 발생한다. 결국 2012년~2016년까지 별도의무공급량을 할당하였지만 실질적으로는 건설되기 어려운

34) 전국 28개 지목 중 산림, 농지 등의 훼손없이 태양광 설치가 가능한 지목*을 구분하여 개략적으로 합산한 결과, 총 251GW 태양광 설치가 가능한 것으로 조사되었다.
* 염전, 대(문화시설 건축물 부지 등), 공장용지, 학교용지, 주차장, 주요소용지, 창고용지, 수도용지, 체육용지, 유원지, 잡종지(전국 총 면적의 5% 차지).

35) 태양에너지·풍력 등 신·재생에너지로 전기를 생산하는 데 필요한 발전단가와 화석연료 발전단가가 같아지는 균형점을 말한다.

36) 최근에 태양광 발전단가는 매년 10% 이상씩 하락하는 추세를 보이고 있다.

상황이 되므로, 동 기간동안 건설된 태양광의 발전량을 지속적으로 별도로 구매토록 하기 위해서 별도의무공급량은 2017년 이후에도 계속 같은 양으로 할당하고 있는 것이다.

한편 시행령의 별표에서는 연도별 할당량이 [표 5-14]의 수치와 다른데, [표 5-14]의 수치는 설비규모(MW)를 나타낸 것이고 시행령 별표상의 할당량은 동 발전소 설비규모에서 생산되는 발전량(GWh)을 나타낸 것이다. 의무공급량 자체가 발전량이어야 하므로, 시행령상에서는 발전량 단위 즉, GWh로 표시되어 있다.[37]

표 5-14 별도의무공급량[38]

해당 연도	의무공급량(단위: GWh)
2012년	276
2013년	591
2014년	907
2015년	1,235
2016년 이후	1,577

1) 종류: 태양에너지(태양의 빛에너지를 변환시켜 전기를 생산하는 방식에 한정한다)
2) 연도별 의무공급량

3) 태양광 별도의무공급량의 공급의무자별 할당

태양광 별도의무공급량 전체를 공급의무자별로 구체적으로 할당하는 방식은 지식경제부장관이 정하여 고시하고 있다.[39]

공급의무화제도 고시에서는 공급의무자를 다음과 같이 발전설비 규모별로 2개 그룹으로 나누어서 다르게 할당하고 있다.

구 분	구분기준	해당 공급의무자
그룹 I	5,000MW이상의 발전사업자	한수원등 6개 발전자회사
그룹 II	5,000MW미만의 발전사업자	그 밖의 7개 공급의무자

37) 예를 들어 시행령상에 2013년도 의무공급량 591GWh는 다음과 같이 계산된 것이다. 450MW × 365 day × 24 hour × 15%(이용률)=591,300MWh ≒ 591GWh

38) 신 · 재생에너지법 시행령 제18조의4 제3항 전단 관련 <별표 4>.

39) 신 · 재생에너지 공급의무화제도 관리 및 운영지침 제4조(공급의무자별 의무공급량 산정 및 공고) ③ 공급의무자별 별도 의무공급량의 산정기준은 별표 2와 같다.

즉 발전설비 규모가 5,000MW 이상인 공급의무자(한수원 등 6개 발전자회사; 그룹Ⅰ)와 5,000MW 미만인 공급의무자(지역난방공사 등 그 밖의 공급의무자; 그룹Ⅱ)로 나누어 지는데, 국가 총 발전량 중에서 그룹Ⅰ의 공급의무자가 차지하는 비중이 약 95%, 그룹Ⅱ가 차지하는 비중이 약 5% 정도 된다. 따라서 발전량 비중에 따라 그룹Ⅰ에게는 총 별도의무공급량의 95%가 할당되고, 그룹Ⅱ에게는 5%가 할당된다.

그러나 동일한 그룹 내의 각 공급의무자에게는 별도의무공급량이 발전량에 비례해서 할당되는 것이 아니라 균등하게 배분된다. 즉, 그룹Ⅰ에는 한수원 등 6개 발전자회사가 포함되는데 각 발전자회사는 각각 1/6씩 균등하게 할당받는다.[40] 그리고 그룹Ⅱ에서는 지역난방공사 등 7개 공급의무자가 포함되는데 이들도 역시 각각 균등하게 할당받는다.[41]

각 그룹 내에서는 균등하게 할당하는 이유는 다음과 같다. 첫째, 그룹Ⅰ에서 한수원이 차지하는 발전량 비중이 매우 높아서 한수원의 의무부담이 과도하게 클 수 있다는 우려와 함께 이는 한 기업에 의해 태양광시장이 과도하게 영향을 받을 수 있다는 문제점도 발생할 수 있으므로 균등하게 할당하는 것이다.

둘째, 그룹Ⅱ에서 민간발전사업자는 매년 발전량의 편차가 심한데 발전량에 비례해서 별도의무공급량을 할당하면 이러한 편차에 따라 태양광발전소 건설에 불확실성이 높아진다. 이처럼 민간발전사업자의 매년 발전량 편차가 많다는 점을 고려하여 균등할당하는 것이다.

표 5-15 공급의무자별 별도의무공급량 산정기준[42]

□ 공급의무자별 별도 의무공급량
○ 공급의무자별 별도 의무공급량(GWh)
=영 별표4에 따른 연도별 의무공급량(GWh)×공급의무자별 분담율(%)

40) 2012년도에 220MW 태양광 할당시, 발전자회사별로 할당받는 양은 약 35MW규모이다.
41) 2012년도에 220MW 태양광 할당시, 7개 공급의무자별로 할당받는 양은 약 1.6MW 규모이다.
42) 신·재생에너지 공급의무화제도 관리 및 운영지침 제4조 제3항 별표 2.

□ 공급의무자별 분담율(%)

구 분			대상자	그룹간 분담율	공급의무자별 분담율(%)
그룹 I	설비용량 5,000MW 이상	6사	한국수력원자력 한국남동발전 한국중부발전 한국서부발전 한국남부발전 한국동서발전	$\frac{RPG_I}{RPG_T}$	$\frac{RPG_I}{RPG_T} \times \frac{1}{n_I}$
그룹 II	설비용량 5,000MW 미만	7사	한국지역난방공사 한국수자원공사 SK E&S GS EPS GS 파워 포스코에너지 MPC(율촌)	$\frac{RPG_{II}}{RPG_T}$	$\frac{RPG_{II}}{RPG_T} \times \frac{1}{n_{II}}$

1) RPG_T: 공급의무자 전체 기준발전량의 합
RPG_I: 그룹 I에 속하는 공급의무자의 기준발전량의 합
RPG_{II}: 그룹 II에 속하는 공급의무자의 기준발전량의 합
n_I: 그룹 I에 속하는 공급의무자 수
n_{II}: 그룹 II에 속하는 공급의무자 수
기준발전량은 직전 3년(n-1, n-2, n-3) 평균 기준발전량으로 한다.
2) 그룹간 분담율은 소수점 둘째자리에서 절사하고 절사로 인한 잔여분은 그룹 I에 할당한다.
3) 그룹내 공급의무자별 분담율은 소수점 둘째자리에서 절사하고 절사로 인한 잔여분은 그룹내 최대 사업자에게 할당한다.
4) 대상자 변경시 변경내역을 반영하여 위의 산식에 따라 재산정한다.

6. 공급인증서

1) 개 요

신 · 재생에너지를 이용하여 에너지를 공급한 자(이하 '신 · 재생에너지 공급자'라 한다)는 지식경제부장관이 신 · 재생에너지를 이용한 에너지 공급의 증명 등을 위하여 지정하는 기관(이하 '공급인증기관'이라 한다)으로부터 그 공급사실을 증명하는 인증서(전자문서로 된 인증서를 포함한다)를 발급받을 수 있는데, 이를 공급인증서(REC, Renewable Energy Certificate)라고 한다.[43]

43) 신 · 재생에너지법 제12조의7(신 · 재생에너지 공급인증서 등) 제1항.
법상으로는 "신 · 재생에너지를 이용하여 에너지를 공급"한 경우에 공급인증서를 발급한 경우라고 규정하고 있는데, 공급인증서란 신 · 재생에너지발전량에 대해서 발급하는 것이므로 여기서 '에너지'란 실질적으로 '전기'를 의미한다.

인증서번호 : 제 FC00-0-0000-××××-000001~000500 호

신 · 재생에너지 공급인증서

신.재생에너지
New & Renewable Energy

1. 상호(법인명) : ○○○○○전력
2. 주소 : (000-000) 경남 00시 00면 00리 00제3지방산단
3. 대표자명 : △△△
4. 발전소명 : ○○○○○전력(주) 연료전지 BL4
5. 설비내용
 - 설비관리번호 : FC00-0-0000
 - 에너지원 : 연료전지
 - 가중치 : 2.0
6. 인증내용
 - 전력공급기간 : 2012년 09월
 - 인증서량 : 0000 REC
 - 인증서 유효기간 : 2015년 10월 25일 까지

위와 같이 신.재생에너지 발전전력을 공급하였음을 인증합니다.

2012년 10월 25일

에너지관리공단 신 · 재생에너지센터 소장

※ 현소유자 : ○○○○○전력 (소유권 이전일 :2012년 10월 25일)

공급인증서는 다음과 같은 역할을 한다.

첫째, 신·재생에너지 발전량을 명확히 알려준다. 신·재생에너지 발전량은 일반 전기량처럼 비가시성 때문에 측정하기도 어려워서 신·재생에너지전원으로 어느 정도의 발전을 하였는지 알기도 어렵고 또한 이를 다른 사람에게 증명하기도 어렵다는 문제가 있다. 하지만 신·재생에너지발전량에 해당하는 양만큼 공급인증서를 공인된 공공기관에서 발급하여 주면 해당 신·재생에너지설비를 통해서 신·재생에너지발전이 어느 정도 되었는지 명확히 할 수 있고, 이 공급인증서를 통해서 다른 사람에게도 쉽게 증명할 수 있다.

둘째, RPS의 기본목적인 시장메커니즘을 통한 비용효과적인 신·재생에너지 공급을 가능하게 해준다. RPS의 시장메커니즘은 기술간 경쟁유도를 통해서 시장에서 합리적으로 기술이 채택되도록 유도해 주고, 기술 내 경쟁유도를 통해서 비용효과적인 사업이 우선 개발되도록 유도해준다. 이러한 기능은 공급인증서라는 도구를 통해서 가능해진다.

공급인증서의 일생주기는 다음과 같다.

① 공급인증서의 발급신청

신·재생에너지를 이용하여 에너지(전기)를 공급한 자(신·재생에너지 공급자)는 공급인증기관에게 그 공급 사실을 증명하는 인증서(전자문서로 된 인증서를 포함)의 발급을 신청한다.[44] 단, 「공급인증서 발급 및 거래시장 운영에 관한 규칙(이하 '운영규칙'라 한다)」[45]에서 정하는 바에 따라 공급한 날부터 90일 이내에 발급 신청을 하여야 한다.[46]

② 공급인증서의 발급

공급인증기관은 신·재생에너지의 종류별 공급량 및 공급기간 등을 확인한 후, 신·재생에너지 공급자, 신·재생에너지의 종류별 공급량 및 공급기간, 유효기간을 포함한 공급인증서를 발급신청을 받은 날로부터 30일 이내에 신·재생에너지 공급자에게 발급한다.[47]

44) 신·재생에너지법 제12조의7 제2항.
45) 신·재생에너지법 제12조의9, 동법 시행규칙 제2조의4
46) 신·재생에너지법 시행령 제18조의8 제1항. 신·재생에너지공급자가 90일이내에 발급신청을 잊어버려서 신청자격을 잃어버릴 박탈당할 수 있으므로, 신·재생에너지공급자는 자동발급신청을 요청할 수 있다.
47) 신·재생에너지법 제12조의7 제3항, 동법 시행령 제18조의8 제2항.

③ 공급인증서의 거래

공급인증서의 거래는 운영규칙에서 정하는 바에 따라 공급인증기관이 개설한 공급인증서 거래시장에서 거래하여야 한다.[48]

④ 공급인증서의 폐기

공급인증서의 유효기간은 발급받은 날로부터 3년으로 하되, 공급의무자가 구매하여 의무공급량에 충당하거나 발급받아 지식경제부장관에게 제출한 공급인증서는 그 효력을 상실한다. 이 경우 유효기간이 지나거나 효력을 상실한 공급인증서는 폐기하여야 한다.[49]

2) 공급인증서 발급대상

공급인증서는 원칙적으로 신・재생에너지 공급의무화제도가 시행되는 2012년1월1일 이후 상업운전을 개시한 신・재생에너지설비에 대하여 발급한다. 이는 기존에 설치된 신・재생에너지설비는 이미 발전차액지원제도의 지원을 받고 있기 때문이며, 신・재생에너지 공급의무화제도의 취지가 앞으로의 신・재생에너지 공급을 확대하겠다는 것이므로 공급인증서는 동 제도가 시행된 이후 설치되어 상업운전을 개시한 태양광, 풍력, 연료전지 등을 대상으로 적용하는 것이 타당하다.

다만, 다음과 같은 경우에는 예외적으로 공급인증서를 발급할 수 있도록 하고 있다.[50]

1. 2010년 9월 17일 이후 전기사업법 제63조의 규정에 의한 사용전검사를 합격한 신・재생에너지 발전설비

2. 설비용량 5,000kW를 초과하는 수력 설비

3. 법 제17조에 따라 발전차액을 지원받고 있는 신・재생에너지 설비

4. '신・재생에너지 개발공급협약(RPA)'에 따라 추진된 사업 중 법 제17조에 따른 발전차액을 지원받지 않는 신・재생에너지 설비

5. 2010년 4월 12일 이전에 전기사업법 제7조에 따른 발전사업허가를 받고 2011년 12월 31일 이전에 전기사업법 제63조에 따른 사용전검사를 합격

48) 신・재생에너지법 제12조의7 제5항.

49) 신・재생에너지법 제12조의7 제4항.

50) 신・재생에너지 공급의무화제도 관리 및 운영지침 제6조(신・재생에너지 공급인증서 발급대상) 제1항.

한 부생가스 발전소

6. 법 제12조의2에 따른 건축물인증을 받은 건축물의 신 · 재생에너지 설비

단, 위 6가지 예외항목 중에서 2, 3, 5의 경우에는 공급인증서의 발급 또는 거래의 제한을 받는다.[51)]

공급인증서는 2012년 1월 1일 이후 상업운전을 개시한 신 · 재생에너지 설비와 위의 1.에서 6.까지 열거한 신 · 재생에너지 설비를 통해 2012년 1월 1일 이후부터 공급하는 신 · 재생에너지 발전량에 대해서 발급한다. 단, '신 · 재생에너지 개발공급협약(RPA)'에 따라 추진된 RPS시범사업 중 태양광 발전설비에 대해서는 2012년 1월 1일 이전에 발전한 신 · 재생에너지 발전량에 대해서도 공급인증서를 소급하여 발급할 수 있다.[52)]

그리고 태양광과 연료전지에 해당하는 신 · 재생에너지설비를 이용하여 전력을 공급하는 발전사업자는 법 제17조에 따른 발전차액 지원 기간이 만료되기 이전에, 신 · 재생에너지이용 발전전력의 기준가격 지침에 의한 총괄관리기관에서 발전차액지원중단확인서를 발급받아 발전차액지원을 받는 것을 포기하고 공급인증서를 발급받을 수 있다. 단, 기준가격 적용기간(태양광 전원의 기준가격 적용기간 중 20년을 선택한 사업자도 15년으로 적용한다.) 중 차액지원금을 지원받은 기간을 제외한 기간에 한하여 발급한다.[53)]

3) 공급인증서의 발급 및 거래 제한

공급인증서는 다음과 같은 경우에 발급이 제한된다.[54)]

첫째, 발전차액을 지원받는 경우에는 공급인증서가 해당 신 · 재생에너지설비 소유자에게 발급되는 것이 아니라 국가에게 발급된다.[55)]

둘째, 법 제10조 각 호의 사업[56)] 또는 다른 법령에 따라 지원된 신 · 재

51) 자세한 내용은 '3) 공급인증서의 발급 및 거래 제한' 부분을 참조.

52) 신 · 재생에너지 공급의무화제도 관리 및 운영지침 제6조제2항.

53) 신 · 재생에너지 공급의무화제도 관리 및 운영지침 제6조제3항.

54) 신 · 재생에너지법 제12조의7 제1항 단서: 다만, 제17조에 따라 발전차액을 지원받거나 신 · 재생에너지 설비에 대한 지원 등 대통령령으로 정하는 정부의 지원을 받은 경우에는 대통령령으로 정하는 바에 따라 공급인증서의 발급을 제한할 수 있다.

55) 신 · 재생에너지법 시행령 제18조의7 제3항.

생에너지설비로서 그 설비에 대하여 국가 또는 지방자치단체로부터 무상지원을 받아 설치된 경우에는 그 무상지원금에 해당하는 부분에 해당하는 공급인증서는 국가 또는 지방자치단체에 대하여 그 지원 비율에 따라 발급된다.[57]

이처럼 국가에 대해 발급된 공급인증서의 거래 및 관리에 관한 사무는 지식경제부장관이 담당하되, 지식경제부장관이 지정하는 기관으로 하여금 대행하게 할 수 있으며, 공급인증서를 거래하여 얻은 수익금은 전기사업법에 따른 전력산업기반기금의 재원으로 한다.[58]

공급인증서의 거래가 제한되는 경우도 있는데,[59] 발급 제한은 공급인증서가 해당 신·재생에너지설비의 소유자에게 전부 발급되는 것이 아닌 반면 거래 제한은 해당 신·재생에너지설비의 소유자에게 공급인증서가 전부 발급되지만 거래시장에서 거래를 할 수 없다는 점에서 발급 제한과 거래 제한은 차이가 있다. 따라서 거래 제한의 경우에는 해당 신·재생에너지설비의 소유자가 발급받은 공급인증서를 자신의 의무공급량 이행에만 활용할 수 있다는 제한을 받게 된다.

공급인증서는 다음과 같은 경우에 거래가 제한된다.[60]

첫째, 수력발전소 중 발전소별 크기가 5천kW를 넘는 수력발전설비를 이용하여 전력을 생산하여 공급인증서가 발급된 경우이다. 따라서 소수력(5천kW 이하)의 경우에는 공급인증서를 자유롭게 거래할 수 있다.

둘째, 기존 방조제를 활용하여 건설된 조력(潮力)을 이용하여 전력을 생산하여 공급인증서가 발급된 경우이다. 시화호조력발전이 이에 해당한다.

셋째, 신·재생에너지 중 석탄을 액화·가스화한 에너지 또는 중질잔사유를 가스화한 에너지를 이용하여 전력을 생산하여 공급인증서가 발급된 경우이다.

56) 신·재생에너지법 제10조(조성된 사업비의 사용) 참조.
57) 신·재생에너지법 시행령 제18조의7 제1항, 제2항.
58) 신·재생에너지법 시행령 제18조의7 제4항, 제5항.
59) 신·재생에너지법 제12조의7 ⑥ 지식경제부장관은 다른 신·재생에너지와의 형평을 고려하여 공급인증서가 일정 규모 이상의 수력을 이용하여 에너지를 공급하고 발급된 경우 등 지식경제부령으로 정하는 사유에 해당할 때에는 거래시장에서 해당 공급인증서가 거래될 수 없도록 할 수 있다.
60) 신·재생에너지법 시행규칙 제2조의2(신·재생에너지 공급인증서의 거래 제한).

넷째, 폐기물에너지 중 화석연료에서 부수적으로 발생하는 폐가스로부터 얻어지는 에너지를 이용하여 에너지를 공급하고 공급인증서가 발급된 경우이다.

4) 공급인증서 가중치

① 의 의

신・재생에너지 종류별로 균형있는 이용・보급과 기술개발 촉진 등을 위하여 가중치를 적용할 수 있다.[61] 공급인증서상의 신・재생에너지발전량은 실제 신・재생에너지발전량에 해당 신・재생에너지에 대한 가중치를 곱하여 계산된다. 예를 들어, 건축물에 태양광을 설치하여 1MWh를 발전하였고, 건축물을 이용한 태양광 발전의 가중치가 1.5이면, 1.5MWh (= 1MWh×1.5)의 발전량이 기재된 공급인증서가 발급된다.

가중치는 별도의무공급량과 함께 일부 신・재생에너지에 편중된 보급을 방지하고 기술개발 촉진 등의 정책목적을 달성할 수 있는 중요한 수단이다.

하지만, 가중치는 신・재생에너지원간 경쟁을 통한 공급확대라는 기본목적을 크게 훼손하지 않는 한도 내에서 운용되어야 한다. 즉, 가중치라는 개념이 각 신・재생에너지원들의 개별원가를 완전히 보상하기 위한 수단이 아니며, 더욱이 가중치로 인해 실제(물리적인) 신・재생에너지발전량과 공급인증서상의 발전량과의 괴리가 발생할 수 밖에 없으므로 가중치는 제한된 범위에서 적용되어야 하며, 특히 일정 크기가 넘는 가중치는 절대 지양하여야 한다고 본다.

그리고, 가중치는 반드시 1.0 이상을 의미하는 것은 아니며, 1.0 미만도 가능하다. 또한 하나의 신・재생에너지원에 대해서 하나의 가중치만 정해지는 것은 아니며 다양한 가중치가 정해질 수 있다.

가중치는 태양광과 비태양광으로 구분되어 정해져 있다. 이는 태양광에 대해서는 별도의무공급량이 주어져 있기 때문이다.

신・재생에너지 중 최소한 실증플랜트 등을 통해서 기술과 비용 등이

61) 신・재생에너지법 제12조의7 제3항 후단: 이 경우 균형있는 이용・보급과 기술개발 촉진 등이 필요한 신・재생에너지에 대하여는 대통령령으로 정하는 바에 따라 실제 공급량에 가중치를 곱한 양을 공급량으로 하는 공급인증서를 발급할 수 있다.

검증되어 상용화를 앞두고 있는 기술 및 신·재생에너지에 대해서 가중치를 부여하고 있다.

지식경제부장관은 3년마다 기술개발 수준, 신·재생에너지의 보급 목표, 운영 실적과 그 밖의 여건 변화 등을 고려하여 공급인증서 가중치를 재검토 하도록 되어있다.[62] 3년마다 가중치를 재검토하여 조정하더라도 기존에 이미 설치되어 운영중인 신·재생에너지발전소에 대해서는 기존의 가중치를 그대로 적용하고 조정된 시점 이후에 새로 건설되는 신·재생에너지발전소에 한하여 적용되는 것이 타당할 것이다.

② 가중치 산정기준

가중치는 다음 사항을 고려하여 지식경제부장관이 고시한다.

첫째, 환경, 기술개발 및 산업활성화에 미치는 영향, 둘째, 발전원가, 셋째, 부존잠재량, 넷째, 온실가스 배출 저감에 미치는 효과이다.[63]

종합하면, 신·재생에너지원간 발전원가의 격차를 적절하게 축소하여 균형있는 신·재생에너지 공급을 유도하고 신기술개발 및 산업육성을 촉진하고, 온실가스 배출저감에 기여하는 방향으로 가중치가 산정됨을 알 수 있다.

③ 태양광에 대한 인증서 가중치

가중치는 태양광과 비태양광으로 구분되어 정해져 있다.

표 5-16 태양광에 대한 가중치[64]

공급인증서 가중치	기 준		
	설치유형	지목유형	용량기준
0.7	건축물 등 기존시설물을 이용하지 않는 경우	5개 지목*(전, 답, 과수원, 목장용지, 임야)	
1.0		기타 23개 지목	30kW 초과
1.2			30kW 이하
1.5	건축물 등 기존 시설물을 이용하는 경우		

* 단, 폐광산, 폐석산, 발전소 부지 등에 대해서는 기타 23개 지목의 가중치 적용.

62) 신·재생에너지 공급의무화제도 관리 및 운영지침 제7조(공급인증서 가중치) 제1항 단서.

63) 신·재생에너지법 시행령 제18조의9(신·재생에너지의 가중치).

64) 신·재생에너지 공급의무화제도 관리 및 운영지침 제7조 제1항 관련 별표 3.

태양광에너지에 대한 가중치는 설치유형, 지목유형, 용량기준에 따라서 다음과 같은데, 기준 적용의 우선순위는 ① 설치유형 → ② 지목유형 → ③ 용량기준 순이다.

여기서 '지목'은 「측량·수로조사 및 지적에 관한 법률 시행령」 제58조에 따라 지적공부에 등재된 지목으로서, 상업운전일 기준 5년 이전시점의 지목을 기준으로 적용한다. 한편, 폐광산, 폐석산 등의 경우에는 임야 등 5개 지

그림 5-7 건축물 등에 태양광을 설치한 사례

[주차장 케노피]

[주차전용건축물]

[건축물 옥상구조물]

[철도역사]

[도로 방음벽]

표 5-17 태양광에 대한 가중치[65]

<table>
<tr><th rowspan="2">구 분</th><th rowspan="2">공급인증서 가중치</th><th colspan="3">대상에너지 및 기준</th></tr>
<tr><th>설치유형</th><th>지목유형</th><th>용량기준</th></tr>
<tr><td rowspan="4">태양광 에너지</td><td>0.7</td><td rowspan="3">건축물 등 기존시설물을 이용하지 않는 경우</td><td colspan="2">5개 지목
(전, 답, 과수원, 목장용지, 임야)</td></tr>
<tr><td>1.0</td><td rowspan="2">기타 23개 지목</td><td>30kW 초과</td></tr>
<tr><td>1.2</td><td>30kW 이하</td></tr>
<tr><td>1.5</td><td colspan="3">건축물 등 기존 시설물을 이용하는 경우</td></tr>
</table>

<비고>

1. '건축물'이란 ㉠ 지붕과 외벽이 있는 구조물이며, ㉡ 사람이 출입할 수 있어야 하며, ㉢ 사람, 동・식물을 보호 또는 물건을 보관하는 건축물의 본래의 목적에 합리적으로 사용되도록 설계・설치된 구조물을 대상으로 「건축법」 등 관련규정 준수여부 및 안전성 등을 확보할 수 있도록 공급인증기관의 장이 정하는 세부 기준을 충족하는 설비를 의미한다.
2. '기존 시설물'이라 함은 「도로법」에 의한 도로의 방음벽 등 고유의 목적을 가진 시설물을 대상으로 「건축법」 등 관련규정 준수여부 및 안전성 등을 확보할 수 있도록 공급인증기관의 장이 정하는 세부 기준을 충족하는 설비를 의미한다.
3. 태양광에너지 가중치와 관련하여, 나음에 해당하는 부지 및 관련시설이 입지하여 있는 부지는 공급인증기관의 장이 정하는 세부 기준에 따라 심사한 후 기타 23개 시목에 해당하는 가중치를 적용할 수 있다.
   ① 「전원개발촉진법」 제5조에 따라 전원개발사업구역으로 지정된 지역
   ② 「광산피해의방지및복구에관한법률」 제2조제4호에 규정된 폐광산(廢鑛山)으로서 「광업법」 제37조에 따라 폐업한 지역의 폐광(廢鑛)부지
   ③ 「산지관리법」 제29조(채석단지의 지정・해제)에 따라 채석이 완료되었거나 석재의 품질・매장량으로 보아 채석단지로 계속 둘 필요가 없다고 인정되는 부지
   ④ 「수질 및 수생태계 보전에 관한 법률」시행령 제61조(폐수종말처리시설의 종류)에서 규정하고 있는 폐수종말처리시설
   ⑤ 「수도법」 제17조제3항 및 동법시행령 제28조(인가의 고시)에 따라 결정된 토지 및 수도시설
   ⑥ 「하수도법」 제11조제2항 또는 제7항, 동법시행령 제8조(공공하수도 설치의 고시 등)에 따라 결정된 토지 및 하수도처리시설
   ⑦ 「하천법」 제27조, 제28조, 제30조 또는 한국수자원공사법 제10조에 따라 고시된 4대강 살리기 사업지역
   ⑧ 「폐기물관리법」 제50조제1항에 따라 신고된 폐기물처리시설 중 매립시설의 부지
   ⑨ 「도로법」 제24조에 따라 도로구역으로 고시된 도로부지 또는 「도로법」 제27조에 따라 도로의 사용을 폐지한 폐도부지
4. '지목'은 「측량・수로조사 및 지적에 관한 법률」 시행령 제58조에 따라 지적공부에 등재된 지목으로서, 상업운전개시일 기준 5년 이전시점의 지목을 기준으로 적용한다.

65) 신・재생에너지 공급의무화제도 관리 및 운영지침 제7조 제1항 관련 <별표 3>.

목에 해당하더라도 기타 23개 지목의 가중치를 적용할 수 있도록 하고 있다.

이러한 가중치설정의 기본취지는 환경훼손 가능성이 높은 임야 등 5개 지목에 대해서는 낮은 가중치를 부여하고 건축물 등 유휴부지 이용시 높은 가중치를 부여하여 태양광보급의 지속가능성(the sustainable deployment of photovoltaics)을 높이겠다는 목적과 함께 30kW 이하인 소형 태양광을 우대하여 분산전원으로서의 태양광 보급유도 및 소형 태양광 발전사업자의 우대를 도모하기 위한 것이다.

기존에는 광활한 산림 및 농지 등을 훼손하여 태양광을 설치하였는데, 향후에는 건축물 등을 활용한 태양광설치가 크게 활성화되고 주차장 부지, 도로 방음벽 등에 태양광을 설치하는 기술개발도 활발하게 이루어질 것으로 기대된다. 한편 건축물 등을 활용한 태양광설치가 보다 활성화되기 위해서는 이와 관련된 불합리한 규제의 개선이 먼저 필요할 것으로 보인다.

④ 기타 신・재생에너지 전원에 대한 공급인증서 가중치

표 5-18 기타 신・재생에너지 전원에 대한 공급인증서 가중치[66]

구 분	공급인증서 가중치	대상에너지
기타 신・재생에너지	0.25	IGCC, 부생가스
	0.5	폐기물, 매립지가스
	1.0	수력, 육상풍력, 바이오에너지, RDF 전소발전, 폐기물 가스화 발전, 조력(방조제 有)
	1.5	목질계 바이오매스 전소발전, 해상풍력(연계거리 5km 이하)
	2.0	해상풍력(연계거리 5km초과), 조력(방조제 無), 연료전지

<비고>

5. "부생가스"는 2010년 4월 12일 이전에 전기사업법 제7조에 따른 발전사업 허가를 받고 2011년 12월 31일 이전에 전기사업법 제63조에 따른 사용전검사를 합격한 발전소에 한한다.
6. "IGCC" 및 "부생가스"의 공급인증서 가중치는 공급의무자별 의무공급량의 10%이내 발전량에 대해서 적용하며, 이를 상회하는 발전량의 경우 공급인증서 가중치는 0을 적용한다.
7. 해상풍력에서 "연계거리"란 「측량・수로조사 및 지적에 관한 법률」 제6조제1항제4호에 따른 해안선과 해안선에서 가장 근접한 발전기의 중앙부 위치와의 직선거리를 의미하며 공급인증기관의 장은 발전단지 내부에서 각 풍력발전기당 연계거리 등을 고려하여 별도의 기준을 적용할 수 있다.

66) 신・재생에너지 공급의무화제도 관리 및 운영지침 제7조 제1항 관련 <별표 3>.

기타 신·재생에너지전원에 대한 가중치는 0.25에서 2.0의 범위에 있으며, 몇 개의 그룹으로 가중치가 정해져 있다. 세부적인 가중치 수준은 전문연구기관인 전기연구원이 발전원가, 환경 및 온실가스 배출 저감에 미치는 영향, 기술개발 및 산업활성화에 미치는 영향 등을 정성적, 정량적으로 분석하여 작성한 가중치를 바탕으로 하고 있으며, 그동안 공청회 및 업계 간담회에서 제기한 사항들과 전문가 의견들을 검토하여 최종 결정된 것이다. 공급인증서의 발급대상과 관련하여 논란이 많았던 IGCC와 부생가스의 경우는 가장 낮은 0.25의 가중치가 부여되어 있는데, 온실가스 감축효과 등을 고려하고 대규모 발전량의 공급이 가능하다는 측면에서 공급의무자별 의무공급량의 10% 이내의 발전량에 대해서만 0.25의 가중치를 적용하고 그 이상에 대해서는 인정하지 않고 있다.

바이오에너지 발전은 과도하게 높게 설정하면 해외의 풍부한 바이오에너지 원료[67]가 수입되어서 이것들로 의무공급량의 대부분이 충당되고 결국 국내 신·재생에너지산업에 기여하는 바도 적고 해외의 바이오에너지 원료에 의존하게 되는 문제점이 발생하게 되므로 이러한 점을 고려하였다. 그러나 국내 바이오에너지 원료의 개발촉진을 위해서 주로 국내 바이오에너지 원료가 사용될 것으로 예상되는 목질계 바이오매스 전소발전은 1.5의 가중치가 부여되었다.

폐기물에너지와 관련해서는 신기술개발을 통한 사업화를 보다 촉진시킬 필요가 있으므로, 폐기물에너지는 일반적으로 0.5의 가중치가 적용되지만 이제 사업화단계에 있고 신기술인 폐기물 가스화발전 및 RDF전소발전의 경우 1.0의 가중치가 부여되었다.

해상풍력의 경우, 육상풍력에 비해 높은 발전단가 및 새로운 기술개발 소요 등으로 1.5와 2.0의 가중치가 부여되었다.

7. 유연성(Flexibility) 허용

장기적으로는 공급의무자가 신·재생에너지 발전량으로 의무공급량을 모두 충당할 수 있으나, 단기적으로는 즉 일년 단위로는 매년의 신·재생에

67) 해외 우드펠릿, 팜 부산물 등

너지 발전량이 매년의 의무공급량과는 항상 일치하지 않는 상황이 일반적일 것이다. 이처럼 단기적으로 발생할 수밖에 없는 의무공급량과 실제 신·재생에너지 발전량과의 불일치를 어느 정도 해소하여 공급의무자가 의무이행을 좀 더 유연하게 할 수 있도록 법에서는 banking(예치) 및 borrowing(유예) 제도를 허용하고 있다.

banking제도란 공급의무자가 의무이행하고 남는 신·재생에너지발전량(즉, 공급인증서)을 비축하여서 다음 연도 이후의 의무이행에 사용하는 제도이다. 법에서는 공급인증서 유효기간을 발급받은 날로부터 3년으로 하기 때문에 공급의무자는 인증서 유효기간(3년)동안 예치하여 다음연도 이후에 사용할 수 있다.[68] 인증서 유효기간을 무한정으로 하지 않고 제한하는 이유는 당해 연도 실제 신·재생에너지발전량과 의무이행량과의 차이를 줄이고 공급인증서의 가치가 시간이 많이 흐를수록 차이가 크게 발생할 수 있기 때문이다.

그림 5-8 banking(예치)

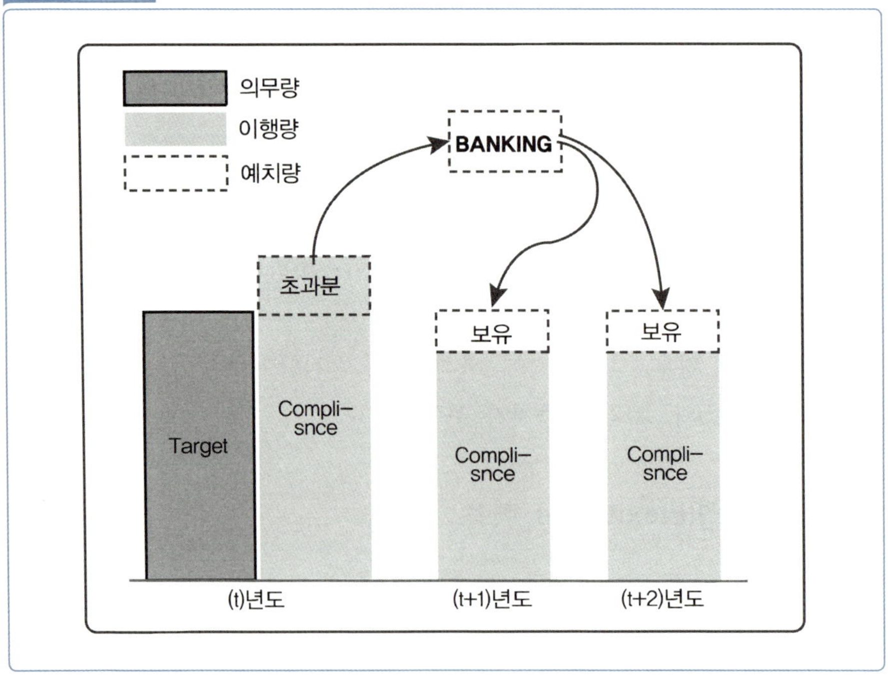

68) 신·재생에너지법 제12조의7 제4항

그림 5-9 borrowing(유예)

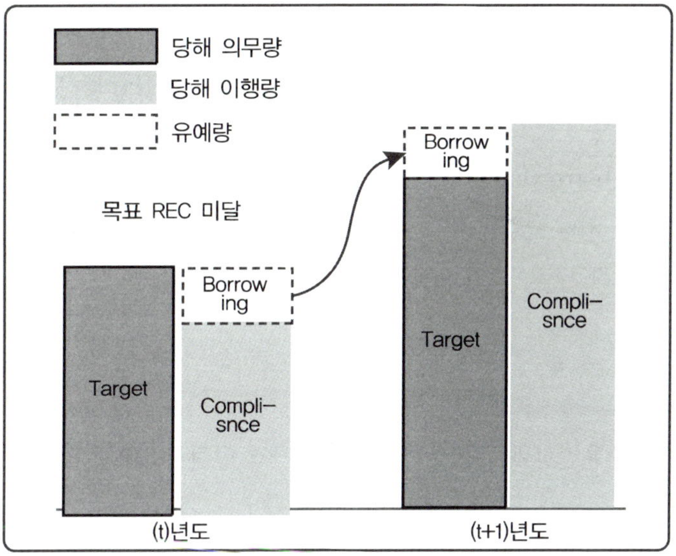

borrowing 제도란 당해 의무이행의 일부를 다음으로 유예하는 제도로서, 의무공급량의 일부를 다음 연도로 그 공급의 이행을 연기하는 제도이다. 이 경우 그 이행을 연기한 의무공급량은 다음 연도에 우선적으로 공급하여야 한다.[69] 다음 연도로 공급의무의 이행을 연기할 수 있는 양은 의무공급량의 20%이내이고,[70] 다만 제도시행초기에 유연성을 보다 많이 보장하기 위하여 2014년까지는 30%이내까지 연기할 수 있다.[71] 공급의무자가 공급의무의 이행을 연기하려는 경우에는 연기할 의무공급량, 연기 사유 등을 지식경제부장관에게 다음 연도 2월 말일까지 제출하여야 한다.[72]

borrowing제도는 신·재생에너지발전소의 일시적 건설 지연, 불가항력 사유로 인한 신·재생에너지 발전량 감소 등의 이유로 의무이행을 채우지 못하는 경우에 의무이행의 유연성을 허용하기 위한 것이다.

69) 신·재생에너지법 제12조의5 제4항.
70) 신·재생에너지법 시행령 제18조의4 제5항.
71) 신·재생에너지법 시행령 부칙(제22382호, 2010.9.17) 제3조. 단, 별도의무공급량(즉, 태양광)에 대해서는 초기 3년동안에도 20%만 연기하는 것을 허용하는 방향으로 시행령 개정이 추진되고 있다.(2012.6.22일 시행령개정안 입법예고)
72) 신·재생에너지법 시행령 제18조의4 제6항.

따라서 공급의무자는 의무이행을 달성하기 위해 자가 건설 또는 외부로부터 조달 등을 통해 의무이행 달성을 노력한 후, 부족한 의무이행물량은 borrowing제도를 통해서 다음연도로 의무이행을 연기할 수 있다. 그럼에도 불구하고 의무이행 미달분이 있으면 이에 대하여 과징금을 부과받게 되는 것이다.

banking과 borrowing제도는 이처럼 매년 발생할 수 밖에 없는 의무공급량과 이무이행 가능물량과의 차이를 매워주는 역할을 할 뿐만 아니라, 공급인증서의 공급과 수요가 가격에 대해 보다 탄력적이도록 하는 역할도 한다.

유연성제도와 수요 · 공급의 가격 탄력성과의 관계

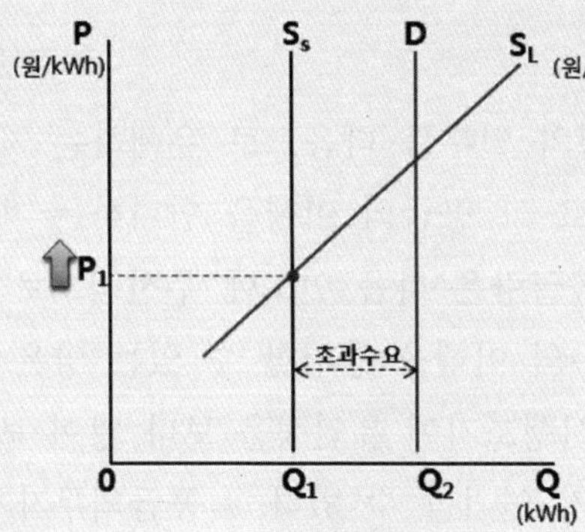

< 그림 1 >

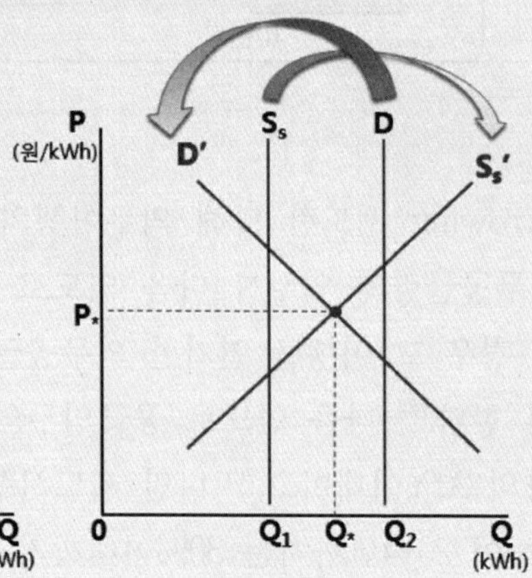

< 그림 2 >

* Q: 신 · 재생에너지 발전량(kWh), P: 신 · 재생에너지 발전량의 단위당 가격(원/kWh)
D: 수요곡선, D′: borrowing제도가 반영된 수요곡선
SL: 장기공급곡선, SS: 단기공급곡선, SS‘: banking제도가 반영된 단기공급곡선

신 · 재생에너지 공급의무화제도에 따른 신 · 재생에너지 발전량 시장(즉, 공급인증서 거래시장)은 <그림 1>과 같다. <그림 1>에서 공급인증서의 공급곡선은 장기적으로는 우상향하는 S_L의 모습을 보이나, 신 · 재생에너지발전소 건설은 일반적으로 최소한 1년 이상 소요되므로[73] 단기적으로는 공급인증서의

73) 태양광, 연료전지의 경우 일반적으로 1년 미만이 소요되지만, 풍력, 바이오에너지발

공급량은 가격변화와 관계없이 고정되어 있으므로, 공급인증서의 단기공급곡선은 수직선의 모양인 S_S을 나타내게 된다. 그리고 공급인증서의 수요량은 정부의 의무부과량이 되므로, 수요곡선도 공급인증서의 가격변화와 관계없이 고정된 모양인 D를 나타내게 된다. 수요곡선(D)과 단기공급곡선(S_S)이 모두 수직선의 모양을 나타내므로 수요, 공급곡선 모두 가격에 완전비탄력적인 모습을 보인다. 수요, 공급곡선이 가격에 완전비탄력적인 경우, 시장은 제대로 작동하기 어렵게 된다. 예를 들어 <그림 1>과 같이 의무부과량이 Q_2이고 단기공급량이 Q_1이면 초과수요가 발생하고 공급인증서 가격이 지속적으로 상승하지만 초과수요는 줄지 않아서 시장균형에 도달하지 못한다. 즉 공급인증서 가격이 매우 불안정하게 되고 시장실패가 발생하게 된다.

하지만, banking과 borrowing제도가 도입되면 수요곡선과 단기공급곡선이 가격탄력적으로 변하게 되어서, 단기시장에서도 시장균형이 성립되고 공급인증서 가격도 안정화된다. <그림 2>를 보자. banking제도가 도입되면 공급인증서 공급자는 공급인증서 가격이 낮다고 생각하면 banking을 하여 다음 연도에 공급인증서를 공급할 것이므로 단기공급곡선은 SS → SS'로 보다 가격탄력적으로 변하게 된다. 또한 borrowing제도가 도입되면 공급인증서 수요자(즉, 공급의무자)는 공급인증서 가격이 상승하면 borrowing제도를 이용하여 다음 연도로 의무이행을 연기할 수 있으므로 수요곡선은 D → D'로 보다 가격탄력적으로 변하게 된다. 따라서 단기적으로도 시장균형은 형성되고, 공급인증서 가격은 P*에서 안정화된다.

결론적으로 유연성제도는 공급인증서의 수요, 공급곡선을 보다 가격탄력적으로 변하게 하여서(즉, 가격메카니즘이 보다 원활하게 작동하도록 도와줌으로써) 시장균형이 안정적으로 성립되게 하여준다.

8. 과 징 금

1) 과징금 납부의무 및 과징금 산정방법

공급의무자는 자가 건설을 통한 공급인증서 공급 또는 외부로부터 공급인증서 구매를 통한 공급 등을 통해 의무이행을 할 수 있으며, 부족한 의무이행물량은 20% 한도(제도시행 3년 동안은 30% 한도) 내에서 다음 연도로 이

전소 등 다른 신 · 재생에너지발전소는 최소한 1년 이상 소요되는 것이 일반적이다.

행을 유예할 수 있다.

하지만 이러한 방법으로도 의무이행물량을 채우지 못하면 이제 공급의무자는 미이행물량에 대해 과징금을 납부하도록 되어 있다.

과징금[74)]은 신・재생에너지 공급의무화제도상의 의무의 실효성을 확보하는 수단이라고 볼 수 있는데, 공급의무자가 지속적으로 의무이행을 하도록, 즉 신・재생에너지 발전소에 대한 지속적인 실질적 투자가 이루어질 수 있도록 담보할 수 있는 수준이어야 실효성이 있는 과징금이 될 수가 있다.

과징금의 수준을 정하는 방법은 의무미이행물량 1MWh당 일정 금액으로 고정시키는 방법과 공급인증서 가격의 일정비율로 연동시키는 방법이 있다. 우리는 의무미이행물량에 공급인증서 해당 연도 평균거래 가격(공급

---

74) 행정청이 일정한 행정상의 의무를 위반한데 대한 제재로서 부과하는 금전적 부담 또는 행정법상의 의무위반에 대하여 행정청이 그 의무자에게 부과・징수하는 금전적 제재이다. 과징금에 대해서는 종래 행정법학에서 행정상의무이행을 확보하기 위한 새로운 수단으로서 논의되어 왔으며 국내에서는 독점규제법에 처음으로 도입된 것으로 설명되고 있다. 과징금의 법적성질에 대해서 현재 우리 법상의 과징금은 (ⅰ) 주로 경제법상 의무를 위반한 자가 당해 위반행위로 인한 불법적인 이익을 박탈하기 위하여 그 이익금액에 따라 과하여지는 일종의 부당이득환수로서의 과징금과 (ⅱ) 인허가사업에 관한 법률위반을 이유로 단속상 그 인・허가사업 등을 정지하여야 할 경우 이를 정지시키지 아니하고 사업을 계속하게 하되, 사업을 계속함으로써 얻는 이익을 박탈하는 행정제재금으로서의 과징금 및 (ⅲ) 행정법상 의무위반에 대한 단순한 금전적 제재인 과징금으로 구분할 수 있다. 공급의무미이행분에 대한 과징금 부과의 성격은 위 (i)과 (iii)에 해당한다고 볼 수 있다(법제처, 중복규제의 현황과 개선방안 연구, 2008. 12, p. 20). 종래 이 문제에 대한 법원의 판결을 살펴보면, 적어도 공정거래법상 부당한 공동행위 또는 불공정거래행위에 관한 과징금은 원칙적으로 부당이익의 환수로 보고 있다고 할 수 있다. 예컨대 대법원은 정유사건에서 부당한 공동행위에 대한 과징금 부과는 원칙적으로 법 위반행위에 의하여 얻은 불법적인 경제적 이익을 박탈하기 위하여 부과하는 것이라고 판시하였다(2002두6842판결). 또한 파스퇴르유업 사건에서 '불공정거래행위를 한 사업자에 대하여 법 제24조의2 제1항의 규정에 의하여 부과되는 과징금은 행정법상의 의무를 위반한 자에 대하여 당해 위반행위로 얻게 된 경제적 이익을 박탈하기 위한 목적으로 부과하는 금전적 제재'라고 하였다(99두1571판결).

이에 대하여 고등법원 판결 중에는 과징금의 성질이 변화되었음을 지적하면서 반드시 부당이득의 발생을 전제로 부과되는 것이 아님을 지적한 것이 있다. 즉 대우통신 사건에서 서울고법은 "과징금제도는 행정법상의 의무를 위반한 자에게 경제적 이익이 발생한 경우 그 이익을 박탈함으로써 경제적 불이익을 과하기 위한 제도로서 일본으로부터 우리나라에 도입된 제도이고 그 대표적인 예가 시장지배적 사업자가 가격인하명령에 응하지 아니할 때 가격인상의 차액으로 얻은 수입액을 그 산정기준으로 삼는 법 제6조 소정의 과징금이라고 할 것이다. 그러나 이러한 과징금은 점차 여러 분야에 확대・적용되면서 그 성질이 변화되어 이제는 영업정지와 같은 제재적 처분에 갈음하여 과하여지는 금전상의 제재수단으로 활용되고 있어 반드시 부당이득의 발생을 전제로 하여 부과되는 것은 아니라고 할 것이다"라고 판시하였다(94구36751 판결).

인증서의 거래량과 거래 가격의 가중평균으로 산정함[75])의 100분의 150을 곱한 금액의 범위에서 과징금을 부과할 수 있도록 하고 있어서, 과징금의 수준이 공급인증서 가격에 따라서 변동되도록 규정하고 있다.[76] 다만, 공급인증서 거래시장의 거래물량이 작아서 거래시장에서의 평균거래 가격이 공급인증서 평균거래 가격으로서의 대표성이 낮은 경우[77] 및 그 밖의 사정으로 인하여 해당 연도 공급인증서의 평균거래 가격으로 보는 것이 어렵다고 인정될 때에는, (i) 해당 연도의 공급인증서 평균거래 가격, (ii) 직전 3개 연도의 공급인증서 평균거래 가격, (iii) 신・재생에너지원의 종류별 발전원가 등을 고려하여 산정한 금액을 평균거래 가격으로 본다.[78]

여기서 우리의 과징금 수준(공급인증서 평균거래가격의 150% "이내")이 적정한지 살펴볼 필요가 있다. 다음과 같은 점을 고려할 때, 현재의 과징금 수준은 공급의무자들의 지속적인 의무이행(지속적인 실질적 투자)을 담보하기에는 미흡한 수준으로 보인다.

첫째, 해외사례와 비교해서 상당히 낮은 수준이다. RPS를 도입한 해외사례를 보면 일반적으로 공급인증서 최고거래가격의 150% 또는 200%, 또는 평균거래가격의 200%로 고정시키고 있다. 즉 평균거래가격도 아니고 최고가격으로 기준을 정하든가 또는 평균거래가격을 기준으로 하는 경우는 '200%'로 고정하여 우리의 150%보다 높고, 더욱이 우리의 '150% 이내'처럼 규정하지 않고 150% 또는 200%처럼 고정시켜서 융통성의 여지를 두고 있지 않다.

둘째, 만일 공급의무자의 의무이행비용을 보전하도록 허용하지 않는다면 과징금의 실효성은 더욱 낮아진다. 의무이행비용을 보전하지 않는다면 예를 들어 공급인증서의 평균거래가격이 40원/kWh인 경우 의무이행한 공급의무자는 40원/kWh의 비용을 부담하게 되고 의무미이행 공급의무자는 60원/kWh이내의 비용이 들게 되므로 의무이행과 미이행간에 큰 차이가 없

75) 신・재생에너지법 시행령 제18조의5 제2항.

76) 신・재생에너지법 제12조의6(신・재생에너지 공급 불이행에 대한 과징금) 제1항.

77) 예를 들어, 공급의무자들의 신・재생에너지발전소의 자가건설을 통해서 공급인증서를 확보하는 물량이 절대적으로 많을 경우 이러한 공급인증서는 곧바로 의무이행에 사용되어서 거래시장에서 거래되지 않을 것이기 때문에 거래시장에서의 시장거래평균가격은 대표성을 가진다고 보기 어렵다.

78) 신・재생에너지법 시행령 제18조의5 제3항.

어지게 되어서 과징금의 실효성은 더욱 떨어지게 된다.

셋째, 150% '이내'라고 하여 재량의 여지를 두게 되면 공급의무자는 정부가 사정에 따라서 과징금을 매우 낮춰줄 수 있다는 기대를 가지게 되어서, 이익극대화라는 기업의 성격을 띠고 있는 공급의무자가 신·재생에너지에 대한 투자를 소홀히 하게 할 수도 있다.[79] 신·재생에너지 발전사업자에 대한 설문조사 결과, 신·재생에너지 공급의무화제도의 실효성을 높이는 가장 중요한 필요조건 중의 하나로 과징금 수준을 '이내'로 재량의 여지를 두는 것이 아니라 평균거래가격의 일정수준으로 고정시키는 것이라는 의견이 제시된 바도 있다.

2) 과징금의 부과 및 납부

지식경제부장관은 과징금을 부과하기 위하여 과징금 부과 통지를 할 때에는 공급 불이행분과 과징금의 금액을 분명하게 적은 문서로 하여야 한다. 통지를 받은 자는 통지를 받은 날부터 30일 이내에 과징금을 지식경제부장관이 정하는 수납기관에 내야 한다. 다만, 천재지변이나 그 밖의 부득이한 사유로 그 기간에 과징금을 낼 수 없을 때에는 그 사유가 해소된 날부터 7일 이내에 내야 한다. 과징금을 받은 수납기관은 과징금을 낸 자에게 영수증을 내주어야 한다. 과징금의 수납기관은 과징금을 받았을 때에는 지체 없이 그 사실을 지식경제부장관에게 통보하여야 한다. 과징금은 분할하여 낼 수 없다.[80]

과징금을 납부하지 아니한 때에는 국세 체납처분의 예를 따라 징수한다.[81]

3) 과징금 납부의 효과 및 귀속

과징금을 납부한 공급의무자에 대하여는 그 과징금의 부과기간에 해당하는 의무공급량을 이행한 것으로 본다. 납부한 과징금은 전기사업법에 따른 전력산업기반기금의 재원으로 귀속된다.[82]

---

79) 공급의무자 내부에서는 의무이행보다는 과징금을 부과받자고 결정하는 경우도 가정할 수 있다.

80) 신·재생에너지법 시행령 제18조의6(과징금의 부과 및 납부).

81) 신·재생에너지법 제12조의6 제3항.

82) 신·재생에너지법 제12조의6 제4항.

9. 의무이행비용의 전가

1) 개 요

공급의무자가 의무이행에 따른 추가적인 비용발생은 공급곡선을 상승시키므로 결국 전기요금 인상을 통해서 전기소비자에게 전가되는 것은 매우 당연한 일이다. 즉, 신·재생에너지발전의 확대를 통한 비용 상승은 전기를 사용하는 소비자가 최종적으로 부담하게 되는 것이며, 이는 FIT 및 RPS를 도입하고 있는 모든 나라의 공통된 사항이다. 만일 공급의무자가 소비자에게 전가시키도록 하지 못하게 한다면 이 막대한 비용부담을 공급의무자가 지게 되어서 공급의무자는 경영상 큰 타격을 받게 될 것이며, 기본적으로 시장경제를 채택하고 있는 우리나라의 경제제도와도 맞지 않다. 국가에서 신·재생에너지발전을 보다 확대하겠다고 한다면 Grid parity에 도달하기 전까지는 전기생산원가가 보다 상승하게 되고, 전기를 사용하는 소비자가 좀 더 많은 부담을 지게 되는 것은 당연한 것이다. 전기생산원가가 상승하면 전기가격(전기요금)이 상승하는 것은 시장경제에서 매우 당연한 것이며, 이러한 원리가 작동하지 않는다면 이로 인한 자원배분의 왜곡은 매우 크게 되어서 국가 전체적인 추가적 후생손실도 커질 수밖에 없다.

또한 만일 추가적인 비용을 전기요금 상승을 통해서 부담하지 않고 일반적인 국가재원을 통해서 보전토록 하는 것도 형평상 맞지 않다. 일반적인 국가재원은 국민의 세금을 그 원천으로 하므로, 전기사용량과 관련 없이 국민세금을 원천으로 하는 일반적인 국가재원은 전기소비량에 따라 부과하는 것이 아니므로 형평성에 맞지 않다.

공급의무자가 신·재생에너지 공급의무화제도에 따라 부담하게 되는 의무이행비용을 전기요금에 자동적으로 전가하도록 하는 문제는 신·재생에너지 공급의무화제도의 지속가능성과 성공적인 이행가능성을 가늠하는 가장 결정적인 문제라고 본다.

공급의무자의 의무이행비용보전과 관련하여서는 다음 몇 가지 사항을 고려하여야 한다.

첫째, 공급의무자가 보다 경제적인 신·재생에너지전력으로 의무이행을 하도록 유도하는 방향으로 의무이행보전이 이루어져야 한다. 공급의무자가 의무이행에 따라 부담하는 비용 전부를 보전하게 되면, 공급의무자는 경제적인 신·재생에너지전력으로 의무이행을 할 유인이 없어지며 공급인증서를 통한 가격 메카니즘도 작동하지 않게 된다. 따라서 의무이행비용 보전은 공급인증서의 평균거래가격[83]을 기준으로 보전하여야 할 것이다.

예를 들어, A와 B란 공급의무자가 있고 각각의 의무공급량이 3MWh씩이고 다음과 같이 외부로부터 공급인증서를 구매하여 의무이행을 하였다고 하자.

A: 공급인증서(1MWh) × 3장 (공급인증서 구입가격: 50원/MWh)
→ 총 의무이행비용: 150원
B: 공급인증서(1MWh) × 3장 (공급인증서 구입가격: 30원/MWh)
→ 총 의무이행비용: 90원

만일 A, B에게 각각 의무이행비용 전부를 보전한다면, A에게는 150원, B에게는 90원을 보전하게 되며, 결국 A, B는 경제적인 신·재생에너지발전소 건설 또는 경제적인 공급인증서 구매를 할 유인이 없게 되어 신·재생에너지 발전단가가 계속 상승하게 되는 역선택(adverse selection)이 발생할 것이며, 전기요금의 과도한 상승을 유발할 것이다.

이제 공급인증서 평균거래가격인 40원/MWh를 기준으로 의무이행비용을 보전한다고 하자. A는 40원/MWh×3MWh=120원, B도 40원/MWh×3MWh=120원을 보전받게 되므로 A, B 모두 경제적인 신재생에너지발전소 건설 또는 경제적인 공급인증서 구매를 추구하게 되고 전기요금의 과도한 상승도 막을 수 있게 된다.[84]

---

83) 평균거래가격의 실질적인 의미는 일정기간동안(1년동안)의 공급인증서의 대표가격이라는 의미이다. 따라서 공급인증서 거래시장에서 거래량 부족 및 그 밖의 사정으로 거래시장에서의 형식적인 평균거래가격이 공급인증서의 대표가격으로 인정하기 어렵다면, 과징금 산정시 평균거래가격을 달리 산정할 수 있는 것과 같이 의무이행비용의 전가시에도 평균거래가격을 합리적인 방법을 사용하여 달리 산정하는 것이 타당할 것이다.

84) 40원/MWh를 기준으로 의무이행비용을 보전받는다면, A는 공급인증서 구입비용이 150원 들었는데 결국 120원밖에 보전 받지 못하므로 30원 손해를 보고, B는 구입비용이 90원 들었는데 120원을 보전받으므로 30원 이득을 보므로, 결국 A와 B는 보다

둘째, 과징금은 의무이행비용 보전의 대상이 안된다는 점이다.

과징금도 의무이행보전 대상으로 하게 되면, 공급의무자는 의무이행보다는 과징금을 납부하려고 할 것이고 결국 제도의 실효성이 없어진다.

셋째, 의무이행비용의 보전은 의무부과의 실효성을 높이는 기능을 한다. 의무이행비용이 보전되지 않으면, 공급의무자가 의무이행을 할 경우의 소요비용과 의무를 미이행할 경우의 비용(과징금)간의 차별성이 작아서, 공급의무자의 의무이행 유인은 작아지고 결국 신·재생에너지 공급의무화제도의 의무부과 실효성은 매우 낮게 된다.

예를 들어 설명하면 다음과 같다.

공급인증서의 평균거래가격이 40원/kWh이고 의무 미이행시 과징금이 평균거래가격의 150%(즉, 60원/kWh) 이내인 경우를 가정하고, 의무이행비용을 보전하는 경우와 보전하지 않는 경우로 나누어서 공급의무자의 행태를 살펴보자.

먼저 의무이행비용을 보전하는 경우이다. 의무이행시 공급의무자의 평균소요비용은 '0'[85]인데 반해 의무 미이행시 소요비용은 최대 60원/kWh이므로, 공급의무자는 의무이행의 유인이 매우 클 것이다.

다음으로 의무이행 비용을 보전하지 않는 경우이다. 의무이행시 평균소요비용은 공급인증서의 평균가격인 40원/kWh이고, 의무 미이행시 소요비용은 최대 60원/kWh이다. 만일 공급의무자가 공급인증서를 평균거래가격 40원/kWh보다 높은 가격으로 살 가능성이 있다면 공급의무자는 의무이행을 하지 않고 과징금(최대 60원/kWh)을 부과받는 것이 오히려 경제적일 수도 있다.[86] 따라서 공급의무자에게 의무이행을 해야 할 유인은 그리 크지 않다.

경제적인 신·재생에너지 발전소 건설 및 운영을 통하여 공급인증서를 공급하거나 아니면 외부로부터 보다 경제적인 공급인증서를 구매하여 공급하는 방식으로 의무이행을 할 것이므로(즉, 경제성을 충분히 고려하여) 결국 전기요금의 과도한 상승을 막게 된다.

85) 공급의무자가 40원/kWh의 가격으로 공급인증서를 구입 또는 발급받아서 의무이행을 한 후, 공급의무자는 의무이행비용 40원/kWh를 보전받으므로 결국 공급의무자의 의무이행에 따른 소요비용은 -40원 + 40원=0원이 된다.

86) 물론 공급의무자가 의무불이행에 따른 사회적 평판(reputation) 훼손을 고려하면 꼭 경제적 측면만을 가지고 유인이 작다고 하기는 어려울 수 있으나, 공급인증서의 가격 변동폭이 클 경우 공급의무자가 오히려 과징금을 부과받는 것이 오히려 경제적일 가능성은 상당히 높을 수가 있다.

시행령에서 정부는 공급의무자가 공급의무의 이행에 드는 추가 비용의 적정 수준을 「전기사업법」 제2조제13호에 따른 전력시장을[87] 통하여 보전(補塡)할 수 있도록 노력하여야 하고, 전력시장에 참여하는 같은 법 제2조제10호에 따른 전기판매사업자가 그 비용을 전기요금에 반영하여 회수할 수 있도록 노력하여야 한다 라고 규정하여 정부의 공급의무이행비용 보전 노력의무를 강조하고 있다.[88]

2) 구체적인 의무이행비용 전가방안

구체적인 비용전가 메카니즘 구축은 다음 두 가지 측면에서 중요하다.

첫째, 우리나라의 경우 전기사업자 중 판매사업자가 아닌 발전사업자에게 의무를 부과하므로 전가메카니즘이 복잡[89]할 수 밖에 없으므로 보다 정교하고 확실한 메카니즘 구축이 필요하다.

둘째, 우리나라의 경우 전기요금은 전통적으로 정부의 통제를 많이 받아온 것이 사실이어서 시장경제의 원리가 잘 작동하지 않는 측면이 있으므로, 이를 극복하기 위한 명확한 비용전가 메카니즘의 확실한 구축이 필요하다고 하겠다.

그림 5-10 RPS 의무이행비용 보전방안 Process

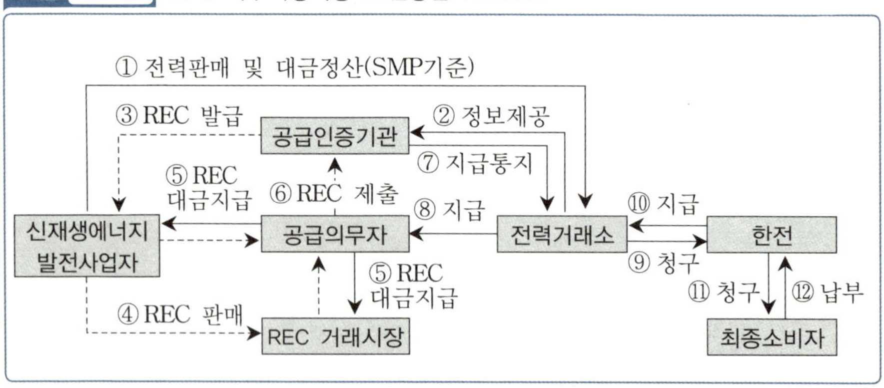

87) '전력시장'이란 전력거래를 위하여 제35조에 따라 설립된 한국전력거래소(이하 '한국전력거래소'라 한다)가 개설하는 시장을 말한다.

88) 신·재생에너지법 시행령 제18조의11(공급의무자의 의무이행비용 보전).

89) 판매사업자가 공급의무자인 경우 의무이행비용 전가절차는 '판매사업자→전기소비자'로 간단하지만, 발전사업자가 공급의무자인 경우 '발전사업자→판매사업자→전기소비자'로 전가절차가 보다 복잡해진다.

RPS 의무이행비용 보전방안 연구용역 결과에 따르면 다음 그림과 같은 이행비용 보전방안 메카니즘을 검토할 수 있다.[90]

① 신 · 재생에너지 발전사업자는 생산한 신 · 재생에너지 발전량을 전력시장에 판매하고 그 대금을 정산받는다. 이는 생산된 전기를 판매하는 것이므로 SMP를 기준으로 정산받는다.

② 전력거래소는 생산된 신 · 재생에너지 발전량에 대한 정보를 공급인증기관에 제공한다.

③ 공급인증기관은 전력거래소로부터 받은 정보를 기초로 하여 신 · 재생에너지 발전량만큼 해당하는 REC를 신 · 재생에너지 발전사업자에게 발급한다.

④ 신 · 재생에너지 발전사업자는 발급받은 REC를 REC거래시장 또는 장기적 공급계약을 통해 공급의무자에게 판매한다.[91]

⑤ 공급의무자는 REC를 구매하고 그 REC대금을 신 · 재생에너지 발전사업자에게 지급한다.

⑥ 공급의무자는 보유하고 있는 REC를 공급인증기관에 제출함으로써 의무를 이행하게 된다.

⑦ 공급인증기관은 REC 제출을 통해서 의무를 이행한 공급의무자에게 그 의무이행비용을 지급하여 줄 것을 전력거래소에 통지한다.

⑧ 전력거래소는 지급통지에 따라 공급의무자에게 그 의무이행비용을 지급한다.

⑨, ⑩ 전력거래소는 공급의무자에게 지급한 의무이행비용 만큼을 한국전력에 청구하고, 이에 대해 한국전력은 전력거래소에 그 금액만큼을 지급한다.

⑪, ⑫ 한국전력은 전력거래소에 지급한 금액만큼을 최종전기소비자에게 청구하고, 이에 대해 최종전기소비자는 청구받은 금액만큼 납부한다.

한편 전기요금 반영체계와 관련하여서는 RPS 의무이행비용을 전기요금에서 '별도 항목(가칭 녹색에너지요금)'으로 반영하여 전기소비자의 수용성

---

90) 이하는 '삼일회계법인, RPS 이행비용의 전기요금 전가방안 수립'을 바탕으로 한다.

91) 신 · 재생에너지법에서는 모든 공급인증서의 매매는 공급인증서 거래시장을 통하도록 하고 있으므로, 장기공급계약도 거래시장에 신고를 하여야 할 것이다.

제고 및 한전의 재무위험을 최소화[92]하는 방식으로 추진하는 것이 바람직할 것이다.

전기요금 체계형태	[기존 이부요금]		[2011.7월 도입]	[2012년 도입]
	기본요금	전력량요금	연료비 조정항	RPS요금 (가칭 녹색에너지요금)

의무이행비용 전가에 따른 전기요금 조정주기는 매년 의무이행비용을 추정하여 단위당(kWh) 회수비용을 산정한 후 연간 적용하고, 추정오차에 따른 과부족액은 차년도 이행비용에 반영하여 조정하는 것이 바람직한 것으로 판단된다.

이러한 의무이행비용 메카니즘 구축을 위해서는 전력시장운영규칙, 전기요금산정기준, 전기요금약관 등의 개정이 필요할 것이다.

10. 공급인증기관

1) 공급인증기관의 지정

지식경제부장관은 공급인증서 관련 업무를 전문적이고 효율적으로 실시하고 공급인증서의 공정한 거래를 위하여 다음의 어느 하나에 해당하는 자를 공급인증기관으로 지정할 수 있다.[93]

1. 제31조에 따른 신·재생에너지센터
2. 「전기사업법」 제35조에 따른 한국전력거래소
3. 제12조의9에 따른 공급인증기관의 업무에 필요한 인력·기술능력·시설·장비 등 대통령령으로 정하는 기준에 맞는 자

공급인증기관으로 지정받으려는 자는 지식경제부장관에게 지정을 신청하여야 한다. 공급인증기관의 지정방법·지정절차, 그 밖에 공급인증기관의 지정에 필요한 사항은 지식경제부령으로 정한다.[94]

---

92) 다른 방안 중의 하나인 ① '기본요금+전력량요금'에 포함하는 방안은 요금조정시 비용반영이 불확실하며, ② 부담금(전력기금 요율조정 또는 별도 기금 신설)방식은 법률(부담금관리기본법, 전기사업법 또는 신·재생에너지법 등) 개정사항으로 시행이 불투명하다는 단점이 있다.

93) 신·재생에너지법 제12조의8(공급인증기관의 지정 등)

94) 신·재생에너지법 시행규칙 제2조의3(공급인증기관의 지정방법 등) ① 법 제12조의8

이에 따라 현재 신・재생에너지센터가 공급인증기관으로 지정되어 있다.

2) 공급인증기관의 업무 등

지정된 공급인증기관은 다음 각 호의 업무를 수행한다.[95)]

(i) 공급인증서의 발급, 등록, 관리 및 폐기

(ii) 거래시장의 개설

(iii) 공급인증서 관련 정보의 제공

(iv) 그 밖에 공급인증서의 발급 및 거래에 딸린 업무

공급인증기관은 업무를 시작하기 전에 지식경제부령으로 정하는 바에 따라 공급인증서 발급 및 거래시장 운영에 관한 규칙을 제정하여 지식경제부장관의 승인을 받아야 한다.[96)] 운영규칙을 변경하거나 폐지하는 경우(지

제1항에 따른 공급인증기관(이하 "공급인증기관"이라 한다)으로 지정을 받으려는 자는 별지 제1호서식의 공급인증기관 지정신청서에 다음 각 호의 서류를 첨부하여 지식경제부장관에게 제출하여야 한다.

1. 정관(법인인 경우만 해당한다)
2. 공급인증기관의 운영계획서
3. 공급인증기관의 업무에 필요한 인력・기술능력・시설 및 장비 현황에 관한 자료

② 제1항에 따른 신청을 받은 지식경제부장관은 「전자정부법」 제36조제1항에 따른 행정정보의 공동이용을 통하여 법인 등기사항증명서(법인인 경우만 해당한다)를 확인하여야 한다.

③ 지식경제부장관은 제1항에 따른 공급인증기관 지정 신청을 받으면 그 신청 내용이 다음 각 호의 기준에 맞는지 심사하여야 한다.

1. 공급인증기관의 업무를 공정하고 신속하게 처리할 능력이 있는지 여부
2. 공급인증기관의 업무에 필요한 인력・기술능력・시설 및 장비 등을 갖추었는지 여부

④ 지식경제부장관은 제3항에 따른 심사에 필요하다고 인정할 때에는 신청인에게 관련 자료의 제출을 요구하거나 신청인의 의견을 들을 수 있다.

⑤ 지식경제부장관은 제3항 및 제4항에 따라 심사한 결과 공급인증기관을 지정하였을 때에는 신청인에게 별지 제2호서식의 공급인증기관 지정서를 발급하고, 그 사실을 지체 없이 공고하여야 한다

95) 신・재생에너지법 제12조의9(공급인증기관의 업무 등) 제1항.

96) 신・재생에너지법 제12조의9 제2항; 신・재생에너지법 시행규칙 제2조의 4(운영규칙의 제정 등)

① 법 제12조의9제2항에 따라 공급인증기관이 제정하는 공급인증서 발급 및 거래시장 운영에 관한 규칙에는 다음 각 호의 사항이 포함되어야 한다.

1. 공급인증서의 발급, 등록, 거래 및 폐기 등에 관한 사항
2. 신에너지 및 재생에너지(이하 "신・재생에너지"라 한다) 공급량의 증명에 관한 사항
3. 공급인증서의 거래방법에 관한 사항
4. 공급인증서 가격의 결정방법에 관한 사항
5. 공급인증서 거래의 정산 및 결제에 관한 사항
6. 제1호와 관련된 정보의 공개 및 분쟁조정에 관한 사항

식경제부령으로 정하는 경미한 사항의 변경은 제외한다)에도 또한 같다.

지식경제부장관은 공급인증기관에 위 업무의 계획 및 실적에 관한 보고를 명하거나 자료의 제출을 요구할 수 있다.[97]

지식경제부장관은 다음의 어느 하나에 해당하는 경우에는 공급인증기관에 시정기간을 정하여 시정을 명할 수 있다.[98]

(i) 운영규칙을 준수하지 아니한 경우

(ii) 업무의 계획 및 실적에 관한 따른 보고를 하지 아니하거나 거짓으로 보고한 경우

(iii) 자료의 제출 요구에 따르지 아니하거나 거짓의 자료를 제출한 경우

위에 규정된 공급인증기관의 업무를 살펴보면, 단순히 공급인증서를 발급하는 것이 아니라 신·재생에너지 공급의무화제도의 전반적인 운영, 관리업무를 담당함을 알 수 있다. 따라서 공급인증기관이라는 명칭은 좀 협소해 보이고 적당하지 않은 측면이 있다.

3) 공급인증기관 지정의 취소 등

지식경제부장관은 공급인증기관이 다음의 어느 하나에 해당하는 경우에는 지식경제부령으로 정하는 바에 따라 그 지정을 취소하거나 1년 이내의 기간을 정하여 그 업무의 전부 또는 일부의 정지를 명할 수 있다. 다만, (i) 또는 (ii)에 해당하는 때에는 그 지정을 취소하여야 한다.[99]

(i) 거짓이나 그 밖의 부정한 방법으로 지정을 받은 경우

(ii) 업무정지 처분을 받은 후 그 업무정지 기간에 업무를 계속한 경우

(iii) 제12조의8제1항제3호에 따른 지정기준에 부적합하게 된 경우

(iv) 제12조의9제4항에 따른 시정명령을 시정기간에 이행하지 아니한 경우이다.

지식경제부장관은 공급인증기관이 위의 (iii) 또는 (iv)에 해당하여 업무정지를 명하여야 하는 경우로서 그 업무의 정지가 그 이용자 등에게 심한 불편을 주거나 그 밖에 공익을 해칠 우려가 있으면 그 업무정지 처분을 갈

---

7. 그 밖에 공급인증서의 발급 및 거래시장 운영에 필요한 사항

97) 신·재생에너지법 제12조의9 제3항.

98) 신·재생에너지법 제12조의9 제4항.

99) 신·재생에너지법 제12조의10(공급인증기관 지정의 취소 등).

음하여 5천만원 이하의 과징금을 부과할 수 있다. 과징금을 부과하는 위반행위의 종별・정도 등에 따른 과징금의 금액과 그 밖에 필요한 사항은 대통령령으로 정한다.[100)]

지식경제부장관은 과징금을 납부하여야 할 자가 납부기한까지 그 과징금을 납부하지 아니한 때에는 국세 체납처분의 예를 따라 징수한다.

11. 기 타

1) 공급인증서 거래시장 참여자 범위 등

공급인증서 거래시장에 참여할 수 있는 자를 어디까지 허용하느냐의 문제이다. 신・재생에너지 발전사업자는 공급인증서를 거래시장에서 팔아야 하고 공급의무자는 거래시장에서 공급인증서를 사야 하기 때문에, 신・재생에너지 발전사업자와 공급의무자는 당연히 거래시장 참여자에 포함되어야 할 것이다.[101)] 그 외에 특히 쟁점이 되는 것이 일반인도 참여시킬 것이냐의 문제인데, 참여자 범위가 넓을수록 시장이 보다 경쟁적이고 완전시장의 모습을 보일수도 있으나, 참여자 범위를 과도하게 넓게 허용하면 일부 투기에 의해 거래시장이 왜곡되고 공급인증서 가격의 불안정성 및 과도한 등락 등의 부작용을 나타낼 수도 있다. 이러한 점을 고려하여 우선은 신・재생에

---

100) 위반행위의 종별과 정도 등에 따른 과징금의 금액은 시행령 제18조의10 관련 별표 5 참조.

101) 공급인증서 발급 및 거래시장 운영에 관한 규칙 제32조(거래시장 참여자) ① 거래시장에서 공급인증서를 거래할 수 있는 자(이하 "시장참여자"라 한다)는 다음 각 호와 같다.
1. 제12조에 의한 설비등록을 완료한 신・재생에너지 발전사업자
2. 법 제12조의5 및 시행령 제18조의3에 따른 공급의무자
3. 시행령 제18조의7 제2항 및 제3항에 따라 국가에 대하여 발급된 공급인증서의 거래를 대행하는 자
4. 유효기간내의 공급인증서를 소유한 자
5. 별도로 정한 자격을 갖추고 인가를 받은 거래중개자

② 거래시장에서 매도자는 제1항의 각 호에 해당하는 자로 한다.
③ 거래시장에서 매수자는 제1항 제2호 및 제3호에 한한다.
④ 거래시장 참여자는 공급인증기관이 공고한 '공급인증서 발급 및 거래시장 운영에 관한 규칙'을 성실하게 준수하겠다는 취지의 동의서에 동의하여야 거래시장에 참여할 수 있다.

너지 발전사업자 및 공급의무자 등으로 참여자 범위를 제한하고 시장이 운영되고 제도가 정착되는 상황을 봐서 차츰 참여자 범위를 확대하는 방안을 검토하는 것이 타당할 것이다.

또 다른 중요한 쟁점 중의 하나가 거래시장에서 공급인증서 거래를 몇 번 허용하느냐이다. 공급인증서를 전주기(life-cycle)상 한 번만 매매 가능하도록 하면, 한번 매매된 공급인증서는 폐기되거나 의무이행에 바로 사용되어야 한다. 공급인증서를 거래시장에서 여러 번 매매를 허용하면 여러 번의 거래를 통해서 투기의 목적으로 매매될 수도 있다. 현 규정에서는 공급인증서 life-cycle상 단 한번만 거래를 허용하고 있다.[102]

2) 중개자제도

공급의무자들은 대부분 대규모 발전사업자이다. 이에 반해 민간 신·재생에너지발전사업자는 상대적으로 규모가 작기 때문에 market power가 공급의무자들보다 약하고, 소량의 공급인증서 거래는 대규모 공급인증서 거래보다 거래비용이 보다 크고 공급의무자와 직접적인 장기공급계약을 맺기도 어려운 측면이 있다. 이러한 소규모 신·재생에너지 발전사업자의 공급인증서를 매집하여 대량으로 만들어서 공급의무자에게 공급하는 역할을 수행하는 제도적 장치를 검토해 볼 수 있는데, 이를 중개자제도라 한다. 이는 소규모 신·재생에너지 발전사업자의 참여를 촉진하기 위한 제도적 보완장치의 하나라고 할 수 있다.

중개자제도는 그 역할정도에 따라서 다양할 수 있는데, 크게 다음과 같이 두가지 중개자 제도를 생각해볼 수 있다.

첫 번째가, active buyer[103]로서의 중개자이다. 이러한 중개자는 실제로 자기 책임하에 소규모 신·재생에너지 발전사업자로부터 공급인증서를 구매하고 이를 대량으로 만들어서 market power를 활용하여 공급의무자와 장기공급계약을 맺는 매우 적극적인 역할을 담당하게 된다.

두 번째는 passive broker[104]로서의 중개자이다. 이러한 중개자는 소규

102) 공급인증서 발급 및 거래시장 운영에 관한 규칙 제34조(공급인증서의 재판매 금지) 거래시장을 통하여 매수한 공급인증서는 거래시장을 통하여 다시 매도할 수 없다.

103) Active buyer takes the ownership of REC and payment risk.

104) A passive broker doesn't directly buy REC to resell but instead act as a

모 신・재생에너지발전사업자와 공급의무자간에 단순히 거래중개만 해주고 실제로 그 중개자가 자기 책임하에 소규모 신・재생에너지 발전사업자의 공급인증서를 구매하지는 않는 단순한 역할을 담당하게 된다.

이러한 중개자제도는 제도의 설계단계에서 많은 논의가 있었으나, 우선은 제도가 시행된 후에 필요성을 보면서 도입하는 것으로 결론지었으며 현재는 '공급인증서 발급 및 거래시장 운영에 관한 규칙'에만 그 근거를 두고 있다.[105]

3) 신・재생에너지발전사업자와 공급의무자간 장기공급계약

신・재생에너지 발전사업자와 공급의무자 양자 간에 공급인증서를 정해진 가격으로 장기간 공급토록 계약을 맺어서 시행하는 것을 장기공급계약이라고 한다.

그림 5-11 공급인증서 거래시장

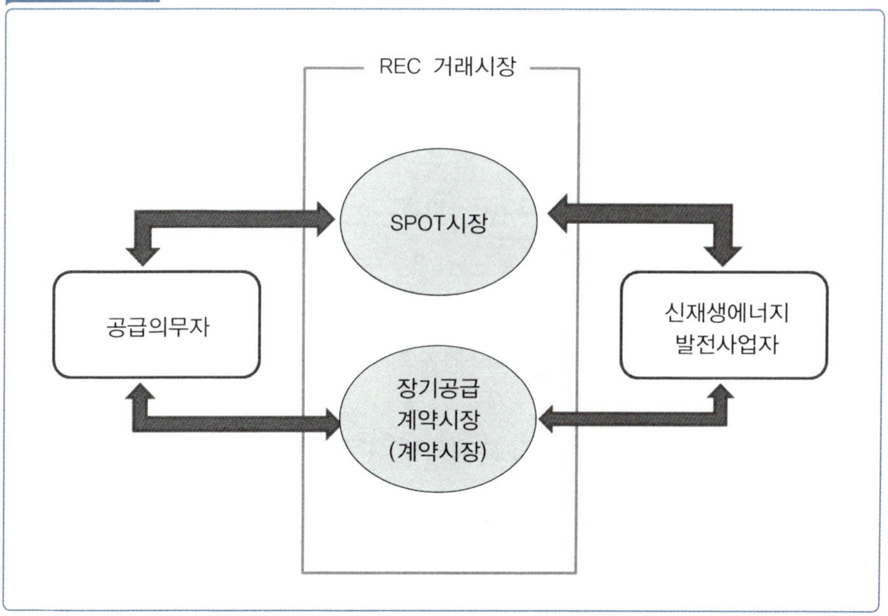

aggregator

105) 공급인증서 발급 및 거래시장 운영에 관한 규칙 제32조(거래시장 참여자) 제1항제5호. 별도로 정한 자격을 갖추고 인가를 받은 거래중개자.

법에서는 공급인증서는 거래시장을 통해서만 거래하도록 하고 있다.[106] 하지만 이러한 규정이 장기공급계약을 불허하는 것은 아니며, 장기공급계약을 통해서 양자가 거래하면 이의 거래가격 및 거래량 등을 거래시장에 신고하여 형식적으로 거래시장에서 거래토록 하라는 의미이다. 즉, 거래량과 거래가격을 신고함으로써 공급인증기관은 거래의 흐름을 정확히 파악할 수 있으며, 평균거래가격도 용이하게 계산할 수 있게 된다.

4) 태양광에 대한 외부의무구매

태양광의 경우 특히 다양하고 많은 수의 소규모 태양광발전사업자가 참여할 여지가 많으며, 이러한 참여를 촉진시킬 필요도 있다. 신·재생에너지 공급의무화제도가 자칫 태양광발전사업을 공급의무자가 대부분 독점하는 쪽으로 흘러갈 가능성도 있는데, 이렇게 되면 민간의 태양광발전사업 진출에 큰 진입장벽이 될 수가 있다. 태양광발전사업은 특히 소규모 분산전원으로서 부지의 제한을 받지 않고 건설할 수 있다는 큰 장점을 가지고 있으므로, 민간에서 유휴부지를 활용하여 자유롭게 태양광발전소를 건설하도록 촉진시킬 필요가 있는데 이를 위해서는 공급의무자가 태양광 별도의무공급량을 모두 자체건설하지 않고 일부 물량은 민간에서 구매하여 조달하도록 의무화할 필요가 있다.

이를 위해서 설비규모 5,000MW 이상인 공급의무자는 태양광에 대한 별도의무공급량의 50% 이상을 외부(공급의무자가 아닌 신·재생에너지 발전사업자 또는 설비규모 5,000MW 미만인 공급의무자)에서 구매토록 의무화하고 있는데, 이는 태양광 발전사업에 민간사업자의 진입을 보장하기 위함이다.[107]

5) 장기공급계약에 대한 표준계약방식문제

FIT에 비해 RPS의 가장 큰 단점 중의 하나는 투자의 불안정성이다. FIT는 신·재생에너지 발전소를 건설하면 정해진 가격(기준가격)으로 정해진 기간동안 정부에서 발전량을 구매하기 때문에 투자 환경이 매우 확실하고 안정적이라는 장점이 있다.

---

106) 신·재생에너지법 제12조의7 제5항.

107) 신·재생에너지법 시행령 제18조의4 제4항; 신·재생에너지 공급의무화제도 관리 및 운영지침 제10조 제1항.

RPS의 경우 이러한 점에서 FIT보다 부족한데, 신・재생에너지 공급의무화제도에서는 이러한 점을 고려하여 투자의 안정적 환경 조성을 도모할 필요가 있다. 이러한 취지에서 발전설비규모 5,000MW 이상의 공급의무자가 태양광의 별도의무공급량 중 외부로부터 구매해야 할 물량은 공급인증기관인 신・재생에너지센터에게 구매 대행을 의뢰토록 하고 있는데, 이 경우 신・재생에너지센터는 공급의무자와 민간 태양광발전사업자간에 공급기간을 12년 이상인 장기계약체결방식으로 구매를 대행하여 주고 있다.[108]

이러한 방식은 장기공급계약에 대한 일종의 표준계약방식을 도입한 것으로서 민간에서 태양광발전사업에 안정적으로 투자할 수 있는 여건을 만들어주는 역할을 한다. 이러한 장기공급계약 체결없이는 태양광발전사업을 하려는 민간사업자는 금융기관으로부터 펀드를 빌리는 것이 실질적으로 불가능하게 되어서 민간에서의 태양광발전사업 추진이 어려워지게 된다.

한편 일부에서는 안정적 투자환경 조성을 위해서 정부 또는 공인된 기관에서 공급인증서의 적정 가격(reference price)을 또는 상하한선을 발표하는 방안을 적극 요구하기도 하였다. 사업자는 이러한 상하한선 또는 reference price를 기초로 하여 비용-편익 분석을 실시할 수 있고 이러한 자료가 있어야만 이를 바탕으로 금융기관에서 프로젝트 파이낸싱이 가능하다는 의견이었다. 충분히 타당한 의견이지만 이에는 다음과 같은 문제점이 있다.

첫째, reference price를 정부 또는 공급인증기관인 신・재생에너지센터에서 발표하게 되면 실제 거래시장에서의 공급인증서 가격은 reference price로 수렴하게 되어서 RPS의 기본 원리인 가격메카니즘이 작동하지 않게 된다. 결국은 정부가 공급인증서 가격을 정해버리게 되어서 FIT와 동일하게 된다.

둘째, 공급인증서 가격의 상하한선을 정부 또는 공급인증기관이 정하거나 가이드라인을 제시하는 것은 reference price방법보다 완화된 적정한 방법이라고 볼 여지도 있다. 과도한 가격변동을 미연에 방지할 수 있으면서 특정 가격수준을 정부가 정하게 되는 문제점도 피할 수 있다. 하지만 상하한선을 너무 넓게 정하면 의미가 없게 되고 너무 좁게 정하면 reference

108) 신・재생에너지 공급의무화제도 관리 및 운영지침 제10조 제2항; 공급인증서 발급 및 거래시장 운영에 관한 규칙 제28조.

price를 설정하는 것과 동일한 문제점이 발생한다. 그리고 더 큰 문제점은 우리나라 금융환경상 상하한선 설정이 제대로 작동하기 어렵다는 것이다. 금융기관이 금융지원을 하는데 있어서 공급인증서 상하한선의 평균값을 기준으로 동 신·재생에너지 발전소 건설의 수익성 여부를 평가하는 것이 아니라 가능한 위험을 모두 회피하기 위해 상하한선 중 가장 낮은 하한선을 기준으로 수익성 여부를 평가할 것으로 보이기 때문이다. 예를 들어서 정부 또는 공급인증기관이 공급인증서 가격의 상하한선으로 30원/kWh~50원/kWh를 발표하였다고 하자. 그러면 금융기관은 동 프로젝트의 타당성 여부를 30원/kWh과 50원/kWh의 평균가격인 40원/kWh이 아닌, 가장 낮은 하한선인 30원/kWh을 기준으로 평가한다는 점이다. 결국 이렇게 되면 정상적인 수익을 내는 신·재생에너지 발전소도 건설되기 어려워서 상하한선의 설정 자체가 왜곡되게 된다.

금융기관으로부터 프로젝트 파이낸싱을 받기 위해서는 수익성을 객관적으로 평가할 수 있는 자료를 금융기관에 제출하여야 하는데, 수익성의 가장 중요한 기준이 공급인증서의 가격수준이다. 따라서 사업자쪽에서는 정부 또는 공급인증기관에 대해 금융기관이 신뢰할 수 있는 공급인증서의 가격수준을 제시하여 달라고 요청하는 것이다. 이 문제는 공급인증서 가격의 track record가 축적되면 어느 정도 자연적으로 해소될 것으로 기대된다. 다만 track record가 축적되기 전까지는 민간의 신뢰할 만한 연구기관에서 자발적으로 검토하여 발표하는 자료를 활용할 수 있다고 본다. 그리고 정부는 제도 초기에 금융기관이 신·재생에너지 발전소 건설에 보다 적극적으로 지원하도록 유도하고 독려할 필요가 있을 것이다.

FIT와 같은 투자의 안정적 환경 조성을 위해서는 공급의무자와 신·재생에너지 발전사업자 간에 공급인증서에 대한 장기공급계약을 체결하도록 표준적인 계약방식을 만들어서 이를 적극 활용토록 유도할 필요가 있다. 장기표준계약방식에는 다양한 방식이 있을 수 있는데 우선 공급계약기간은 10년, 15년, 20년 등 최소한 10년 이상이어야 하며, 장기계약동안 공급인증서를 어느 가격수준으로 공급할지도 정해져야 할 것이다. 그래야만 신·재생에너지 발전소에 대한 금융기관으로 부터의 프로젝트 파이낸싱이 가능하기 때문이다.

공급의무자와 신·재생 발전사업자간에 자발적 장기공급계약이 가능할까?

정부의 직접적인 관여가 없더라도 공급의무자와 신·재생에너지 발전사업자간에 공급인증서 공급과 관련한 장기계약이 체결될 수 있을까? 이와 관련해서 신·재생에너지를 태양광과 비태양광으로 나누어서 살펴보도록 하자.

◆ 태양광의 경우

태양광의 경우, 양자간에 자발적인 장기공급계약이 체결되기를 기대하기는 힘들다. 왜냐하면 태양광의 건설단가는 매년 지속적으로 그리고 빠른 속도로 하락할 것으로 예상되므로, 공급의무자는 가능하면 장기계약 대신 단기계약을 맺어서 가격이 보다 낮은 공급인증서(즉 최근에 건설된 태양광발전소에서 발급된 공급인증서)를 구입하려고 할 것이기 때문이다. 따라서 정부의 정책적 관여가 필요할 것이다.

◆ 비태양광의 경우(즉, 풍력, 바이오에너지발전, 소수력, 언료전지 등)

비태양광의 경우에는, 공급의무자와 신·재생에너지 발전사업자 양자간에 자발적인 장기공급계약이 체결될 유인이 있다. 그 이유는 공급의무자와 신·재생에너지 발전사업자 모두 위험회피적(risk averse)인 행태를 보일 것이므로, 자신들의 비용 또는 수익이 불확실하게 변동되기보다는 확실하게 고정되기를 원할 것이며 따라서 단기계약보다는 장기계약을 더 선호할 유인이 있다. 그리고 태양광과 달리 비태양광은 건설단가가 매년 지속적으로 그리고 빠른 속도로 하락한다고 예상되지 않기 때문이다.

그런데 장기공급계약 체결과 관련하여 양자간에 위험을 회피하려는 대상이 다르다는데 문제가 발생할 수 있다. 공급의무자는 공급인증서의 가격변동에 따른 위험을 제거하기를 원할 것이므로, 장기공급계약 체결시 공급인증서의 가격이 확정되기를 원할 것이다(예를 들어서 공급인증서를 40원/kWh의 가격으로 10년간 공급받는 계약).[109] 하지만 신·재생에너지 발전사업자는 신·재생에너지발전으로부터 얻는 수익, 즉 「SMP+공급인증서의 가격」[110]의 변동에

109) 공급인증서 가격이 반드시 고정될 필요는 없고 확정만 되면 될 것이다. 즉 공급인증서의 구매가격을 10년동안 40원/kWh로 고정시키는 방법뿐만 아니라, 초년도에는 50원/kWh의 가격으로 구매하되 매년 구매가격을 2원/kWh씩 하락시키는 방법도 가격의 불확실성을 제거하므로 위험을 회피하는 방법이 될 수 있다.

110) 1kWh만큼 신·재생에너지발전을 하면, 1kWh의 전기량을 전력시장에 판매하여서

따른 위험을 회피하려고 할 것이므로 장기공급계약 체결시 「SMP+공급인증서의 가격」이 확정적이 되기를 원할 것이다(예를 들어서 공급인증서를 (140원-SMP)/kWh의 가격으로 10년간 공급하는 계약). 그런데 SMP는 전력시장의 상황에 따라서 변동하는데 대략 90원/kWh~120원/kWh의 수준에서 변동하는 모습을 보이고 있다.

이처럼 양자간에는 위험을 회피하려는 대상이 다르므로 자발적 장기공급계약 체결이 어려울 수 있다. 따라서 이러한 점에서는 정부의 정책적 관여가 필요할 여지가 있다.

6) 국가에 발급된 공급인증서의 거래 및 관리

발전차액을 지원받고 있는 신재생에너지설비 그리고 국가로부터 무상지원금을 받아서 설치된 신재생에너지설비에 대해서는 이로부터 발급된 공급인증서의 전부 및 일부는 국가에 발급되어서 국가에 귀속된다.[111]

국가에 발급된 공급인증서의 거래 및 관리에 관한 사무는 지식경제부장관이 담당하되, 지식경제부장관이 지정하는 기관으로 하여금 대행하게 할 수 있으며,[112] 공급인증서를 거래하여 얻은 수익금은 「전기사업법」에 따른 전력산업기반기금의 재원으로 하도록 하고 있다.[113]

정부가 공급인증서의 가격을 안정화하고 합리적인 수준으로 유도할 수 있는 수단을 가지고 있어야 한다고 생각되는데 국가에 발급된 공급인증서는 합리적으로 거래·관리하면 거래시장에서 공급인증서의 가격을 안정화시키고 합리적인 수준에서 유지될 수 있도록 유도할 수 있는 좋은 수단이 될 수 있다고 본다. 그리고 직접적인 관여수단이 아니고 간접적인 관여수단이어서 시장에 대한 관여로 인한 부작용도 훨씬 덜 할 것으로 기대된다.

SMP(계통한계가격) 만큼 수익을 얻는 한편 1kWh에 해당하는 공급인증서를 발급받아서 공급인증서 거래시장에서 판매함으로써 공급인증서의 가격만큼의 수익을 얻게 된다.

111) 신·재생에너지법 제12조의7 제1항, 동법 시행령 제18조의7 제1항부터 제3항.

112) 신·재생에너지법 시행령 제18조의7 제4항.

113) 신·재생에너지법 시행령 제18조의7 제5항.

7) 발전차액지원제도에서 신 · 재생에너지 공급의무화제도로의 전환 불허

발전차액지원을 받고 있는 신재생에너지 발전사업자가 발전차액지원을 포기하고 신재생에너지 공급의무화제도에 따른 공급인증서를 발급받을 수 있도록 허용할 것인가의 문제에 대해서도 신재생에너지 공급의무화제도 설계시 많은 논의가 있었다. 이에 대해서는 원칙적으로 불허하되 다만, 태양광과 연료전지에 대해서만 전환을 허용하는 것으로 하였다.[114)]

발전차액지원제도와 신재생에너지 공급의무화제도를 신재생에너지 전원별로 비교해보면, 태양광과 연료전지는 발전차액지원제도 하에서 보다 수익성이 높고 풍력, 바이오에너지, 폐기물에너지, 소수력, 조력 등 그 밖의 신재생에너지원은 신재생에너지 공급의무화제도 하에서 보다 수익성이 높다. 따라서 풍력, 소수력, 바이오에너지 등의 신재생에너지 발전사업자들은 신재생에너지 공급의무화제도로의 전환 허용을 적극적으로 요구하기도 하였다. 기존의 발전차액지원제도를 살펴보면 태양광에는 매우 유리한 제도인 반면, 풍력 등 그 밖의 신재생에너지원에 대해서는 별로 유리한 점이 없었으며 따라서 수익성도 크게 높지 않았다는 것이 사실이다.

그럼에도 불구하고 태양광과 연료전지를 제외하고는 원칙적으로 발전차액지원제도에서 신재생에너지 공급의무화제도로 전환을 불허하고 있는데, 그 이유는 다음과 같다.

첫째, 신재생에너지 발전사업자가 발전차액지원제도하에서 이미 투자수익률 등을 평가한 후 발전소 건설을 결정하였고 이에 따라서 발전차액지원을 받고 있으면 이러한 투자결정의 결과는 해당 사업자가 부담하는 것이 타당하기 때문이다. 발전차액지원제도에서는 기준가격과 지원기간이 명확히 정해져 있어서, 투자결정 후 사정이 변경될 가능성이 매우 낮기 때문이다.

둘째, 만일 신재생에너지 공급의무화제도로의 전환을 허용하여서 신재

---

114) 신 · 재생에너지법 부칙 <법률 제10253호, 2010.4.12> 제2조(발전차액 지원에 관한 유효기간 등) ① 제17조는 2011년 12월 31일까지 효력을 가진다.
② 제1항의 유효기간 만료 당시 종전의 제17조에 따라 발전차액을 지원받는 신 · 재생에너지 발전사업자에 대하여는 같은 조 제3항에 따라 고시된 지원기간 동안은 종전의 규정에 따라 계속하여 발전차액을 지원한다; 신 · 재생에너지 공급의무화제도 관리 및 운영지침 제6조제3항.

생에너지 발전사업자의 수익성이 높아진다면 그만큼 불필요하게 국민의 부담을 가중시키는 결과가 발생하고 특혜의혹의 소지도 있다고 볼 수 있기 때문이다.

결국, 기존에 발전차액지원을 받는 신재생에너지 발전사업자에게 신재생에너지 공급의무화제도로의 전환 허용은 신규 신재생에너지 발전소의 확대에 기여하지 못하면서 불필요하게 국민 부담만 가중시키는 결과를 초래하게 될 것이다.

이에 반해서 태양광과 연료전지에 대해서는 전환을 허용한 이유는 전환을 할 경우 오히려 국민 부담이 줄어들 것이기 때문이다. 태양광과 연료전지에 대해서 신재생에너지 공급의무화제도로의 전환을 허용하더라도 공급인증서는 기준가격 적용기간(태양광 전원의 기준가격 적용기간 중 20년을 선택한 사업자도 15년으로 적용한다.) 중 차액지원금을 지원받은 기간을 제외한 기간에 한하여 발급하도록 하고 있다.[115]

Ⅳ. 향후 개선·보완 필요사항들

1. 의무이행비용의 전기요금으로의 명확한 전가방안 마련

의무이행비용이 전기요금으로 자동적으로 전가되는 메카니즘 구축은 신·재생에너지 공급의무화제도의 성공적이고 지속적인 이행을 위해서 가장 중요한 사항이다. RPS를 시행하고 있는 모든 국가는 의무이행비용이 자동적으로 전기요금으로 전가되도록 허용하고 있다.

현재 시행령에 정부에 대한 전가 메카니즘 구축 의무만 규정하고 있고 아직까지는 명확한 전가방안이 구축되어 있지 않는 것이 사실이다. 조속히 전가 메카니즘을 구축하여서 공급의무자가 신뢰하고 의무를 이행할 수 있는 환경을 만들어야 할 것이다.

115) 신·재생에너지 공급의무화제도 관리 및 운영지침 제6조제3항.

2. 과징금의 의무이행 실효성 효과 제고

현재 과징금 수준이 고정되어 있지 않고 최고 수준(공급인증서 평균거래가격의 150%)만 규정하고 있으며 이 최고수준도 다른 나라에 비하면 매우 낮은 수준이다. 과징금이 실질적으로 의무이행의 실효성을 담보하려면 과징금 수준을 현재의 최고수준보다 높은 수준에서 고정시킬 필요가 있다. 예를 들면, 공급인증서 평균거래가격의 200% 또는 최고거래가격의 150% 정도로 고정시켜야 할 것이다. 그래야만 공급의무자도 신재생에너지 공급의무를 당연히 이행하여야 할 것으로 받아들이고 필요한 투자를 강력하게 추진할 수 있을 것이다.

과징금이 의무이행을 담보할 수 있는 실효성을 실질적으로 가지도록 하는 것은 의무이행비용의 전기요금으로의 전가방안을 명확하게 구축하는 것과 함께 가장 중요한 개신필요사항이라고 본다.

3. 의무이행의 유연성 확대

공급의무자가 의무공급량의 유예제도(borrowing)를 실질적으로 활용할 수 있도록 수정할 필요가 있다. 현재는 공급의무자는 의무공급량의 20%를 다음 연도로 그 의무이행을 연기할 수 있고, 이 경우 그 이행을 연기한 의무공급량은 다음 연도에 우선적으로 공급하도록 하고 있다. 이러할 경우 공급의무자에게는 실질적으로 유예제도를 다음 연도 한 해만 활용할 수 밖에 없다는 문제점이 생겨서, 실질적인 유연성을 발휘하기에는 한계가 있을 수 있다.

예를 들면 다음과 같다. A라는 공급의무자가 매년 2%의 의무비율을 달성하여야 하며, 의무이행을 다음연도로 이행할 수 있는 양은 의무공급량의 20%이고, 매년 동일하게 1,000MWh의 전력량을 생산한다고 하자.

표 5-19 연기된 의무공급량을 다음 연도에 모두 이행해야 하는 경우

(단위: MWh)

	2012	2013	2014	2015	2016	2017	2018	…
① :	20	20	20	20	20	20	20	…
② :	16	24	20	20	20	20	20	…
③ :	16	20	20	20	20	20	20	…

이 경우 A의 연도별 의무공급량은 위 표에서 ①과 같다.

그리고 2012년에 A가 의무공급량의 20%를 다음 연도로 의무이행을 연기하였다고 하자. 그러면 2013년에 A의 의무공급량은 24로 크게 늘게 되며 연도별 의무공급량은 ②와 같게 된다. 만일 A가 2013년, 2014년 그리고 계속해서 매년 20% 의무이행 연기를 계속 한다면 A의 의무공급량은 ③과 같이 된다. 이에 따르면 A는 2012년 20% 의무이행 연기를 활용하면 2013년부터는 의무공급량이 매년 20 이상(2013년에는 최대 24가 됨)이 되어서 실질적인 의무이행 연기 효과가 크게 떨어져서 의무이행에 있어서 유연성제도의 실효성이 크게 낮아진다.[116)]

이에 반해서 다른 사항은 모두 같고 공급의무자는 의무이행 연기를 다음 연도 한해가 아니라 1/3씩 3개년에 걸쳐서 할 수 있다고 가정해 보자.

표 5-20 연기된 의무공급량을 3개년에 걸쳐 분할 이행해야 하는 경우

(단위: MWh)

	2012	2013	2014	2015	2016	2017	2018	…
① :	20	20	20	20	20	20	20	…
④ :	16	21.3	21.3	21.3	20	20	20	…
⑤ :	16	17.3	18.6	20	20	20	20	…

이 경우 A의 연도별 의무공급량은 앞의 경우와 같이 ①이 된다.

그리고 2012년에 A가 의무공급량의 20%를 다음 연도로 의무이행을 연기하게 되면 ④와 같이 2013년, 2014년, 2015년 A의 의무공급량은 21.3으로

116) 현실에서는 의무비율이 매년 0.5%~1.0%p 상승하고, 매년 전력생산량도 증가하므로 이러한 한도 내에서는 약간의 실질적인 의무이행 연기가 가능할 수 있다.

각각 늘어난다. ②와 비교해 볼때 연기된 의무공급량의 이행시기를 분산시킴으로써 유연성을 보다 많이 확보할 수 있다. 만일 A가 2013년, 2014년 그리고 계속해서 매년 20% 의무이행 연기를 계속 한다면 A의 의무공급량은 ⑤와 같게 되어서 실질적으로 2012년뿐만 아니라 2013년, 2014년에도 의무이행을 연기할 수 있는 여지가 생긴다.

위에서 보듯이, 의무이행 연기를 다음 연도가 아니라 2개년 또는 3개년에 걸쳐서 균등하게 연기할 수 있도록 허용하면 실질적인 유연성이 더 커질 수 있다. 따라서 유연성을 실질적으로 허용하기 위해서는 의무이행 연기를 2개년 또는 3개년에 걸쳐서 연기할 수 있도록 허용할 필요가 있다.[117)]

4. 안정적인 투자환경 조성 촉진

앞에서도 언급하였듯이 RPS는 공급의무자와 민간의 신・재생에너지 발전사업자간 장기간 공급인증서 공급계약이 활발하게 체결되지 않으면 민간부문에서 신・재생에너지 발전소 건설이 어려울 수가 있다. 왜냐하면 민간부문에서는 금융기관으로부터 펀드를 조성하여 신・재생에너지 발전소를 건설해야 하는데, 공급의무자와 장기간 공급계약 없이는 금융기관에서 자금을 지원하려 하지 않을 것이기 때문이다.

이를 위해서 공급의무자와 신・재생에너지 발전사업자가 장기간 공급계약을 체결하는데 참고가 될 수 있는, 프로젝트 파이낸싱이 가능한 다양한 표준공급계약방식 등을 공급인증기관에서 정하여 공고할 필요가 있다고 본다. 이를 참고로 하여 공급의무자와 신・재생에너지 발전사업자간에 장기간 공급계약이 원활할 수 있으며 이와 관련된 양자 간에 소모적인 줄다리기도 방지할 수 있을 것이다.

5. 과징금 등의 사용처를 신・재생에너지부문으로 한정

신・재생에너지 공급의무 불이행에 대한 과징금과 국가에 발급된 공급

117) 이를 위해서는 법률의 개정이 필요하다. 왜냐하면 신・재생에너지법 제12조의5 제4항에서는 다음 연도로 그 공급의무의 이행을 연기할 수 있도록 하면서 연기한 의무공급량은 다음 연도에 우선적으로 공급하여야 한다고 규정하고 있기 때문이다.

인증서를 거래하여 얻은 수익금은 전기사업법에 따른 전력산업기반기금의 재원으로 하도록 하고 있다.[118] 그러나, 공급 불이행에 대한 과징금은 만일 공급의무을 이행하였다면 그 만큼 신・재생에너지설비가 공급되었을 것이므로 과징금은 공급의무 불이행에 따른 신・재생에너지설비 부족분을 보완하는 데에 사용되어야 할 것이다. 그리고 국가에 발급된 공급인증서를 거래하여 얻은 수익금도 신・재생에너지부문에 사용되는 것이 타당하다고 본다.

이를 위해서는 별도의 신・재생에너지기금을 만들어서 과징금과 거래수익금을 이 기금의 재원으로 하는 것이 가장 바람직할 것이다.[119]

6. RPS 대상전원의 규정

신・재생에너지 공급의무화의 적용대상이 되는, 즉 공급인증서 발급대상이 되는 신・재생에너지전원을 명확하게 규정할 필요가 있다.

현재는 이에 대한 명확한 규정이 없어서 신・재생에너지에 포함되면 신・재생에너지 공급의무화의 적용대상이 되어서 공급인증서 발급대상이 되는 것으로 해석되고 있다. 그러나 모든 신・재생에너지를 반드시 적용대상으로 할 필요는 없고 선별해서 할 수도 있으므로 적용대상을 법령에 명확하게 규정할 필요가 있다. 그리고 일부 신・재생에너지전원은 배제할 필요가 있다고 판단되면 적용대상에서 제외하여야 할 것이다.

7. 태양광 공급인증서의 가중치 문제(다른 신・재생에너지전원과의 가중치문제)

앞에서 설명한 태양광에 대한 가중치는 태양광의 별도의무공급량 내에서의 가중치를 의미한다. 태양광에 대한 별도의무공급량이 1MWh일 경우, 가중치가 1.5인 태양광을 0.67MWh만큼만 생산하면 공급인증서상으로 1MWh (=1.5×0.67MWh)를 발급받아서 별도의무공급량 1MWh를 이행할 수 있다.

118) 신・재생에너지법 제12조의6 제4항, 동법 시행령 제18조의7 제5항.

119) 이를 위해서는 신・재생에너지법의 개정뿐만 아니라, 기금관리기본법의 개정도 필요할 것으로 보인다.

이처럼 앞에서 설명한 태양광에 대한 가중치는 태양광의 별도의무공급량 내에서의 가중치이다.

이와는 별개로 태양광 공급인증서상 1MWh의 의무를 이행하면 전체 의무공급량도 1MWh만큼 의무이행을 하였다고 보느냐 아니면 더 많이 의무이행을 하였다고 보느냐 하는 문제가 남아 있다.

현재는 태양광에 대해 다른 신・재생에너지전원에 비해 보다 높은 가중치를 부여한다는 규정이 없으므로, 태양광 1MWh의 의무이행은 전체 의무공급량에서도 똑같이 1MWh만큼의 의무이행을 한 것으로 계산된다.

태양광에 대해서는 별도의무공급량제도를 통해서 고려해주는 바, 다른 신・재생에너지 전원에 비해 태양광에 대한 공급인증서 가중치를 높게 할 필요가 있느냐 하는 의견도 있을 수 있다. 그러나 공급의무자 입장에서 볼 때, 다른 신・재생에너지 전원에 비해서 태양광은 높은 발전단가를 나타내고 있으므로 더 높은 의무이행비용을 필요로 하고 이러한 점을 고려하여 태양광에 대한 의부이행을 보다 높게 고려할 필요가 있다고 볼 수도 있다. 그리고 공급인증서의 가격이 어느 정도 발전단가를 반영할 필요가 있다고 볼 때, 태양광의 1MWh의 공급인증서와 다른 신・재생에너지 전원의 1MWh의 공급인증서의 가격 차이를 줄일 필요도 있다.

가중치는 최대 2.0을 넘어서는 안된다고 보므로, 태양광의 공급인증서는 다른 신・재생에너지전원 공급인증서에 비해 2.0 정도의 가중치를 부여하는 방안을 검토할 필요가 있다.

8. 신・재생에너지 공급의무화제도를 별도의 장으로 구분

현재 신・재생에너지법과 동법 시행령, 시행규칙을 보면 신・재생에너지 공급의무화제도의 조문들이 중간에 삽입되면서 깔끔하지 않고 체계적으로 보이지 않는 측면이 있다. 신・재생에너지 공급의무화제도 관련 조문들은 법률에는 총 6개 조(條), 시행령에는 총 9개조, 시행규칙에는 총 5개의 조로 이루어져 있는데, 향후 법령 개정시 전면개정을 통해서 이를 별도의 장(章)으로 정리하여 법령 체계를 보다 깔끔하게 정돈하는 것이 필요할 것으로 보인다.

9. 태양광의 외부구매의무의 명확화

현재 공급의무화제도 고시에서 설비규모가 5,000MW가 넘는 공급의무자는 태양광 별도의무공급량 중 50%는 외부에서 충당토록 규정하고 있는데, 이에 대한 법 및 시행령의 근거는 약한 것이 사실이다. 이와 관련한 법령조문 개정을 통해 법령 근거를 보다 명확히 할 필요가 있다.

10. 용어의 수정

공급인증기관은 공급인증서의 발급, 등록, 관리 뿐만 아니라, 거래시장의 개설과 이와 관련된 제도 운영에 관한 전반적인 업무를 담당하고 있다. 따라서 공급인증기관이라는 용어는 너무 협소하고 정확한 뜻을 나타내지 못하는 측면이 있다. 공급인증기관이라는 용어를 (가칭) '신·재생에너지 공급의무화제도 운용·관리기관'(이하 '운용·관리기관')으로 바꾸는 것이 적절할 것으로 보인다.

V. 소　　결

신·재생에너지는 열, 전기, 수송으로 크게 나뉘어서 사용된다.

우리나라의 신·재생에너지 공급비율은 매우 낮은데, 특히 전기부문은 더욱 낮다. 우리나라 총 전력사용량 중에서 신·재생에너지발전량이 차지하는 비중은 1% 수준으로 아주 미미하다. 이렇게 미미한 이유는 우리나라의 전력공급이 아직은 화석연료 및 원자력에 매우 치우쳐있기 때문이다. 특히 화석연료를 이용한 전력공급에 매우 익숙해서 전기의 품질도 좋지 않고 가격도 비싼 신·재생에너지전력에 대한 불신과 경시가 그 동안 높았으며 원가를 반영하지 못하는 비정상적으로 낮은 전기요금 수준이 더욱 신·재생에너지전력의 확대를 가로막고 있었다고 보인다.

신·재생에너지 공급의무화제도의 안정적인 정착을 통해서 에너지 중

전기분야에서의 신·재생에너지의 공급이 보다 크게 확대될 수 있기를 기대해 본다.

그리고, 열부문과 수송부문에서도 신·재생에너지의 공급확대를 유도할 수 있는 의무화방안이 보다 적극적으로 검토할 필요가 있다고 생각한다.

학자들간에 오래된 논쟁중의 하나가 FIT와 RPS 중 어느 제도가 보다 우월한 제도인가이다. FIT를 주로 채택하고 있고 태양광 보급을 적극적으로 옹호하는 유럽쪽의 학자들은 FIT가 보다 우월한 제도라고 하는 경향이 있는 반면, 가격메카니즘을 보다 중요시하고 풍력 및 기타 재생에너지의 보급확대도 중시하고 RPS를 주로 채택하고 있는 미국, 영국 등의 학자들은 RPS를 선호한다.

하지만 이에 대한 결론은, 양 제도 모두 어느쪽이 절대적으로 우월하다고 보기 어렵고 각 제도의 단점을 보완하고 장점을 적극 활용하는 쪽으로 제도를 수정하고 운영해야 한다는 것에 학자들은 대체적으로 동의를 하고 있다.

이에 따르면 각 국가들은 FIT와 RPS의 순수한 모델보다는 각 제도의 단점을 보완하는 수정된 모델을 채택, 발전시키고 있으며, 양 제도의 하이브리드형으로 접근하는 경향도 있다. 예를 들어서, 순수 RPS제도에서는 없는 가중치 부여 또는 별도의무공급량 문제라든지, 순수 FIT에는 없는 연도별 cap 설정 등이 현실에 맞게 수정된 사례라고 볼 수 있다.

06

신 · 재생에너지 범주 및 분류에 대한 재검토

Ⅰ. 현황 및 쟁점들

1. 현　　황

앞에서도 설명한 바와 같이 신 · 재생에너지법은 신에너지 및 재생에너지로 구분하여 11개의 원을 신 · 재생에너지원으로 분류하고 있다.[1]

여기서 신에너지(new energy)는 '기존의 화석연료를 변환시켜 이용하는 에너지'로서 연료전지, 석탄 액화 · 가스화 및 중질잔사유 가스화 에너지, 수소에너지 등 3개 원이 이에 포함된다고 해석된다.

재생에너지(renewable energy)는 '햇빛 · 물 · 지열 · 강수 · 생물유기체 등의 재생가능한 에너지를 변환시켜 이용하는 에너지'로서, 태양광, 태양열, 풍력, 바이오에너지, 수력, 해양에너지, 폐기물에너지, 지열에너지 등 8개 원이 이에 해당된다고 해석된다.

이와 더불어 신 · 재생에너지법 제2조 제1호 카.에서는 '그 밖에 석유 · 석탄 · 원자력 또는 천연가스가 아닌 에너지로서 대통령령으로 정하는 에너지'라고 규정하여 대통령령으로 그 밖에 에너지원을 추가적으로 신 · 재생에너지에 포함할 수 있는 여지를 남겨두고 있다. 하지만 현재 동법 시행령에서는 이에 대한 별도의 규정을 두고 있지 않아서 위의 11가지 원만 신 · 재생에너지에 포함된다.

위 11가지 원 중에서 재생에너지는 국제적으로 범주가 명확하게 인정되

1) 신 · 재생에너지법 제2조 1호.

고 있는 에너지원이며 대부분 동일한 범주를 재생에너지로 포함하고 있는 반면에, 신에너지는 국제적으로 공통되게 인정되고 있는 에너지원이 아니며 각국마다 자국의 에너지상황 및 기술개발정도 등을 고려하여 정책적으로 제각각 다양하게 운영하고 있는 에너지원에 해당한다.

신・재생에너지의 범주가 중요한 이유는 크게 다음 두 가지를 들 수 있다.

첫째, 신・재생에너지원에 포함되면, 신・재생에너지법상 규정하고 있는 다양한 지원을 받을 수 있다. 즉, 보급보조사업 및 기술개발사업, 그리고 공공건물 신・재생에너지 이용의무화사업 등 다양한 지원을 받을 수 있으므로 현재 신・재생에너지에 포함되지 있지 않은 DME(De-Methil Ether), SNG (Synthesized Natural Gas), 폐열 등의 생산업체에서는 자신들이 생산하는 에너지를 신・재생에너지에 포함시켜줄 것을 지속적으로 요청하는 것이다. 일부에서는 이러한 에너지를 신・재생에너지에 포함시키되 신・재생에너지 중에서 별도의 범주를 정하여 지원사업의 대상으로 하면 되지 않느냐는 의견을 제시하기도 하지만, 신・재생에너지법이 기본적으로 보급 및 기술개발을 지원하는 법인데 이러한 법에 따라 신・재생에너지에 포함되면서 법에서 규정하고 있는 지원은 받지 못하도록 한다는 것은 설득력이 낮다고 본다.

둘째는 신・재생에너지 보급률에 직접적으로 영향을 미친다는 점이다. IEA(국제에너지기구)에서는 자국의 신・재생에너지 정의와 관계없이 국제적으로 합의된 재생에너지정의에 따라서 OECD 각국의 재생에너지 공급비중을 계산하여 발표한다. 하지만, 이와는 별도로 우리나라는 신・재생에너지법에 따라서 신・재생에너지 보급률을 계산하므로 신・재생에너지를 어느 정도 넓게 정의하느냐에 따라서 보급률에 큰 영향을 미칠 수 있다.

2. 현행 신・재생에너지 범주 관련 쟁점사항들

우리나라의 이러한 신・재생에너지 범주에 대해서는 다양한 의견이 지속적으로 제기되어 왔으며, 에너지경제연구원에서 연구용역[2]을 통해서 체

2) 에너지경제연구원, 신・재생에너지 산업육성을 위한 통계 및 산업분류체계 정비방안, 2011.6.

계적으로 연구하고 공청회를 통해 의견을 수렴한 바 있다. 이와 관련하여 구체적으로 제기된 쟁점들은 다음과 같다.

1) 성격이 다른 신에너지와 재생에너지를 동일한 법률에서 규정

신기술을 이용하여 화석연료 등을 효율적으로 사용하는 '신에너지'와 화석연료를 대체하고 자연에너지를 사용하는 '재생에너지'는 성격이 매우 다르므로 분리하여 별도의 법체계를 마련하는 것이 필요하다는 의견이 있다. 이러한 별도의 법체계를 통해서 신에너지 및 재생에너지 각각의 성격에 맞는 지원책과 육성방안의 마련이 가능하기 때문이다. 현재는 양자가 동일한 법체계 내에서 규정되고 있어서, 신·재생에너지 공급의무화제도(RPS), 보급보조사업 및 R&D지원사업, 공공건물 의무화, 민간건축물 신·재생에너지인증제 등을 추진하는데 있어서 혼란을 유발할 우려가 크고, 기존의 화석연료를 효율적으로 사용하는 기술인 신에너지의 개발도 매우 중요한데 이러한 신에너지가 새생에너지에 비해 홀대받는 모습도 보이는 등의 문제점이 나타나고 있다. 기존에 신에너지와 재생에너지의 비중이 크지 않고 가종 지원책이 강력하지 않을 때에는 함께 혼합하여도 별 문제가 발생하지 않았으나, 강력한 보급정책과 지원책들이 시행되면서 양자를 혼합하여 지원하는 방식은 점차 큰 문제점을 노출할 것으로 보인다.

2) 화석연료를 기반으로 하는 에너지의 일부가 재생에너지에 포함

국내 폐기물에너지에 국제기준상 재생에너지에 포함되지 않는 화석에너지가 일부 포함되고 있다. 제철과정 중에 석탄에서 부수적으로 발생하거나 정유공장의 정제과정에서 발생하는 폐가스, 엔진오일 등을 정제해서 재활용하는 정제연료유 등이 이에 해당한다. 신에너지라는 개념은 우리나라 특유의 개념인데 반해, 재생에너지는 국제적으로 확립된 개념이다. 따라서 신에너지의 범주에 대해서는 우리나라의 정책목적에 따라서 다양하게 정하여 사용할 수 있지만, 재생에너지 범주는 국제적인 기준 또는 선진국 기준 등과 큰 차이가 나는 것은 바람직하지 않다. 폐기물에너지는 재생에너지의 일부이므로 국내 폐기물에너지를 국제적인 기준에 맞는 폐기물에너지만으로 제한하여야 할 것이라는 비판이 있다. 물론 이에 대해서는 국내기준을 반드시 국제기준과 부합시킬 필요는 없다는 의견도 있으며 에너지의 대부분을 수입하는 국내 에너지사정상 에너지를 보다 효율적으로 사용하기 위해서 화석연료를 기반으로 하는 폐기물도 폐기물에너지에 포함시켜야 할 것이라는 주장도 있을 수 있다.

3) 해외에서 재생에너지에 포함되는 것들의 누락

EU, 미국, 일본 등에서 재생에너지에 포함시키고 있는 일부 온도차에너지와 펄프생산시 부수적으로 발생하는 흑액(black liquid) 등이 국내에서는 신・재생에너지에서 누락되어 있다. 따라서 이러한 에너지를 신・재생에너지에 포함시킬 것인지 면밀한 검토가 필요할 것이다.

온도차에너지(Temperature Difference Energy)[3)]

온도차에너지는 온도가 여름철에는 대기온도보다 낮고 겨울철에는 대기온도보다 높은 하천수, 해수, 하수처리수, 지하수 등을 지칭하는데, 열원(heat source)에 따라서 'geothermal(천부지열 온도차), hydrothermal(수열 온도차), aerothermal(공기열 온도차)'로 구분될 수 있다. 첨부지열 온도차는 우리나라에서는 지열로 분류되어 있으므로, 수열온도차와 공기열온도차가 쟁점이 되고 있다.

온도차에너지의 원리는 다음 그림과 같다. 예를 들어서 한여름(夏期)에 외부온도가 32℃이고 목표온도가 7℃라고 한다면, 일반적으로는 전기를 소요하는 히트펌프를 이용하여 32℃→7℃로 낮출 것이다. 그런데 만일 수열 온도차에너지를 이용하면, 즉 한여름에도 온도가 25℃를 유지하고 있는 수열을 이용하면, 수열온도차를 통해서 32℃→25℃로 낮춘 후, 전기를 사용하는 히트펌프를 통해서 25℃→7℃로 낮추면 된다. 즉, 수열온도차를 이용하여 32℃→25℃로 낮추는데 소요되는 에너지(여기서는 히트펌프를 가동하는데 드는 전기에너지)를 절약할 수 있게 된다.

3) 에너지기술연구원 장기창박사의 발표자료에서 일부 인용하였다.

그림 6-1 온도차에너지의 원리

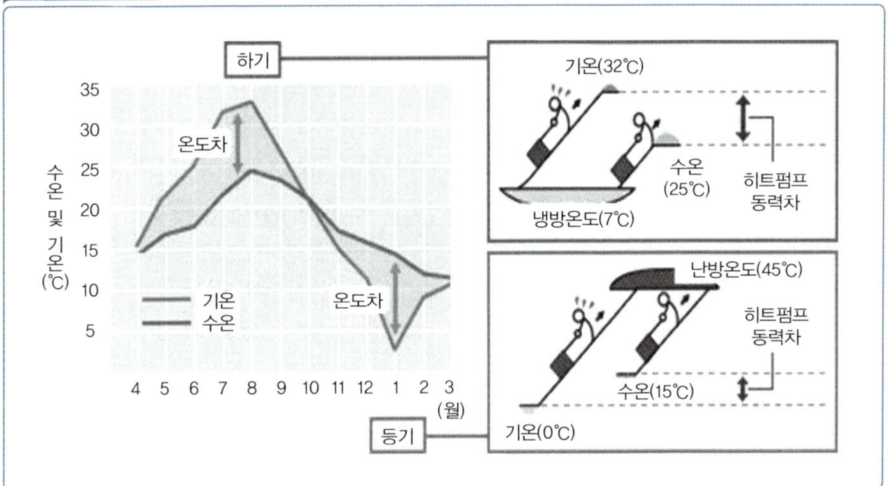

4) 바이오에너지 vs. 폐기물에너지 기준의 불명확

우리나라뿐만 아니라 국제적으로도 바이오, 폐기물에너지의 기준과 범위는 항상 논쟁이 되어 왔는데, 특히 우리나라는 폐목재, 하수슬러지, 매립지가스 등이 바이오에너지에 포함해야 하는지 아니면 폐기물에너지에 포함해야 하는지에 대하여 논란이 되고 있다.

신·재생에너지법시행령 <별표1>에서는 바이오에너지 기준 및 범위를 <표 6-1>과 같이 정하고 있다.

표 6-1 신·재생에너지법시행령 〈별표1〉 중 바이오에너지의 기준 및 범위

○ 기준: 성상(phase)－생물유기체를 변환시켜 얻어지는 기체, 액체 또는 고체의 연료
○ 범위: 성상, 기원(origin) 등의 기준이 혼재되어 있는데, 성상을 기준으로 재분류하면 다음과 같음
- 고체 바이오(목질계 바이오): 땔감, 목재칩·펠릿, 성형탄(목탄) 등
- 액체 바이오(바이오연료): 바이오디젤, 바이오에탄올, 바이오액화유 등
- 기체 바이오(바이오가스): 바이오가스, 매립지가스 등

현행 바이오에너지 및 폐기물에너지의 범위가 단순 열거식으로 되어 있어서 해당되는 에너지를 완전히 커버하지 못하고 있는 바, 신규 바이오에너지원(예를 들어서 흑액(black Liquid))에 대한 포함여부가 불분명하고 계속 쟁

점이 되고 있다.

해외에서는 포함하고 있지만, 국내 기준으로는 포함여부가 명확하지 않은 바이오에너지로는 다음과 같은 것이 있다.

- 흑액(black liquid)
- BTL(Biomass-To-Liquid), PVO(Pure Vegetable Oil) 등 액체 바이오
- 해외수입 농부산물: PKS(Palm Kernel Shell), EFB(Empty Fruit Bunch) 등

또한 생물유기체에서 얻어지지만 폐기물로 보는 것들(폐목재)을 폐기물에너지 및 바이오에너지 중 어느 것으로 볼지도 쟁점 중의 하나이다.

사실 바이오에너지이든 폐기물에너지이든 신·재생에너지범주에만 포함되면 큰 문제가 되겠느냐 하는 의견도 있을 수 있으나, 신·재생에너지 공급의무화제도(RPS)가 시행되면서, 공급인증서 가중치가 바이오에너지와 폐기물에너지에 대해 서로 다르게 적용되고 있으므로 바이오에너지와 폐기물에너지의 명확한 분류는 중요하다고 하겠다.

5) SNG, DME, 이탄(泥炭) 등의 포함여부

다양한 업계에서 자신들이 생산하는 에너지도 신·재생에너지에 포함시켜 줄 것을 요구하고 있는데 그 대표적인 것들이 SNG, DME, 이탄, 폐압 등이다.

먼저, SNG 및 DME 관련 업계는 유사한 성질을 가진 연료전지 및 석탄액화·가스화와의 형평성 측면에서 자신들도 신·재생에너지 범주에 포함시켜 줄 것을 주장하고 있다. SNG(Synthesized Natural Gas)는 저급의 석탄을 원료로 하여 석탄청정가스화 기술에 의해 가스화분해-정제-합성 과정을 통하여 만든 합성천연가스로서 천연가스를 대체할 수 있는 기술이라고 할 수 있다. SNG는 이러한 점에서 신에너지에 포함되는 석탄액화·가스화기술인 IGCC(Integrated Gasification Combined Cycle; 석탄가스화복합발전)과 기본적으로 유사한 성격을 가진다. DME(De-Methil Ether)는 천연가스, CBM (Coal Bed Methane), Biomass 등 다양한 원료로부터 합성된 연료로서, 물리적 성질이 LPG와 유사하며 세탄값이 디젤연료와 유사하여 연소시 매연이

나 검댕이 발생하지 않는 청정 연료[4]로서 수소에너지 및 연료전지와 유사한 성격을 가진다.

이탄(泥炭)이란 땅속에 매몰된 기간이 충분히 오래되지 않아 탄화 작용이 제대로 이루어지지 않은 미완성 석탄이며, 폐압(廢壓)이란 고압의 가스를 낮추면서 버려지는 압력을 말한다. 이탄 및 폐압 관련 업계도 이러한 에너지를 신·재생에너지에 포함시켜 줄 것으로 요구하고 있다.

이러한 요구사항들을 살펴보면, 기본적으로 문제가 되는 부분이 신에너지임을 알 수 있다. 신에너지란 국제적인 기준도 없고 우리나라에서 정책적 필요에 따라서 정한 에너지이므로 필요에 따라서 넓게 인정할 수도 있고, 좁게 인정할 수도 있다. 그리고, 기존에 신에너지에 포함된 것들, 즉, 수소에너지, 연료전지, 석탄액화·가스화에너지도 필요성이 떨어지면 제외될 수도 있을 것이다. 따라서 신에너지에 추가해달라는 관련업계의 주장이 크게 틀렸다고 보기 어렵고 어느 정도 타당성을 가지고 있다고 보여진다.

3. 범주 재정립시 정책적 고려사항

신재생에너지의 범주와 분류를 재정립할 경우, 특히 다음과 같은 점을 고려해야 할 것이다.

첫째, 선진국 및 국제기준과 비교하여 과도하게 신·재생에너지 범주를 확대할 경우, 신·재생에너지가 난립하게 되고 정부의 보급보조사업 등에도 혼란을 초래할 우려가 있음을 고려해야 한다. 국제기준과 비교하여 과도하게 넓힐 경우, 신·재생에너지정책 자체가 모호해지고 정책의 정당성이 낮아질 수 있다. 여기서 선진국 및 국제기준은 재생에너지에 해당하며 신에너지는 해당되지 않는다. 재생에너지는 IEA에 따라서 국제적인 기준이 있고 선진국도 이러한 국제기준에서 크게 벗어나지 않고 있다. 하지만, 신에너지라는 개념은 전적으로 자국의 정책적 목적에 따라서 정하는 것이므로 국제기준도 없으며 선진국들도 일부국가는 신에너지와 비슷한 개념을 사용하는 국가도 있는 반면, 신에너지 개념을 아예 사용하지 않는 국가도 있는 등 다양하다.

4) 자료: 한국 DME 협회

둘째, 신 · 재생에너지 범주 재정립을 검토할 경우에 R&D 및 보급을 위해 이미 투자를 하고 있는 업계의 신뢰성 보호도 고려할 필요가 있다. 즉 기존에 신 · 재생에너지로 인정받고 있는 에너지원을 신 · 재생에너지 범주에서 제외할 경우, 동 에너지원에 대해 이미 투자를 해온 업계의 신뢰를 보호할 필요가 있는지도 중요하게 고려하여야 할 것이다.

셋째, 신 · 재생에너지 범주를 재조정할 경우, 신 · 재생에너지 공급의무화제도(RPS)상 공급인증서 발급대상에 미치는 영향도 고려할 필요가 있다. 현행 신 · 재생에너지법에 따르면 특정에너지가 신 · 재생에너지에 포함되면 당연히 동 에너지원을 이용한 발전에 대해서는 공급인증서가 발급되도록 되어 있다. 따라서 신 · 재생에너지 범주 조정시, RPS 인증서 발급대상에 영향을 미치며 신규로 포함되는 에너지원에 대해서는 별도로 RPS 가중치 설정 등이 필요할 것이다. 이러한 점에서 신 · 재생에너지 범주에 포함되면 당연히 공급인증서가 발급되도록 하는 것보다는, 신 · 재생에너지 중에서 공급인증서가 발급되는 신 · 재생에너지원을 별도로 규정하도록 하는 것이 바람직할 것으로 보인다.

Ⅱ. 국제기준 및 선진국기준 분석[5)]

여기서 기준이란 별도의 언급이 없는 한, 재생에너지에 대한 기준을 의미한다. 왜냐하면 재생에너지만이 국제적으로 공통된 기준이 있으며 신에너지란 자국 정책상황에 따라 다르기 때문이다.

1. IEA의 재생에너지 기준

국제에너지기구(IEA)는 재생에너지(Renewable energy)를 “자연현상에서 발생하는 에너지로서 지속적으로 보충가능한 것(Renewable Energy is energy derived from natural processes that are replenished constantly. In its various forms, it derives directly or indirectly from the sun, or from heat generated deep

5) 에너지경제연구원, 신 · 재생에너지 산업육성을 위한 통계 및 산업분류 체계 정비방안, 2011.6, pp. 17~37.에서 일부 참조하였다.

within the earth. Included in the definition is energy generated from solar, wind, biomass, geothermal, hydropower and ocean resources, and biofuels and hydrogen derived from renewable resources.)"이라고 정의하고 있다. 이러한 정의에 따를 때 재생에너지에는 태양과 지구 내부의 열로부터 직간접적으로 발생되는 여러 형태의 에너지가 있으며, 여기에는 태양에너지, 풍력, 바이오매스, 지열, 수력 및 해양자원, 폐기물에너지 등이 포함된다. IEA의 재생에너지 통계에서는 폐기물에너지를 포함하되, 재생 및 폐기물에너지(Renewable and Waste)라고 명기하는데, 여기서 폐기물에너지는 산업체, 병원, 가정 등에서 발생되는 폐기물로서 고무, 플라스틱 같은 산업쓰레기 및 비재생 도시쓰레기를 말한다[6]. 따라서 IEA에서 재생에너지통계에서는 재생에너지와 비재생 폐기물에너지를 모두 포함하지만, 재생에너지를 굳이 구분할 때에는 비재생가능한 Waste(즉, 산업쓰레기 및 비재생 도시쓰레기)는 포함하지 않는다. 종종 IEA에서 언급하는 우리나라의 재생에너지 비중과

그림 6-2 IEA 기준에 따른 Renewable and Waste 범위

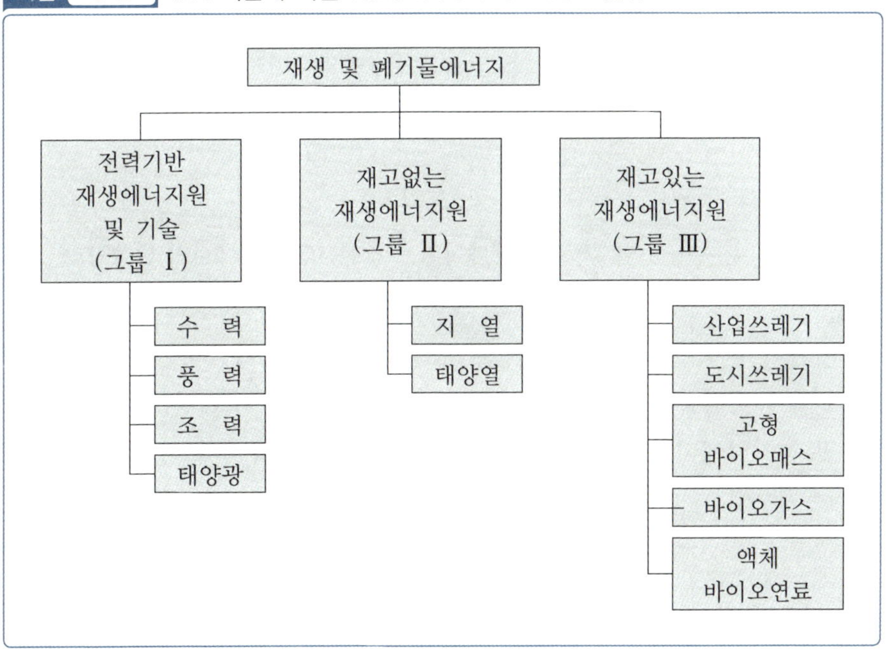

6) 보다 정확히 말하자면, Waste 중에서 재생가능한 Waste는 Renewable에 포함시키고 비재생가능한 Waste만 Waste로 분류하고 있다. 여기서 비재생가능한 Waste에는 화석연료에서 부수적으로 발생하는 폐가스 등은 당연히 포함되지 않는다.

OECD에서 언급하고 있는 우리나라의 재생에너지 비중이 다른 경우가 있는데, 이는 IEA에서 언급한 재생에너지 비중은 순수한 Renewable의 비중인데 반해, OECD에서 언급한 재생에너지 비중은 Renewable and Waste의 비중이므로 차이가 발생하는 것이다.

2. EU의 재생에너지 기준

EU 회원국마다 약간씩 서로 다른 재생에너지 정의 및 분류를 가지고 있으나, EU Directive에 따르면 재생에너지는 태양에너지(태양광, 태양열), 풍력, 지열, 파력, 조력, 수력, 바이오매스, 매립지가스(LFG; land fill gas), 바이오가스, 하수처리 가스를 포함하고 있다.

EU의 재생에너지 통계가 IEA 기준과 약간의 다른 점이 있는데, 그 중의 하나가 히트펌프를 이용한 지열에 지열(geothermal), 수열(hydrothermal), 공기열(aerothermal)을 포함한다는 것이다. 그리고 이러한 히트펌프를 이용한 재생에너지에 대해서 재생에너지 인정비중에 대한 계산식을 다음과 같이 개발하여서, 히트펌프를 이용한 부분은 재생에너지 통계 계산시 제외하고 있다.

$$E_{res} = Q_{usable} \times \left(1 - \frac{1}{SPF}\right)$$

* 단, E_{res}: 재생에너지 인정분, Q_{usable}: 에너지 발생량,
SPF: 사계절 평균 COP(성적계수)

여기서 주의할 점은 EU에서는 재생에너지 통계시 히트펌프를 이용한 수열 및 공기열을 포함시키고 있다는 것이지, 이러한 히트펌프를 이용한 수열 및 공기열에너지에 대해서 동일한 보급보조지원을 하고 있다는 것은 아니라는 점이다.

3. 독일의 재생에너지 기준

독일의 연방정부에서 정의하고 있는 재생에너지는 다음과 같이 넓게 포함하고 있다.

- 태양에너지(태양광, 태양열)
- 풍력에너지
- 수력(대수력, 소수력)
- 해양
- 염도차(salt gradient) 에너지
- 지열(심부, 천부)
- 히트펌프

하지만, 보급촉진정책을 규정하고 있는 재생에너지법(Renewable Energies Act, EEG)의 the new Act on Granting Priority to Renewable Energy Sources(2003)에서 사용하는 재생에너지분류는 다음과 같이 좀 더 좁게 규정하고 있다.

- 태양광
- 풍력(육상, 해상)
- 5MW 이하 규모의 소수력
- 바이오매스(인체와 환경에 해를 끼치지 않는 20MW 이하의 설비)
- 5MW 이하 규모의 매립지, 하수처리, 채광 가스(석탄 채광과정에서 나오는 가스는 제외)
- 지열

4. 미국의 재생에너지 기준

미국은 재생에너지에 태양에너지, 풍력에너지, 수력, 지열, 바이오매스, 폐기물에너지, 해양에너지를 포함하고 있다.

특이한 점은 미국은 태양빛을 직접적으로 실내조명에 이용하는 경우도 태양에너지에 포함하고 있다.

그리고 히트펌프를 이용하는 경우도 지열에 포함하고 있는데, 이에 따르면 지열은 다음 세 가지를 모두 포함한다.

- 화산지대 지열
- 비화산지대 지열(심부지열: deep geothermal)

・천부지열(shallow geothermal, hydrothermal, aerothermal)

표 6-2 에너지정책법상 재생에너지의 정의 및 범주

미국 에너지정책법(Energy Policy Act 2005)에서는 재생에너지에 대해 다음과 같이 규정하고 있다.

– The term 'renewable energy' means electricity generated from
  - a renewable energy source
  - hydrogen, other than hydrogen produced from a fossil fuel, that is produced from a renewable energy source

– The term 'renewable energy source' means
  - wind
  - ocean wave
  - biomass
  - solar
  - landfill gas
  - incremental hydropower
  - livestock methane
  - geothermal energy

한편 재생에너지 기술개발 및 보급을 위한 지원프로그램에는 다음과 같은 기술을 포함하는 것으로 보다 자세하게 규정하고 있다.

표 6-3 기술개발 및 보급 지원프로그램의 대상이 되는 재생에너지

○ solar energy
  - photovoltaics
  - solar hot water and solar space heating
  - concentrated solar power
  - lighting system that integrate sunlight and electrical lighting in complement to each other in common lighting fixtures for the purpose of improving energy efficiency
  - manufacturability of low cost, high quality solar system
  - development of products that can be easily integrated into new and existing buildings

○ wind energy
  - low speed wind energy
  - offshore wind energy
  - testing and verification
  - distributed wind energy generation

○ geothermal
 · improving detection of geothermal resources
 · decreasing drilling costs
 · decreasing maintenance costs through improved materials
 · increasing the potential for other revenue sources, such as mineral production
 · increasing the understanding of reservoir life cycle and management
○ hydropower
 · fish-friendly large turbines
 · advanced technologies to enhance environmental performance and yield greater energy efficiencies
○ miscellaneous projects
 · ocean energy, including wave energy
 · the combined use of renewable energy technologies with one another and with other energy technologies, including the combined use of wind power and coal gasification technologies
 · renewable energy technologies for cogeneration of hydrogen and electricity
 · kinetic hydro turbines

5. 일본의 기준

종래에 일본은 '신에너지 이용촉진에 관한 특별조치법(이하 '신에너지법'이라 한다)' 및 동법 시행령에 따라서 '신에너지(New Energy)'라는 일본 특유의 분류기준을 사용하였다. 기술적으로는 실용화 단계에 이르렀지만 경제성의 제약 때문에 보급이 충분하지 않은 자원을 '신에너지'로 정의하여서, 재생에너지뿐만 아니라 천연가스열병합발전, 연료전지, 클린에너지자동차, 미이용에너지(unused energy) 등도 신에너지로 분류되었고, 아직 연구개발 단계에 있는 파력(wave) 및 해양온도차 발전 등과 이미 실용화되고 있는 대수력 및 지열은 제외하였다. 이런 측면에서 일본의 종래 신에너지 개념은 우리나라의 신에너지 및 재생에너지 개념을 합친 개념과 유사하다고 볼 수 있다.

그러던 중 2006년에 경제산업성에서는 신에너지와 재생가능에너지[7]의 개념 정리를 추진하여서 '신에너지'의 개념을 '재생가능에너지 중 그 보급을 위하여 지원이 필요한 것'으로 정리하고, 이를 바탕으로 2008년 4월에 신에너지법 시행령을 개정하여서 신에너지에서 천연가스열병합발전, 연료전지, 전

7) 일본은 재생에너지라는 용어 대신에 재생가능에너지라는 용어로 사용한다.

기자동차 등을 제외하는 한편 바이너리 방식의 지열발전 등을 추가하였다.

그리고, 2009년 7월에 '에너지 공급사업자에 의한 비화석에너지 및 화석에너지원료의 유용한 이용에 관한 법률(에너지공급구조고도화법)'을 제정하고 동 법에서 '혁신적 에너지 고도이용기술'이라는 개념을 도입하여서 기존의 신에너지에서 누락되는 에너지기술에 대한 지원책을 마련하였다.

'혁신적 에너지 고도이용기술'이란 재생가능에너지의 보급, 에너지효율의 비약적 향상, 에너지원의 다양화에 기여하는 에너지 이용기술로서 그 보급을 도모하는데 특히 필요한 것 및 신에너지의 보급확대에 기여하는 것을 말하는데, '천연가스 열병합발전, 연료전지, 클린에너지자동차, 폐기물발전 등'은 기존의 '신에너지'에서 제외되는 반면, '혁신적 에너지고도이용기술' 분야로 편입하여 계속 지원받을 수 있게 하였다.

또한 에너지공급구조고도화법은 동 법 내용에서 '재생가능에너지'의 개념을 최초로 규정하였는데, '태양광, 풍력 및 그 외 비화석에너지원 중, 에너지원으로서 영속적으로 이용가능하다고 인정되는 것으로서 시행령에서 정한 것'이라고 정의하고 있다.

일본의 신에너지 분류체계의 변화를 정리하면 다음 그림과 같다.

그림 6-3 일본의 신에너지 분류체계의 변화

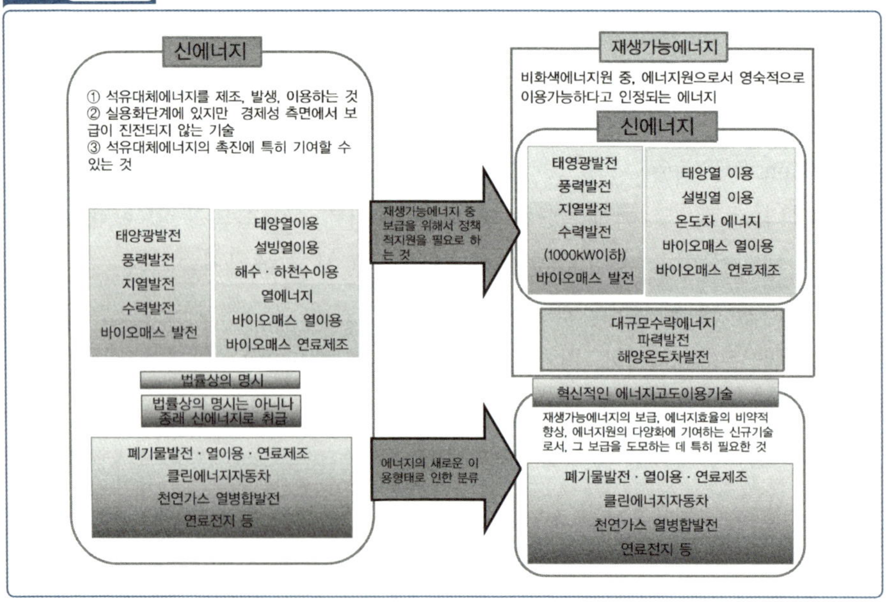

Ⅲ. 쟁점사항별 개선방향

1. 신에너지 및 재생에너지를 별도의 법체계로 규정

신·재생에너지의 중요성이 커지고 지원책과 지원예산이 커짐에 따라 성격이 전혀 다른 신에너지와 재생에너지를 같은 법체계(신·재생에너지법) 내에서 동일한 지원방안을 사용하는 것은 정책적으로 점점 문제점을 노출시킬 것이다. 예를 들어서 재생에너지는 부지(site)의 한계, 잠재량의 한계 등 여러 가지 요인으로 대규모 공급이 매우 어렵고 따라서 분산전원 등의 형태를 띨 수 밖에 없다. 이에 반해 신에너지는 기본적으로 부지 또는 잠재량의 한계가 없어서 대규모 공급이 가능하고 이처럼 대규모 공급이 훨씬 바람직하다고 할 수 있다. 예를 들어서 신에너지의 일종인 IGCC는 일종의 청정 석탄화력발전소라고 할 수 있어서 500MW 이상의 설비규모가 일반적이다. 따라서 보급정책을 사용한다고 할 경우, 재생에너지에 대한 보급정책과 신에너지에 대한 보급정책이 다를 수 밖에 없다. 그리고 신에너지와 재생에너지를 같은 법률체계에서 규율하다 보니까 법 목적이 애매해지는 경우도 있다. 재생에너지란 화석연료를 대체하는 것인데 반해, 신에너지는 화석연료를 보다 효율적으로 사용하는 것이어서 화석연료 사용을 전제로 할 수 밖에 없다. 신·재생에너지 보급이 확대될수록 그리고 지원정책이 보다 강화될수록 이러한 문제점은 여러 곳에서 더 많이 발생할 것으로 우려된다.

그렇다고 해서 신에너지라는 개념을 버릴 필요는 없다고 본다. 에너지자원이 부족한 우리나라에서 재생에너지뿐만 아니라, 신에너지도 에너지안보 차원에서 그리고 신성장동력을 육성한다는 차원에서 매우 중요하다고 본다.

따라서 신에너지와 재생에너지를 분리하여 다음과 같이 별도의 지원법체계를 마련하는 것이 필요하다고 본다.

표 6-4 신에너지 및 재생에너지에 대한 별도의 법체계 정립방안

- 재생에너지 지원·촉진→(가칭) 재생에너지법
  신에너지 지원·촉진→(가칭) 청정·고효율 에너지기술 촉진법(신규 제정)
- 재생에너지: 자연의 작용(natural process)으로부터 발생하고 지속적으로 보충되는 (replenished constantly) 에너지
  * 태양에너지, 풍력, 바이오·폐기물에너지, 지열, 해양에너지 등
- 신에너지: 기존 화석연료를 보다 온실가스배출 최소화, 고효율화, 청정에너지화 하여 사용하는 기술
  * 연료전지, 석탄액화·가스화, 청정석탄기술, SNG, DME, 수소에너지 등

이렇게 함으로써 성격이 상이한 신에너지 및 재생에너지 각각에 특화된 지원책(R&D, 보급, 사업화 등)을 마련할 수 있다고 본다. 그리고 재생에너지는 가능한 국제기준에 맞게 범주를 정하되, 신에너지의 범주는 기술개발 및 사업화 가능성 등을 보고 탄력적으로 운용을 할 필요가 있다. 예를 들어서 기술개발 및 사업화 가능성이 낮다고 업계에서 일반적으로 인정된 기술은 과감하게 제외하고 반대로 새롭게 등장하는 신기술은 과감하게 수용할 필요가 있다. 이러한 측면에서 신에너지 범주는 주기적으로(예를 들어 5년마다) 재검토하여 수정하는 방안도 검토할 필요가 있다고 본다.[8] 한 가지 여기서 주의해야 할 것은 신에너지라는 것이 사실은 에너지가 아니고 에너지기술이라고 봐야 한다는 점이다.

다른 선진국을 보더라도 신에너지와 재생에너지를 동일한 법체계에서 지원하고 있지 않으며, 유일하게 우리나라와 같이 동일한 체계를 유지하였던 일본도 최근에 신에너지라는 개념을 재생에너지 중 지원이 필요한 에너지로 축소하고 기존의 신에너지 개념에서 제외되는 것들은 에너지공급구조고도화법 제정을 통해서 지원토록 하여서, 신에너지와 재생에너지를 각각 다른 법체계에서 지원하는 방식으로 전환하였다.

한편, 신에너지를 분리하는 것과 관련하여서 신·재생에너지 공급의무화제도(RPS)도 영향을 받을 수 있으므로, 이를 어떻게 조화롭고 타당한 방

8) 필자는 지식경제부 신·재생에너지과에서 약 3년간 근무하였으나, 현재 신에너지에 속해있는 '중질잔사유를 가스화한 에너지'와 관련하여 민원을 받아본 적도 없고, 관련 업계의 방문 또는 문의를 받아본 적도 전혀 없다. 이렇듯 업계의 관심이 전혀 없고 현재 상황에서 가능성이 크게 떨어진 기술은 포함여부를 다시 한번 신중히 검토할 필요가 있다.

향으로 동 제도를 수정하느냐도 연구해야할 점이라고 보여진다.

2. 화석연료에서 발생하는 에너지는 재생에너지 범주에서 제외

화석연료로부터 부수적으로 발생하는 에너지(부생가스, 정제연료유 등)는 국제기준상 그리고 다른 선진국 기준을 보더라도 재생에너지 개념에 맞지 않으므로 폐기물에너지에 포함시키지 않는 것이 기본적으로 타당하다. 하지만 이러한 부생가스 등을 제외시 신·재생에너지 보급률의 하락문제 그리고, 부생가스를 이용한 에너지생산시설에 대해 기투자 또는 투자계획을 수립한 사업자의 신뢰보호 이익 등의 문제발생이 우려되는 측면도 고려할 필요가 있다. 따라서 이러한 부생가스 등은 폐기물에너지에서 제외하되 기존에 부생가스 등을 이용한 에너지생산시설에 대한 기투자분에 대해서만은 그 신뢰를 보호해 주어야 할 것이다.[9)]

화석연료에서 부수적으로 발생하는 부생가스 등을 보다 효율적이고 청정에너지로 활용하는 방안이라면, 신에너지로 분류하여 지원하는 방안도 생각해 볼 수 있을 것이다.

3. 수열 온도차에너지를 재생에너지 범주에 포함

1) 개 요

선진국에서 재생에너지원으로 인정하고 있는 하수, 하천수, 해수 등의 온도차를 재생에너지 범주에 포함시켜서, 버려지는 수열(水熱) 등의 온도차를 효율적으로 활용하도록 유도할 필요가 있다. 하천수, 해수 등의 수열 온도차에너지는 자연으로부터 얻어지는 온도차를 활용하고 지속적으로 보충이 되기 때문에 IEA의 재생에너지 개념에도 부합한다고 본다. 그런데 하수(下水) 즉, 하수처리수(下水處理水)는 자연으로부터 얻어지는 것이라고 보기 어려운 측면이 있다. 하수란 인간의 문명생활과 함께 발생하였고 존재하는 것이기 때문이다. 따라서 하수는 폐기물에너지로 분류하는 것도 한 방법일

9) 즉, 신·재생에너지에 대해서 인정해 주는 조세감면 및 신·재생에너지 공급의무화제도상 공급인증서 발급 등이 될 것이다.

수 있을 것이다. 그러나 분류의 명료함을 위해서는 하수도 온도차에너지에 포함시키는 것이 보다 나을 것으로 보인다.

온도차에너지는 그 자체로 자기완결적으로 에너지를 생성하지 못하고 반드시 히트펌프[10]를 사용할 수 밖에 없다. 왜냐하면 온도차에너지 만으로는 우리가 원하는 수준의 에너지를 완전히 얻을 수 없어서 보완적으로 히트펌프를 사용하게 된다(주열원: 온도차에너지, 보조열원: 전기에너지). 이처럼 온도차에너지는 전기를 소모하는 히트펌프를 사용하므로, 투입된 전기에너지보다 생산된 에너지양이 커야만 그 타당성이 존재할 것이다.

즉, 다음과 같은 SPF(Seasonal Performance Factor)가 일정수준 이상인 온도차에너지에 대해서만 재생에너지로 인정을 하는 것이 타당하며, SPF가 일정수준을 넘지 못하는 온도차에너지는 재생에너지로 인정하지 않는 것이 바람직하다.

$$SPF = \frac{\text{산출에너지(열에너지)}}{\text{투입에너지(전기에너지)}}$$

SPF가 일정수준 이상이어야 한다는 논리는 다음과 같다.

'온도차에너지+히트펌프'를 함께 이용하여서 열에너지 100을 생산하는 경우를 가정해 보자. 만일 온도차에너지를 전혀 이용하지 않고 히트펌프만 이용하여 열에너지 100을 생산한다면 히트펌프를 가동하는데 소요되는 전기에너지가 40이라고 하자. 여기서 소요되는 전기에너지는 히트펌프의 성능에 따라서 다를 수 있다. 성능이 매우 좋은 히트펌프는 예를 들어서 전기에너지 30으로도 100의 열에너지를 생산할 수 있을 것이고, 성능이 나쁜 히트펌프는 60의 전기에너지가 사용되어야만 100의 열에너지를 생산할 수 있을 것이다. 그렇지만 단순화하기 위해서 모든 히트펌프의 성능이 동일하고 히트펌프에 40의 전기에너지를 사용하여 100의 열에너지를 생산할 수 있다고 가정하자. 그러면 이제 온도차에너지를 사용한다면 히트펌프에서 소요되는 전기에너지량은 40보다 작아야 할 것이다. 만일 히트펌프에서 20의 전기에너지만을 사용하여 100의 열에너지를 생산한다면 온도차에너지는 20

10) 히트펌프(heat pump): 열을 자체적으로 생산하는 것이 아니라 저온의 열원에서 열을 흡수하여 고온의 열원으로 열을 운송하는 기계장치. 마치 낮은 수위의 물을 높은 수위까지 퍼 올리는 것과 비슷하여 열펌프라 부른다.

(=40−20)만큼 사용되었다고 생각할 수 있다. 그리고 히트펌프에서 35만큼의 전기에너지를 사용하여 100의 열에너지를 생산한다면 온도차에너지는 5(=40−35) 만큼 사용되었다고 생각할 수 있다. 우리는 여기서 온도차에너지가 최소한 1이상 사용되어야만, 즉 히트펌프의 투입에너지(전기에너지) 대비 산출되는 열에너지가 2.5(=100/40) 이상이 되어야만 온도차에너지가 사용되었다고 볼 수 있을 것이다. 만일 '산출에너지/투입에너지'가 2.5 미만이면 이는 히트펌프의 성능만을 활용한 것이며 온도차에너지는 전혀 없었다고 봐야 할 것이다.

그리고 히트펌프에서 35만큼의 전기에너지를 사용하여 100의 열에너지를 생산하였다면, 사용된 온도차에너지도 산출된 에너지 100 전부가 아니고, 히트펌프에서 사용된 전기에너지 감소량(예를 들어서 히트펌프 전기에너지가 35가 사용되었다면 5만큼(=40−35))만큼만 해당될 것이다. 만일 생산된 열에너지 100을 전부 온도차에너지로 계산한다면 과대 산정이 되는 것이다.

결론적으로 SPF가 일정수준 이상이 되는 경우에만 온도차에너지가 존재한다고 인정하는 것이 타당하다. 여기서 SPF를 어느정도로 정하느냐가 문제인데, 사견으로는 현재 개발되어 보급중인 히트펌프 중 가장 성능이 좋은 히트펌프의 성능계수(SPF)보다는 높은 수준을 기준으로 하는 것이 타당하다고 생각한다.

2) 공기열 온도차에너지 인정 문제

온도차에너지중 하수·하천수 등의 수열 온도차에너지를 재생에너지 범주에 포함시키는 것에 대해서는 전문가들 간에 커다란 이견은 없는 것으로 보인다. 하지만 공기열 온도차에 대해서는 견해가 크게 갈리는 것을 볼 수 있다.

공기열 온도차에너지를 재생에너지로 포함시킬지에 대해서는 다음과 같은 점에서 매우 신중한 접근이 필요하다.

첫째, 지열, 수열은 에너지 밀도가 높아서 온도차를 사용한 후 신속하게 온도차가 회복되는데 반해, 공기열은 에너지 밀도가 낮아서 온도차 회복이 불확실하다는 점이다. 예를 들어서 지하의 공간에 있는 공기가 여름에는 외부온도(30℃)보다 낮은 20℃, 겨울에는 외부온도(0℃)보다 높은 10℃ 정도를 유지한다고 하자. 그러면 외부공기와 지하 공간의 공기와의 온도차가 존재한다고 할 수 있다. 하지만, 이러한 온도차를 사용한 후에도 지속적으로 이러한 온도차가 존재할 것이냐에 대해서는 의문이 들 수 밖에 없다. 여름에 지하공간의 공기열 온도차를 이용하게 되면 지하공간의 공기 온도는 올라갈 수 밖에 없는데, 자연적으로 신속하게 지하공간의 공기 온도를 내리는 것은 한계가 있을 수 밖에 없다. 이렇게 되기 위해서는 지하공간이 매우 엄청나게 커서 지하공간의 온도차를 일부 이용해도 온도차가 존재하는 다른 공기로 신속하게 보충되어서 온도차가 계속 유지되어야 하기 때문이다. 일부에서는 히트펌프를 외부에 놓고 가동하여도 이를 온도차에너지를 활용하는 것이라고 주장하기도 한다. 하지만 이러한 히트펌프는 에어콘과 동일한 작동원리로서 성능 좋은 에어콘도 온도차에너지를 활용하는 것으로 인정하게 되어서 재생에너지설비에 포함된다는 것을 의미하게 된다. 이러한 주장은 외부온도와 히트펌프의 냉매 사이에 온도차가 존재하여 이를 이용한다는 것인데, 실질적인 온도차에너지는 외부온도(outside temperature)와 열원(heat source)간에 온도차가 존재하여야 하는 것이다.

둘째, 만일 위에서 설명한 첫째와 같은 문제가 발생한다면 공기열 히트펌프의 SCF(=산출에너지/투입에너지)를 기준으로 공기열 온도차에너지를 엄격히 제한하여 인정하는 방안도 검토할 수 있지 않느냐 하는 의견이 있을 수 있다. 하지만 이에 대해서는 다음과 같은 한계가 있다.

① 히트펌프 설치장소에 따라 SCF가 크게 차이가 난다는 점이다. 똑같은 히트펌프라 하더라도 매우 큰 지하공간에 설치한다면 SCF가 높게 나타날 것이고, 지상의 외부에 설치한다면 SCF가 상대적으로 낮게 나타날 것이다. 따라서 실험실에서 측정된 공인된 히트펌프 SCF 만으로는 판단하기 어렵게 된다.

② 결국 공기열 히트펌프가 설치된 개개의 장소에 따라 연간 평균 SCF를 측정하여야 해당 장소에 대한 신뢰성있는 SCF를 알 수 있는데, 측정에 많은 소요비용이 발생하여서 업체 또는 민간에게 큰 부담이 될 수 있으며, 그동안 설치장소를 고려한 공기열 히트펌프의 SCF 측정 사례 및 측정기준 등이 없다는 한계도 있다.

셋째, 사실 본 쟁점의 근본은 히트펌프를 재생에너지 또는 재생에너지설비로 인정할 것이냐에 대한 문제라고 생각한다. 히트펌프를 에너지절약설비가 아닌 재생에너지로 보는 것은 보다 많은 충분한 검토가 있어야 할 것이고 보다 신중해야 할 것이다. 더구나 과거에 공기열원 히트펌프를 에너지절약설비로 인정하였다가 많은 민원이 유발되어서 제외 조치된 사례도 있는데, 이를 재생에너지로 본다는 것은 더욱 큰 문제를 야기할 것으로 우려된다.[11] 그 후 공기열 히트펌프 성능 등에 대한 검증이 이루어지지 않은 상황에서, 에너지절약설비에서도 제외된 설비를 재생에너지설비에 포함시키는 것은 아무래도 설득력이 떨어진다. 공기열 온도차에너지를 인정할 경우, 잘못하면 공기열 히트펌프의 남용을 촉진하여서 과다한 전기소비만 유발할 우려도 있다. EU 등 일부에서는 공기열 온도차에너지도 인정하고 있기는 하지만, 이는 히트펌프 자체를 재생에너지기술로 인정하겠다는 것이 그 배경에 깔려 있는데 우리나라에서는 이를 수용하기에는 논란이 많고 부적절하다는 지적도 많다.

위에서 설명한 바와 같이 공기열 온도차에너지 인정은 보다 신중하게 접근하여야 하며, 우선 이미 설치되어 가동되고 있는 곳에 대한 실증분석 및 면밀한 검토가 선행되어야 할 것이다. 재생에너지에 일단 한번 포함되면 타당하지 않다고 판단되더라도 추후에 배제하기는 매우 어렵고 거의 불가능할 수도 있기 때문이다.

4. 바이오에너지와 폐기물에너지 범주의 명확화

먼저 바이오에너지와 폐기물에너지간의 범위를 명확히 구분하는 문제이다. 국제기준 등을 고려할 때, 동 에너지원이 생물기원(biogenic)인 경우 바이오에너지로 분류하고 생물기원이 아닌(non-biogenic) 경우 폐기물에너지로 분류하는 것이 타당하다. 그리고 생물기원과 비생물기원이 혼합된 경우에는 폐기물로 보아야 할 것이다. 이러한 기준에 따르면 하수슬러지건조화연료와 폐목재는 바이오에너지로 분류하는 것이 맞다. 하수슬러지 건조화

11) 2006년 1월에 에너지절약설비 자금지원대상에 '공기열원 히트펌프'를 포함시켰으나, 낮은 효율, 잦은 고장, 전기 과다소비 등 많은 민원 유발을 이유로 2007년 1월에 지원대상에서 제외 조치되었다.

연료는 생물유기체(biogenic)을 건조시켜 고형연료화한 에너지원이고 바이오가스와 동일한 기원을 가지고 있고, 폐목재는 이름에는 '폐'가 들어가 있지만 전부 생물기원(biogenic)이기 때문에 바이오에너지로 분류하는 것이 타당하다.

이에 반해 RDF, RPF, 산업폐기물, 대형도시쓰레기 등은 폐기물에너지로 분류하는 것이 맞다. RDF(Refuse Derived Fuel)는 쓰레기 고형화연료로서 도시폐기물에서 재활용물질을 골라내고 금속이나 유리 같은 불에 타지 않는 물질을 제거한 뒤 종이 · 목재 · 플라스틱 같은 가연성 물질을 잘게 부수고 압축하여 적당한 크기로 만든 연료로서 여기에는 종이 · 목재 등 생물기원(biogenic) 물질뿐만 아니라, 플라스틱, 합성수지, 고무 등 비생물기원(non-biogenic) 물질도 포함하고 있기 때문이다. RPF(Refuse Plastic Fuel)는 전부 비생물기원(non-biogenic) 물질이므로 역시 폐기물에너지에 속한다.

다음으로 바이오에너지를 구체적으로 어느 범위까지 규정하느냐의 문제이다. 신 · 재생에너지법 시행령상의 바이오에너지 범위는 열거적으로 되어 있어서 새로운 에너지원이 바이오에너지에 포함되기 위해서는 이를 하나씩 모두 법에 열거해야만 한다는 어려움이 있고 또한 열거방식이 체계적이지도 않게 구성되어 있다. 바이오에너지를 '기체바이오가스, 바이오연료(또는 액체바이오에너지), 고체바이오에너지"로 크게 구분함으로써 바이오에너지를 포괄하면서, 각각 분류별로 대표적인 몇 가지를 열거하고 나머지는 지식경제부장관이 정하여 고시하는 방식이 구체적 · 포괄적이면서 탄력적인 방식이라고 본다.

표 6-5 바이오에너지 범위(안)

1. 기체바이오에너지: 생물유기체를 변환시켜서 얻어지는 바이오가스, 쓰레기매립장의 유기성폐기물을 변환시킨 매립지가스 및 기타 지식경제부장관이 정하여 고시하는 에너지
2. 바이오연료(또는 액체바이오에너지): 바이오에탄올, 바이오디젤 및 기타 지식경제부장관이 정하여 고시하는 에너지
3. 고체바이오에너지: 생물유기체를 변환시킨 땔감, 목재칩, 펠릿 및 기타 지식경제부장관이 정하여 고시하는 에너지

폐기물에너지를 어느 범위까지 인정하느냐도 쟁점이다. 일부에서는 순수하게 재생가능 폐기물에너지만 인정하자는 의견도 있는데, 에너지를 최대한 활용한다는 차원에서 비재생폐기물에너지(예: RPF, 산업폐기물 등)도 인정하는 것이 바람직하다고 본다. 다만 화석연료 기반물질 또는 화석연료에서 발생하는 에너지는 폐기물에너지에서 제외하는 것이 타당하며, 이러한 화석연료 기반물질을 고효율, 청정에너지로 활용하는 기술은 필요시 신에너지에 포함시키면 될 것이다.

5. SNG 및 DME 등의 포함여부

SNG, DME 등은 화석연료를 보다 효율적으로 활용하고 청정에너지를 생산하며 그리고 온실가스 배출을 최소화하는 기술에 해당한다고 판단되면, 신에너지에 포함시키는 것도 적극 검토할 필요가 있다. 물론 이에는 신에너지와 재생에너지를 별도의 법체계로 구분하여 지원하고 촉진한다는 것을 전제로 한다. 이러한 별도의 법체계가 마련되지 않으면 신에너지에 추가적인 에너지기술을 삽입하는 것은 매우 어려울 것이다.

07

해상풍력 발전단지 개발을 위한 법제도 정비

Ⅰ. 해상풍력 세계 시장 동향

세계 해상풍력 설치 용량은 현재 유럽을 중심으로 3.55GW 수준이지만 4.0GW가 건설 중이고 승인된 계획도 15.9GW인 바, 2030년까지 건설규모는 총 239GW에 달할 것으로 전망된다.[1)]

영국은 3차례의 프로젝트(Round 1, 2, 3)를 통해 총 43GW의 대규모 해상풍력 단지 개발을 구체화하고 있으며, 2010년 1월에 세 번째 프로젝드인 Round 3에서 9개 지역, 총 32GW의 해상풍력 단지를 개발할 업체를 선정했다. 2013년부터 풍력발전기 제조업체를 선정하고, 2015년에 설치를 시작해서 2023년에 단지 개발을 마무리할 예정이다. 한편 프랑스, 중국 등도 해상풍력 단지 개발업체를 선정할 계획이며, 프랑스와 중국은 각각 3GW, 2GW의 해상풍력 단지를 개발할 예정이다.[2)] 영국의 Round 3 프로젝트의 시행으로 지금까지 니치시장에 불과했던 해상풍력에 대한 관심이 고조되고 있다.[3)]

표 7-1 글로벌 해상풍력 시장 전망(2011~2020년 기준)[4)]

연도	2010	2011	2012	2013	2014	2015	2020	CAGR
설치량 (MW)	1,162	1,500	1,958	2,400	2,700	3,100	6,915	19.5%

1) Bloomberg New Energy Finance/League Table Result Book, 2011.
2) 1GW 규모는 원자력 발전소 약 1개 규모이다.
3) 삼성경제연구소, '해상풍력 경쟁 패러다임의 변화', SERI 경영 노트, 제122호, 2011. 10. 6.
4) EWEA(2009.8), Oceans of Opportunity.; WWEA(2011.4), World Wind Energy Report 2010.

특히, 최근에는 해상풍력강국인 유럽 국가들 외에 중국, 미국 등이 국가적으로 해상풍력발전단지 개발을 추진 중이며 이에 따라 신 · 재생에너지 선진국간 경쟁이 가속화되고 있는 상황이다.

유럽은 영국, 덴마크 등을 중심으로 2020년까지 40GW, 2030년까지 150GW를 건설할 계획이며, 중국은 2010년 아시아 최초로 해상풍력단지(상해, 102MW, 3MW×34기)를 완공하고, 2030년까지 35GW로 확대할 계획(현재 기승인용량 2.4GW)이다. 또한 미국은 2010년 동부해안에 해상풍력단지(Cape Wind, 3.6MW×130기) 건설을 처음으로 승인하였고, 2030년까지 54GW를 설치할 전망이다.[5)]

EU, 중국, 미국 등은 풍부한 해상풍력 자원을 보유하고 있는데, 해상풍력 부존량을 주요 지역별로 살펴보면, 풍력발전 누적 설치량 대비 약 17~104배 수준이다.[6)]

표 7-2 주요국가의 해상풍력 자원 규모[7)]

구분	EU	중국	미국
해상풍력 부존량(GW)	2.426	750[8)]	4.151
풍력발전 누적 설치량(GW)	84	45	40
비 율	29배	17배	104배

그림 7-1 해외사례 – Horns Rev 해상풍력단지[9)]

5) 지식경제부, '해상풍력 3대 강국을 위한 첫걸음 내딛어', 보도자료, 2011. 11. 11.
6) 삼성경제연구소, 앞의 보고서, p. 2.
7) 張沈偉(2011), "중국 해상풍력발전 산업의 기회와 도전(China Business Focus No.35), 중국삼성경제연구원.; Johson, J.(2011.5.11). Offshore Wind Techonology Overview, DOE.
8) 근해(近海) 30m 이내 기준.
9) Horns Rev Wind Farm은 북해(North Sea)에 건설된 최초의 해상풍력단지로서, 1997년에 조성된 Danish Offshore Action Plan에 의해 지정된 5개 시범 프로젝트 중 하나로 타당성 조사 후 실행되었다.

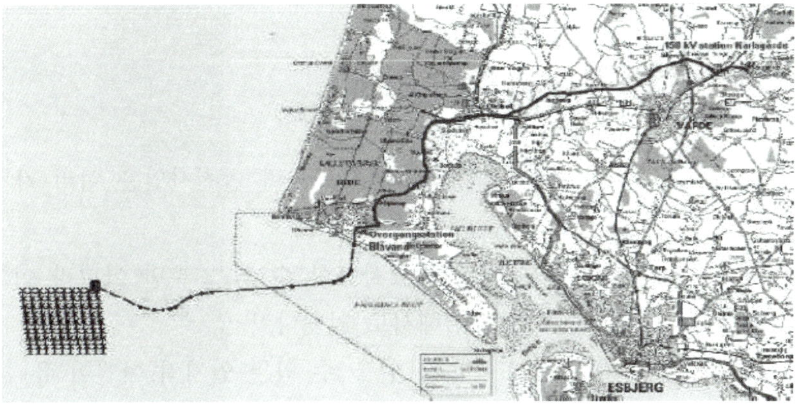

그림 7-2 해외사례 – Lillgrund 해상풍력단지[10)]

10) 스웨덴 최대의 해상풍력단지로서 세계 최대수준의 규모이며 2008년부터 공식운전을 개시하였다.

Ⅱ. 해상풍력의 장점 및 한계

친환경 에너지이용 발전사업으로서 해상풍력 발전사업은 여러 가지 장점을 가지고 있다.

첫째, 크고 연속적인 넓은 지역을 사용할 수 있을 뿐만 아니라 이를 근거로 대형 프로젝트의 사업을 위해서도 알맞다.[11)]

둘째, 큰 풍속 및 양질의 풍향을 얻을 수 있는 입지적 여건이 유리하다.

셋째, 해상의 평균 풍속이 육상보다 빠르기 때문에 해상풍력의 발전효율은 육상풍력보다 1.4배 높은 수준이다.[12)]

표 7-3 해상풍력과 육상풍력의 비교[13)]

구분	해상풍력	육상풍력
평균 풍속(m/s)	8~12	4~8
평균 단지 규모(MS)	300	15
발전효율(%)	40	29

넷째, 육지와 멀리 떨어져 있어 경관이나 소음 등의 문제가 적어 민원 발생여지가 육상풍력보다는 적다.

반면 해상풍력 발전비용은 육상풍력의 1.4배 높은 수준으로 경제성이 취약하다. 해상풍력 발전비용은 화력발전 중 가장 고비용인 가스복합화력보다 높다.

표 7-4 해상풍력 및 기타 에너지원의 발전비용(EU기준)[14)]

에너지원	해상풍력	육상풍력	원자력	석탄화력	가스복합
발전비용 (€/MWh)	87	60.1	50.0	56.3	68.5

11) 손충렬 외, 해상풍력발전, 아진출판사, 2010, pp. 6-9에서 일부 인용한다.
12) 삼성경제연구소, 앞의 보고서, p. 3.
13) Furniere, D. (2007. 11. 9), Take Offshore, Dexia.
14) Hill, S. et al. (2011. 7. 6), Global Wind Sector, Macquarie Equities Research.

또한 해상풍력은 해상 기반공사, 해저케이블의 설치, 기상조건에 따른 유지・보수의 어려움 등으로 고정비와 운영비가 육상풍력보다 2배 이상 높기 때문에 경제성이 낮다. 특히, 해상풍력은 육상풍력에 비해 초기에 기본구조와 계통선을 연결하는 계통연계비용에 대한 많은 투자가 필요하다.[15]

표 7-5 해상풍력과 육상풍력의 투자비 비교[16]

구분	해상풍력	육상풍력
Capex(€/kW)[17]	2,200~3,000	1,200~1,600
Opex(€/kW)[18]	75,000	30,000

Ⅲ. 우리나라의 해상풍력 현황 및 추진계획

1. 해상풍력 현황

우리나라의 경우, 해상풍력단지 개발은 아직 초기 단계라고 할 수 있으나 우리나라가 높은 글로벌 경쟁력을 갖고 있는 조선・중공업, 해양플랜트, 건설, 전기, IT 등 연관 산업과 접목할 때, 조기에 세계시장 선점이 가능한 분야로 평가되고 있으며[19] 협소한 국토여건을 감안할 때 육상풍력 보다는 환경파괴・민원발생이 적고, 대규모 단지 개발이 가능한 해상풍력이 유망하다고 볼 수 있다.

15) 손충렬 외, 앞의 책, p. 9. 계통연계비용은 일반적으로 전체 비용의 25% 또는 그 이상을 차지할 수 있다고 한다.

16) Furniere, D. (2007. 11 .9), Take Offshore, Dexia.

17) CAPEX(Capital expenditures)는 미래의 이윤을 창출하기 위해 지출된 비용을 말한다. 이는 기업이 고정자산을 구매하거나, 유효수명이 당회계년도를 초과하는 기존의 고정자산에 대한 투자에 돈이 사용될 때 발생한다

18) OPEX(Operating expenditures)는 업무지출 또는 운영비용이라고도 하며 갖춰진 설비를 운영하는 데 드는 제반 비용을 말한다. OPEX는 인건비, 재료비, 수선유지비와 같은 직접 비용과 제세공과금 등의 간접 비용으로 구성되어 있으며 통상 CAPEX와 함께 대조적으로 많이 쓰이는 용어다.

19) 우리나라는 전통적인 조선산업 강국인 동시에 전력산업 역시 선진국 수준으로 평가받고 있다. 실제로 해상에서 건설작업이 이루어지는 해상풍력은 풍력터빈과 기타 장비 등을 실어나르는 특수 선박이 필수적인 산업이다. 국내 조선업체 대부분이 해상풍력 산업에 뛰어든 것도 이 때문이라고 할 수 있다.

국내 조선·중공업 업계에서 해외시장 진출 목적으로 경쟁적으로 5MW급 이상의 대형 해상풍력발전기 개발을 추진 중이나, 개발한 풍력발전기 수출을 위해서는 일정기간 풍력발전기를 설치·가동한 운영경험(Track Record)이 요구되고 있다. 이에 따라, 국내 해상에 해상풍력발전기 실증단지를 조속히 조성하여 국산 풍력발전기의 Track Record 확보를 지원해야 할 필요성이 절실히 요구된다.

2. 해상풍력 추진계획(2019년까지 3단계에 2.5GW 설치)

정부는 2008년 10월부터 2년 동안 우리나라 전체 해상을 대상으로 풍황, 수심, 계통연계조건, 해안과의 이격거리, 변전소 이격거리, 확장성 등을 조사하여 서남해안권 중 부안-영광지역 해상을 최적지로 선정하였다.[20]

그리고 우리나라가 2020년까지 세계 3대 해상풍력 강국으로 도약하기 위한 『서남해 2.5GW 해상풍력 종합추진계획』을 발표하고, 발전회사 및 풍력설비개발사들이 참여하는 '해상풍력 추진 협약식'을 체결하였다.[21]

2019년 말까지 구축 예정인 서남해 해상풍력단지 프로젝트는 중앙정부뿐 아니라 전라남·북도, 한전 및 발전 6사, 풍력시스템 8개 공급사[22] 등이 참여하는 대규모 사업으로서 종합추진계획의 주요내용은 다음과 같다.

먼저, 지속적인 국내시장 창출을 통해 해상풍력 산업기반 구축 및 글로벌 경쟁력 확보를 목표로 하고 있으며, 신성장동력 창출을 위해 한전 및 전력사, 시스템 및 부품기업, 연구소 등 참여기관의 역량을 집결하여서 산업경쟁력을 강화하고 R&D를 지원하기 위한 주요 추진전략을 담고 있다.

해상풍력 산업경쟁력 강화를 위해 해상풍력단지와 풍력시스템의 설계-제작-시공 및 운영, 인증 등 공급사슬(Supply Chain) 전과정에 걸친 체계적 지원 방안을 구축할 예정인 바,[23] 해상풍력 단지설계 전문기관을 육성하고

20) 부안-영광지역 해상: 바람 등급 Class 3(6.9~7.5m/s), 수심 20M 이내, 변전소 이격거리 15km, 300MW 이상의 대규모 단지 개발이 가능하다.

21) 이하 지식경제부, '해상풍력 3대 강국을 위한 첫걸음 내딛어', 보도자료, 2011. 11. 11.

22) 두산중공업, 대우조선해양, 삼성중공업, 유니슨, 현대중공업, DMS, STX중공업.

23) 이투뉴스(Energy & Environment News), '서남해 해상풍력단지, 3대 강국 도약 전초기지', 2011. 12. 26: "영국의 경우 해상풍력 최대 보유국가임에도 불구하고 공급사슬이 갖춰지지 않아 풍력산업 발전의 기회로 활용하지 못하고 있다. 반면 독일은 핵심

Track record를 확보하며 산업화 및 수출화 과정에서 애로가 있는 분야를 중심으로 지원을 강화할 계획이다.

정부지원 R&D는 해상풍력단지 건설과정에서 발생하는 불확실성과 비용을 절감하는데 초점을 두고, 단지 효율성에 영향을 주는 풍력자원연구와 가격경쟁력 확보가 가능한 지지구조물 연구, 시공방법 개발 등을 중점 연구분야에 포함시켰다. 다만 풍력시스템 및 단지에 대한 시험・성능 평가 기술, 시스템 설계 기술 등은 단기 확보가 어려우므로 단계별로 추진할 계획이다.[24]

이를 위해, 2019년까지 3단계로 나누어 총 2,500MW 규모의[25] 대규모 해상풍력발전단지 건설에 약 10조 2천억원을 투자할 계획이다.

- 1단계: 2014년까지 100MW 실증단지에 약 4천억원 투자[26]
- 2단계: 2016년까지 400MW 시범단지에 약 1조 6천억원 투자
- 3단계: 2019년까지 2,000MW 해상풍력발전단지 추가 건설(8조 1,934억원 투자)

부품 위주로 풍력단지 물류 및 부품제작 클러스터를 조성해 고수익 부품공급자로서의 입지를 굳혔다는 평가를 받고 있다."

24) 해외 선진기관 협력→공동연구→기술확보 및 자체설계

25) 지식경제부, 앞의 보도자료: "참고로 2,500MW규모의 해상풍력단지에서 생산되는 전력량(연간 6,525GWh)은 약 139만가구, 556만명 수준의 도시 가구에 공급할 수 있는 양으로서, 2011년 현재 부산시, 대전시, 포항시를 합친 전체 인구(556만명)의 전력소비를 충당하거나, 광주시 포함 전남북도 전체 인구(494만명)의 전력소비를 충당하고도 남는 규모이다(가구당 연평균 사용전력량을 4,730kWh(0.54kW*8760), 발전단지 이용율을 약 30%로 산출함)."

26) 이투 뉴스, 앞의 보도내용에서: "풍력발전기의 핵심부품으로 설치용량을 결정하는 터빈은 덴마크의 베스타스사와 독일의 지멘스가 각각 7MW, 6MW급 모델의 개발을 완료했으며 리파워, 노르덱스, GE, 클리퍼 등 선진기업들이 5MW 이상급 터빈을 속속 내놓고 있다. 국내에서는 두산중공업이 지난해 아시아 최초로 3MW 터빈의 국제인증을 받았지만 아직까지 기업들은 3~5MW급을 개발 중에 있다. 개발을 완료하고도 발표나 정식 출시가 늦은 이유는 '국제인증' 때문이다. 인증은 실적 확보와 이를 통한 해외수출에 앞서 필수적으로 획득해야 한다. 우선 인증을 받으려면 제품을 설치하고 일정기간 운영해 본 실증경험이 있어야 하는데 국내에는 제주도 일부 해상을 제외하고는 해상풍력발전기 설치가 이뤄진 곳이 없다. 이 같은 문제를 해결하기 위해 지난 해 정부가 풍력과 태양광, 연료전지 등 3개 신・재생에너지원에 대해 전국 6곳에 테스트베드를 정하고 지원에 나섰지만 해상풍력의 경우 시스템 설치와 운영기간, 인증기간 등을 고려했을 때 사실상 서남해 해상풍력발전단지와의 연계는 어렵다는 지적이 나오고 있다. 이에 따라 터빈의 적기 개발・공급 여부가 1단계 사업의 주요이슈로 떠오를 전망이다. 해상풍력추진단에 따르면 이번 프로젝트에 참여하는 기업들은 현재 5MW이상급 터빈 개발에 주력하고 있으며 운영방식은 'Geared Type'이다."

그림 7-3 해상풍력단지 배치도

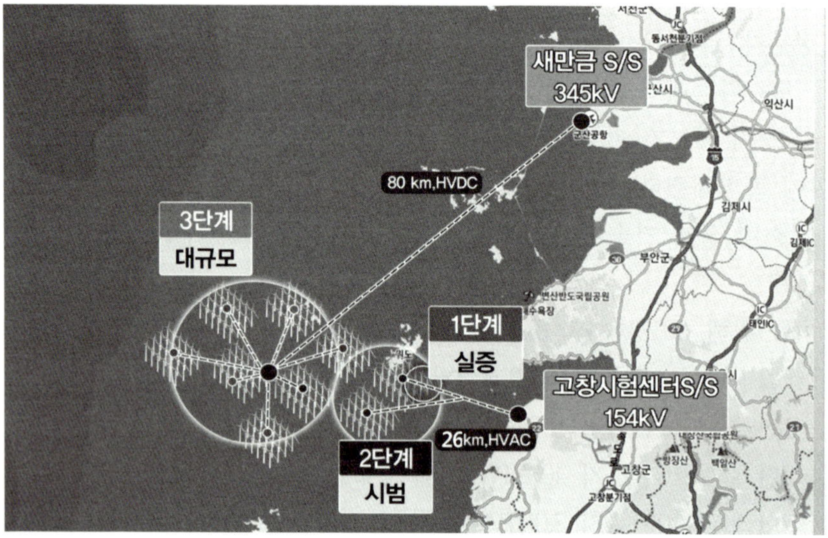

표 7-6 해상풍력 개발 계획

구 분	1 실 증	2 시 범	3 확 산
목 적	해상 실증 핵심기술 개발	Track Record 확보 Biz 모델 개발	대규모 단지 개발 상업운전
위 치	전북 부안 위도~ 전남 영광 안마도 해상		전북 부안 위도~ 전남 영광 안마도 외해
용 량	100 MW	400 MW	2,000 MW
계통연계	154 kV 서고창 S/S		345kV 새만금 S/S
사업기간	'11 ~ '14년(4년간)	'15 ~ '16년(2년간)	'17 ~ '19년(3년간)
예상사업비	4,000억원	1조 6,000억원	8조 1,934억원

Ⅳ. 해상풍력 발전단지 개발을 위한 법제도 정비방안

1. 발전소 건설 및 인·허가 절차

현행 발전소 건설 법제도 하에서는 해상풍력은 발전(發電)사업으로서 전기사업법에 의한 허가를 취득하고 사업추진단계에서 전원개발촉진법에 의한 사업승인 절차를 준용하는 것이 기본적으로 타당하다.[27]

발전소 건설 절차를 간략히 말하자면, 입지선정을 한 다음에 전력수급기본계획에 반영하고 건설기본계획을 확정한다. 다음으로 관련 법규에서 정하는 인·허가를 받은 다음에 이해관계인 등에 대한 보상을 한 후 공사에 착공한다.[28] 발전소 건설 인허가 절차를 그림으로 나타내면 [그림 7-4]와 같다.

한편, 해상풍력 발전단지는 우리나라에서는 아직까지 건설한 사례가 없는 바, 사업단계별로 예상되는 인·허가 사항은 <표 7-7>과 같으며 해상풍력발전 실증단지(100MW급) 예상 인허가 흐름도는 [그림 7-4]와 같다.

표 7-7 해상풍력발전 사업단계별 예상 인·허가 사항

구분	인·허가명	관련법규	인·허가기관	소요기간
사업 구상 단계	1. 발전(전기)사업 허가	전기사업법 제7조 1항	지경부/시도지사	2개월
	2. 환경영향평가	환경영향평가법 시행령 제4조1항	지자체/환경부	12개월
	3. 사전환경성검토	환경정책기본법 시행령 제7조	환경부(지방)/지자체	6개월
	4. 해역이용협의	해양환경관리법 제84조	국토해양부	20일
	- 해양환경조사 등	공유수면관리 및 매립법 제4조	국토해양부/지자체	12개월
	5. 전원개발실시계획승인	전원개발촉진법 제5조	지식경제부	10개월
	6. 문화재 지표조사	문화재보호법 제91조	지자체/문화재청	30일
	7. 문화재 시발굴 조사	문화재보호법 제55조	지자체/문화재청	8개월
	8. 자연공원 공작물 신축	자연공원법 제8조	환경부	6개월
	9. 보호수면에서의 공사	수산자원관리법 제47조	국토해양부	30일

27) 풍력 R&D사업 국가 예산 투입, 사업 확대(시범, 대규모)시 일관성을 유지하고, 정부의 전력수급기본계획에 반영할 필요가 있기 때문이다.

28) 입지선정 ⇒ 전력수급 기본계획 ⇒ 건설 기본계획 ⇒ 관련 인·허가 ⇒ 보상 ⇒ 건설

	10. 해상교통 안전진단	수산자원관리법 제47조	국토해양부	45일
	11. 해상공사 허가 신청	해상교통안전법 제6조의 2	국토부, 해양경찰청장	30일
	12. 전기설비 공사계획	해상교통안전법 제60조	국토부, 해양경찰청장	20일
	13. 에너지사용계획 제출	전기사업법 제61조 제1항	지식경제부	-
	14. 발전설비 공사계획	에너지이용합리화법 제10조 1항	지식경제부	20일
	15. 송배전용 전기설비 이용신청	전기사업법 제61조 전기사업법 제15조	지식경제부 한국전력공사	본공사 7개월전
진행 단계	1. 공작물 축조 신고	건축법 시행규칙 제41조	자치단체장	3일
	2. 항공장애등 설치 신고	항공법 제83조	지차체/지방항공청	7일
	3. 사업장폐기물 배출신고	폐기물관리법 제17조	자치단체장	즉시
	4. 해양시설의 설치 등록	해양환경관리법 제33조	지방해양항만청	7일
	5. 전원개발촉진법 의제 사항 사전 신고	전원개발촉진법 제6조 2항	해당 주무관청	-
	6. 건축물 허가	건축법 제11조	자치단체장	3개월
	7. 가설 건축물 축조신고	건축법 제20조	자치단체장	1일
	8. 특정공사 사전신고	소음진동규제법 제22조	해당 시군구청	즉시
	9. 오수처리시설 설치신고	하수도법 제34조	해당 시군구청	2일
	10. 항로표지 설치	항로표지법 제8조	국토부/지방해양청	17일
준공 단계	1. 준공확인 및 신고	전원개발촉진법 제5조	해당 주무관청	-
	2. 공공시설등의 귀속	전원개발촉진법 제14조	국토해양부	-
	3. 사용전 검사	전기사업법 제63조	한국전기안전공사	7일
	4. 물밑선로보호구역 신청	전기사업법 제69조	지식경제부	-
	5. 발전회사 등록	전기사업법 제31조	한국전력거래소	6개월전
	6. 발전차액지원 설치확인	신·재생에너지개발이용촉진법 17조	에너지관리공단	10일
기타	1. 주민 의견청취절차	전원개발촉진법 제5조 2항	-	-
	2. 이해관계인 보상계획	전원개발촉진법 제5조 3항, 7항	한국전력거래소	-
	3. 환경 가이드 라인	-	-	-
	4. 군사보호시설	-	국방부	-

그림 7-4 발전소 건설 인·허가 절차(전기사업 및 전원개발촉진법 중심)[29)]

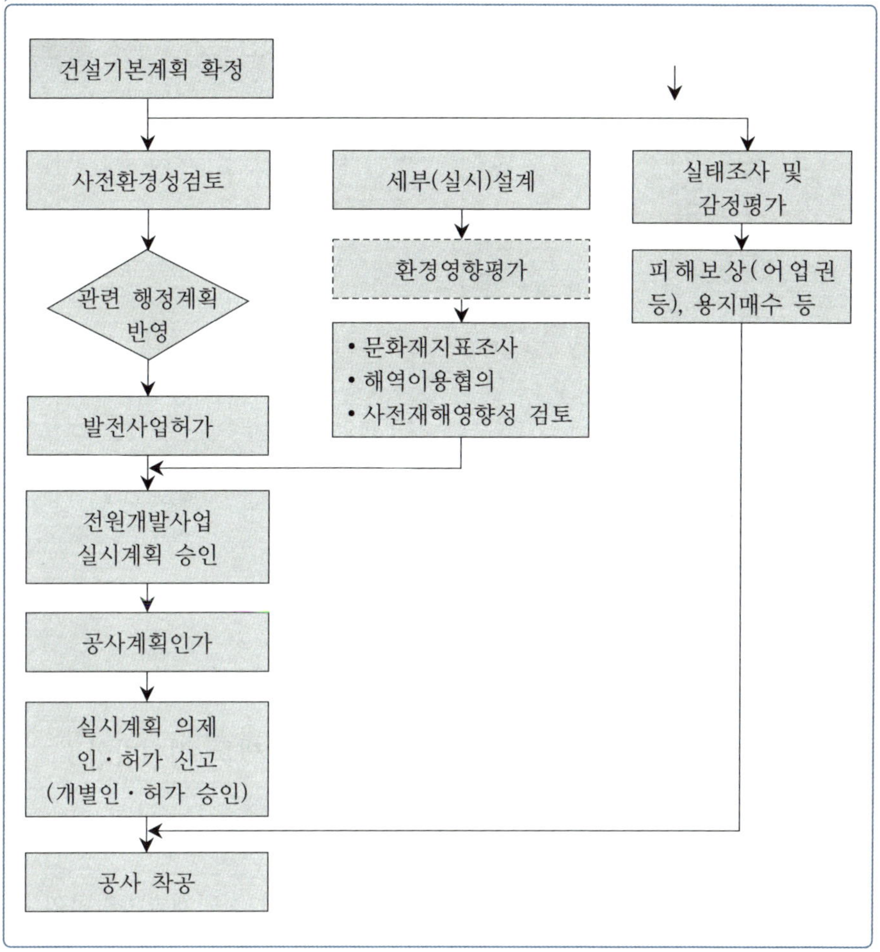

29) 지식경제부 해상풍력추진단, 해상풍력발전 사업 인·허가 예상 매뉴얼, 2011.2. p. 1.

그림 7-5 해상풍력발전 실증단지(100MW급) 예상 인허가 흐름도[30)]

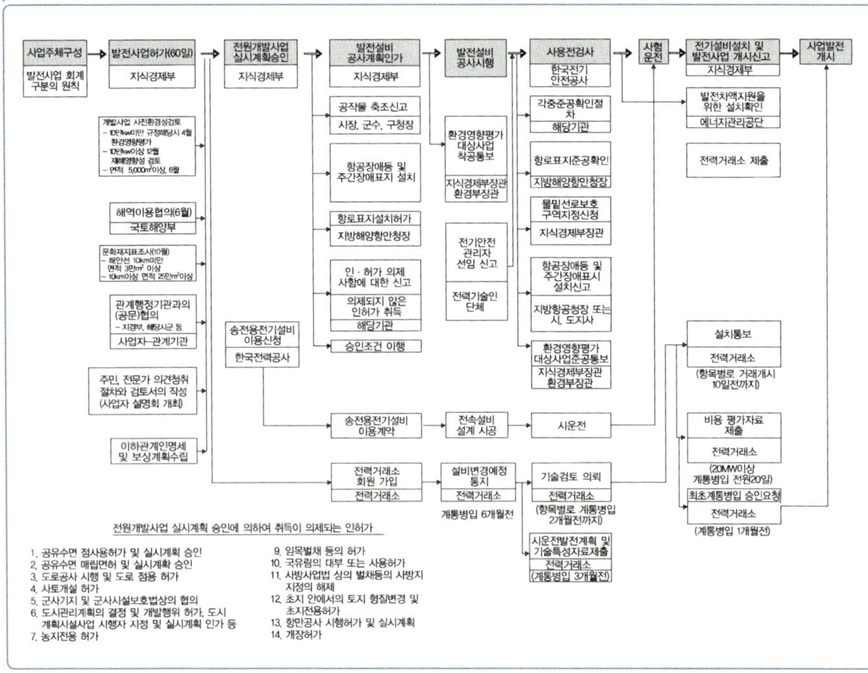

2. 해상풍력발전단지 개발 촉진을 위한 법제도 정비방안

1) 개 요

해상풍력 발전사업은 앞에서 기술한 전기사업법과 전원개발촉진법의 추진절차를 중심으로 진행할 수도 있을 것이나 해상풍력은 타 발전소 및 육상풍력 개발과도 다른 성격을 가지고 있고, 우리가 이미 경험한 바 있는 육상풍력의 난개발, 국산 풍력발전기의 track record의 장으로 전혀 활용되지 못한 점, 그리고 많은 규제로 인한 걸림돌 등과 같은 문제점을 방지하면서 해상풍력을 보다 체계적으로 개발・촉진하기 위해서는 신・재생에너지법에 다음과 같은 해상풍력 발전단지 개발을 위한 법제도 정비방안을 적극 검토해 볼 필요가 있다.[31)]

30) 해상풍력추진단, 앞의 매뉴얼, p. 66.

31) 이하 리인터내셔널 무역투자연구원, 해상풍력발전단지 개발 법제화 방안 연구, 2011. 에서 요약 인용한다.

요컨대, 잠재력이 큰 해상풍력 개발의 효율적인 추진을 위해서 관계 중앙행정기관 및 지방자치단체의 의견을 수렴하고 협의하는 절차를 거쳐 해상풍력개발 예정구역을 지정 고시하는 절차를 마련하여 해상풍력 발전단지 개발에 적합한 대규모 입지를 사전에 확보하고, 해상풍력개발 사업을 수행할 수 있는 충분한 재정적·기술적 능력 보유 여부 등 일정한 심사기준을 통하여 해상풍력개발권을 허가하는 절차를 마련하며, 해상풍력개발권의 양도 등 사업의 승계를 가능케 하여 활성화를 도모하기 위해서 다음과 같은 주요 방안을 생각해 볼 수 있다.[32)]

먼저 해상풍력 발전단지 개발을 위한 주요 예상프로세스는 다음 그림과 같으며 이 흐름도를 중심으로 설명한다.

그림 7-6 해상풍력 발전단지 개발 절차 흐름도

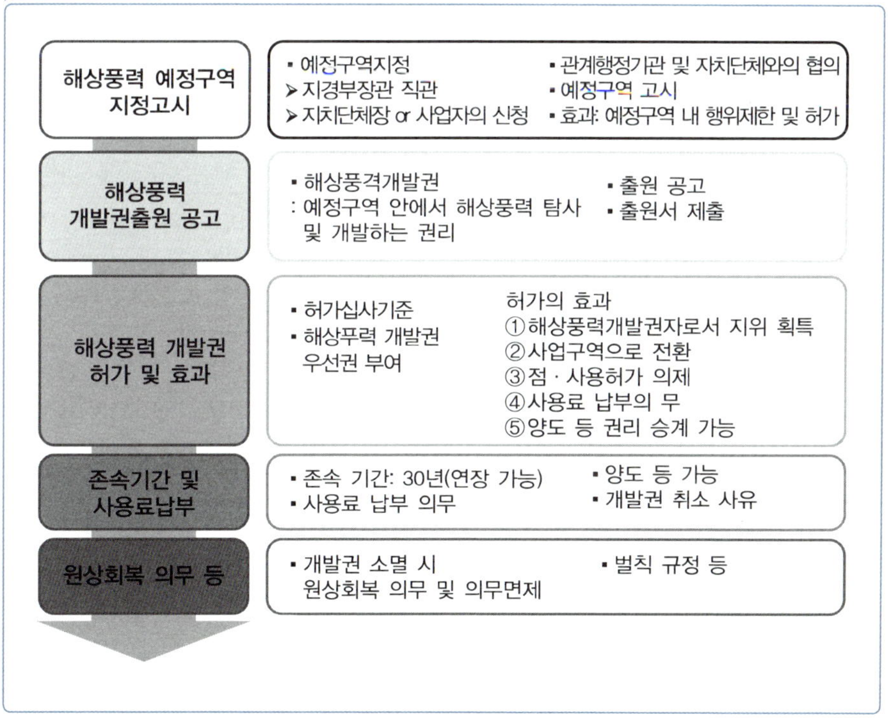

32) 주요한 제도 방안에 대해 설명하며, 제도의 세부적인 절차 등 시행방안에 대한 설명은 생략한다.

2) 해상풍력단지 개발 예정구역의 지정 및 고시 절차

① 예정구역 지정 신청 절차

해상풍력개발에 적합한 구역을 사전에 확보하는 절차로서 예정구역을 지정하는 절차는[33] 2가지가 가능하다.[34] 첫째, 지식경제부장관은 해상풍력개발을 효율적으로 추진하기 위하여 필요하다고 인정하는 경우에 해상풍력개발 예정구역을 지정할 수 있으며, 둘째, 관할지방자치단체의 장 또는 해상풍력 발전사업을 영위하려는 자가 지식경제부장관에게 예정구역의 지정을 신청할 수 있다. 즉, 지식경제부장관의 직권 지정, 또는 관할 지방자치단체의 장 또는 발전사업을 영위하려는 자가 지식경제부장관에게 신청을 하는 절차를 마련할 수 있다.

다만 발전사업자가 지식경제부장관에게 신청하는 경우에 지방자치단체의 장의 동의를 받아야 하는지가 문제되며, 여기에 대해서는 상반된 의견이 있다.

해저케이블을 연안을 통과하여 육지에 연결하거나(변전소 건설을 포함) 배의 정박(shipping) 그리고 준설(dredging) 작업을 하기 위해서는 지방자치단체의 승인을 받아야 하므로, 사업자가 신청하는 경우에는 사전에 지방자치단체 장의 동의를 받는 것이 타당하며 한편 지방자치단체의 장은 동의를 하기 전에 어업권 등 이해관계인들의 의견을 청취하여 그 의견을 조율할 수 있다는 점을 근거로 한다.[35]

이에 대해, 발전사업자가 해상풍력 예정구역 지정 신청 시에 지방자치단체 장의 사전동의를 받아야 하는 것으로 한다면, 발전사업자가 지장자치단체 장의 사전동의와 지경부장관의 결정이라는 이중의 절차를 거쳐야 한다

33) 유사입법례로 해저광물자원개발법 제3조제4항(유망광구의 지정 공표), 전원개발촉진법 제11조(전원개발사업 예정구역의 지정고시), 택지개발촉진법 제3조(예정지구의 지정)가 있다.

34) 전원개발촉진법(제11조) 상 전원개발사업 예정구역 지정고시 절차는 사업자가 지경부장관에게 신청하는 절차만 있으며, 지경부장관의 직권 지정 또는 지방자치단체의 장의 신청에 의한 지정절차는 없다.

35) 지방자치단체 장의 사전 동의가 발전사업자에게 지나친 규제 내지 부담이 될 수 있다면, "다만, 해상풍력개발사업을 영위하려는 자는 사전에 관할 지방자치단체의 장과(송·배전선의 설치 등에 관하여) 협의하여야 한다"라고 규정할 수 있으나, 협의가 성립되지 않은 경우에는 발전사업자는 곧바로 지식경제부장관에게 신청할 수 있는 것인지에 대해 검토가 필요할 것이다.

는 점에서 큰 부담으로 작용하고 또한 어업권자 등 이해관계인 보호 측면에서도 지방자치단체에 별로 실익이 없으므로[36] 지방자치단체 장의 사전동의 없이 발전사업자가 곧바로 지식경제부장관에게 예정구역 지정을 신청할 수 있도록 하는 것이 타당하다는 견해가 있다.

② 관할 지방자치단체의 장의 의견수렴 및 관계 중앙행정기관의 장과의 협의

지식경제부장관은 직권 또는 신청에 의하여 예정구역을 지정하려는 경우 미리 관할 지방자치단체의 장의 의견을 듣고 외교통상부, 국방부, 문화체육관광부, 농림수산식품부, 환경부, 국토해양부, 그 밖에 대통령령이 정하는 관계 중앙행정기관의 장과 협의하는 절차가 필요할 것이다.

이와 관련하여, 바다에 대한 지방자치단체의 관할구역이 인정되는지 여부가 쟁점이다. 대법원 판례[37] 및 법제처의 정부유권해석,[38] 학계의 다수설[39] 및 헌법재판소 결정[40] 내용에 따르면, 육지의 경우와는 달리, 바다에 관하어는 토지처럼 지번에 의하여 개별 지방자치단체의 관할구역으로 특정된 바가 없고 행정구역 경계를 직접적으로 획정하는 법률도 없지만, ① 지방자치단체들이 해상에 관한 행정권한(수산업법상의 어업허가 내지 어업면허, 어업단속행위, 공유수면관리법상의 공유수면에 대한 점용 내지 사용허가 등)을 행사함에 있어서 국립지리원이 간행한 지형도상의 해상경계선('지도상 해상경계선')을 행정구역 경계선으로 인정해온 행정관행이 존재하고, ② 이러한 행정관행이 상당히 오랜 기간 존재하여 왔다고 볼 수 있으며, ③ 이 점에 대한 지방자치단체들과 일반국민들의 법적 확신이 존재한다고 할 것이므로, 지도상 해상경계선은 행정관습법 상 해상경계선으로 인정된다고 보아야 한다.

따라서, 지방자치단체의 자치권이 미치는 공유수면(바다)상의 관할구역이 인정되므로 '관할 지방자치단체'라는 표현 자체는 타당하며, 신・재생에너지법에 해상풍력 관련 법조문 신설 시 관할 지방자치단체의 장이라는 용

36) 왜냐하면 지경부장관은 예정구역 지정 전에 지방자치단체의 의견을 청취하는데, 지방자치단체의 장은 어업권자 등 이해관계인의 의견을 당연히 전달할 것이기 때문에 결국 자치단체장의 사전 동의를 받아야 할 필요가 없기 때문이다.

37) 대판 2002.12.24. 2000 도 10489수산업법 위반.

38) 법제처 행법 11240-208. 2001.5.7.

39) 박윤흔. 앞의 책. 105면 등 참조.

40) 헌재 2004.9.23. 2000헌라2.

어가 처음 나오는 법문에서 "관할 광역시장·시도지사·특별자치도지사(이하 '관할 지방자치단체의 장'이라고 함)"라고 표현하는 것이 하나의 방법일 것이다.

그리고 앞서 말한 바와 같이 해상풍력 예정구역 지정시 지식경제부장관은 관계 중앙행정기관의 장과 협의하여야 하는 바, 관계 중앙행정기관의 장의 범위는 아래와 같다.

표 7-8 예정구역 지정 관련 관계 중앙행정기관 및 주요 소관 법령

소관 부처	내 용	소관 법령
외교통상부	영해 및 접속 수역, 배타적 경제수역, 대륙붕 등 규정	유엔해양법협약[41]
국방부	군사기지 및 군사시설 보호구역	군사기지 및 군사시설 보호법(제4조, 제13조)
행정안전부	지방자치단체 관할 및 구역, 기능 및 사무 등	지방자치법(제4조, 제8조 등)
문화체육관광부	보호물 또는 보호구역의 지정	문화재보호법(제27조)
농림수산식품부	어업권 현황 및 보상대책	수산업법(제81조)
환경부	사전환경성 검토대상	환경정책기본법(제25조의2)
	환경영향평가 대상	환경영향평가법(제4조, 제5조)
국토해양부	환경보전해역 및 특별관리해역	해양환경관리법(제15조)
	공유수면의 점용·사용	공유수면 관리 및 매립에 관한 법률(제8조)
	해역이용협의	해양환경관리법(제84조)
	항공장애 표시등의 설치 등	항공법(제83조)

③ 예정구역의 면적 상한선

예정구역의 면적을 제한하는 것은 풍력단지의 경제성을 저해할 수 있는 단점이 있으나, 지방자치단체 또는 발전사업자가 예정구역을 필요이상으로 선점함으로써 다른 사업자의 예정구역 확보에 지장을 초래하는 것을 방지하는 장점이 크므로 상한선 규정의 도입을 적극 검토해 볼만하다.[42] 다만,

41) 1982.4.30채택, 1994.11.16 발효.

42) 해저광물자원법 시행령에서는 유망광구의 면적을 3천㎢를 넘지 아니하는 범위내로 정하고 있다.

법률에서 면적 제한을 직접 규정하는 것은 지나치게 획일적이므로 법률에서는 근거 규정을 마련하고 시행령에 위임하는 것이 타당하다.

④ 예정구역의 조사

예정구역으로서 경제적 타당성 및 사업 효율성 등을 평가하고 관련 이해관계 및 법령상 규제현황[43] 등을 파악하기 위해서, 지식경제부장관은 예정구역 지정 전에 지정을 신청한 지방자치단체 또는 사업자에게 예정구역의 조사를 명할 수 있다.[44]

⑤ 예정구역 내에서의 행위제한 및 행위허가 대상

지정된 예정구역 내에서 아무런 제약없이 건축물 등의 설치행위를 한다면 예정구역 지정의 입법취지(해상풍력발전 개발 적합지역 사전 확보)가 훼손될 우려가 있기 때문에 예정구역 내에서의 특정행위를 제한하거나 허가의 대상으로 하는 것이 타당하다.

예컨대, 예정구역 내에서 건축물[45]의 신축・개축・증축 또는 변경, 인공

---

43) 법령상 규제지역 현황(국토해양부고시, 제2008-913호 「해역이용협의서작성등에 관한 규정」 제6조 관련)

가. 환경보전해역 및 특별관리해역(해양환경관리법 제15조)
나. 해양보호구역(해양생태계의 보전 및 관리에 관한 법률 제25조)
다. 해중경관지구(해양수산발전기본법 제28조)
라. 특정도서(독도 등 도서지역의 생태계보전에 관한 법률 제4조)
마. 자연환경보전지역 및 수산자원보호구역(국토의 계획 및 이용에 관한 법률 제6조제4호, 제40조)
바. 보호수면 및 육성수면(수산업법 제65조, 제68조)
사. 습지보호・습지주변관리・습지개선지역(습지보전법 제8조)
아. 생태・경관보전지역, 자연유보지역 및 시・도 생태・경관보전지역(자연환경보전법 제12조, 제22조, 제23조)
자. 수산자원관리수면(기르는 어업육성법 제10조)
차. 야생동・식물특별보호구역(야생동・식물보호법 제27조)
카. 해상・해안 국립공원 및 자연보존・자연환경지구(자연공원법 제4조, 제18조)
타. 지정해역 및 패류생산지정해역(수산물품질관리법 제24조)
파. 어장관리해역 및 어장관리특별해역(어장관리법 제5조, 제7조) 등
하. 보호물 또는 보호구역의 지정(문화재보호법 제9조)
거. 교통안전특정해역의 설정 및 관리(해상교통안전법 제57조)
너. 보호구역 등의 지정(군사기지 및 군사시설 보호법 제4조)
더. 그 밖에 다른 법률에 의하여 특별히 해양환경 또는 해양생태계를 보호하도록 지정된 지역

44) 유사입법례로 택지개발촉진법 제4조(예정지구의 조사)가 있다.

45) 건축법 제2조 제1항 제2호에 따른 건축물로서 공유수면에 토지를 조성하지 아니하고 설치한 건축물을 말한다.

구조물의 설치 등, 어업활동, 항해 등의 행위를 하고자 하는 경우에는 허가사항으로 규정하되, 재해복구 또는 재난수습에 필요한 응급조치 행위 등은 허가를 받지 아니하고 할 수 있다.

이러한 행위허가의 권한을 관할 지방자치단체의 장에게 위임하여 신속히 처리할 수 있도록 하는 방안도 고려해 볼 수 있다.

3) 해상풍력개발권의 설정 허가・사용료・양도 등

① 해상풍력개발권 출원 및 허가

해상풍력개발 사업은 공익사업으로서 국민경제에 미치는 영향이 크고 사업수행 시 군사시설보호, 어업권 보호, 해양환경 및 해양생태계 보호, 공유수면의 점사용, 해상교통, 문화재보호 등 관련 이해관계가 많으며, 또한 일반적으로 대규모 발전단지 개발을 통하여 추진된다는 점에서 다른 에너지원에 비하여 사업수행에 큰 비용이 소요되므로, 충분한 재정적・기술적 능력 보유 여부 등 일정한 허가심사기준을 충족하는 경우에 한하여 이를 허가하는 해상풍력개발권 출원 및 허가 절차 마련이 필요하다.

여기서 '해상풍력개발권'이라 함은 해상풍력 발전사업을 위하여 해상풍력 개발구역 내에서 해상풍력의 탐사(풍향, 위치 등 현황조사: site assessment) 또는 발전설비를 운영하여 탐사하고 개발하는 권리를 말한다.[46]

지식경제부장관은 예정구역이 지정 고시되면 일정한 기간을 정하여 해상풍력개발권 출원 공고를 한다. 해상풍력 발전사업을 영위하려는 자가 해상풍력개발권 설정 출원을 하여[47] 지식경제부장관의 허가심사를 거쳐서 해

46) 유사입법례로는 해저광물자원개발법 제4조(해저광업권의 귀속), 제12조(탐사권의 설정), 제14조(채취권의 설정), 해양심층수의 개발 및 관리에 관한 법률 제10조(면허) 등을 들 수 있다.

47) 출원서류로는 개발하고자 하는 구역을 명시한 구역도, 개발계획서 및 자금계획서, 개발에 소요되는 주요 장비의 명세서, 그 밖에 대통령령으로 정하는 서류(예컨대, 해상풍력개발사업의 경제성 평가서, 어업권자 등 권리자에 대한 손실보상대책 계획서, 환경오염방지대책 및 방지시설 설치계획서, 해양환경관리법 제84조에 따른 해역이용협의서 등)를 제출토록 한다. 여기서 해역이용협의서를 제출토록 하는 이유는, 지식경제부장관이 국토해양부장관과 해역이용협의 요청을 하여 국토해양부장관으로부터 해역이용협의 의견을 통보받는 해양환경관리법 제84조, 제91조, 제92조를 적용하도록 하고, 지경부장관이 해상풍력개발권 설정허가를 하게 되면, '공유수면 점사용허가'는 의제처리되는 것으로 하는 것이 효율적이기 때문이다. 참고로 해양환경관리법 제84조(해역이용협의) 제2항은 다른 법률에서 공유수면관리 및 매립에 관한 법률 제8조에 따른 공유수면의 점용·사용허가를 또는 매립면허를 받은 것으로 보도록 규정하고

상풍력개발권을 설정받아 사업을 영위하도록 하는 것이다. 허가심사 기준으로는 ① 사업계획의 타당성 여부, ② 해상풍력개발사업을 수행함에 있어 충분한 재정적·기술적 능력 보유 여부, ③ 해상풍력개발사업을 위한 충분한 장비보유 등 시설규모의 적정성 여부, ④ 해상풍력개발로 인한 해양환경 저감방안의 유무 및 그 적정성 여부, ⑤ 지역사회에 대한 기여도 등을 들 수 있다.

해상풍력개발권을 허가받게 되면 해상풍력개발사업을 영위하려는 자는 해상풍력개발권자로서의 지위를 획득하며, 예정구역은 사업구역으로 전환되고, 사업구역은 공유수면 점사용허가를 받은 것으로 의제된다. 그리고 사업자는 발전사업 수행시 사용료 납무의무가 있으며, 해상풍력개발권의 양도 등 사업승계가 가능하게 된다. 이에 관해서는 차례로 설명한다.

② 신·재생에너지 공급의무자 또는 지정 신청 사업자 등에게 해상풍력개발권 우선권 부여

해상풍력개발사업의 효율적이고 신속한 수행 등을 위해 필요하다고 인정하는 경우 i) 신·재생에너지 공급의무자,[48] ii) 예정구역 지정 신청을 하여 지정된 예정구역에 대하여는 그 지정신청을 한 자[49] 중에서 적합한 자에게 우선적으로 해상풍력개발권을 허가할 수 있도록 한다.

신·재생에너지 공급의무자에게 해상풍력개발권 우선권을 부여하는 조항이 WTO 내국민 대우의 원칙에 위배되는지 여부가 문제될 수 있다. 내국민대우의 원칙이라 함은 다른 WTO 회원국의 상품, 서비스, 지식재산권자에 대해 자국의 상품, 서비스, 지적재산권자보다도 '불리하지 않은' 대우를

있는 경우에도 해역이용협의절차를 거치도록 규정하고 있음을 유의해야 한다.

48) 신·재생에너지법 제12조의5(신·재생에너지 공급의무화 등) ① 지식경제부장관은 신·재생에너지의 이용·보급을 촉진하고 신·재생에너지산업의 활성화를 위하여 필요하다고 인정하면 다음 각 호의 어느 하나에 해당하는 자 중 대통령령으로 정하는 자(이하 "공급의무자"라 한다)에게 발전량의 일정량 이상을 의무적으로 신·재생에너지를 이용하여 공급하게 할 수 있다.
1. 「전기사업법」 제2조에 따른 발전사업자
2. 「집단에너지사업법」 제9조 및 제48조에 따라 「전기사업법」 제7조제1항에 따른 발전사업의 허가를 받은 것으로 보는 자
3. 공공기관

49) 유사입법례로는 택지개발촉진법 제7조(택지개발사업의 시행자등) 제3항
③ 지정권자는 제3조의2(예정지구의 지정제안)에 따른 제안에 의하여 예정지구의 택지개발사업에 대하여는 그 지정을 제안한 자를 우선적으로 시행자로 지정할 수 있다.

부여해야 한다는 원칙을 말한다. 즉, 서로 같은 것을 다르게 취급하는 것을 금지하고 서로 다른 것을 다르게 취급하는 것은 허용된다. 신 · 재생에너지 공급의무자는 법률상의 공급의무를 이행하는 자이므로 공급의무자에게 공급의무를 이행하는 방안을 제시하는 것이 공평하며, 공급의무자에 대한 우선권 부여는 무조건 우선권을 부여하는 것이 아니라 해상풍력개발권 허가의 기준을 충족하는 경우에 한하여, 그리고 공급의무를 이행한다는 점 등을 고려하여 우선권을 부여하기 때문에 공급의무 있는 자에게 공급의무가 없는 자보다 우선권을 부여하는 것은 합리적 차별이므로 허용된다고 볼 수 있다.

③ 공유수면 점용·사용 허가 등의 의제

해상풍력개발권을 설정 허가받으면, 사업자로 하여금 공유수면 점 · 사용 허가 및 허가 고시를 받은 것으로 의제함이 타당하다. 만약 해상풍력개발권 설정 허가에 위와 같이 점 · 사용허가를 의제하지 않으면, 해상풍력개발권 설정 허가를 받더라도 별도로 공유수면 점 · 사용허가[50] 또는 전원개발사업 실시계획 승인을[51] 받기 전까지는 해당 공유수면에 대하여 타 사용자가 먼저 다른 목적의 공유수면 점 · 사용허가를 받을 수 있는 결과를 초래하여 해상풍력개발 사업의 신속하고 효율적 진행을 저해할 수 있기 때문이다.

더 나아가 해상풍력개발권 설정 허가시 공유수면 점 · 사용허가 의제 이외에 '해역이용협의'가 있은 것으로 의제할 수 있는지 문제되나 가능하지 않다고 보아야 한다. 왜냐하면 해양환경관리법 제84조제2항에 따르면, 다른 법률에서 공유수면 점 · 사용허가를 받은 것으로 보는 경우에도 해역이용협의 절차를 거쳐야 하는 것으로 규정하고 있기 때문이다.

따라서 해상풍력개발권 설정 출원 시, 사업자가 출원서류 중 하나로서 해역이용협의서를 지식경제부장관에게 제출토록 하고, 이후 지식경제부장관이 국토해양부장관에게 해역이용협의를 요청하여 그 의견을 통보받는 해양환경관리법상의 '해역이용협의절차'를 준용함이 해양환경관리법 제84조 제2항과의 충돌을 피할 수 있고 해상풍력개발권 허가를 받은 때 공유수면 점 · 사용허가를 의제처리할 수 있어서 타당하다고 판단된다.

---

50) 공유수면관리 및 매립에 관한 법률 제8조.

51) 전원개발촉진법 제6조.

〈참고〉 전원개발촉진법 상의 인허가 의제

▷ 전원개발촉진법 제6조는 전원개발 실시계획을 승인 받으면 동조 1항 소정의 17개 항목, 18개 관계 법률에 의해 개별적으로 취득해야 할 각종 인 허가 등을 별도의 절차없이 일괄적으로 취득한 것으로 간주하고, 관련 고시 등도 이미 있는 것으로 간주하는 내용을 규정하고 있다.

종 류	관련 법령
① 도시관리계획의 결정, 개발행위의 허가, 도시계획시설사업 시행자의 지정, 실시계획의 인가, 도시개발구역에서의 행위의 인가	국토의 계획 및 이용에 관한 법률(제30조, 제56조, 제86조)
② 도로공사 시행의 허가, 도로점용의 허가	도로법(제34조, 제38조)
③ 사도 개설 허가	사도법(제4조)
④ 하천공사 시행 허가 및 하천 점용 허가, 하천수의 사용허가	하천법(제30조, 제33조, 제50조)
⑤ 공유수면 점·사용허가 및 실시계획인가, 점·사용 실시계획의 승인 또는 신고, 공유수면 매립 면허 및 매립면허실시계획 인가	* 공유수면 관리 및 매립에 관한 법률(제8조, 제17조, 제28조, 제38조)
⑥ 전용상수도 설치 및 전용공업용수도설치 인가	수도법(제52조, 제54조)
⑦ 공원구역에서의 행위의 허가	자연공원법(제23조)
⑧ 농지전용의 허가	농지법(제34조)
⑨ 산지전용허가, 산지전용신고, 산지일시사용허가·신고, 토석채취허가, 토사채취신고/입목벌채등의 허가 신고, 국유림의 대부 또는 사용의 허가	산지관리법(제14조, 제15조, 제15조의2, 제25조), 산림자원의 조성 및 관리에 관한 법률(제36조제1항, 제4항 및 제45조 제1항, 제2항), 국유림의 경영 및 관리에 관한 법률(제36조 제1항, 제4항 및 제45조 제1항, 제2항)
⑩ 벌채등의 허가, 사방지 지정의 해제	사방사업법(제14조, 제20조)
⑪ 행정기관의 허가등에 관한 협의	군사기지 및 군사시설 보호법(제13조)
⑫ 초지에서의 토지 형질변경 등의 허가, 초지전용의 허가	초지법(제21조의2, 제23조)
⑬ 항만공사 시행의 허가, 항만공사 실시계획의 승인	항만법(제9조 제2항, 제10조 제2항)
⑭ 개장허가	장사 등에 관한 법률(제27조 제1항)
⑮ 불허가처분, 광업권 취소처분, 광구 감소처분	광업법(제24조)
⑯ 부지 사전승인	원자력법(제11조 제3항)

> ▷ 이러한 인·허가 등의 취득이 의제되기는 하지만, 그래도 해당 행위를 하려면 실시계획 승인서 사본 및 위치도를 첨부하여 관계 행정기관의 장에게 제출(신고)하여야 한다.[52)]

④ 해상풍력개발권의 존속기간

해상풍력발전기의 내구연한이 보통 25년이며 해상풍력자원 평가 및 단지설치에 드는 비용이 크다는 점 등을 고려할 때, 해상풍력개발권의 존속기간은 최장 30년 이내로 하는 것이 타당하다.[53)] 물론 존속기간 만료 전에 존속기간의 연장이 가능하다.[54)]

⑤ 해상풍력개발권 사용료 납부의무

해상풍력개발권을 설정받은 발전사업자는 공유수면관리 및 매립에 관한 법률의 공유수면 점·사용료(일종의 rent payment) 이외에도[55)] 해상풍력을 개발하여 전기 공급 판매시, 판매 대금에 대하여 일종의 로열티(royalty), 즉 '해상풍력개발권 사용료'를 납부하고, 납부한 사용료를 해상풍력사업에 사용토록 하는 제도의 시행을 고려해 볼 수 있다.

다만 해상풍력 개발 사업은 초기 단계에서 사업 투자 비용 및 리스크가 다른 에너지 사업에 비하여 훨씬 크다는 점을 고려하여, 그 초기단계에서는 경제성(발전기 설치운영 등 비용과 전기판매 수익 비교 분석 등)을 평가하여, 일정기간 지난 후에(즉, 수익창출 이후 시점부터) 사용료 납부의무를 부과함이 타당하다고 생각한다.[56)]

52) 전원개발촉진법 제6조 제2항, 동법 시행규칙 제8조.

53) 미국 내무부 광물관리청(MMS: Department of the Interior, Minerals Management Service)의 30 CFR Parts 250, 285, and 290 Renewable Energy and Alternative Uses of Existing Facilities on the Outer Continental Shelf: Final Rule, [(대륙붕 외측한계 내에서의 재생에너지 및 현존 시설의 대체사용에 관한 연방 규정(이하 '미국 연방규정'이라 함), 2009.6월에 효력발생]에 의하면, 30년 한도/30년 범위 내에서 연장가능하다. 다만 정부와 사업자의 협의에 의해 30년 이상의 존속기간 연장가능하다.

54) 유사입법례는 해저광물자원개발법 제9조(탐사권의 존속기간:10년), 제10조(채취권의 존속기간:30년, 5년씩 2차에 한하여 연장가능), 해양심층수의 개발 및 관리에 관한 법률 제14조(면허의 유효기간: 10년, 매회 5년씩 갱신가능).

55) 공유수면관리 및 매립에 관한 법률(제13조제1항제12호) 및 동법 시행령(제14조제1항제2호)에 의하면, 「신에너지 및 재생에너지 개발·이용·보급 촉진법」 제2조의 풍력에너지 설비의 설치 운영을 위하여 점용·사용하는 경우, 점용료·사용료의 100분의 50을 감면할 수 있다.

56) 시행일은 신·재생에너지 부칙에서 동법 시행령으로 위임할 수 있다.

참고로 우리나라 해저광물자원개발법상의 조광료는 생산한 원유 또는 천연가스의 판매가액에 매분기별 1일 평균생산량을 기준으로 한 조광료 부과요율을 곱하여 산정한다.[57] 해양심층수의 개발 및 관리에 관한 법률 상의 해양심층수 사용료는 취수량 톤당 20원으로 하고 있으며, 취수해역의 지정을 국토해양부장관에게 신청한 지방자치단체(시군구)의 수입으로 한다.[58]

미국 매사추세츠 Cape Wind Project 임대 계약서 상의 운영수수료(operating fee) 산정 방식은 다음과 같다.

Ft	=	Mt	×	H	×	Cp	×	Pt	×	rt
(운영사용수수료)=(용량(MW))×(시간[59])×(용량 계수[60])×(전기료[61]) ×(운영수수료 비율[62])										

해상풍력개발권 사용료(미국의 경우 leasing) 부과기준에 대해서는 다양한 방식이 있으며, 매우 기술적이고 정책적인 판단을 요한다. 과도한 사용료는 자원개발을 저해하며 특히 소규모 개발 사업자에게 큰 재정적 부담으로 작용하므로, 개발 초기년도에는 사용료를 면제하거나 또는 기간의 경과에 따라 상승하는 사용료의 도입을 고려해야 할 것이다.

한편 납부한 사용료는 「에너지 및 자원사업 특별회계법」 제5조 제1항 제14호의 기타 수입금으로 국고로 세입조치될 것이며, 세입조치된 사용료는 특별한 규정이 없는 한, 동법 제5조 제2항에 의거 에너지 및 자원 관련 사업에 필요한 사업비 등에 사용될 것이며, 특별히 '해상풍력사업'에 전용하여 사용할 수 없을 것이다. 따라서 우리나라가 중점적으로 추진하는 해상풍력사업의 집중적이고 효율적인 추진을 위해서는 해상풍력개발권 사용료를 '해상풍력개발 사업'에 사용토록 아래와 같이 에너지 및 자원사업 특별회계법 제5조제1항, 제2항을 개정하여 해상풍력개발권 사용료는 신・재생에너

57) 해저광물자원개발법 제8조제1항.

58) 해양심층수의 개발 및 관리에 관한 법률 시행령 제27조.

59) 1년을 시간단위로 함. 즉, 8,760시간.

60) p는 성과기간(performance period)로 명시된 총 용량에 비해 예상되는 시설의 생산량으로 0~1사이의 소수.

61) 연간전기료($/MWh).

62) 사업운영기간 처음 15년간(즉 t=1에서 t=15까지) 사용수수료 비율(operating fee rate)은 0.02로 책정. 16년부터 그 이후 (t≥16) 비율은 0.07로 책정.

지법에 따라 시행되는 해상풍력사업에 우선적으로 사용함을 원칙으로 규정하는 것이 바람직하다.[63] 그리고 신·재생에너지법에 해상풍력사업에 관하여 그 범위를 정해야 할 것이다.[64]

표 7-9 미국 연방규정 상의 세입분배 관련 규정

□ 각 주(州)와의 세입의 분배 (Revenue sharing)

§285.537 MMS(미국연방광물관리청)는 어떤 방법으로 세입을 주(州)에 공정하게 배분할 것인가?

(a) MMS는 해안 주(州) 중 적격의 프로젝트(qualified projects)로부터 발생한 세입의 27%를 분배할 것이며, 여기서 해당(적격의) 프로젝트 및 해당(적격의) 프로젝트의 범위는 §285.541에 한정된 프로젝트를 말하며, 해당하는(적격의) 주(州)는 §285.541에 한하며, 각 조건은 §285.112에 한한다. 해당 주(州)에게 배분되는 세입은 해당 프로젝트 구역 전체 및 관련 프로젝트의 지역권에서 파생된 모든 이익배당금, 취득비, 임대료, 그리고 운영수수료를 포함한다. 분배되는 세입은 서비스 비용이나 벌금에 관련된 것, 또는 채권이나 그 외 보증의무의 벌금과 같은 수수료는 포함하지 않는다.

(b) 프로젝트 구역(project area)은 개별 임대 또는 교부 내에 포함되는 구역을 말한다. 각 해당(적격의) 프로젝트에 한해서 MMS는 임대권, 지역권, 또는 대륙붕 외곽 통행권을 부여하거나 발행하는 시기에 프로젝트 구역과 지리적 중심(geographic center)을 결정하여 공고할 것이다. 만약 임대된 해당(적격의) 프로젝트의 경계선이 §285.435이나 §285.436에 따른 조치로 인해 상당히 변경될 경우에는, MMS가 프로젝트 구역을 재평가하여 지리적 중심이 바뀌었는지를 심사하게 된다. 그러한 경우, MMS는 주(州)의 적격성과 할당량을 그에 알맞게 다시 결정하게 된다.

(c) 각 해당 주(州)가 할당받는 해당(적격의) 프로젝트에 관련된 세입의 27%를 결

---

63) 즉, 광해방지사업금 및 가산금의 세입 및 세출 규정 방식과 동일하게 따른다.
64) 예컨대, 해상풍력개발사업의 범위를 아래와 같이 정할 수 있을 것이다.
① 해상풍력의 자원조사·기술수요조사 및 통계작성
② 해상풍력의 연구·개발 및 기술평가
③ 해상풍력설비의 성능평가·인증 및 사후관리
④ 해상풍력개발 관련 주변지역 산업의 육성
⑤ 해상풍력 기술정보의 수집·분석 및 제공
⑥ 해상풍력 분야 기술지도 및 교육·홍보
⑦ 해상풍력 이용의무화 지원
⑧ 해상풍력 관련 국제협력
⑨ 해상풍력 기술의 국제표준화 지원
⑩ 해상풍력 설비 및 그 부품의 공용화 지원
⑪ 그 밖에 해상풍력개발에 필요한 사업으로서 대통령령으로 정하는 사업

정하는데 있어 MMS는 역거리공식(inverse distance formula)를 사용, 각 해당 주(州)의 해안선에서 해당 프로젝트 구역의 지리적 중심(geographic center)까지 가장 가까운 점의 상대적 근접성을 토대로 할당량을 배분하게 된다. S i 가 기획 구역의 지리적 중점으로부터 해당 주(州)까지의 가장 가까운 거리이고 i =1,2,…n까지라고 보았을 때, i 에 해당하는 주(州)는 총 세입의 27%에서 F i 만큼의 비율을 받게 되며 해당되는 주의 이익배분에 대한 공식은 다음과 같다:

$$F_i = \frac{1}{S_i} \div (\sum_{j=1}^{n} \frac{1}{S_j})$$

§285.541 세입 분배를 위한 해당 프로젝트에는 어떤 것이 있는가?

해당 해안 주(州)의 세입 분배를 위한 해당(적격의) 프로젝트는 대륙붕 외곽 토지법(OCS Lands Act)의 구역 8p에 의거하여 승인된 것을 의미하며, 주(州)의 해저토지에서 바다쪽으로 3해리로 확장된 면적을 포함한다. 해당 프로젝트는 §285.542에 의거하여 세입 분배에 해당하는 주(州)의 세입 분배의 대상이 된다. 임대 또는 교부된 해당 프로젝트의 전체 면적을 해당 프로젝트구역으로 여긴다.

§285.542 세입 분배에 해당되는 주(州)에는 어떤 조건이 있는가?

주(州)는 그 주의 해안선 중 어떠한 부분이라도 해당 프로젝트의 해당 구역의 공지된 지리적 중심(geographic center)으로부터 15마일(약 24km) 내에 속해 있으면 세입을 분배받을 자격이 있다. 주(州)의 모든 해안선이 해당 프로젝트의 해당 구역의 공지된 지리적 중심(geographic center)에서부터 15마일(약 24km) 밖에 위치한 경우에는 세입을 분배받을 수가 없다. 이는 해당 프로젝트구역이 전체적으로나 부분적으로 주(州)의 해저토지로부터 바다 방향으로 3 해리범위 내에 위치해 있거나, 해당 구역의 공지된 지리적 중심(geographic center)에서부터 15마일(약 24km) 이내로 위치한 주(州)가 없는 경우에도 해당된다.

§285.543 역거리공식(inverse distance formula) 대입 예시

(a) 지리적 중심(geographic center)이 A주(州)에서 가장 가까운 해안선에서부터 12마일 (약 19.3km) 떨어진 곳에 있고, B주(州)에서 가장 가까운 해안선에서부터 4마일 (약 6.4km) 떨어진 곳에 있다고 가정해 본다. MMS는 세입의 할당을 달러 단위로 반올림한다. 각 주(州)에 해당하는 세입의 비율은 다음과 같이 계산된다:

(1) A주(州)의 몫 $= [\frac{1}{12} \div (\frac{1}{12} + \frac{1}{4})] = \frac{1}{4}$

(2) B주(州)의 몫 $= [\frac{1}{4} \div (\frac{1}{12} + \frac{1}{4})] = \frac{3}{4}$

(b) 그러므로, B주(州)의 해안선이 A주(州)에 비해 지리적 중심으로부터 3배가 가깝다는 것과 비례하여 B주(州)는 A주(州)가 받는 할당량보다 세 배 많은 세입을 분

배받게 된다. 해당하는(세입 배분의 대상이 되는) 주(州)는 대륙붕 외곽 토지법에 근거하여 해당 프로젝트의 총 세입의 27%를 나누어 갖게 된다. 그러므로, 해당 프로젝트가 연간 $1,000,000의 연방 세입을 창출하였을 때, 연방정부는 세입의 27%를 다음과 같이 분배하게 된다:

$$(1)\ \text{A주(州)의 몫} = \$270{,}000 \times \frac{1}{4} = \$67{,}500$$

$$(2)\ \text{B주(州)의 몫} = \$270{,}000 \times \frac{3}{4} = \$202{,}500$$

---

⑥ **해상풍력개발권의 양도・취소 등**

해상풍력개발 사업의 승계를 인정하여 사업의 활성화를 도모하되, 사업을 수행할 충분한 재정적, 기술적 능력을 보유하고 있는지 등 허가심사기준에 부합한 경우에 한하여 양도를 인가함이 타당하다. 그리고 거짓이나 부정한 방법으로 허가를 받거나, 허가받은 날로부터 3년 이내에 정당한 사유없이 발전기 설치 등 공사에 착수하지 아니하는 경우,[65] 정당한 사유없이 해상풍력개발 사용료를 6개월이상 납부하지 않고 납부의 이행을 독촉하였으나 이행하지 아니한 경우 등에는 그 허가를 취소하거나 6개월 이내의 기간을 정하여 사업정지를 명할 수 있도록 하여야 할 것이다.

⑦ **사업종료 시 원상회복 의무 등**

존속기간 만료 등 해상풍력개발권 소멸시에 사업자가 해상풍력 발전기 등 설비를 수거해서 사업구역을 원상으로 회복할 의무를 명확히 규정하되, 반면 해상풍력개발권이 소멸하더라도 그 경제성을 고려하여 해상사업구역에 대한 새로운 해상풍력개발권자에게 당해 공작물 등을 이전하는 경우 또는 설비를 계속 사용할 필요가 있는 경우에는 국가가 설치된 공작물을 무상 또는 유상으로 인수할 수 있는 규정을 마련해야 할 것이다.

Ⅴ. 소 결

우리나라는 현재 해상풍력 발전단지 개발을 적극 추진중에 있는데, 이를

---

65) 해상풍향조사 및 전원개발계획 실시승인 등의 절차를 밟기까지 약 3년 이내 소요될 것으로 보인다.

체계적으로 뒷받침하기 위해서는 이에 대한 조속한 법제도 정비가 필요하다.

그동안 우리나라에 육상풍력단지가 많이 개발되었으나, 우리는 육상풍력 개발과 관련하여 많은 문제점들을 경험했다. 정부의 정책적인 방향 또는 관여없이 민간주도로 육상풍력단지가 개발됨에 따라 난개발이 많이 이루어져서 환경파괴 유발 등으로 풍력개발에 대해 오히려 부정적인 인식이 생겨나기도 하였으며, 이로 인해 적정 부지에 대한 육상풍력단지 개발도 추진하기에 어렵게 되기도 하였다. 그리고 국내 육상풍력단지가 대부분 외국산 풍력발전기로 채워짐에 따라 국내에서 개발된 국산풍력발전기의 track record를 축적할 수 있는 기회로 전혀 활용되지 못하게 되었으며, 이로 인해 국산풍력발전기의 해외수출산업화도 더디게 진행되는 한 원인이 되었다.

이러한 육상풍력발전단지 개발의 시행착오를 다시는 겪지 않고 그동안 시행 경험이 전혀 없는 해상풍력단지 개발을 좀 더 체계적으로 촉진하기 위해서는 신·재생에너지법에 해상풍력단지 개발에 대한 법제도 정비를 조속히 마련할 필요가 있다고 본다.

08

신 · 재생에너지법과 정책의 개선방향

Ⅰ. 신에너지 및 재생에너지의 법체계 구분

신에너지와 재생에너지는 성격과 특징이 확연히 다르므로, 별도의 다른 법체계로 지원하는 것이 바람직하다. 자연으로부터 얻어지는 비고갈성 에너지인 재생에너지(renewable energy)에 비해 신에너지는 대부분 화석연료로부터 얻어지거나 자연으로부터 얻어지지 않고 고갈되기는 하지만 기존 화석연료를 이용하는 방식에 비해 훨씬 고효율, 혁신적인 기술이용, 친환경성 등의 특징을 가지고 있는 에너지이다. 따라서 재생에너지와 신에너지는 보급방식과 지원방식에서 차이가 발생할 수밖에 없다. 재생에너지는 기본적으로 고가이며, 부지의 제한을 받고, 대량생산이 어렵다는 특징이 있으며 이러한 점을 고려하여 보급보조 또는 의무화제도가 운영되고 있다. 하지만 신에너지는 고가이지만, 부지의 한계를 받지 않고 대량생산이 가능한 특징이 있다. 따라서 신에너지와 재생에너지에 대해서 같은 기준의 보급보조 또는 의무화제도를 통해서 지원하면 제도 운영에서 문제가 발생할 수밖에 없다.

재생에너지는 국제적으로 통용되는 일정하고 불변의 기준이 있어서 재생에너지 범위가 변동할 가능성은 극히 적은데 반해, 신에너지는 일종의 새로운 기술개발 제품이기 때문에 기술개발을 통한 사업화 가능성이 매우 낮을 것으로 판단되면 신에너지 범주에서 제외하고 다른 새로운 분야의 에너지가 기술개발 가능성이 높다고 판단되면 추가로 신에너지 범주에 포함될 수 있는 것처럼 신에너지의 범주는 변동가능성이 매우 높고 주기적으로 이러한 범주가 적정한지 판단하는 작업이 필요할 것이다.

재생에너지뿐만 아니라 신에너지도 매우 중요한 에너지이다. 현재는 신·재생에너지를 같은 법에서 규정하고 지원하고 있어서 신에너지가 재생에너지에 비해서 홀대를 받고 있는 측면이 있는데, 기존의 화석연료를 보다 획기적이고 효율적으로 사용하는 기술이 개발되면 이는 재생에너지 못지않게 중요한 것이라고 본다. 신에너지법과 재생에너지법으로 구분하여 별도의 법체계로 만들고 특성에 맞는 지원방식 등을 적용함으로써 신에너지와 재생에너지는 보다 건전한 경쟁관계를 통해서 발전할 수 있을 것이라고 본다.

표 8-1 신에너지 및 재생에너지에 대한 별도의 법체계 정립방안

◇ 재생에너지 지원·촉진→(가칭) 재생에너지법
신에너지 지원·촉진→(가칭) 청정·고효율 에너지기술 촉진법(신규 제정)

◇ 재생에너지: 자연의 작용(natural process)으로부터 발생하고 지속적으로 보충되는 (replenished constantly) 에너지
* 태양에너지, 풍력, 바이오·폐기물에너지, 지열, 해양에너지 등

◇ 신에너지: 기존 화석연료를 보다 온실가스배출 최소화, 고효율화, 청정에너지화하여 사용하는 기술
* 연료전지, 석탄액화·가스화, 청정석탄기술, SNG, DME, 수소에너지 등

Ⅱ. 열과 수송용 연료 분야의 공급확대방안 도입

생산된 신·재생에너지는 전기, 열, 수송 중 어느 한 분야에 사용된다.

정부는 신·재생에너지 공급의무화제도 도입을 통해서 전기 분야에서 신·재생에너지 공급을 활성화할 수 있는 큰 틀을 만들었다. 하지만, 아직까지 열 분야 및 수송용 연료분야에서 신·재생에너지 공급을 활성화할 수 있는 큰 체계는 갖추어져 있지 않고 있다. 신·재생에너지 공급을 보다 체계적으로 갖추기 위해서는 열 분야와 수송용 연료분야에서 신·재생에너지 공급을 확대할 수 있는 제도가 마련되어야 할 것이다.

표 8-2 재생에너지의 최종사용방식에 따른 정부의 지원방안

재생에너지의 최종사용방식	정부의 지원방안		우리나라의 상황
	인센티브 (subsidy)	의무화 (obligation)	
전기(electricity)	FIT	RPS	RPS
열(heat)	RHI[1]	RHO[2]	-
수송용 연료 (transport fuel)	조세감면	RFS[3]	-

수송 분야에서는 경유 또는 휘발유 등 화석연료에 바이오디젤, 바이오에탄올 등 바이오연료를 혼합하여 사용하는 방법이 가장 확실한 신·재생에너지 공급확대정책일 것이다. 미국, 유럽 등 대부분의 선진국에서는 수송분야에서 바이오연료 혼합을 의무화하는 RFS제도를 운영하고 있다. 전기분야에서 의무화 대신 보조금지원제도를 사용하는 유럽의 다수 국가도 수송 분야에서는 모두 의무화제도를 사용하고 있다. 그 이유는 의무화제도가 제도운영상 보다 시행하기에 용이하고 보조금지원제도(구체적으로는 세금감면을 통해 지원)는 엄청난 국가재정을 소요하기 때문이다.

우리나라에서도 RFS의 도입을 검토한 바 있는데, 다음과 같은 측면에서는 RPS 도입에 비해 수월한 점이 있다. 첫째, 수송용 연료가격은 전력가격에 비해 정부의 관여가 적어서 가격원리가 훨씬 잘 적용되고 있으므로 의무이행비용 전가가 보다 용이하여서 RPS에 비해 쉽게 운영될 여지가 높다. RPS에서는 전력가격을 정부에서 많이 관여하고 있어서 정부가 의무이행비용 전가를 별도로 인위적으로 설계하고 고려해야 하는데 반해, RFS에서 수송용 연료는 이러한 관여가 훨씬 적어서 의무이행비용 전가를 별도로 고민할 필요가 훨씬 적다. 둘째, RFS에서 의무이행자는 모두 민간업체이므로 공급의무자가 대부분 공기업 성격을 띠고 있는 RPS에 비해 시장원리가 원활하게 적용될 여지가 많다고 보여 진다.

그러나 RFS 도입에 있어서 다음과 같이 고려할 점들이 있다.

1) Renewable Heat Incentive
2) Renewable Heat Obligation
3) Renewable Fuel Standard. 영국에서는 RTFO(Renewable Transport Fuel Obligation) 라는 명칭을 사용한다.

첫째, 자동차 연료비가 상승한다는 점이다. 이는 바이오디젤 및 바이오에탄올 등 바이오연료의 단가가 경유, 휘발유 등 화석연료에 비해서 매우 비싸기 때문이다. 구체적으로는 혼합의무화 비율에 따라서 자동차 연료비 상승정도가 다른데, 현재까지는 바이오연료의 단가가 훨씬 비싼게 현실이다. 물론 앞으로 화석연료 가격은 고갈됨에 따라 계속 상승할 것이고, 바이오연료에 대한 기술개발로 바이오연료 단가는 계속 하락할 것으로 예상이 되는데 이러한 가격변동이 어느 정도 빠르냐에 따라 자동차 연료비 상승정도도 결정될 것이다. 그리고 국민이 이러한 자동차 연료비 상승을 어느 정도 수용할지가 중요할 것으로 보인다.

둘째, 바이오연료의 원료가 대부분 수입이 된다면 역시 모두 수입이 되는 화석연료와의 차이가 과연 무엇인가라는 비판이다. RFS 시행으로 경유와 휘발유 등 화석연료가 수입되고 이와 혼합되어 사용될 바이오디젤 및 바이오에탄올도 원료가 대부분 수입된다면 에너지안보 측면에서 볼 때 바이오연료 혼합의무화의 타당성은 크게 약화될 수 밖에 없다. 이에 대해서 우리나라 업체가 해외에서 바이오연료의 원료를 싼 값으로 안정적으로 확보하고 이 원료를 수입해서 바이오연료를 생산한다면 수용할 여지는 보다 높아질 것으로 보여 진다. 하여튼 바이오연료의 원료 대부분이 국내에서 생산되거나 아니면 해외의 국내업체가 개발・소유한 양식장 등으로부터 조달될 가능성이 매우 높아야만 바이오연료 혼합의무화 제도가 타당성을 가질 수 있을 것이다.

한편 이와 관련해서는 국내 원료 조달 등을 활성화하기 위해서는 우선적으로 바이오연료 혼합의무화제도가 시행되어야 바이오연료에 대한 기술개발이 촉진되고 기업의 투자가 이루어질 것이라는 반론도 있다. 우선은 시장이 보여야만 기술개발과 기업의 투자가 이루어지므로 먼저 혼합의무화제도가 시행되는 것이 중요하고 다만 처음에는 국민이 수용할 수 있도록 자동차연료비 상승을 작게 하고 점차적으로 상황을 보아 높여나가거나 기술개발 정도 등을 보아서 의무비율을 향후에 조정하는 방안도 검토 가능할 것이다. 단가가 대폭 낮고 식량과 경합성을 가지지 않는 차세대 바이오에탄올, 바이오디젤 원료 개발을 위해서 국내외에서 연구개발이 활발하게 이루어지고 있는데 이러한 투자를 뒷받침하기 위해서라도 바이오연료 혼합의무화제도가 우선적으로 시행될 필요가 있다고 본다. 단, 초기에는 의무비율을 낮게 유지할 필요가 있다.

셋째, 관련 산업 활성화 측면이다. 연구소 및 업체의 차세대 바이오연료 기술개발 투자를 위해서는 RFS의 도입 여부가 매우 중요한 시발점이 될 것이다. 에너지관련 규제는 시장을 창출하고 업계의 투자와 기술개발을 촉진시키는 효과를 나타낸다. 초기 국내시장 창출없이 업체에서 기술개발과 투자를 하려는 요인은 매우 작을 것이다.

열 분야는 대표적으로 태양열, 지열 그리고 우드칩, RDF, RPF 등 바이오에너지, 폐기물에너지를 이용한 열 등이 있다. 열부문의 신·재생에너지 이용이란 신·재생에너지를 통해 난방 및 스팀 생산 등을 의미한다. 체계적이고 획기적인 수송 분야 보급 확대를 위해서는 역시 열차액지원제도 또는 의무화제도를 생각해볼 수 있다. 의무화제도(RHO, Renewable Heat Obligation)는 열을 생산 또는 공급하는 업체에게 전체 열생산 또는 열공급량의 일정 비율을 신·재생에너지 열로 공급토록 의무화하는 제도로서, 이와 유사한 개념의 제도를 현재 독일에서 실시하고 있다. 독일은 「재생에너지난방촉진법(EEWärmeG)」을 제정하여 비교적 최근인 2009년 1월부터 열분야에서의 의무화제도를 시행 중에 있다.

열차액지원제도는 정부재정을 바탕으로 한 인센티브제도(RHI, Renewable Heat Incentive)로서, 발전차액지원제도(FIT)와 같이 화석연료 등을 통한 열생산에 비해 경제성이 떨어지는 신·재생에너지 열생산방식에 대해서 재정지원해주는 방식으로서 현재 영국에서 실시하고 있다. 영국은 전체 에너지 소비에서 47%를 차지하는 난방부분에 대한 재생에너지 보급 촉진을 위해 RHI제도를 2011년 11월부터 시행하고 있다. 영국은 전체 난방에너지의 1%만을 재생에너지 열로 공급하는 등 독일과 달리 재생에너지열 공급기반이 취약한 상황이어서, 의무화가 아닌 인센티브로서 시장기반의 조성을 도모하고 있는 상황이다. 독일과 영국제도의 비교는 [표 8-3]을 참고하기 바란다.

보조금지원방식인 열차액지원제도는 지원 규모가 작을 경우 적합하며, 직접적인 난방요금의 인상을 유발하지 않으므로 저항이 적을 것이기 때문에 보다 도입이 수월하고 시장 초기단계에 보다 효과적이라는 장점이 있다.

이에 반해 열차액지원제도는 지원규모가 커질수록 정부재정 부담도 매우 커져서 결국은 의무화방식으로 갈 수 밖에 없을 것이다. 그리고 재생에너지 열을 이용토록 함으로써 난방비가 높아질 수 밖에 없는데 보조금지원방식인 열차액지원제도는 이러한 비용상승을 일반 재정(세금)에서 충당함으로써 가격원리가 적용되지 않아서 경제적 비효율성을 유발한다는 문제점도 있다.

열 분야에서 의무화제도 또는 보조금지원제도를 시행할 경우 고려할 점 중의 하나는 무엇보다 검증 또는 측정의 문제일 것이다. 전기 또는 수송 분야에서 신 · 재생에너지를 통해 생산된 전기 또는 수송용 연료(바이오연료)

표 8-3 독일의 RHO와 영국의 RHI 비교[4)]

구분	독일(RHO)	영국(RHI)
추진 근거	재생에너지난방촉진법 (EEWärmeG, 2009년 1월 시행)	재생에너지인센티브제도 (2011년 11월 시행)
제도 목표	재생에너지 난방 비율확대 (2010년 9% → 2020년 14%)	난방부분에 대한 재생에너지 보급 촉진 * 전체 난방에너지 중 재생에너지 열 공급율 1%
규제 (지원) 대상	(규제대상) 50㎡이상 신축 건물 (지원대상) 기존건물 ※ 배출권거래제 해당 건물, 집단에너지 사업자 또는 열병합발전소로부터 열 공급을 받는 경우제외	(지원대상) 2009년 7월 15일 이후 설치된 상업운전 설비 ※ 향후 거주부문으로 확대 예정
특징	에너지원에 따라 별도 가중치를 부여하여 방향성 제시	재생에너지 이용 열 공급기반이 취약하여 시장기반 조성 우선도모
대상 에너지원	태양열, 바이오가스, 비이오매스, 지열 (주거) 온수, 난방, (비주거) 온수, 난방, 환풍 * 냉방과 산업부문 비적용	태양열, 바이오가스, 바이오매스, 지열
검증 방법	별도 미터링 방법이 아닌 1차 서류(시방서), 2차 샘플링 심사 후 인증서를 발급	실측기반으로서 열생산 지점에 미터링을 반드시 설치하여 측정
기타	기존건물에는 재생에너지 난방 설치기 보조금 및 저리융자 제공	분기별 Tariff 지급하며, 2011-2014년까지 860백만 파운드 지원계획

4) 자료: 에너지관리공단, 딜로이트안진회계법인, 신 · 재생에너지 열공급의무화제도 연구, 2012.

는 그 양이 얼마인지 측정과 검증이 매우 용이하거나 쉽게 구축이 가능하다. 따라서 의무대상자가 실제로 얼마나 의무를 이행하였는지를 판단하는지는 어렵지 않다. 하지만, 열 분야의 경우 생산된 신・재생에너지 열을 측정 또는 검증하기는 수월하지 않으므로, 이러한 측정, 검증 방법을 어떻게 잘 구축하느냐가 중요하다고 본다. 이러한 사항을 고려하더라도 우리나라에서 신・재생에너지 보급을 보다 확대하기 위해서는 신・재생에너지 열을 적극 활용토록 하는 큰 제도적 틀을 도입하는 방안을 적극적으로 검토할 필요가 있다.

Ⅲ. 해상풍력 발전단지 개발을 위한 법제도 정비

최근에 세계적으로 해상풍력 개발이 활발하게 이루어지고 있다. 유럽은 영국, 덴마크 등을 중심으로 2020년까지 40GW, 2030년까지 150GW를 건설할 계획이며, 중국은 2010년 아시아 최초로 해상풍력단지(상해, 102MW, 3MW×34기)를 완공하고 2030년까지 35GW로 확대할 계획(현재 기승인용량 2.4GW)이다. 또한 미국은 2010년 동부해안에 해상풍력단지(Cape Wind, 3.6MW×130기) 건설을 처음으로 승인하였고, 2030년까지 54GW를 설치할 전망이다.

EU, 중국, 미국 등은 풍부한 해상풍력 자원을 보유하고 있는데, 해상풍력 부존량을 주요 지역별로 살펴보면 현재까지의 풍력발전 누적 설치량 대비 약 17~104배 수준으로 매우 크다.

우리나라도 2020년까지 세계 3대 해상풍력 강국으로 도약하기 위한 「서남해 2.5GW 해상풍력 종합추진계획」을 발표하고, 발전회사 및 풍력설비개발사들이 참여하는 ‘해상풍력 추진 협약식’을 체결하는 등 해상풍력개발에 뛰어들었다.

이러한 해상풍력개발을 좀 더 체계적으로 뒷받침하기 위해서 법제도의 정비를 적극 검토해야 할 것이다. 우리가 육상풍력의 개발과 관련하여 경험한 문제점들, 즉 난개발, 국산 풍력발전기의 track record 축적의 장으로 전혀 활용되지 못한 점, 그리고 많은 규제로 인한 걸림돌 등을 사전에 방지하면서 해상풍력을 보다 체계적으로 개발·촉진하기 위해서는 신·재생에너지법에 해상풍력 발전단지 개발을 위한 법제도 정비를 해야 할 것이다. 전기사업법과 전원개발촉진법의 추진절차를 중심으로 해상풍력개발을 진행할 수도 있으나, 해상풍력은 타 발전소와 상당히 다른 성격을 가지고 있어서 체계적인 개발을 촉진하는 데에는 이러한 전원개발촉진법 등으로는 한계가 있으며, 영국, 중국, 독일 등 해상풍력개발을 추진하는 대부분의 다른 국가도 별도의 법체계를 통해서 이를 촉진하고 있다.

법제도 정비내용은 구체적으로는, 잠재력이 큰 해상풍력 개발의 효율적인 추진을 위해서 관계 중앙행정기관 및 지방자치단체의 의견을 수렴하고 협의하는 절차를 거쳐 해상풍력개발 예정구역을 지정 고시하는 절차를 마련하여 해상풍력 발전단지개발에 적합한 대규모 입지를 사전에 확보하고, 해상풍력개발 사업을 수행할 수 있는 충분한 재정적·기술적 능력 보유 여부 등 일정한 심사기준을 통하여 해상풍력개발권을 허가하는 절차를 마련하며, 해상풍력개발권의 양도 등 사업의 승계를 가능케 하여 활성화를 도모하는 방안 등이 신·재생에너지법에 새롭게 규정되어야 할 것이다.

그리고 법제도 정비의 목적은 해상풍력 발전단지의 체계적 개발 촉진과 함께 이러한 해상풍력 발전단지가 국산 해상풍력발전기의 track record 축적의 장으로 활용되도록 하는 것에 맞추어져야 할 것이다.

Ⅳ. 신·재생에너지 보급보조사업의 전면 개편

발전차액지원사업 예산을 제외한 신·재생에너지 보급보조사업 예산은 연 4천억원이 넘는 수준으로 최근 들어서 크게 증가하였으며, 앞으로도 지속적으로 증가할 것으로 예상된다.

따라서 이러한 보급보조사업을 다시 한번 재점검하고 제도를 제로베이스(zero-base)에서 살펴보는 작업이 필요하다. 일반보급사업, 지방보급사업, 그린홈 100만호 사업 등에서 발생하는 세부적인 문제점들을 짚어보고 사업목적을 생각하면서 전면적으로 재검토를 해보는 것이다. 그 동안 점진적인 개선노력들은 있었지만, 이제는 제도의 큰 틀에 대한 고민을 깊이 있게 해

볼 시점이라고 본다.

개편방향은 다음과 같은 것들이 포함되어야 할 것이다.

첫째, 신·재생에너지 설치전문기업 위주로 된 보급보조사업을 다시 한번 제로베이스에서 검토해야 할 것이다. 최근에 부분적으로 보완한 바 있지만, 설치전문기업 중심이 아닌 태양광 셀·모듈 제조업체 중심이 되고 그리고 수요자가 중심이 되도록 좀 더 근본적인 개편이 필요할 것이다.

둘째는 보급보조사업의 단가를 좀 더 낮추는 방향으로 개편할 필요가 있다. 특히 태양광 보급사업의 경우 태양광의 설치단가는 크게 하락하고 있는데 보급보조사업상 설치단가는 이러한 경향을 반영하지 못하고 있어서 설치전문기업에게 과도한 초과이익을 주는 결과를 낳기도 한다. 보급보조사업 초기에는 참여자들의 확대를 위해서 필요할 수도 있으나, 이제는 좀 더 엄격하게 관리할 필요가 있다.

셋째, 지방보급사업의 경우 외부에서 볼 때에는 바람직한 사업구조로 보이지만 현실적으로는 지자체의 매칭과 관련하여 매년 문제가 발생하곤 한다. 지방보급보조사업의 대상으로 선정된 지자체 사업이 정작 지자체의 예산 부족 등으로 지자체 매칭이 이루어지지 않아서 사업추진에 문제가 생기는 경우를 자주 보아왔다. 지방보급사업의 해묵은 이러한 문제점을 획기적으로 개선할 방안을 깊이 있게 고민해야 할 것이다.

위에서 제시한 것들 외에도 보급보조사업의 비용효과성을 높이기 위해 검토해야 할 사항들은 많을 것이다.

이러한 보급보조사업의 제도개편은 동 사업을 담당하고 있는 신·재생에너지센터에서 해법이 나올 수 밖에 없다고 본다. 종종 외부기관에 보급사업의 바람직한 개편방향에 대한 용역을 의뢰한 바 있으나 크게 도움이 될 만한 결과는 없었으며, 결국에는 제도의 세부내용과 제도의 기본취지 및 목적을 가장 잘 이해하는 신·재생에너지센터가 중심이 되어야만 획기적인 개편안이 나올 것으로 기대한다.

한편 신·재생에너지에 대한 정부의 보급보조사업의 의의와 목적에 대해서 다시 한번 짚어볼 필요가 있다. 그린홈 100만호사업 그리고 지방보급사업 등은 단순히 신·재생에너지의 공급을 확대하는 즉, 신·재생에너지 보급률을 높이는 목적만 있는 것은 아니다. 이러한 보급보조사업은 국민과 지역에 아주 가까이 밀착하여 신・재생에너지설비를 설치함으로써 신・재생에너지에 대한 국민의 이해와 수용성을 높이고 인식을 전환하며 신・재생에너지를 홍보하는 효과도 상당히 크다.[5] 따라서 이러한 점을 고려한다면 정부의 보급보조사업을 단순히 신・재생에너지 보급확대에 대한 기여도만을 기준으로 그 비용효과성을 판단하는 것은 과소평가의 결과를 낳을 수도 있다는 점을 유의해야 할 것이다.

V. 신・재생에너지 공급의무화제도의 개선

신・재생에너지 공급의무화제도와 관련해서 제5장에서 설명한 바와 같이 몇가지 개선해야 할 사항들이 있다.

먼저 공급의무자의 의무이행비용을 전기요금으로 전가할 수 있는 명확한 메카니즘의 구축은 신・재생에너지 공급의무화제도의 성공여부를 좌우하는 가장 중요한 개선사항이라고 할 수 있다.

이와 함께 중요한 개선사항은 과징금 수준을 의무이행의 실효성을 실질적으로 담보할 수 있는 수준으로 조정하는 것이다. 현재는 공급인증서 평균거래가격의 150%이내라고 정하고 있어서 정부에게 재량을 부여하면서 그 최고 수준도 낮게 정하고 있는데, 이는 공급의무자에게 확실하게 의무이행을 하도록 유도하기에는 매우 낮은 수준이다. 공급의무자가 의무이행과 불이행의 경우 중 어느 경우가 보다 유리한지 고민할 필요 없이 의무이행을 최대한 노력하는 것이 최선의 선택이 되도록, 과징금 수준을 보다 높은 수준에서 고정시키는 것이 바람직하다. 이것이 오히려 공급의무자가 여러 전략적 선택, 즉 의무이행을 위해 최선을 다하느냐 아니면 적당하게 의무이행 노력만 보여주느냐 또는 의무이행을 포기하느냐 등 여러 선택가능성 대한 고민을 덜어주므로, 공급의무자 측면에서도 보다 바람직한 개선방향이라고 본다.

셋째로 의무이행의 유연성을 실질적으로 확대하기 위해 의무 미이행량의 연기를 다음해 1년이 아니라 3년 정도에 걸쳐서 분할하여 연기할 수 있

5) 이러한 점에서 신・재생에너지 공급 확대(물론 산업육성을 포함한다)가 절대적인 주목적인 신・재생에너지 공급의무화제도와 차이가 있다고 할 수 있다.

도록 개선할 필요가 있다.

넷째, 현재는 과징금 그리고 국가에 발급된 공급인증서를 거래하여 얻은 수익금은 전력산업기반기금의 재원으로 하도록 하고 있어서 신·재생에너지분야에 재투자가 불확실하도록 되어 있는데, 이러한 재원이 신·재생에너지분야에만 사용되도록 한정할 필요가 있다. 이를 위해서는 신·재생에너지기금을 별도로 설립하고 과징금 등을 그 재원으로 하도록 하는 방안도 검토할만하다.

다섯째, FIT 대비 RPS의 단점이 투자의 안정적 환경 조성측면이다. 신·재생에너지 공급의무화제도로 신·재생에너지 발전소 건설에 대한 투자가 활발히 이루어질 수 있는 환경조성을 위해서 다양한 표준계약방식을 마련하여 공급의무자가 활용토록 유도하는 한편, 금융기관이 신·재생에너지 발전소 건설에 좀 더 적극적으로 금융투자를 할 수 있도록 정부에서 독려할 필요가 있다고 본다.

여섯째, 신·재생에너지 공급의무화제도의 적용대상이 되는 신·재생에너지원을 법령에서 별도로 규정하여서 동 제도가 보다 합목적적으로 운영되도록 유도할 필요가 있다.

일곱번째, 신·재생에너지 공급의무화제도 관련 법령 조문을 재정리할 필요가 있는데, 법률, 시행령 등에서 이 부분을 별도의 장으로 구분함으로써 법령구조를 체계적으로 정리하고, 공급인증기관이라는 용어를 좀 더 타당한 용어인 신·재생에너지 운용·관리기관이라는 용어로 바꾸며, 태양광의 외부구매의무를 법령에서 좀 더 명확히 규정하는 개정을 검토할 필요가 있다.

Ⅵ. 보급확대 및 산업육성을 위한 조세지원 확대

1. 신·재생에너지 산업지원에 대한 별도 조문의 신설

1) 현황 및 문제점

조특법 제25조의2(에너지절약시설에 대한 세액공제)에 따라 내국인이 신·

재생에너지를 생산하는 설비의 부품·중간재 또는 완제품을 제조하기 위한 시설에 2013년 12월 31일까지 투자(중고품 및 대통령령으로 정하는 리스에 의한 투자는 제외한다)하는 경우에는 그 투자금액의 10%에 상당하는 금액을 소득세(사업소득에 대한 소득세만 해당한다) 또는 법인세에서 공제받는다.[6]

그리고 조특법 제10조(연구 및 인력개발비에 대한 세액공제)에서는 신성장동력 연구개발비와 원천기술연구개발비에 대한 세액공제를 적용하고 있는데, 신·재생에너지산업이 신성장동력산업과 원천기술의 한 분야로 열거되어 세액공제를 받고 있다.

조특법 제25조의2는 그 제목에서도 보듯이 에너지절약시설 투자에 대한 세액공제의 내용을 담고 있는 바, 신·재생에너지산업은 에너지절약시설투자와 사실상 관련이 없는 분야이다.[7] 또한 연구 및 인력개발비 세액공제는 신성장동력산업과 원천기술분야에 대한 세액공제의 내용을 담고 있는바 신·재생에너지 산업분야에 대한 연구 및 인력개발비는 신성장동력산업 및 원천기술분야에 부분적으로 중복되는 사항이다.

결국 신·재생에너지산업 지원에 대한 개별적인 독립조항이 존재하지 않아 산업 환경의 변화에 따른 추가지원 및 Value Chain 전반에 대한 체계적인 지원방안 마련이 어렵다.

2) 개선방안

신·재생에너지법 및 저탄소 녹색성장 기본법에는 신·재생에너지 산업발전 지원에 대한 국가의 의무를 규정하고 있는바, 신·재생에너지 산업발전에 대한 세제상의 지원은 별도의 독립적인 조문을 통해 개별적이고 체계적으로 관리될 필요가 있다.[8] [신·재생에너지 설비투자에 대한 세액공제]라는 별도 조항을 신설하여 신·재생에너지산업에 대한 조세지원제도를 독

---

6) 조특법 시행규칙 별표8의 4에서는 구체적인 제조 시설은 조특법 시행규칙 제13조의2 별표 8의 4에서 태양광 설비, 풍력 설비, 수력 설비 등 크게 3가지로 구분하여 그 시설 내용과 적용범위를 규정하고 있다.

7) 기존에 신·재생에너지산업 규모가 크지 않음에 따라, 세제 편의상 신·재생에너지산업을 에너지절약시설투자에 포함시켜서 세제감면 지원을 했던 것으로 보인다. 하지만 에너지절약시설은 passive하게 에너지사용을 줄이는 시설인데 반해, 신·재생에너지설비는 active하게 에너지를 새로 생산하는 시설로서 엄연히 다른 시설이다.

8) 저탄소 녹색성장 기본법 제4조(국가의 책무), 제42조(기후변화대응 및 에너지의 목표관리), 신에너지 및 재생에너지 개발·이용·보급 촉진법 제29조(재정상 조치 등).

립하여 관리할 필요가 있으며, 또한 조특법 제10조(연구인력개발비에 대한 세액공제)에서는 신·재생에너지는 신성장동력산업과 원천기술 분야의 일부로 나뉘어져 세액공제가 적용되고 있는 바, 신·재생에너지에 대한 연구개발비 항목을 별도의 호로 구분하여 신설할 필요가 있다.[9)]

2. 현행 연구 및 인력개발비 세액공제 대상기술 확대

1) 현황 및 문제점

현행 조특법 제10조에서 규정하는 세액공제 대상기술로 열거된 신·재생에너지는 태양전지, 연료전지, 청정석탄에너지, 폐기물 에너지, 풍력에너지 총 6가지 에너지원이다.[10)] 신·재생에너지법상의 신·재생에너지로 지정된 에너지 중 태양열, 바이오, 수력, 해양, 지열, 수소에너지원에 대한 기술은 연구 및 인력개발비 세액공제 대상기술에 포함되어 있지 않다.

정부는 2009년에 우리경제의 새로운 성장 비전으로「신성장동력 비전과 발전 전략」을 발표하고, 미래 우리나라를 이끌 3대 분야 17개 신성장동력을 확정하였다.[11)] 신·재생에너지는 그 중 하나로서 태양광, 풍력, 수소·연료전지, 석탄이용 등 성장가능성이 높은 신·재생에너지가 신성장동력과 수출산업으로 집중 육성할 것을 목표로 하고 있다.

2) 개선방안

2010년 1월 조세특례제한법 제10조 연구 및 인력개발비에 대한 세액공제 개정시에도 신성장동력기술에 대한 연구 및 인력개발비(이하 '신성장동력연구개발비') 세액공제가 신설되어 일부 신·재생에너지 분야의 기술개발을 지원하고 있다. 반면 2009년 발표한 신성장동력분야에는 신·재생에너지를 열거하여 신·재생에너지 11개 분야가 모두 포함되어 있는 점을 감안할 때, 현행 조특법상 신성장동력연구개발비에 해당하는 기술로 열거되지 않은 신·재생에너지 분야의 기술개발에 대한 지원이 필요하다.

---

9) 안진회계법인, 위의 연구용역보고서, pp. 101-114에서 일부 인용한다.

10) 조특법 제10조제1항제1호, 동법 시행령 제9조 별표 7 참조.

11) 지식경제부, '신·재생에너지, 글로벌헬스케어 등 미래 한국을 이끌 17개 신성장동력 선정', 보도자료, 2009.1.13.

따라서 신 · 재생에너지로 지정한 11개 분야의 에너지 기술 중 신성장동력연구개발비로 지정되지 않은 태양열, 바이오, 수력, 해양, 수소에너지 기술을 연구 및 인력개발비 세액공제 대상 기술로 추가하는 것이 타당할 것이다.

Ⅶ. 신 · 재생에너지 산업분류체계 마련[12)]

현재 신 · 재생에너지 생산량은 신 · 재생에너지센터에서 집계하여 통계를 생산하고 있지만, 신 · 재생에너지 산업에 대한 통계(기업수, 매출액, 수출액, 투자액, 고용인원 등)는 체계적으로 얻을 수 있는 시스템이 갖추어 있지 않다. 지식경제부에서 전문조사연구기관을 통해서 연도별로 전수조사를 하여 이러한 신 · 재생에너지 산업현황을 파악하고는 있으나 이러한 방식은 기본적인 해결책이 될 수 없다.

통계청에서 운용하는 한국표준산업분류(KSIC, Korean Standard Industrial Classification)가 있기는 하지만, 신 · 재생에너지산업에 대한 별도의 분류가 없어서 활용이 불가능한 것이 현실이다. 현재의 산업분류표를 살펴보면 기존 산업분류내에서 신 · 재생에너지산업은 분류상 누락되어 있거나 기타로 분류되어 있기 때문이다.

그리고 신 · 재생에너지산업은 기존 산업과의 높은 연관관계로 인해 별도 산업분류가 곤란한 측면도 있는 것이 사실이다. 대부분의 신 · 재생에너지 기업들이 신 · 재생에너지에만 특화된 경우보다는 기업의 사업의 한 영역으로 신 · 재생에너지 사업에 진출하고 있으며, 신 · 재생에너지 시스템의 최종 설치단계 이전의 부품 및 제품들은 에너지산업이라기보다는 기존의 전자, 화학, 기계 산업적 성격이 강하다.

한국표준산업분류에 따르면 에너지산업이 특수분류의 하나로 분류되고 있는데 신 · 재생에너지산업은 에너지산업이라는 분류에도 포함되어 있지 않다. 특수분류 중의 하나인 에너지산업에는 광업, 제조업, 전기 · 가스 · 증

12) 에너지경제연구원, 신 · 재생에너지 산업육성을 위한 통계 및 산업분류 체계 정비방안, 2011.6. 제6장을 일부 참조하였다.

기 및 수도업의 일부를 별도로 묶어놓은 것으로서 신·재생에너지는 포함되지 않고 있으며, 또한 신·재생에너지산업의 부품·소재 및 제품, 시스템은 기존 에너지산업과는 산업적, 기술적 차이가 있음으로 인해 기존 에너지산업 분류로 묶는 데도 상당한 문제점이 존재하기도 한다.

이처럼 신·재생에너지산업에 대한 별도의 분류체계가 없으므로, 신·재생에너지산업에 대한 자세한 현황 파악이 어려우며 신·재생에너지산업에 집중되고 특화된 정책지원도 어렵다는 문제가 발생한다. 산업육성의 가장 기초는 해당산업에 대한 정확한 현황 파악이라는 점에서 이러한 문제점은 개선될 필요가 있다. 그런데, 이처럼 신·재생에너지산업에 대한 별도의 산업분류체계가 갖추어져 있지 않은 것은 비단 우리나라뿐만 아니라, 미국, 일본, EU도 동일한 상황이데, 이는 아직까지 신·재생에너지산업이 성장초기단계여서 산업분류체계를 마련하지 못한 것이다.

이러한 문제점에 대한 해결방안을 검토해 보자.

먼저 신·재생에너지산업에 대한 분류체계를 만드는 방법에는 단순하게는 한국표준산업분류(KSIC)에 신·재생에너지산업에 대한 별도의 분류코드를 만드는 방법을 생각해 볼 수 있으나, 이는 현실성이 크게 떨어지는 방법이다. 왜냐하면 한국표준산업분류는 국내의 산업전반 및 국제산업과의 비교, 파악 등의 목적으로 UN의 국제표준산업분류(ISIC, International Standard Industrial Classification)를 기초로 작성된다. 따라서 국제표준산업분류에 없는 신·재생에너지산업분류를 한국표준산업분류 내에 만드는 것은 매우 어려운 일일 것이다.

따라서 이보다는 한국표준산업분류코드상의 '특수분류'를 활용하는 방법이 보다 타당한 방법이라고 본다. 이를 위해서는 두 가지 절차를 거쳐야 한다.

먼저 현재의 제조업, 건설업 등의 분류표를 따르되 이러한 기존의 분류에서 누락된 부분은 추가하고 기타로 분류된 부분은 따로 명시하는 방식을 채택하여 신·재생에너지산업에 해당하는 각각의 모든 부분을 기존의 분류표에서 개별적으로 구별한다.

다음으로는 이렇게 기존의 산업분류방식 내에서 개별적으로 구별된 신·재생에너지산업을 따로 '특수분류'를 통해서 분류함으로서 신·재생에너지산업을 별도로 파악, 관리토록 하는 것이다.

특수분류란 한국표준산업분류 내에서 관련 분류를 재구성함으로써 별도로 관리할 필요가 있는 산업을 분류하는 방식으로서, 재집계에 따른 비효율성을 방지하면서 한국표준산업분류를 국제표준산업분류와의 적합성을 유지할 수 있다는 장점이 있다. 현재 물류산업, 스포츠산업, 자동차관련 전용부품 제조산업, 에너지산업, 로봇산업(제조품목), 문화산업, 관광산업 등 7개 산업에 대해 특수분류를 하고 있다.

이중에서 로봇산업(제조품목)의 특수분류를 예로 설명하면 다음과 같다.

표 8-4 로봇산업(제조품목)에 대한 특수분류(사례)

○ 작성근거
- 국가과학기술위원회에서 국가전략산업으로서 로봇산업을 선정하고 "지능형로봇산업 비젼 및 발전전략"사업계획을 수립하여 산업자원부와 정보통신부가 공동 작업추진
- 이러한 정책지원을 위한 통계 인프라 구축의 일환으로 기계산업진흥회가 로봇산업에 대한 기본 분류체계를 작성하고 통계청에서 이를 검토하여 최종 확정

○ 분류체계 및 항목
- 대분류(4), 중분류(28), 소분류(137)

Ⅷ. 법 목적에 수출산업화 명시

신 · 재생에너지법 제1조에 따르면 법의 기본목적이 기술개발 및 이용 · 보급 촉진과 산업의 활성화를 통하여 에너지원 다양화, 안정적인 에너지 공급, 환경보전, 국가경제의 지속적인 발전 및 국민복지의 증진에 이바지함으로 되어 있다. 이를 보면 신 · 재생에너지를 성장동력산업 육성 측면에서의 접근이 부족하고 주로 에너지안보, 기후변화 대응 등에 치중하고 있다. 하지만 전세계적으로 신 · 재생에너지에 대한 관심이 커지고 각국 정부의 지대한 지원을 받는 큰 이유 중의 하나는 태양광, 풍력, 연료전지, 바이오에너지 등 세계 신 · 재생에너지시장이 빠른 속도로 커지고 있어서 신성장동력산업으로서 일자리와 소득을 창출하는 중요한 산업이 되고 있기 때문이다. 이러한 측면에서 신 · 재생에너지를 보다 신성장동력산업 육성 측면에서 접근할 필요가 있는데, 특히 수출산업화를 적극 지원할 필요가 있다. 즉 신 ·

재생에너지법의 기본목적에 신・재생에너지의 수출산업화를 명시하고 이를 적극 지원할 필요가 있다.

매년 7천억원 이상[13]을 투입하는 신・재생에너지 보급사업은 두 가지 측면에서 의의가 있다. 신・재생에너지 보급을 확대하여 화석연료에 대한 의존을 줄이겠다는 것도 있지만, 내수시장을 창출하여 국내 태양광, 풍력, 연료전지, 바이오에너지, 폐기물에너지 관련 산업 등이 성장할 수 있는 환경을 만드는 효과도 크다. 특히 발전단가가 매우 높은 태양광의 경우는 에너지안보 및 화석연료 대체보다는 내수시장 창출을 통한 국내 태양전지 및 태양광 모듈산업을 육성하려는 목적이 더 크다고 볼 것이다. 물론 태양광의 발전단가가 지속적으로 하락하면서 grid parity에 접근하게 되면 화석연료 대체, 에너지안보 강화 등 보급확대 측면이 큰 의의를 가질 수 있을 것이나 그전까지는 국내태양광산업 육성이 보다 큰 보급목적이 될 것이다. 이처럼 신・재생에너지산업 육성이라는 측면에서는 해외시장개척을 적극 지원하는 것도 매우 효과적인 정책수단일 것이다. 국내 신・재생에너지산업 육성을 위해서는 해외진출을 적극 지원할 필요가 있다.

해외 선진국 사례를 보면, 전기공급이 굉장히 열악하고 전기요금도 상당히 비싼 개도국에 아세안은행(ADB) 또는 UN 산하기구 등의 국제적인 펀드를 활용하여 수백 MW 단위의 대규모 태양광발전소 건설을 적극 추진하고 있다. 개도국 중에는 기술부족 등으로 석탄 화력발전소 건설이 어렵고 소규모 디젤발전소 또는 수력발전소 등을 통해서 전기를 생산하고 있어서 전기공급이 매우 부족한 나라들이 많이 있다. 선진국들은 이러한 대규모 태양광 프로젝트를 통해서 개도국의 열악한 전기 공급 지원의 명분과 함께 자국의 태양광 관련업체가 암묵적으로 참여토록 함으로써 자국 태양광산업 육성도 도모하는 것이다. 우리도 이러한 개도국 지원방법으로 개도국 내에 대규모 태양광 발전소, 풍력발전소 건설 등을 통한 전기 공급을 지원하는 방안을 적극 모색할 필요가 있다.

바이오에너지 및 폐기물에너지 생산은 선진국, 개도국 상관없이 전세계적으로 매우 관심이 높아지고 있는 분야이다. 농가의 가축분뇨, 버려지는 음식물쓰레기 등을 활용하여 생산하는 바이오가스는 난방연료 등으로 쓰일

---

13) 발전차액지원사업을 포함한 금액이다.

뿐만 아니라 순도가 높은 경우 차량의 연료로도 사용될 수 있으며, 매우 고도의 기술개발수준을 필요로 한다. 폐기물의 경우 해양투기 등이 금지됨에 따라 매립할 수 밖에 없는데 이러한 폐기물처리를 고온, 고압에서 처리함으로써 에너지를 생산하는 다양한 폐기물 에너지화 방법이 연구되고 있으며 소규모 단위의 실증설비도 만들어 지고 있다. 우리가 단순히 환경을 훼손하는 쓰레기를 최대한 잘 수거해서 버리는 것으로 만족하던 것에서 한걸음 더 나아가 재생가능하고 경제적이며 값비싼 에너지를 얻을 수 있다는 점은 매우 매력적이지 않을 수 없다. 이러한 바이오가스, 폐기물에너지 등의 생산은 전세계적으로 관심을 가질 수밖에 없으므로 세계시장의 잠재규모는 매우 크며 고도의 기술개발이 축적되어야 하므로 이러한 진입장벽을 통해서 큰 소득과 일자리를 얻을 수 있다.

우리가 일반적으로 생각하는 쓰레기를 잘 처리하는데서 끝나지 않고 에너지화까지 연결시키기 위해서는 바이오에너지, 폐기물에너지의 기술개발 및 산업화를 적극 지원하여야 할 것이며 특히 업체가 track record를 쌓고 이를 토대로 해외에 진출할 수 있도록 도와주기 위해서는 정책적으로 대규모 실증플랜트 건설을 지원할 필요가 있다. 하나의 시·군에서 발생하는 가축분뇨, 쓰레기 등을 모두 한곳에서 처리하여 규모의 경제를 통해 경제성있는 에너지를 생산할 수 있는 대규모 폐기물에너지 및 바이오에너지 생산 실증플랜트 건설을 지원함으로써 바이오에너지 및 폐기물에너지의 사업화를 앞당기고 생산단가를 낮추어야 할 것이다. 그럼으로써 지자체별로 집합적인 수요가 형성되어서 산업화 및 수익모델이 구축될 수 있다.

이처럼 대규모 실증플랜트를 건설하여 운영한 후, 이를 바탕으로 해외시장을 적극 개척할 수 있을 것이다. 바이오에너지 및 폐기물에너지 시장은 선진국, 개도국 구분 없이 막대한 잠재수요가 있는 분야이다.

신에너지 및 재생에너지 개발·이용·보급 촉진법령집

2012. 9.

소관부처: 지식경제부(신재생에너지과)

〈목 차〉

1. 신에너지 및 재생에너지 개발 · 이용 · 보급 촉진법-시행령-시행규칙 3단 비교표

신에너지 및 재생에너지 개발 · 이용 · 보급 촉진법 [법률 제10445호, 2011.3.9, 타법개정]	신에너지 및 재생에너지 개발 · 이용 · 보급 촉진법 시행령 [대통령령 제23640호, 2012.2.28, 일부개정]	신에너지 및 재생에너지 개발 · 이용 · 보급 촉진법 시행규칙 [지식경제부령 제149호, 2010.9.24, 일부개정]
제 1 조(목적) 이 법은 신에너지 및 재생에너지의 기술개발 및 이용 · 보급 촉진과 신에너지 및 재생에너지 산업의 활성화를 통하여 에너지원을 다양화하고, 에너지의 안정적인 공급, 에너지 구조의 환경친화적 전환 및 온실가스 배출의 감소를 추진함으로써 환경의 보전, 국가경제의 건전하고 지속적인 발전 및 국민복지의 증진에 이바지함을 목적으로 한다. [전문개정 2010.4.12]	제 1 조(목적) 이 영은 「신에너지 및 재생에너지 개발 · 이용 · 보급 촉진법」에서 위임된 사항과 그 시행에 필요한 사항을 규정함을 목적으로 한다. [전문개정 2010.9.17]	제1조(목적) 이 규칙은 「신에너지 및 재생에너지 개발 · 이용 · 보급 촉진법」 및 같은 법 시행령에서 위임된 사항과 그 시행에 필요한 사항을 규정함을 목적으로 한다. [전문개정 2010.9.24]
제 2 조(정의) 이 법에서 사용하는 용어의 뜻은 다음과 같다. 1. "신에너지 및 재생에너지"(이하 "신 · 재생에너지"라 한다)란 기존의 화석연료를 변환시켜 이용하거나 햇빛 · 물 · 지열(地熱) · 강수(降水) · 생물유기체 등을 포함하는 재생 가능한 에너지를 변환시켜 이용하는 에너지	제 2 조(바이오에너지 등의 기준 및 범위) 「신에너지 및 재생에너지 개발 · 이용 · 보급 촉진법」(이하 "법"이라 한다) 제2조제1호나목 · 바목 및 아목에서 "대통령령으로 정하는 기준 및 범위"란 별표 1과 같다. [전문개정 2010.9.17]	제 2 조(신 · 재생에너지 설비) 「신에너지 및 재생에너지 개발 · 이용 · 보급 촉진법」(이하 "법"이라 한다) 제2조제2호에서 "지식경제부령으로 정하는 것"이란 다음 각 호의 설비 및 그 부대설비(이하 "신 · 재생에너지 설비"라 한다)를 말한다. 1. 태양에너지 설비

신에너지 및 재생에너지 개발 · 이용 · 보급 촉진법 [법률 제10445호, 2011.3.9, 타법개정]	신에너지 및 재생에너지 개발 · 이용 · 보급 촉진법 시행령 [대통령령 제23640호, 2012.2.28, 일부개정]	신에너지 및 재생에너지 개발 · 이용 · 보급 촉진법 시행규칙 [지식경제부령 제149호, 2010.9.24, 일부개정]
로서 다음 각 목의 어느 하나에 해당하는 것을 말한다. 가. 태양에너지 나. 생물자원을 변환시켜 이용하는 바이오에너지로서 대통령령으로 정하는 기준 및 범위에 해당하는 에너지 다. 풍력 라. 수력 마. 연료전지 바. 석탄을 액화 · 가스화한 에너지 및 중질잔사유(重質殘渣油)를 가스화한 에너지로서 대통령령으로 정하는 기준 및 범위에 해당하는 에너지 사. 해양에너지 아. 대통령령으로 정하는 기준 및 범위에 해당하는 폐기물에너지 자. 지열에너지		가. 태양열 설비: 태양의 열에너지를 변환시켜 전기를 생산하거나 에너지원으로 이용하는 설비 나. 태양광 설비: 태양의 빛에너지를 변환시켜 전기를 생산하거나 채광(採光)에 이용하는 설비 2. 바이오에너지 설비: 「신에너지 및 재생에너지 개발 · 이용 · 보급 촉진법 시행령」(이하 "영"이라 한다) 별표 1의 바이오에너지를 생산하거나 이를 에너지원으로 이용하는 설비 3. 풍력 설비: 바람의 에너지를 변환시켜 전기를 생산하는 설비 4. 수력 설비: 물의 유동(流動) 에너지를 변환시켜 전기를 생산하는 설비 5. 연료전지 설비: 수소와 산소의 전기화학 반응을 통하여 전기 또는 열을 생산하는 설비 6. 석탄을 액화 · 가스화한 에너지 및 중질잔사

신에너지 및 재생에너지 개발 · 이용 · 보급 촉진법 [법률 제10445호, 2011.3.9, 타법개정]	신에너지 및 재생에너지 개발 · 이용 · 보급 촉진법 시행령 [대통령령 제23640호, 2012.2.28, 일부개정]	신에너지 및 재생에너지 개발 · 이용 · 보급 촉진법 시행규칙 [지식경제부령 제149호, 2010.9.24, 일부개정]
차. 수소에너지 카. 그 밖에 석유 · 석탄 · 원자력 또는 천연가스가 아닌 에너지로서 대통령령으로 정하는 에너지 2. “신 · 재생에너지 설비”란 신 · 재생에너지를 생산하거나 이용하는 설비로서 지식경제부령으로 정하는 것을 말한다. 3. “신 · 재생에너지 발전”이란 신 · 재생에너지를 이용하여 전기를 생산하는 것을 말한다. 4. “신 · 재생에너지 발전사업자”란 「전기사업법」 제2조제4호에 따른 발전사업자 또는 같은 조 제19호에 따른 자가용전기설비를 설치한 자로서 신 · 재생에너지 발전을 하는 사업자를 말한다. [전문개정 2010.4.12] 제 3 조 삭제 <2010.4.12> 제 4 조(시책과 장려 등) ① 정부는 신 · 재생에너		유(重質殘渣油)를 가스화한 에너지 설비: 석탄 및 중질잔사유의 저급 연료를 액화 또는 가스화시켜 전기 또는 열을 생산하는 설비 7. 해양에너지 설비: 해양의 조수, 파도, 해류, 온도차 등을 변환시켜 전기 또는 열을 생산하는 설비 8. 폐기물에너지 설비: 폐기물을 변환시켜 연료 및 에너지를 생산하는 설비 9. 지열에너지 설비: 물, 지하수 및 지하의 열 등의 온도차를 변환시켜 에너지를 생산하는 설비 10. 수소에너지 설비: 물이나 그 밖에 연료를 변환시켜 수소를 생산하거나 이용하는 설비 [전문개정 2010.9.24]

신에너지 및 재생에너지 개발 · 이용 · 보급 촉진법 [법률 제10445호, 2011.3.9, 타법개정]	신에너지 및 재생에너지 개발 · 이용 · 보급 촉진법 시행령 [대통령령 제23640호, 2012.2.28, 일부개정]	신에너지 및 재생에너지 개발 · 이용 · 보급 촉진법 시행규칙 [지식경제부령 제149호, 2010.9.24, 일부개정]
지의 기술개발 및 이용 · 보급의 촉진에 관한 시책을 마련하여야 한다. ② 정부는 지방자치단체, 「공공기관의 운영에 관한 법률」 제4조에 따른 공공기관(이하 "공공기관"이라 한다), 기업체 등의 자발적인 신 · 재생에너지 기술개발 및 이용 · 보급을 장려하고 보호 · 육성하여야 한다. [전문개정 2010.4.12] 제 5 조(기본계획의 수립) ① 지식경제부장관은 관계 중앙행정기관의 장과 협의를 한 후 제8조에 따른 신 · 재생에너지정책심의회의 심의를 거쳐 신 · 재생에너지의 기술개발 및 이용 · 보급을 촉진하기 위한 기본계획(이하 "기본계획"이라 한다)을 수립하여야 한다. ② 기본계획의 계획기간은 10년 이상으로 하며, 기본계획에는 다음 각 호의 사항이 포함되어야 한다.		

신에너지 및 재생에너지 개발・이용・보급 촉진법 [법률 제10445호, 2011.3.9, 타법개정]	신에너지 및 재생에너지 개발・이용・보급 촉진법 시행령 [대통령령 제23640호, 2012.2.28, 일부개정]	신에너지 및 재생에너지 개발・이용・보급 촉진법 시행규칙 [지식경제부령 제149호, 2010.9.24, 일부개정]
1. 기본계획의 목표 및 기간 2. 신・재생에너지원별 기술개발 및 이용・보급의 목표 3. 총전력생산량 중 신・재생에너지 발전량이 차지하는 비율의 목표 4. 「에너지법」 제2조제10호에 따른 온실가스의 배출 감소 목표 5. 기본계획의 추진방법 6. 신・재생에너지 기술수준의 평가와 보급전망 및 기대효과 7. 신・재생에너지 기술개발 및 이용・보급에 관한 지원 방안 8. 신・재생에너지 분야 전문인력 양성계획 9. 그 밖에 기본계획의 목표달성을 위하여 지식경제부장관이 필요하다고 인정하는 사항 ③ 지식경제부장관은 신・재생에너지의 기술개발 동향, 에너지 수요・공급 동향의 변화, 그		

신에너지 및 재생에너지 개발 · 이용 · 보급 촉진법 [법률 제10445호, 2011.3.9, 타법개정]	신에너지 및 재생에너지 개발 · 이용 · 보급 촉진법 시행령 [대통령령 제23640호, 2012.2.28, 일부개정]	신에너지 및 재생에너지 개발 · 이용 · 보급 촉진법 시행규칙 [지식경제부령 제149호, 2010.9.24, 일부개정]
밖의 사정으로 인하여 수립된 기본계획을 변경할 필요가 있다고 인정하면 관계 중앙행정기관의 장과 협의를 한 후 제8조에 따른 신 · 재생에너지정책심의회의 심의를 거쳐 그 기본계획을 변경할 수 있다. [전문개정 2010.4.12] 제 6 조(연차별 실행계획) ① 지식경제부장관은 기본계획에서 정한 목표를 달성하기 위하여 신 · 재생에너지의 종류별로 신 · 재생에너지의 기술개발 및 이용 · 보급과 신 · 재생에너지 발전에 의한 전기의 공급에 관한 실행계획(이하 "실행계획"이라 한다)을 매년 수립 · 시행하여야 한다. ② 지식경제부장관은 실행계획을 수립 · 시행하려면 미리 관계 중앙행정기관의 장과 협의하여야 한다. ③ 지식경제부장관은 실행계획을 수립하였을		

신에너지 및 재생에너지 개발 · 이용 · 보급 촉진법 [법률 제10445호, 2011.3.9, 타법개정]	신에너지 및 재생에너지 개발 · 이용 · 보급 촉진법 시행령 [대통령령 제23640호, 2012.2.28, 일부개정]	신에너지 및 재생에너지 개발 · 이용 · 보급 촉진법 시행규칙 [지식경제부령 제149호, 2010.9.24, 일부개정]
때에는 이를 공고하여야 한다. [전문개정 2010.4.12]		
제 7 조(신 · 재생에너지 기술개발 등에 관한 계획의 사전협의) 국가기관, 지방자치단체, 공공기관, 그 밖에 대통령령으로 정하는 자가 신 · 재생에너지 기술개발 및 이용 · 보급에 관한 계획을 수립 · 시행하려면 대통령령으로 정하는 바에 따라 미리 지식경제부장관과 협의하여야 한다. [전문개정 2010.4.12]	제 3 조(신 · 재생에너지 기술개발 등에 관한 계획의 사전협의) ① 법 제7조에서 "대통령령으로 정하는 자"란 다음 각 호의 어느 하나에 해당하는 자를 말한다. 1. 정부로부터 출연금을 받은 자 2. 정부출연기관 또는 제1호에 따른 자로부터 납입자본금의 100분의 50 이상을 출자받은 자 ② 법 제7조에 따라 신에너지 및 재생에너지(이하 "신 · 재생에너지"라 한다) 기술개발 및 이용 · 보급에 관한 계획을 협의하려는 자는 그 시행 사업연도 개시 4개월 전까지 지식경제부장관에게 계획서를 제출하여야 한다. ③ 지식경제부장관은 제2항에 따라 계획서를 받았을 때에는 다음 각 호의 사항을 검토하여 협의를 요청한 자에게 그 의견을 통보하여야	

신에너지 및 재생에너지 개발 · 이용 · 보급 촉진법 [법률 제10445호, 2011.3.9, 타법개정]	신에너지 및 재생에너지 개발 · 이용 · 보급 촉진법 시행령 [대통령령 제23640호, 2012.2.28, 일부개정]	신에너지 및 재생에너지 개발 · 이용 · 보급 촉진법 시행규칙 [지식경제부령 제149호, 2010.9.24, 일부개정]
	한다. 1. 법 제5조에 따른 신 · 재생에너지의 기술개발 및 이용 · 보급을 촉진하기 위한 기본계획(이하 "기본계획"이라 한다)과의 조화성 2. 시의성(時宜性) 3. 다른 계획과의 중복성 4. 공동연구의 가능성 [전문개정 2010.9.17]	
제 8 조(신 · 재생에너지정책심의회) ① 신 · 재생에너지의 기술개발 및 이용 · 보급에 관한 중요 사항을 심의하기 위하여 지식경제부에 신 · 재생에너지정책심의회(이하 "심의회"라 한다)를 둔다. ② 심의회는 다음 각 호의 사항을 심의한다. 1. 기본계획의 수립 및 변경에 관한 사항. 다만, 기본계획의 내용 중 대통령령으로 정하는 경미한 사항을 변경하는 경우는 제외한다.	제 4 조(신 · 재생에너지정책심의회의 구성) ① 법 제8조제1항에 따른 신 · 재생에너지정책심의회(이하 "심의회"라 한다)는 위원장 1명을 포함한 20명 이내의 위원으로 구성한다. ② 심의회의 위원장은 지식경제부 소속 에너지 분야의 업무를 담당하는 고위공무원단에 속하는 일반직공무원 중에서 지식경제부장관이 지명하는 사람으로 하고, 위원은 다음 각 호의 사람으로 한다.	

신에너지 및 재생에너지 개발・이용・보급 촉진법 [법률 제10445호, 2011.3.9, 타법개정]	신에너지 및 재생에너지 개발・이용・보급 촉진법 시행령 [대통령령 제23640호, 2012.2.28, 일부개정]	신에너지 및 재생에너지 개발・이용・보급 촉진법 시행규칙 [지식경제부령 제149호, 2010.9.24, 일부개정]
2. 신・재생에너지의 기술개발 및 이용・보급에 관한 중요 사항 3. 신・재생에너지 발전에 의하여 공급되는 전기의 기준가격 및 그 변경에 관한 사항 4. 그 밖에 지식경제부장관이 필요하다고 인정하는 사항 ③ 심의회의 구성・운영과 그 밖에 필요한 사항은 대통령령으로 정한다. [전문개정 2010.4.12]	1. 기획재정부, 교육과학기술부, 농림수산식품부, 지식경제부, 환경부, 국토해양부의 3급 공무원 또는 고위공무원단에 속하는 일반직 공무원 중 해당 기관의 장이 지명하는 사람 각 1명 2. 신・재생에너지 분야에 관한 학식과 경험이 풍부한 사람 중 지식경제부장관이 위촉하는 사람 [전문개정 2010.9.17] 제 5 조(심의회의 운영) ① 심의회의 위원장은 심의회의 회의를 소집하고 그 의장이 된다. ② 심의회의 회의는 재적위원 과반수의 출석으로 개의(開議)하고, 출석위원 과반수의 찬성으로 의결한다. [전문개정 2010.9.17] 제 6 조(간사 등) ① 심의회에 간사 및 서기 각 1명을 둔다.	

신에너지 및 재생에너지 개발 · 이용 · 보급 촉진법 [법률 제10445호, 2011.3.9, 타법개정]	신에너지 및 재생에너지 개발 · 이용 · 보급 촉진법 시행령 [대통령령 제23640호, 2012.2.28, 일부개정]	신에너지 및 재생에너지 개발 · 이용 · 보급 촉진법 시행규칙 [지식경제부령 제149호, 2010.9.24, 일부개정]
	② 간사 및 서기는 지식경제부 소속 공무원 중에서 지식경제부장관이 지명하는 사람으로 한다. [전문개정 2010.9.17] 제 7 조(신 · 재생에너지전문위원회) ① 심의회의 원활한 심의를 위하여 필요한 경우에는 심의회에 신 · 재생에너지전문위원회(이하 "전문위원회"라 한다)를 둘 수 있다. ② 전문위원회의 위원은 신 · 재생에너지 분야에 관한 전문지식을 가진 사람으로서 지식경제부장관이 위촉하는 사람으로 한다. [전문개정 2010.9.17] 제 8 조(수당 등) 심의회 또는 전문위원회의 위원 중 회의에 참석한 위원에게는 예산의 범위에서 수당과 여비를 지급할 수 있다. 다만, 공무원인 위원이 그 소관 업무와 직접 관련되어 심의회에 출석하는 경우에는 그러하지 아니하다. [전문개정 2010.9.17]	

신에너지 및 재생에너지 개발 · 이용 · 보급 촉진법 [법률 제10445호, 2011.3.9, 타법개정]	신에너지 및 재생에너지 개발 · 이용 · 보급 촉진법 시행령 [대통령령 제23640호, 2012.2.28, 일부개정]	신에너지 및 재생에너지 개발 · 이용 · 보급 촉진법 시행규칙 [지식경제부령 제149호, 2010.9.24, 일부개정]
	제 9 조(운영세칙) 제4조부터 제8조까지에서 규정한 사항 외에 심의회 또는 전문위원회의 운영에 필요한 사항은 심의회의 의결을 거쳐 심의회의 위원장이 정한다. [전문개정 2010.9.17]	
	제10조(심의회의 심의사항에서 제외되는 기본계획의 경미한 변경) 법 제8조제2항제1호 단서에서 "대통령령으로 정하는 경미한 사항을 변경하는 경우"란 기본계획에서 정한 예산의 규모에 영향을 미치지 아니하는 범위에서 기본계획의 내용 중 그 계획의 집행을 위한 세부사항을 변경하는 경우를 말한다. [전문개정 2010.9.17]	
제 9 조(신 · 재생에너지 기술개발 및 이용 · 보급 사업비의 조성) 정부는 실행계획을 시행하는 데에 필요한 사업비를 회계연도마다 세출예산에 계상(計上)하여야 한다.		

신에너지 및 재생에너지 개발 · 이용 · 보급 촉진법 [법률 제10445호, 2011.3.9, 타법개정]	신에너지 및 재생에너지 개발 · 이용 · 보급 촉진법 시행령 [대통령령 제23640호, 2012.2.28, 일부개정]	신에너지 및 재생에너지 개발 · 이용 · 보급 촉진법 시행규칙 [지식경제부령 제149호, 2010.9.24, 일부개정]
[전문개정 2010.4.12] 제10조(조성된 사업비의 사용) 지식경제부장관은 제9조에 따라 조성된 사업비를 다음 각 호의 사업에 사용한다. 1. 신 · 재생에너지의 자원조사, 기술수요조사 및 통계작성 2. 신 · 재생에너지의 연구 · 개발 및 기술평가 3. 신 · 재생에너지 이용 건축물의 인증 및 사후관리 4. 신 · 재생에너지 공급의무화 지원 5. 신 · 재생에너지 설비의 성능평가 · 인증 및 사후관리 6. 신 · 재생에너지 기술정보의 수집 · 분석 및 제공 7. 신 · 재생에너지 분야 기술지도 및 교육 · 홍보 8. 신 · 재생에너지 분야 특성화대학 및 핵심기	제11조(조성된 사업비를 사용하는 사업) 법 제10조제16호에서 "대통령령으로 정하는 사업"이란 다음 각 호의 사업을 말한다. 1. 신 · 재생에너지 기술개발 및 이용 · 보급에 관한 학술활동의 지원 2. 법 제31조제1항에 따른 신 · 재생에너지센터(이하 "센터"라 한다)의 신 · 재생에너지 기술개발 및 이용 · 보급 사업에 대한 지원 및 관리 [전문개정 2010.9.17]	

신에너지 및 재생에너지 개발·이용·보급 촉진법 [법률 제10445호, 2011.3.9, 타법개정]	신에너지 및 재생에너지 개발·이용·보급 촉진법 시행령 [대통령령 제23640호, 2012.2.28, 일부개정]	신에너지 및 재생에너지 개발·이용·보급 촉진법 시행규칙 [지식경제부령 제149호, 2010.9.24, 일부개정]
술연구센터 육성 9. 신·재생에너지 분야 전문인력 양성 10. 신·재생에너지 설비 설치전문기업의 지원 11. 신·재생에너지 시범사업 및 보급사업 12. 신·재생에너지 이용의무화 지원 13. 신·재생에너지 관련 국제협력 14. 신·재생에너지 기술의 국제표준화 지원 15. 신·재생에너지 설비 및 그 부품의 공용화 지원 16. 그 밖에 신·재생에너지의 기술개발 및 이용·보급을 위하여 필요한 사업으로서 대통령령으로 정하는 사업 [전문개정 2010.4.12]		
제11조(사업의 실시) ① 지식경제부장관은 제10조 각 호의 사업을 효율적으로 추진하기 위하여 필요하다고 인정하면 다음 각 호의 어느 하나에 해당하는 자와 협약을 맺어 그 사업을 하	제12조(기술료의 징수 등) ① 법 제11조제1항에 따라 지식경제부장관과 협약을 맺은 자(이하 이 조에서 "사업주관기관"이라 한다)의 장 또는 대표자는 신·재생에너지 연구·개발사업	

신에너지 및 재생에너지 개발 · 이용 · 보급 촉진법 [법률 제10445호, 2011.3.9, 타법개정]	신에너지 및 재생에너지 개발 · 이용 · 보급 촉진법 시행령 [대통령령 제23640호, 2012.2.28, 일부개정]	신에너지 및 재생에너지 개발 · 이용 · 보급 촉진법 시행규칙 [지식경제부령 제149호, 2010.9.24, 일부개정]
게 할 수 있다. <개정 2011.3.9> 1. 「특정연구기관 육성법」에 따른 특정연구기관 2. 「기초연구진흥 및 기술개발지원에 관한 법률」 제14조제1항제2호에 따른 기업연구소 3. 「산업기술연구조합 육성법」에 따른 산업기술연구조합 4. 「고등교육법」에 따른 대학 또는 전문대학 5. 국공립연구기관 6. 국가기관, 지방자치단체 및 공공기관 7. 그 밖에 지식경제부장관이 기술개발능력이 있다고 인정하는 자 ② 지식경제부장관은 제1항 각 호의 어느 하나에 해당하는 자가 하는 기술개발사업 또는 이용 · 보급 사업에 드는 비용의 전부 또는 일부를 출연(出捐)할 수 있다. ③ 제2항에 따른 출연금의 지급 · 사용 및 관리	의 성과를 생산과정에 이용하려는 자로부터 신청을 받아 이용하게 할 수 있다. ② 제1항에 따라 신 · 재생에너지 연구 · 개발사업의 성과를 생산과정에 이용한 자가 신제품 생산 · 원가절감 또는 품질 향상의 효과를 얻을 경우에는 사업주관기관의 장 또는 대표자는 해당 이용자로부터 협약의 내용에 따라 기술료를 징수할 수 있다. 다만, 그 이용자가 해당 신 · 재생에너지 연구 · 개발사업에 참여한 자로서 「중소기업기본법」 제2조에 따른 중소기업자에 해당하는 경우에는 기술료를 감면할 수 있다. [전문개정 2010.9.17] **제13조(출연금의 지급방법)** 지식경제부장관은 법 제11조제2항에 따른 출연금(이하 "출연금"이라 한다)을 분할하여 지급한다. 다만, 사업의 규모 및 착수시기를 고려하여 필요하다고 인	

신에너지 및 재생에너지 개발·이용·보급 촉진법 [법률 제10445호, 2011.3.9, 타법개정]	신에너지 및 재생에너지 개발·이용·보급 촉진법 시행령 [대통령령 제23640호, 2012.2.28, 일부개정]	신에너지 및 재생에너지 개발·이용·보급 촉진법 시행규칙 [지식경제부령 제149호, 2010.9.24, 일부개정]
등에 필요한 사항은 대통령령으로 정한다. [전문개정 2010.4.12]	정될 때에는 한 번에 지급할 수 있다. [전문개정 2010.9.17] 제14조(출연금의 사용 및 관리) ① 출연금은 법 제10조 각 호의 사업의 수행과 관련되는 비용 외의 용도로 사용해서는 아니 된다. ② 출연금을 받은 자는 별도의 계정(計定)을 만들어 관리하여야 한다. [전문개정 2010.9.17]	
제12조(신·재생에너지사업에의 투자권고 및 신·재생에너지 이용의무화 등) ① 지식경제부장관은 신·재생에너지의 기술개발 및 이용·보급을 촉진하기 위하여 필요하다고 인정하면 에너지 관련 사업을 하는 자에 대하여 제10조 각 호의 사업을 하거나 그 사업에 투자 또는 출연할 것을 권고할 수 있다. ② 지식경제부장관은 신·재생에너지의 이용·보급을 촉진하고 신·재생에너지산업의	제15조(신·재생에너지 공급의무 비율 등) ① 법 제12조제2항에 다른 예상 에너지사용량에 대한 신·재생에너지 공급의무 비율은 다음 각 호와 같다. 1. 「건축법 시행령」 별표 1 제5호부터 제16호까지, 제23호가목부터 다목까지, 제24호 및 제26호부터 제28호까지의 용도의 건축물로서 신축·증축 또는 개축하는 부분의 연면적이 1천제곱미터 이상인 건축물(해당 건축	

신에너지 및 재생에너지 개발 · 이용 · 보급 촉진법 [법률 제10445호, 2011.3.9, 타법개정]	신에너지 및 재생에너지 개발 · 이용 · 보급 촉진법 시행령 [대통령령 제23640호, 2012.2.28, 일부개정]	신에너지 및 재생에너지 개발 · 이용 · 보급 촉진법 시행규칙 [지식경제부령 제149호, 2010.9.24, 일부개정]
활성화를 위하여 필요하다고 인정하면 다음 각 호의 어느 하나에 해당하는 자가 신축 · 증축 또는 개축하는 건축물에 대하여 대통령령으로 정하는 바에 따라 그 설계 시 산출된 예상 에너지사용량의 일정 비율 이상을 신 · 재생에너지를 이용하여 공급되는 에너지를 사용하도록 신 · 재생에너지 설비를 의무적으로 설치하게 할 수 있다. 1. 국가 및 지방자치단체 2. 「공공기관의 운영에 관한 법률」 제5조에 따른 공기업(이하 “공기업”이라 한다) 3. 정부가 대통령령으로 정하는 금액 이상을 출연한 정부출연기관 4. 「국유재산법」 제2조제6호에 따른 정부출자기업체 5. 지방자치단체 및 제2호부터 제4호까지의 규정에 따른 공기업, 정부출연기관 또는 정부	물의 건축 목적, 기능, 설계 조건 또는 시공여건상의 특수성으로 인하여 신 · 재생에너지 설비를 설치하는 것이 불합리하다고 인정되는 경우로서 지식경제부장관이 정하여 고시하는 건축물은 제외한다): 별표 2에 따른 비율 이상 2. 제1호 외의 건축물: 지식경제부장관이 용도별 건축물의 종류로 정하여 고시하는 비율 이상 ② 제1항제1호에서 “연면적”이란 「건축법 시행령」 제119조제1항제4호에 따른 연면적을 말하되, 하나의 대지(垈地)에 둘 이상의 건축물이 있는 경우에는 동일한 건축허가를 받은 건축물의 연면적 합계를 말한다. ③ 제1항에 따른 건축물의 예상 에너지사용량의 산정기준 및 산정방법 등은 신 · 재생에너지의 균형 있는 보급과 기술개발의 촉진 및 산	

신에너지 및 재생에너지 개발·이용·보급 촉진법 [법률 제10445호, 2011.3.9, 타법개정]	신에너지 및 재생에너지 개발·이용·보급 촉진법 시행령 [대통령령 제23640호, 2012.2.28, 일부개정]	신에너지 및 재생에너지 개발·이용·보급 촉진법 시행규칙 [지식경제부령 제149호, 2010.9.24, 일부개정]
출자기업체가 대통령령으로 정하는 비율 또는 금액 이상을 출자한 법인 6. 특별법에 따라 설립된 법인 ③ 지식경제부장관은 신·재생에너지의 활용 여건 등을 고려할 때 신·재생에너지를 이용하는 것이 적절하다고 인정되는 공장·사업장 및 집단주택단지 등에 대하여 신·재생에너지의 종류를 지정하여 이용하도록 권고하거나 그 이용설비를 설치하도록 권고할 수 있다. [전문개정 2010.4.12]	업 활성화 등을 고려하여 지식경제부장관이 정하여 고시한다. [전문개정 2010.9.17] **제16조(신·재생에너지 설비 설치의무기관)** ① 법 제12조제2항제3호에서 "대통령령으로 정하는 금액 이상"이란 연간 50억원 이상을 말한다. ② 법 제12조제2항제5호에서 "대통령령으로 정하는 비율 또는 금액 이상을 출자한 법인"이란 다음 각 호의 어느 하나에 해당하는 법인을 말한다. 1. 납입자본금의 100의 50 이상을 출자한 법인 2. 납입자본금으로 50억원 이상을 출자한 법인 [전문개정 2010.9.17] **제17조(신·재생에너지 설비의 설치계획서 제출 등)** ① 법 제12조제2항에 따라 같은 항 각 호의 어느 하나에 해당하는 자(이하 "설치의무기관"이라 한다)의 장 또는 대표자가 제15조제	

신에너지 및 재생에너지 개발·이용·보급 촉진법 [법률 제10445호, 2011.3.9, 타법개정]	신에너지 및 재생에너지 개발·이용·보급 촉진법 시행령 [대통령령 제23640호, 2012.2.28, 일부개정]	신에너지 및 재생에너지 개발·이용·보급 촉진법 시행규칙 [지식경제부령 제149호, 2010.9.24, 일부개정]
	1항 각 호의 어느 하나에 해당하는 건축물을 신축·증축 또는 개축하려는 경우에는 신·재생에너지 설비의 설치계획서(이하 "설치계획서"라 한다)를 해당 건축물에 대한 건축허가를 신청하기 전에 지식경제부장관에게 제출하여야 한다. ② 지식경제부장관은 설치계획서를 받은 날부터 30일 이내에 타당성을 검토한 후 그 결과를 해당 설치의무기관의 장 또는 대표자에게 통보하여야 한다. ③ 지식경제부장관은 설치계획서를 검토한 결과 제15조제1항에 따른 기준에 미달한다고 판단한 경우에는 미리 그 내용을 설치의무기관의 장 또는 대표자에게 통지하여 의견을 들을 수 있다. [전문개정 2010.9.17] 제18조(신·재생에너지 설비의 설치 및 확인	

신에너지 및 재생에너지 개발 · 이용 · 보급 촉진법 [법률 제10445호, 2011.3.9, 타법개정]	신에너지 및 재생에너지 개발 · 이용 · 보급 촉진법 시행령 [대통령령 제23640호, 2012.2.28, 일부개정]	신에너지 및 재생에너지 개발 · 이용 · 보급 촉진법 시행규칙 [지식경제부령 제149호, 2010.9.24, 일부개정]
	등) ① 설치의무기관의 장 또는 대표자는 제17조제2항에 따른 검토결과를 반영하여 신 · 재생에너지 설비를 설치하여야 하며, 설치를 완료하였을 때에는 30일 이내에 신 · 재생에너지 설비 설치확인신청서를 지식경제부장관에게 제출하여야 한다. ② 지식경제부장관은 제1항에 따른 신 · 재생에너지 설비 설치확인신청서를 받았을 때에는 제17조제2항에 따른 검토 결과를 반영하였는지 확인한 후 신 · 재생에너지 설비 설치확인서를 발급하여야 한다. ③ 지식경제부장관은 설치의무기관의 신 · 재생에너지 설비 설치 및 신 · 재생에너지 이용 현황을 주기적으로 점검하여 공표할 수 있다. [전문개정 2010.9.17]	
제12조의2(신 · 재생에너지 이용 건축물에 대한 인증 등) ① 대통령령으로 정하는 일정 규모	제18조의2(신 · 재생에너지 이용 인증대상 건축물) 법 제12조의2제1항에서 "대통령령으로 정	

신에너지 및 재생에너지 개발 · 이용 · 보급 촉진법 [법률 제10445호, 2011.3.9, 타법개정]	신에너지 및 재생에너지 개발 · 이용 · 보급 촉진법 시행령 [대통령령 제23640호, 2012.2.28, 일부개정]	신에너지 및 재생에너지 개발 · 이용 · 보급 촉진법 시행규칙 [지식경제부령 제149호, 2010.9.24, 일부개정]
이상의 건축물을 소유한 자는 그 건축물에 대하여 지식경제부장관이 지정하는 기관(이하 "건축물인증기관"이라 한다)으로부터 총에너지사용량의 일정 비율 이상을 신 · 재생에너지를 이용하여 공급되는 에너지를 사용한다는 신 · 재생에너지 이용 건축물인증(이하 "건축물인증"이라 한다)을 받을 수 있다. ② 제1항에 따라 건축물인증을 받으려는 자는 해당 건축물에 대하여 건축물인증기관에 건축물인증을 신청하여야 한다. ③ 지식경제부장관은 제31조에 따른 신 · 재생에너지센터나 그 밖에 신 · 재생에너지의 기술개발 및 이용 · 보급 촉진사업을 하는 자 중 건축물인증 업무에 적합하다고 인정되는 자를 건축물인증기관으로 지정할 수 있다. ④ 건축물인증기관은 제2항에 따른 건축물인증의 신청을 받은 경우 지식경제부와 국토해	하는 일정 규모 이상의 건축물"이란 「건축법 시행령」 제91조제2항 각 호의 어느 하나에 해당하는 건축물 중 지식경제부와 국토해양부가 공동부령으로 정하는 건축물로서 연면적 1천제곱미터 이상인 건축물(제17조제1항에 따라 설치계획서를 제출한 건축물은 제외한다)을 말한다. [본조신설 2010.9.17]	

신에너지 및 재생에너지 개발 · 이용 · 보급 촉진법 [법률 제10445호, 2011.3.9, 타법개정]	신에너지 및 재생에너지 개발 · 이용 · 보급 촉진법 시행령 [대통령령 제23640호, 2012.2.28, 일부개정]	신에너지 및 재생에너지 개발 · 이용 · 보급 촉진법 시행규칙 [지식경제부령 제149호, 2010.9.24, 일부개정]
양부의 공동부령으로 정하는 건축물인증 심사기준에 따라 심사한 후 그 기준에 적합한 건축물에 대하여 건축물인증을 하여야 한다. ⑤ 지식경제부장관은 제27조제1항에 따른 보급사업을 추진하는 데에 있어 건축물인증을 받은 자를 우대하여 지원할 수 있다. ⑥ 건축물인증기관의 업무 범위, 건축물인증의 절차, 건축물인증의 사후관리, 그 밖에 건축물인증에 관하여 필요한 사항은 지식경제부와 국토해양부의 공동부령으로 정한다. [본조신설 2010.4.12] **제12조의3(건축물인증의 표시 등)** ① 제12조의2에 따라 건축물인증을 받은 자는 해당 건축물에 건축물인증의 표시를 하거나 건축물인증을 받은 것을 홍보할 수 있다. ② 건축물인증을 받지 아니한 자는 제1항에 따른 건축물인증의 표시 또는 이와 유사한 표시		

신에너지 및 재생에너지 개발 · 이용 · 보급 촉진법 [법률 제10445호, 2011.3.9, 타법개정]	신에너지 및 재생에너지 개발 · 이용 · 보급 촉진법 시행령 [대통령령 제23640호, 2012.2.28, 일부개정]	신에너지 및 재생에너지 개발 · 이용 · 보급 촉진법 시행규칙 [지식경제부령 제149호, 2010.9.24, 일부개정]
를 하거나 건축물인증을 받은 것으로 홍보하여서는 아니 된다. [본조신설 2010.4.12] **제12조의4(건축물인증의 취소)** 건축물인증기관은 건축물인증을 받은 자가 다음 각 호의 어느 하나에 해당하는 경우에는 그 인증을 취소할 수 있다. 다만, 제1호에 해당하는 경우에는 그 인증을 취소하여야 한다. 1. 거짓이나 그 밖의 부정한 방법으로 건축물인증을 받은 경우 2. 건축물인증을 받은 자가 그 인증서를 건축물인증기관에 반납한 경우 3. 건축물인증을 받은 건축물의 사용승인이 취소된 경우 4. 건축물인증을 받은 건축물이 제12조의2제4항에 따른 건축물인증 심사기준에 부적합한 것으로 발견된 경우		

신에너지 및 재생에너지 개발・이용・보급 촉진법 [법률 제10445호, 2011.3.9, 타법개정]	신에너지 및 재생에너지 개발・이용・보급 촉진법 시행령 [대통령령 제23640호, 2012.2.28, 일부개정]	신에너지 및 재생에너지 개발・이용・보급 촉진법 시행규칙 [지식경제부령 제149호, 2010.9.24, 일부개정]
[본조신설 2010.4.12] 제12조의5(신・재생에너지 공급의무화 등) ① 지식경제부장관은 신・재생에너지의 이용・보급을 촉진하고 신・재생에너지산업의 활성화를 위하여 필요하다고 인정하면 다음 각 호의 어느 하나에 해당하는 자 중 대통령령으로 정하는 자(이하 "공급의무자"라 한다)에게 발전량의 일정량 이상을 의무적으로 신・재생에너지를 이용하여 공급하게 할 수 있다. 1. 「전기사업법」 제2조에 따른 발전사업자 2. 「집단에너지사업법」 제9조 및 제48조에 따라 「전기사업법」 제7조제1항에 따른 발전사업의 허가를 받은 것으로 보는 자 3. 공공기관 ② 제1항에 따라 공급의무자가 의무적으로 신・재생에너지를 이용하여 공급하여야 하는 발전량(이하 "의무공급량"이라 한다)의 합계는	제18조의3(신・재생에너지 공급의무자) ① 법 제12조의5제1항에서 "대통령령으로 정하는 자"란 다음 각 호의 어느 하나에 해당하는 자를 말한다. 1. 법 제12조의5제1항제1호 및 제2호에 해당하는 자로서 50만킬로와트 이상의 발전설비(신・재생에너지 설비는 제외한다)를 보유하는 자 2. 「한국수자원공사법」에 따른 한국수자원공사 3. 「집단에너지사업법」 제29조에 따른 한국지역난방공사 ② 지식경제부장관은 제1항 각 호에 해당하는 자(이하 "공급의무자"라 한다)를 공고하여야 한다. [본조신설 2010.9.17] 제18조의4(연도별 의무공급량의 합계 등) ① 법	

신에너지 및 재생에너지 개발 · 이용 · 보급 촉진법 [법률 제10445호, 2011.3.9, 타법개정]	신에너지 및 재생에너지 개발 · 이용 · 보급 촉진법 시행령 [대통령령 제23640호, 2012.2.28, 일부개정]	신에너지 및 재생에너지 개발 · 이용 · 보급 촉진법 시행규칙 [지식경제부령 제149호, 2010.9.24, 일부개정]
총전력생산량의 10% 이내의 범위에서 연도별로 대통령령으로 정한다. 이 경우 균형 있는 이용 · 보급이 필요한 신 · 재생에너지에 대하여는 대통령령으로 정하는 바에 따라 총의무공급량 중 일부를 해당 신 · 재생에너지를 이용하여 공급하게 할 수 있다. ③ 공급의무자의 의무공급량은 지식경제부장관이 공급의무자의 의견을 들어 공급의무자별로 정하여 고시한다. 이 경우 지식경제부장관은 공급의무자의 총발전량 및 발전원(發電源) 등을 고려하여야 한다. ④ 공급의무자는 의무공급량의 일부에 대하여 대통령령으로 정하는 바에 따라 다음 연도로 그 공급의무의 이행을 연기할 수 있다. 이 경우 그 이행을 연기한 의무공급량은 다음 연도에 우선적으로 공급하여야 한다. ⑤ 공급의무자는 제12조의7에 따른 신 · 재생	제12조의5제2항 전단에 따른 의무공급량(이하 "의무공급량"이라 한다)의 연도별 합계는 공급의무자의 지난 연도 총전력생산량(신 · 재생에너지 발전량은 제외한다)의 합계에 별표 3에 따른 비율을 곱한 발전량 이상으로 한다. 이 경우 의무공급량은 법 제12조의7에 따른 공급인증서(이하 "공급인증서"라 한다)를 기준으로 산정한다. ② 지식경제부장관은 3년마다 기술개발 수준, 신 · 재생에너지의 보급 목표, 운영 실적과 그 밖의 여건 변화를 고려하여 별표 3에 따른 비율을 재검토하여야 한다. ③ 법 제12조의5제2항 후단에 따라 공급하게 할 수 있는 신 · 재생에너지의 종류 및 의무공급량은 별표 4와 같다. 이 경우 공급의무자별 의무공급량은 지식경제부장관이 정하여 고시한다.	

신에너지 및 재생에너지 개발 · 이용 · 보급 촉진법 [법률 제10445호, 2011.3.9, 타법개정]	신에너지 및 재생에너지 개발 · 이용 · 보급 촉진법 시행령 [대통령령 제23640호, 2012.2.28, 일부개정]	신에너지 및 재생에너지 개발 · 이용 · 보급 촉진법 시행규칙 [지식경제부령 제149호, 2010.9.24, 일부개정]
에너지 공급인증서를 구매하여 의무공급량에 충당할 수 있다. ⑥ 지식경제부장관은 제1항에 따른 공급의무의 이행 여부를 확인하기 위하여 공급의무자에게 대통령령으로 정하는 바에 따라 필요한 자료의 제출 또는 제5항에 따라 구매하여 의무공급량에 충당하거나 제12조의7제1항에 따라 발급받은 신 · 재생에너지 공급인증서의 제출을 요구할 수 있다. [본조신설 2010.4.12]	④ 제3항에 따라 공급하는 신 · 재생에너지에 대해서는 지식경제부장관이 정하여 고시하는 비율 이상의 공급인증서를 구매하여 의무공급량에 충당할 수 있다. ⑤ 법 제12조의5제4항에 따라 공급의무자가 다음 연도로 공급의무의 이행을 연기할 수 있는 양은 의무공급량의 100분의 20 이내로 한다. ⑥ 공급의무자는 법 제12조의5제4항에 따라 공급의무의 이행을 연기하려는 경우에는 연기할 의무공급량, 연기 사유 등을 지식경제부장관에게 다음 연도 2월 말일까지 제출하여야 한다. [본조신설 2010.9.17]	
제12조의6(신 · 재생에너지 공급 불이행에 대한 과징금) ① 지식경제부장관은 공급의무자가 의무공급량에 부족하게 신 · 재생에너지를 이용하여 에너지를 공급한 경우에는 대통령령으로 정하는 바에 따라 그 부족분에 제12조의7에	제18조의5(과징금의 산정방법) ① 법 제12조의6제1항에 따른 과징금은 법 제12조의5제2항 전단 및 후단에 따른 신 · 재생에너지의 종류별 공급인증서의 해당 연도 평균거래 가격을 기준으로 구분하여 산정한다.	

신에너지 및 재생에너지 개발 · 이용 · 보급 촉진법 [법률 제10445호, 2011.3.9, 타법개정]	신에너지 및 재생에너지 개발 · 이용 · 보급 촉진법 시행령 [대통령령 제23640호, 2012.2.28, 일부개정]	신에너지 및 재생에너지 개발 · 이용 · 보급 촉진법 시행규칙 [지식경제부령 제149호, 2010.9.24, 일부개정]
따른 신 · 재생에너지 공급인증서의 해당 연도 평균거래 가격의 100분의 150을 곱한 금액의 범위에서 과징금을 부과할 수 있다. ② 제1항에 따른 과징금을 납부한 공급의무자에 대하여는 그 과징금의 부과기간에 해당하는 의무공급량을 공급한 것으로 본다. ③ 지식경제부장관은 제1항에 따른 과징금을 납부하여야 할 자가 납부기한까지 그 과징금을 납부하지 아니한 때에는 국세 체납처분의 예를 따라 징수한다. ④ 제1항 및 제3항에 따라 징수한 과징금은 「전기사업법」에 따른 전력산업기반기금의 재원으로 귀속된다. [본조신설 2010.4.12]	② 제1항에 따른 공급인증서의 평균거래 가격은 공급인증서의 거래량과 거래 가격의 가중평균으로 산정한다. ③ 제2항에 따라 산정한 가격이 공급인증서의 거래량 부족 및 그 밖의 사정으로 인하여 해당 연도 공급인증서의 평균거래 가격으로 보는 것이 어렵다고 인정될 때에는 다음 각 호의 사항을 고려하여 산정한 금액을 공급인증서의 평균거래 가격으로 본다. 1. 해당 연도의 공급인증서 평균거래 가격 2. 직전 3개 연도의 공급인증서 평균거래 가격 3. 신 · 재생에너지원의 종류별 발전 원가 ④ 지식경제부장관은 제1항에 따른 과징금을 부과할 때에는 공급 불이행분과 불이행 사유, 공급 불이행에 따른 경제적 이익의 규모, 과징금 부과횟수 등을 고려하여 그 금액을 늘리거나 줄일 수 있다. 이 경우 늘리는 경우에도 과	

신에너지 및 재생에너지 개발 · 이용 · 보급 촉진법 [법률 제10445호, 2011.3.9, 타법개정]	신에너지 및 재생에너지 개발 · 이용 · 보급 촉진법 시행령 [대통령령 제23640호, 2012.2.28, 일부개정]	신에너지 및 재생에너지 개발 · 이용 · 보급 촉진법 시행규칙 [지식경제부령 제149호, 2010.9.24, 일부개정]
	징금의 총액은 법 제12조의6제1항에 따른 금액을 초과할 수 없다. [본조신설 2010.9.17] 제18조의6(과징금의 부과 및 납부) ① 지식경제부장관은 법 제12조의6제1항에 따라 과징금을 부과하기 위하여 과징금 부과 통지를 할 때에는 공급 불이행분과 과징금의 금액을 분명하게 적은 문서로 하여야 한다. ② 제1항에 따라 통지를 받은 자는 통지를 받은 날부터 30일 이내에 과징금을 지식경제부장관이 정하는 수납기관에 내야 한다. 다만, 천재지변이나 그 밖의 부득이한 사유로 그 기간에 과징금을 낼 수 없을 때에는 그 사유가 해소된 날부터 7일 이내에 내야 한다. ③ 제2항에 따라 과징금을 받은 수납기관은 과징금을 낸 자에게 영수증을 내주어야 한다. ④ 과징금의 수납기관은 제2항에 따라 과징금	

신에너지 및 재생에너지 개발 · 이용 · 보급 촉진법 [법률 제10445호, 2011.3.9, 타법개정]	신에너지 및 재생에너지 개발 · 이용 · 보급 촉진법 시행령 [대통령령 제23640호, 2012.2.28, 일부개정]	신에너지 및 재생에너지 개발 · 이용 · 보급 촉진법 시행규칙 [지식경제부령 제149호, 2010.9.24, 일부개정]
	을 받았을 때에는 지체 없이 그 사실을 지식경제부장관에게 통보하여야 한다. ⑤ 과징금은 분할하여 낼 수 없다. [본조신설 2010.9.17]	
제12조의7(신 · 재생에너지 공급인증서 등) ① 신 · 재생에너지를 이용하여 에너지를 공급한 자(이하 "신 · 재생에너지 공급자"라 한다)는 지식경제부장관이 신 · 재생에너지를 이용한 에너지 공급의 증명 등을 위하여 지정하는 기관(이하 "공급인증기관"이라 한다)으로부터 그 공급 사실을 증명하는 인증서(전자문서로 된 인증서를 포함한다. 이하 "공급인증서"라 한다)를 발급받을 수 있다. 다만, 제17조에 따라 발전차액을 지원받거나 신 · 재생에너지 설비에 대한 지원 등 대통령령으로 정하는 정부의 지원을 받은 경우에는 대통령령으로 정하는 바에 따라 공급인증서의 발급을 제한할 수 있	제18조의7(신 · 재생에너지 공급인증서의 발급 제한 등) ① 법 제12조의7제1항 단서에서 "신 · 재생에너지 설비에 대한 지원 등 대통령령으로 정하는 정부의 지원을 받은 경우"란 법 제10조 각 호의 사업 또는 다른 법령에 따라 지원된 신 · 재생에너지 설비로서 그 설비에 대하여 국가나 지방자치단체로부터 무상지원금을 받은 경우를 말한다. ② 제1항에 따른 무상지원금을 받은 신 · 재생에너지 공급자(신 · 재생에너지를 이용하여 에너지를 공급한 자를 말한다)에 대해서는 지원받은 무상지원금에 해당하는 비율을 제외한 부분에 대한 공급인증서를 발급하되, 무상지원	제 2 조의2(신 · 재생에너지 공급인증서의 거래 제한) 법 제12조의7제6항에서 "지식경제부령으로 정하는 사유"란 다음 각 호의 경우를 말한다. 1. 공급인증서가 발전소별로 5천킬로와트를 넘는 수력을 이용하여 에너지를 공급하고 발급된 경우 2. 공급인증서가 기존 방조제를 활용하여 건설된 조력(潮力)을 이용하여 에너지를 공급하고 발급된 경우 3. 공급인증서가 영 별표 1의 석탄을 액화 · 가스화한 에너지 또는 중질잔사유를 가스화한 에너지를 이용하여 에너지를 공급하고 발급

신에너지 및 재생에너지 개발 · 이용 · 보급 촉진법 [법률 제10445호, 2011.3.9, 타법개정]	신에너지 및 재생에너지 개발 · 이용 · 보급 촉진법 시행령 [대통령령 제23640호, 2012.2.28, 일부개정]	신에너지 및 재생에너지 개발 · 이용 · 보급 촉진법 시행규칙 [지식경제부령 제149호, 2010.9.24, 일부개정]
다. ② 공급인증서를 발급받으려는 자는 공급인증기관에 대통령령으로 정하는 바에 따라 공급인증서의 발급을 신청하여야 한다. ③ 공급인증기관은 제2항에 따른 신청을 받은 경우에는 신 · 재생에너지의 종류별 공급량 및 공급기간 등을 확인한 후 다음 각 호의 기재사항을 포함한 공급인증서를 발급하여야 한다. 이 경우 균형 있는 이용 · 보급과 기술개발 촉진 등이 필요한 신 · 재생에너지에 대하여는 대통령령으로 정하는 바에 따라 실제 공급량에 가중치를 곱한 양을 공급량으로 하는 공급인증서를 발급할 수 있다. 1. 신 · 재생에너지 공급자 2. 신 · 재생에너지의 종류별 공급량 및 공급기간 3. 유효기간	금에 해당하는 부분에 대한 공급인증서는 국가 또는 지방자치단체에 대하여 그 지원비율에 따라 발급한다. ③ 법 제12조의7제1항 단서에 따라 발전차액을 지원받은 신 · 재생에너지 공급자에 대한 공급인증서는 국가에 대하여 발급한다. ④ 제2항 및 제3항에 따라 국가에 대하여 발급된 공급인증서의 거래 및 관리에 관한 사무는 지식경제부장관이 담당하되, 지식경제부장관이 지정하는 기관으로 하여금 대행하게 할 수 있다. ⑤ 제4항에 따라 공급인증서를 거래하여 얻은 수익금은 「전기사업법」에 따른 전력산업기반기금의 재원(財源)으로 한다. [본조신설 2010.9.17] **제18조의8(신 · 재생에너지 공급인증서의 발급 신청 등)** ① 법 제12조의7제2항에 따라 공급인	된 경우 4. 공급인증서가 영 별표 1의 폐기물에너지 중 화석연료에서 부수적으로 발생하는 폐가스로부터 얻어지는 에너지를 이용하여 에너지를 공급하고 발급된 경우 [본조신설 2010.9.24]

신에너지 및 재생에너지 개발 · 이용 · 보급 촉진법 [법률 제10445호, 2011.3.9, 타법개정]	신에너지 및 재생에너지 개발 · 이용 · 보급 촉진법 시행령 [대통령령 제23640호, 2012.2.28, 일부개정]	신에너지 및 재생에너지 개발 · 이용 · 보급 촉진법 시행규칙 [지식경제부령 제149호, 2010.9.24, 일부개정]
④ 공급인증서의 유효기간은 발급받은 날부터 3년으로 하되, 제12조의5제5항 및 제6항에 따라 공급의무자가 구매하여 의무공급량에 충당하거나 발급받아 지식경제부장관에게 제출한 공급인증서는 그 효력을 상실한다. 이 경우 유효기간이 지나거나 효력을 상실한 해당 공급인증서는 폐기하여야 한다. ⑤ 공급인증서를 발급받은 자는 그 공급인증서를 거래하려면 제12조의9제2항에 따른 공급인증서 발급 및 거래시장 운영에 관한 규칙으로 정하는 바에 따라 공급인증기관이 개설한 거래시장(이하 "거래시장"이라 한다)에서 거래하여야 한다. ⑥ 지식경제부장관은 다른 신 · 재생에너지와의 형평을 고려하여 공급인증서가 일정 규모 이상의 수력을 이용하여 에너지를 공급하고 발급된 경우 등 지식경제부령으로 정하는 사	증서를 발급받으려는 자는 법 제12조의9제2항에 따른 공급인증서 발급 및 거래시장 운영에 관한 규칙에서 정하는 바에 따라 신 · 재생에너지를 공급한 날부터 90일 이내에 발급 신청을 하여야 한다. ② 제1항에 따라 발급 신청을 받은 공급인증기관은 발급 신청을 한 날부터 30일 이내에 공급인증서를 발급하여야 한다. [본조신설 2010.9.17] **제18조의9(신 · 재생에너지의 가중치)** 법 제12조의7제3항 후단에 따른 신 · 재생에너지의 가중치는 해당 신 · 재생에너지에 대한 다음 각 호의 사항을 고려하여 지식경제부장관이 정하여 고시하는 바에 따른다. 1. 환경, 기술개발 및 산업 활성화에 미치는 영향 2. 발전 원가 3. 부존(賦存) 잠재량	

신에너지 및 재생에너지 개발·이용·보급 촉진법 [법률 제10445호, 2011.3.9, 타법개정]	신에너지 및 재생에너지 개발·이용·보급 촉진법 시행령 [대통령령 제23640호, 2012.2.28, 일부개정]	신에너지 및 재생에너지 개발·이용·보급 촉진법 시행규칙 [지식경제부령 제149호, 2010.9.24, 일부개정]
유에 해당할 때에는 거래시장에서 해당 공급인증서가 거래될 수 없도록 할 수 있다. [본조신설 2010.4.12]	4. 온실가스 배출 저감(低減)에 미치는 효과 [본조신설 2010.9.17]	
제12조의8(공급인증기관의 지정 등) ① 지식경제부장관은 공급인증서 관련 업무를 전문적이고 효율적으로 실시하고 공급인증서의 공정한 거래를 위하여 다음 각 호의 어느 하나에 해당하는 자를 공급인증기관으로 지정할 수 있다. 1. 제31조에 따른 신·재생에너지센터 2. 「전기사업법」 제35조에 따른 한국전력거래소 3. 제12조의9에 따른 공급인증기관의 업무에 필요한 인력·기술능력·시설·장비 등 대통령령으로 정하는 기준에 맞는 자 ② 제1항에 따라 공급인증기관으로 지정받으려는 자는 지식경제부장관에게 지정을 신청하여야 한다.		제 2 조의3(공급인증기관의 지정방법 등) ① 법 제12조의8제1항에 따른 공급인증기관(이하 "공급인증기관"이라 한다)으로 지정을 받으려는 자는 별지 제1호서식의 공급인증기관 지정신청서에 다음 각 호의 서류를 첨부하여 지식경제부장관에게 제출하여야 한다. 1. 정관(법인인 경우만 해당한다) 2. 공급인증기관의 운영계획서 3. 공급인증기관의 업무에 필요한 인력·기술능력·시설 및 장비 현황에 관한 자료 ② 제1항에 따른 신청을 받은 지식경제부장관은 「전자정부법」 제36조제1항에 따른 행정정보의 공동이용을 통하여 법인 등기사항증명서(법인인 경우만 해당한다)를 확인하여야 한다.

신에너지 및 재생에너지 개발·이용·보급 촉진법 [법률 제10445호, 2011.3.9, 타법개정]	신에너지 및 재생에너지 개발·이용·보급 촉진법 시행령 [대통령령 제23640호, 2012.2.28, 일부개정]	신에너지 및 재생에너지 개발·이용·보급 촉진법 시행규칙 [지식경제부령 제149호, 2010.9.24, 일부개정]
③ 공급인증기관의 지정방법·지정절차, 그 밖에 공급인증기관의 지정에 필요한 사항은 지식경제부령으로 정한다. [본조신설 2010.4.12]		③ 지식경제부장관은 제1항에 따른 공급인증기관 지정 신청을 받으면 그 신청 내용이 다음 각 호의 기준에 맞는지 심사하여야 한다. 1. 공급인증기관의 업무를 공정하고 신속하게 처리할 능력이 있는지 여부 2. 공급인증기관의 업무에 필요한 인력·기술능력·시설 및 장비 등을 갖추었는지 여부 ④ 지식경제부장관은 제3항에 따른 심사에 필요하다고 인정할 때에는 신청인에게 관련 자료의 제출을 요구하거나 신청인의 의견을 들을 수 있다. ⑤ 지식경제부장관은 제3항 및 제4항에 따라 심사한 결과 공급인증기관을 지정하였을 때에는 신청인에게 별지 제2호서식의 공급인증기관 지정서를 발급하고, 그 사실을 지체 없이 공고하여야 한다. [본조신설 2010.9.24]

신에너지 및 재생에너지 개발·이용·보급 촉진법 [법률 제10445호, 2011.3.9, 타법개정]	신에너지 및 재생에너지 개발·이용·보급 촉진법 시행령 [대통령령 제23640호, 2012.2.28, 일부개정]	신에너지 및 재생에너지 개발·이용·보급 촉진법 시행규칙 [지식경제부령 제149호, 2010.9.24, 일부개정]
제12조의9(공급인증기관의 업무 등) ① 제12조의8에 따라 지정된 공급인증기관은 다음 각 호의 업무를 수행한다. 1. 공급인증서의 발급, 등록, 관리 및 폐기 2. 거래시장의 개설 3. 공급인증서 관련 정보의 제공 4. 그 밖에 공급인증서의 발급 및 거래에 딸린 업무 ② 공급인증기관은 업무를 시작하기 전에 지식경제부령으로 정하는 바에 따라 공급인증서 발급 및 거래시장 운영에 관한 규칙(이하 "운영규칙"이라 한다)을 제정하여 지식경제부장관의 승인을 받아야 한다. 운영규칙을 변경하거나 폐지하는 경우(지식경제부령으로 정하는 경미한 사항의 변경은 제외한다)에도 또한 같다. ③ 지식경제부장관은 공급인증기관에 제1항에		제2조의4(운영규칙의 제정 등) ① 법 제12조의9제2항에 따라 공급인증기관이 제정하는 공급인증서 발급 및 거래시장 운영에 관한 규칙에는 다음 각 호의 사항이 포함되어야 한다. 1. 공급인증서의 발급, 등록, 거래 및 폐기 등에 관한 사항 2. 신에너지 및 재생에너지(이하 "신·재생에너지"라 한다) 공급량의 증명에 관한 사항 3. 공급인증서의 거래방법에 관한 사항 4. 공급인증서 가격의 결정방법에 관한 사항 5. 공급인증서 거래의 정산 및 결제에 관한 사항 6. 제1호와 관련된 정보의 공개 및 분쟁조정에 관한 사항 7. 그 밖에 공급인증서의 발급 및 거래시장 운영에 필요한 사항 ② 법 제12조의9제2항 후단에서 "지식경제부

신에너지 및 재생에너지 개발 · 이용 · 보급 촉진법 [법률 제10445호, 2011.3.9, 타법개정]	신에너지 및 재생에너지 개발 · 이용 · 보급 촉진법 시행령 [대통령령 제23640호, 2012.2.28, 일부개정]	신에너지 및 재생에너지 개발 · 이용 · 보급 촉진법 시행규칙 [지식경제부령 제149호, 2010.9.24, 일부개정]
따른 업무의 계획 및 실적에 관한 보고를 명하거나 자료의 제출을 요구할 수 있다. ④ 지식경제부장관은 다음 각 호의 어느 하나에 해당하는 경우에는 공급인증기관에 시정기간을 정하여 시정을 명할 수 있다. 1. 운영규칙을 준수하지 아니한 경우 2. 제3항에 따른 보고를 하지 아니하거나 거짓으로 보고한 경우 3. 제3항에 따른 자료의 제출 요구에 따르지 아니하거나 거짓의 자료를 제출한 경우 [본조신설 2010.4.12]		령으로 정하는 경미한 사항의 변경"이란 계산착오, 오기(誤記), 누락, 그 밖에 이에 준하는 사유로 제1항의 사항을 변경하는 것을 말한다. [본조신설 2010.9.24]
제12조의10(공급인증기관 지정의 취소 등) ① 지식경제부장관은 공급인증기관이 다음 각 호의 어느 하나에 해당하는 경우에는 지식경제부령으로 정하는 바에 따라 그 지정을 취소하거나 1년 이내의 기간을 정하여 그 업무의 전부 또는 일부의 정지를 명할 수 있다. 다만, 제	제18조의10(과징금의 금액) 법 제12조의10제3항에 따른 위반행위의 종별과 정도 등에 따른 과징금의 금액은 별표 5와 같다. [본조신설 2010.9.17] 제18조의11(공급의무자의 의무이행비용 보전) 정부는 공급의무자가 공급의무의 이행에 드는	제2조의5(공급인증기관의 처분기준) 법 제12조의10제1항에 따른 공급인증기관의 구체적인 처분기준은 별표 1과 같다. [본조신설 2010.9.24]

신에너지 및 재생에너지 개발 · 이용 · 보급 촉진법 [법률 제10445호, 2011.3.9, 타법개정]	신에너지 및 재생에너지 개발 · 이용 · 보급 촉진법 시행령 [대통령령 제23640호, 2012.2.28, 일부개정]	신에너지 및 재생에너지 개발 · 이용 · 보급 촉진법 시행규칙 [지식경제부령 제149호, 2010.9.24, 일부개정]
1호 또는 제2호에 해당하는 때에는 그 지정을 취소하여야 한다. 1. 거짓이나 그 밖의 부정한 방법으로 지정을 받은 경우 2. 업무정지 처분을 받은 후 그 업무정지 기간에 업무를 계속한 경우 3. 제12조의8제1항제3호에 따른 지정기준에 부적합하게 된 경우 4. 제12조의9제4항에 따른 시정명령을 시정기간에 이행하지 아니한 경우 ② 지식경제부장관은 공급인증기관이 제1항제3호 또는 제4호에 해당하여 업무정지를 명하여야 하는 경우로서 그 업무의 정지가 그 이용자 등에게 심한 불편을 주거나 그 밖에 공익을 해칠 우려가 있으면 그 업무정지 처분을 갈음하여 5천만원 이하의 과징금을 부과할 수 있다.	추가 비용의 적정 수준을 「전기사업법」 제2조제13호에 따른 전력시장을 통하여 보전(補塡)할 수 있도록 노력하여야 하고, 전력시장에 참여하는 같은 법 제2조제10호에 따른 전기판매사업자가 그 비용을 전기요금에 반영하여 회수할 수 있도록 노력하여야 한다. [본조신설 2010.9.17]	

신에너지 및 재생에너지 개발 · 이용 · 보급 촉진법 [법률 제10445호, 2011.3.9, 타법개정]	신에너지 및 재생에너지 개발 · 이용 · 보급 촉진법 시행령 [대통령령 제23640호, 2012.2.28, 일부개정]	신에너지 및 재생에너지 개발 · 이용 · 보급 촉진법 시행규칙 [지식경제부령 제149호, 2010.9.24, 일부개정]
③ 제2항에 따라 과징금을 부과하는 위반행위의 종별 · 정도 등에 따른 과징금의 금액과 그 밖에 필요한 사항은 대통령령으로 정한다. ④ 지식경제부장관은 제2항에 따른 과징금을 납부하여야 할 자가 납부기한까지 그 과징금을 납부하지 아니한 때에는 국세 체납처분의 예를 따라 징수한다. [본조신설 2010.4.12]		
제13조(신 · 재생에너지 설비의 인증 등) ① 신 · 재생에너지 설비를 제조하거나 수입하여 판매하려는 자는 지식경제부장관이 신 · 재생에너지 설비의 인증을 위하여 지정하는 기관(이하 "설비인증기관"이라 한다)으로부터 신 · 재생에너지 설비에 대하여 인증(이하 "설비인증"이라 한다)을 받을 수 있다. ② 제1항에 따라 설비인증을 받으려는 자는 설비인증기관에 그 신 · 재생에너지 설비에 대	제19조(신 · 재생에너지의 이용 · 보급의 촉진) 지식경제부장관은 신 · 재생에너지의 이용 · 보급을 촉진하기 위하여 필요한 경우 관계 중앙행정기관 또는 지방자치단체에 대하여 관련 계획의 수립, 제도의 개선, 필요한 예산의 반영, 법 제13조제1항에 따라 인증(이하 "설비인증"이라 한다)을 받은 신 · 재생에너지 설비의 사용 등을 요청할 수 있다. [전문개정 2010.9.17]	제 3 조(설비인증기관의 업무 범위) 법 제13조제1항에 따른 설비인증기관(이하 "설비인증기관"이라 한다)의 업무범위는 다음 각 호와 같다. 1. 법 제13조제1항에 따른 신 · 재생에너지 설비에 대한 인증(이하 "설비인증"이라 한다) 2. 법 제13조제5항에 따른 심사 3. 법 제13조제6항에 따른 설비인증의 사후관리 4. 인증 현황 등 인증 업무와 관련된 각종 통계 및 자료의 유지 · 관리

신에너지 및 재생에너지 개발 · 이용 · 보급 촉진법 [법률 제10445호, 2011.3.9, 타법개정]	신에너지 및 재생에너지 개발 · 이용 · 보급 촉진법 시행령 [대통령령 제23640호, 2012.2.28, 일부개정]	신에너지 및 재생에너지 개발 · 이용 · 보급 촉진법 시행규칙 [지식경제부령 제149호, 2010.9.24, 일부개정]
한 설비인증을 신청하여야 한다. ③ 제2항에 따라 설비인증을 신청하는 경우에는 대통령령으로 정하는 지정기준에 따라 지식경제부장관이 지정하는 성능검사기관(이하 "성능검사기관"이라 한다)에서 성능검사를 받은 후 그 기관이 발행한 성능검사 결과서를 설비인증기관에 제출하여야 한다. ④ 지식경제부장관은 제31조에 따른 신 · 재생에너지센터나 그 밖에 신 · 재생에너지의 기술개발 및 이용 · 보급 촉진사업을 하는 자 중 설비인증 업무에 적합하다고 인정되는 자를 설비인증기관으로 지정한다. ⑤ 설비인증기관은 제2항에 따라 설비인증을 신청받으면 성능검사기관이 발행한 성능검사결과서에 의하여 지식경제부령으로 정하는 설비인증 심사기준에 따라 심사한 후 그 기준에 적합한 신 · 재생에너지 설비에 대하	제20조(성능검사기관의 지정기준) 법 제13조제3항에 따른 성능검사기관(이하 "성능검사기관"이라 한다)의 지정기준은 다음 각 호와 같다. 1. 다음 각 목의 어느 하나에 해당할 것 가. 국공립 연구기관 나. 「특정연구기관 육성법」 제2조에 따른 특정연구기관 다. 「고등교육법」 제2조에 따른 학교 라. 「국가표준 기본법」 제23조에 따른 시험 · 검사기관 2. 지식경제부장관이 설비인증대상별로 정하여 고시하는 성능시험, 검사장비 및 전문인력을 갖출 것 [전문개정 2010.9.17]	5. 그 밖에 인증 업무와 관련하여 지식경제부장관이 필요하다고 인정하는 업무 [전문개정 2010.9.24] 제 4 조(설비인증의 대상) 설비인증기관으로부터 설비인증을 받을 수 있는 신 · 재생에너지 설비(신 · 재생에너지 설비를 구성하는 단위설비를 포함한다)는 지식경제부장관이 정하여 고시한다. [전문개정 2010.9.24] 제 5 조(설비인증의 심사 일정 통보) 설비인증기관은 법 제13조제2항에 따라 설비인증의 신청을 받은 경우에는 그 신청일부터 7일 이내에 신청인에게 설비인증의 심사 일정을 통보하여야 한다. [전문개정 2010.9.24] 제 6 조(성능검사기관의 지정절차) ① 법 제13조제3항에 따른 성능검사기관(이하 "성능검사기

신에너지 및 재생에너지 개발 · 이용 · 보급 촉진법 [법률 제10445호, 2011.3.9, 타법개정]	신에너지 및 재생에너지 개발 · 이용 · 보급 촉진법 시행령 [대통령령 제23640호, 2012.2.28, 일부개정]	신에너지 및 재생에너지 개발 · 이용 · 보급 촉진법 시행규칙 [지식경제부령 제149호, 2010.9.24, 일부개정]
여 설비인증을 하여야 한다. ⑥ 설비인증기관의 업무 범위, 설비인증의 절차, 설비인증의 사후관리, 성능검사기관의 지정 절차, 그 밖에 설비인증에 관하여 필요한 사항은 지식경제부령으로 정한다. ⑦ 지식경제부장관은 지식경제부령으로 정하는 바에 따라 제3항에 따른 성능검사에 드는 경비의 일부를 지원하거나, 제4항에 따라 지정된 설비인증기관에 대하여 지정 목적상 필요한 범위에서 행정상의 지원 등을 할 수 있다. [전문개정 2010.4.12]		관"이라 한다)으로 지정받으려는 자는 별지 제3호서식의 신 · 재생에너지 설비 성능검사기관 지정신청서(전자문서로 된 신청서를 포함한다)에 다음 각 호의 서류를 첨부하여 기술표준원장에게 제출하여야 한다. 1. 정관(법인인 경우만 해당한다) 2. 성능검사기관의 운영계획서 3. 신 · 재생에너지 설비의 성능검사에 필요한 조직 · 인력 및 장비 현황에 관한 자료 ② 제1항에 따른 신청을 받은 기술표준원장은 「전자정부법」 제36조제1항에 따른 행정정보의 공동이용을 통하여 법인 등기사항증명서(법인인 경우만 해당한다)를 확인하여야 한다. ③ 기술표준원장은 영 제20조에 따른 성능검사기관의 지정기준에 따라 성능검사기관을 지정하였을 때에는 별지 제4호서식의 신 · 재생에너지 설비 성능검사기관 지정서를 신청인에

신에너지 및 재생에너지 개발 · 이용 · 보급 촉진법 [법률 제10445호, 2011.3.9, 타법개정]	신에너지 및 재생에너지 개발 · 이용 · 보급 촉진법 시행령 [대통령령 제23640호, 2012.2.28, 일부개정]	신에너지 및 재생에너지 개발 · 이용 · 보급 촉진법 시행규칙 [지식경제부령 제149호, 2010.9.24, 일부개정]
		게 발급하고, 다음 각 호의 사항을 공고하여야 한다. 1. 성능검사기관의 명칭 2. 대표자 성명 3. 사무소(주된 사무소 및 지방사무소 등 모든 사무소를 말한다)의 주소 4. 지정일 5. 지정번호 6. 성능검사 대상에 해당하는 신 · 재생에너지 설비의 범위 7. 업무 개시일 ④ 제1항과 제3항에서 규정하는 사항 외에 성능검사기관의 지정절차 등에 관한 세부 사항은 기술표준원장이 정하여 고시한다. [전문개정 2010.9.24] 제 7 조(설비인증 심사기준 및 사후관리) ① 법 제13조제5항에 따른 설비인증 심사기준은 별

신에너지 및 재생에너지 개발 · 이용 · 보급 촉진법 [법률 제10445호, 2011.3.9, 타법개정]	신에너지 및 재생에너지 개발 · 이용 · 보급 촉진법 시행령 [대통령령 제23640호, 2012.2.28, 일부개정]	신에너지 및 재생에너지 개발 · 이용 · 보급 촉진법 시행규칙 [지식경제부령 제149호, 2010.9.24, 일부개정]
		표 2와 같다. ② 법 제13조제6항에 따라 설비인증기관은 설비인증을 받은 신 · 재생에너지 설비에서 다음 각 호의 어느 하나에 해당하는 사유가 발생한 경우에는 그 신 · 재생에너지 설비가 제1항에 따른 설비인증 심사기준에 맞는지 다시 검사하여야 한다. 1. 성능 또는 품질에 문제가 발생한 경우 2. 생산 공장의 이전 등 기술표준원장이 신 · 재생에너지 설비의 품질 유지를 위하여 사후관리가 필요하다고 인정하는 사유가 발생한 경우 [전문개정 2010.9.24] 제 8 조(성능검사비용의 지원) 지식경제부장관은 「중소기업기본법」 제2조에 따른 중소기업이 신 · 재생에너지 설비에 대한 성능검사를 받는 경우에는 법 제13조제7항에 따라 그 성능검사

신에너지 및 재생에너지 개발·이용·보급 촉진법 [법률 제10445호, 2011.3.9, 타법개정]	신에너지 및 재생에너지 개발·이용·보급 촉진법 시행령 [대통령령 제23640호, 2012.2.28, 일부개정]	신에너지 및 재생에너지 개발·이용·보급 촉진법 시행규칙 [지식경제부령 제149호, 2010.9.24, 일부개정]
		에 드는 비용의 일부를 성능검사기관에 지원할 수 있다. [전문개정 2010.9.24]
제14조(신·재생에너지 설비 인증의 표시 등) ① 제13조에 따라 설비인증을 받은 자는 그 신·재생에너지 설비에 설비인증의 표시를 하거나 설비인증을 받은 것을 홍보할 수 있다. ② 설비인증을 받지 아니한 자는 제1항에 따른 설비인증의 표시 또는 이와 유사한 표시를 하거나 설비인증을 받은 것으로 홍보하여서는 아니 된다. [전문개정 2010.4.12]		제9조(설비인증의 표지) 법 제14조제1항에 따라 설비인증을 표시하는 설비인증표지는 별표 3과 같다. [전문개정 2010.9.24]
제15조(설비인증의 취소 및 성능검사기관 지정의 취소) ① 설비인증기관은 설비인증을 받은 자가 거짓이나 부정한 방법으로 설비인증을 받은 경우에는 설비인증을 취소하여야 하며, 설비인증을 받은 후 제조하거나 수입하여 판	제21조(성능검사기관에 대한 지정취소 등의 기준 및 공고) ① 법 제15조제2항에 따른 성능검사기관의 지정취소 또는 업무정지의 처분기준은 별표 6과 같다. ② 지식경제부장관이 법 제15조제2항에 따라	

신에너지 및 재생에너지 개발 · 이용 · 보급 촉진법 [법률 제10445호, 2011.3.9, 타법개정]	신에너지 및 재생에너지 개발 · 이용 · 보급 촉진법 시행령 [대통령령 제23640호, 2012.2.28, 일부개정]	신에너지 및 재생에너지 개발 · 이용 · 보급 촉진법 시행규칙 [지식경제부령 제149호, 2010.9.24, 일부개정]
매하는 신 · 재생에너지 설비가 제13조제5항에 따른 설비인증 심사기준에 부적합한 것으로 발견된 경우에는 설비인증을 취소할 수 있다. ② 지식경제부장관은 성능검사기관이 다음 각 호의 어느 하나에 해당하는 경우에는 대통령령으로 정하는 바에 따라 그 지정을 취소하거나 1년 이내의 기간을 정하여 업무의 전부 또는 일부의 정지를 명할 수 있다. 다만, 제1호에 해당하는 경우에는 그 지정을 취소하여야 한다. 1. 거짓이나 부정한 방법으로 지정을 받은 경우 2. 정당한 사유 없이 지정을 받은 날부터 1년 이상 성능검사 업무를 시작하지 아니하거나 1년 이상 계속하여 성능검사 업무를 중단한 경우 3. 제13조제3항에 따른 지정기준에 적합하지 아니하게 된 경우	성능검사기관의 지정을 취소하거나 업무의 전부 또는 일부의 정지를 명하였을 때에는 지체 없이 이를 공고하여야 한다. [전문개정 2010.9.17]	

신에너지 및 재생에너지 개발 · 이용 · 보급 촉진법 [법률 제10445호, 2011.3.9, 타법개정]	신에너지 및 재생에너지 개발 · 이용 · 보급 촉진법 시행령 [대통령령 제23640호, 2012.2.28, 일부개정]	신에너지 및 재생에너지 개발 · 이용 · 보급 촉진법 시행규칙 [지식경제부령 제149호, 2010.9.24, 일부개정]
[전문개정 2010.4.12]		
제16조(수수료) ① 건축물인증기관, 설비인증기관 또는 성능검사기관은 건축물인증, 설비인증 또는 성능검사를 신청하는 자로부터 지식경제부령으로 정하는 바에 따라 수수료를 받을 수 있다. ② 공급인증기관은 공급인증서의 발급을 신청하는 자 또는 공급인증서를 거래하는 자로부터 지식경제부령으로 정하는 바에 따라 수수료를 받을 수 있다. [전문개정 2010.4.12]		제10조(수수료) ① 법 제16조제1항에 따른 건축물인증 수수료, 설비인증 수수료 및 성능검사 수수료는 별표 4와 같다. ② 법 제16조제2항에 따른 공급인증서 발급 수수료 및 거래 수수료는 공급인증서 거래금액의 1천분의 2 이내에서 지식경제부장관이 정하여 고시한다. [전문개정 2010.9.24]
제17조(신 · 재생에너지 발전 기준가격의 고시 및 차액 지원) ① 지식경제부장관은 신 · 재생에너지 발전에 의하여 공급되는 전기의 기준가격을 발전원별로 정한 경우에는 그 가격을 고시하여야 한다. 이 경우 기준가격의 산정기준은 대통령령으로 정한다.	제22조(발전차액의 지원을 위한 기준가격의 산정기준) 법 제17조제1항 후단에 따른 발전원(發電源)별 기준가격의 산정기준은 다음 각 호와 같다. 1. 신 · 재생에너지 발전소의 표준공사비, 운전유지비, 투자보수비 및 각종 세금과 공과금	

신에너지 및 재생에너지 개발 · 이용 · 보급 촉진법 [법률 제10445호, 2011.3.9, 타법개정]	신에너지 및 재생에너지 개발 · 이용 · 보급 촉진법 시행령 [대통령령 제23640호, 2012.2.28, 일부개정]	신에너지 및 재생에너지 개발 · 이용 · 보급 촉진법 시행규칙 [지식경제부령 제149호, 2010.9.24, 일부개정]
② 지식경제부장관은 신 · 재생에너지 발전에 의하여 공급한 전기의 전력거래가격(「전기사업법」 제33조에 따른 전력거래가격을 말한다)이 제1항에 따라 고시한 기준가격보다 낮은 경우에는 그 전기를 공급한 신 · 재생에너지 발전사업자에 대하여 기준가격과 전력거래가격의 차액(이하 "발전차액"이라 한다)을 「전기사업법」 제48조에 따른 전력산업기반기금에서 우선적으로 지원한다. ③ 지식경제부장관은 제1항에 따라 기준가격을 고시하는 경우에는 발전차액을 지원하는 기간을 포함하여 고시할 수 있다. ④ 지식경제부장관은 발전차액을 지원받은 신 · 재생에너지 발전사업자에게 결산재무제표(決算財務諸表) 등 기준가격 설정을 위하여 필요한 자료를 제출할 것을 요구할 수 있다. [전문개정 2010.4.12]	2. 신 · 재생에너지 발전소의 설비 이용률, 수명 기간, 사고 보수율과 발전소에서의 신 · 재생에너지 소비율 등의 설계치 및 실적치 3. 신 · 재생에너지 발전사업자의 송전 · 배전선로 이용요금 4. 신 · 재생에너지 발전기술의 상용화 수준 및 시장 보급 여건 5. 운전 중인 신 · 재생에너지 발전사업자의 경영 여건 및 운전 실적 6. 전기요금 및 전력시장에서의 신 · 재생에너지 발전에 의하여 공급한 전력의 거래가격의 수준 [전문개정 2010.9.17]	

신에너지 및 재생에너지 개발·이용·보급 촉진법 [법률 제10445호, 2011.3.9, 타법개정]	신에너지 및 재생에너지 개발·이용·보급 촉진법 시행령 [대통령령 제23640호, 2012.2.28, 일부개정]	신에너지 및 재생에너지 개발·이용·보급 촉진법 시행규칙 [지식경제부령 제149호, 2010.9.24, 일부개정]
[법률 제10253호(2010.4.12) 부칙 제2조제1항의 규정에 의하여 이 조는 2011년 12월 31일까지 유효함] 제18조(지원 중단 등) ① 지식경제부장관은 발전차액을 지원받은 신·재생에너지 발전사업자가 다음 각 호의 어느 하나에 해당하면 지식경제부령으로 정하는 바에 따라 경고를 하거나 시정을 명하고, 그 시정명령에 따르지 아니하는 경우에는 발전차액의 지원을 중단할 수 있다. 1. 거짓이나 부정한 방법으로 발전차액을 지원받은 경우 2. 제17조제4항에 따른 자료요구에 따르지 아니하거나 거짓으로 자료를 제출한 경우 ② 지식경제부장관은 발전차액을 지원받은 신·재생에너지 발전사업자가 제1항제1호에 해당하면 지식경제부령으로 정하는 바에 따라		제11조(발전차액의 지원 중단 및 환수절차) ① 지식경제부장관은 법 제18조제1항에 따라 신·재생에너지 발전사업자가 법 제18조제1항제2호에 해당하는 행위(이하 이 항에서 "위반행위"라 한다)를 한 경우에는 다음 각 호의 구분에 따라 조치한다. 1. 위반행위를 1회 한 경우: 경고 2. 위반행위를 2회 한 경우: 시정명령 3. 제2호의 시정명령에 따르지 아니한 경우: 법 제17조제2항에 따른 발전차액의 지원 중단 ② 지식경제부장관은 법 제18조제2항 전단에 따라 신·재생에너지 발전사업자가 법 제18조제1항제1호에 해당하는 행위를 한 경우에는 발전차액을 환수하여야 한다. 이 경우 지식경

신에너지 및 재생에너지 개발·이용·보급 촉진법 [법률 제10445호, 2011.3.9, 타법개정]	신에너지 및 재생에너지 개발·이용·보급 촉진법 시행령 [대통령령 제23640호, 2012.2.28, 일부개정]	신에너지 및 재생에너지 개발·이용·보급 촉진법 시행규칙 [지식경제부령 제149호, 2010.9.24, 일부개정]
그 발전차액을 환수(還收)할 수 있다. 이 경우 지식경제부장관은 발전차액을 반환할 자가 30일 이내에 이를 반환하지 아니하면 국세 체납처분의 예에 따라 징수할 수 있다. [전문개정 2010.4.12]		제부장관은 미리 해당 신·재생에너지 발전사업자에게 10일 이상의 기간을 정하여 의견을 제출할 기회를 주어야 한다. ③ 지식경제부장관은 제2항에 따라 발전차액을 환수하는 경우에는 위반 사실, 환수금액, 납부기간, 수납기관, 이의제기의 기간 및 방법을 구체적으로 적은 문서로 해당 신·재생에너지 발전사업자에게 발전차액을 낼 것을 통보하여야 한다. [전문개정 2010.9.24]
제19조(재정 신청) 신·재생에너지 발전사업자는 신·재생에너지 발전에 의하여 생산된 전기를 송전용 또는 배전용 설비를 통하여 「전기사업법」 제35조에 따른 한국전력거래소 또는 전기사용자에게 공급하는 경우 같은 법 제2조 제6호에 따른 송전사업자 또는 같은 조 제8호에 따른 배전사업자와 협의가 이루어지지 아		

신에너지 및 재생에너지 개발 · 이용 · 보급 촉진법 [법률 제10445호, 2011.3.9, 타법개정]	신에너지 및 재생에너지 개발 · 이용 · 보급 촉진법 시행령 [대통령령 제23640호, 2012.2.28, 일부개정]	신에너지 및 재생에너지 개발 · 이용 · 보급 촉진법 시행규칙 [지식경제부령 제149호, 2010.9.24, 일부개정]
니하거나 협의를 할 수 없을 때에는 같은 법 제53조에 따른 전기위원회에 재정(裁定)을 신청할 수 있다. [전문개정 2010.4.12]		
제20조(신 · 재생에너지 기술의 국제표준화 지원) ① 지식경제부장관은 국내에서 개발되었거나 개발 중인 신 · 재생에너지 관련 기술이 「국가표준기본법」 제3조제2호에 따른 국제표준에 부합되도록 하기 위하여 설비인증기관에 대하여 표준화기반 구축, 국제활동 등에 필요한 지원을 할 수 있다. ② 제1항에 따른 지원 범위 등에 관하여 필요한 사항은 대통령령으로 정한다. [전문개정 2010.4.12]	제23조(신 · 재생에너지 기술의 국제표준화를 위한 지원 범위) 법 제20조제2항에 따른 지원 범위는 다음 각 호와 같다. 1. 국제표준 적합성의 평가 및 상호인정의 기반 구축에 필요한 장비 · 시설 등의 구입비용 2. 국제표준 개발 및 국제표준 제안 등에 드는 비용 3. 국제표준화 관련 국제협력의 추진에 드는 비용 4. 국제표준화 관련 전문인력의 양성에 드는 비용 [전문개정 2010.9.17]	

신에너지 및 재생에너지 개발·이용·보급 촉진법 [법률 제10445호, 2011.3.9, 타법개정]	신에너지 및 재생에너지 개발·이용·보급 촉진법 시행령 [대통령령 제23640호, 2012.2.28, 일부개정]	신에너지 및 재생에너지 개발·이용·보급 촉진법 시행규칙 [지식경제부령 제149호, 2010.9.24, 일부개정]
제21조(신·재생에너지 설비 및 그 부품의 공용화) ① 지식경제부장관은 신·재생에너지 설비 및 그 부품의 호환성(互換性)을 높이기 위하여 그 설비 및 부품을 지식경제부장관이 정하여 고시하는 바에 따라 공용화 품목으로 지정하여 운영할 수 있다. ② 다음 각 호의 어느 하나에 해당하는 자는 신·재생에너지 설비 및 그 부품 중 공용화가 필요한 품목을 공용화 품목으로 지정하여 줄 것을 지식경제부장관에게 요청할 수 있다. 1. 제31조에 따른 신·재생에너지센터 2. 그 밖에 지식경제부령으로 정하는 기관 또는 단체 ③ 지식경제부장관은 신·재생에너지 설비 및 그 부품의 공용화를 효율적으로 추진하기 위하여 필요한 지원을 할 수 있다. ④ 제1항부터 제3항까지의 규정에 따른 공용	제24조(신·재생에너지 설비 및 그 부품 중 공용화 품목의 지정절차 등) ① 법 제21조제2항 및 제4항에 따라 신·재생에너지 설비 및 그 부품 중 공용화 품목의 지정을 요청하려는 자는 지식경제부령으로 정하는 바에 따라 대상 품목의 명칭, 규격, 지정 요청 사유 및 기대효과 등을 적은 지정요청서에 대상 품목에 대한 설명서를 첨부하여 지식경제부장관에게 제출하여야 한다. ② 지식경제부장관은 제1항에 따른 지정 요청을 받은 경우에는 지식경제부령으로 정하는 바에 따라 전문가 및 이해관계인의 의견을 들은 후 해당 신·재생에너지 설비 및 그 부품을 공용화 품목으로 지정할 수 있다. ③ 지식경제부장관은 법 제21조제3항에 따라 공용화 품목의 개발, 제조 및 수요·공급 조절에 필요한 자금을 다음 각 호의 구분에 따른	제12조(신·재생에너지 설비 및 그 부품에 대한 공용화 품목의 지정절차 등) ① 법 제21조제2항제2호에서 "그 밖에 지식경제부령으로 정하는 기관 또는 단체"란 다음 각 호와 같다. 1. 성능검사기관 2. 법 제22조제1항에 따른 신·재생에너지 설비 설치전문기업(이하 "신·재생에너지전문기업"이라 한다) 3. 그 밖에 신·재생에너지의 개발·이용 및 보급 관련 단체 ② 영 제24조제1항에 따라 공용화 품목의 지정을 요청하려는 자는 지정요청서에 다음 각 호의 서류를 첨부하여 기술표준원장에게 제출하여야 한다. 1. 대상 품목의 명칭·규격 및 설명서 2. 공용화 품목으로 지정받으려는 사유 3. 공용화 품목으로 지정될 경우의 기대효과

신에너지 및 재생에너지 개발 · 이용 · 보급 촉진법 [법률 제10445호, 2011.3.9, 타법개정]	신에너지 및 재생에너지 개발 · 이용 · 보급 촉진법 시행령 [대통령령 제23640호, 2012.2.28, 일부개정]	신에너지 및 재생에너지 개발 · 이용 · 보급 촉진법 시행규칙 [지식경제부령 제149호, 2010.9.24, 일부개정]
화 품목의 지정 · 운영, 지정 요청, 지원기준 등에 관하여 필요한 사항은 대통령령으로 정한다. [전문개정 2010.4.12]	범위에서 융자할 수 있다. 1. 중소기업자: 필요한 자금의 80퍼센트 2. 중소기업자와 동업하는 중소기업자 외의 자: 필요한 자금의 70퍼센트 3. 그 밖에 지식경제부장관이 인정하는 자: 필요한 자금의 50퍼센트 [전문개정 2010.9.17]	③ 제2항에서 규정한 사항 외에 공용화 품목의 지정에 관한 세부 사항은 기술표준원장이 정하여 고시한다. [전문개정 2010.9.24]
제22조(신 · 재생에너지 설비 설치전문기업의 신고 등) ① 신 · 재생에너지 설비의 설치를 전문으로 하려는 자는 자본금 · 기술인력 등 대통령령으로 정하는 신고기준 및 절차에 따라 지식경제부장관에게 신고할 수 있다. ② 지식경제부장관은 제1항에 따라 신고한 신 · 재생에너지 설비 설치전문기업(이하 "신 · 재생에너지전문기업"이라 한다)에 지식경제부령으로 정하는 바에 따라 지체 없이 신고증명서를 발급하여야 한다.	제25조(신 · 재생에너지 설비 설치전문기업의 신고기준 등) ① 법 제22조제1항에 따른 신 · 재생에너지 설비 설치전문기업(이하 "신 · 재생에너지전문기업"이라 한다)의 신고기준은 별표 7과 같다. ② 법 제22조제1항에 따라 신 · 재생에너지전문기업으로 신고하려는 자는 신고서(전자문서로 된 신고서를 포함한다)에 지식경제부령으로 정하는 서류를 첨부하여 지식경제부장관에게 제출하여야 한다.	제13조(신 · 재생에너지전문기업의 신고 등) ① 영 제25조제2항에 따른 신고서는 별지 제5호 서식의 신 · 재생에너지전문기업 신고서와 같다. ② 영 제25조제2항에서 "지식경제부령으로 정하는 서류"란 다음 각 호의 서류를 말하며, 제1항에 따른 신고를 받은 신 · 재생에너지센터 소장은 「전자정부법」 제36조제1항에 따른 행정정보의 공동이용을 통하여 제2호의 서류를 확인하여야 한다. 다만, 신고인이 확인에 동의하지 아니하는 경우에는 그 서류를 첨부하게

신에너지 및 재생에너지 개발·이용·보급 촉진법 [법률 제10445호, 2011.3.9, 타법개정]	신에너지 및 재생에너지 개발·이용·보급 촉진법 시행령 [대통령령 제23640호, 2012.2.28, 일부개정]	신에너지 및 재생에너지 개발·이용·보급 촉진법 시행규칙 [지식경제부령 제149호, 2010.9.24, 일부개정]
③ 지식경제부장관은 제27조에 따른 보급사업을 위하여 필요하다고 인정하면 신·재생에너지 설비의 설치 및 보수에 드는 비용의 일부를 지원하는 등 신·재생에너지전문기업에 대통령령으로 정하는 바에 따라 필요한 지원을 할 수 있다. [전문개정 2010.4.12]	[전문개정 2010.9.17] **제25조의2(신·재생에너지 우수 전문기업의 선정 등)** ① 지식경제부장관은 법 제22조제2항에 따라 신고증명서를 발급한 신·재생에너지전문기업에 대한 평가를 실시하여 신·재생에너지 우수 전문기업을 선정할 수 있다. ② 제1항에 따른 신·재생에너지 우수 전문기업의 선정을 위한 평가기준은 다음 각 호와 같다. 1. 기술인력 2. 시공 실적 3. 기업의 신용 상태 4. 품질 및 사후관리 실적 5. 그 밖에 지식경제부장관이 필요하다고 인정하는 기준 [본조신설 2010.9.17] **제26조(신·재생에너지전문기업에 대한 지원)** 지식경제부장관은 법 제22조제3항에 따라 신·	하여야 한다. 1. 자본금 증명서류 2. 국가기술자격증 사본 ③ 제2항 각 호의 서류는 신·재생에너지전문기업 신고서를 제출하기 전 30일 이내에 작성되거나 발행된 것이어야 한다. ④ 법 제22조제2항에 따른 신고증명서는 별지 제6호서식과 같다. ⑤ 제4항에 따라 신고증명서를 받은 자가 신고증명서를 잃어버렸거나 헐어서 못 쓰게 되어 재발급받으려면 별지 제7호서식의 신·재생에너지전문기업 신고증명서 재발급신청서에 다음 각 호의 서류를 첨부하여 신·재생에너지센터 소장에게 제출하여야 한다. 1. 신고증명서를 잃어버렸을 때에는 그 사유서 2. 신고증명서가 헐어서 못 쓰게 되었을 때에는 그 신고증명서

신에너지 및 재생에너지 개발 · 이용 · 보급 촉진법 [법률 제10445호, 2011.3.9, 타법개정]	신에너지 및 재생에너지 개발 · 이용 · 보급 촉진법 시행령 [대통령령 제23640호, 2012.2.28, 일부개정]	신에너지 및 재생에너지 개발 · 이용 · 보급 촉진법 시행규칙 [지식경제부령 제149호, 2010.9.24, 일부개정]
	재생에너지전문기업에 다음 각 호에 해당하는 비용의 일부를 지원할 수 있다. 1. 신 · 재생에너지 설비의 설치 및 보수(補修)에 드는 비용 2. 신 · 재생에너지전문기업이 공용화 품목을 사용하는 경우 공용화 품목의 비축에 드는 비용 [전문개정 2010.9.17]	[전문개정 2010.9.24]
제23조 삭제 <2010.4.12> 제24조(청문) 지식경제부장관은 다음 각 호에 해당하는 처분을 하려면 청문을 하여야 한다. 1. 제12조의10제1항에 따른 공급인증기관의 지정 취소 2. 제15조제2항에 따른 성능검사기관의 지정 취소 [전문개정 2010.4.12]		
제25조(관련 통계의 작성 등) ① 지식경제부장		제14조(신 · 재생에너지 통계의 전문기관) 법

신에너지 및 재생에너지 개발 · 이용 · 보급 촉진법 [법률 제10445호, 2011.3.9, 타법개정]	신에너지 및 재생에너지 개발 · 이용 · 보급 촉진법 시행령 [대통령령 제23640호, 2012.2.28, 일부개정]	신에너지 및 재생에너지 개발 · 이용 · 보급 촉진법 시행규칙 [지식경제부령 제149호, 2010.9.24, 일부개정]
관은 기본계획 및 실행계획 등 신 · 재생에너지 관련 시책을 효과적으로 수립 · 시행하기 위하여 필요한 국내외 신 · 재생에너지의 수요 · 공급에 관한 통계자료를 조사 · 작성 · 분석 및 관리할 수 있으며, 이를 위하여 필요한 자료와 정보를 제11조제1항에 따른 기관이나 신 · 재생에너지 설비의 생산자 · 설치자 · 사용자에게 요구할 수 있다. ② 지식경제부장관은 지식경제부령으로 정하는 바에 따라 전문성이 있는 기관을 지정하여 제1항에 따른 통계의 조사 · 작성 · 분석 및 관리에 관한 업무의 전부 또는 일부를 하게 할 수 있다. [전문개정 2010.4.12] 제26조(국유재산 · 공유재산의 임대 등) ① 국가 또는 지방자치단체는 신 · 재생에너지 기술개발 및 이용 · 보급에 관한 사업을 위하여 필요		제25조제2항에 따른 통계에 관한 업무를 수행하는 전문성이 있는 기관은 법 제31조제1항에 따른 신 · 재생에너지센터(이하 "센터"라 한다)로 한다. [전문개정 2010.9.24]

신에너지 및 재생에너지 개발 · 이용 · 보급 촉진법 [법률 제10445호, 2011.3.9, 타법개정]	신에너지 및 재생에너지 개발 · 이용 · 보급 촉진법 시행령 [대통령령 제23640호, 2012.2.28, 일부개정]	신에너지 및 재생에너지 개발 · 이용 · 보급 촉진법 시행규칙 [지식경제부령 제149호, 2010.9.24, 일부개정]
하다고 인정하면 「국유재산법」 또는 「공유재산 및 물품 관리법」에도 불구하고 수의계약(隨意契約)에 따라 국유재산 또는 공유재산을 신 · 재생에너지 기술개발 및 이용 · 보급에 관한 사업을 하는 자에게 대부계약의 체결 또는 사용허가(이하 "임대"라 한다)를 하거나 처분할 수 있다. ② 국가 또는 지방자치단체가 제1항에 따라 국유재산 또는 공유재산을 임대하는 경우에는 「국유재산법」 또는 「공유재산 및 물품 관리법」에도 불구하고 자진철거 및 철거비용의 공탁을 조건으로 영구시설물을 축조하게 할 수 있다. 다만, 공유재산에 영구시설물을 축조하려면 조례로 정하는 절차에 따라 지방의회의 동의를 받아야 한다. ③ 제1항에 따른 국유재산 및 공유재산의 임대기간은 10년 이내로 하되, 국유재산은 종전의		

신에너지 및 재생에너지 개발·이용·보급 촉진법 [법률 제10445호, 2011.3.9, 타법개정]	신에너지 및 재생에너지 개발·이용·보급 촉진법 시행령 [대통령령 제23640호, 2012.2.28, 일부개정]	신에너지 및 재생에너지 개발·이용·보급 촉진법 시행규칙 [지식경제부령 제149호, 2010.9.24, 일부개정]
임대기간을 초과하지 아니하는 범위에서 갱신할 수 있고, 공유재산은 지방자치단체의 장이 필요하다고 인정하는 경우 1회에 한하여 10년 이내의 기간에서 연장할 수 있다. ④ 제1항에 따라 국유재산 또는 공유재산을 임차하거나 취득한 자가 임대일 또는 취득일부터 2년 이내에 해당 재산에서 신·재생에너지 기술개발 및 이용·보급에 관한 사업을 시행하지 아니하는 경우에는 대부계약 또는 사용허가를 취소하거나 환매할 수 있다. [전문개정 2010.4.12]		
제27조(보급사업) ① 지식경제부장관은 신·재생에너지의 이용·보급을 촉진하기 위하여 필요하다고 인정하면 대통령령으로 정하는 바에 따라 다음 각 호의 보급사업을 할 수 있다. 1. 신기술의 적용사업 및 시범사업 2. 환경친화적 신·재생에너지 집적화단지(集	**제27조(보급사업의 실시기관)** ① 지식경제부장관은 법 제27조제1항 각 호에 따른 보급사업(이하 이 조에서 "보급사업"이라 한다)을 시행하는 경우에는 다음 각 호의 어느 하나에 해당하는 자 중에서 보급사업의 실시기관을 선정하여 시행한다.	

신에너지 및 재생에너지 개발·이용·보급 촉진법 [법률 제10445호, 2011.3.9, 타법개정]	신에너지 및 재생에너지 개발·이용·보급 촉진법 시행령 [대통령령 제23640호, 2012.2.28, 일부개정]	신에너지 및 재생에너지 개발·이용·보급 촉진법 시행규칙 [지식경제부령 제149호, 2010.9.24, 일부개정]
積化團地) 및 시범단지 조성사업 3. 지방자치단체와 연계한 보급사업 4. 실용화된 신·재생에너지 설비의 보급을 지원하는 사업 5. 그 밖에 신·재생에너지 기술의 이용·보급을 촉진하기 위하여 필요한 사업으로서 지식경제부장관이 정하는 사업 ② 지식경제부장관은 개발된 신·재생에너지 설비가 설비인증을 받거나 신·재생에너지 기술의 국제표준화 또는 신·재생에너지 설비와 그 부품의 공용화가 이루어진 경우에는 우선적으로 제1항에 따른 보급사업을 추진할 수 있다. ③ 관계 중앙행정기관의 장은 환경 개선과 신·재생에너지의 보급 촉진을 위하여 필요한 협조를 할 수 있다. [전문개정 2010.4.12]	1. 법 제11조제1항 각 호의 어느 하나에 해당하는 자 2. 센터 ② 지식경제부장관은 보급사업을 촉진하기 위하여 필요한 경우에는 보급사업의 시행에 필요한 비용을 예산의 범위에서 제1항에 따른 실시기관에 지원할 수 있다. ③ 보급사업의 지원대상, 지원 조건 및 추진절차, 그 밖에 필요한 사항은 지식경제부장관이 정하여 고시한다. [전문개정 2010.9.17] 제28조 삭제 <2010.9.17>	

신에너지 및 재생에너지 개발·이용·보급 촉진법 [법률 제10445호, 2011.3.9, 타법개정]	신에너지 및 재생에너지 개발·이용·보급 촉진법 시행령 [대통령령 제23640호, 2012.2.28, 일부개정]	신에너지 및 재생에너지 개발·이용·보급 촉진법 시행규칙 [지식경제부령 제149호, 2010.9.24, 일부개정]
제28조(신·재생에너지 기술의 사업화) ① 지식경제부장관은 자체 개발한 기술이나 제10조에 따른 사업비를 받아 개발한 기술의 사업화를 촉진시킬 필요가 있다고 인정하면 다음 각 호의 지원을 할 수 있다. 1. 시험제품 제작 및 설비투자에 드는 자금의 융자 2. 신·재생에너지 기술의 개발사업을 하여 정부가 취득한 산업재산권의 무상 양도 3. 개발된 신·재생에너지 기술의 교육 및 홍보 4. 그 밖에 개발된 신·재생에너지 기술을 사업화하기 위하여 필요하다고 인정하여 지식경제부장관이 정하는 지원사업 ② 제1항에 따른 지원의 대상, 범위, 조건 및 절차, 그 밖에 필요한 사항은 지식경제부령으로 정한다. [전문개정 2010.4.12]		제15조(신·재생에너지 기술 사업화의 지원절차 등) ① 법 제28조제1항에 따라 신·재생에너지 기술 사업화에 대한 지원을 받으려는 자는 별지 제8호서식의 신·재생에너지 기술 사업화 지원신청서에 다음 각 호의 서류를 첨부하여 지식경제부장관에게 제출하여야 한다. 1. 사업계획서 2. 다음 각 목의 어느 하나에 해당함을 증명하는 서류 사본. 이 경우 가목에 해당하는 자는 자체개발내역서를 포함한다. 가. 해당 신·재생에너지 관련 기술을 자체적으로 개발한 자로서 그 사용권을 가지고 있는 자 나. 해당 신·재생에너지 관련 기술을 개발한 국공립연구기관, 대학, 기업 또는 개인으로부터 해당 신·재생에너지 관련 기술을 이전받은 자

신에너지 및 재생에너지 개발·이용·보급 촉진법 [법률 제10445호, 2011.3.9, 타법개정]	신에너지 및 재생에너지 개발·이용·보급 촉진법 시행령 [대통령령 제23640호, 2012.2.28, 일부개정]	신에너지 및 재생에너지 개발·이용·보급 촉진법 시행규칙 [지식경제부령 제149호, 2010.9.24, 일부개정]
		다. 정부, 국공립연구기관, 대학, 기업 또는 개인이 보유하는 신·재생에너지 관련 기술에 대한 사용권을 가지고 있는 자 3. 해당 신·재생에너지 관련 기술이 지원 신청 당시 아직 사업화되지 아니한 기술임을 증명하는 자료 ② 법 제28조제1항에 따른 신·재생에너지 기술의 사업화에 관한 지원 범위는 다음 각 호와 같다. 1. 법 제28조제1항제1호에 따른 시험제품 제작 및 설비투자의 경우: 필요한 자금의 100퍼센트의 범위에서 융자 지원 2. 법 제28조제1항제3호에 따른 신·재생에너지 기술의 교육 및 홍보의 경우: 필요한 자금의 80퍼센트의 범위에서 자금 지원 3. 법 제28조제1항제4호에 따라 지식경제부장관이 정하는 지원사업의 경우: 필요한 자금

신에너지 및 재생에너지 개발 · 이용 · 보급 촉진법 [법률 제10445호, 2011.3.9, 타법개정]	신에너지 및 재생에너지 개발 · 이용 · 보급 촉진법 시행령 [대통령령 제23640호, 2012.2.28, 일부개정]	신에너지 및 재생에너지 개발 · 이용 · 보급 촉진법 시행규칙 [지식경제부령 제149호, 2010.9.24, 일부개정]
		의 80퍼센트의 범위에서 자금 지원 ③ 제1항 및 제2항에서 규정한 사항 외에 신 · 재생에너지 기술 사업화의 지원에 관한 세부사항은 지식경제부장관이 정하여 고시한다. [전문개정 2010.9.24]
제29조(재정상 조치 등) 정부는 제12조에 따라 권고를 받거나 의무를 준수하여야 하는 자, 신 · 재생에너지 기술개발 및 이용 · 보급을 하고 있는 자 또는 제13조에 따라 설비인증을 받은 자에 대하여 필요한 경우 금융상 · 세제상의 지원대책이나 그 밖에 필요한 지원대책을 마련하여야 한다. [전문개정 2010.4.12]		
제30조(신 · 재생에너지의 교육 · 홍보 및 전문인력 양성) ① 정부는 교육 · 홍보 등을 통하여 신 · 재생에너지의 기술개발 및 이용 · 보급에 관한 국민의 이해와 협력을 구하도록 노력		제16조(신 · 재생에너지 분야 특성화대학 및 핵심기술연구센터의 지정 신청) 법 제30조제2항에 따라 신 · 재생에너지 분야 특성화대학 또는 핵심기술연구센터로 지정받으려는 자는

신에너지 및 재생에너지 개발·이용·보급 촉진법 [법률 제10445호, 2011.3.9, 타법개정]	신에너지 및 재생에너지 개발·이용·보급 촉진법 시행령 [대통령령 제23640호, 2012.2.28, 일부개정]	신에너지 및 재생에너지 개발·이용·보급 촉진법 시행규칙 [지식경제부령 제149호, 2010.9.24, 일부개정]
하여야 한다. ② 지식경제부장관은 신·재생에너지 분야 전문인력의 양성을 위하여 신·재생에너지 분야 특성화대학 및 핵심기술연구센터를 지정하여 육성·지원할 수 있다. [전문개정 2010.4.12]		별지 제9호서식의 신·재생에너지 분야 특성화대학 지정신청서 또는 별지 제10호서식의 신·재생에너지 분야 핵심기술연구센터 지정신청서에 다음 각 호의 서류를 첨부하여 지식경제부장관에게 제출하여야 한다. 1. 중장기 인력양성 사업계획서 2. 신·재생에너지 분야 특성화대학 또는 핵심기술연구센터 운영계획서 [전문개정 2010.9.24]
제31조(신·재생에너지센터) ① 지식경제부장관은 신·재생에너지의 이용 및 보급을 전문적이고 효율적으로 추진하기 위하여 대통령령으로 정하는 에너지 관련 기관에 신·재생에너지센터(이하 "센터"라 한다)를 두어 신·재생에너지 분야에 관한 다음 각 호의 사업을 하게 할 수 있다. 1. 제11조제1항에 따른 신·재생에너지의 기	제29조(센터의 설치기관) 법 제31조제1항 각 호 외의 부분에서 "대통령령으로 정하는 에너지 관련 기관"이란 「에너지이용 합리화법」 제45조제1항에 따른 에너지관리공단(이하 "공단"이라 한다)을 말하며, 센터는 공단의 부설기관으로 한다. [전문개정 2010.9.17]	제17조(센터의 조직 및 운영 등) ① 센터에는 소장 1명을 둔다. ② 소장은 「에너지이용 합리화법」 제45조제1항에 따른 에너지관리공단(이하 "공단"이라 한다) 이사장의 제청에 의하여 지식경제부장관이 임명한다. ③ 소장은 센터를 대표하고, 센터의 사무를 총괄한다.

신에너지 및 재생에너지 개발·이용·보급 촉진법 [법률 제10445호, 2011.3.9, 타법개정]	신에너지 및 재생에너지 개발·이용·보급 촉진법 시행령 [대통령령 제23640호, 2012.2.28, 일부개정]	신에너지 및 재생에너지 개발·이용·보급 촉진법 시행규칙 [지식경제부령 제149호, 2010.9.24, 일부개정]
술개발 및 이용·보급사업의 실시자에 대한 지원·관리 2. 제12조의2에 따른 건축물인증에 관한 지원·관리 3. 제12조의9에 따른 공급인증기관의 업무에 관한 지원·관리 4. 제13조에 따른 설비인증에 관한 지원·관리 5. 이미 보급된 신·재생에너지 설비에 대한 기술지원 6. 제20조에 따른 신·재생에너지 기술의 국제표준화에 대한 지원·관리 7. 제21조에 따른 신·재생에너지 설비 및 그 부품의 공용화에 관한 지원·관리 8. 제22조에 따른 신·재생에너지전문기업에 대한 지원·관리 9. 제25조에 따른 통계관리 10. 제27조에 따른 신·재생에너지 보급사업의		④ 센터의 운영에 관한 다음 각 호의 사항을 심의하기 위하여 센터에 운영위원회를 둔다. 1. 연도별 사업계획 및 예산·결산에 관한 사항 2. 센터 운영규정의 제정 또는 개정에 관한 사항 3. 그 밖에 센터의 운영에 관하여 소장이 필요하다고 인정하는 사항 ⑤ 소장은 제4항에 따른 운영위원회의 구성 및 운영 등에 필요한 사항을 지식경제부장관의 승인을 받아 정한다. ⑥ 제1항부터 제5항까지에서 규정한 사항 외에 센터의 조직·정원 및 예산에 관한 사항은 공단의 정관으로 정하며, 센터의 인사 등 운영에 필요한 사항은 소장이 자율적으로 관장한다. [전문개정 2010.9.24]

신에너지 및 재생에너지 개발 · 이용 · 보급 촉진법 [법률 제10445호, 2011.3.9, 타법개정]	신에너지 및 재생에너지 개발 · 이용 · 보급 촉진법 시행령 [대통령령 제23640호, 2012.2.28, 일부개정]	신에너지 및 재생에너지 개발 · 이용 · 보급 촉진법 시행규칙 [지식경제부령 제149호, 2010.9.24, 일부개정]
지원 · 관리 11. 제28조에 따른 신 · 재생에너지 기술의 사업화에 관한 지원 · 관리 12. 제30조에 따른 교육 · 홍보 및 전문인력 양성에 관한 지원 · 관리 13. 국내외 조사 · 연구 및 국제협력 사업 14. 제1호부터 제6호까지의 사업에 딸린 사업 15. 그 밖에 신 · 재생에너지의 이용 · 보급 촉진을 위하여 필요한 사업으로서 지식경제부장관이 위탁하는 사업 ② 지식경제부장관은 센터가 제1항의 사업을 하는 경우 자금 출연이나 그 밖에 필요한 지원을 할 수 있다. ③ 센터의 조직 · 인력 · 예산 및 운영에 관하여 필요한 사항은 지식경제부령으로 정한다. [전문개정 2010.4.12]		
제32조(권한의 위임 · 위탁) ① 이 법에 따른 지	제30조(권한의 위임 · 위탁) ① 지식경제부장관	

신에너지 및 재생에너지 개발 · 이용 · 보급 촉진법 [법률 제10445호, 2011.3.9, 타법개정]	신에너지 및 재생에너지 개발 · 이용 · 보급 촉진법 시행령 [대통령령 제23640호, 2012.2.28, 일부개정]	신에너지 및 재생에너지 개발 · 이용 · 보급 촉진법 시행규칙 [지식경제부령 제149호, 2010.9.24, 일부개정]
식경제부장관의 권한은 그 일부를 대통령령으로 정하는 바에 따라 소속 기관의 장, 특별시장 · 광역시장 · 도지사 또는 특별자치도지사(이하 "시 · 도지사"라 한다)에게 위임할 수 있다. ② 이 법에 따른 지식경제부장관 또는 시 · 도지사의 업무는 그 일부를 대통령령으로 정하는 바에 따라 센터 또는 「에너지법」 제13조에 따른 한국에너지기술평가원에 위탁할 수 있다. [전문개정 2010.4.12]	은 법 제32조제1항에 따라 다음 각 호의 권한을 기술표준원장에게 위임한다. 1. 법 제13조제3항에 따른 성능검사기관의 지정 2. 법 제13조제7항에 따른 설비인증기관에 대한 행정상 지원 3. 법 제15조제2항에 따른 성능검사기관의 지정취소 및 업무정지 처분 4. 법 제20조제1항에 따른 설비인증기관에 대한 표준화기반 구축 및 국제활동 등의 지원 5. 법 제21조에 따른 공용화 품목의 지정 6. 법 제24조제2호에 따른 성능검사기관의 지정취소에 관한 청문 7. 제20조제2호에 따른 성능검사기관의 검사장비 및 전문인력 등 지정기준에 관한 고시 ② 지식경제부장관은 법 제32조제1항에 따라 법 제27조제1항제3호에 따른 보급사업에 관한 권한을 특별시장, 광역시장, 도지사 또는 특별	

신에너지 및 재생에너지 개발 · 이용 · 보급 촉진법 [법률 제10445호, 2011.3.9, 타법개정]	신에너지 및 재생에너지 개발 · 이용 · 보급 촉진법 시행령 [대통령령 제23640호, 2012.2.28, 일부개정]	신에너지 및 재생에너지 개발 · 이용 · 보급 촉진법 시행규칙 [지식경제부령 제149호, 2010.9.24, 일부개정]
	자치도지사에게 위임한다. ③ 지식경제부장관은 법 제32조제2항에 따라 다음 각 호의 업무를 센터에 위탁한다. 1. 법 제12조제2항 및 이 영 제17조에 따른 설치계획서의 접수, 검토 결과 통보 및 의견 청취 2. 법 제12조제2항 및 이 영 제18조에 따른 신 · 재생에너지 설비 설치확인신청서 접수 및 신 · 재생에너지 설비 설치확인서 발급 3. 법 제22조에 따른 신 · 재생에너지전문기업 신고서 접수 및 신고증명서 발급 ④ 지식경제부장관은 법 제32조제2항에 따라 법 제11조제1항에 따른 신 · 재생에너지 기술개발사업에 대한 협약체결 업무를 「에너지법」 제13조에 따른 한국에너지기술평가원에 위탁한다. [전문개정 2010.9.17]	

신에너지 및 재생에너지 개발 · 이용 · 보급 촉진법 [법률 제10445호, 2011.3.9, 타법개정]	신에너지 및 재생에너지 개발 · 이용 · 보급 촉진법 시행령 [대통령령 제23640호, 2012.2.28, 일부개정]	신에너지 및 재생에너지 개발 · 이용 · 보급 촉진법 시행규칙 [지식경제부령 제149호, 2010.9.24, 일부개정]
제33조(벌칙 적용 시의 공무원 의제) 다음 각 호에 해당하는 사람은 「형법」 제129조부터 제132조까지의 규정을 적용할 때에는 공무원으로 본다. 1. 건축물인증 업무에 종사하는 건축물인증기관의 임직원 2. 공급인증서의 발급 · 거래 업무에 종사하는 공급인증기관의 임직원 3. 설비인증 업무에 종사하는 설비인증기관의 임직원 4. 성능검사 업무에 종사하는 성능검사기관의 임직원 [전문개정 2010.4.12] 제34조(벌칙) ① 거짓이나 부정한 방법으로 제17조에 따른 발전차액을 지원받은 자와 그 사실을 알면서 발전차액을 지급한 자는 3년 이하의 징역 또는 지원받은 금액의 3배 이하에 상당하		

신에너지 및 재생에너지 개발 · 이용 · 보급 촉진법 [법률 제10445호, 2011.3.9, 타법개정]	신에너지 및 재생에너지 개발 · 이용 · 보급 촉진법 시행령 [대통령령 제23640호, 2012.2.28, 일부개정]	신에너지 및 재생에너지 개발 · 이용 · 보급 촉진법 시행규칙 [지식경제부령 제149호, 2010.9.24, 일부개정]
는 벌금에 처한다. ② 거짓이나 부정한 방법으로 공급인증서를 발급받은 자와 그 사실을 알면서 공급인증서를 발급한 자는 3년 이하의 징역 또는 3천만원 이하의 벌금에 처한다. ③ 제12조의7제5항을 위반하여 공급인증기관이 개설한 거래시장 외에서 공급인증서를 거래한 자는 2년 이하의 징역 또는 2천만원 이하의 벌금에 처한다. ④ 법인의 대표자나 법인 또는 개인의 대리인, 사용인, 그 밖의 종업원이 그 법인 또는 개인의 업무에 관하여 제1항부터 제3항까지의 어느 하나에 해당하는 위반행위를 하면 그 행위자를 벌하는 외에 그 법인 또는 개인에게도 해당 조문의 벌금형을 과(科)한다. 다만, 법인 또는 개인이 그 위반행위를 방지하기 위하여 해당 업무에 관하여 상당한 주의와 감독을 게을		

신에너지 및 재생에너지 개발·이용·보급 촉진법 [법률 제10445호, 2011.3.9, 타법개정]	신에너지 및 재생에너지 개발·이용·보급 촉진법 시행령 [대통령령 제23640호, 2012.2.28, 일부개정]	신에너지 및 재생에너지 개발·이용·보급 촉진법 시행규칙 [지식경제부령 제149호, 2010.9.24, 일부개정]
리하지 아니한 경우에는 그러하지 아니하다. [전문개정 2010.4.12]		
제35조(과태료) ① 다음 각 호의 어느 하나에 해당하는 자에게는 1천만원 이하의 과태료를 부과한다. 1. 거짓이나 부정한 방법으로 설비인증을 받은 자 2. 건축물인증기관으로부터 건축물인증을 받지 아니하고 건축물인증의 표시 또는 이와 유사한 표시를 하거나 건축물인증을 받은 것으로 홍보한 자 3. 설비인증기관으로부터 설비인증을 받지 아니하고 설비인증의 표시 또는 이와 유사한 표시를 하거나 설비인증을 받은 것으로 홍보한 자 ② 제1항에 따른 과태료는 대통령령으로 정하는 바에 따라 지식경제부장관이 부과·징수한다.	제31조(과태료의 부과기준) 법 제35조제1항에 따른 과태료의 부과기준은 별표 8과 같다. [전문개정 2010.9.17]	제18조 삭제 <2010.9.24>

신에너지 및 재생에너지 개발·이용·보급 촉진법 [법률 제10445호, 2011.3.9, 타법개정]	신에너지 및 재생에너지 개발·이용·보급 촉진법 시행령 [대통령령 제23640호, 2012.2.28, 일부개정]	신에너지 및 재생에너지 개발·이용·보급 촉진법 시행규칙 [지식경제부령 제149호, 2010.9.24, 일부개정]
[전문개정 2010.4.12] 부칙 〈제7284호, 2004.12.31〉 제 1 조(시행일) 이 법은 공포후 6월이 경과한 날부터 시행한다. 제 2 조(기본계획 등에 관한 경과조치) ①이 법 시행 당시 종전의 대체에너지개발및이용·보급촉진법 제4조의 규정에 의한 기본계획은 이 법 제5조의 규정에 의한 기본계획을 수립할 때까지 이 법 제5조의 규정에 의한 기본계획으로 본다. ② 이 법 시행 당시 종전의 대체에너지개발및이용·보급촉진법 제5조의 규정에 의한 실행계획은 이 법 제6조의 규정에 의한 실행계획으로 본다. ③ 이 법 시행 당시 종전의 대체에너지개발및이용·보급촉진법 제7조의 규정에 의한 대체에너지정책심의회는 이 법 제8조의 규정에 의	부칙 〈제19023호, 2005.8.31〉 제 1 조(시행일) 이 영은 공포한 날부터 시행한다. 제 2 조(대체에너지전문위원회 등에 관한 경과조치) ①이 영 시행당시 종전의 「대체에너지개발 및 이용·보급 촉진법 시행령」 제7조제1항의 규정에 의한 대체에너지전문위원회는 이 영 제7조제1항의 규정에 의한 신·재생에너지전문위원회로 본다. ② 이 영 시행당시 종전의 「대체에너지개발 및 이용·보급 촉진법 시행령」 제16조의4제1항의 규정에 의한 대체에너지설비의 설치계획서는 이 영 제17조제1항의 규정에 의한 신·재생에너지설비의 설치계획서로 본다. ③ 이 영 시행당시 종전의 「대체에너지개발 및 이용·보급 촉진법 시행령」 제16조의5제1항 및 제2항의 규정에 의한 대체에너지설비설치	부칙 〈제305호, 2005.10.13〉 제 1 조 (시행일) 이 규칙은 공포한 날부터 시행한다. 제 2 조 (설비인증표지에 관한 경과조치) 이 규칙 시행 당시 종전의 규정에 의하여 신·재생에너지설비에 부착되어 있는 설비인증표지는 별표 2의 규정에 의한 설비인증표지로 본다. 제 3 조 (다른 법령의 개정) ①조세특례제한법 시행규칙 일부를 다음과 같이 개정한다. 별표 8의5 제2호란을 다음과 같이 한다.

<table>
<tr>
<th>신에너지 및 재생에너지 개발・이용・보급 촉진법
[법률 제10445호, 2011.3.9, 타법개정]</th>
<th>신에너지 및 재생에너지 개발・이용・보급 촉진법 시행령
[대통령령 제23640호, 2012.2.28, 일부개정]</th>
<th>신에너지 및 재생에너지 개발・이용・보급 촉진법 시행규칙
[지식경제부령 제149호, 2010.9.24, 일부개정]</th>
</tr>
<tr>
<td>한 신・재생에너지정책심의회로 본다.
④ 이 법 시행 당시 종전의 대체에너지개발및이용・보급촉진법 제8조의 규정에 의하여 세출예산에 계상된 사업비는 이 법 제9조의 규정에 의한 사업비로 본다.
⑤ 이 법 시행 당시 종전의 대체에너지개발및이용・보급촉진법 제11조의2의 규정에 의하여 지정받은 인증기관 및 성능검사기관은 이 법 제13조의 규정에 의한 인증기관 및 성능검사기관으로 본다.
⑥ 이 법 시행 당시 종전의 대체에너지개발및이용・보급촉진법 제11조의2의 규정에 의하여 산업자원부장관이 지정하는 기관으로부터 대체에너지설비에 대하여 인증을 받은 경우에는 이 법 제13조의 규정에 의한 설비인증을 받은 것으로 본다.
⑦ 이 법 시행 당시 종전의 대체에너지개발및</td>
<td>확인신청서 및 대체에너지설비설치확인서는 이 영 제18조제1항 및 제2항의 규정에 의한 신・재생에너지설비설치확인신청서 및 신・재생에너지설비설치확인서로 본다.
제 3 조(다른 법령의 개정) ① 기술신용보증기금법시행령 일부를 다음과 같이 개정한다.
별표 제5호를 다음과 같이 한다.
5. 「신에너지 및 재생에너지 개발・이용・보급 촉진법」 제10조제2호의 규정에 의한 신・재생에너지의 연구・개발사업 성과를 기업화하는 사업
② 독점규제 및 공정거래에 관한 법률 시행령 일부를 다음과 같이 개정한다.
제17조의2제1항제3호중 "대체에너지"를 "신・재생에너지"로 한다.
③ 산업기술기반조성에관한법률시행령 일부를 다음과 같이 개정한다.</td>
<td><table><tr><td>2. 신・재생에너지 보급시설</td><td>신・재생에너지 생산시설</td><td>「신에너지 및 재생에너지 개발・이용・보급 촉진법」제2조의 규정에 의한 신에너지 및 재생에너지를 이용하여 연료・열 또는 전기를 생산하는 시설</td></tr></table>② 에너지이용합리화법시행규칙 일부를 다음과 같이 개정한다.
제3조제1항제7호를 다음과 같이 한다.
7. 신・재생에너지이용계획의 적정성
③ 산업기술기반조성에관한법률시행규칙 일부를 다음과 같이 개정한다.
제7조제15호를 다음과 같이 한다.
15. 「신에너지 및 재생에너지 개발・이용・보급 촉진법」 제10조의 규정에 의한 사업
④ 조세특례제한법제118조의규정에의한관세경</td>
</tr>
</table>

신에너지 및 재생에너지 개발 · 이용 · 보급 촉진법 [법률 제10445호, 2011.3.9, 타법개정]	신에너지 및 재생에너지 개발 · 이용 · 보급 촉진법 시행령 [대통령령 제23640호, 2012.2.28, 일부개정]	신에너지 및 재생에너지 개발 · 이용 · 보급 촉진법 시행규칙 [지식경제부령 제149호, 2010.9.24, 일부개정]
이용 · 보급촉진법 제16조의 규정에 의한 대체에너지개발보급센터는 이 법 제31조의 규정에 의한 신 · 재생에너지센터로 본다. 제 3 조(처분 등에 관한 경과조치) 이 법 시행 당시 종전의 대체에너지개발및이용 · 보급촉진법에 의한 지정 · 고시 그 밖의 행정기관의 행위와 신청 그 밖의 행정기관에 대한 행위는 그에 해당하는 이 법에 의한 행정기관의 행위와 행정기관에 대한 행위로 본다. 제 4 조(다른 법률의 개정) ① 백두대간보호에관한법률중 다음과 같이 개정한다. 제7조제1항제6호중 "대체에너지개발및이용 · 보급촉진법에 의한 대체에너지"를 "신에너지및재생에너지개발 · 이용 · 보급촉진법에 의한 신 · 재생에너지"로 한다. ② 산업기술기반조성에관한법률중 다음과 같이 개정한다.	제25조의2제1항제3호를 다음과 같이 한다. 3. 「신에너지 및 재생에너지 개발 · 이용 · 보급 촉진법」 제9조의 규정에 의한 사업비 별표 제19호를 다음과 같이 한다. 19. 「신에너지 및 재생에너지 개발 · 이용 · 보급 촉진법」 ④ 에너지및자원사업특별회계법시행령 일부를 다음과 같이 개정한다. 제3조제1항제9호중 "대체에너지개발및이용 · 보급촉진법에 의한 대체에너지개발보급사업"을 "「신에너지 및 재생에너지 개발 · 이용 · 보급촉진법」에 의한 신 · 재생에너지개발보급사업"으로 한다. ⑤ 엔지니어링기술진흥법시행령 일부를 다음과 같이 개정한다. 제10조제2항제3호를 다음과 같이 한다. 3. 「신에너지 및 재생에너지 개발 · 이용 · 보급	감에관한규칙 일부를 다음과 같이 한다. 별표 제3호중 "대체에너지"를 "신 · 재생에너지"로 한다. 제 4 조(다른 법령과의 관계) 이 규칙 시행 당시 다른 법령에서 종전의 「대체에너지 개발 및 이용 · 보급 촉진법 시행규칙」 또는 그 규정을 인용하고 있는 경우 이 규칙 중 그에 해당하는 규정이 있는 때에는 종전의 규정에 갈음하여 이 규칙 또는 이 규칙의 해당 규정을 인용한 것으로 본다. 부칙 〈제369호, 2006.10.4〉(행정정보의 공동이용 및 문서감축을 위한 고압가스 안전관리법 시행규칙 등 일부개정령) 이 규칙은 공포한 날부터 시행한다. 부칙 〈제1호, 2008.3.3〉(지식경제부와 그

신에너지 및 재생에너지 개발 · 이용 · 보급 촉진법 [법률 제10445호, 2011.3.9, 타법개정]	신에너지 및 재생에너지 개발 · 이용 · 보급 촉진법 시행령 [대통령령 제23640호, 2012.2.28, 일부개정]	신에너지 및 재생에너지 개발 · 이용 · 보급 촉진법 시행규칙 [지식경제부령 제149호, 2010.9.24, 일부개정]
제2조제1호중 "대체에너지개발및이용 · 보급촉진법 제2조의 규정에 의한 대체에너지"를 "신에너지및재생에너지개발 · 이용 · 보급촉진법 제2조제1호의 규정에 의한 신 · 재생에너지"로 한다. ③ 산지관리법중 다음과 같이 개정한다. 제10조제7호중 "대체에너지개발및이용 · 보급촉진법에 의한 대체에너지"를 "신에너지및재생에너지개발 · 이용 · 보급촉진법에 의한 신 · 재생에너지"로 한다. ④ 생명공학육성법중 다음과 같이 개정한다. 제13조제1항제4호중 "대체에너지개발"을 "신 · 재생에너지개발"로 한다. ⑤ 에너지및자원사업특별회계법중 다음과 같이 개정한다. 제2조제1호 다목을 다음과 같이 한다. 다. 에너지절약 및 신 · 재생에너지사업	촉진법」 제10조의 규정에 의한 신 · 재생에너지기술개발사업 ⑥ 전기사업법시행령 일부를 다음과 같이 개정한다. 제16조제3호를 다음과 같이 한다. 3. 「신에너지 및 재생에너지 개발 · 이용 · 보급 촉진법」 제31조제1항의 규정에 의한 신 · 재생에너지센터 제19조제1항제2호중 "대체에너지개발및이용 · 보급촉진법 제2조제6호의 규정에 의한 대체에너지발전사업자"를 "「신에너지 및 재생에너지 개발 · 이용 · 보급촉진법」 제2조제5호의 규정에 의한 신 · 재생에너지발전사업자"로 한다. ⑦ 제주국제자유도시특별법시행령 일부를 다음과 같이 개정한다. 제27조제1항제6호를 다음과 같이 한다.	소속기관 직제 시행규칙) 제 1 조(시행일) 이 규칙은 공포한 날부터 시행한다. 제 2 조부터 제 4 조까지 생략 제 5 조(다른 법령의 개정) ① 부터 <28> 까지 생략 <29> 신에너지 및 재생에너지 개발 · 이용 · 보급 촉진법 시행규칙 일부를 다음과 같이 개정한다. 제3조제5호, 제4조, 제8조, 제11조제1항 · 제2항 전단 및 후단, 제13조제4항 각 호 외의 부분, 제15조제1항 각 호 외의 부분 · 제2항제3호 · 제3항, 제16조 각 호 외의 부분, 제17조제2항 · 제5항, 별지 제3호서식 앞쪽, 별지 제5호서식 앞쪽, 별지 제6호서식 앞쪽, 별지 제7호서식 앞쪽, 별지 제8호서식 앞쪽, 별지 제9호서식 앞쪽 중 "산업자원부장관"을 각각 "지식경제부장관"

신에너지 및 재생에너지 개발·이용·보급 촉진법 [법률 제10445호, 2011.3.9, 타법개정]	신에너지 및 재생에너지 개발·이용·보급 촉진법 시행령 [대통령령 제23640호, 2012.2.28, 일부개정]	신에너지 및 재생에너지 개발·이용·보급 촉진법 시행규칙 [지식경제부령 제149호, 2010.9.24, 일부개정]
⑥ 에너지이용합리화법중 다음과 같이 개정한다. 제2조제2호중 "대체에너지"를 "신·재생에너지"로 한다. 제76조제3호 및 제5호중 "대체에너지"를 각각 "신·재생에너지"로 한다. ⑦ 전기사업법중 다음과 같이 개정한다. 제31조제4항제3호 및 제49조제1호중 "대체에너지개발및이용·보급촉진법 제2조의 규정에 의한 대체에너지"를 각각 "신에너지및재생에너지개발·이용·보급촉진법 제2조제1호의 규정에 의한 신·재생에너지"로 한다. ⑧ 조세특례제한법중 다음과 같이 개정한다. 제118조제1항제3호중 "대체에너지개발및이용·보급촉진법 제2조의 규정에 의한 대체에너지"를 "신에너지및재생에너지개발·이용·보급촉진법 제2조제1호의 규정에 의한 신·재생에너지"로 한다.	6. 「신에너지 및 재생에너지 개발·이용·보급 촉진법」 제2조제1호의 규정에 의한 신·재생에너지를 이용하여 전기를 생산하는 사업 ⑧ 조세특례제한법 시행령 일부를 다음과 같이 개정한다. 제116조의15제1항제6호를 다음과 같이 한다. 6. 「신에너지 및 재생에너지 개발·이용·보급 촉진법」 제2조제1호의 규정에 의한 신·재생에너지를 이용하여 전기를 생산하는 사업 ⑨ 지속가능발전위원회규정 일부를 다음과 같이 개정한다. 별표 제12호를 다음과 같이 한다. 12. 「신에너지 및 재생에너지 개발·이용·보급 촉진법」 제5조제1항의 규정에 의한 신·재생에너지의 기술개발 및 이용·보급을 촉진하기 위한 기본계획 제 4 조(다른 법령과의 관계) 이 영 시행당시 다	으로 한다. 별지 제3호서식 뒷쪽, 별지 제6호서식 뒤쪽, 별지 제7호서식 뒷쪽, 별지 제8호서식 뒷쪽, 별지 제9호서식 뒷쪽 중 "산업자원부"를 각각 "지식경제부"로 한다. 제2조 각 호 외의 부분, 제12조제1항 각 호 외의 부분 중 "산업자원부령"을 각각 "지식경제부령"으로 한다. <30> 부터 <64> 까지 생략 부칙 〈제149호, 2010.9.24〉 이 규칙은 공포한 날부터 시행한다. 다만, 제10조제1항의 개정규정은 2011년 4월 13일부터 시행하고, 제2조의2부터 제2조의5까지 및 제10조제2항의 개정규정은 2012년 1월 1일부터 시행한다.

신에너지 및 재생에너지 개발 · 이용 · 보급 촉진법 [법률 제10445호, 2011.3.9, 타법개정]	신에너지 및 재생에너지 개발 · 이용 · 보급 촉진법 시행령 [대통령령 제23640호, 2012.2.28, 일부개정]	신에너지 및 재생에너지 개발 · 이용 · 보급 촉진법 시행규칙 [지식경제부령 제149호, 2010.9.24, 일부개정]
제 5 조(다른 법률과의 관계) 이 법 시행 당시 다른 법률에서 종전의 대체에너지개발및이용·보급촉진법의 규정을 인용한 경우에 이 법중 그에 해당하는 규정이 있는 때에는 이 법의 해당 규정을 인용한 것으로 본다. 부칙 〈제7998호, 2006.9.27〉 이 법은 공포한 날부터 시행한다. 부칙 〈제8852호, 2008.2.29〉(정부조직법) 제 1 조(시행일) 이 법은 공포한 날부터 시행한다. 다만, …<생략>… 부칙 제6조에 따라 개정되는 법률 중 이 법의 시행 전에 공포되었으나 시행일이 도래하지 아니한 법률을 개정한 부분은 각각 해당 법률의 시행일부터 시행한다. 제 2 조부터 제 5 조까지 생략 제 6 조(다른 법률의 개정) ① 부터 <371> 까지 생략	른 법령에서 종전의 「대체에너지개발 및 이용 · 보급 촉진법 시행령」 또는 그 규정을 인용한 경우 이 영중 그에 해당하는 규정이 있는 때에는 종전의 규정에 갈음하여 이 영 또는 이 영의 해당 규정을 인용한 것으로 본다. 부칙 〈제19513호, 2006.6.12〉(고위공무원단 인사규정) 제 1 조(시행일) 이 영은 2006년 7월 1일부터 시행한다. 제 2 조 및 제 3 조 생략 제 4 조(다른 법령의 개정) ① 내지 <145>생략 <146>신에너지 및 재생에너지 개발 · 이용 · 보급 촉진법 시행령 일부를 다음과 같이 개정한다. 제4조제2항 각호외의 부분중 "1급공무원"을 "고위공무원단에 속하는 일반직공무원"으로 하	

신에너지 및 재생에너지 개발 · 이용 · 보급 촉진법 [법률 제10445호, 2011.3.9, 타법개정]	신에너지 및 재생에너지 개발 · 이용 · 보급 촉진법 시행령 [대통령령 제23640호, 2012.2.28, 일부개정]	신에너지 및 재생에너지 개발 · 이용 · 보급 촉진법 시행규칙 [지식경제부령 제149호, 2010.9.24, 일부개정]
<372> 신에너지 및 재생에너지 개발 · 이용 · 보급 촉진법 일부를 다음과 같이 개정한다. 제2조제2호, 제13조제5항부터 제7항까지, 제16조, 제18조제1항 · 제2항, 제21조제2항제2호, 제22조제2항, 제25조제2항, 제28조제2항, 제31조제3항 중 "산업자원부령"을 각각 "지식경제부령"으로 한다. 제5조제1항 · 제2항제8호 · 제3항, 제6조제1항부터 제3항까지, 제7조, 제8조2항제4호, 제10조, 제11조제1항 및 같은 항 제7호 · 제2항, 제12조제1항부터 제3항까지, 제13조제1항 · 제3항 · 제4항 · 제7항, 제15조제2항, 제17조제1항부터 제4항까지, 제18조제1항 · 제2항, 제20조제1항, 제21조제1항부터 제3항까지, 제22조제1항부터 제3항까지, 제23조제3호, 제24조, 제25조제1항 · 제2항, 제27조제1항 및 같은 항 제5호 · 제2항, 제28조제1항 및 같은 항 제4호, 제	고, 동항제1호중 "기획예산처 소속 2급공무원 또는 3급공무원"을 "기획예산처의 3급 공무원 또는 고위공무원단에 속하는 일반직공무원"으로 한다. <147>내지 <241>생략 부칙 〈제20678호, 2008.2.29〉(지식경제부와 그 소속기관 직제) 제 1 조(시행일) 이 영은 공포한 날부터 시행한다. <단서 생략> 제 2 조부터 제 6 조까지 생략 제 7 조(다른 법령의 개정) ① 부터 <40> 까지 생략 <41> 신에너지 및 재생에너지 개발 · 이용 · 보급 촉진법 시행령 일부를 다음과 같이 개정한다. 제3조제2항 · 제3항 각 호 외의 부분, 제4조제2	

신에너지 및 재생에너지 개발 · 이용 · 보급 촉진법 [법률 제10445호, 2011.3.9, 타법개정]	신에너지 및 재생에너지 개발 · 이용 · 보급 촉진법 시행령 [대통령령 제23640호, 2012.2.28, 일부개정]	신에너지 및 재생에너지 개발 · 이용 · 보급 촉진법 시행규칙 [지식경제부령 제149호, 2010.9.24, 일부개정]
30조제2항, 제31조제1항 및 같은 항 제13호 · 제2항, 제32조제1항 · 제2항, 제35조제2항부터 제4항까지 중 "산업자원부장관"을 각각 "지식경제부장관"으로 한다. 제8조제1항 중 "산업자원부"를 "지식경제부"로 한다. <373>부터 <760>까지 생략 제 7 조 생략 부칙 〈제8899호, 2008.3.14〉 ①(시행일) 이 법은 공포 후 1년이 경과한 날부터 시행한다. ②(적용례) 제12조제2항의 개정규정은 이 법 시행 후 최초의 사업계획 승인 또는 건축허가 분부터 적용한다. 부칙 〈제9233호, 2008.12.26〉	항 각 호 외의 부분 · 제2호, 제6조제2항, 제7조제2항, 제12조제1항, 제15조제1항제1호 · 제2호 및 같은 조 제2항 전단, 제17조제1항 · 제2항 · 제3항, 제18조제1항 · 제2항, 제19조제1항 · 제2항, 제20조제2호, 제21조제2항, 제24조제1항 · 제2항 · 제3항 각 호 외의 부분 및 제3호, 제25조제2항 · 제3항, 제26조 각 호 외의 부분, 제27조 각 호 외의 부분, 제28조제1항 · 제2항 · 제3항, 제30조제1항 각 호 외의 부분 · 제2항 · 제3항, 제31조제1항 · 제2항 · 제3항 중 "산업자원부장관"을 각각 "지식경제부장관"으로 한다. 제4조제2항 각 호 외의 부분, 제6조제2항 중 "산업자원부"를 "지식경제부"로 한다. 제24조제1항 · 제2항, 제25조제4항, 제31조제4항 중 "산업자원부령"을 각각 "지식경제부령"으로 한다. <42> 부터 <86> 까지 생략	

신에너지 및 재생에너지 개발·이용·보급 촉진법 [법률 제10445호, 2011.3.9, 타법개정]	신에너지 및 재생에너지 개발·이용·보급 촉진법 시행령 [대통령령 제23640호, 2012.2.28, 일부개정]	신에너지 및 재생에너지 개발·이용·보급 촉진법 시행규칙 [지식경제부령 제149호, 2010.9.24, 일부개정]
이 법은 공포한 날부터 시행한다. 부칙 〈제9372호, 2009.1.30〉(에너지기본법) 제 1 조(시행일) 이 법은 공포 후 3개월이 경과한 날부터 시행한다. 제 2 조부터 제 4 조까지 생략 제 5 조(다른 법률의 개정) 신에너지 및 재생에너지 개발·이용·보급 촉진법 일부를 다음과 같이 개정한다. 제31조제1항 각 호 외의 부분 중 "기술개발 및 이용·보급"을 "이용 및 보급"으로 하고, 같은 항 제1호 중 "기술개발 및 이용·보급사업"을 "이용 및 보급사업"으로 하며, 같은 항 제10호 중 "제30조의 규정에 의한 교육·홍보 및 전문인력 양성"을 "제30조제1항에 따른 교육 및 홍보"로 하고, 같은 항 제13호 중 "기술개발 및 이용·보급촉진"을 "이용 및 보급촉진"으로 한	부칙 〈제20977호, 2008.8.26〉(에너지이용 합리화법 시행령) 제 1 조(시행일) 이 영은 2008년 8월 28일부터 시행한다. 제 2 조 및 제 3 조 생략 제 4 조(다른 법령의 개정) ① 부터 ③ 까지 생략 ④ 신에너지 및 재생에너지 개발·이용·보급 촉진법 시행령 일부를 다음과 같이 개정한다. 제29조 중 "「에너지이용 합리화법」 제62조제1항"을 "「에너지이용 합리화법」 제45조제1항"으로 한다. ⑤ 부터 ⑨ 까지 생략 제 5 조 생략 부칙 〈제20997호, 2008.9.10〉 이 영은 공포한 날부터 시행한다. 다만, 제15조제	

신에너지 및 재생에너지 개발·이용·보급 촉진법 [법률 제10445호, 2011.3.9, 타법개정]	신에너지 및 재생에너지 개발·이용·보급 촉진법 시행령 [대통령령 제23640호, 2012.2.28, 일부개정]	신에너지 및 재생에너지 개발·이용·보급 촉진법 시행규칙 [지식경제부령 제149호, 2010.9.24, 일부개정]
다. 제32조제2항 중 "센터"를 "센터 또는 「에너지기본법」 제13조에 따른 한국에너지기술평가원"으로 한다. 부칙 〈제9680호, 2009.5.21〉(전기사업법) 제 1 조(시행일) 이 법은 공포 후 6개월이 경과한 날부터 시행한다. 제 2 조부터 제 4 조까지 생략 제 5 조(다른 법률의 개정) ① 및 ② 생략 ③ 신에너지 및 재생에너지 개발·이용·보급 촉진법 일부를 다음과 같이 개정한다. 제2조제5호 중 "동법 동조제17호"를 "같은 조 제19호"로 한다. ④ 부터 ⑦ 까지 생략 부칙 〈제9931호, 2010.1.13〉(저탄소 녹색성장	1항제1호(증축 또는 개축하는 건축물에 관한 사항만 해당한다) 및 제17조제1항의 개정규정은 2009년 3월 15일부터 시행한다. 부칙 〈제21441호, 2009.4.21〉(에너지기본법 시행령) 제 1 조(시행일) 이 영은 2009년 5월 1일부터 시행한다. 제 2 조(다른 법령의 개정) ① 및 ② 생략 ③ 신에너지 및 재생에너지 개발·이용·보급 촉진법 시행령 일부를 다음과 같이 개정한다. 제30조제3항제1호를 삭제하고, 같은 조에 제4항을 다음과 같이 신설한다. ④ 지식경제부장관은 법 제32조제2항에 따라 법 제11조제1항에 따른 신·재생에너지 연구개발사업의 협약체결에 관한 업무를 「에너지기본법」 제13조에 따른 한국에너지기술평가원	

신에너지 및 재생에너지 개발 · 이용 · 보급 촉진법 [법률 제10445호, 2011.3.9, 타법개정]	신에너지 및 재생에너지 개발 · 이용 · 보급 촉진법 시행령 [대통령령 제23640호, 2012.2.28, 일부개정]	신에너지 및 재생에너지 개발 · 이용 · 보급 촉진법 시행규칙 [지식경제부령 제149호, 2010.9.24, 일부개정]
기본법) 제 1 조(시행일) 이 법은 공포 후 3개월이 경과한 날부터 시행한다. <단서 생략> 제 2 조 및 제 3 조 생략 제 4 조(다른 법률의 개정) ① 부터 ⑤ 까지 생략 ⑥ 신에너지 및 재생에너지 개발 · 이용 · 보급 촉진법 일부를 다음과 같이 개정한다. 제5조제2항제3호의2 중 "「에너지기본법」 제2조제10호의 규정에 의한"을 "「에너지법」 제2조제10호에 따른"으로 한다. 제32조제2항 중 "「에너지기본법」제13조에 따른"을 "「에너지법」제13조에 따른"으로 한다. ⑦ 부터 ⑭ 까지 생략 부칙 〈제10253호, 2010.4.12〉 제 1 조(시행일) 이 법은 공포한 날부터 시행한다. 다만, 제5조제2항 및 제32조제2항의 개정	에 위탁한다. ④ 부터 ⑥ 까지 생략 부칙 〈제21629호, 2009.7.16〉(건축법 시행령) 제 1 조(시행일) 이 영은 공포한 날부터 시행한다. 제 2 조부터 제 4 조까지 생략 제 5 조(다른 법령의 개정) ① 부터 ⑥ 까지 생략 ⑦ 신에너지 및 재생에너지 개발 · 이용 · 보급 촉진법 시행령 일부를 다음과 같이 개정한다. 제15조제1항제1호 중 "「건축법 시행령」 별표 1 제5호부터 제16호까지, 제23호가목 · 나목, 제24호부터 제28호까지 용도의"를 "「건축법 시행령」 별표 1 제5호부터 제16호까지, 제23호가목부터 다목까지 및 제24호부터 제28호까지의 용도 중 하나 이상의 용도로 쓰는"으로 한다. ⑧ 부터 ⑫ 까지 생략	

신에너지 및 재생에너지 개발·이용·보급 촉진법 [법률 제10445호, 2011.3.9, 타법개정]	신에너지 및 재생에너지 개발·이용·보급 촉진법 시행령 [대통령령 제23640호, 2012.2.28, 일부개정]	신에너지 및 재생에너지 개발·이용·보급 촉진법 시행규칙 [지식경제부령 제149호, 2010.9.24, 일부개정]
규정은 2010년 4월 14일부터 시행하고, 제22조 및 제23조의 개정규정은 공포 후 3개월이 경과한 날부터 시행하며, 제10조제3호, 제12조제2항 각 호 외의 부분, 제12조의2부터 제12조의4까지, 제13조, 제15조제1항, 제16조제1항, 제20조제1항, 제31조제1항제2호 및 제33조제1호·제3호·제4호의 개정규정은 공포 후 1년이 경과한 날부터 시행하고, 제10조제4호, 제12조의5부터 제12조의10까지, 제16조제2항, 제24조제1호, 제31조제1항제3호, 제33조제2호 및 제34조제2항·제3항의 개정규정과 부칙 제5조는 2012년 1월 1일부터 시행한다. 제 2 조(발전차액 지원에 관한 유효기간 등) ① 제17조는 2011년 12월 31일까지 효력을 가진다. ② 제1항의 유효기간 만료 당시 종전의 제17조에 따라 발전차액을 지원받는 신·재생에너지	부칙 〈제22117호, 2010.4.13〉(에너지법 시행령) 제 1 조(시행일) 이 영은 2010년 4월 14일부터 시행한다. 제 2 조(다른 법령의 개정) ① 및 ② 생략 ③ 신에너지 및 재생에너지 개발·이용·보급 촉진법 시행령 일부를 다음과 같이 개정한다. 제30조제4항 중 "「에너지기본법」"을 "「에너지법」"으로 한다. ④ 부터 ⑦ 까지 생략 부칙 〈제22382호, 2010.9.17〉 제 1 조(시행일) 이 영은 공포한 날부터 시행한다. 다만, 제15조 및 제18조의2의 개정규정은 2011년 4월 13일부터 시행하며, 제18조의3부터 제18조의11까지의 개정규정은 2012년 1월 1일부터 시행한다. 제 2 조(신·재생에너지 이용의무화 적용대상	

신에너지 및 재생에너지 개발 · 이용 · 보급 촉진법 [법률 제10445호, 2011.3.9, 타법개정]	신에너지 및 재생에너지 개발 · 이용 · 보급 촉진법 시행령 [대통령령 제23640호, 2012.2.28, 일부개정]	신에너지 및 재생에너지 개발 · 이용 · 보급 촉진법 시행규칙 [지식경제부령 제149호, 2010.9.24, 일부개정]
발전사업자에 대하여는 같은 조 제3항에 따라 고시된 지원기간 동안은 종전의 규정에 따라 계속하여 발전차액을 지원한다. 제 3 조(적용례) 제12조제2항 각 호 외의 부분의 개정규정은 부칙 제1조 단서에 따른 제12조제2항 각 호 외의 부분의 개정규정 시행 후 최초로 사업계획의 승인 또는 건축허가 등을 받아 신축 · 증축 또는 개축하는 건축물부터 적용한다. 제 4 조(신 · 재생에너지전문기업에 관한 경과조치) 부칙 제1조 단서에 따른 제22조의 개정규정 시행 당시 종전의 제22조제1항 및 제2항에 따라 신 · 재생에너지전문기업으로 등록한 자는 제22조제1항 및 제2항의 개정규정에 따라 신 · 재생에너지전문기업의 신고를 한 자로 본다. 제 5 조(다른 법률의 개정) 전기사업법 일부를	건축물의 연면적에 관한 특례) 법 제12조제2항에 따라 신 · 재생에너지 설비를 의무적으로 설치하여야 하는 건축물로서 사업계획의 승인 또는 건축허가 등을 받아 신축 · 증축 또는 개축하는 건축물의 연면적은 제15조제1항제1호의 개정규정에도 불구하고, 2011년 12월 31일까지는 3천제곱미터 이상으로 한다. 제 3 조(의무공급량 이행 연기에 관한 특례) 법 제12조의5제4항에 따라 공급의무자가 다음 연도로 공급의무의 이행을 연기할 수 있는 양은 제18조의4제5항의 개정규정에도 불구하고, 2014년 12월 31일까지는 의무공급량의 100분의 30 이내로 한다. 부칙 〈제23640호, 2012.2.28〉 이 영은 공포한 날부터 시행한다.	

신에너지 및 재생에너지 개발 · 이용 · 보급 촉진법 [법률 제10445호, 2011.3.9, 타법개정]	신에너지 및 재생에너지 개발 · 이용 · 보급 촉진법 시행령 [대통령령 제23640호, 2012.2.28, 일부개정]	신에너지 및 재생에너지 개발 · 이용 · 보급 촉진법 시행규칙 [지식경제부령 제149호, 2010.9.24, 일부개정]
다음과 같이 개정한다. 제50조제1항제2호 및 제3호를 각각 제3호 및 제4호로 하고, 같은 항에 제2호를 다음과 같이 신설한다. 2. 「신에너지 및 재생에너지 개발 · 이용 · 보급 촉진법」 제12조의6제1항에 따른 과징금 부칙 〈제10445호, 2011.3.9〉(기초연구진흥 및 기술개발지원에 관한 법률) 제 1 조(시행일) 이 법은 공포 후 3개월이 경과한 날부터 시행한다. 제 2 조(다른 법률의 개정) ①부터 ⑩까지 생략 ⑪ 신에너지 및 재생에너지 개발 · 이용 · 보급 촉진법 일부를 다음과 같이 개정한다. 제11조제1항제2호 중 "기술개발촉진법에 따른"을 "「기초연구진흥 및 기술개발지원에 관한 법률」 제14조제1항제2호에 따른"으로 한다.		

신에너지 및 재생에너지 개발 · 이용 · 보급 촉진법 [법률 제10445호, 2011.3.9, 타법개정]	신에너지 및 재생에너지 개발 · 이용 · 보급 촉진법 시행령 [대통령령 제23640호, 2012.2.28, 일부개정]	신에너지 및 재생에너지 개발 · 이용 · 보급 촉진법 시행규칙 [지식경제부령 제149호, 2010.9.24, 일부개정]
⑫부터 <24>까지 생략 제 3 조 및 제 4 조 생략		

2. 신에너지 및 재생에너지 개발 · 이용 · 보급 촉진법 시행령 별표

[별표 1] <개정 2010.9.17>

바이오에너지 등의 기준 및 범위(제2조 관련)

에너지원의 종류별	기준 및 범위	
바이오에너지	기준	1. 생물유기체를 변환시켜 얻어지는 기체, 액체 또는 고체의 연료 2. 제1호의 연료를 연소 또는 변환시켜 얻어지는 에너지 ※ 제1호 또는 제2호의 에너지가 신 · 재생에너지가 아닌 석유제품 등과 혼합된 경우에는 생물유기체로부터 생산된 부분만을 바이오에너지로 본다.
	범위	1. 생물유기체를 변환시킨 바이오가스, 바이오에탄올, 바이오액화유 및 합성가스 2. 쓰레기매립장의 유기성폐기물을 변환시킨 매립지가스 3. 동물 · 식물의 유지(油脂)를 변환시킨 바이오디젤 4. 생물유기체를 변환시킨 땔감, 목재칩, 펠릿 및 목탄 등의 고체연료
석탄을 액화 · 가스화한 에너지	기준	석탄을 액화 및 가스화하여 얻어지는 에너지로서 다른 화합물과 혼합되지 않은 에너지
	범위	1. 증기 공급용 에너지 2. 발전용 에너지
중질잔사유를 가스화한 에너지	기준	1. 중질잔사유를 가스화한 공정에서 얻어지는 연료 2. 제1호의 연료를 연소 또는 변환하여 얻어지는 에너지 ※ "중질잔사유"란 원유를 정제하고 남은 최종 잔재물로서 감압증류 과정에서 나오는 감압잔사유, 아스팔트와 열분해 공정에서 나오는 코크, 타르 및 피치 등을 말한다.
	범위	합성가스
폐기물 에너지	기준	1. 각종 사업장 및 생활시설의 폐기물을 변환시켜 얻어지는 기체, 액체 또는 고체의 연료 2. 제1호의 연료를 연소 또는 변환시켜 얻어지는 에너지 3. 폐기물의 소각열을 변환시킨 에너지 ※ 제1호부터 제3호까지의 에너지가 신 · 재생에너지가 아닌 석유제품 등과 혼합되는 경우에는 각종 사업장 및 생활시설의 폐기물로부터 생산된 부분만을 폐기물에너지로 본다.

[별표 2] <개정 2010.9.17>

신·재생에너지의 공급의무 비율(제15조제1항제1호 관련)

해당 연도	2011~2012	2013	2014	2015	2016	2017	2018	2019	2020 이후
공급의무 비율(%)	10	11	12	13	14	15	16	18	20

[별표 3] <개정 2010.9.17>

연도별 의무공급량의 비율(제18조의4제1항 관련)

해당 연도	비 율(%)
2012	2.0
2013	2.5
2014	3.0
2015	3.5
2016	4.0
2017	5.0
2018	6.0
2019	7.0
2020	8.0
2021	9.0
2022 이후	10.0

[별표 4] <개정 2012.2.28>

신·재생에너지의 종류 및 의무공급량(제18조의4제3항 전단 관련)

1. 종류

태양에너지(태양의 빛에너지를 변환시켜 전기를 생산하는 방식에 한정한다)

2. 연도별 의무공급량

해당 연도	의무공급량(단위: GWh)
2012년	276
2013년	591
2014년	907
2015년	1,235
2016년 이후	1,577

[별표 5] <신설 2010.9.17>

과징금의 금액(제18조의10 관련)

1. 일반기준

과징금의 금액은 업무정지기간에 따라 산정하며, 업무정지기간은 법 제12조의10제1항에 따른 업무정지의 기준에 따라 부과되는 기간을 말한다.

2. 개별기준

위반행위	근거법령	업무정지기간	과징금(단위: 만원)
1. 법 제12조의8제1항제3호에 따른 지정기준에 부적합하게 된 경우	법 제12조의10 제2항	1개월 이하	2,000
		1개월 초과~ 3개월 이하	4,000
2. 법 제12조의9제4항에 따른 시정명령을 시정기간에 이행하지 않은 경우	법 제12조의10 제2항	1개월 이하	3,000
		1개월 초과~ 3개월 이하	5,000

[별표 6] <신설 2010.9.17>

성능검사기관 지정취소 및 업무정지의 처분기준(제21조제1항 관련)

위반행위	근거법령	처분기준			
		1차 위반	2차 위반	3차 위반	4차 위반
1. 거짓이나 부정한 방법으로 지정을 받은 경우	법 제15조 제2항제1호	지정취소	-	-	-
2. 정당한 사유 없이 지정을 받은 날부터 1년 이상 성능검사 업무를 시작하지 않거나 1년 이상 계속하여 성능검사 업무를 중단한 경우	법 제15조 제2항제2호	성능검사 업무 일부정지 1개월	성능검사 업무 일부정지 3개월	성능검사 업무 일부정지 6개월	지정취소
3. 법 제13조제3항에 따른 지정기준에 적합하지 않게 된 경우	법 제15조 제2항제3호	성능검사 업무 일부정지 1개월	성능검사 업무 일부정지 3개월	성능검사 업무 일부정지 6개월	지정취소

[별표 7] <신설 2010.9.17>

신 · 재생에너지전문기업의 신고기준(제25조제1항 관련)

에너지원의 종류별	자본금 및 기술인력
1. 태양에너지	가. 자본금 1억원 이상 나. 「국가기술자격법」에 따른 기계 · 전기 · 건축 분야의 기사 2명 이상
2. 풍력	가. 자본금 1억원 이상 나. 「국가기술자격법」에 따른 기계 · 금속 · 화공 및 세라믹 · 전기 · 토목 · 건축 · 에너지 · 환경 분야의 기사 2명 이상
3. 지열에너지	가. 자본금 1억원 이상 나. 「국가기술자격법」에 따른 기계 · 전기 · 토목 · 건축 · 에너지 · 환경 분야의 기사 2명 이상
4. 설비 설치 대상이 되는 에너지원이 두 종류 이상인 경우	가. 자본금 1억원 이상 나. 「국가기술자격법」에 따른 기계 · 금속 · 화공 및 세라믹 · 전기 · 토목 · 건축 · 에너지 · 환경 분야의 기사 3명 이상

비고

1. 자본금
   가. 법인의 자본금은 납입자본금으로서, 납입자본금과 최근 1년 이내에 작성된 대차대조표상 자본총계(실질자본금으로서 총자산에서 총부채를 뺀 나머지를 말한다)가 모두 신고기준의 자본금 이상이어야 한다. 다만, 주식회사 외의 법인인 경우 자본금은 출자금으로 한다.
   나. 개인기업인 경우 자본금은 자산평가액으로 하되, 자산평가액은 신 · 재생에너지전문기업에 제공되는 자산의 평가액을 말한다.
2. 기술인력
   가. 기술인력은 상시 근무하는 사람을 말하며, 「국가기술자격법」이나 그 밖의 법령에 따라 기술자격이 정지된 사람과 업무정지처분을 받은 자는 제외한다.
   나. 「국가기술자격법」에 따른 산업기사는 기사의 자격을 갖춘 것으로 본다.
   다. 지식경제부장관은 건설기술관리법령, 전력기술관리법령 및 전기공사업법령에 따라 인정되는 해당 분야의 기술자 중에서 중급기술자 이상인 사람을 기사로 인정할 수 있다.

[별표 8] <신설 2010.9.17>

과태료 부과기준(제31조 관련)

1. 일반기준

위반행위의 횟수에 따른 과태료의 부과기준은 최근 2년간 같은 위반행위로 과태료를 부과받은 경우에 적용한다. 이 경우 같은 위반행위에 대하여 최초로 과태료를 부과받은 날과 그 후 다시 같은 위반행위로 적발되는 날을 각각 기준으로 하여 위반횟수를 계산한다.

2. 개별기준

위반행위	근거법령	과태료	
		1회 위반	2회 이상 위반
가. 거짓이나 부정한 방법으로 설비인증을 받은 경우	법 제35조 제1항제1호	1,000만원	1,000만원
나. 건축물인증기관으로부터 건축물인증을 받지 않고 건축물인증의 표시 또는 이와 유사한 표시를 하거나 건축물인증을 받은 것으로 홍보한 경우	법 제35조 제1항제2호	1,000만원	1,000만원
다. 설비인증기관으로부터 설비인증을 받지 않고 설비인증의 표시 또는 이와 유사한 표시를 하거나 설비인증을 받은 것으로 홍보한 경우	법 제35조 제1항제3호	500만원	1,000만원

3. 신에너지 및 재생에너지 개발 · 이용 · 보급 촉진법 시행규칙 별표 및 서식

[별표 1] <개정 2010.9.24>

공급인증기관의 처분기준(제2조의5 관련)

1. 일반기준

위반행위의 횟수에 따른 처분기준은 최근 1년간 같은 위반행위를 한 경우에 적용한다. 이 경우 처분기준의 적용은 같은 위반행위에 대하여 최초로 행정처분을 한 날을 기준으로 한다.

2. 개별기준

위반행위	근거 법령	처분기준		
		1차 위반	2차 위반	3차 위반
가. 거짓이나 그 밖의 부정한 방법으로 지정을 받은 경우	법 제12조의10 제1항제1호	지정취소		
나. 업무정지 처분을 받은 후 그 업무정지 기간에 업무를 계속한 경우	법 제12조의10 제1항제2호	지정취소		
다. 법 제12조의8제1항제3호에 따른 지정기준에 부적합하게 된 경우	법 제12조의10 제1항제3호	업무정지 1개월	업무정지 3개월	지정취소
라. 법 제12조의9제4항에 따른 시정명령을 시정기간에 이행하지 않은 경우	법 제12조의10 제1항제4호	업무정지 1개월	업무정지 3개월	지정취소

[별표 2] <개정 2010.9.24>

설비인증 심사기준(제7조제1항 관련)

1. 일반 심사기준
   가. 신·재생에너지 설비의 제조 및 생산 능력의 적정성
   나. 신·재생에너지 설비의 품질 유지·관리능력의 적정성
   다. 신·재생에너지 설비의 사후관리의 적정성

2. 설비 심사기준(법 제13조제3항에 따른 성능검사결과서에 따른다)
   가. 국제 또는 국내의 성능 및 규격에의 적합성
   나. 설비의 효율성
   다. 설비의 내구성

3. 비고

설비인증기관의 장은 기술표준원장과 협의하여 제1호 및 제2호에 관한 세부 사항에 대하여 설비인증 심사규정을 마련해야 한다.

[별표 3] <개정 2010.9.24>

설비인증표지(제9조 관련)

1. 색상

※ 설비인증표지의 색상은 형태와 더불어 일관된 이미지를 좌우하는 중요한 요소로서 그러데이션(gradation) 사용을 원칙으로 한다. 다만, 특성에 따라 한 가지 색상으로 표현할 수 있다.

2. 크기

설비인증표지는 아래에 제시된 그리드(grid)의 비례에 따라 정확하게 제작해서 사용해야 한다. 다만, 신 · 재생에너지 설비의 크기에 따라 다르게 제작할 수 있다.

마크

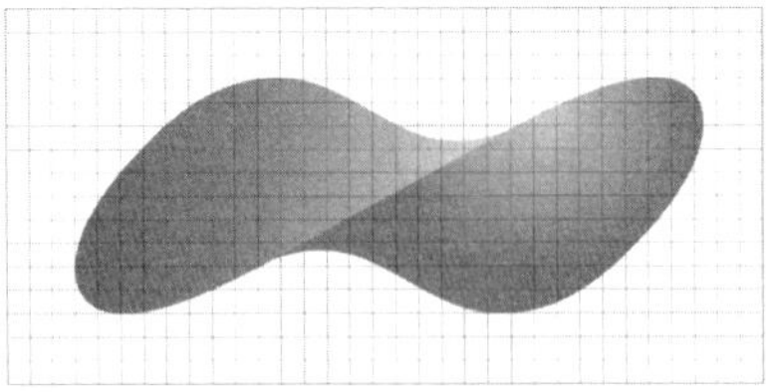

한글

영문

[별표 4] <신설 2010.9.24>

수수료(제10조제1항 관련)

1. 건축물인증 수수료

다음 금액의 범위에서 지식경제부장관이 정하여 고시한다.

〈주거용 건물〉

전용면적	수수료(원)
10,000㎡ 미만	3,900,000
10,000㎡ ~ 20,000㎡	5,300,000
20,000㎡ ~ 30,000㎡	6,600,000
30,000㎡ ~ 40,000㎡	7,900,000
40,000㎡ ~ 60,000㎡	9,200,000
60,000㎡ ~ 80,000㎡	10,600,000
80,000㎡ ~ 120,000㎡	11,900,000
120,000㎡ 초과	13,200,000

※ 부가가치세 10% 별도

〈비주거용 건물〉

연면적	수수료(원)
5,000㎡ 미만	5,900,000
5,000㎡ ~ 10,000㎡	7,900,000
10,000㎡ ~ 15,000㎡	9,900,000
15,000㎡ ~ 20,000㎡	11,900,000
20,000㎡ ~ 30,000㎡	13,900,000
30,000㎡ ~ 40,000㎡	15,900,000
40,000㎡ ~ 60,000㎡	17,800,000
60,000㎡ 초과	619,800,000

※ 부가가치세 10% 별도

2. 설비인증 수수료

가. 산정방법

수수료는 「엔지니어링산업 진흥법」 제31조에 따라 지식경제부장관이 고시한 엔지니어링사업의 대가 기준 중 실비정액 가산방식에 준하여 다음과 같이 정한다.

항목	산정내역
인건비	엔지니어링 기술자 노임(勞賃)단가 중 "건설 및 기타" 부문을 적용하고, 고급기술자 1명의 노임단가를 기준으로 한다.
출장비	현지 확인을 실시한 경우만 해당하고, 「공무원여비규정」에 따른 5급 상당 공무원의 여비를 적용한다.
각종 경비	인건비의 50퍼센트 이내로 한다.
기술료	인건비의 20퍼센트 이내로 한다.

나. 설비인증 업무규정

인증기관의 장은 설비인증 수수료를 가목에 따른 산정방법으로 산출한 후 이를 설비인증 업무규정으로 정하여 운영해야 한다.

3. 성능검사 수수료

가. 산정방법

수수료는 「엔지니어링산업 진흥법」 제31조에 따라 지식경제부장관이 고시한 엔지니어링사업의 대가 기준 중 실비정액 가산방식에 준하여 다음과 같이 정한다. 다만, 성능검사기관의 장은 성능검사 수수료를 정하려면 설비인증기관의 장과 협의해야 한다.

항목	산정내역
인건비	엔지니어링 기술자 노임단가 중 "건설 및 기타" 부문을 적용하고, 고급기술자 1명의 노임단가를 기준으로 한다.
출장비	현지 확인을 실시한 경우만 해당하고, 「공무원여비규정」에 따른 5급 상당 공무원의 여비를 적용한다.
검사장비 운영비	감가상각비, 시설유지비, 재료비 및 치구(治具) 제작비 등 추가 지출비용을 포함하여 적용한다.
기술료	인건비의 20퍼센트 이내로 한다.

나. 성능검사 업무규정

성능검사기관의 장은 성능검사 수수료를 가목에 따른 산정방법으로 산출한 후 이를 성능검사 업무규정으로 정하여 운영해야 한다.

[별지 제1호서식] <개정 2010.9.24>

공급인증기관 지정신청서			처리기간 90일
①기관명		②사업자등록번호	
③대표자		④법인등록번호	
⑤법인 주소	(우)	전화번호	
		팩스번호	
⑥사업장 소재지	(우)	전화번호	
		팩스번호	
		이메일주소	
⑦신청 분야			

「신에너지 및 재생에너지 개발·이용·보급 촉진법」 제12조의8제2항 및 같은 법 시행규칙 제2조의3제1항에 따라 공급인증기관 지정을 신청합니다.

년　　　월　　　일

신청인　　　　　　　(서명 또는 인)

지식경제부장관 귀하

첨부서류	신청인 제출서류	담당 공무원 확인사항	수수료
	1. 정관 1부(법인인 경우만 제출합니다) 2. 공급인증기관의 운영계획서 1부 3. 공급인증기관의 업무에 필요한 인력·기술능력·시설 및 장비 현황에 관한 자료 1부	법인 등기사항증명서(법인인 경우만 해당합니다)	없음

210㎜×297㎜(일반용지 60g/㎡(재활용품))

[별지 제2호서식] <개정 2010.9.24>

공급인증기관 지정서

○ 기관명:

○ 대표자 성명:

○ 주소:

○ 지정일:

○ 지정번호:

○ 공급인증기관의 업무 범위:

「신에너지 및 재생에너지 개발·이용·보급 촉진법」 제12조의8제1항 및 같은 법 시행규칙 제2조의3제5항에 따라 위와 같이 공급인증기관으로 지정합니다.

년 월 일

지식경제부장관

210㎜×297㎜(보존용지(1종) 120g/㎡)

[별지 제3호서식] <개정 2010.9.24> (앞쪽)

<table>
<tr><td colspan="3" rowspan="2">신·재생에너지 설비 성능검사기관 지정신청서</td><td>처리기간</td></tr>
<tr><td>90일</td></tr>
<tr><td>①기관명</td><td></td><td>②사업자등록번호</td><td></td></tr>
<tr><td>③대표자</td><td></td><td>④법인등록번호</td><td></td></tr>
<tr><td rowspan="2">⑤법인 주소</td><td rowspan="2">(우)</td><td>전화번호</td><td></td></tr>
<tr><td>팩스번호</td><td></td></tr>
<tr><td rowspan="3">⑥사업장 소재지</td><td rowspan="3">(우)</td><td>전화번호</td><td></td></tr>
<tr><td>팩스번호</td><td></td></tr>
<tr><td>이메일주소</td><td></td></tr>
<tr><td>⑦신청 분야</td><td colspan="3"></td></tr>
<tr><td colspan="4">「신에너지 및 재생에너지 개발·이용·보급 촉진법」 제13조제3항 및 같은 법 시행규칙 제6조제1항에 따라 신·재생에너지 설비의 성능검사기관 지정을 신청합니다.

년 월 일

신청인 (서명 또는 인)

기술표준원장 귀하</td></tr>
</table>

<table>
<tr><td rowspan="2">첨부서류</td><td>신청인 제출서류</td><td>담당 공무원 확인사항</td><td>수수료</td></tr>
<tr><td>1. 정관 1부(법인인 경우만 제출합니다)
2. 성능검사기관의 운영계획서 1부
3. 신·재생에너지 설비의 성능검사에 필요한 조직·인력 및 장비 현황에 관한 자료 1부</td><td>법인 등기사항증명서 (법인인 경우만 해당합니다)</td><td>없음</td></tr>
</table>

210㎜×297㎜(일반용지 60g/㎡(재활용품))

[별지 제4호서식] <개정 2010.9.24>

신·재생에너지 설비 성능검사기관 지정서

○ 기관명:

○ 대표자 성 명:

○ 주소:

○ 지정일:

○ 지정번호:

○ 성능검사대상 설비의 범위:

「신에너지 및 재생에너지 개발·이용·보급 촉진법」 제13조제3항 및 같은 법 시행규칙 제6조제3항에 따라 위와 같이 신·재생에너지 설비의 성능검사기관으로 지정합니다.

년 월 일

기술표준원장

210㎜×297㎜(보존용지(1종) 120g/㎡)

[별지 제5호서식] <개정 2010.9.24> (앞쪽)

<table>
<tr><td colspan="4" rowspan="2">신·재생에너지전문기업 신고서</td><td>처리기간</td></tr>
<tr><td>3일</td></tr>
<tr><td rowspan="2">신
고
인</td><td>①성명
(대표자)</td><td></td><td>②주민등록번호
(외국인등록번호)</td><td></td></tr>
<tr><td>③주소</td><td></td><td>④전화번호</td><td></td></tr>
<tr><td colspan="2">⑤법인명(업체명)</td><td></td><td>⑥법인등록번호</td><td></td></tr>
<tr><td colspan="2">⑦설치하려는 신·재생에너지 설비의 대상 에너지원</td><td></td><td>⑧국적
(소속 국가명)</td><td></td></tr>
<tr><td colspan="2">⑨사무소 소재지</td><td colspan="3"></td></tr>
</table>

「신에너지 및 재생에너지 개발·이용·보급 촉진법」 제22조제1항 및 같은 법 시행규칙 제13조제1항·제2항에 따라 신·재생에너지전문기업 신고서를 제출합니다.

년 월 일

신청인 (서명 또는 인)

신·재생에너지센터 소장 귀하

<table>
<tr><td rowspan="2">첨
부
서
류</td><td>신고인 제출서류</td><td>신·재생에너지센터 소장의 확인사항
(신·재생에너지센터 소장의 확인에 동의하지 않는 경우 신고인이 직접 제출해야 하는 서류)</td></tr>
<tr><td>자본금 증명서류 1부</td><td>국가기술자격증 사본 1부</td></tr>
<tr><td colspan="3">비고: 신고인 제출서류는 최근 30일 이내에 발행된 것만 해당합니다.</td></tr>
</table>

본인은 이 건 업무 처리와 관련하여 「전자정부법」 제36조제1항에 따른 행정정보의 공동이용을 통하여 신·재생에너지센터 소장이 위의 신·재생에너지센터 소장의 확인사항을 확인하는 것에 동의합니다.

신고인 (서명 또는 인)

210㎜×297㎜(일반용지 60g/㎡(재활용품))

이 신고서는 아래와 같이 처리됩니다. (뒤쪽)

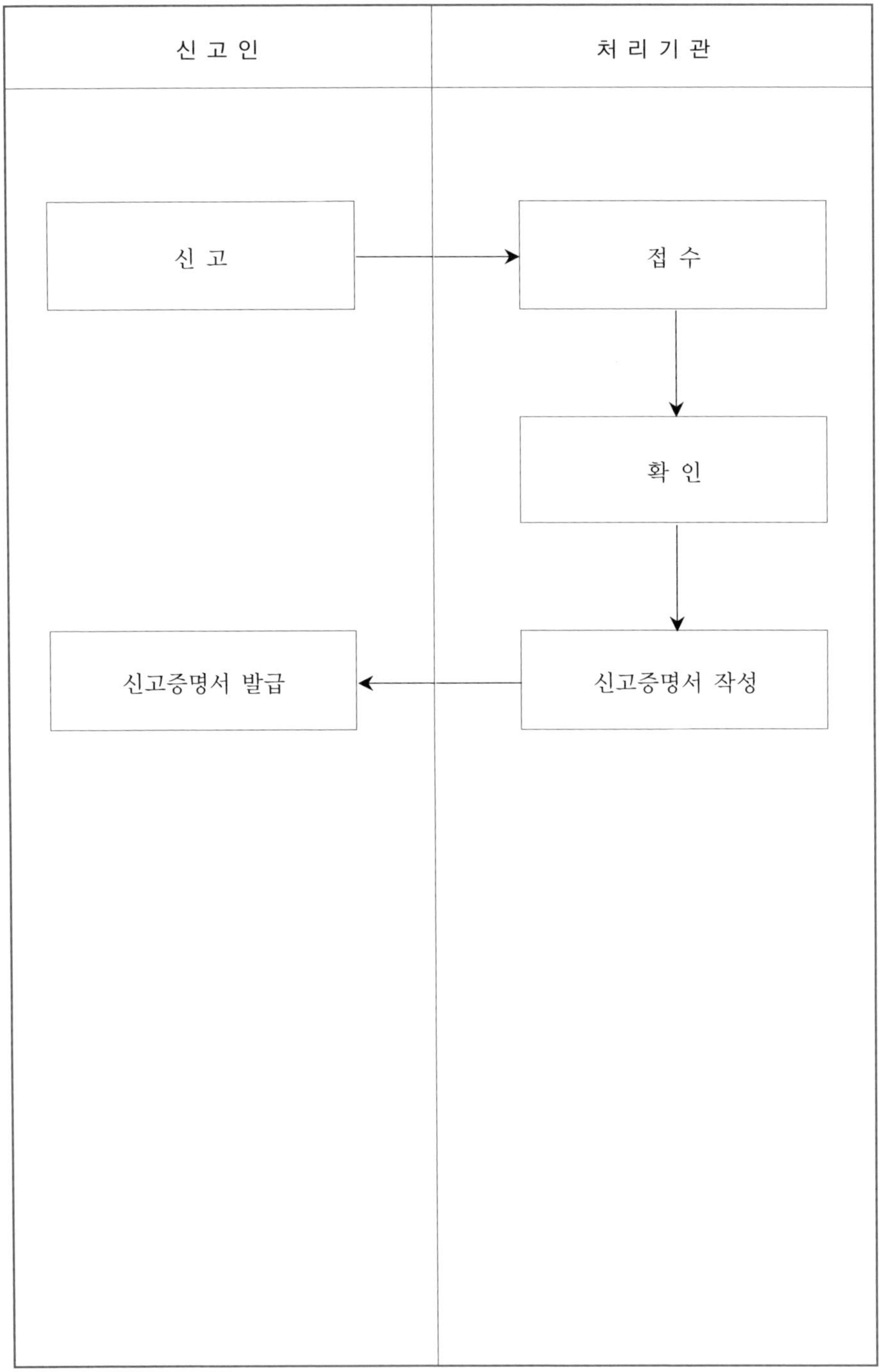

[별지 제6호서식] <개정 2010.9.24> (앞쪽)

제 호

신·재생에너지전문기업 신고증명서

신·재생에너지원:

업 체 명:
(자본금: 억원)
(기술인력: 명)
(등록 공사업명:)

대 표 자:

사무소 소재지:

신고 연월일:

「신에너지 및 재생에너지 개발·이용·보급 촉진법」 제22조제2항 및 같은 법 시행규칙 제13조제4항에 따라 위와 같이 신고하였음을 증명합니다.

년 월 일

신·재생에너지센터

210㎜×297㎜(보존용지(1종) 70g/㎡)

(뒤쪽)

기재사항 변경

일련번호	변경 연월일	변경 항목	변경된 내용	확인

[별지 제7호서식] <개정 2010.9.24> (앞쪽)

<table>
<tr><td colspan="4" rowspan="2">신·재생에너지전문기업 신고증명서 재발급신청서</td><td>처리기간</td></tr>
<tr><td>3일</td></tr>
<tr><td>①법인명(상호명)</td><td colspan="2"></td><td>②대표자</td><td></td></tr>
<tr><td>③법인등록번호
(주민등록번호)</td><td colspan="2"></td><td>④전화번호</td><td></td></tr>
<tr><td>⑤사무소 소재지</td><td colspan="4"></td></tr>
<tr><td>⑥신고번호</td><td colspan="2"></td><td>⑦신고 연월일</td><td></td></tr>
<tr><td colspan="2">⑧재발급 신청 사유</td><td colspan="3">□ 신고증명서를 잃어버린 경우
□ 신고증명서가 헐어서 못 쓰게 된 경우</td></tr>
<tr><td colspan="5">「신에너지 및 재생에너지 개발·이용·보급 촉진법 시행규칙」 제13조제5항에 따라 신·재생에너지전문기업 신고증명서의 재발급을 신청합니다.

년 월 일

신청인 (서명 또는 인)

신·재생에너지센터 소장 귀하</td></tr>
<tr><td colspan="5">첨부서류: 1. 사유서(잃어버린 경우만 제출합니다)
2. 신·재생에너지전문기업 신고증명서(헐어서 못 쓰게 된 경우만 제출합니다)</td></tr>
</table>

210㎜×297㎜(일반용지 60g/㎡(재활용품))

이 신청서는 아래와 같이 처리됩니다. (뒤쪽)

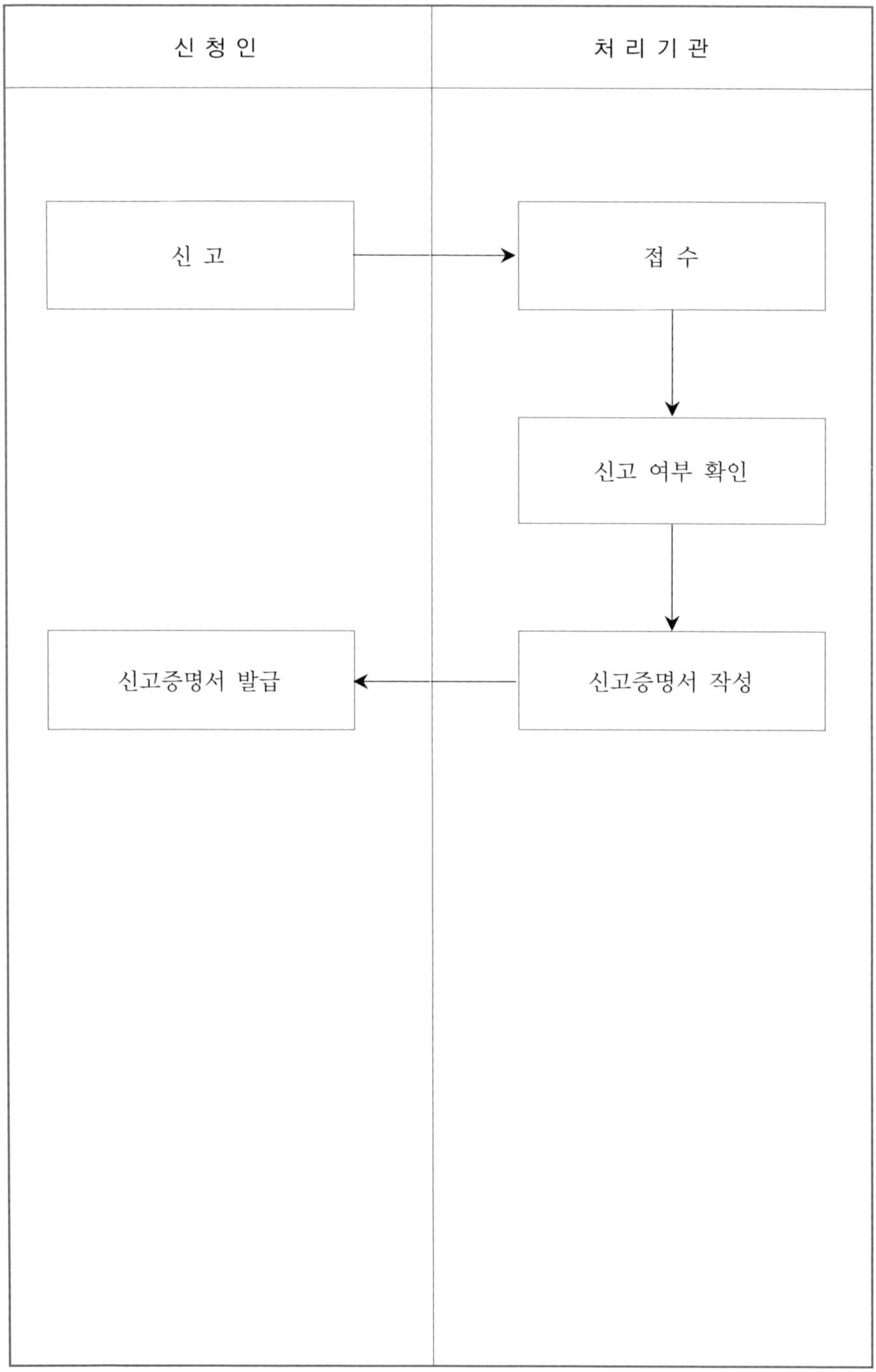

[별지 제8호서식] <개정 2010.9.24> (앞쪽)

<table>
<tr><td colspan="7">신·재생에너지 기술 사업화 지원신청서</td></tr>
<tr><td rowspan="8">일
반
현
황</td><td>업체명</td><td colspan="2"></td><td>사업자등록번호</td><td colspan="2"></td></tr>
<tr><td>대표자이름</td><td colspan="2"></td><td>주민등록번호</td><td colspan="2"></td></tr>
<tr><td rowspan="2">소재지
주소</td><td colspan="3" rowspan="2">(우)</td><td>전화번호</td><td></td></tr>
<tr><td>팩스번호</td><td></td></tr>
<tr><td>업종</td><td></td><td>기업
규모</td><td>□대기업 □중소기업
□벤처기업 □기타</td><td>설립일</td><td>. . .</td></tr>
<tr><td rowspan="2">담당자</td><td rowspan="2"></td><td rowspan="2">부서/
직책</td><td rowspan="2"></td><td>이메일주소</td><td></td></tr>
<tr><td>전화번호</td><td></td></tr>
<tr><td colspan="6" style="display:none"></td></tr>
<tr><td rowspan="2">기
술
현
황</td><td>기술 명칭</td><td colspan="5"></td></tr>
<tr><td>기술 구분</td><td colspan="5">□ 자체적으로 개발한 기술
□ 국공립연구기관, 대학, 기업 또는 개인으로부터 이전받은 기술
□ 정부, 국공립연구기관, 대학, 기업 또는 개인이 보유하는 기술에 대한 사용권을 가지고 있는 경우
(원천기술 보유기관:)</td></tr>
<tr><td rowspan="3">신
청
내
용</td><td>신청 분야</td><td colspan="5">□ 시험제품 제작 □ 설비투자 □ 교육 및 홍보 □ 기타</td></tr>
<tr><td>총투자
자금</td><td colspan="2">융자: 백만원
보조: 백만원</td><td colspan="2">자체: 백만원</td><td>합계: 백만원</td></tr>
<tr><td>사업기간</td><td colspan="5">년 월 일 ~ 년 월 일(총 년)</td></tr>
<tr><td colspan="7">「신에너지 및 재생에너지 개발·이용·보급 촉진법」 제28조제1항 및 같은 법 시행규칙 제15조제1항에 따라 신·재생에너지 기술 사업화의 지원을 신청합니다.
년 월 일
신청인 (서명 또는 인)
지식경제부장관 귀하</td></tr>
<tr><td colspan="7">※ 첨부서류
1. 사업계획서 1부
2. 다음 각 목의 어느 하나에 해당함을 증명하는 서류 사본 1부. 이 경우 가목에 해당하는 자는 자체개발내역서 1부를 포함합니다.
가. 해당 신·재생에너지 관련 기술을 자체적으로 개발한 자로서 그 사용권을 가지고 있는 자
나. 해당 신·재생에너지 관련 기술을 개발한 국공립연구기관, 대학, 기업 또는 개인으로부터 해당 신·재생에너지 관련 기술을 이전받은 자
다. 정부, 국공립연구기관, 대학, 기업 또는 개인이 보유하는 신·재생에너지 관련 기술에 대한 사용권을 가지고 있는 자
3. 해당 신·재생에너지 관련 기술이 지원 신청 당시 아직 사업화되지 않은 기술임을 증명하는 자료 1부</td></tr>
</table>

210㎜×297㎜(일반용지 60g/㎡(재활용품))

이 신청서는 아래와 같이 처리됩니다. (뒤쪽)

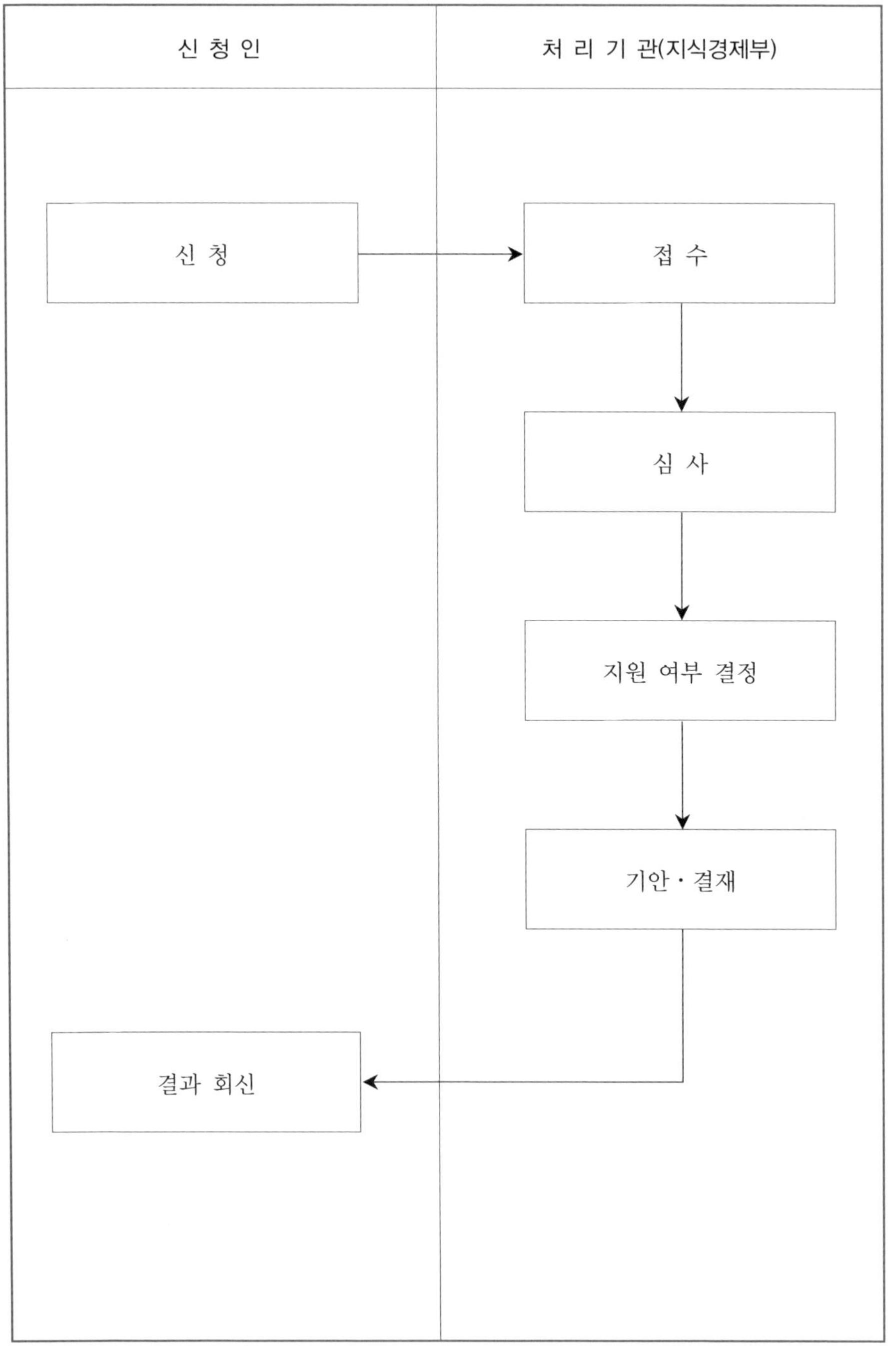

210㎜×297㎜(일반용지 60g/㎡(재활용품))

[별지 제9호서식] <개정 2010.9.24> (앞쪽)

<table>
<tr><td colspan="7">신 · 재생에너지 분야 특성화대학 지정신청서</td></tr>
<tr><td>사업명</td><td colspan="6"></td></tr>
<tr><td rowspan="2">주관기관</td><td>한글</td><td colspan="2"></td><td>주소</td><td colspan="2"></td></tr>
<tr><td>영문</td><td colspan="2"></td><td>사업자등록번호</td><td colspan="2"></td></tr>
<tr><td rowspan="3">수행 책임자</td><td>한글 성명</td><td></td><td>영문 성명</td><td></td><td>주민등록번호</td><td></td></tr>
<tr><td>소속 기관</td><td></td><td>부서명 (학과명)</td><td></td><td>직위</td><td></td></tr>
<tr><td>전화 번호</td><td></td><td>팩스번호</td><td></td><td>이메일 주소</td><td></td></tr>
<tr><td>총사업기간</td><td colspan="6">년 월 일 ~ 년 월 일(총 년)</td></tr>
<tr><td rowspan="7">사업비 (백만원)</td><td>구분</td><td colspan="2">정부출연금</td><td colspan="2">민간부담금</td><td>계</td></tr>
<tr><td>1차 연도</td><td colspan="2"></td><td colspan="2"></td><td></td></tr>
<tr><td>2차 연도</td><td colspan="2"></td><td colspan="2"></td><td></td></tr>
<tr><td>3차 연도</td><td colspan="2"></td><td colspan="2"></td><td></td></tr>
<tr><td>4차 연도</td><td colspan="2"></td><td colspan="2"></td><td></td></tr>
<tr><td>5차 연도</td><td colspan="2"></td><td colspan="2"></td><td></td></tr>
<tr><td>계</td><td colspan="2"></td><td colspan="2"></td><td></td></tr>
<tr><td>위탁 수행기관</td><td colspan="3"></td><td colspan="2">위탁사업비 합계(백만원)</td><td></td></tr>
<tr><td>참여 기관명</td><td colspan="6"></td></tr>
</table>

「신에너지 및 재생에너지 개발 · 이용 · 보급 촉진법」 제30조제2항 및 같은 법 시행규칙 제16조에 따라 신 · 재생에너지 분야 특성화대학의 지정을 신청합니다.

년 월 일

신청인 (서명 또는 인)

지식경제부장관 귀하

※ 첨부서류
1. 중장기 인력양성 사업계획서 1부
2. 신 · 재생에너지 분야 특성화대학 운영계획서 1부

210㎜×297㎜(일반용지 60g/㎡(재활용품))

이 신청서는 아래와 같이 처리됩니다. (뒤쪽)

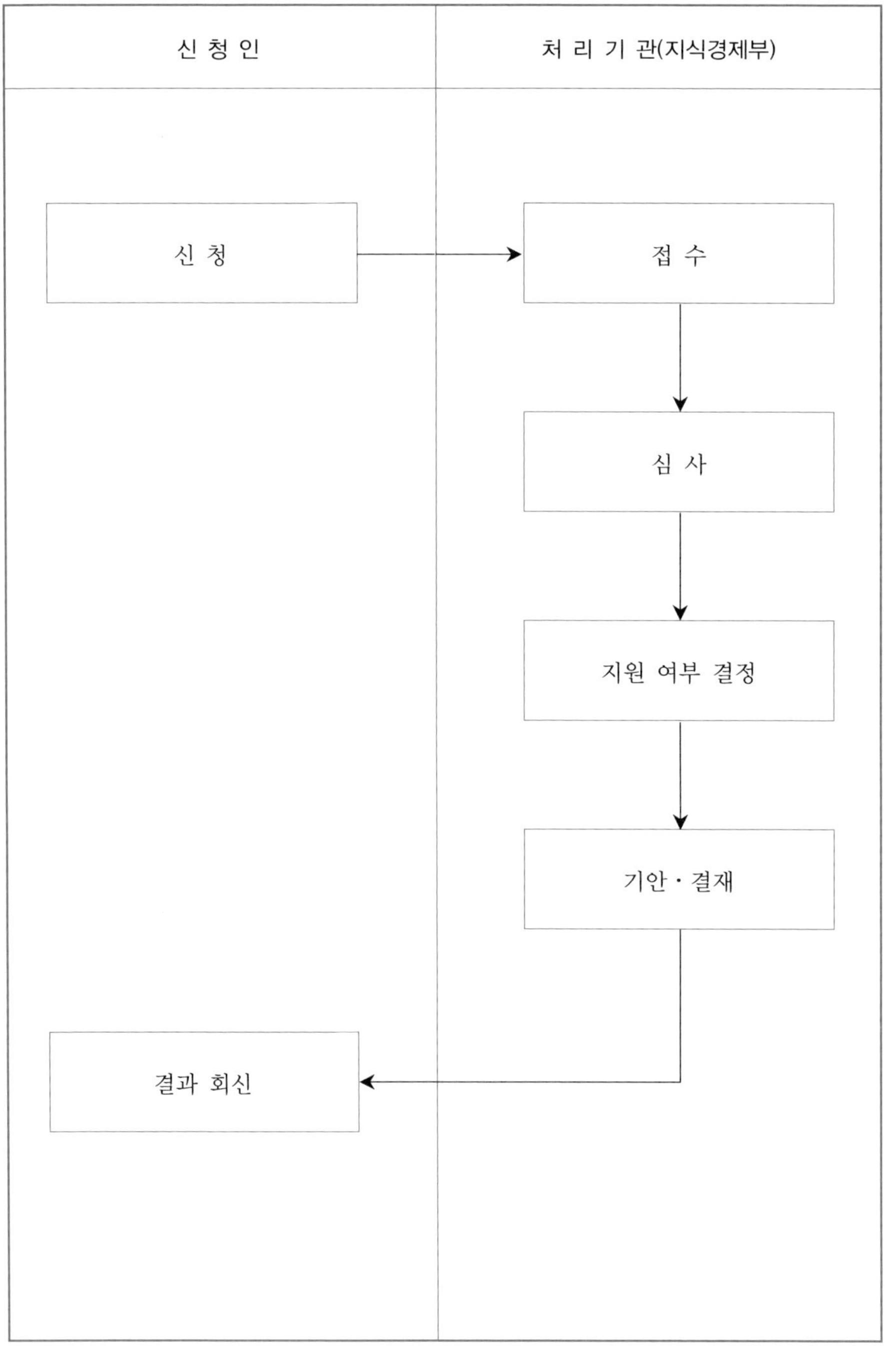

210㎜×297㎜(일반용지 60g/㎡(재활용품))

[별지 제10호서식] <신설 2010.9.24> (앞쪽)

<table>
<tr><th colspan="8">신·재생에너지 분야 핵심기술연구센터 지정신청서</th></tr>
<tr><td colspan="2">사업명</td><td colspan="6"></td></tr>
<tr><td rowspan="2">주관기관</td><td>한글</td><td colspan="3"></td><td>주소</td><td colspan="2"></td></tr>
<tr><td>영문</td><td colspan="3"></td><td>사 업 자
등록번호</td><td colspan="2"></td></tr>
<tr><td rowspan="3">수행
책임자</td><td>한글
성명</td><td></td><td>영문
성명</td><td></td><td>주민등록
번호</td><td colspan="2"></td></tr>
<tr><td>소속
기관</td><td></td><td>부서명
(학과명)</td><td></td><td>직위</td><td colspan="2"></td></tr>
<tr><td>전화
번호</td><td></td><td>팩스번호</td><td></td><td>이메일
주소</td><td colspan="2"></td></tr>
<tr><td colspan="2">총사업기간</td><td colspan="6">년 월 일 ~ 년 월 일(총 년)</td></tr>
<tr><td rowspan="7">사업비
(백만원)</td><td>구분</td><td colspan="2">정부출연금</td><td colspan="2">민간부담금</td><td colspan="2">계</td></tr>
<tr><td>1차 연도</td><td colspan="2"></td><td colspan="2"></td><td colspan="2"></td></tr>
<tr><td>2차 연도</td><td colspan="2"></td><td colspan="2"></td><td colspan="2"></td></tr>
<tr><td>3차 연도</td><td colspan="2"></td><td colspan="2"></td><td colspan="2"></td></tr>
<tr><td>4차 연도</td><td colspan="2"></td><td colspan="2"></td><td colspan="2"></td></tr>
<tr><td>5차 연도</td><td colspan="2"></td><td colspan="2"></td><td colspan="2"></td></tr>
<tr><td>계</td><td colspan="2"></td><td colspan="2"></td><td colspan="2"></td></tr>
<tr><td colspan="2">위탁
수행기관</td><td colspan="3"></td><td>위탁사업비
합계(백만원)</td><td colspan="2"></td></tr>
<tr><td colspan="2">참여기관명</td><td colspan="6"></td></tr>
<tr><td colspan="8">「신에너지 및 재생에너지 개발·이용·보급 촉진법」 제30조제2항 및 같은 법 시행규칙 제16조에 따라 신·재생에너지 분야 핵심기술연구센터의 지정을 신청합니다.

년 월 일
신청인 (서명 또는 인)

지식경제부장관 귀하</td></tr>
<tr><td colspan="8">※ 첨부서류
1. 중장기 인력양성 사업계획서 1부
2. 신·재생에너지 분야 핵심기술연구센터 운영계획서 1부</td></tr>
</table>

210㎜×297㎜(일반용지 60g/㎡(재활용품))

이 신청서는 아래와 같이 처리됩니다. (뒤쪽)

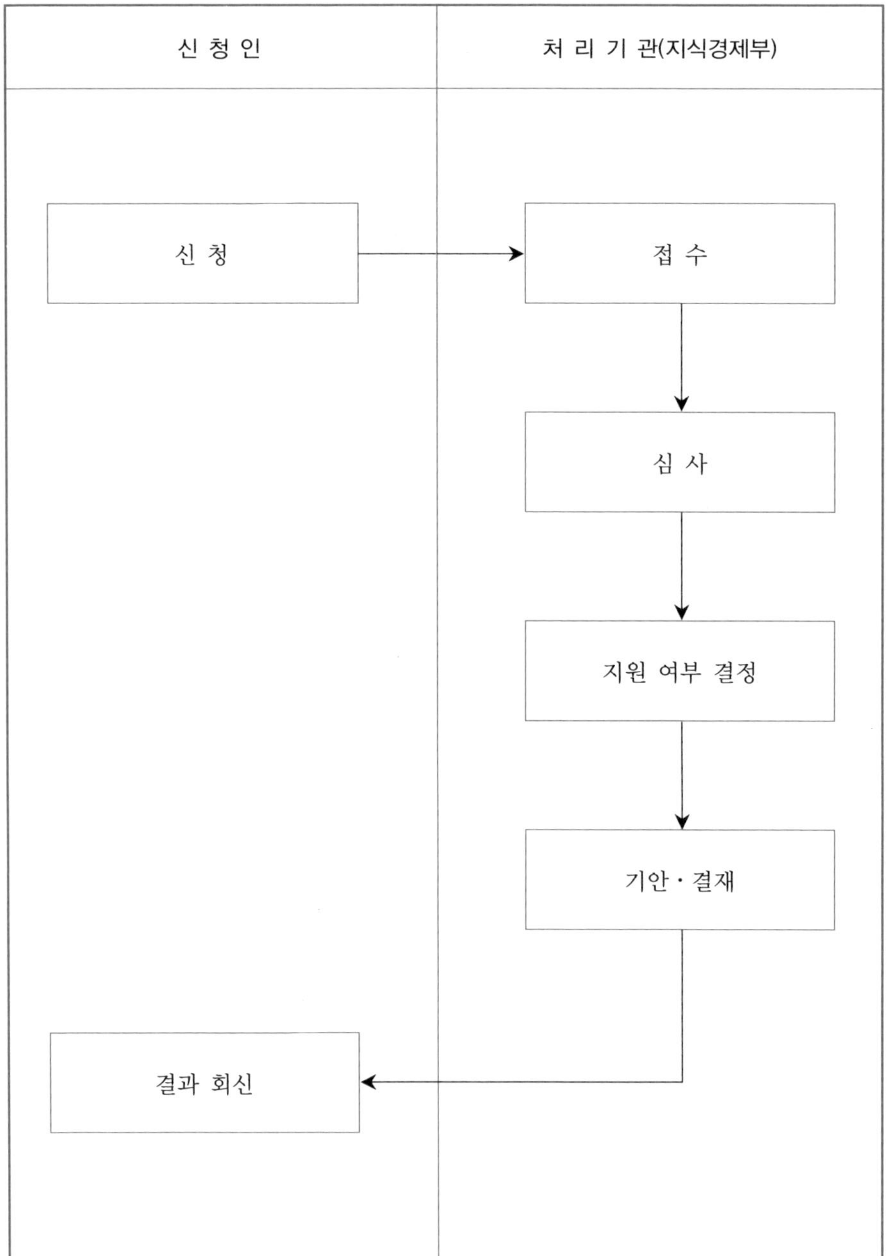

210㎜×297㎜(일반용지 60g/㎡(재활용품))

참고문헌

[단행본 · 논문 · 연구용역 보고서 등]

강인호 외, 공유수면매립지에 대한 지방정부간의 관할구역확정에 관한 법적 검토-율촌제1지방산업단지 관할권 다툼을 중심으로-한국학술진흥재단 기초학문육성 인문사회분야 지원사업.

공성용 · 김상헌, 독일의 재생가능 에너지 보급정책-EEG 개정안을 중심으로-, 환경포럼 제9권 제4호, 한국환경정책 · 평가연구원, 2005.

국제무역연구원, 한 · EU FTA가 신 · 재생에너지 산업에 미치는 영향과 시사점, Trade Focus, 2011.7

김성호, 지방자치단체 해상경계 설정의 법적 쟁점에 관한 연구, 공법연구(한국공법학회)제32집 제2호 2003.12.

김정순, 신 · 재생에너지 관련 법제 개선방안 연구, 한국법제연구원, 2007.10.

김재광, 지방자치단체의 구역과 해상경계획정에 관한 소고, 토지공법연구 제19집, 2003.

김형진, 국내 신 · 재생에너지 산업동향과 발전가능성을 찾아, 솔라투데이, 2010.5.

녹색성장연구실, 칸쿤 기후변화협약 당사국 총회의 협상결과 및 시사점, 포스코경영연구소, 2011.

녹색성장위원회, 녹색성장 국가전략, 2009.

미래기획위원회, 녹색성장의 길, 중앙북스, 2009.

이강후, 새로운 성장동력 대체에너지, 북스힐, 2008.

류필무, 저탄소 녹색성장기본법 시행, 변화의 시작, 나라경제 2010. 6.

리인터내셔널 무역투자연구원, 해상풍력발전단지 개발 법제화 방안 연구, 2011.

리인터내셔널 무역투자연구원, 한국과 중국 간의 신 · 재생에너지 분야 협력강화 방안, 2012.

리인터내셔널 무역투자연구원, 신 · 재생에너지산업 해외전략지역 진출방안, 2010.

박태호, "FTA시대의 유일한 기업지킴이", 무역구제, 2008, 겨울호.

법제처, 녹색성장법제(I)-저탄소 녹색성장과 법제적 대응, 녹색성장법제의 범위와 체계, 박지은, 2010.

법제처, 녹색성장법제(I)-저탄소 녹색성장과 법제적 대응, 녹색성장과 환경법제의 정비, 맹학균, 2010.

법제처, 녹색성장법제(I)-저탄소 녹색성장과 법제적 대응, 녹색성장과 에너지산업법제의 대응, 정경록, 2010.

법제처, 중복규제의 현황과 개선방안 연구, 2008.12.

산업자원부, 신·재생에너지 보급촉진을 위한 매뉴얼 마련 및 관련제도 개선방안 연구, 2006.12.

삼성경제연구소, 해상풍력 경쟁 패러다임의 변화, SERI 경영 노트, 제122호, 2011.10.

삼일회계법인, RPS 이행비용의 전기요금 전가방안 수립, 2011.

손충렬 외, 해상풍력발전, 아진출판사, 2010.

신상환, 외국 입법 동향, 법제처, 2004.

안진 회계법인, 신·재생에너지산업 육성을 위한 세제지원방안에 관한 연구, 2010.

안진 회계법인, 신·재생에너지 열공급의무화제도 연구, 에너지관리공단, 2012.

연세대 산학협력단, 아시아 각국의 녹색성장 법제 현황 분석과 교류 및 지원 가능성 연구, 2011.12.

외교통상부, 독일의 그린에너지 정책 및 산업, 2009.

외교통상부, 신·재생에너지 해외시장 가이드, 2010.

외교통상부, 한·EU FTA 협정문, 2010.

외교통상부, 2112년도 주요국 재생에너지 현황 및 정책, 2012.4.

윤천석, 신·재생에너지, 인피티니북스, 2009.

윤충식·장태희, 조특법 해설과 실무, 삼일인포마인, 2007.

에너지경제연구원, 신·재생에너지 산업육성을 위한 통계 및 산업분류 체계 정비방안, 2011.6.

에너지경제연구원, 유럽의 신·재생에너지 정책 연구, 2010.12.

에너지경제연구원, 신·재생에너지 산업육성을 위한 통계 및 산업분류 체계 정비방안, 2011.6.

신·재생에너지센터, 신·재생에너지 금융지원사업을 위한 자금·세제지원 안내, 2012.

신·재생에너지센터, 신·재생에너지설비 인증제도, 2012.

이근대·부경진·이창훈, 신·재생에너지 전력시장 활성화 방안, 에너지경제연구원·한국환경정책·평가연구원, 2005.

이준서, 녹색성장 구현을 위한 에너지 관련 법제의 정비방안 연구, 한국법제연구원,

2010.
이준서, 독일의 재생에너지법(EEG), 한국법제연구원, 2010.
이준서, 미국 에너지 독립 및 안보법(번역), 한국법제연구원, 2010.
장현숙, 칸쿤 기후변화회의 결과 및 시사점, 한국무역협회 국제무역연구원, 2010.
전기연구원, 신·재생에너지 공급의무할당제(RPS) 국내운영방안 수립, 2007.
정경록, '녹색성장과 에너지산업법제의 대응', 법제처 월간법제, 2010.7.
지식경제부 해상풍력추진단, 해상풍력발전 사업 인·허가 예상 매뉴얼, 2011.2.
최우용, 일본의 지구온난화 대책관련법제의 내용 및 과제, 동아법학 제45호.
에너지기술평가원, 그린에너지전략로드맵, 2011.
한상임, 신·재생에너지법제에 관한 연구, 성균관대학교 석사학위논문, 2008.
현준원·최수정, 에너지 위기대응을 위한 신·재생에너지 활용법제 연구, 한국법제연구원, 2011.
홍정선, 행정법원론(상), 박영사, 2010.
홍종호, '2030 에너지대안 시나리오', 에너지대안포럼, 2010.3.6.

Auty, Richard M. (1993). Sustaining Development in Mineral Economies: The Resource Curse Thesis. London: Routledge.
Bauen, A. 'Bioenergy -A Large but Challenging Potential' Towards a Low Carbon Energy Future Royal Society, London, 17-18 November, 2008.
Bloomberg New Energy Finance/League Table Result Book, 2011.
Brad Sherman, A Time to Act Anew: A Historical Perspective on the Energy Policy Act of 2005 and the Changing Electrical Energy Market, 31 Wm. & Mary Envtl. L. & Pol'y Rev. 211(2006)
Crabtree & Lewis, Solar Energy Conversion, 2007.
Commission Staff Working Document, The support of electricity from renewable energy sources, SEC(2008) 57, Brussels, 23 January 2008.
Congress Research Service, CRS Report for Congress, Energy Independence and Security Act of 2007 : A Summary of Major Provisions.
ECOFYS, Financing Renewable Energy in the European Energy Market, 2 January 2011.
ECOFYS, Ernst & Young, Fraunhofer ISI, TU Vienna, 2010.
Eisentraut, A. Sustainable Production of Second-Generation Biofuels IEA Information paper, 2010.

EPIA, Global market outlook for photovoltaics until 2016, 2012.5.

EPIA, Set for 2020. Solar Photovoltaic Electricity: A Mainstream Power Source in Europe by 2020, 2009.

Elkington, J., Enter the Triple Bottom Line, 2004.

EWEA, Oceans of Opportunity, 2009.8.

EWEA, Wind Energy - The Facts, 2009.

Federal RPS Bill Comparison, Lori Bird, NREL, 2009.4.

Foxon, T., Inducing innovation for a low-carbon future: drivers, barriers and policies, London: Carbon Trust, 2003.

Frondel, M.; Ritter, N. and Schmidt, C.M. (2008) "Germany's Solar Cell Promotion: Dark Clouds on the Horizon" Energy Policy, 36.

Furniere, D., Take Offshore, Dexia, 2007. 11. 9.

Gylfason, T (2001), Natural resources, education, and economic development, European Economic Review (Elsevier) 45 (4-6).

Grubb, M., "Technology Innovation and Climate Change Policy: an overview of issues and options." Kio Economic Studies 31(2), 2004.

GWEC, Global Wind Report, 2011.

Hill, S. et al., Global Wind Sector, Macquarie Equities Research, 2011. 7. 6.

IEA, Energy balances of OECD countries, 2011.

IEA, Key Word Energy Statistics, 2010.

IEA, Hydropower and the World's Energy Future: The Role of Hydropower in Bringing Clean, Renewable, Energy to the World, 2000.

IEA, International Energy Outlook 2010/2011.

IEA, From 1st- to 2nd-Generation Biofuel Technologies -Full Report: An Overview of Current Industry and RD&D Activities, 2008.

IEA, Ocean Energy: Global Technology Deployment Status, 2009.

IPCC, Renewable Energy Sources and Climate Change Mitigation - Special report of the Intergovernmental Panel on Climate Change, 2012.

Jacobsson, S. and Lauber, V. (2006) The Politics and Policy of Energy System Transformation: Explaining the German Diffusion of Renewable Energy Technology, Energy Policy, 34.

Johson, J., Offshore Wind Techonology Overview, DOE, 2011.5.11.

Michael E. Porter and Forest L. Reinhardt. A Strategic Approach to Climate,

Harvard Business Review, October 2007.
OECD/IEA, Deploying Renewables, 2008, Adapted from Grubb, 2004 and Foxon, 2003.
OECD/IEA, IEA View on Biofuels, 2010.
OECD/IEA, Renewable Energy Essentials: Wind, 2008.
R. Bassett, The Future of Energy Transport and Distribution Systems, Areva.
The Royal Society, Sustainable Biofuels: Prospects and Challenges, 2008.
Thomas L. Friedman, Hot, Flat and Crowded : Why we need a green revolution - and how it can renew America , New York : Farrar, 2008.
UN FAO, Small-Scale Bioenergy Initiatives, 2009.
UN FAO, Knowledge on Bioenergy.
US DOC ITA, FACT SHEET.
US DOE, Geothermal Tomorrow 2008, Washington: National Renewable Energy Laboratory, 2008.
Useem, Jerry (2003-02-03), The Devil's Excrement, Fortune Magazine.
WCED, Report of the World Commission on Environment and Development: Our Common Future, 1987.
World Energy Council, Survey of Energy Resources 2010: Bioenergy, 2010.
WWEA, World Wind Energy Report 2010, 2011.4.

張沈偉, 중국 해상풍력발전 산업의 기회와 도전(China Business Focus No.35), 중국삼성경제연구원, 2011.

[보도자료 · 홍보자료 및 기사 등]

신 · 재생에너지센터, 신 · 재생에너지의 이해, 2008.
신 · 재생에너지센터, '그린홈 100만호 보급사업 수요자 중심으로 패러다임 전환', 보도자료, 2012.2.9.
신 · 재생에너지센터, "알기쉬운 그린홈 안내 가이드", 2012.

지식경제부, '녹색성장의 주춧돌 「국가에너지기본계획」 수립', 보도자료, 2008.8.27.
지식경제부, '제3차 신 · 재생에너지 기술개발 및 이용 · 보급 기본계획 확정', 보도자료, 2008.12.31.

지식경제부, '신·재생에너지, 글로벌헬스케어 등 미래 한국을 이끌 17개 신성장동력 선정', 보도자료, 2009.1.13.
지식경제부, '신·재생에너지 테스트베드 구축 계획', 보도자료, 2011.2.23.
지식경제부, '신·재생에너지 기업지원 거점(테스트베드) 6곳 선정', 보도자료, 2011.5.16.
지식경제부, '신·재생에너지 테스트베드 협약식 체결', 보도자료, 2011.8.19.
지식경제부, '지역공생발전을 위한 신·재생에너지 지방보급사업 개선', 보도자료, 2011.8.24.
지식경제부, '신·재생에너지 동반성장 보증펀드 특별보증 지원 개시', 보도자료, 2011.9.2.
지식경제부, '해상풍력 3대 강국을 위한 첫걸음 내딛어', 보도자료, 2011.11. 11.
지식경제부, '신·재생에너지 설비 인증절차 간소화 한다', 보도자료, 2012.4. 30.
한국전력거래소, '전력거래소 발전차액지원사업을 통해 신·재생에너지 보급확대 및 산업발전에 기여', 보도자료, 2012.
환경부, 남아공 더반에서 제17차 기후협약 총회, 보도자료, 2011.12.10.

그린데일리, '日, RPS 폐지하고 FIT 전격도입', 2011.8.22.
이투뉴스(Energy & Environment News), '서남해 해상풍력단지, 3대 강국 도약 전초기지', 2011.12.26.
전기신문, '에너지믹스를 논하다', 2012.5.16.

찾아보기

[저자약력]

홍순파

서울대학교 자원공학과를 졸업하였다. 행정고시(재경직) 제43회로 산업자원부에서 공직생활을 시작하였으며 현재 지식경제부 서기관이다. 산업자원부 수송기계산업과, 자원개발과, 무역위원회, 균형발전정책팀 등에서 근무하였으며, 최근에는 신·재생에너지과에서 근무하였다. 현재는 영국에서 중부지역 에너지연구기관 연합체인 MEC(Midland Energy Consortium)에서 장기해외유학 중이며, 이와 더불어 University of Warwick에서 Global Energy MBA도 함께 공부하고 있다.

정동원

연세대학교 법학과·법과대학원을 졸업했다. 사법시험 제41회에 합격했으며 산업자원부 무역위원회에서 반덤핑 및 지식재산권 침해 등 불공정무역행위 조사를 담당하였다. 헤이그 소재 구 유고국제전범재판소(UN ICTY)에서 리걸 인턴쉽을 수료했으며 아주대 법학전문대학원 겸임교수를 지냈다. 현재 지식경제부 무역위원회 FTA 자문위원이며, 리인터내셔널 특허법률사무소 및 무역투자연구원에서 WTO 통상분쟁, 에너지 관련 정부 및 기업 법률자문, 소송대리, 연구용역 업무 등의 팀장으로 활동하고 있다.

신·재생에너지법과 정책

2012년 10월 15일 초판 인쇄
2012년 10월 20일 초판 1쇄발행

저 자 홍 순 파 · 정 동 원
발행인 배 효 선
발행처 도서출판 法 文 社

413-756 경기도 파주시 문발동 526-3
등 록 1957년 12월 12일/제2-76호(윤)
전 화 (031)955-6500~6 FAX (031)955-6525
E-mail (영업) bms@bobmunsa.co.kr
(편집) edit66@bobmunsa.co.kr
홈페이지 http://www.bobmunsa.co.kr

조 판 (주) 성 지 이 디 피

정가 32,000원 ISBN 978-89-18-08927-0